东南大学一流学科建设项目
东南大学艺术学院教授文丛
主编 | 王廷信

陶思炎 学术代表作

陶思炎 | 著

东南大学出版社
SOUTHEAST UNIVERSITY PRESS

图书在版编目(CIP)数据

陶思炎学术代表作 / 陶思炎著. — 南京:东南大学出版社,2020.9
(东南大学艺术学院教授文丛)
ISBN 978-7-5641-8876-4

Ⅰ.①陶… Ⅱ.①陶… Ⅲ.①民俗学-文集 Ⅳ.①K890-53

中国版本图书馆 CIP 数据核字(2020)第 061467 号

陶思炎学术代表作 Tao Siyan Xueshu Daibiaozuo

著 者	陶思炎
责任编辑	李成思
书籍设计	蔡顺兴
策 划 人	张仙荣
出 版 人	江建中
出版发行	东南大学出版社
地 址	南京市四牌楼 2 号 邮编:210096
网 址	http://www.seupress.com
经 销	全国各地新华书店
印 刷	南京新世纪联盟印务有限公司
开 本	700 mm×1000 mm 1/16
印 张	32.5
字 数	601 千
版 次	2020 年 9 月第 1 版
印 次	2020 年 9 月第 1 次印刷
书 号	ISBN 978-7-5641-8876-4
定 价	128.00 元

本社图书若有印装质量问题,请直接与营销部联系。电话(传真):025-83791830。

总　序

　　东南大学具有悠久的艺术教育与研究的传统。早在1906年,李瑞清先生就在此设立图画手工科,开中国现代艺术教育之先河。从这个科目的开设到1949年国立中央大学的结束,持续了43年。1949年,中央大学更名为国立南京大学,学校的建置未曾发生变化。1952年,全国高等学校调整,国立南京大学的艺术学科大部分进入南京师范大学,尚有部分教师到了中央音乐学院。直到1994年东南大学艺术学科恢复为止,东南大学的艺术学科中断了42年。

　　1994年,在一个新的发展时期,东南大学重新发现艺术学科的价值,开始逐步恢复艺术学科。2006年,东南大学成立艺术学院,如今已有13年了。

　　学科的发展首先是教师的发展。从1994年的艺术学系以及后来的艺术传播系到现在,艺术学院已有9位教师荣退,目前在岗专职教师58位。从1994年算起,艺术学院已退休和正在执教的教授已达20余位。在东南大学艺术学科成长的过程中,这些教授都做出了巨大贡献,所以我要在此感谢他们对东南大学艺术学科的成长付出的辛劳!

  为了纪念东南大学艺术学科的恢复、总结东南大学艺术学科教授们的学术成就、集中展示教授们的代表性学术成果、加强学生的培养，我们决定从今年起在东南大学出版社以文丛的形式陆续出版东南大学艺术学科教授代表作。

  东南大学艺术学科的教授从年纪最长的"30后"张道一先生，到如今的"80后"季欣女士、卢衍鹏先生，已有整整五代人了。每代教授的学术背景和风格都略有差异，从知识储备到问题的关注点和思考方式，从话语系统到表现形式，都体现出这种差异。除了代际差异，每位教授的学术个性也有区别。所以，这套文丛大致代表了东南大学艺术学科每代教授的学术个性，也代表了不同教授各自的学术个性。我们衷心希望学界同人、我院的青年教师和学生们关注这套文丛，通过这套文丛了解东南大学艺术学科教授们的学术个性、治学理路和学术观点，也期待学界同人对这套文丛批评指正。

  是为序。

王廷信

2019年1月

1 目 录

总序

001 民俗艺术学理论

002 论民俗艺术学的研究
008 民俗艺术研究的历史回顾
020 论民俗艺术学体系形成的理论与实践基础
030 论民俗艺术传承的要素
040 论民俗艺术学的研究对象与学科特点
049 民俗艺术传承的结构与层次
057 论民俗艺术功能的演进
065 从神话学到民俗艺术学的研究——我的治学之路

075 民间美术·物承艺术

076 纸马探论
096 中国纸马与日本绘马略论
102 中国纸马研究的现状
110 略论江苏的纸马艺术
120 略谈书法与民俗艺术
125 魂瓶、钱树与释道融合
132 中国镇物文化略论
144 南京高淳县的祠山殿和杨泗庙
158 祖道軷祭与入山镇物
163 钟鼓·琴·琵琶——中国吉祥乐器摭谈
169 灵岩寺泥塑罗汉吉祥衣饰探究

2

176 石敢当与山神信仰
183 切纸·面具·神像——日本民俗艺术三题
192 山西常家庄园影壁花墙砖雕的文化功能
197 中国园林景观建筑中的民俗观

203 **民俗表演·口承艺术**

204 民间小戏略论
212 高淳花台会与乡野戏剧教育
221 略论傩及其文化系统
232 苏南傩面具略论
248 傩仪的结构与作用
256 论苏南傩舞的艺术要素与文化象征
266 比较神话研究法刍议
274 神话文体辨正
279 五代从葬品神话考
287 鱼　考
297 略论民间传说与神话
305 试论神话与原始宗教
313 孟姜女研究三题
327 试论神话的语言
333 论水难英雄
343 华夏神话与渔农经济
350 神鬼世界与祖先崇拜
378 中国宇宙神话略论
389 防风、王鲧考论
397 炎帝神话探论

3

404　略论后羿神话
410　人鱼与孟姜女——孟姜女原型探论

421　**传统节日·民间信仰**

422　七夕风俗的文化解读
428　荠菜花与上巳节
434　中韩元夕民俗三题
441　春节文化符号的释读
448　从清明柳俗谈柳的文化象征
453　中华传统节日的演变与传承
463　节气与节日的文化结构
470　祈雨扫晴摭谈
481　迷信、俗信与移风易俗——一个应用民俗学的持久课题
493　试论乡野道教
503　中在家花祭的文化隐义

509　后记

民俗艺术学理论

论民俗艺术学的研究

民俗艺术学作为艺术学的分支学科，愈来愈受到学界和社会的普遍关注，尤其是在我国艺术学学科的迅速发展中和全国范围的非物质文化遗产抢救与保护的实践中，民俗艺术学理论的构建已成为十分急迫的任务。它需要我们进行概念界定，构建体系框架，树立理论支点，并扩大研究视角。

中国民俗艺术源远流长，丰厚精深，是中国文化艺术的宝库和土壤，也是世界上其他国度所难企及的无形财富。它既质朴通俗，又睿智精妙；既取法自然和生活，又彰显着理想和创造精神。民俗艺术学的研究对象是传统的，而其学理却是新兴的。作为中国艺术学中最富特色的领域，民俗艺术学有希望引领国际民俗艺术的研究，因此，一些相关的理论问题需要我们再做深入的思考与探究。

一　概念界定

民俗艺术学是以民俗艺术为研究对象的学科，而"民俗艺术"自有其特征和规律。"民俗艺术"与"民间艺术""民艺""民间文化"等概念常常被人混用不分，似乎被看作彼此无甚区别的同义词。

其实，尽管它们在名称上都有一个"民"字，在社会层次上都与"下层之民"相关，但因视角不同、内涵有别，而各有其意。

"民俗艺术"，系传承性的民间艺术，或指民间艺术中融入传统风俗的部分。它往往作为文化传统的艺术符号，在岁时节令、人生礼俗、民间信仰、日常生活等方面广泛应用。"传承""传统""群体性"作为民俗艺术的特征，使其具有深厚的文化背景和坚实的社会基础。

"民间艺术"，系相对于宫廷艺术、官府艺术等上层而言的下层艺术，作为一种空间性的概括，它强调创作与应用视域的下层性，而不强调艺术活动和艺术作品本身的传承因素。其类型与作品既包括来自传统的成分，又包括各种民间的新创，甚至还包括庶民中非群体的个人创作，诸如邮票剪贴、种子拼贴、包装带编结、易拉罐饰物等等。

"民艺"，系自日本传入的外来语词，它同"民谣""民具""民俗"等名称一样，意在强调主体为民的性质。它不是"民间艺术"或"民俗艺术"的简称，而是以创作者与享用者的身份所做出的文化判断。如果一定要说简称的话，它倒是有"民众艺术""庶民艺术"的含义。

至于"民间文化"与"民间艺术"或"民俗艺术"等是属与种的关系，艺术本属文化，它们相互间并非同一的或并列的关系。民间文化包括民间风俗、民间文学、民间艺术、民间宗教，以及其他的民间知识与民间创造。

总之，"民俗艺术"的概念是从传承性、风俗性方面所做出的文化判断，而"民间艺术"的概念乃立足于社会空间的分野，至于"民艺"一词，则是基于创作与应用主体的身份所做的类型划分。当然，它们都具有"民"的性质，就具体作品而言，从说者不同的观察角度而各有归属，而这正是它们易被混用的原因，但作为概念，对它们的概括与把握须有学理的支撑和区分。

二 研究体系

民俗艺术学作为艺术学的分支学科应构建自身的研究体系，以显现学科的严整，并推进学术的发展与繁荣。

民俗艺术学的研究体系包括民俗艺术志、民俗艺术史、民俗艺术论、民俗艺术应用研究、民俗艺术专题研究等基本范畴。

"民俗艺术志"，是对民俗艺术的类型、作品、传承、分布、现状、制作或表演等情况加以搜集、记录、整理、编写的基础性工作。作为民俗艺术研究的对象，它提供了实证材料和研究课题。"民俗艺术志"的研究，在方法上主要靠田野调查和文献搜求，须对作者、作品、创作过程、展演空间、发生背景、艺术组织、地域分布、传承情况等做出详实的调查和科学的判断。"民俗艺术志"的研究，通常按国别、民族、地区、时代、类型、品种等进行，其选题诸如"中国民俗艺术志""苗族民俗艺术志""南京民俗艺术志""宋代民俗艺术志""民俗版画志"等。其研究范围能大能小，大到"亚洲民俗艺术志"，小到

"××村剪纸艺术志""××镇印染艺术志"等,都能成为研究的选题。"民俗艺术志"是民俗艺术学框架的基础,也是民俗艺术研究的起点。

"民俗艺术史",在研究对象上包括"民俗艺术发展史"和"民俗艺术研究史"两个基本领域。"民俗艺术发展史"主要着眼于时间坐标下的民俗艺术及其自身的传承、演化,从而让人们对某地或某类民俗艺术有纵向的全局的把握。"民俗艺术研究史",则是对民俗艺术的研究做历史的回顾和总结,涉及研究组织、研讨活动、理论发展、出版情况、学术论争、研究成果等方面,偏重理论的归纳与总结。"民俗艺术史"作为民俗艺术学的基本框架,其存在能表明学科固有的历史积累和自身完善的过程,具有重要的建设意义。

"民俗艺术论",系民俗艺术学的基本理论部分,也是民俗艺术学体系中的核心。它的研究对象,包括概念、类型、题材、主题、特征、性质、价值、功能、传承、变迁、方法、背景等,涉及民俗艺术的各种内外部规律及其研究方法。"民俗艺术论"着重于对理论的阐发和对规律的概括,是民俗艺术学体系建设中最重要的方面。可以说,"民俗艺术论"的完善与否,关系到民俗艺术学这一分支学科的建设水平和理论程度。

"民俗艺术应用研究",主要进行民俗艺术的市场研究,以及相关文化产业的研究,同时也包括保护、展示、培训、创研等领域的研究。民俗艺术存在于民间,本是民间生活的组成部分,也是民族文化传统的显著标志,长期以来它在乡村和城镇自然传习,满足着自然经济状态下的民众的精神需求,美化着艰辛、贫乏的劳动生活,而在当今城市化、全球化的背景下,民俗艺术已成为特色鲜明的民族文化资源,获得了新的应用空间。应用研究包括应用源、应用者、应用场的规律研究①。就民俗艺术而言,就是扩大或改变其自然传承的定势,走向市场,走向新的空间和新的功用。

"民俗艺术专题研究",旨在对民俗艺术的某些类型或品种进行深入的具体研究,它以实证为基础,并要求从个案分析上升到理论概括。它没有刻意的"史""论"之分,其宏观的概括总是以微观的探究为先导。诸如"纸马研究""年画研究""皮影研究""傩舞研究"等,作为一个个的专题,既有相通的民俗传统和艺术背景,又各有自己的个性风格。专题研究就是要揭示民俗艺术的"类"的特点和"种"的规律。专题面广量大,虽不构成研究体系的主脉,但

---

① 详见陶思炎:《应用民俗学》,江苏教育出版社2001年版。

能推动学科向纵深发展。

就上述体系而言,当今我国的民俗艺术研究还未能充分展开,民俗艺术学的建设还需要多领域的推进。

三 理论支点

理论支点是理论系统的支撑,或专指理论范畴中最具个性特色的部分。对民俗艺术学的理论支点,我们可以用"三论"来概括,即"传承论""社会论""象征论",它们分别从存在特征、属性风格和表现方式三个方面构成了民俗艺术学的理论基础。

"传承论"的核心是强调民俗艺术的要旨为传承性文化现象。民俗艺术不是无本之木、无源之水,其发生和存在既不会突然偶见,也不会昙花一现,而是有着历史的脉络和代代相传的印迹。我们研究所关注的"传承"首先是有时序的,它从过去到现在,再到未来,体现出古今相贯、承前启后的特点。"传承"作为动态的过程,本立足于时间的跨度,而"传承论"的理论乃是对民俗艺术传统的沿袭所做出的文化判断与表述。可以说,没有传承,就没有传统,传统依赖传承而发展。"传承论"包括传承人、传承地、传承时机、传承方式、传承路径、传承媒介、传承节律等范畴的研究,是一个内涵丰富而又相互关联的研究领域。由于民俗艺术以传承为其最显著的存在特征,因此,"传承论"就当然成为民俗艺术学理论的重要支柱。

"社会论"的着眼点是强调民俗艺术的群体属性和社会风格。民俗艺术作为民间的传统艺术,不论在成果形式、题材内容、材料选择、工艺手段、功能取向、应用时空、信仰表达等方面,都有共同的基础——社会的需要与认同。民俗艺术从总体上来说,不是某个人的独创,它不以个性风格相标榜,而是社群风俗的体现、集体创作的延伸,其间虽有个人的局部改进或创新,但仍顺应社会风俗的氛围,其社会性仍强于个体性。社会为地域的、民族的、行业的人群所构成,正是有共同的风俗习惯、文化精神和价值追求,才形成一个个各有传统的整体。民俗艺术作为民俗的产物,是一定社会文化精神的表达,也是其艺术审美的张扬。"社会论"着眼于民俗艺术的主体成分,包括制作者、表演者、赏玩者、享用者,以及营销者、管理者等艺术中介,研究其群体属性,从主体和社会背景等方面支撑民俗艺术学的理论框架。

"象征论"强调符号的意义表达,把民俗艺术视作各有隐义的符号系统。作为民俗艺术最基本的表达方式,象征把意象与物象、事象相联结,虽幽隐、迂曲,却自有其文化逻辑和解读方式。《易传》有"在天成象,在地成形""见乃谓之象,形乃谓之器"之说,并提出了"立象以尽意"的命题。由此可见,"形""器"相连,"象""意"相承,"器"以"形"显,而"意"以"象"隐。艺术象征往往表现为物理、事理、心理与哲理的统一。象征的本质是"将抽象的感觉诉诸感性,将真正的生活化为有意义的意象"(弗赖塔格)[①]。作为集体意识的表达和解读,象征源起于原始文化阶段,在文字尚未发明、语言尚未成熟的时期,它是有效的交流手段,它拓展了人类思维的想象空间,并激发了艺术创造的激情。正如黑格尔在《美学》第2卷所说:"'象征'无论就它的概念来说,还是就它在历史上出现的次第来说,都是艺术的开始……"

象征实际上是一种文化创造方式,其意义与本体间不呈直接的因果关系,仅建筑在相似的联想和文化认同之上,从而创造自身的"密码"。民俗艺术与原始艺术有着渊源关系,象征仍是其主要的表达方式。因此,"象征论"亦构成民俗艺术理论的重要方面。

四 研究视野

研究视野是带有空间性的探索领域,它既能反映研究者的学识广度,又能在一定程度上检测学科的发展程度。民俗艺术学作为新兴的艺术学科,其理论构建应包括研究视野的开拓与认定。我们可以从基本类型、主要环节、自身层次、存在属性、传承形态等角度,为民俗艺术学展开研究的视野。

从基本类型看,民俗艺术学的研究涉及民俗造型艺术、民俗表演艺术、民间口承文学等。"民俗造型艺术",即木雕、石雕、编织、泥塑、纸扎等手工制作,它以有形有色的具象成果、传统工艺和风俗应用为其存在的标志。"民俗表演艺术",即民间小戏、民俗歌舞、傩戏傩仪、商卖吆喝、绝技绝活、民俗游戏、民俗礼仪等,它们依存于一定的民俗氛围,以动态的展演为特征。"民间口承文学",即神话、传说、故事、笑话、歌谣、谚语、谜语等,它们伴随着生产、生活而讲传,形成以语言(方言)为媒介的特征。

---

① 转引自汉斯·比德曼:《世界文化象征辞典》,刘玉红等译,漓江出版社2000年版,第2页。

从主要环节看，民俗艺术学的研究涉及主体、客体、中介等方面。其中，"主体"指民俗艺术的制作者、表演者、研习者、应用者、享用者等民俗艺术与民俗生活的传承人；"客体"指对象，包括材料、作品、工艺、技巧、社会环境、风俗背景、展演时空、文化传统等方面；"中介"则指推介、经营、组织、管理等民俗艺术的应用领域。这一视角着眼于主客体的联系和中介对应用的推动作用。

从自身层次看，民俗艺术学的研究涉及艺术成果、艺术过程和艺术精神三个相互依存、不可分割、不可漠视的层面。"艺术成果"即最终完成、加以展演的作品，它大多是可视、可感的，故成为人们通常最关注的方面。"艺术过程"是动态的、从起始到终点的线形进程，它是作品完成的必要流程和相关活动的概括，与"艺术成果"相比，它常常被人们漠视。所谓"艺术精神"，即体现在作品里和艺术传承中的艺术法则、信仰观念、民族性格、气质品质、审美情趣等，这些潜在无形的成分使民俗艺术大多具有非物质文化遗产的性质。民俗艺术学的研究要摆脱单纯注意作品的片面思路，在三个层次的考察中完善自身的学科理论。

从存在属性看，民俗艺术学的研究涉及物质文化和非物质文化两大范畴。物质文化指有形而立体的、可感而可触的、静态存在的作品；非物质文化指过程性的或精神性的作品或作品创作中的相关成分。民俗艺术品基本属非物质文化的范畴，即使风筝、剪纸、泥人等民俗艺术品是有形的，但更重要的是它的风俗传统。其实，无形与有形是相反相成的，在深层上是统一的，在非物质文化遗产抢救与保护的工程中，有必要强调民俗艺术中曾被忽视的非物质文化成分。

从传承形态看，民俗艺术学应注意"四态"并存的实际，对物态、动态、语态、心态的资料加以全面的搜集与研究。所谓的"物态"资料，涉及造物艺术的材料、工具和作品，也包括表演艺术中的服装、道具、布景等；"动态"资料，指制作或表演的过程，包括动作、步法、工艺、工序等；"语态"资料，指口承文艺、行话、艺诀等；而"心态"资料，则主要指祖师崇拜、行业禁忌、神秘观念等民间信仰和其他宗教行为。

研究视野是舒展学术触角的思维空间，由于民俗艺术植根于庶民百姓丰富的日常生活，又具有代代相传的历史传统，因此，它需要我们不断拓展其广度和深度，从而使研究符合实际，使理论臻于完善。

《东南大学学报（哲学社会科学版）》2008 年第 1 期

民俗艺术研究的历史回顾

一　民俗艺术研究的发轫

"民俗""艺术"这两个汉语词汇至迟在汉代即已出现,在中国古代文献中不乏相关的载录①。

"民俗"为何?"民俗"本指接受教化的下层小民们的风俗习惯。至于"艺术"何指呢?当为各种技术技能。古人云:"艺谓书、数、射、御,术谓医、方、卜、筮。"②直到晋代,帝王仍以"艺术"来"决犹豫,定吉凶,审存亡,省祸福"③。不过,"艺"也指"多才能"④,"术"指技术、手段、方法。这样,"艺术"就泛指各种技术和才能。

"民俗"与"艺术"二词在中国古代未见前后连接形成词组,"民俗艺术"四字连排并作为学术概念首见于普遍使用汉字的日本。大约在1926年的年中,数十名日本民俗学者、文艺家、美术家、建筑家、音乐家共同发起,成立了一个小型学术团体,取名为"民俗艺术之会"。从此,"民俗艺术"作为专用名词出现在学术界。

日本"民俗艺术之会"的会员当时经常在全国进行采风调查,每月召开一次例会,讨论和争辩有关民俗艺术的一些问题。该会于昭和三年(1927年)1月

---

① 戴圣《礼记·缁衣》载:"故君民者,章好以示民俗,慎恶以御民之淫,则民不惑矣。"司马迁《史记·孙叔敖传》曰:"楚民俗,好庳车。"班固《汉书·董仲舒传》中有"变民风,化民俗"之言。《管子·正世》则曰:"料事务,察民俗。"《后汉书》卷二十六《伏湛传附伏无忌传》载:"永和元年,诏无忌与议郎黄景校定中书五经、诸子百家、艺术。"
② 见《辞源·艸部》"艺术"条。
③ 见《晋书·艺术传序》。
④ 《论语·雍也》:"求也艺。"朱熹注:"艺,多才能。"

创办了自己的学术刊物——《民俗艺术》。由于有了这一杂志作为阵地和旗帜,"民俗艺术"的概念得到了广泛的传播和接受。

对于《民俗艺术》创刊的目的,编者在《创刊寄语》中做了如下的交代:

> 为了探讨从古至今亿万人共同体味的生活方式,我们并不想仅仅在少数智者的那些高见的指引下进行。因此,我们想首先把眼前丰富的事实确切地记载下来,再把这些资料变成尽可能多的人的共识。这样一来,我们想通过对资料的整理和比较,根据那些自然而然明确起来的共通现象,来把所谓的现世的一些法则提取出来看一看。①

显然,他们主要是进行资料的调查、记录、整理和比较,然后再从"共通现象"来探讨民俗艺术的法则。此外,编者还以"一会员"的名义在创刊号的《微小的希望》里谈及刊物的时空视野和目标:

> 浏览一下本刊的内容便会明白,我们绝不是仅仅局限于对古代日本的回顾研究,而是经常在思考现在的日本和将来的日本。另外,我们一直不断致力于本国和外国的比较研究。同时,在既有的类似杂志和现行的类似杂志已经开拓出的这条路上,《民俗艺术》这本杂志,努力向前,不想重复花费前人的劳力,想要开辟出尽管微小但崭新的一条路。②

它在时间上着眼于民俗艺术的古今相贯,在空间上重视国际上的比较研究,在前程上努力开拓出一条办刊新路。

日本《民俗艺术》杂志从 1927 年 1 月创刊,到 1931 年 9 月终刊,历时近五年,共出刊物 48 期。刊发的文章涉及民间舞蹈,诸如狮子舞、人形舞、盆舞、马鹿舞、鹤踌舞、延年舞、供养舞、乞雨舞、番乐舞等;祭祀仪式,诸如神祭、花祭、夏祭、秋祭、船祭、炬火祭、田植祭、七夕祭、梵天祭、追傩、裸祭等;还涉及神乐、狂言、歌舞伎、田乐、歌谣、民谣、童谣、传说、梵呗乐谱、人偶、假面、钱包、腰带、琵琶、文身、刺青、岁时节令、儿童游戏、男戏、理论研究、会议动态等。

在《民俗艺术》的全部 48 期中,出刊过多种专号和特辑。例如:《祭礼

---

① 民俗艺术之会:《创刊寄语》,载《民俗艺术》1927 年第 1 卷第 1 号(日文版)。
② 一会员:《微小的希望》,载《民俗艺术》1927 年第 1 卷第 1 号(日文版)。

号》(两期)、《花祭的研究》专号、《正月行事号》《人形研究》专号、《狮子舞号》、《歌舞伎的民俗学研究》专号、《民间特殊的演剧》专号、《童戏、童谣、童词》特辑等等。而在发表的文章中，使用了"民俗艺术"一词做文章主标题的有《关于民俗艺术采集方法》《从民俗艺术看古代歌谣》《对民俗艺术保存的思考》《民俗艺术和民族志》等12篇。

随着民俗艺术之会的成立和《民俗艺术》杂志的创刊，"民俗艺术"已经成为一个新的研究领域，并受到学界的关注。民俗艺术之会在1931年9月的《民俗艺术》终刊号上登载了"民俗艺术讲座"的信息，其系列讲座的总题目是"民俗艺术学问体系的完成"，其下共设11讲。①

可见，在20世纪30年代初，"民俗艺术"不仅为学者所研究，已开始向社会普及，它作为一门相对独立的学问已初步建立起来了。当然，在"民俗艺术"概念启用和确立的过程中，还另有"乡土艺术""俗艺""民俗工艺""民俗美术"等概念在使用，但它们均不及"民俗艺术"具影响力。

日本民俗艺术之会的成立和《民俗艺术》刊物的创办标志着学科性民俗艺术研究的发轫，其价值、意义主要体现在以下几个方面：

(1) 确立了"民俗艺术"的学术名称，拓展了民俗学和艺术学的研究空间，并使二者得以交叉、统一。

(2) 在民俗艺术的研究中开启了实地调查的传统，并提出了调查方法与资料"保存"的问题。

(3) 拓宽了民俗艺术研究的视野，注意到造物、表演、美术、风俗、信仰、宗教、地理、民族、口头文学与文献等的资料价值和相互关系。

(4) 民俗艺术研究突破了本土"民族艺术"的范畴，开始走向国际化，并注意到不同民族与国家间的比较研究和国际学术交流。

(5) 对往后的"民俗艺术"和"民族艺术"的研究产生了深远的影响，哲口信夫、柳田国男等著名学者在《民俗艺术》上发表的文章及其关注过的研究课题，至今仍被学界研讨和承袭。

可以说，在1926—1927年间，"民俗艺术"已经开始从民俗学中被剥离出来，成为艺术学研究中的一个与传统生活紧密联系的新方向。当然，日本的

---

① 11讲为：1. 民俗艺术概说；2. 乡土舞蹈的基本形式；3. 神乐的系统与分布；4. 偶人戏的种类与欣赏；5. 民谣研究；6. 故事的种类和变迁；7. 民间音乐概说；8. 民俗的造型物；9. 神事和艺能；10. 农村娱乐的研究；11. 儿童游戏的研究。

"民俗艺术"名称的被接受与"世界民俗艺术大会"的召开也有一定关系。"世界民俗艺术大会"于1928年10月7—13日在布拉格召开,有美国、加拿大、罗马尼亚、德国、法国、日本、埃及、希腊等31个国家的280余名学者参加,会议共有5个议题:(1)民俗艺术与人类学、民俗学的关系;(2)装饰美术;(3)民俗家屋;(4)民俗音乐;(5)民谣、民俗剧。会议英文名称中的popular art的原意为"大众艺术""通俗艺术",被日本学者译成了"民俗艺术"。其实"大众艺术"或"通俗艺术"与"民俗艺术"虽有交叉,但并非等同划一,也许当时的日本学者采用这种译法意在借助国际学术活动推进方兴未艾的民俗艺术研究,并开启广阔的国际视野,拓展比较研究的方向。

二　中国的民俗艺术研究

中国的民俗艺术研究是从民俗学的研究开始的,当民俗学的研究视域涉及"歌谣"和"民间艺术"的时候,"民俗艺术"的观念实际上就已悄然产生。

早在1914年周作人在浙江刊登儿歌、童话启事时就指出:"儿歌童话,录为一编以存越国土风之特色,为民俗研究儿童教育之资料。"[①] 一般认为,中国较自觉的民俗学运动是从北京大学1918年的"近世歌谣"征集和1922年12月的《歌谣周刊》的创刊开始的。周作人在《歌谣周刊》的"发刊词"中写道:"歌谣是民俗学上的一种重要的资料,我们把它辑录起来,以备专门的研究。"可见,歌谣的征集与民俗学的研究密切相关。

其实,在中国民俗学的研究起始阶段,"民间艺术""美感"等艺术概念也早已受到重视。胡愈之1921年1月谈到了民俗学研究的三个基本事项:

> Folklore——这个字不容易译成中文,现在只好译作"民情学",但这是很牵强的。民情学所研究的事项,分为三种:第一是民间的信仰和风俗(像婚丧俗例和一切的迷信禁忌等);第二是民间文学;第三是民间艺术。[②]

民俗学研究中包含"民间艺术"的观点为后来"民俗艺术"概念的产生打下了基础。

---

① 见王文宝:《中国民俗研究史》,黑龙江人民出版社2003年版,第53页。
② 胡愈之:《论民间文学》,载《妇女杂志》1921年1月第7卷。

1923年5月14日开始筹备成立的北京大学"风俗调查会"曾提出一份"风俗调查表",在这份调查提纲的"调查种类"中,除列入"歌谣""戏剧"外,还有"美感"一条,其下包括"雕刻、图画、音乐、唱歌、织绣等"。这些涉及口承艺术、表演艺术、造型艺术和美术的类型均构成了"民俗艺术"研究的范畴。

"民俗艺术"一词出现在中国的学术著述中,较早并较有影响的当数常任侠先生编著的《民俗艺术考古论集》,该书于1943年9月由重庆正中书局作为"现代文艺丛书"之一出版。作者在书中对写作的起因做了如下的交代:

> 余昔居东京帝大,常习艺术考古之业,虽无所就,然心笃好之,曾得参考图籍五六千册,自波斯、印度以东,亚洲诸国绘画、雕刻、建筑、音乐、舞蹈诸艺,靡不喜爱,日久屡见,则足忘倦。……二十八年春,始来川中。……探寻重庆近郊古迹,著为短论。其中以发现汉墓汉阙资料为多,综计二十八、二十九两年,关于民俗艺术考古散篇,得文六七万言。①

常任侠《民俗艺术考古论集》包括《沙坪坝出土之石棺画像研究》《牵牛与织女》等文章8篇,其研究对象涉及神话、传说、歌谣、建筑、砖雕、碑刻、墓葬等。其中,《饕餮终葵神荼郁垒石敢当小考》一文在开篇中两次提到"民俗艺术"这一学术名称:

> 今民俗艺术之中,有饕餮、终葵、神荼、郁垒、石敢当诸物,虽形制不同,而皆作狞恶怪异之状,且取以为压胜之具,禁御不祥,用意相同。此为研究中国古代民俗艺术之资料。

常先生的这篇文章写于1940年3月,在1941年夏做了修改,可见20世纪40年代初,"民俗艺术"的学术概念已在中国使用,而常先生可能是中国最早在研究论著中使用"民俗艺术"概念的学者。

在常先生之后,使用"民俗艺术"这一概念的,是岑家梧先生。他在1944年11月写于重庆沙坪坝的《中国民俗艺术概说》一文,收入他的《中国艺术论集》,由考古学社于1949年出版。这篇文章对民俗学(Folklore)的概念加以界定,指出了民俗与艺术的联系:"就作者个人观察,它只是研究文明民族

---

① 见常任侠:《民俗艺术考古论集》,正中书局1943年版,自序。

遗留于下层社会之传统的信仰、习俗、歌谣、传说及艺术的科学。"他认为，民俗学可分为"普通民俗学"和"特殊民俗学"，而"特殊民俗学"又可分"宗教民俗学"和"艺术民俗学"等。岑家梧还指出，包括"空间艺术"和"时间艺术"的"所有民间艺术，均属于艺术民俗学范围之中"①。

岑家梧在《中国民俗艺术概说》里使用了"民俗艺术""艺术民俗学"和"民间艺术"三个概念，但他并未做出界定和辨析，看来，当时在他的观念中，它们是相同的事物。《中国民俗艺术概说》一文在论说民间艺术的各类基本构成与内涵特点后，对"民俗艺术"的价值、意义做了三点结论性的概括：

> 综上所述，中国民俗艺术，种类之多，内容之富，可以概见，民俗艺术，均经长期间之传授，而渗入民众生活之深处，今日固已不辨其渊源来历，然传统之力量，已使此种艺术生命，以不期然而然之方式，继续滋长。民间每一神像，每一歌谣，每一工艺品，均为传统精神之精华，吾人苟欲理解传统生活习俗，则当自民俗艺术始。质言之，民俗艺术之研究，可为理解民间生活之钥匙，当无疑问。此其一。……民俗艺术为中国传统艺术之遗存，可为研究中国古代艺术之唯一活的资料。此其二。……今后新兴艺术之创造，民族元素，必不可少，此种民族元素，可于民俗艺术中，抽炼提取，集其精华，如此而新兴艺术始能代表吾全民族之血肉生命，始为广大民众所享有，则民俗艺术之研究，又有助于新兴艺术之建立者至明。此其三。②

岑家梧先生在结语中不仅高度肯定了民俗艺术的价值、意义，还发出了"中国民俗艺术之研究，为刻不容缓之事"的感叹，并使开篇有关"民间艺术""艺术民俗学"的讨论归结于"民俗艺术"的研究中。

在1949年前，中国的民俗艺术研究以常任侠、岑家梧等先生的著述为主，他们都在进行中国艺术史研究的同时，开拓了中国民俗艺术学研究的新方向。尽管与日本相比，中国现代的民俗艺术研究在时间上稍晚了若干年，然中国民俗艺术学从概念的提出开始，就初步形成了注意理论阐发和实证研究相结合的学术传统。

1949年以后，海峡两岸仍可见"民俗艺术"的研究与成果。其中，中国台

---

① 岑家梧：《中国艺术论集》，上海书店1991年影印本，第101页。
② 岑家梧：《中国艺术论集》，上海书店1991年影印本，第114-115页。

湾地区学者宋龙飞在 1982 年出版了《民俗艺术探源》一书，系从民俗学、民族学、考古学等学科视角研究民俗艺术的著作。该著作分上、下两册，于 1982 年 12 月在台北由艺术家出版社出版。全书共包括 37 篇文章，除一篇有关凌纯声先生的年谱外，共涉及 5 个主题，即"宗教、宗教艺术、民俗艺术、山地文化和田野考古"①。其中，有关民俗艺术的研究，包括年画、剪纸、刻纸、石雕狮子、泥偶、鸟兽图纹、凤鸟图腾、醮坛彩棚、雕刻渔船、陶偶、黥面、文身、服装、饰物等等。

宋龙飞的《民俗艺术探源》着重在田野调查的基础上对民俗艺术类别和个案进行记述和讨论，但没有从理论上对"民俗艺术"加以学理的研究和阐发，而且他对"民俗艺术"和"民间艺术"也没有加以界定和辨析，似乎将其看作是可互称互代的一回事儿。该书"后记"对"民间艺术"提出了"善加保护"的问题，并高度评价它的价值、影响。《民俗艺术探源》中所说的"民间艺术"，其实就是指"民俗艺术"，这种标题与行文的不一致，乃由于作者注意田野作业，而未做概念界定和学理的研讨。

此外，台湾学者邱坤良写作了《民俗艺术的维护》一书，该书由台湾文建会于 1985 年出版，"保护""维护"作为关键词成了民俗艺术研究的重要话题。

台湾的民俗艺术研究还导致相应机构的建立和研究生教育的启动。台北大学于 2001 年成立了民俗艺术研究所，其宗旨是"培育具研究本土民俗艺术能力之人才"。该所招收 2 年制硕士生，授予文学硕士学位，其课程分四大类：台湾民间戏曲类、台湾美术工艺类、台湾文化空间与古迹类、台湾民俗文化类。该所确定的"发展重点"，是"以民俗艺术为核心，汇集艺术学、文学、人类学、历史学、建筑学、宗教学、博物学等学科，进行多层面的民俗艺术研究"。台北大学民俗艺术研究所设想的"未来发展目标"包括四个方面：(1) 建立本土民俗艺术研究之理论基础；(2) 建立本土民俗艺术之调查方法；(3) 探究本土民俗艺术空间意涵；(4) 逐步建立民俗艺术资讯中心。可以说，台北大学民俗艺术研究所的成立和研究生教育的启动，在一定程度上推动了台湾地区民俗艺术研究的发展。

近 20 年来，随着民俗学与艺术学的发展，中国大陆的民俗艺术研究也受到了学术界和教育界的关注。

---

① 见宋龙飞：《民俗艺术探源》，艺术家出版社 1982 年版，陈昌锐序。

在著作出版方面，先后有《中国民俗艺术工艺文化丛书》（北京工艺美术出版社1991年），李瑞岐《论群众文化与民俗艺术》（贵州民族出版社1994年），《中华民俗艺术精粹丛书》（黑龙江美术出版社1999年），孙建君《中国民俗艺术图说》（天津人民出版社2001年），《中国民俗艺术品鉴赏丛书》（山东科学技术出版社2001年），靳之林《生命之树与中国民间民俗艺术》（广西师范大学出版社2002年），马银文主编《中华民俗艺术大全》（中国三峡出版社2006年），郑巨欣《民俗艺术研究》（中国美术学院出版社2008年），张道一"民俗艺术研究系列"之《麒麟送子考索》（山东美术出版社2008年），陈绘《民俗艺术符号与当代广告设计》（东南大学出版社2009年），李炅《图说中国民俗艺术》（江苏人民出版社2009年），陶思炎、王廷信主编《民俗艺术学研究丛书》（东南大学出版社2010年），等等。其中，有图集，有论文集，有专题研究，有应用研究，有系列丛书，但大多为民俗或工艺的介绍与研讨，而有关"民俗艺术"的基础理论研究仍涉及甚少，学科建设还显得比较薄弱。

上述著作除去"图说""大全""鉴赏""丛书"之类，其他成果对"民俗艺术"的概念把握与理论研讨大多也不够充分，有的仅仅在书名中使用了"民俗艺术"一词而已，讨论的却是其他范畴的问题。

李瑞岐的《论群众文化与民俗艺术》一书作为以"群众文化"研究为主的文集，涉及"民俗艺术"的论述甚少，甚至就没有关于"民俗艺术"的专论。纵观全书，共收31篇各类文章，仅有《论民俗与民间艺术的关系》一文谈及"民俗"与"艺术"的关系问题。该文提出了这样的观点："民俗规定着艺术，民俗也依赖着艺术"，"艺术体现着民俗，也丰富着民俗"，它们"走过的乃是一条民俗艺术化和艺术民俗化的道路"[①]。此论比较含混，停留在"民俗"与"艺术"二者外在关系的讨论上，虽全书使用了"民俗艺术"四字做书名，但并未把"民俗艺术"作为一个独立的学术概念来探讨。

靳之林的《生命之树与中国民间民俗艺术》一书系民俗艺术的一个专题研究，书中所举实例甚多，涉及剪纸、石雕、绣品、年画、糕馍、纸扎、建筑装饰等，但略显散杂，论说的系统性、理论性也有所欠缺。同时，该书的书名还可推敲，例如在"民俗艺术"前再加"民间"二字，似乎在"民俗艺术"中还存在"非民间"的部分。

---

① 李瑞岐：《论群众文化与民俗艺术》，贵州民族出版社1994年版，第135-138页。

郑巨欣主编的《民俗艺术研究》一书系论文集，内设"民俗艺术理论研究""民俗艺术管理研究""民俗艺术传承研究""民俗艺术事象研究""民俗艺术调查研究""民俗艺术个案研究"6个栏目，除"事象研究"与"个案研究"两相交叉外，栏目名称所设甚好。不过，全书所收28篇文章中在标题上使用了"民俗艺术"语词的仅有3篇，其余文章大多并非致力于民俗艺术的研讨，主要是进行民艺学、非物质文化遗产、民俗文物、民间美术和民俗学专题等研究。在该书中使用了"民俗艺术"语词做标题的3篇文章是叶大兵的《谈民俗艺术与造型艺术》、顾希佳的《民俗艺术的嬗变：以蚕猫和茧圆为例》、陈永怡的《盘瓠崇拜与民俗艺术》。在这3篇文章中，前2篇部分涉及了"民俗艺术"的理论问题，而后1篇主要是研究图腾信仰，没有对"民俗艺术"本身做理论表述。

其中，顾希佳在文章中对"民俗艺术"和"艺术民俗"两个概念做了判断，他说："民俗艺术，一般又称为艺术民俗，它具有综合性和不稳定性的特征，因而容易引起争议。"在说二者相同的同时，他又指出二者在分类上的侧重点有所区别："艺术民俗，它理所当然地是民俗范畴里的一种分类"，而民俗艺术，"我们首先要强调这是一种艺术"①。

"民俗艺术"与"艺术民俗"两个词组因主词与偏词的颠倒，已分属不同的学科范畴，顾希佳已发现了这一点，但并未细加厘清，却基本认同了它们可以相互混称的说法，故而未能使有关"民俗艺术"的理论研究深入下去。

陈绘的《民俗艺术符号与当代广告设计》一书作为民俗艺术的应用研究，集中在民俗艺术符号的讨论上，该书从概念界定入手，着重研究民俗艺术符号的生成、特征、识读、意义及广告应用等，是近年来有关民俗艺术研究出版物中的一本较为用功之作。该书虽着眼于当代广告的应用，但较重视理论阐述，对"民俗艺术"也有一定的理解和表述。该书在概念界定中对"民俗艺术"做了这样的论断：

> 民俗艺术，即劳动群众在民间习俗中，为满足自身物质和精神生活需要所共同进行的活动，并且作为习俗惯制和生活经验而世代传承的一种艺术表现形式。民俗艺术是民间文化的重要组成部分，是大众

---

① 见郑巨欣主编：《民俗艺术研究》，中国美术学院出版社2008年版，第155页。

的、生活的艺术。①

该定义注意到了民俗艺术"世代传承"的基本特点，但"大众的、生活的艺术"的概括又与"民间艺术""大众艺术""群众艺术"等概念混同。该书还提出了民俗艺术"有形的物化形态"和"无形的心意表象"的区分，并指出它们代代相传和历史沿袭的载体是"口头、行为、心理"，这是有新意的。

在探讨"民俗"与"艺术"相互关联的成果中，张士闪、耿波合著的《中国艺术民俗学》是一部力作，尽管它的中心词是"艺术民俗学"，但仍然是我们在研究民俗艺术学时应当提及的一部相关著作。

《中国艺术民俗学》由山东人民出版社于2008年4月出版，全书332页，320千字，共分9章。就全书章节看，该书是从民俗学的角度来论述的，或者说，作者力图将"艺术民俗学"作为民俗学的一个分支学科来进行理论与方法的构建。

该书第一章涉及对"艺术民俗学"的界定，并做出了这样的判断：

> 艺术民俗学是从民俗学角度展开的对于艺术活动的阐释，并探索艺术活动与民俗整体之间内在关联的学科。"艺术民俗"概念的提出，意在提倡从生活—文化整体的角度去解读艺术。②

这段话已明白无误地把"艺术民俗学"界定为民俗学的范畴。关于"艺术民俗学"的研究任务，作者指出：

> 在具体操作层面，艺术民俗学首先是研究作为艺术活动背景的诸多民俗事象与民俗意识，然后是以民俗学的研究方法探解艺术的起源、创作、传承、功能、价值、接受等系统过程，最终破解艺术与民俗的深层关联之谜。③

可见，"艺术民俗学"不仅立足于民俗学学科的理论与方法，而且主要是探究"艺术"与"民俗"的相互关联。这同"民俗艺术学"立足于艺术学学科不同，而且"民俗艺术学"不再以"民俗"与"艺术"二者的相互关系为研讨重点，而是把"民俗艺术"作为一个整体去研究它的内外部规律。当然，"艺

---

① 陈绘：《民俗艺术符号与当代广告设计》，东南大学出版社2009年版，第6页。
② 张士闪、耿波：《中国艺术民俗学》，山东人民出版社2008年版，第1页。
③ 张士闪、耿波：《中国艺术民俗学》，山东人民出版社2008年版，第5页。

术民俗学"的研讨对于"民俗艺术学"的建设是有益的，它们从不同的视角考察"民俗"与"艺术"的交叉，有着不同的建设目标，但相互映衬，促进着学术的繁荣。

除了上述书籍，还有一些论文涉及"民俗艺术学"的研究，其中《论民俗艺术学的研究》一文，在学术界较明确地提出了"民俗艺术学"概念，并从概念界定、研究体系、理论支点、研究视野等方面对"民俗艺术"加以了论述，提出了民俗艺术学学科建设的问题。该文对民俗艺术学的研究体系也做了归纳，指出："民俗艺术学的研究体系包括民俗艺术志、民俗艺术史、民俗艺术论、民俗艺术应用研究、民俗艺术专题研究等基本范畴。"文章还从存在特征、属性风格和表现方式三个方面概括出作为民俗艺术学理论基础的"三论"，即"传承论""社会论"和"象征论"。此外，该文还从基本类型、主要环节、自身层次、存在属性、传承形态等方面探讨了民俗艺术学研究视野的展开问题。①

在研究生教育方面，东南大学率先从1999年秋季开始招收民俗艺术学硕士生，从2003年春季开始招收攻读民俗艺术学的博士生，至2010年夏，已培养民俗艺术学硕士13名、民俗艺术学博士13名，另有2名从事民俗艺术学研究的博士后出站。现在，民俗艺术学作为艺术学的一个重要分支学科，已随学科建设的加强而得到凸显。

在机构设置方面，1970年国际上成立了"国际民间艺术节组织理事会"(CIOFF)，现（2011年）共有约70个会员，已成为联合国教科文组织A级成员。在芬兰，从1970年起举办"芬兰世界民俗艺术节"，主要开展戏剧、舞蹈、音乐、工艺等民俗活动。我国虽没有成立相应的组织，但有关民俗艺术的活动在不断开展。近年来在我国还出现了一批使用"民俗艺术"名称的单位，例如"关中民俗艺术博物院""济南市民俗艺术馆""新疆民俗艺术学校""中国民俗艺术团"等等。这些单位主要进行陈列、教学和表演等活动，它们虽不是有关民俗艺术的专门研究机构，但其成立与发展却反映了我国民俗艺术学研究的直接影响。

对中国的民俗艺术研究，我们可以做出如下的小结：

(1) 1949年以前，我国的民俗艺术研究以常任侠、岑家梧等为代表，他们主要从艺术史的研究出发，较集中在民俗艺术文物的调查与研究方面，而较少

---

① 陶思炎：《论民俗艺术学的研究》，载《东南大学学报（哲学社会科学版）》2008年第1期。

涉及民俗艺术的基本理论问题。他们在自己的论著中提出了"民俗艺术"的概念，但对"民俗艺术""民间艺术"等又未从理论上加以厘清，概念的混用正反映了民俗艺术研究在初始阶段的学术状况。

(2) 台湾地区的民俗艺术研究，在30年前基本沿袭常任侠、岑家梧、凌纯声等学者的治学思路和研究方法，在民俗艺术的研究中同时注意田野调查、宗教艺术、山地文化等方面，对"民俗艺术"开始思考并提出"善加保护"和"维护"的问题。十余年来，台湾开始在高等院校设立民俗艺术的研究机构，注意"以民俗艺术为核心"，汇集众多相关学科，同时强调本地民俗艺术的调查和理论基础的建立。

(3) 近20年来，中国大陆的民俗艺术研究和民俗艺术学教育取得了突出的进展，相关论著的出版、民俗艺术学硕士生和博士生的培养、国家社科基金项目的设立、民俗艺术相应机构的建立、非物质文化遗产保护工程的开展等，都反映了中国民俗艺术研究的拓展和繁荣。不过，理论研究还略嫌薄弱，"民俗艺术学"亟须加强基本理论的研究和自身学科的建设。可以预见，随着研究的不断深入，我国的"民俗艺术学"一定能真正建立起来，并以自己的理论和实践影响国际学界。

《民族艺术》2011年第2期

论民俗艺术学体系形成的理论与实践基础

一 理论建构与领域拓展

民俗艺术学体系形成的基本条件,是民俗艺术研究领域的多层拓展和相关学术理论的不断深化。其研究领域的宽窄反映着研究对象的众寡和学术空间的纵横,而学术理论的完备与否,则又反映着学科的发展程度及其体系状况。

民俗艺术学近年来在中国兴起,其理论的阐发与深化展现出其作为艺术学独立分支学科的性质。民俗艺术学理论的研讨作为民俗艺术学体系形成的基础,其起因与表征主要体现在以下几个方面。

1. 艺术学学科的建立与发展

艺术学是当今中国学术界和教育界最有活力的学科之一,其上升为一级学科的准备已经完成,而未来的发展前景十分宏远。中国的"艺术学"用十数年的时间走过了其他学科数百年的历程,已发展成为富有朝气的、让人刮目相看的一门"显学"。

中国艺术学的发轫可追溯到张道一先生在 1994 年发表的《应该建立"艺术学"》一文。张道一先生在文章中对"艺术学"做了如下的定义:"艺术学则是研究艺术实践、艺术现象和艺术规律的专门学问,它是带有理论性和学术性的,成为有系统知识的人文学科。"[①] 这条定义提出了艺术学的研究对象是"艺术实践""艺术现象"和"艺术规律",其特征是带有"理论性"和"学术性",其条件是"有系统知识",而其学科归属为"人文学科"。

张道一先生还对艺术理论的任务做了这样的表述:

---

① 见张道一:《张道一选集》,东南大学出版社 2009 年版,第 25 页。

> 一般地说，艺术理论的任务是研究艺术的原理，探讨艺术的规律，说明艺术的特征，解释艺术的现象。①

张先生进而研究了艺术学的框架，提出了其研究领域包括艺术原理、中外艺术史、艺术美学、艺术评论、艺术分类学、比较艺术学、艺术文献学、艺术教育学、民间艺术学九个方面，以及中国艺术思维学、艺术文化学、艺术社会学、艺术心理学、艺术伦理学、宗教艺术学、艺术考古学、艺术经济学、艺术市场学、工业艺术学、环境艺术学等边缘的新学科。

在张道一先生的学科倡导和努力争取下，"艺术学"增设为二级学科，进入国家学科目录，东南大学从1996年开始在全国率先招收艺术学硕士生，在1998年又建立了我国第一个艺术学博士点，并开始招收艺术学博士生。从此，艺术学的理论研究、应用实践、人才培养在我国全面推展开来，截止到2010年，全国已有61所大学先后建立了"艺术学"硕士点，我国的艺术学教育与研究呈现出百花争春的可喜局面。

伴随着艺术学学科的发展，民俗艺术学也应运而生。东南大学从1999年起招收培养民俗艺术学方向的硕士生，从2003年起开始招收培养民俗艺术学方向的博士生，相关的研究在前期的民俗学、民间文艺学和民间艺术的理论成果基础上开展起来。

民俗艺术作为具有传承性的传统民间艺术，与风俗生活息息相关，它自有其原理、规律、特征、现象，构成了艺术学框架内自成体系的重要分支。可以说，正是"艺术学"学科的建立与发展和艺术学研究生教育的全面启动，推动了"民俗艺术学"学科的建立及其理论体系的创构。可以说，民俗艺术学体系的建构乃是对艺术学学科的发展和完善。

2."民俗艺术"概念的重倡

自20世纪40年代常任侠、岑家梧等先生从艺术史的研究出发在中国提出"民俗艺术"的概念并出版相关著作以后，民俗艺术的理论研究并未能持之以恒地开展下去，也未能真正开拓出艺术研究的新方向。在50年代以后的数十年间，"民间艺术"和"民艺"作为对下层艺术加以研讨的概念比较常见，甚至可以说已成为艺术研究中的重要方面；与此同时，"民俗艺术"的语词在50年代至80年代的40年间却鲜有提及，其研究成果也相对寥落。尽管在80年代

---

① 见张道一：《张道一选集》，东南大学出版社2009年版，第26页。

台湾地区学者已开始研讨"民俗艺术",并有《民俗艺术探源》和《民俗艺术的维护》等著作出版,但是在大陆的学术界和文化界,"民俗艺术"概念与研究直到 90 年代才得到关注和重倡。不论是从群众文化工作的角度,从非物质文化遗产保护的角度,还是从艺术研究的角度,90 年代以来对民俗艺术的重新研讨,表明了"民俗艺术"及其研究在现代生活和学科建设中的不可忽略和发展重兴。

从《中国民俗艺术工艺文化丛书》(1991)、李瑞岐《论群众文化与民俗艺术》(1994),到李叕《图说中国民俗艺术》(2009)、《民俗艺术学研究丛书》(2011)等,短短 20 年就出版了有关"民俗艺术"的研究著作十数种。此外,在论文方面,陶思炎的《切纸·面具·神像——日本民俗艺术三题》《论民俗艺术学的研究》《论民俗艺术的产业化》以及访谈录《沉醉于民俗艺术的园田》,叶大兵的《谈民俗艺术与造型艺术》,顾希佳的《民俗艺术的嬗变:以蚕猫和茧圆为例》等,都以"民俗艺术"为研讨中心,分别对民俗艺术的概念、特征、体系、方法、传播、产业等理论与应用问题加以阐发,推动了民俗艺术学在当代中国的发展。

民俗艺术概念与相关理论的研究,以及"民俗艺术学"学科的构想,为民俗艺术学体系的构建做出了初步的理论准备。

3. "民俗艺术"研究方法的探索

我国的民俗艺术研究是从传统的田野调查开始的。早在 20 世纪 40 年代,常任侠先生在四川对艺术史资料所进行的实地调查,就被类归为"民俗艺术"的范畴。50 年代至 80 年代,全国各地对民间文学的采风调查,着重围绕"故事""歌谣""谚语"这三大类口头作品的搜集、整理和集成丛书的编纂展开,虽称作"民间文学",实际上是以现存的口承文学为资料,从语言艺术的层面对民俗艺术展开较全面的调查与研究。当时提出的"忠实记录,科学整理"的方针,既是对田野作业方法的推进,也是对民俗艺术研究领域的转换和拓展。

神话作为原始艺术的重要方面在 20 世纪 80 年代曾受到特别的关注,并在学术界一时形成了"神话热",甚至成为当时社会科学研究中的"显学"。学者们从国外译介了原型批评、结构主义、功能主义、互渗理论、文字学派、语言学派、心理分析等理论与方法,并运用历史研究法、地理考释法、比较研究法、属种归类法、图像分析法等手段进行了理论与专题的研究,为往后的民俗艺术研究做出了有益的探索。

在方法研究方面，有关"超学科多层次复合研究法"的倡导①，以及注意文献、口头、行为和实物资料的"四只眼睛说"②，都是对民俗艺术研究方法的探索，为民俗艺术的理论构建做出了努力，并在一定程度上引发了对"民俗艺术学"的学科思考。

4. 民俗艺术研究领域的拓展

民俗艺术研究领域的拓展除了表现在理论方面的丰富和方法上的更新以外，在研究对象方面，主要以专题研究、应用研究和保护研究等体现出新的开掘和拓展。

专题研究以实证和阐发结合，对某民俗艺术品类或范畴加以纵横考察，较完整而多面地概括出对象的规律和本质。近年来，我国民俗艺术的专题研究主要涉及少数民族艺术、傩文化、纸马艺术、民俗文字、图像纹样、文化象征、民俗艺术旅游、域外民俗艺术、村落民俗艺术、宝卷文化、民俗舞乐、民族乐器、节日庙会等方面。

应用研究以民俗艺术为文化资源，打破民俗艺术世代传习的自然节拍，对其辅助生活、美化生活的功能加以充分的利用、改造和强化，甚至使之发展成富有民族特色的文化工程和文化产业。民俗艺术的应用领域，包括民俗艺术资源的旅游开发、民俗艺术符号的广告应用、民俗艺术在城市街景装饰中的应用、民俗造物艺术的产业化、民俗表演艺术的舞台化和市场化、民俗艺术创意产业的启动、民俗艺术产业群的形成以及相关产业链的带动等。

保护研究以民俗艺术为文化遗产，包括民俗艺术文物的征集、研究、收藏、陈列，也包括动态、语态、心态的民俗艺术的传承与研究。作为非物质文化遗产，造物民俗艺术中的工艺流程、艺诀行话、传统技法、文化象征、功能追求、祖师崇拜和其他的信仰观念等，都需要在社会转型中加以特别的保护和研究。对于语言类民俗艺术，包括神话、传说、歌谣、故事、传统小戏、乡野曲艺等，也需要加以采录、整理、研究和保护，以作为民族的精神家园。

当今的民俗艺术研究正是在专题、应用、保护等领域做出了推进，其学术思考和理论阐发在各自规律的探索中，也为民俗艺术学体系的形成打下了基础。

---

① 见陶思炎：《比较神话研究法刍议》，《江海学刊》1982年第5期。
② 见陶思炎、廖明君：《沉醉于民俗艺术的园田——陶思炎访谈录》，《民族艺术》2003年第1期。

二 学科交叉与产业化发展

民俗艺术学的建立是学科交叉的结果，是在艺术学与相关人文社会科学交互作用的背景下形成的。除了艺术学与民俗学的交叉研究对民俗艺术学的形成有直接的影响外，艺术学与宗教学、艺术学与考古学、艺术学与旅游学、艺术学与经济学、艺术学与文化遗产学等客观存在的交叉关系，也都为民俗艺术学及其体系的形成提供了广阔的视野和坚实的基础。

产业发展，尤其是文化产业中工艺美术的发展，在实践的层面上为民俗艺术学的研究开辟了新的领域，并在理论与实践的互动中推动了民俗艺术学研究体系的拓展。

1. 学科交叉的客观背景

民俗艺术学作为民俗学与艺术学交叉的边缘学科，建立在二者自然融合的基础上。

其中，民俗学的研究涉及诸多的艺术领域，包括作为口头传承的语言艺术，诸如神话、传说、故事、史诗、歌谣、谚语、谜语、笑话等；包括作为动态传承的表演艺术，诸如傩戏、傩舞、傩仪、乡野小戏、民间舞蹈、民间曲艺、民间音乐、杂耍杂技、木偶戏、皮影戏、儿童游戏，以及歌会、庙会、民间赛会等；还包括作为物承艺术的各类民间造物，诸如泥塑、陶塑、面塑、彩塑、木雕、石雕、砖雕、玉雕、水晶雕、铜雕、根雕、瓷刻、竹刻、刺绣、织锦、剪纸、刻纸、纸扎、竹编、藤编、草编、麻编、绳结、蜡染、扎染、蓝印花、版印、糖吹、拼贴画、漆画、麦秆画、铁画、彩蛋画、玻璃画、羽毛扇、纸伞、脸谱、布艺等。它们既作为艺术形态、艺术样式或艺术作品而留存，又能融入民俗生活，成为生活的艺术和艺术的生活。

艺术研究也常常进入民俗的领域，民间美术、民间工艺、民间舞蹈、民间戏曲、傩戏傩舞、山歌赛会等本身就承传于民俗氛围中，其艺术研究自然就有民俗研究的性质。这类研究需要田野调查，需要在民俗情境中体验，需要对传承人、传承空间和文化功能加以真切的把握，它不是把艺术与民俗剥离，而是从二者交叉融合的实际中发现和归纳艺术的规律。

艺术学与宗教学的交叉也构成民俗艺术学研究体系的一个形成基础。宗教艺术学作为艺术学与宗教学的融合，从宗教法物、信仰对象、宗教仪式、宗教空间、传播载体和传布方式等方面发掘其艺术内涵,从而形成艺术研究的一个特色支系。

在宗教法物方面,道袍、袈裟、宝剑、八卦、星图、明镜、木鱼、钟鼓、莲座、法轮、舍利、宝塔、符箓、经咒、净瓶、葫芦、菩提等,不论是人工物,还是自然物,虽然都服务于宗教信仰,但都具有艺术造物的性质和诱发艺术想象的作用。

在信仰对象方面,佛教的佛祖、菩萨、金刚、罗汉和道教的"三清四御"、星君、仙人、真人的泥塑像、木雕像、壁画、石窟、铸像、经书雕版插图、水陆画、纸马等,均以造像和图像的形式表现宗教对艺术的借取和艺术对宗教的支撑。其中,道教的"暗八仙",最能体现信仰对象的艺术化改造:宝剑、芭蕉扇、大葫芦、渔鼓、洞箫、花篮、荷花、响板,分别象征着吕洞宾、汉钟离、铁拐李、张果老、韩湘子、蓝采和、何仙姑和曹国舅。"暗八仙"作为吉祥图样在建筑装饰、家具纹饰、桌围图案和其他民俗装饰中被广泛运用,成为宗教艺术转换成民俗艺术的突出案例。

在宗教仪式方面,佛教的法会、道教的科仪,有音乐,有动作,有道具,有程序,具有一定的艺术表演性质。拿水陆法会来说,所谓"水陆法会",又名"水陆道场",其"水陆"之名出自宋遵式(964—1032)《施食正名》中的"取诸仙致食于流水,鬼致食于净地"之句。水陆法会分外坛和内坛,佛事要持续七昼夜。镇江金山寺的水陆法会,其外坛包括"大坛""华严坛""法华坛""楞严坛""诸经坛""净土坛",内坛的活动则主要有洒净、结界、遣使发符、请上堂、请下堂、供上堂、供下堂、奉浴、受戒、施食、送圣等仪轨。在水陆法会的仪式中还有悬挂水陆画的传统。水陆画一般为工笔重彩人物画,色彩鲜艳,人物突出,线条明晰,对比强烈,使法会带上了突出的艺术气息。水陆法会和水陆画不仅是宗教学研究的对象,也构成了艺术学的课题,由于它在民间的长期流布,也为民俗艺术学的研究准备了条件。

艺术学与考古学的交叉也符合客观的实际。考古学所关注的文物,其中有大量原始时期的和古代的艺术制品,例如原始彩陶、红山玉雕、良渚玉器、原始岩画、商周青铜器、战国漆器、秦汉瓦当、汉画像石、魏晋魂瓶、佛教造像、唐代银器、宋元瓷器、明清锦绣等,不仅是考古学研究的对象,也是艺术研究时常涉及的领域。在考古文物中不乏民俗文物——陶瓷制品、古代服饰、婚床酒器、舟船车马、建筑构件、古井老街、旧时玩物、乐器赌具、灯具工具、招牌幌子、衡器量具等，它们也构成了民俗艺术学的研究对象。考古艺术学着重从历史断代的立场考察上述艺术文物创造与应用的历史因素和时代特征，而民俗艺术学主要考察其传承因素和民族的、地域的、历史的艺术规律和社会条件。艺术学与考古学的交叉也为民俗艺术学体系的构建开拓了视域。

艺术学与经济学的交叉在当代愈来愈凸显出来。社会经济的快速发展、家庭收入的不断增加、文化事业的持续繁荣和艺术教育的逐渐普及，唤起了人们对艺术的渴望、理解和热爱，艺术生产作为文化产业的重要方面已经得到快速的发展。艺术品的生产涉及资源、人力、材料、加工、流程、技艺、技术、资金、市场、物流、产业链、营销策略、广告、中介、管理等多个环节，与经济学研究的问题紧密联系在一起。这一范畴的理论研究作为对艺术学领域的拓展，也给民俗艺术学的研究开辟了新的空间。民俗艺术亦有产业化发展的强劲势头，及时地融入经济学的理论与管理方法正是其发展的需要，也是其研究体系完善的基础。

艺术学与非物质文化遗产学的交叉近年来在我国非物质文化遗产保护工程的开展中已显现出来。对所谓"非物质文化遗产学"，苑利、顾军做了如下的定义：

> 非物质文化遗产学是指专门以研究人类在历史上创造，并以活态形式传承至今的，具有重要历史价值、文化价值、艺术价值、科学价值和社会价值之传统文化事项为己任的一门学问。[①]

在以上定义的表述中，"艺术价值"是非物质文化遗产学所关注的五大价值之一。事实上，人类的艺术传统都具有非物质文化遗产的性质，而民俗艺术更是非物质文化遗产宝库中最重要的几方面之一。

非物质文化遗产学研究非物质文化遗产的概念、分类和历史，研究传承主体、保护主体、保护原则、保护方法、普查与申报、开发与经营等相关问题。民俗艺术学研究民俗艺术的发展历史、基本理论、传承规律、创造主体、基本类型、作品创作、审美规律、风格特点、传播方式、应用开发等范畴。非物质文化遗产学的提出，本身就借助了艺术学和民间文艺学的成果，补充了民间艺术研究和民俗艺术研究，为民俗艺术学的研究体系增加了新的支系。

此外，社会学、人类学、教育学、语言学、文化学、民族学、文学学等研

---

① 苑利、顾军：《非物质文化遗产学》，高等教育出版社2009年版，第1页。

究也与艺术学的研究存在潜显不一的交叉互动关系,正是这一关系的存在为民俗艺术学体系的形成打下了广泛的学术基础。

2. 产业化发展的实践基础

民俗艺术的应用已部分走上了产业化发展的道路,尤其是以民俗工艺品为代表的造物艺术,因国内、国际市场的逐步扩大早已呈现出文化产业的业态。

通常所说的"产业化",就是指现代化、规模化、市场化和国际化。而对"文化产业",我们可以做出以下的概括:所谓"文化产业",是以文化为资源所进行的持续的、有规模的生产活动,是以新的文化产品和文化服务满足当代消费的新兴产业和产业链。其中,文化产业的产业链涉及人才、物质、场地等因素,其主要发展环节包括文化资源、文化创意、文化人与产业劳工、生产基地、文化产品,以及相关配套产业等方面。

民俗艺术作为民族凝聚力和创造力的结晶,已成为发展文化产业的新领域和新资源,并成为显现国家或地区人文风采和文化软实力的一个重要侧面。民俗艺术睿智精妙,朗健活泼,长传不息,其活力来自中国民俗生活的丰富多彩和中华文化的博大精深。民俗艺术在当今除了传承、保护的文化任务,也有发展文化产业、走向国际市场的应用要求,它固有的经济风俗和地域性流通市场,成为相关产业继续扩大和推进的基础。民俗艺术产业需要以培养新业态的眼光加以维护、提升和拓展,同时在产业化发展的进程中应注意把握其主要环节及其结构间的相互关系。

民俗艺术产业化的发展是一个自成结构的系统,其主要环节包括"民俗艺术资源""民俗艺术创意""民俗艺术生产""民俗艺术产品"和"民俗艺术市场"等基本部分。

所谓"民俗艺术资源",指具有丰厚的文化内涵、精湛的手工技艺、广阔的市场需求、强劲的再创活力的民俗艺术种类和样式。它因能不断地开掘和利用,又联系着民族的记忆和情感,并有着广阔的生活背景,因此能成为特殊的文化财富和经济、社会发展的源泉。民俗艺术资源从存在形态看,有物质文化与非物质文化的类分;从层面结构看,有物态的、语态的、动态的、心态的多层分布;从创造主体看,有汉族和少数民族的族种区分,也有乡民与市民的身份不同;从艺术属种看,还有造物艺术、表演艺术、语言艺术等划分。这些联系与区分为民俗艺术的多角度开掘与应用提供了可能。大凡资源,都需要有勘察、认定、开掘、保护、利用等环节,民俗艺术资源在产业化过程中也同样需要对这些环节和相关因素加以把握和统筹。

所谓"民俗艺术创意",指对传统的民俗艺术项目从当代人的审美趣味和产业化生产的需要出发,进行重新设计,在传统的形式中注入现代理念,突出并放大某些民俗艺术符号的特征和作用,并对原有的文化元素加以补充和整合,包括部分吸纳外来因素和当代元素,以开发出新功用,设计出新产品。民俗艺术创意以民俗艺术资源为对象,以艺术消费市场为目标,通过创意设计和大规模生产,推出新颖、鲜活的文化艺术产品以服务于当代生活。民俗艺术创意产业在自身发展的过程中,能带出相关的产业链,从而创造出更大的经济与社会效益。作为一种唯美与实用相结合的新经济领域,创新性、集约性、消费性是其主要特征。民俗艺术创意以软性的"创意"为核心产品,进而在规模化生产中转换成系列的、适时的消费性实用产品。"民俗艺术创意"其实就是文化创意,或者说,是文化创意的一个重要方面。它的作用正不断地显现出来,并已成为民俗艺术产业化改造及其相关产品生产的前提。

所谓"民俗艺术生产",指走出家庭作坊、手工工场的分散、零星制作方式的规模化生产,它虽在制作过程中部分保留民俗艺术的基本要素和符号标志,但因成批生产的需要而改变了原先手工制作的工艺流程,同时与原流程相伴的行规、行话、艺诀、行业信仰等民俗活动也受到了相应的改造。其结果是,群体代替了个体,机器取代了手工,市场决定着生产,标准化设计改变了即兴创作,求新求变的取向代替了传统样式的沿袭。可以说,民俗艺术的生产不再是民俗生活的一部分,而成为与市场相适应、以产值为追求的经济活动。民俗艺术作为非物质文化遗产正前所未有地受到普遍关注和保护,但这与它产业化的发展并非相互抵牾,在实践的层面上,民俗艺术保护与民俗艺术生产完全可以并行不悖,前者旨在维护传统、传承文化,后者旨在服务当代、创造价值。

所谓"民俗艺术产品",指对当地或异地的民俗艺术资源经过创意设计,集中投入到产业化生产的过程中而制造出的有标准、成规模的文化产品。这类产品的典型主要集中在造物艺术方面,诸如泥人、风筝、木雕、石刻、绣品、香包、陶艺制品、民族服装、儿童玩具、家居装饰、编织物、印染物、版印物等,它们以民俗元素的保留或强化而展示出民族的与地方的风格,以外观的视觉效果和普遍的民俗应用美化和引导当代人的生活,进而满足人们对艺术与生活的追求,从而实现传统与时尚的抱合。民俗艺术产品是民俗艺术产业的价值目标和运作中心，有了产品，才有产业的意义，没有产品，也就不存在什么实在的"产业"了。

所谓"民俗艺术市场"，指相对集中的以民俗艺术品为主要商品的交易、流通场所。这一市场的存在和兴旺推动着民俗艺术产业的发展，并能带动相关的产业链，尤其是包装、运输、存储、递送，以及有关的其他服务行业。民俗艺术市场既可以随文化产业的发展而自然形成，也需要因地制宜地加以选址建设和不断地培育。任何分散的、零星的产品销售不可能带来产业化的规模发展，市场联系着产业生存的命脉，成为信息反馈的"终端"，也成为其不断调整与创新的平台。市场反馈的艺术消费信息不仅仅有着营销方面的价值，往往决定着艺术商品的再设计与再生产，甚至决定着整个产业的未来走向。

上述民俗艺术产业化的主要环节相互衔接，相互制约，彼此依存，缺一不可，正是它们的整体联动，带来了产业化的有序而持续的发展。

民俗艺术的产业化趋向除了工艺美术，还体现在民俗旅游产业、民俗会展产业、民俗会节活动等领域，这些领域中的活动因规模化、长效化、商业化，使其中的民俗艺术成分也进入了产业化的运作。

民俗艺术产业化的发展从实践的层面上为民俗艺术学的理论研究准备了新的课题，提供了鲜活的研究对象和研究方向，从而丰富了民俗艺术学的体系框架。

《东南大学学报（哲学社会科学版）》2011年第4期

论民俗艺术传承的要素

一 民俗艺术传承的主体要素

传承是民俗文化传统维护的最重要的手段,也是民族特色保持的最可靠的路径,民俗艺术作为民俗文化的有机部分,自然也以传承为其存在、延续和发展的前提。传承既包括随纵向的时间线索的不断传习,也包括在一定横向空间范围内的接受与传播。它一般以时间为标杆,以同地域、同种族的前后传习为主要运动模式,同时也因文化触染和交流认同而具有跨地域、跨种族的传承可能。

民俗艺术传承的对象与领域包括作品、题材、主题、风格、技艺、语言、色调、工具、方法、场域、审美、信仰等诸多方面,表现在人与人之间的相承相接、相沿相习。人作为主体和传承的第一要素,不仅是文化的创造者和享用者,也是延续文化艺术传统的守护者和传承者。民俗艺术的传承体现为主体、客体和中介三者间的相互运动,其中,主体是人,客体为民俗艺术作品,中介是风俗习惯、审美情趣、信仰观念、艺术市场和其他的动态过程。主体决定着客体的存废与发展,也决定着中介的有效与无用。

民俗艺术的传承主体是长期生活在一定民俗氛围中的民众,其中的从艺者和从业者,以及研究者和爱好者构成了传承人的浩荡队伍,不断推动着民俗艺术的持续传承。就传承人的身份性质来说,他们有直接传承人和间接传承人的区别,但共同汇成了传承大军,展现着艺术传承中的主体阵容。

1. 直接传承人

民俗艺术的"直接传承人",指民俗艺术的从艺者们,他们承继着历史的传统和前人的技艺、经验,坚持着地域的特色和行业的规约,延续着各自艺门类的功用和门派的风格，不间断地从事艺术的创作、展演与生产，尤其是以带徒、演示、教习等方式培养后辈，使民俗艺术的品类和技艺得以薪火相传、延绵不绝。

民俗艺术有民俗造型艺术与民俗表演艺术的门类区分，它们在传承方式与传承规律方面也有所区别，它们的直接传承人或从艺者的传承活动自然也各具特点。

拿民俗造型艺术的直接传承人来说，坚持从艺，坚持制作传统产品并创新题材和工艺，以满足庶民社会的文化与生活需求，这本身就是一种艺术传承。同时，撑持作坊，带徒传艺，培养行业的继承人，更是传承的基本方式。民俗造型艺术涉及材料的选择和加工、艺术产品的设计、工艺流程的制定、工具的使用、技术手段的运用、行业信仰和行规的遵守、行话的掌握、民间知识和风俗习惯的深入了解、民俗审美的领悟、产品功用的开拓、艺术市场的把握等方面。此类传承主要在作坊、工场等空间展开，围绕民俗艺术品的制作流程，通过眼观、耳听、嘴问、手动、心悟，在具体实践中掌握技术要领、基本方法，领悟民俗传统和文化精神。直接传承人既是从业者，也是授业者，构成民俗艺术传承、发展的主要因素。

拿民俗表演艺术的直接传承人来说，他们从事民间小戏、木偶戏、皮影戏、傩戏、讲经宣卷、唱山歌、讲故事、民间舞蹈、民间曲艺、杂耍、吆喝等表演，主要以语言、动作构成民俗艺术的要素，以过程性为其展演特点。与民俗造型艺术有形的物质形态相对照，民俗表演艺术以无形的非物质文化形态为主要存在方式。民俗表演艺术的直接传承人未必都是专门的从业者，他们可能是农民，也可能是市民，不少人另有职业，从事民俗艺术的表演乃出于兴致和对民俗氛围的热衷，大多不作为谋生的手段。他们不论是常年的表演，还是季节性、节日性或伴随某生产环节的自娱性表演，总因民俗艺术的应用与传布，成为实际的传承人。他们也带徒传艺，但更多的是在观赏、模仿、参与和教习中培养自己的后继者。

直接传承人既亲自参与民俗艺术活动或民俗艺术品的制作，又以带徒、教习的方式传授他人，在传统的延续中发挥着承上启下的作用。

2. 间接传承人

民俗艺术的"间接传承人"，指民俗艺术的非从业者或非专业人员，但他们与民俗艺术的传承、保护密切相关，他们关心、热爱、参与、学习、研究、推介民俗艺术,从而强化了民俗艺术的存在,推进了民俗艺术的传承。

民俗艺术的"间接传承人"包括民俗艺术的收藏者、研究者、工作者、出版者和爱好者们,这些人员或机构所组成的庞大阵营构成了民俗艺术传承主体的重要方面。他们从各自的关注点出发,为民俗艺术的传承创造了条件,虽不直接介入民俗艺术的生产过程和传习活动,但为其传承构成了良好的主体背景,成为间接的传承因素。

民俗艺术的收藏者们,以木版年画、纸马、泥人、剪纸、风筝、皮影、红木雕件、木雕构件、玉石雕刻、紫砂茶壶、拴马石、油灯、玩具、饰品等民俗艺术作品为收藏专题,他们的收藏与展示扩大了这些民俗艺术品类的影响和传播,荟萃了各地域的相关信息,促进了文化艺术市场的活跃,并带动了这些民俗艺术品的生产,从而推动了民俗艺术的传承和保护。除了个人收藏者的单一品类的收藏,一些民俗博物馆、民俗艺术馆的多品类的征集、陈列与收藏,往往与地域文化、馆址氛围相联系,也为民俗艺术的传承营造了背景。

民俗艺术的研究者们,以民俗艺术为研究对象,经过实地踏察、走访座谈、作品采集、文献审读、现场体验、活动记录、市场观察、统计分析等,对某一民俗艺术类型做出历史的、功能的、审美的、价值的、应用的、市场的,以及其他理论与实践范畴的研究。或者,他们从宏观的理论出发,对民俗艺术志、民俗艺术史、民俗艺术论做出学科性质的理论阐发。这些研究成果将推进民俗艺术的创作实践,帮助人们深刻认识民俗艺术的历史发展和基本规律,并引导民俗艺术的传承、发展、保护和应用。研究者们以理论层次的介入,使他们实际上已成为重要的间接传承人。

民俗艺术工作者,指民俗博物馆和民俗艺术馆的工作人员,民俗艺术行业和产业的管理者,各级非物质文化遗产保护机构的相关工作人员,以及民俗艺术市场的经营者和管理者。他们既不是民俗艺术的直接生产者和展演者,也不从事民俗艺术的传授和讲习,但他们以民俗艺术为工作重点,或者说,他们的日常工作围绕民俗艺术而展开。他们的管理工作使他们介入民俗艺术的传承,也客观地融入了传承主体,成为又一支间接的力量。

民俗艺术出版者,指涉及民俗艺术书刊的编辑者和出版者,他们以民俗艺术研究的论文、调查报告、专著、图册、杂志、丛书、光盘等为工作对象,以文字成果和音像制品介入了民俗艺术的当代传承。

至于民俗艺术的爱好者们,人多面广,散布在社会的各个层面,其主要构成是普通的农民和市民。他们坚持贴年画、玩花灯、逛庙会、看社戏、放风筝、唱山歌、打社火、扭秧歌、贴窗花等，并用木雕、竹雕、石雕、刺绣、编织等民俗工艺品装饰居室和环境。由于他们的广泛参与，民俗艺术活动才长盛不衰；由于他们的喜好，民俗艺术品才得以在生活中广泛应用，长期承传。民俗艺术的爱好者，是享用者，也是参与者，他们也构成了民俗艺术传承的主体基础。

直接传承人和间接传承人同作为民俗艺术传承的主体，存在着交叉联系的关系，他们对于民俗艺术的传承来说，都是非常重要的。他们凸显了艺术传承与发展中的人的因素，并发挥着决定性的作用。

二 民俗艺术传承的时空要素

民俗艺术的传承离不开时间与空间的要素，时间与空间构成了它的传承条件和背景。任何艺术形式都是时间的艺术过程，不存在亘古不变的形态，其盛衰消长正是从时间的向度所识得。在内容方面，时间的投影则更为清晰，题材、主题、思想、心理、情感等莫不与时迁化，因俗异变。至于空间，作为艺术创造、展示、传承、传播、应用的场所，制约着艺术的发展，并构成艺术地方性、区域性和国别性的重要因素。

时间与空间的联系与思考，是宇宙观形成的基础。艺术，包括民俗艺术，是一定时间与空间的产物，本身就包含着宇宙哲学的成分，故而使艺术传承问题也带有哲学思考的意义。

1. 时间要素

民俗艺术的传承，就是要将民族生活中所共享的传统艺术形式、艺术手段和艺术精神传习下来，这本身就是基于时间因素的考虑，是将过去、现在与未来的相连相贯，是将其沿着时间轴线的线性推展。传承作为承前启后的运动，以既往为对象，以现在为坐标，以未来为愿望，其中的时间构成了传习的脉络和基准。

就民俗艺术具体的传承状况说，时间的要素主要体现在传统年节、庙会活动和文化节庆等方面，它们一般都有固定而明确的时间限定和岁时特征。与这些节日或活动相联系的民俗艺术，其展示或传习自然就带上了时间的印记。

拿传统年节来说，所谓"传统年节"，就是从古代延续下来的各种民俗节日和节气，主要包括除夕、春节、元宵节、清明节、端午节、七夕节、中秋节、重阳节、冬至节等。在这些节日的民俗活动和民俗风物中有不少民俗艺术的成分，它们也随年节而承传，并成为这些节日不可或缺的文化符号。

春节中的门神、年画、门笺、窗花、春联、花灯；除凶纳吉的傩戏、傩舞，以及跳灶王、跳财神的街头舞蹈；带着纸扎的凤凰、麒麟，敲打着锣鼓，挨门逐户的唱春人；跳马灯、跑驴儿、踩高跷、荡湖船、舞龙灯、打莲湘等元宵节的户外表演；灯市、花市等新春艺术市场；等等，它们与新春佳节紧密相连，在艺术审美和功能满足的背后，是对时令的认知和对节日的提示。

此外，清明节放风筝、戴杨柳，端午节的龙舟、钟馗图、天师符和端午符，七夕节姑娘们的"陈针巧"、《天河配》的木版画和剧目、用凤仙花汁染红指甲的美甲风俗，中秋节的《嫦娥奔月》图画、"兔儿爷"的泥塑、木版印制的"太阴星君"的"月光马儿"，重阳节插于重阳糕上的刻纸角旗、赏菊花的活动，冬至节启用的《九九消寒图》和数九的歌谣，等等，都以民俗艺术的应用展示传统节日的岁时特征，突出了这些艺术符号所隐含的时间要素。

拿庙会活动来说，所谓"庙会活动"，是指与道教、佛教、民间宗教及其他宗教信仰相联系的祭祀、出巡，以及娱神乐人的仪式和表演，它们有固定的期日、固定的祭祀对象和相对固定的空间，每年周而复始地举办，形成地域性的文化传统。庙会活动除了祭神的香火，还有民俗艺术的表演和展示，在当地民众的心目中，庙会往往具有节日的性质。

例如，南京高淳县（现南京市高淳区——编者注）凤山镇永城村祭祀刘猛将的"大王会"，每年在阴历三月十八日前后举行，它以村民异神巡游为中心，其行进序列为：长杆牙旗，锣鼓队，巡牌，角旗队，唢呐队，刘猛将，华盖伞，銮驾队，祠山大帝，龙头三太子，锣鼓队，大扇，神舆等。其中，面具、魁头、唢呐、锣鼓、华盖、銮驾，以及仪仗等，都具有民俗艺术的性质。

此外，江苏姜堰清明节的"溱潼会船"，是以为战死者"添坟"祭扫为主旨的大型水上庙会。庙会上的"会船"有五种，包括篙子船、划子船、龙船、供船、花船，前两种用来比赛争先，后三种是表演用船。除了这五种，"会船"本身具有民俗艺术的性质，舞龙灯、挂纸灯、演小戏、挑花篮等也都是民俗艺术的项目。"会船"的出现在当地成为点画清明时令的标志，并使娱人的功能超越了祭鬼的主题。

拿文化节庆来说，这类并非传统的新兴会节活动，往往出于地方文化旅游、商贸活动或其他纪念性、公益性的需要而设立，它们具有岁时性的特点、明确的主题、社会性的公共空间，以及主办人官方的或半官方的色彩。这类文化节庆包括非物质文化遗产日、民间艺术博览会、各种文化艺术节，以及与当地物产相联系的梅花节、茶文化节、油菜花节等等。在这些会节中，少不了民俗艺术的表演、民间工艺品的陈列与展销、民俗艺术作品和民间艺人的评奖等活动，往往借助舞龙灯、舞狮子、威风锣鼓等营造开场气氛。民俗艺术实已渗透在新兴文化节庆之中，具有表现时间要素的符号意义。

2. 空间要素

民俗艺术的传承是在一定的空间范围中展开的，传承空间与传承人、传承机缘、传承路径、传承方式等一起构成了传承的要素。民俗艺术的传承空间大到地区、省份和国家，小到具体的场域、场所，对某一民俗艺术类型来说，其传承空间多是寻常可见的有限空间。可以说，任何民俗艺术种类的传承都少不了空间的要素，空间构成了文化传承的必要前提。传承空间根据范围和性质，可大致分为"活动空间""区划空间"和"文化空间"三种。

所谓"活动空间"，指民俗艺术的某一形态或品类的自然传承空间，作为生活或生产的需要的反映，它往往因地制宜地在动态传习中被加以利用。这类活动空间包括作坊、宅院、场馆、广场、街道等。

民俗艺术的各个类型对空间的依赖是不相同的。造型类民俗艺术的传承空间主要是各种大小不一的作坊、工场，它们以家族式的传承和带徒传承为主，一般规模都不大，常常是独自经营，主要用以满足周围人群的生活需要。不论是羽毛扇的制作、泥人的捏制、风筝的糊扎、彩蛋的描绘、竹器的编织、蓝花布的印染等一般民俗艺术产品的生产，还是刺绣、玉雕、牙雕、漆器、银器、微雕等较精细、贵重的品类，其传承空间大多是狭小的作坊或规模不大的工场。表演类民俗艺术的传承空间则主要是田头、场头、街道、广场等公共空间，它需要向乡民或市民展示，因此其展演和传承的空间是开放式的。诸如，唱山歌、演小戏、跳马灯、打腰鼓、扭秧歌、舞龙灯等，都需要一个开敞的或可行进的空间，让观者围观或参与。开放的公共空间就成为表演类民俗艺术的一个显著的传承要素。

所谓"区划空间"，指对民俗艺术的传承空间在较大的空间范围里加以认定和类归，一般按行政区划做市别或省别的空间划分，或者按经济与社会结构做城市与乡村的二元划分。例如，民俗艺术中的苏绣主要在苏州地区制作、传承,紫砂工艺品的艺术传承地主要在苏南的宜兴市,泥泥狗出在河南淮阳,唐卡艺术主要传承于青藏地区,二人转盛行于东北,花儿传承于宁夏、甘肃一带,作为"抬阁"类的"水上飘色"流行于广东地区等等。它们都在一个相对固定而又较广阔的地区传承,并成为特定的区域性文化符号。

至于城乡二元的划分,尽管大多民俗艺术形态具有城乡互动的历史趋向,然亦有局限于或城或乡的传承状况。譬如,在春社或秋成以后唱草台戏,在傩祭、傩仪中搞面具出巡和家家路祭,在田间劳作时唱山歌或赛山歌,除夕日在猪圈、牛棚贴"猪栏之神""圈神""牛栏之神"一类的版印纸马等,就明显只传承于乡村的空间。此外,办灯会、办花市和办灯市,在元宵节进行提灯踩街游行,端午节邀好友、携酒壶去熙游名胜,中秋节民间纷纷占酒楼玩月,人们按不同季节分别举办诗会、酒会、曲会、赏荷会、蟋蟀会、灯虎会等,则明显是在城市里传承。

所谓"文化空间",指民俗艺术的传承空间不受原地传习和自然需要的局限,甚至能突破地域和区划的空间,以及民族的与国别的界限,它以文化同源为背景,以影响型传播为基础,以语言的、文字的、信仰的、工具的等文化圈为范围。所谓"文化圈",系指具有相同文化因素的区域,作为一个地理上的空间概念,它是文化因素聚集和传播的结果,也是文化中心的文化丛扩散的结果。①

例如,与中国的婚冠丧祭相联系的礼仪和风俗,使用夏历的岁时节令和年节民俗艺术活动,以土木为结构特点的建筑艺术传统,以稻米为主食的农耕生产与稻作艺术活动,讲究方块字书写与应用的书艺、书道等,均主要传承于汉字文化圈。"文化圈"这一文化空间既是文化传播空间,也是艺术包括民俗艺术的传承空间。举例说,中国木版年画在汉字文化圈中就多点传承,除在中国的东南西北都有产地外,在日本、韩国、越南等国家也见传承。其中,越南的东湖年画至今仍在印售、传承,题材有老鼠娶亲、鲤鱼图、猛虎图、骑龙乘凤图、渔樵耕读、牛郎织女、富贵荣花、娃抱金蝉图、蛤蟆讲读、母猪图、母鸡图、耕牛图、牧童图、舞龙灯、金玉满堂、游戏图、相扑图等,题材大多来自中国,显示出共同的文化圈属性,及其文化传承空间的通连与宽广。

---

① 参见覃光广等主编:《文化学辞典》,中央民族学院出版社1988年版,"文化圈"条。

三　民俗艺术传承的生活要素

民俗艺术的传承有赖于生活需要，它总是在民俗生活的层面上展开，究其原因，一方面是出于文化功能的推进，另一方面，它又受文化惯性和自身传统的驱动。在民间的婚嫁习俗、寿诞礼俗、家居建筑，以及成长礼俗、社会交际、娱乐活动和民间信仰等方面，都有民俗艺术的应用，并在其传承中显现出生活要素的作用。艺术来源于生活，生活充满着艺术，民俗艺术传承在日常生活、经济商卖和审美教育等领域中展现着传承的活力。

1. 日常生活要素

民俗艺术大多是在日常生活中应用和传习的，它服务、美化和补充着庶民百姓的日常生活，完全深入到民众的生活之中。

拿婚嫁礼俗来说，其中的艺术品类和传统装饰，就体现了古今相贯、雅俗交融的传承规律和生活逻辑。婚礼中始终以红色为基本色调：新娘涂口红、搽胭脂、着红装、顶红盖头，新房的门窗贴剪纸的红双喜，室内使用红窗帘、红桌围，洞房内燃着一对大红的龙凤烛，行交杯酒礼用的葫芦杯一律漆成红色，众人让小叔子戳开窗纸来"听房"取乐的工具是十把红漆筷等等。红色成为婚庆礼俗中的主色调，也是相关民俗艺术的基本用色。此外，新娘用的凤冠霞帔、迎亲用的花轿、喜堂中挂着"和合"图的中堂画，以及伴随着婚礼仪式不时唱响的喜歌，诸如《进门歌》《坐床歌》《撒帐歌》《戳窗歌》等，也都是不同形态的民俗艺术。它们渲染了婚礼的喜庆气氛，强化了辟凶就吉的心理追求，寄托了传宗接代、早生多育的愿望，突出了"永结同心""百年好合"的生活主题。

拿家居建筑来说，门饰、瓦饰、脊饰、顶饰、砖雕、石刻、壁画、花墙、漏窗、门窗木雕、地面花街、室内摆饰等，其图样大多取自民俗艺术的传统题材，同时又满足日常生活和艺术审美的需要。例如，苏中地区的瓦屋脊饰，有"金鸡报晓""双狮盘球""丹凤朝阳""二龙戏珠""龙凤呈祥""福在眼前""长青富贵"等吉祥图样，表达了太平、富贵、祥瑞、久长的生活愿望。

再例如，山西常家庄园的影壁、花墙的砖雕，有吉祥语词、祥物的单独使用，更有它们的组合、叠加运用。除了"福"字、"寿"字、"禄"字等吉祥文字，以及日月、祥云、瑞兽、祥禽、名花、珍果、宝物、器用等的单用，我们更多看到的是祥物的组合运用，并由某些固定的搭配而形成名称不一的吉祥寓意。例如，鹿、鹤刻在一起，叫作"六合同春"；松树、仙鹤同图，叫作"松鹤延年"；喜鹊在梅枝上，叫作"喜上眉梢"；鲤鱼、龙门同图，叫作"鱼跳龙门"。此外，还有"三星在户""太平有象""多子多福""室上大吉""锦上添花""麒麟送子""瓜瓞绵绵"等，使建筑带上了福善嘉庆的信息。

2. 经济商卖要素

经济商卖活动虽以效益、利润为追求，但它能通过市场和商品与普通百姓的日常生活紧密联系，并在一些方面注意民俗艺术的应用，不仅在装修、促销等方面可借助民俗艺术来美化环境、创造气氛，同时也能以耳熟能详的传统拉近与百姓的距离，从而产生彼此的认同感和亲和力，最终促进商卖的兴隆。

例如，不少店堂的装修，尤其是茶馆、酒楼、饭店等处，普遍选用古旧木雕窗扇或仿古木雕作品装饰墙面，也用皮影、剪纸、面具、风筝、刺绣、竹刻、木版年画等作品做室内装饰，还用中国结、蓝印花布、农民画、拼贴画、扇面、雨伞、独轮车、石磨盘、老油灯、蓑衣、斗笠、红辣椒、玉米棒、升斗、大秤杆、古井栏、小石桥等民俗艺术品和旧时的生产、生活用具，以及能反映主题背景的公用实物和特色农产品作为文化符号，装点店面和环境。经济商卖活动一方面借取了民俗艺术的成果来带动营销，另一方面又为民俗艺术的应用注入了商机，使装修用的民俗艺术构件和产品的生产在近年有了很大的发展，并因此形成相关的产业和产业链。

此外，商业活动中的民俗艺术表演也逐步增多，一些标榜地方与民族特色的民俗餐馆和景区的旅游饭店，常见民俗歌舞表演和民族乐器演奏，有的还到游客的餐桌前演唱民歌或说吉祥喜话以劝客饮酒，使民俗艺术表演成为商业活动的一个部分。另外，民俗艺术的一些技艺在商业活动中扩大了演示的空间。例如，当场表演人物剪影，捏泥像、雕木像、表演编草虫、打绳结、塑面人、吹糖塑等，加上舞龙、舞狮等室外的开场表演，民俗艺术在当今的商业活动中有了广泛的应用。这既反映了民俗艺术的坚韧活力，又表明它对经济商卖要素的接纳和化用。

3. 审美教育要素

民俗艺术在传承与应用中除了满足庶民们的生活需要，还具有审美的功用，并能服务于艺术教育，成为艺术审美与教育的重要材料。民俗艺术的教育主要在作品展示、艺吧教室、学校教育等层面展开。

民俗艺术的作品展示，包括各地民俗博物馆和民俗艺术馆定点的、常规的陈列，也包括在非物质文化遗产保护工程中为促进普查、扩大宣传、推介经验所进行的相关作品的巡展，还包括为了繁荣地域文化和推进文化产业发展所举办的相关博览会，诸如江苏省举办的"东方工艺美术之都博览会"、浙江省举办的"中国民间艺人节"等等。这些活动不只是对民俗艺术品的展示或展销，也对一般民众发挥着审美与教育的功用，促进着民俗艺术的当代传承。它们普及民俗艺术知识，提供传习的范例，推动文化产业的发展，强化了传承与保护的意识，构成了民俗艺术教育的一个重要环节。

民俗艺术的艺吧教室，旨在教习民俗艺术某些门类的技法艺能，以动手习作的方式让青少年积累美感体验，培养对民俗艺术的真情实感，从而持久地推进其传承。这类艺吧教室有学习陶艺的陶吧，学习紫砂工艺制作的紫砂陶吧，学习剪纸、折纸和纸扎技艺的纸工坊，学习雕刻、装配和木工工具使用的木工坊等。这些教习性的艺吧既是作坊，也是教室；既忙制作，又兼教育。它们提供了实践型教学的场地，又有从艺人员的指导，开辟了艺术教育的第二课堂，在民俗艺术的传承中显示出教育的要素。

民俗艺术的学校教育是培养传承人、爱好者和研究者最重要的几种方式之一。一些中小学开设的手工课和社会实践课，以学习某一民俗艺术品的制作为主，也请有一定理论基础和丰富实践经验的老艺人授课；民俗艺术"进校园"在注意文化保护的今天已成为比较普遍的现象。高等教育中的民俗艺术课程，旨在培养从事民俗艺术研究与应用的专业人才，包括硕士生和博士生的专业课程，也包括针对设计学、美术学、旅游学、建筑系等学科的公共课开设。民俗艺术为高校的艺术学教育提供了新的方向和领域，同时，高校的教学与研究也提升了民俗艺术的地位，在指导其发展繁荣中凸显了它的传承要素。

《民族艺术》2012年第2期

论民俗艺术学的研究对象与学科特点

一 何谓民俗艺术学

民俗艺术学是以"民俗"和"艺术"为研究对象的交叉学科,它旨在建立民俗艺术研究的理论体系,并在学科发展的语境下构建艺术学总体框架中的一个重要分支,并使其具有独立学科的性质。民俗艺术学的学科建设任务,包括进行概念界定、构建体系框架、树立理论支点、拓展研究视角、指导应用实践等,其研究领域涉及体系论、方法论、类型论、特征论、功能论、层次论、传承论、审美论、作品论、传播论、应用论、保护论等基本理论范畴。

长期以来,作为民俗艺术学研究对象的"民俗艺术",与"民间艺术""民艺""民间文化""艺术民俗学"等概念,往往被混用不分,它们似乎已被看作彼此无甚区别的同义词,而"民俗艺术"的特征和规律也因此常被漠视。

所谓"民俗艺术",系指依存于民俗生活的各种艺术形态,作为传承性的下层艺术现象,它又指民间艺术中能融入传统风俗的部分。"民俗艺术"往往作为民俗传统的象征符号和民俗生活化的原生艺术,在岁时节令、人生礼俗、民间信仰、社会交际、衣食住行、消遣娱乐等方面广泛应用。"传承性""传统性""风俗性"和"群体性"作为民俗艺术的主要特征,使其具有深厚的文化背景和坚实的社会基础。"民俗艺术"并非强调"民俗"与"艺术"在形式上的相互交叉,而主要指在精神内涵上的整合和一统。"民俗艺术"也并非简单地等于"民俗"加"艺术",而应视作艺术体系中的一个完整而独立的概念。

总之,"民俗艺术学"着眼于具有传承性和风俗性的各种下层艺术形态,致力于剖析和归纳它们的艺术个性和一般规律。作为其研究对象的"民俗艺术",是艺术的一个部分,也是艺术的本体,其理论的建构反映了艺术本身的丰富复杂和当代认识艺术科学的积极努力。

二 民俗艺术学的研究对象

民俗艺术学的研究对象是民族的和地方的具有传承性的各种艺术现象，包括传统的民俗艺术观念、民俗艺术的审美习惯、民俗艺术的作品、民俗艺术的传承人、民俗艺术的基本理论、民俗艺术的应用理论、民俗艺术的发展史和学术史、民俗艺术批评、民俗艺术的产业化、民俗艺术市场等理论与实践领域。

归纳起来说，民俗艺术学的研究对象主要体现在以下几个方面。

1. 民俗艺术的内外部规律

所谓"民俗艺术的内外部规律"，即民俗艺术学的基本原理，它以宏观的理论概括为要旨，主要通过规律的探索和归纳，构建民俗艺术学的基本框架。

就规律而言，民俗艺术学的内部规律包括主体论、审美论、传承论、类型论、体系论、特征论、功能论、层次论、方法论、作品论、创作论、传播论、语言论等等。

"主体论"，着重于民俗艺术的创造者、享用者、传播者的研究，包括民间艺人，民俗艺术的管理者、经营者、消费者、参与者和广大接受者，也就是说，它是一切与民俗艺术创作、传播和享用的相关人的研究，并且在与客体和中介的交互作用中展现主体在艺术过程中的主导作用。

"审美论"，研究民俗艺术的群体审美情感和民族的或地方的审美规律，从而对其作品、题材、主题、功能、样式等内容与形式问题有较深刻的理解和准确的评判。

"传承论"，着重研究民俗艺术的传承规律，尤其注意传承人的研究，包括传承谱系、传承方式、传承情境、传承路径，以及传承与创新的辩证关系等，从而在深层次上揭示民俗艺术生成、发展的规律。

"类型论"，主要对民俗艺术的不同门类和丰富复杂的样式加以类归，找到它们相互间的属种关系和类的特点，从而在总体上对它们加以准确的认知和把握。

"体系论"，旨在对民俗艺术的创作和研究进行系统的考察，把它看作一个丰富而严整的体系，从而找到其作为艺术学学科中相对独立的分支学科的客观基础。

"特征论"，在民俗艺术与其他艺术的比较中归纳其作为艺术大观园中一景的个性特点，进而了解其生成方式、传习规律和应用空间等，并发掘其艺术品质和优长之处。

"功能论"，研究民俗艺术在庶民社会中的各种需要及这些需要的艺术表达，研究功能的类型、指向、作用和消长，及其与民俗艺术的存废关系，从而在根源上考察民俗艺术的价值、现状与趋向。

"层次论"，着眼于民俗艺术的诸多形态在不同层面的展开，主要从物质载体层面（物态）、行为与过程层面（动态）、精神内涵层面（心态）、语言表现层面（语态）等方面剖析民俗艺术的形态结构，并对其多层面间的相互关系做出理论概括。

"方法论"，主要探讨民俗艺术的研究方法，诸如田野调查法、历史研究法、功能分析法、结构剖析法、比较研究法等，进行有关理论的阐发和典型实例的举证。

"作品论"，着眼于民俗艺术的各种具体成果，研究典型成果的基本内容与形式，代表作品的艺术价值和风格特点，以及作品在传承、传播中的客观效应，作品对集体意识和民间知识的表达和应用等。

"创作论"，考察不同门类的民俗艺术作品的创作过程，作者群的师从关系和社会身份，思维、心理、风俗、宗教、哲学对创作的影响，民族风格与地域特色的表现方式等。

"传播论"，研究民俗艺术的传播规律，包括传播者、传播媒介、传播时空、传播路径、传播机缘、传播中的接受与改造等，进而对民俗艺术的传播与流布在比较的视野下做出判断和概括。

"语言论"，研究民俗艺术的语言特征，包括民歌、民谣、神话、传说、故事、民间曲艺、民间小戏等讲唱、表演中必不可少的有声语言，也包括行为、动作、仪式、手势、体态等副语言，还包括造物艺术中的行话、信仰、禁忌和工艺流程等潜显不一的语言形态，从而深刻揭示民俗艺术的创造过程，以及在这一过程中人的语言与智慧的因素。

民俗艺术的外部规律包括民俗艺术与社会历史、民俗艺术与政治运动、民俗艺术与宗教生活、民俗艺术与伦理观念、民俗艺术与科学技术、民俗艺术与市场经济等方面，民俗艺术在这些外部力量的作用下，总会在内容或形式方面受到制约或推进，从而发生局部的演化或明显的改造。民俗艺术说到底是社会文化现象，它服务于庶民生活，从来不是为艺术而艺术的产物，因此，它必然受到来自社会生活的各种影响，一些并非艺术范畴的因素会构成外部条件，对艺术施以无形的制约，并形成一些规律。民俗艺术的外部规律研究，就是要找到这些影响因子，做出恰当的评判和引导，在全面认知民俗艺术的演进规律的基础上，推进民俗艺术的发展和繁荣。

2. 民俗艺术的专题

民俗艺术的专题指民俗艺术的研究着眼于某一门类或属种的具体研究，并从民俗艺术作品、民俗艺术过程、民俗艺术精神等层面揭示其典型特征和一般规律。

民俗艺术专题分布于造物艺术、表演艺术、语言艺术等基本领域，面广量大，不胜枚举。就造物类民俗艺术来说，"雕刻类"就有木雕、石雕、砖雕、瓷雕、陶雕、骨雕、竹雕、牙雕、核雕、根雕、微雕、铜雕、蛋壳雕、葫芦雕等；"编织类"有竹编、草编、藤编、麻编、线编、棕编、柳条编等；此外，还有泥塑、面塑、陶艺、刺绣、剪纸、版印、纸扎、印染等。就表演类民俗艺术来说，有木偶戏、皮影戏、民间小戏、山歌、渔歌、傩戏、傩舞、傩仪、民间舞蹈等。就语言类民俗艺术来说，有神话、传说、故事、谣谚、谜语、喜话等民间文学专题，也有评书、快板、讲经、宣卷、鼓词、琴书等民间曲艺的类型。

民俗艺术的专题研究涉及类与种、形态与精神、实证与阐发、创作与传承、功能与应用、实用与审美、典型与一般等诸多方面，并注意研究对象的界定、起源、演进、现状、类型、特征、风格、创作、传承、传播、功能、影响等环节。

民俗艺术的专题是一个变化、发展的范畴，其种类与数量无法一一罗列，其选题的拓展与深化在一定程度上反映了民俗艺术研究的发展，并为其理论的完备提供了鲜活、具体的例证和较为广阔的视角。可以说，专题研究构成了民俗艺术基本理论研究的一个基础，其展开的充分、深入，有助于理论概括的准确和完备。

3. 民俗艺术遗产保护

民俗艺术遗产包括物质的民俗艺术文物和非物质的民俗艺术成分，其中非物质的民俗艺术遗产最需要加以特别的关注和保护。

民俗艺术文物，包括古建筑上的砖雕、木雕、石雕，古戏台、古井栏，旧农具、老家具、旧民具，民族服装、旧时佩饰，老招牌、老幌子，传统手工艺品，以及有一定历史与艺术价值又现存甚少的各种旧时的生活物品，涉及衣食住行、日常用品、生产工具、装饰摆饰、信仰法物、玩具乐器等方面。

非物质民俗艺术遗产，包括传统技艺、工艺流程、行规行话、艺诀艺谚、民间信仰、神话传说、民间故事、歌谣谚语、谜语笑话、方言俚语、审美观念、传承方式、戏剧表演、舞蹈程式、赛会庙会，以及一切以程式化动作、精神心理、声音语言和象征符号为表达方式的民俗艺术形态。

民俗艺术遗产面临的首要任务是保护，对非物质民俗艺术遗产在保护的同时，还必须注意推进传承。民俗艺术遗产作为民族文化的传统和标志，作为民族的与地方的特色艺术，其保护的前提是深入的普查、整理和研究。因此，民俗艺术遗产保护不只是应用层面的操作问题，还是民俗艺术理论层面的研究课题，鉴于长期以来民俗艺术保护意识的淡漠，保护在当今已成为急迫的任务。作为研究对象，民俗艺术遗产不仅是非物质文化遗产保护工程中的重要环节，也是民俗艺术学学科体系建设中不可或缺的领域。

民俗艺术遗产保护的研究范畴包括保护对象、保护方略、保护机制、保护法规、保护分类、保护重点、保护机构、保护者、遗产管理、保护与传承、保护与应用、保护与再创等等。保护研究的目的不仅是留下民族的历史记忆、守望传统的精神家园，更在于从遗产中发掘民俗艺术的精华，推进民俗艺术学的学科发展和当代的文化建设。对民俗艺术遗产来说，保护是理论指导下的实践，同时又是以实践完善理论的手段。

4. 民俗艺术的应用

民俗艺术不论其形态为何，在庶民生活中总有其实在的功用，功用是对生活需要的满足，也是一切民俗艺术存废消长的真正动因。需要与功用的沿袭和扩大，一方面促进了民俗艺术自身的发展，另一方面也为其拓展新的应用带来了契机。

应用是打破文化的自然传习的节拍，而对某些文化因素加以强化或制约的有目的的行为[①]。就民俗艺术而论，应用改变着原先的传承方式和流布空间，推动对艺术符号和文化元素加以新的组合，并赋予其新的功用。应用其实就是一种文化选择，它推动着对现存民俗艺术的整理与评估，并从经济的与社会的效益出发，对资源做出审慎的判别与取舍。应用通过有目的、有组织、有规划

---

① 参见陶思炎：《应用民俗学》，江苏教育出版社2001年版，第172页。

的开发，能放大民俗艺术在现实生活和精神生活中的效应和影响。

应用作为对资源的重新开掘，具有工程的性质。民俗艺术的应用是一个自有规律的系统工程，它需要有对传统民俗艺术的精深理解，又要有对时尚和市场的敏锐把握。实际上，应用是实现传统与现代、艺术与生活、审美与消费和谐对接的途径。

应用是用活已知资源，立足当代和未来的一个创造过程，而民俗艺术的应用本身其实就是一门创造性的艺术。应用作为文化创造，就在于对当代功能的引导。民俗艺术的应用经过判断、选择、整合、改造和创意设计，形成新的艺术"产品"，从而增广对象的文化内涵，扩大传播的有效空间，并使其在保有风俗性的同时，更具有现代性和实用性。

民俗艺术应用的研究对象，主要集中在应用主体、应用客体和应用中介三个方面，即把应用者、应用源、应用场作为应用研究的中心，以考察它们的各自规律和相互关系，并进而思考民俗艺术产业化的理论创新和发展前景。

三　民俗艺术学的学科特点

民俗艺术学作为艺术学的分支学科，在视野领域、对象源头、研究方法、风格特征等方面，都形成了自己的学科特点，并在理论与实践中展现了作为独立分支学科的性质。在民俗艺术学的学科特点中，交叉综合、广博幽深、注重实证、俗雅交融等成为其最显著的方面。

1. 交叉综合

民俗艺术学本身具有"边缘学科"或"交叉学科"的性质，其研究视野涉及艺术学、民俗学、社会学、文艺学、宗教学、美学与哲学等学科。其交叉综合的根由，乃民俗艺术内涵的丰富复杂和艺术形态的多种多样。民俗艺术的交叉综合，既有双向的交叉，又有多向的交叉，但都以艺术为其指归，以民俗为其氛围。

就语言类民俗艺术而言，民俗艺术所交叉的学科还涉及民族语言、口头文学、语言学、方言学等；就傩戏傩舞而言，除戏剧学、舞蹈学，还包含原始艺术、民间信仰、巫术仪式、宗教艺术的成分；就纸马、年画等民俗版画来说，在雕版艺术之外，还有宗教学、神话学、传说学、故事学、民间信仰、色彩学、民俗学等学科的因素。

民俗艺术学的交叉综合是一种自然而然的艺术现象，没有为艺术而艺术的人为因素，完全是符合艺术真实的生活选择。它作为民俗而代代相传，又作为艺术而独树一帜。民俗艺术往往具有鲜明的民族与地方的特征，虽有传承和流布，但又往往同中有异，各具特色。它们或粗犷，或精细；或严正，或谐乐；或简洁，或纷繁；或因袭，或善变；交叉中有主导因素，而综合中有个性风格。剪纸、泥塑、年画、纸马、木雕、编织、刺绣、印染、民歌、民舞、小戏、曲艺、故事、谣谚、谜语、笑话等，都具有层叠、交叉的文化因素，反映了多源头、多功用、多内涵、多形式的交并，而又保有质朴朗健、自然大方的风貌。

民俗艺术学的交叉综合使其成为一个开放的研究体系，在这里多学科的视角与方法有广阔的运用空间，同时各门类间的差异较大，显现出庞杂而统一的特征。

2. 广博幽深

民俗艺术学从其研究对象的源头看，具有广博幽深的特点。作为源起于原始艺术，古今相贯，扎根下层，旨在表现生活的艺术形态，民俗艺术往往源头幽远，内涵驳杂。它总是散布于各地的乡野、街道和不同的民族与社群之中，同当地的风俗生活融为一体。

拿乡野傩戏、傩舞、傩祭中的面具来说，诸如傩祭中的"魁头"、祠山大帝，傩舞中的五猖神等，同原始宗教、神话传说、巫术和民间信仰相联系，留下了多路可资寻踪的文化信息。拿泥塑、泥人来说，不论是河南淮阳的泥泥狗、陕西凤翔的泥彩塑，还是京津一带的泥人张、江苏无锡的惠山泥人等，作为手捏技艺，与"抟土作人"的原始神话，与原始的陶器制作，与泥土赋予生命的信仰观念，与灵物崇拜、祖灵崇拜、神仙观念，以及与物物相感的巫术信仰紧密联系在一起，其造型、用色、功用、象征都留下了若隐若现的演进印迹。拿纸马来说，作为祭祀用的纸质版印神像，虽说产生于唐代，却与马的神话、多神崇拜、巫术观念、战国缯画、汉画像石、佛经雕版、民间风俗等息息相关，它交织着宗教、艺术和民俗的多路信息，在各地多有传承和变异，成为一个可以搜索比较、溯源探幽的艺术专题。

民俗艺术往往通过象征符号来表达它的文化意义，或者说，其功能隐义藏在作品的表象之下，需要做文化的解码来识读其艺术符号的秘密。由于象征是民俗艺术最原初、最基本的表达方式，其意义的追寻会因物象、事象、语象、心象的千差万别而显得错综复杂。正是研究对象具有的广博幽深的特点，决定了民俗艺术学的研究任务似平而奇，似易而难。

3. 注重实证

民俗艺术学从其研究方法看，特别重视田野调查和实证研究。田野调查为了获取第一手资料，深入乡野、深入社区、深入民间，从分散、鲜活、不断传演的状态中，掌获依存于民俗生活的各类艺术形态，以作为理论研究的对象。田野调查作为民俗艺术志工作的重点，也是开展民俗艺术学理论研究的基础。

民俗艺术学除了理论的阐发，还要实证的研究，它既有学理建树的任务，又要对不同的个案与专题做出精深的考释和判断。民俗艺术的各个门类与属种是历史的文化现象，是民俗生活长期汰选的结果，也是庶民艺术需要和审美情感的自然表达。来由的源远流长、创造主体的集体性质、内涵的丰富深广、形式的古今杂陈，使民俗艺术的成果与现状显得丰富复杂，对其成因、隐义、功能、演进、传播和传承等需要进行具体的研究和举证。

实证研究旨在解决和回答民俗艺术现象中的各种具体问题，包括类型归属、品类由来、形制演化、功能寓意、符号象征、传承流布、名称含义、整合变异等等。实证研究重材料、重证据，以事实说话，以证据立言，不武断猜测，不妄作臆断，讲求科学、严谨。民俗艺术具有集体创作的性质和代代相传的特点，综合宗教、艺术、神话、哲学、民俗、历史等因素，并将各种文化、艺术元素交互杂糅，以服务于民俗生活。民俗艺术就其元素来说，叠加交并；就其线索来说，纵横交错；因此没有实证的手段很难论说清楚。

民俗艺术学注重实证，不仅是专题和个案研究的需要，也是其学理概括的一个重要前提。

4. 俗雅交融

"俗""雅"是相分相合、相反相成的对立统一体，"俗"中有"雅"，"雅"中有"俗"，无"雅"不"俗"，无"俗"不"雅"。它们分别作为上层与下层的文化标志，又常随"礼""俗"的上下迁化而相互包容。

所谓"俗"，指庶民的风俗。嘉庆《江阴县志》卷四曰："因物而迁之谓风，从风而安之谓俗。"古人称"俗"有"习"或"袭""续"之意。

《说文》曰："俗，习也。从人，谷声。"

《释名·释言语》曰："俗，谓土地所生习也。"

《周礼》曰："俗者，习也。上所化曰风，下所习曰俗。"

晋阮籍《乐论》曰："造始之教谓之风，习而行之谓之俗。"

除了上述明确的说法，《汉书·地理志》载："凡民函五常之性，而其刚柔缓急音声不同，系水土之风气，故谓之风；好恶取舍，动静无常，随君上之情欲，故谓之俗。"

此外，东汉应劭《风俗通义序》曰："风者，天气有寒暖，地形有险易，水泉有美恶，草木有刚柔也。俗者，含血之类，像之而生。故言语歌讴异声，鼓舞动作殊形，或直或邪，或善或淫也。"

其实，不论是"随君上之情欲"，还是"像之而生"，都是强调"俗"有"习"的特征。此外，《礼记·王制》"修其教，不易其俗"；疏曰："俗，谓民所承袭。"另，《周礼·合方氏注》"谓风俗所高尚"；疏云："俗者，续也。"这里的"承袭"和"续"，实际上指的也是"习"的意思。

可见，"俗"是下层百姓秉承上意、效法自然、承袭高尚的习惯性行为，是发生在社会群体中的文化现象。

所谓"雅"，在古代与上层、正统、儒教教化相关，具有明确的"正"的意义。

《荀子·儒孝》"谓之不雅"，杨倞注曰："雅，正也。"

《毛诗序》曰："雅者，正也。"

《玉篇·隹部》曰："雅，正也。"

作为"正"的标志的"雅"，与"俗"似乎分为两极，故《康熙字典》释"俗"为："不雅曰俗。"然而"雅""俗"间又有相通相类的性质。《春秋左传正义·襄廿九年》"为之歌小雅"；疏曰："言天下之事，形四方之风，谓之雅。"[①] 作为"四方之事"和"四方之风"，没有"习"的过程是不可能实现的，这样，所谓"雅"中就有"俗"的成分，表明了二者的交叉相融及相反相成。

民俗艺术靠习得而传承，作为下层庶民的艺术，它没有正统的印记，也无独尊的地位，却能满足庶民社会的审美与生活的需要。民俗艺术在传习中始终存在着上下对流的整合关系，呈现出朝礼与国俗交并，"雅""俗"因素相连相转的局面。俗中有雅、雅俗混同实已成为民俗艺术的发展实际，并形成民俗艺术学风格基调的主要特征之一。

《东南大学学报（哲学社会科学版）》2013年第3期

---

① 《经籍籑诂》卷五十一"雅"条。

民俗艺术传承的结构与层次

传承是民俗文化传统维护的最重要的手段,也是民族特色保持的最可靠的路径,民俗艺术作为民俗文化的有机部分,自然也以传承为其存在、延续和发展的前提。民俗艺术的传承理论着重研究民俗艺术的传承规律,尤其注意传承人的研究,包括传承谱系、传承方式、传承情境、传承路径,以及传承与创新的辩证关系等,从而在深层次上揭示民俗艺术生成、发展的规律。

传承既包括随纵向的时间线索的不断传习,也包括在一定横向空间范围内的接受与传播。它一般以时间为标杆,以同地域、同种族的前后传习为主要运动模式,就对象与领域而言,涉及作品、题材、主题、风格、技艺、语言、色调、工具、方法、场域、审美、信仰等诸多方面,并主要表现在人与人之间的相承相接和相沿相习。在民俗艺术的传承中,人是最重要的要素,是传承的主体。民俗艺术的传承主体是长期生活在一定民俗氛围中的民众,尤其是指其中的从艺者和从业者,以及民俗艺术的研究者、爱好者和经营者等。他们有直接传承人和间接传承人的区分,前者为带徒、传艺、演示、教习的从艺者们,而后者为关心、热爱、参与、学习、研究、推介民俗艺术的非从艺者和非专业人员,包括民俗艺术的收藏者、研究者、工作者、出版者和爱好者们,他们共同构成了民俗艺术的传承人队伍。

民俗艺术的传承主要有赖于传承人的推动,同时也有时空条件、生活需求、经济状况、文化教育等因素的综合作用。要在实践层面上维护好民俗艺术的传承,必须首先对传承的有关理论加以深入的研究和领悟。就民俗艺术的传承规律而言,传承的结构与层次问题就是需要认真加以研讨的理论领域。

一 民俗艺术传承的结构

民俗艺术传承的结构指民俗艺术内外部关系中最显著的方面，以及这些方面的相互联系与制约作用。传承中各要素的存在和交互作用决定着民俗艺术的传承力度，并在结构方面显示其自有分合、相互依存的关系。概括地说，民俗艺术的基本结构，包括主体、客体和中介三个基本部分，其传承也循这三者的自身规律而展开。

1. 主客体间的关系

主体、客体和中介，是一切文化艺术形态包括民俗艺术，最基本的结构组成。

主体作为民俗艺术的创造者和享用者，决定着客体的存废和中介的选择，它以一定地域、一定民族或一定国别的人群为存在，是艺术创造中的主导成分。民俗艺术作为满足一定功能需求的客体，总是显现着民族的情感或地域的风格，留有主体的文化记忆，并反映着主体的好恶取舍。主体是一定社会氛围下的群体，他们具有基本一致的价值取向和审美观念，共同的爱乡爱国情感和生活理想，对传统既珍视又不乏创造的热望，大体上的朴素无华和内在的聪灵睿智。这就是为什么每个民族都创造出了自己的文化艺术，并有着无可替代的特殊价值和文化意义。一定的主体在一定的时空下不可避免地受到政治、经济、社会、文化、科技、军事、自然和其他族群的制约，也能透过艺术反映出这些制约因素的影响。主体不但被动地传承、改造着自己的民俗艺术，也主动地不断拓展生活，或多或少地改变着自己的传统。例如，民俗艺术的产业发展就不属自然的传习，而是主体出于经济发展和文化战略的需要，人为地扩大民俗艺术品的产量和规模，并以集群化、标准化、工业化为其生产的特点。不过，主体作为民俗艺术的制作者与消费者，一切民俗艺术品的传承和发展，都以他们的需要为前提。

客体主要指民俗艺术的作品和产品，它们是主体艺术审美的表达和创意劳动的结果。作为艺术劳动的对象，它们总是以服务主体、满足功能、创造价值、传习传统为要旨。客体的构成还包括艺术创作的工具和材料，但以艺术成果，即艺术作品和艺术产品为主。作为客体的艺术成果，经主体的选择、创意与制作，一般都以文化价值或经济价值为其存在的前提。民俗艺术作品的价值，首先在于它的乡土性和民族性，在于文化传统的承载和民族精神的表达；其次在于它质朴、自然的艺术风格和浓郁的生活气息，以及所表现出的智慧和美感；再次，它因包容着历史、民俗、宗教、美学、哲学、心理、语言、技艺等因素，成为非物质文化遗产保护的重要方面，成为理论研究和应用研究的重要对象；最后，它客观地具有艺术产品的性质，部分品类有赖于艺术市场和民众的消费选择，能形成相关产业，并带来经济效益。客体从原料到成品的过程是主体艺术创意和艺术劳动的结果，并始终凝聚着主体的心智和需求。正是客体的存在，才使主体的创造具有目标和意义，民俗艺术的客体也正是如此。

2. 中介的作用

中介作为主客体联系的桥梁，分别以人、事、物、语为媒介发挥传递与连接的作用。

就民俗艺术而言，其制作风俗和具体作品均能在生活与艺术之间建立起奇妙的文化联系。民俗生活和民俗艺术的信仰观念、制作风俗、审美理想、功能追求等，在主客体的联系中始终发挥着重要的作用。

中介使主体的艺术创作活动目标明确、对象具体，并摆脱孤芳自赏和随心所欲的把玩，使实在的功能意义和现实的社会需要成为创作的重要前提。

中介作为人，主要在主客体间起勾连的作用，他一方面将主体的思想、情感、信仰、审美观念、个性风格等传达给客体，另一方面，又将客体的需要、特征、条件和性质等反馈给主体，作为主体调整、判断、决策的参考。

中介作为事，以动态的方式，提供了主客体联系的机缘和一个相互联系的过程，包括制作过程、传艺过程、展销过程、应用过程等，都使主客体紧密相连，协调优化。大凡事情，总有起有止或循环往复；有原因，也有结果；有规律，也有变数。这就为主客体间关系的调整提供了契机。

中介作为物，以静态的方式，通过存在与使用，在视觉、心理、观念、功能、象征等层面上，发生由潜而显、由静而动的变化，从而推动艺术创造中的主客体运动，发挥凭物而感、引导带动的作用。

中介作为语言，以语态的方式传递信息。用语言传递的信息包括思想情感、信仰观念、审美意识、技艺要领、市场动态、社会需求、协作分工等，不仅能加强主体间的交流与合作，也有助于对客体的深入了解和全面把握，从而使主客体关系得到优化和调整。

民俗艺术在正常的传承背景下，主要靠创作主体和消费主体的生活与审美需要,以及客体满足这些需要的能力和条件来实现传承。至于中介的作用,主要在两种情况下显得比较突出:其一,传承出现了危机;其二,为了扩大传承的规模。前者,是因某种民俗艺术的自然传承处于濒危状态,急需加以抢救和维护,以中介去激活主客体的有效联系;后者,则从利用、开发和艺术产业发展、产业群建设出发,强化和拓宽主客体间的联系,借助中介手段以获得更大的社会与经济效益。

中介是民俗艺术传承结构中不可或缺的要素,正是它的存在,为民俗艺术的传承与发展带来了生机和活力。

二 民俗艺术传承的层次

民俗艺术的传承层次,系指民俗艺术传承中的内部结构关系,以及构成这种关系的各部分按时间和空间向度的纵横展开。从艺术创作的直接要素与基本成分,以及间接的背景与媒介着眼,我们可以把民俗艺术的传承层次做"基本层次"和"特殊层次"的理论划分。

1. 基本层次

民俗艺术传承的基本层次,主要包括"民俗艺术成果""民俗艺术活动""民俗艺术精神"三个层面,它们分别以物态的、动态的和心态的方式介入民俗艺术的传承,并形成彼此相连、相互补充、缺一不可的生存状况。

"民俗艺术成果",就造型艺术和平面艺术来说,主要是物质成果,具有显著的空间性质。不论是木雕、石雕、泥塑、编结、织绣等作品,还是剪纸、刻纸、版印、绘画、印染等成果,都主要以物态的形式传承,时间范畴的已完成性和空间范畴的实在性成为其主要的特征。就表演类民俗艺术成果而言,诸如小戏、傩戏、舞蹈、歌谣、说书等,虽无法进行空间尺度的判断,却也在时间的坐标上,以既往性表现出过去的、已完成的性质。民俗艺术成果是传承中最基础的层面,它提供了前人的艺术经验和可资效仿的样板,成为后人研习、模仿、化用、以图超越的坐标。艺术成果作为艺术活动的最终目标,其传承能直接推进艺术的繁荣。

"民俗艺术活动",指民俗艺术成果的创造过程,这是一个动态的、流动的层面,有着突出的时间特点,常常体现为进行中的艺术过程。民俗艺术活动的传承只有在文化活动中进行,诸如创意、制作、展演、教习、销售等动态环节，能成为艺术传承的机缘。民俗艺术活动的传承往往借助媒介或载体而展开，包括材料、工具、技艺、流程、行话等，传承通过它们而变得直接、具体。民俗艺术活动的传承以传承人为依靠，以民俗艺术成果为追求，以民族情感和时代精神为支柱，反映了人、物、事、魂的交混和一统。民俗艺术活动的传承，具有社会文化的特点，超出了纯艺术的过程，它伴随着全社会的文化遗产保护，具有参与文化建设的意义。

"民俗艺术精神"，指民俗艺术所包含的民族精神，包括民族情感、宗教观念、审美理想、集体意识、历史情怀和生活热望等，作为无形的存在，它体现为时空的交混和超越。民俗艺术精神虽看不见、摸不着，但在其艺术作品和艺术活动的层面中却无处不在、无时不有。艺术精神带来创意，支撑创作，使艺术作品获有灵气，使艺术活动充满自信和乐观。艺术精神是艺术活力的泉源，也是艺术传承的动力。民俗艺术的精神伴随着庶民们的生活经历了长期的传承、发展，已成为民族文化依归的家园和民族传统的标志性符号。民俗艺术精神决定了民俗艺术作品的品位，也决定了民俗艺术活动的意义。

由于"民俗艺术精神"具有时空交混，或超越时空的特征，因此，从时间的向度看，"民俗艺术成果""民俗艺术活动"和"民俗艺术精神"在时态上分别表现为"已完成""进行时"和"全时态"。就时空观而言，"民俗艺术成果"，较多表现出空间性的特点；"民俗艺术活动"，主要表现为"时间性"的特点；而"民俗艺术精神"，则表现为时空一统的文化哲学观念。形态的不同和时空的差异，使它们呈现出相互区别又有联系的传承层次。

2. 特殊层次

民俗艺术传承的特殊层次，指在民俗艺术本体的自然传习之外的客观条件，也指传承与传播中的外在媒介。这类层次包括民俗艺术的理论研究、文图音像资料的搜集与制作、民俗艺术教育的普及、民俗艺术产业的发展等方面。它们作为非民俗艺术本体和非自然传承因素，其人为的推进形成了传承体系中的新层面，在一定程度上反映了当今社会的文化自觉和文化建设力度。

民俗艺术理论是对民俗艺术内外部规律的概括，它研究民俗艺术的发生、形态、类型、功能、审美、创意、制作、传播、传承、应用，以及概念、体系、变迁、整合、语言、传承人、艺术市场等各种学理的与实践的有关问题。不论是基本理论，还是应用理论，它们对民俗艺术规律的深刻领悟和准确把握均有助于民俗艺术的传承和发展。

理论研究从大量的现象、个案、类型入手，涉及民俗艺术的基本规律、发展历史、研究状况、美学评判等方面。其研究成果一方面可促进对民俗艺术的认知和洞悉，另一方面又能引导它的繁荣和发展，进而在自然传习之外推进有目的的传承和更广泛的传播。作为特殊层次的理论研究，能使民俗艺术的传承从单纯的实践进入更高的层面。

文图音像资料的搜集与制作，是民俗艺术传承的新载体和新手段。文献和图像中包含着大量的民俗艺术信息，它补充着对一时一地的实物资料和动态活动的把握，具有越时跨地的优势，并留下可资探源、比较的历史印迹。就图书来说，例如形成文本的讲经宝卷，其中就有大量的民俗艺术资料。《香山观世音宝卷》说到绣花时有这样的描述：

> 说起难来真可难，开头要绣凤凰戏牡丹。
> 雄鸡司晨近旭日，青松挺拔立高山。
> 绷子上面咚咚响，绣花容易配色难。
> 桃红柳绿梨花白，梅花五福自然香。
>
> 三针挑个蚂蚁足，四针绣个桂花芯；
> 五针撩个金铃子，六针勾个活麒麟。
> 绣个金龙盘玉柱，鲤鱼定当跳龙门。
> 地上花鸟绣不尽，天上要绣八仙神。

这段描写记录下传统的绣花图案及其针法技巧，正是文化传承中应特别注意的非物质文化的成分。

再如，《梓潼宝卷》中对元夕花灯有这样的描写：

> 绣球灯，在前面，滚来滚去；
> 狮子灯，后头跟，眨眼铜铃；
> 看一盏，猴狲灯，毛头贼脸；
> 挑担水，过仙桥，脸红到耳根。
> 看一盏，走马灯，走来走去；
> 牡丹灯，红芍药，姊妹相称。
> 牛车灯，转起来，木龙戏水；
> 磨子灯，轰轰响，不得绝声。

> 春季里，山楂灯，红光灼灼；
> 梁山伯，祝英台，同上杭城。
> 夏季里，开荷花，红花绿叶；
> 唐明皇，杨贵妃，也扎成灯。
> 秋季里，开菊花，桂香十里；
> 刘知远，打瓜精，独坐龙廷。
> 冬季里，开蜡梅，雪景好看；
> 小秦王，争江山，胜败难分。①

这段有关元夕闹花灯的描写，涉及动物灯、花卉灯、机关灯、农具灯、传说故事灯、历史人物灯等，为节日民俗艺术的保护和传承留下了重要的信息。

音像材料是传承民俗艺术的新媒介，音像制品的大量生产、复制与传播为文化与艺术的传承提供了便捷的手段和可靠的资料。尤其是原生态民歌的录音制品，民俗舞蹈、民间曲艺、傩戏傩仪、地方小戏、民间工艺、庙会活动、节日风俗、民族风情等录像制品，也构成了推动民俗艺术传承的重要资料。

艺术教育是民俗艺术传承的重要方面。民俗艺术的教育包括生产实践和表演活动中的带徒教习，也包括学校课堂的相关教程的设置和专业人才的培养，尤其是后者构成了民俗艺术传承的特殊层次。实践中的教习具有自然传习的性质，它多重视技艺、技巧的模仿，而较少或没有理论的传授。学校的艺术教育则重视艺术理论和艺术实践的统一，同时突出学科因素和系统性特点。

民俗艺术的学校教育包括以实践人才为培养目标的民俗艺术学校，例如以培养表演艺术人才为主的新疆民俗艺术学校，还有在学校教学中设置的有关陶艺、剪纸、烙画、刺绣、版印年画等技艺的专门课程，以及面向社会的有关艺术教室。至于民俗艺术的理论教学课程，主要在部分高校的艺术专业中开设，尤其是在研究生教育中较为突出。例如，东南大学从1999年开始培养民俗艺术学硕士，2003年开始培养民俗艺术学博士。高级专业人才的培养开辟了民俗艺术传承的新层面和新高度。

民俗艺术是具有民族性和地方性的特色文化，也是发展文化产业的新领域和新资源。所谓"文化产业"，是以文化为资源所进行的持续的、有规模的生产活动，是以新的文化产品和文化服务满足当代消费的新兴产业和产业链。没

---

① 《香山观世音宝卷》《梓潼宝卷》见《中国靖江宝卷》上册，江苏文艺出版社2007年版。

有产业链就不能构成文化产业，文化产业的产业链涉及人才、物质、场地等因素，其主要发展环节包括文化资源、文化创意、文化人与产业劳工、生产基地、文化产品，以及相关配套产业等方面。

文化产业的特征表现为，它作为从事精神文化产品生产的产业，同其他行业相比，它不是单纯固定资产的积累和原材料的投入，而是更注重于人力资本（包括智力资本）的投入及人力资源的开发，因此文化产业更重视文化创意和从业人员素养的不断提升。民俗艺术产业作为文化产业的发展标志，主要在于"现代化""规模化""市场化""国际化"这四个方面。"现代化"有别于传统的手工生产方式，"规模化"摆脱了家庭作坊式的小打小敲，"市场化"要求进入商品的流通，而"国际化"则追求更广阔的发展空间。

民俗艺术产业作为文化的应用，具有三个基本的要素，即应用者（民俗艺术创意人与生产者）、应用源（民俗艺术资源）、应用场（民俗艺术的制作与展演空间）。从其内部规律看，民俗艺术产业的发展主要取决于上述三者之间的互动和相互协调，以及各要素潜能的充分发挥和不断优化。

民俗艺术产业同理论研究、民俗艺术教育等一样，构成了民俗艺术传承的特殊层面，不可漠视和忽略。

《艺术百家》2013年第3期

论民俗艺术功能的演进

一 功能：需要的满足

民俗艺术不是可有可无的游戏，也不是无谓的随意的装饰，作为意义明确的传承性文化符号，它满足着社会群体的共同需要，满足着人们对审美与生活的追求，并在时空相贯、天人抱合、人我相亲、生死相转的感悟中，发挥热爱生活、美化生活、延续传统、聚合族类的作用。这种满足民众生活需要的作用，就是功能。

英国人类学家马林诺夫斯基（B. K. Malinowski）在其著作《文化论》中用功能分析的方法对文化和风俗进行了研究，他指出：

> 文化是包括一套工具及一套风俗——人体的或心灵的习惯，它们都是直接地或间接地满足人类的需要。一切文化要素，若是我们的看法是对的，一定都是在活动着，发生作用，而且是有效的。文化要素的动态性质指示了人类学的重要工作就在研究文化的功能。[1]

民俗艺术作为群体的风俗文化，也是"人体的或心灵的习惯"，同时也是在动态地、有效地满足着"人类的需要"。不论是造型类民俗艺术，还是表演类民俗艺术，或者是语言类民俗艺术，它们都是人的身心需要的自然表达，并总是交织着个人性格与民族精神，彰显着乐生尚美的情怀。因此，民俗艺术的功能研究作为民俗艺术本体研究的一个重要方面，成为认知民俗艺术的本质和规律的可靠手段。

功能帮助人们创造和享受生活，帮助人们区分外在事物的属种，并在创造

---

[1] ［英］马林诺夫斯基：《文化论》，费孝通等译，中国民间文艺出版社1987年版，第14页。

和享用中产生美与善的观念。古希腊哲学家苏格拉底(前469—前399)在同弟子亚里斯提普斯的对话中曾这样说过:

> 总之,凡是我们用的东西如果被认为是美的和善的那都是从同一个观点——它们的功用去看的。①

也就是说,功能以有用为前提,同时它也是主体的美与善的情感得以产生的基础。如果离开了人的需要,离开了实际的生活功用,任何文化,包括民俗文化和民俗艺术,也就失去了存在的土壤,更谈不上什么"美"与"善"情感的升华。

一切民俗艺术品类在它被创造、应用、传承的历史时期,在一定的民族和地区间总有着实际的功用,它们的形式与内涵的演进,以及盛衰存废的变化,也都由功能所牵动。功能作为人的自然属性与社会属性的体现,协调着主客体间的相互关系,并在文化传承的同时引导着文化创造和生活更新。

民俗艺术的功能是潜隐的心理机制的反映,它借助物态造型、图像图画、动作行为、语言文字,及各种符号系统而显现,作为一个历史的文化变量,它受自然力、生产力、道德力和创造力的制约,或微或著,或消或长,始终处于运动发展之中,没有一成不变的民俗艺术,也没有始终如一的文化功用。功能的演进决定了民俗艺术形态和内涵的变化,而民俗艺术的存废,也客观地反映了在一定历史时期和一定社会背景下人的需要的有无和转变。

二 功能:创造的动力

功能是民俗艺术消长的决定因素,也是民俗艺术创造的动力。一切存在着的民俗艺术形态,都有其实际的功能作用,而一切消逝了的民俗艺术品类,则是因为其功能在当今业已衰亡。功能伴随着时空条件和社会生活在不断地变化和调整,伴随着人的物质的与精神的需求而不断地演进。民俗艺术传播与演化的内力是庶民百姓的生活需要,而新创与再造的动力则源于其功能的驱动。

民俗艺术的创造与演化反映了功能的变迁,也展现了功能固有的能对文化艺术加以推进与制约的双重作用。民俗艺术功能的变迁与演进是一个复杂的、渐进的动态过程,受到多重因素的诱发和制约。其中,时代的、社会的、政治的、经济的、民族的、地域的、传统的、外来的等因素,都能对这一过程施予

---

① 北京大学哲学系美学教研室编:《西方美学家论美和美感》,商务印书馆1982年版,第19页。

影响，从而直接地或间接地影响民俗艺术的创造。

民俗艺术在当代的应用开拓及其相关产业的发展，体现出目标明确、传承创新、讲求功用的发展之路。民俗艺术在当代已不仅仅是庶民百姓的生活伴物，它已从家庭、村落、乡镇、街巷走出，成为超越时空的，能服务全社会的区域性特色文化，并构成民族风格的象征。尤其是造型类民俗艺术，诸如花灯、木雕、砖雕、石刻、泥塑、织绣、编结等，已成为私人居室和公共建筑的饰物，成为广场、街道营造节日气氛的手段，也成为旅游景区中民俗小品的构成材料。在产业发展方面，苏州刺绣工艺、宜兴紫砂工艺、惠山手捏泥人、凤翔泥塑制作、东海水晶制品、仙游红木制作、朱仙镇木版年画印制等，均已形成一定的规模，其作品不仅能满足国内的消费需求，更行销国际市场，扩大了功能的服务范围。

民俗艺术的功能作为创造的动力，不仅体现在作品的创作方面，也体现在它的文化应用方面。功能的演进推动着艺术的创造，从而适应和美化着民俗生活。民俗艺术的品类同民俗生活的事象一样，有一个随功能演化而不断变迁、发展的过程，它们大致经历了"始生功能""衍生功能""泛化功能"三个相连相贯的演进阶段，并在这些阶段性的变化中获取创造的活力。

所谓"始生功能"，即人们对一物、一事的最初需要和早期的应用方式，其功能目标较为单一，意义较为直露，人们易于从当时的文化背景与社会风尚中对之加以感知和释读。所谓"衍生功能"，是次生性的功能趋向，它作为文化主流的传习与增衍，其目标指向有所转移和扩大，并且其意义的表达往往带有文化象征的性质。"衍生功能"同"始生功能"不是矛盾的对立，而是随需要的增长而出现的文化传承与变迁，在价值取向方面基本没有发生根本性的突变。所谓"泛化功能"，也是次生性功能趋向，它是在"始生功能"和"衍生功能"基础上的继续拓展[①]，其目标指向更为转移和扩大，而其意义则更显现出综合化、复杂化的特征。"泛化功能"的产生乃出于人的需要的增广和文化创造手段的丰富。也就是说，功能的演进同应用相互适应，成为一切文化艺术新应用、新创造的动力。

我们且以"门神"为例，看看这一民俗艺术品类的功能演进与其内涵、形态的变化，以及与创造间的相互关系。

---

① 参见陶思炎：《应用民俗学》，江苏教育出版社2001年版，第三章"应用功能论"。

最初民宅所用的"门神",是两块挂在大门外的分别写着"神荼""郁垒"的桃木板。这"桃木"和"神荼""郁垒"的应用,都出自中国古代有关神荼、郁垒在桃树下"领阅万鬼"的"度朔山"神话。传说黄帝"法而象之",形成"立桃板于门户上,画神荼、郁垒,以御凶鬼"的桃板之制[①]。这种于桃板上书写"神荼""郁垒"的文字或画作其像,以挂于门外的制品,就是早期的门神。它以神话为依据,以"御凶鬼"为功利,成为表现始生功能的艺术形态。

随着历史的发展与民俗的变迁,"门神"走出了"度朔山"的氛围,不再以神荼、郁垒为原型,而是选择史事传说和话本小说中的英雄,并逐步形成队列浩荡的"武门神"系列。他们是秦琼和尉迟敬德、赵云和马超、孙膑和庞涓、萧何和韩信、燃灯道人和赵公明、温峤和岳飞、孟良和焦赞等等。此类门神仍然以辟凶为主旨,但信仰背景的支点从神话转向了传说,从史前转向了古代,其众多形象的同时涌现表现出在"衍生功能"推动下的艺术再创。

门神系列在近古继续演进,其身份经历了由"武"及"文"的变化,即"武门神"在一些地区逐步为"文门神"所取代。伴随着纳吉迎祥功能的彰显,辟阴镇鬼的目标被逐渐弱化,门神图像发生了由镇物向祥物的转变。"文门神"又称作"祈福门神",其"神"或"圣"的性质已经明显地俗化,并开始由禳镇文化转变为吉祥风俗。由"文门神"还衍生出一批吉祥门画,渲染着门户吉庆、祥瑞的主题。它们的题材包括"一团和气""加官晋爵""冠带流传""和合二仙""天官赐福""三星在户""刘海戏蟾""五子夺魁""马上做官""平安福寿"等等。这一变化显示出功能泛化的结果,以及在艺术上由新功能引发的新创造。

功能是主体需要的反映,而民俗艺术满足百姓物质的与精神的需要,并体现为创造性的劳动。它服务于功能追求,并在功能作用的驱动下以形式与内容的变化展现出创造的活力。

三　民俗艺术功能的演进要素

民俗艺术的功能是一个不断调整、发展的文化范畴,它伴随着社会历史的变化,伴随着主客体间的矛盾运动,伴随着艺术传承与创新的互动发展而不断

---

① 见《绘图三教源流搜神大全》第四卷,上海古籍出版社1990年版。

演进，以适应和满足主体的各种审美需要和生活享受。

民俗艺术功能的演进要素，概括地说，主要指生活需要、信仰寄托和审美追求，它们分别体现在民俗生活、宗教信仰、艺术审美这三个方面，并表现为三者的相互交叉和包容统一。

"民俗生活"是推动民俗艺术功能演进的最主要的因素。民俗生活的丰富多彩决定了民众需要的广博和相应艺术形态的多样化。拿岁时民俗说，岁时民俗生活需要表现喜庆、欢乐的年节性民俗艺术，以及相应的艺术象征符号，这些艺术符号也与时迁化，因俗盛衰。例如，春节风俗中的窗花、春联、门笺、年画、花灯、糕馍、龙灯、马灯等，均在各自符号化的传承中悄然演化：桃符变成了春联，《春牛图》演成了年历，门神、财神形成了文与武的系列，庭前击阶爆竹变成了燃放火药的烟花、炮仗，驱傩的仪式演化成乐神娱人的舞蹈等等。这些形态的演化，除了部分源于科技的进步，主要还是内在功能的演进使然。

民间的"宗教信仰"，除了一部分来自道教、佛教等人为宗教，大多表现为原始宗教的遗存和其他的自然信仰，由于思维特征的前逻辑性和表达方式的象征性，其信仰的寄托往往先天地具有艺术的性质。祭祀性的舞蹈、邀神酬神的戏剧、延神祭奉的版印纸马、驱傩逐疫的面具、镇宅护路的石敢当和石将军等，都是典型的信仰性民俗艺术。随着社会生活的变迁，民间信仰也不可避免地发生着变化，原先的信仰功能也面临着存废与调整，这一过程也必然反映到作为其信仰载体的民俗艺术上来。一些信仰类民俗艺术作品正挣脱宗教信仰的束缚，变成流行的文化产品，例如，取材傩面具的各类木雕面具，当今已成为餐厅、茶馆、厅堂、居室常见的艺术装饰。不过，信仰寄托仍若明若暗地对民俗艺术及其功能的演进发挥着推动的作用。

审美追求是艺术选择和艺术创造的动力，也是艺术功能演进的一大推力。民众的好恶取舍、爱恨情仇、美丑判断和良陋认定，决定了对艺术作品的存废选择，制约着民俗艺术内容与形式的传承和传播。可以说，凡老百姓喜闻乐见的艺术形态就一定有繁荣发展的前景，而老百姓所厌弃的内容和不再需要的形式，就一定会式微和衰亡。民俗艺术审美是群体的、公共的精神表达和集体的共同选择，它不为个人所左右，也不受单一因素的制约。一般说来，凡过时的、简单的、粗劣的、庸俗的艺术作品和艺术类型，都会在人民群体的艺术审美中被逐步淘汰。例如，旧时妇女簪头用的绒花，用布袋木偶表演的独角戏，用废纸折叠成的钱包和纸牌,以及用竹木、黄泥制作的儿童玩具等,就因过时、简单、粗糙而渐次消隐。

生活需要、信仰寄托、审美追求的合力作用是民俗艺术功能演进的基本要素,而这些要素的存在表明,民俗、宗教、艺术本彼此呼应、相互包容,以及民俗艺术功能有其突破领域局限、实现相互跨越的要求。来自民俗的生活需要、来自宗教的信仰寄托和来自艺术的审美追求,共同构成了民俗艺术功能演进的要素和动力,也成为民俗艺术发展、繁荣的特殊基础。

四 民俗艺术功能演进的特点

民俗艺术功能的演进有其基本的规律和显著的特征,在存在状态、生成方式和应用范畴等方面客观地存在着"传承与创新并举""衍生与泛化共进""自用向他用转化"的特点。对这些特点加以归纳和表述,已成为民俗艺术学功能研究的任务。

1. 传承与创新并举

就民俗艺术的现存状态和功能趋向看,"传承"与"创新"构成了它的显著特色。所谓"传承",指民俗艺术功能的延续和民俗艺术形态的基本保留;所谓"创新",指民俗艺术功能突破传统的传承节拍,生成与新的需求相适应的新功用,并在基本形态和文化用途上开启新空间和新方向。

"传承"与"创新"是相互连接、并存同在的客观现象,就民俗艺术的诸种功能来说,它们不存在孰优孰劣的问题,它们同为民众生活与审美需要的反映,只是在传统的参照下它们各呈现出趋向不同的运动。

这里的"传承",指民俗艺术功能保持或基本保持传统,一仍旧贯地沿袭和满足曾经的需求,在艺术样式方面保持旧形制、旧面貌,从而维持民族的与地域的特色。例如,中国的木版年画,保持着版印的方式、手工印刷的制法、传统的题材、民俗使用的习惯、不同产地的用色特点等,使天津杨柳青、苏州桃花坞、河南朱仙镇、山东杨家埠、四川绵竹、福建漳州等产地的年画各自保持着原产地的艺术风格和文化特征。尽管中国木版年画产地众多、作品多样,但主要在春节贴用的风俗决定了它烘托喜庆气氛的基本功能得以长期延续。

所谓"创新",指民俗艺术应用的拓展,包括空间的转移和时间的延展,并在应用扩大的过程中,增生新的功能指向。例如,宫灯及其他品类的灯笼,过去用于宅室厅堂、祠堂、住宅玄关等处，既有照明的实用功能，又模拟星辰表吉星高照，同时烘托节日欢腾、喜庆的气氛。此外，有的还在灯笼上写下祠堂的堂号，以表明自家的族源和身份。现在，灯笼、宫灯已走出宅室，成为公共空间常见的装饰，在街道、广场、公园、商场等处到处悬挂，以营造传统文化氛围，装点节日街景和场景。与此相类，中国结、戏剧脸谱等民俗艺术，同样扩大了应用空间，常常被放大了作品的尺寸，用作街道、广场、公园等公共空间的装饰。这些新用途，实际上表明了其功能的新生和扩大。

"传承"和"创新"是民俗艺术功能的延续与拓展，两个方向同时并存，表现为传统的坚持和应用的调整，并由此而推动民俗艺术的发展。

2. 衍生与泛化为主

民俗艺术的功能经历了由始生到衍生，再由衍生到泛化的功能演进过程，就现存的民俗艺术品类而言，它们都已走出始生的功能阶段，主要以衍生的和泛化的功能形态在应用和传承。

所谓"始生"的功能，发轫于史前社会，见之于原始艺术之中，它们以人类的生存和繁衍为直接的功利追求。例如，祈望人口繁衍的大肚"早期维纳斯"雕塑、表达原始宗教情感和多获猎物的图腾柱与动物岩画、表达丰稔追求和物阜幻想的太阳纹和鱼网纹等，都旨在通过艺术的功能加强人类在自然世界中的主体地位，借助文化符号而实现自我价值的肯定。

所谓"衍生"的功能，是次生性的功能趋向，它往往游离出对原始的"两种生产"的直接追求，表现对外在实有之物和外化精神现象的认知、思考和利用。这一功能导向关注自然、宇宙、神鬼、生死、福祸等领域，并以象征的方式加以艺术的应对。例如，日月纹和星座图的绘制，宇宙树、天柱的幻想表现，石将军、刀剑、门神、傩面具的辟凶镇守应用等，都体现了民俗艺术在"始生"功能下的衍生、发展。作为始生功能的衍生物，民俗艺术除部分含有承继性的因素外，大多都有自己的生成、演变与文化应用的规律。

所谓"泛化"的功能，是民俗艺术功能演进的后期形态，它更多地关注自我、关注社会、关注人的精神，满足一切现代的与实际的追求，涉及把玩性、娱乐性、交际性、游憩性、纪念性、装饰性等多方面的需求。在对当代各种需求的满足中，民俗艺术功能的泛化已是普遍的现象。民俗艺术符号的放大、组合，艺术元素的整合、化用，以及超越民间风俗生活的范畴，在商业活动、现代传媒等方面的应用，无不体现出泛化功能的存在和影响。

"泛化"功能与"衍生"功能虽有阶段性的不同，但却能相容并存，这反映了人的需求的广博，以及生活与艺术的丰富复杂。

3. 自用向他用延伸

作为客体的民俗艺术，在主体对象和应用范畴上经历了由自用向他用的延伸或转化。这一功能的演进主要体现了民俗艺术品亦具有文化产品的性质，在倡导文化产业化发展的当代，它作为功能演进的延伸现象已逐步变得明朗起来。

所谓"自用"，即民俗艺术由其创造主体在一定的时间和空间的范围内为自己所享用，其创造的动力是当时当地的生活需要，其传承的主体是本乡的或本族的普通百姓，其功能导向为内化，其性质主要为非商业性的文化行为。

所谓"他用"，指民俗艺术产品改变了原先的乡土性质，突破随民俗生活自然传习的惯性并打破时空的界限，能作为文化产品被他地、他族的人群接受。作为"自用"功能的延伸，民俗艺术品在"他用"的过程中，愈来愈显现商品的性质，尤其是在文化产业的推进中表现为旨在外向的经济活动。

民俗艺术中的工艺品类，最易于显现他用的功能趋向。诸如，玉雕、刺绣、织锦、漆器、紫砂陶艺、红木雕刻、水晶工艺等，或以市场为盛衰基础，或以产业化、产业集群化为发展目标，有的早已经外贸外销而走出国门，并受到域外民众的喜爱。"他用"不仅是客观存在的普遍现象，也成为国际文化艺术交流的一种有效方式。

"自用"与"他用"前后相接，虽有"初始"与"延伸"的发展逻辑，但二者能共存互补。就某单一的民俗艺术品类来说，大多同时具有"自用"和"他用"，即内向与外向两种功能趋向。不过，值得一提的是，民俗艺术向"他用"的延伸在近年来变得更为广泛，更为快捷。

民俗艺术功能的演进有着复杂的动因，不可讳言，其中经济与市场的作用已变得愈来愈显著。当然，民俗艺术的功能说到底还是文化现象，其演进仍属文化的范畴，把握民俗艺术功能演进的特点，不仅有助于深刻理解艺术的功能作用，也能帮助我们洞悉民俗艺术发展的基本规律。

《民族艺术》2014年第1期

从神话学到民俗艺术学的研究
——我的治学之路

一

20世纪80年代中国学界曾兴起过"神话热",并很快发展成为众所瞩目的"显学",而我正是在它兴起之初的1982年于不经意间涉足了神话学的研究,竟深深为它所吸引,成为一名当时的青年神话研究者。那时我是南京师范学院中文系四年级的学生,在学士论文的选题中,我决定用比较文学的视野对世界神话中诸多的相同母题加以审视,以探讨加以阐释的研究方法。针对人不同种、语不同根、地不同洲而出现的诸如洪水神话、抟土作人神话、天地开辟神话等相同的母题和叙事结构,我写作了《比较神话研究法刍议》一文,提出了建立"超学科多层次复合研究法"的构想。论文在《江海学刊》1982年第5期发表后获得了较大的反响,该文被收入当年的《中国文学研究年鉴》,1984年被浙江人民出版社全文收入《全国大学生毕业论文选编》一书,后又被日本西南学院大学选作教材。

我的神话学研究从此开启,在20世纪80年代先后公开发表了《神话文体辨正》《〈西游记〉是神话和童话的交融吗?》《五代从葬品神话考》《鱼考》《略论民间传说与神话》《试论神话与原始宗教》《试论神话的语言》《神话价值新探》《李福清与中国神话》《华夏神话与渔农经济》等十数篇论文,后来又发表了《神话研究与文化视野》《中国宇宙神话略论》《防风、王鲧考论》《炎帝神话探论》《略论后羿神话》等神话研究文章。

我在神话学的研究中曾提出以下一些论点:

(1)神话是原始思维的产物,是原始人的自然观和社会观的曲折反映,作为初民们的文化精神遗产，不是一般意义上的文学，它包含有人类学、社会学、人种学、心理学、历史学、地理学、语言学、逻辑学、宗教学以及美学等多方面的内容，因此，必须利用社会科学各领域的成就建立超学科多层次的复合研究法，才能完成比较神话的研究任务。

(2)"神话""传说""神话故事"等是内涵不同的概念，不可混为一谈。"神话"是初民的集体创作，是前逻辑思维的产物，也是原始人群的集体信仰和"百科全书"，它以神的行事为叙事主体。"传说"则以实在的人、地、物为中心，有明显的文明时代的印记，但它常采用虚构、夸张的手法表现超现实的内容。"神话故事"，作为虚构的作品，以文明社会的生活为背景，表现人的奇异境遇和审美判断。尽管它们都采用了幻想的、夸张的叙事手法，但因属种的差异而归属不同的文体。因此，《西游记》不是神话，科幻作品也不是神话，它们仅仅是神魔小说和科幻故事，这些产生于文明时代的文人创作与原始的集体神话本不可同日而语。

(3)关于神话的产生，经典的论断说，在"万物有灵论"的前提下，神话是原始人类用"人格化"的方式改造大自然的结果。我指出，此说只对了一半。因为，原始人类因工具的应用和智力的发展已意识到自己正从自然界中超脱出来，他们为此而感到孤独和惶恐，他们希望仍留在自然之中，与大自然浑然同一。于是，他们对自己实行了"物格化"，即用图腾崇拜的方式认定自己是自然之子，从而留在大自然的怀抱之中。正是"人格化"和"物格化"的双向作用，一方面把自然界向前拉一步，另一方面在观念上让自己向自然界后退一步，这样，人与自然在幻想中又混融在一起，于是引发物我同命的早期神话的产生。

(4)神话的创造与火的利用一样，对人类的进化具有决定性的意义。火作为工具和武器使人类熟食、退避野兽、驱除寒冷、制作工具、获取食物，在物质层面帮助人类与动物世界分离。神话的创作则促进了语言的运用、信息的交换、逻辑的发展、哲学的萌芽，它在精神层面上推进了人类的进化，最终帮助完成了人、猿的揖别。

(5)神话作为人类童年时期的语言艺术，随语言符号系统的建立而渐次形成，反映了初民社会特有的信息交流情境，图演了他们借语词、音响而产生通感的心理过程。语言所具有的抽象本质，使神话这一不自觉加工过的艺术形式成为原始人类感觉经验与理性认识的概括。在神话的语言中，现实的主词与虚假的表词，简单的句式与引申的象征，客观的时空与主观的心理，神灵的信仰与自我的肯定实现了辩证的统一。

此外，在神话的专题研究方面，我较注意考古实物、口承资料和风俗传统的并用，曾发表过一些有趣的论作。诸如：

《五代从葬品神话考》（载《学术月刊》1985年第7期），以1950年在南京祖堂山南唐二陵和1975年在扬州邗江蔡庄出土的人头鱼身俑、蛙俑和双人头蛇身俑为研究对象，通过考辨实证，以揭示这三俑的神话象征意义。文章引证一些考古文物和文献资料，指出五代的人头鱼身俑综合了《山海经》中"互人国""鱼妇""鲮鱼"一类神话的要义，寄寓了亡灵依附神物"冬死而夏生""死即复苏""上下于天"的愿望。至于蛙，有冬眠春苏之性，"蛙"意为"始"，其俑亦表周而复始、永生不死。"双人头蛇身"则与伏羲、女娲交尾像一脉相承，旨在表达"阴阳相易，转相生也""男女构精，万物化生"的哲学观。这几件从葬品的神话功用均在于安魂，象征地表达了亡不为戚、再生有时的观念。

《鱼考》（载《民间文学论坛》1985年第6期），作为该期杂志领衔的文章，编辑部不仅请书法家王遐举题写篇名，还加写了"编者按"，指出"原始信仰问题是个重要的课题"，"成为民间文艺学研究中的一块空白"，并对《鱼考》等文章评价道："这是我国民间文艺学研究向广度和深度发展的表现之一。"《鱼考》一文包括"鱼为图腾""鱼为星辰""鱼表灵魂"三个部分，其中以"鱼为星辰"的论点最为重要。文章以新石器时代的彩陶纹、汉代墓顶天文图等实物，以及古代文献和民俗资料的相互印证，得出"鱼星互代"的结论。在兽体宇宙模式中，太阳为乌鸦，月亮为蟾蜍，而星辰的兽体为何？"鱼为星辰"的判断首次被提出并得到论证，使中国神话中的三光兽体有了明确的论定。

《中国宇宙神话略论》（载《东方文化》第一集，东南大学出版社1991年5月），包括"四神三光与宇宙构造""两河三界与人神交通""四极八柱与宇宙阶梯"三个部分，其中两河三界说涉及神话中的宇宙构造，天河、地川相连说，鱼为三界的神使论，以及生死相转的空间游动观等。这篇文章引证了一些文物资料做分析和论说，曾被台湾南华管理大学的有关专业选作教材。

我认为，神话研究既艰深，又多趣，它需要有扎实的学养做基础，又要有灵动的想象和判断。我常对在校的研究生们说，可尝试这一领域的学习与研究，以培养对零散、残缺的资料加以整合、还原、发现与判断的能力，既养成言之有据的严谨学风,又激励大胆探索、发人之未发的学术勇气。

二

1987年我和郭于华作为首批民俗学博士生入学北京师范大学,师从张紫晨先生之后,民俗学的研究成为我专攻的方向。20余年来,我在民俗学的研究中,主要对民俗学的基本理论和民俗文化的一些专题进行了研究,也部分涉及了比较民俗研究等领域。

在民俗学的理论研究方面,我曾出版了《应用民俗学》(江苏教育出版社2001年)、《中国都市民俗学》(东南大学出版社2004年)等著作,作为开创性的选题,它们丰富了民俗学的学科体系,开辟了我国民俗学理论研究的新方向。

《应用民俗学》包括"绪论""应用对象论""应用功能论""应用资源论""移风易俗论""当代应用概说""应用前景论"和"结语"八章,初步建构了应用民俗学的研究体系。该书指出:"应用民俗学是以民俗为教育手段,干预生活、改造社会的学科,同时也是以民俗为开发对象,对其加以勘察、利用、保护及管理的学科。"其理论构架主要是"移风易俗论""民俗资源论"和"民俗工程学"。与一般文章提及"应用"就是讲"开发"和"产业"不同,《应用民俗学》在辨析"迷信"与"俗信"的异同时,强调它还有对陋俗加以移易、批判、劝诫的任务。该书还提出,民俗应用的三个要素是"应用者""应用源"和"应用场",它们相互关联,相互制约;应用的基本建设应包括市场建设、基地建设、社区建设和队伍建设;民俗应用的实质可判断为"文化的选择""文化的保护""资源的开掘"和"文化的创造"。

《中国都市民俗学》系我国第一部有关都市民俗学的研究著作,它在对中国古代都市民俗的梳理,以及对当代民俗生活的变迁和城乡民俗整合趋向的分析基础上,提出以"主体与时空流动论""民俗中心转移论"和"传统与现代磨合论"三个新的理论来研究当代中国的都市民俗。直到21世纪初,还时有学人认为,中国民俗在农村,都市里没有民俗,该书以大量古代都市民俗资料和当代都市职能和都市民俗特征的归纳对此做出了回应。该书针对民俗学的研究方法指出,由于都市与乡村空间分野的客观存在,"田野作业"已不适合作为都市民俗的研究术语,可用"社区作业"或"街区作业"等新词来替代,以符合都市民俗采集的环境特点和研究工作的实际。

在民俗文化的专题研究方面，我先后出版了《中国鱼文化》（中国华侨出版公司 1990 年）、《祈禳：求福·除殃》[三联书店（香港）有限公司 1993 年]、《风俗探幽》（东南大学出版社 1994 年）、《中国镇物》（台北东大出版公司 1998 年）、《中国祥物》（台北东大出版公司 2003 年）等专著。

《中国鱼文化》是以我的博士论文为基础的研究著作，也是我国第一部有关鱼文化的民俗专题论著。它以历史上的各类鱼图、鱼物、鱼俗、鱼信、鱼话为研究对象，选取多学科的视角，通过内涵阐释、功能探究、鱼谜揭解和演进分析，以展现鱼的大千世界和人的精神宇宙。作为超学科、多层次的复合研究，它把民俗学、人类学、艺术学、考古学、文化学等学科统合起来，提出并重申了一些创见，如金鱼献宝故事的源头在中国，鱼为星精兽体的象征，孟姜女的原型为善哭善织的海人鱼，和合二仙的象征形象主要来自波斯女神阿娜希塔的启发，河姆渡文化时期鱼与小儿同食的野蛮风俗是中古西南地区杀食头胎为"宜弟"的原型，等等。对我来说，该书的写作开始形成注重理论阐发与实证研究结合、古籍文献与艺术图像映照、行为信仰与口承资料互证互补的研究风格。

《中国镇物》作为我国第一部镇物文化研究的专著，包括"导论""岁时镇物""护身镇物""家宅镇物""路道镇物""婚丧镇物""御凶镇物""结语"等部分，其中"导论"的第一节曾以《中国镇物文化略论》的篇名被《中国社会科学》杂志分别用中、英文刊发。所谓"镇物"，又称作"禳镇物""辟邪物"或"厌胜物"，它以有形的器物表达无形的观念，在心理与风俗的层面帮助人们面对各种实际的灾害、危险、凶殃、祸患，以及虚妄的神怪鬼祟，克服各种莫名的恐惧与困惑。作为文化象征的产物，镇物以非实验的方式，用加工过的自然物或人工物来建立自然世界与幻想世界的同一；作为巫术信仰的物化，它借取虚构的"超自然的力量"，以图对他人、他物或环境加以控制；作为宗教的通神法物的泛化，随着民间文化选择和长期俗用的结果，它强化了排解种种生活困惑的工具性质；作为风俗探秘的符号，它往往表现为心象与事象的叠合，并在各种装饰性的外观下隐含着风俗生活的秘密，也展现着人类的多彩思维和奇妙创造。对源头悠远、形制庞杂的镇物，我做了"四不"的概括，即无时不有的文化载体、无处不在的象征符号、无物不用的生成方式、无人不与的民俗情境。

在民俗学的专题研究方面，我在国内外发表过论文数十篇，包括《论先秦诸子的鬼神观》《论民间信仰的研究体系》《祖道軷祭与入山镇物》《石敢当与山神信仰》《论佛学的俗用》《试论乡野道教》《魂瓶、钱树与释道融合》《南京郊外的傩文化传承》《中国园林建筑中的民俗观》《荠菜花与上巳节》《春节文化符号的释读》等，涉及多个研究领域。

在域外民俗和比较民俗的调查研究方面，我出版了《问俗东瀛》（广西人民出版社2006年）一书，发表了《东方鱼文化三题》《中日民间信仰研究的历史回顾》《中韩元夕民俗三题》《中国纸马与日本绘马略论》《中在家花祭的文化隐义》等论文。

1996年底我获得了日本学术振兴会的长期项目，于1997年3月至1998年1月在日本东北大学进行了为期10个月的合作研究，其间我在日本东北地区的宫城、山形、福岛、岩手、青森等县多次开展民俗调查，后利用搜集到的资料和考察笔记写成《问俗东瀛》一书。该书包括"墓地调查""船冈赏樱""乡村做客""恐山之行""山形采风""远野探旧""仙台节日""民俗艺术"八个部分，以田野作业中的所见所感为主，记录了日本的风俗与信仰，以及笔者的考察过程，同时对中日的当代墓制、蚕神信仰、七夕民俗等进行了比较研究。该书指出日本的神异动物河童可能来自中国的猴、马传说，而在寺庙、商店和情人旅馆中常见的狸的塑像，则来自罗马人用以结缘的信仰风俗。这些论点亦均有创新的意义。

2009年我应邀参加了日本的国际研究项目"东亚的祭祀艺能研究"，项目的周期为4年，第一年在日本爱知县东荣町中在家对"花祭"傩仪做实地考察，之后我分别在中国和日本发表了《中在家花祭的文化隐义》一文。日本学者从20世纪20年代就开始关注和考察"花祭"活动，认为它与中、韩文化有联系，但其中很多东西还看不出它的真正意义。我的文章着重对"花祭"中的一些象征元素做出解说，指出与中国文化的承继关系。文章的"结语"做了这样的概括："日本东荣町中在家的'花祭'名称与'花树'相联系，是'花树'迎神、送神意义的概括。'花祭'仪式的信仰中心是山神崇拜，'花祭'中的神鬼都是'山神'的形象。'花祭'作为带有巫傩风气的民间信仰活动，其中有宗教哲学的因素，即主要来自中国的两仪五行观。'花祭'中的日月切纸、庭火与山泉、山神与水神、煮沸的开水等，包含着'阴阳两仪'的隐义；而'金、木、水、火、土'切纸，拜五方，五遍舞步等，则透露出'五行'观的哲学影响。"

《中日民间信仰研究的历史回顾》系与日本学者铃木岩弓教授合作、由我执笔写作的文章，旨在对百年来中日民间信仰的研究做学术史的总结，并归纳它们之间的异同。文章指出，中日一百年来有关民间信仰的研究具有学术的与社会的双重意义，是近现代文化思潮与社会生活的曲折反映。文章归纳中日民间信仰研究有着以汉字作为概念名称、早期都译介并借鉴西方学者相关理论、都以采集整理和理论概括为主要研究方法、研究对象均以本国的为主等共同点，同时着重指出它们的相异方面：中国将贫弱之根归于"迷信"，视其为"种灭国亡"之祸，而日本视民间信仰为"民族精神"的体现，并欲发扬其中潜含的"文化创造的因子"；中国由民间信仰而强调启蒙的任务，并以倡导科学与教育作为革除迷信的手段，日本的民间信仰在国内是为了认知和保护自身的传统，在殖民地则为了对异文化加以把握。

三

我对民俗艺术的研究经历了从专题探究到理论建构的过程，并逐步从民俗与艺术的交叉研究过渡到对"民俗艺术学"这一学科的建设。我从 1999 年开始在"艺术学"学科内招收民俗艺术学方向的硕士生，从 2003 年开始招收民俗艺术学方向的博士生，这一方向目前在我国研究生教育中仍然是唯一的。至今，我已培养获得学位的民俗艺术学硕士 23 人，民俗艺术学博士 21 人，另有专攻这一方向的 3 名博士后人员出站。我曾发表过《〈八宝图〉与建筑装饰》《民间小戏略论》《中国纸马与佛教艺术》《祈年礼俗与神马地画》《虎图虎俗的文化探秘》《钟鼓·琴·琵琶——中国吉祥乐器摭谈》《沉醉于民俗艺术的园田》《灵岩寺泥塑罗汉吉祥衣饰探究》《切纸·面具·神像——日本民俗艺术三题》《高淳花台会与乡野戏剧教育》《论民俗艺术学研究》《南京高淳水陆画略论》《山西常家庄园影壁花墙砖雕的文化功能》《民俗艺术研究的历史回顾》《论民俗艺术学体系形成的理论与实践基础》《论民俗艺术传承的要素》《略谈书法与民俗艺术》《民俗艺术传承的结构与层次》《论民俗艺术学的研究对象与学科特点》等研究文章。在民俗艺术研究的著作方面，我出版了《中国纸马》（台北东大图书公司 1996 年）、《江苏纸马》（东南大学出版社 2011 年）、《民俗艺术学》（南京出版社 2013 年）等著作。

《民俗艺术学》一书系国家社会科学基金（艺术学）项目的最终成果，由我及我培养的已获得博士学位的几位课题组成员共同完成，我制定了全书的写作框架和理论基调，写作了其中的4章，并通改了全稿。作为第一部民俗艺术学理论著作，它构建起学科的理论框架，开辟了艺术学的分支学科。该书包括"绪论""民俗艺术学体系论""民俗艺术学方法论""民俗艺术类型论""民俗艺术特征论""民俗艺术功能论""民俗艺术传承论""民俗艺术审美论""民俗艺术作品论""民俗艺术应用论""民俗艺术传播论""民俗艺术保护论"共12章。

《民俗艺术学》首先进行了概念界定，对"民俗艺术""民间艺术""民艺"等做了辨析，指出：民俗艺术，系指依存于民俗生活的各种艺术形态，作为传承性的下层艺术现象，它又指民间艺术中能融入传统风俗的部分。从主导方面说，"民俗艺术"的概念是以传承性、风俗性对下层社会的艺术创造所做出的文化判断；而"民间艺术"的概念乃基于其赖以存在的社会空间的分野，强调其下层性的特征；至于"民艺"一词，则出于对某些艺术形态的创作与应用主体所做出的身份认定和类型划分。民俗艺术学的理论基点为"传承论""社会论""象征论"，它们分别从存在特征、属性风格和表现方式三个方面构成了民俗艺术学的理论基础。民俗艺术学的研究体系包括民俗艺术志、民俗艺术论、民俗艺术史、民俗艺术批评、民俗艺术应用研究、民俗艺术专题研究等基本范畴，其体系随学科的发展和研究的深化而不断地充实和严整。

该书还对中国的民俗艺术研究做了综述和小结，指出其以下阶段性的特点：

（1）1949年以前，我国的民俗艺术研究以常任侠、岑家梧等为代表，他们主要从艺术史的研究出发，较集中在民俗艺术文物的调查与研究方面，而较少涉及民俗艺术的基本理论问题。他们在自己的论著中提出了"民俗艺术"的概念，但对"民俗艺术""民间艺术"等又未从理论上加以厘清，概念的混用正反映了民俗艺术研究在初始阶段的学术状况。

（2）台湾地区的民俗艺术研究，在30年前基本沿袭常任侠、岑家梧、凌纯声等学者的治学思路和研究方法，在民俗艺术的研究中同时注意田野调查、宗教艺术、山地文化等方面，对"民俗艺术"开始思考并提出"善加保护"和"维护"的问题。十余年来，台湾地区开始在高等院校设立民俗艺术的研究机构，注意"以民俗艺术为核心"，汇集众多相关学科，同时强调本地区民俗艺术的调查和理论基础的建立。

（3）近20年来，中国大陆的民俗艺术研究和民俗艺术学教育取得了突出的进展，相关论著的出版、民俗艺术学硕士生和博士生的培养、国家社科基金项目的设立、民俗艺术相应机构的建立、非物质文化遗产保护工程的开展等，都反映了中国民俗艺术研究的拓展和繁荣。

四

早在20多年前我就写过一篇短文，与青年学生们谈治学的感悟，当时我说了三点：

（1）敏而好学，锲而不舍。所谓"敏而好学"，就是要以创造性思维引导自己，善于在学习中总结规律、发现问题，在摄取各类知识的时候，不是生吞活剥，而是力求理解、消化，并做出取舍。同时，要广开知识的信息源，培养多种兴趣，在治学中始终保持一个或几个"焦点"，把接受与求索统一起来。所谓"锲而不舍"，主要指恒心与毅力，要经得起失败的痛苦和成功的欢乐，不因挫折而气馁，也不因一时的成功而故步自封。所选择的课题最好要有系列性或递进性，不满足于"满天星"，而力求"众星拱月"。

（2）另辟蹊径，独上高楼。治学中应注意选择并调整自己的专攻方向，尽可能走前人没走过的道路，努力开辟新的学术空间。这除了要多阅览，了解学科的研究状况之外，也要有开辟新视角的意识和勇气。治学者在认定开拓路径之后，还要有"独上高楼"的志气，向最高水准进发。尽管并非人人皆做得"一流"，但树立一个较高的目标能成为自己不懈努力的动力。

（3）博采精研，融会贯通。任何学术成就都是在前人成果基础上的新的开拓，因此，"另辟蹊径"也要博采众长。同时，知识与真理并非只出于书本一途，更应注意社会实践和科学实验，从现实的生产与生活中寻找资料和问题，加以思考和取舍，并力求严谨、扎实。所谓"融会贯通"，除了知识层面的应用外，也包括研究方法的选择。对具体问题的探究不囿于人为的学科分类，可以超学科多层次的复合研究取代单学科的孤立研究。自然世界与人类社会是丰富复杂并不断变化发展的，因此，只有多维视角与交叉研究才有助于洞察对象的实际，从而引出科学的结论。

《民族艺术》2014年第3期

民间美术·物承艺术

纸马探论

纸马是中国民俗版画体系中的特殊类型，它以道佛之神和民间俗神为表现对象，专用于民间的信仰活动和礼俗仪典。纸马出现在我国中古时期，但经历了一个漫长而复杂的孕育阶段，它始终交织着巫术的、宗教的、风俗的与艺术的因素，其形式与应用也总是与时而化，因俗异变。作为巫术与宗教的遗物，纸马留有神圣的光晕，传导着时人对神祇与祖灵的虔敬；作为民俗风物，纸马融入了民间生活，成为民间祈禳心理的寄托；作为民艺物品，纸马又展露着鲜明的地方特色和淳厚的民族风格。它亦圣亦俗，亦奇亦平，亦庄亦随，堪称中国文化园苑中的一树奇花。

一　纸马溯源

纸马又称"神马""马子""甲马""佛马"等，此外，民间还有"马纸""菩萨纸"之谓。"纸马"之名早在宋代已见载述，孟元老《东京梦华录》卷第七曰：

（清明节）士庶阗塞诸门。纸马铺皆于当街用纸衮叠成楼阁之状。

吴自牧《梦粱录》卷六又载：

岁旦在迩，席铺百货，画门神桃符，迎春牌儿，纸马铺印钟馗、财马、回头马等，馈与主顾。①

---

① 吴自牧：《梦粱录》，浙江人民出版社1984年版，第50页。

此外，周密《武林旧事》卷六中载有杭州的"印马"作坊，而《宋史·礼志》记契丹贺正使为本国皇后成服后，亦有焚纸马、举哭事。可见，在宋辽时期纸马已遍及全国，成为官礼与民俗中的寻常之物。因此，纸马的出现绝不晚于北宋。

纸马之谓"马"，前人略有阐释。清人虞兆隆《天香楼偶得·马字寓用》曰：

> 俗于纸上画神佛像，涂以红黄彩色而祭赛之，祭毕焚化，谓之甲马。以此纸为神佛之所凭依，似乎马也。

清赵翼《陔余丛考》则持另说：

图1　灶神

> 然则昔时画神像于纸，皆有马，以为乘骑之用，故曰纸马也。

前者强调"神佛之所凭依"，其意晦秘；后者则因"画马其上"，而略显附会。从现存纸马看，确有不少画马其上，以供神祇"乘骑之用"者（图1），较为直露地点画出马与延神巫术间的信仰联系。

纸马之谓"马"与刻画马形，同先人对马的出天入地的通神认识相关。《白虎通·封公侯》曰："马，阳物。"《左传》曰："凡马，日中而出，日中而入。"这种将马与太阳的相提并论，源自马引日车的天体神话。《淮南子·天文训》载：

> 日出于旸谷，浴于咸池，拂于扶桑，是谓晨明；登于扶桑，爰始将行，是谓朏明；至于曲阿，是谓旦明；至于曾泉，是谓蚤食；至于桑野，是谓晏食；至于衡阳，是谓隅中；至于昆吾，是谓正中；至于鸟次，是谓小还；至于悲谷，是谓哺时；至于女纪，是谓大还；至于渊虞，是谓高舂；至于连石，是谓下舂；至于悲泉，爰止其女，爰息其马，是谓悬车。

以上神话中的行天之日乃由马车牵引，马遂有"阳物""天马"之称。天马作为"天之驿骑",又有"天驷"之谓。"天驷"乃星名,因"日分为星",故天驷实乃日之"家族"。

依存于原始思维的神话形态不可避免地随传承而变异,这种"文化变迁"往往能改变对象的性质和价值。马正是如此,既为"阳物",又为"地精"。《初学记》卷二十九引《春秋说题辞》曰:

> 地精为马,十二月而生,应阴纪阳以合功,故人驾马,任重致远利天下。

此外,《汉书·食货志》言及汉武帝造银锡白金时曰:

> 天用莫如龙,地用莫如马,人用莫如龟。

马为"地用"之物,"地精"之征,且能阴阳合功,故被视作沟通天地、交通神鬼的巫物。明人高启《里巫行》诗中有"送神上马巫出门,家人登屋啼招魂"句,而古之巫师亦多骑马,并以马合阴阳、接天地。

汉代画像石中常见巨树壮马的刻画,其石以树表绝地通天,以马表"阴阳合功",由于它们多用于墓室、祠庙,故马纹的刻画有引导亡灵入地登天的意旨,为用以安魂的巫法。在山东省微山县两城镇出土的一块画像石上,巨树枝杈虬结,树端青鸟翔集,树下壮马长嘶,一人侧身弯弓(图2)。弯弓者是蹶张图的变形,意在驱祟镇墓;而虬结之枝是生命延绵往复的象征,具有神话中扶桑树之形,后世所谓"盘长纹"的吉祥图饰乃出于对它的模拟,以表生命不绝;青鸟在天,壮马立地,天地之对应暗示了图中生命之树的安魂意义。这里的马、鸟均为亡灵的引导,也是神迁魂变的凭依。类似的构图在其他画像石中亦可见之。值得一提的是,在微山县两城镇出土的另一块汉画像石上,巨大的"连理树"枝枝勾连,树端群儿相戏,树下亦有壮马挺立。儿生于树,点明了"连理枝"即为"生命树"。其实,生命树的信仰与日栖枝头的神话相关,太阳与

图2 汉画像石中的壮马与扶桑树

万物生长的内在联系，使之成为生命之神。因此，树下立马既表"日中而出，日中而入"，又表天地相接。纸马之谓"马"，即源于这种马能绝地通天、阴阳幻化、近神远鬼的信仰。事实上，有关马的巫术与神话观是纸马得以产生的最初的、潜在的诱因。

纸马在形式上与马纹经幡也有一定的亲缘关系，汉、藏之布幡、纸幡也正是巫术与宗教的法物。拿"甲马"说，作为纸马中的一类，它以马为中心构图，用于延神或神行。施耐庵《水浒传》第四十四回"锦豹子小径逢戴宗"云，以甲马拴腿上便可神行①。从甲马实物看，不论是苏北的甲马，还是苏南的甲马（图3），或是云南的甲马，都同西藏马纹经幡相像（图4），均以奔马踏云或幡旗高飘表现其行空邀神之功。藏民称马纹经幡为"朗达"（rlung-rta），"朗"是"风"的意思，"达"是"马"的意思，因此，"朗达"的汉译为"风马"。"风马"既有纸印的，又有布印的；既用以烧化，也贴于门首，或制为小幡插于屋顶高处。

所谓"风马"，实为中国古代神话中神马或神车的别称。《汉书·礼乐志》中的《郊祀歌》中有"灵之下，若风马"句。此外，唐元稹《长庆集》卷二十七《郊天日五色祥云赋》中亦有"羽

图3　苏南甲马

图4　西藏马纹经幡

---

① 《水浒传》第四十四回：神行太保戴宗对杨林说："我的神行法也带得人同行，我把两个甲马拴在你腿上，作起法来也和我一般走得快，要行便行，要住便住……"

盖凝而轩皇暂驻，风马驾而王母欲前"的歌咏。可见，纸马与马纹经幡的启用有着幽远的信仰根源。如果说纸幡、布幡是招神御鬼的神秘法具，那么，纸马、甲马则成了略具巫风的民俗物品。

佛教在唐代的兴盛及版印佛经的流布，是纸马得以由起的重要契机。唐咸通九年（868）刻印的《金刚经》卷首画《释迦牟尼说法图》及唐成都府都县龙池卞家印卖的《陀罗尼咒本》中的莲座佛像是现存最早的木版佛画，也是纸马的原型。佛教石窟造像的构图对后世纸马亦有一定的影响。例如陕西耀县（现铜川市耀州区）药王山造像，佛像居中，两旁加有边饰，顶端凿有帽饰，而"帽"底又有双龙的雕琢。此种构图为后世纸马所效仿，苏中地区的纸马即有"龙楼"帽子头的附缀，与此类佛神造像的配饰颇为相像。在近现代流行的纸马中，仍有如来佛、阿弥陀佛、弥勒佛、观音菩萨、地藏王菩萨、十殿阎王、大圣国师王等佛氏诸神，此外，纸马中的俗神尚有额点吉祥痣者，留下了佛画的印记。从民间称纸马为"佛马""神佛画""菩萨纸"等来看，纸马与佛教也有着内在的联系。木刻经咒在被民间风俗包容的过程中发生了图像与咒文的分解，其图像因素导致纸马的产生，其文字因素则导致《般若心经》、疏文及佛语符咒类冥币的生成。

道教的符箓也是纸马的原型，特别是人形符画及其贴挂与焚化的应用为纸马所承袭。例如，在敦煌地区的唐代"安心符"上，一神左手握棒，右手执鬼，上有"盛安心，符前大吉，立有脸（验）知，十六日却"的咒文。其棒当为"桃棓"。《淮南子·诠言训》许慎注曰："棓，大杖，以桃木为之，以击杀羿，自是以来鬼畏桃也。"可见，此镇宅符与桃符相类，是后者的图形化。近代印制的"钟馗捉鬼"纸马与"安心符"惟妙惟肖，透露出二者的传承关系。此外，敦煌的"树神"符，也以人形构图、咒语、符箓的叠加，追求禳除的功用。这种对自然物的人格化和人形化正是后世纸马神祇体系的最基本的表现方法，诸如水神、山神、路神、虫神等，均取人形构图，与道教的符画相仿。因此，道符也是纸马不可忽略的源头之一，它不仅提供了神形的摹写方式，更提供了庞大的神祇体系，成为纸马在民间流布的重要背景。

纸马的出现除了有神话、巫术及原始信仰的深厚基础，有佛教兴盛的诱发因素，有道教和民间宗教提供的庞杂的神祇体系，有画鸡于门、画鱼于门、悬桃符、剪楮焚币等俗信传统，还有艺术方面的长期准备。

在江苏省盱眙县出土的汉代木刻星象图上，有金乌载日、蟾蜍伏月、两飞仙、三游鱼和众星宿，它不仅反映了雕版技术早在汉代已经成熟，同时为神仙、灵兽、祥物、日月、星辰等同图的后世纸马提供了范例。从江苏南通地区的"魁星神君"纸马上，我们不难发现汉代星象图的余韵。

汉代画像砖石的雕凿也为纸马的雕版准备了条件。如在山东微山县出土的"皇母"画像石上，西王母端坐拢袖，张口若笑；侍者左右分立，手擎小扇；上有青鸟栖息，下有蛇躯虬结；背有盘曲之枝，旁有称谓题刻：这种构图立意在近代纸马中仍见传承。苏中地区民间习用的灶神纸马正与上述汉画像石有诸多相合：灶君端坐拢袖，面露笑容；侍者为春耕的农人，其二亦举旗分立；上有雀鸟双飞，拟青鸟来去有时，知归善报；下有耕牛举足，牛，土属①，与蛇同为土地的象征；身后亦有盘曲的如意

图5 灶神

拐子纹，头上为灶君神龛，框内刻印"定福宫"三字（图5），以拟指这位"家主之神"的身份。由此可见，纸马的源头绝非佛画、道符等宗教艺术一途，在两汉、先秦的文物中都可以找到它们的踪影。《天问》王逸序云："楚先王之庙及公卿祠堂，图画天地，山川神灵，及古圣贤怪物所行事。"此外，《鲁灵光殿赋》亦曰：

> 图画天地，品类群生，杂物奇怪；山神海灵，写载其状，托之丹青。千变万化，事各缪形。随色象类，曲得其情。

汉时祠堂与墓室的图画或雕凿均以神怪为主体，用以辟鬼安魂。此外，缯画、精怪图、经咒绢画等，也有相近的意义。

---

① 《经籍纂诂》卷二十六载："牛，土畜也。"《贾子·胎教》曰："牛者，中央之牲也。"

湖南长沙出土的战国缯书,以怪兽、人兽合体、多头怪及一些怪诞的图像与咒文相配,用以呵护死者的灵魂,它同敦煌发现的《白泽精怪图》相仿,具有傩祭的性质,追求禳除的功利。战国的缯书也是唐五代经咒绢画的原型,不过有从灵兽到神佛的化变,而以神佛为中心的经咒绢画则是版印纸质经咒的前身,也是纸马形制的又一源头。此外,先秦及两汉的瓦当、铜镜的制模亦涉及神兽、宇宙、帝王及仙人,也为纸马的雕印提供了艺术经验。1978年3月在江苏淮阴高庄发现的战国青铜器上有《山海图》,铸有夸父、九尾狐等神话题材,同样在雕模技术与选题上对纸马的制作有潜在的影响。

总之,纸马的产生交织着巫术的、宗教的、习俗的与艺术的多重因素,其中,对神鬼的信仰和人神、人鬼间凭物交通的巫术观念是纸马产生的精神基础,也决定了其名称的寓意;佛教在唐代的兴盛及经咒绢画、版印佛画的出现,是纸马兴起的直接诱因;道教诸神及民间俗神的庞杂体系是纸马主要的表现对象,也是纸马得以广泛流布的依托;民俗节令与仪礼中延神敬先的传统及焚纸设供的惯习使纸马成为传习性的世俗风物;先秦、两汉以来的木雕、石刻及绘画的艺术成就给纸马提供了技术手段和艺术的范例,并奠定了中国民俗版画的象征风格。纸马的由起源远流长,它以艺术的、宗教的和风俗的形式留下了唐宋间文化传承与文化整合的时代印记。

二　神祇体系

中国古代宗教与民间信仰中的神祇体系十分庞杂,其繁复的系列、纷乱的名称、多层的结构奇妙地互通互补,混成共融,终构建起一座层套锁连的巍峨神殿。中国诸神体系的庞杂,除了历史的、地理的、民族的、宗教的因素,同先人对神鬼这一子虚之物的纷纭阐释亦不无关系。

神鬼本人类的精神创造,起初它们被认作视之无形、听之无声、变化无方、去来无碍的超自然之力。在原始农业兴起之后,神与万物生长间的幻想联系被极端地夸张,农业社会的功利追求成了最有力的造神动因。《说文》曰:

> 神,天神,引出万物者也。

《礼记·祭法》曰:

> 山林川谷丘陵,能出云,为风雨,见怪物,皆曰神。

《荀子·天论》云：

> 列星随旋，日月递照，四时代御，阴阳大化，风雨博施，万物各得其和以生，各得其养以成。不见其事而见其功，夫是之谓神。

王充《论衡·论死篇》亦曰：

> 神者，伸也。申复无已，终而复始。

实际上，神的伸发万物、博施风雨、御制四时之性正是先民对田功农时盼求的折射。

随着自然崇拜向祖先崇拜的演进，人的神格化和神的人格化更其明朗，世俗的祖先与圣贤得以升格为神，开始了神性与神系的社会化进程。《礼记·礼运》曰：

> 修其祝嘏，以降上神与其先祖。

《礼记·正义》曰：

> 上神，谓在上精魂之神，即先祖也。指其精气，谓之上神；指其亡亲，谓之先祖。

《左传》"庄公三十二年"载：

> 神，聪明正直而壹者也。

《礼记·乐记》"幽则有鬼神"注云：

> 圣人之精气谓之神，贤知之精气谓之鬼。

可见，在人祖、圣贤升格为神的同时，神的禀赋也发生了变化，"聪明正直"成了神性的标志，这为后世英雄神、行业神、帝王神之类俗神的大量涌出提供了信仰基础。

道家则以神、气之说推论宇宙与人生，其对神的解说具有哲学化的意义。《道法精微》曰：

> 神不可离于气，气不可离于神，神乃气之子，气乃神之母，子母相亲如磁吸铁。刘真人曰："非法非真非色，无形无相无情。本来一物冷清清，有甚闲名杂姓。动则鬼神潜伏，静时天地交并。视之不见听无声，默叩须还相应。"

此外,《大玄宝典·神灵天象章》亦曰:

> 气虚生神,神虚生化,化虚生象,皆出太虚。太虚者,天地之中,无方无所,非气非形,其中有象,清而为天,浊而为地,清浊分而生人。

由于人是气化神生,道家把对神的理解又投射到人体自身,视人体若自然,其发肤骨肉亦各为神。《上阳子》把身神体系分为上、中、下三部,计二十四"景":

> 上部八景:发神、脑神、眼神、鼻神、耳神、口神、舌神、齿神。中部八景:肺神、心神、肝神、脾神、左肾神、右肾神、胆神、喉神。下部八景:肾神、大小肠神、胴神、骨神、膈神、两肋神、左阴左阳神、右阴右阳神。

1985年宁夏同心县出土明正德年间印制的《太上灵宝补谢灶神经》中有《净口神咒》,言及某些身神的职司与神能:

> 丹朱口神,吐秽除氛。舌神正伦,通命养神。罗千齿神,却邪秽真。喉神虎贲,冲炁引津。心神丹元,令我通真。思神炼液,正气长存。

《酉阳杂俎》前集之卷十一"广知"则收录了部分身神的名称:

> 身神及诸神名异者:脑神曰觉元,发神曰玄华,目神曰虚监,血神曰冲龙王,舌神曰始梁。

人体既为神,人影亦然,因形影不离,相照相守,也为道家尊之为神。道士郭采真言影神有九:

> 影神,一名右皇,二名魍魉,三名泄节枢,四名尺凫,五名索关,六名魄奴,七名灶(一曰囱),八名玄灵胎,九(鱼全食不辨)。①

可见,神的观念本转易多变,由自然而社会,由社会而人体。在这一过程中,天神、地祇、人鬼、身神上下叠积,左右通连,使中国神祇体系纷乱庞杂,颇难梳理。

---

① [唐]段成式《酉阳杂俎》前集之卷十一。

在中国神祇体系的总构架中，至少包括道教系、佛教系、巫神系、神话系、传说系、风俗系等六大支系。

道教系在其发展中最具包容性，它能兼收并蓄其他支系的神祇，形成"三界十方"的庞大阵容，因而最为浩繁，并成为中国神祇体系的代表。道教系主要分天神、仙人、俗神三支。天神支包括"三清"（玉清元始天尊、上清灵宝天尊、太清道德天尊），"四御"（玉皇大帝、北极大帝、天皇大帝、后土皇祇），日月星辰，风雨雷电，四方之神（东方青龙、南方朱雀、西方白虎、北方玄武）等。仙人支包括天仙、地仙、尸解仙"三等"和上仙、次仙、太上真人、飞天真人、灵仙、真人、灵人、飞仙、仙人"九品"，其中名仙有赤松子、甯封子、马师皇、黄帝、偓佺、老子、吕尚、彭祖、介子推、江妃二女、范蠡、琴高、安期生、东方朔等。俗神支则包揽了民间信奉的各类英雄神、行业神、守护神与家神等，其中有关圣帝君、刘猛将军、鲁班、华佗、城隍、财神、门神等。

佛教系诸神传入中土后，经过汉化，也纳入了中国的神祇体系之中。佛系神包括佛、菩萨、天王、阿罗汉、伽蓝神与阎摩罗的层分或类别。其中，佛有"竖三世佛"（过去佛燃灯佛，现在佛释迦牟尼佛，未来佛弥勒佛），"横三世佛"（西方佛阿弥陀佛，中间佛释迦牟尼佛，东方佛药师佛），及"五方佛""七佛""千佛"之分；菩萨有观世音、大势至、地藏王等；此外，还有"四大天王""十八罗汉""十八伽蓝神"及"十殿阎王"等佛神系列。

巫神系以山精海怪为主，服务于民间近福远祸的祈禳追求。巫神系的诸神多以自然之物、多体异兽、人兽合体或人造之物的形态出现。如《山海经》中，"其状如鲤而鸡足，食之已疣"的鯥鱼，"其状如鹊而十翼""可以御火，食之不瘅"的鰼鰼鱼，"鱼身而鸟翼，苍文而白首、赤喙""见则天下大穰"的文鳐鱼等，以及飞煞、替人、游魂、收瘟一类有形或无形的禳镇神，都归于巫神系列。

神话系出自古代神话，有原始思维的深厚基础，又有美妙的幻想故事相附丽，它们多作为恩主而受人敬奉。神话系包括伏羲、女娲、西王母、盘古、黄帝、神农、大禹等，它们虽为道教所包容，仍以源头幽深而可独作一系。

传说系以史事传说和民间传说为造神的基础，如夜郎竹王神、屈原、孟姜女、八仙、二十四孝神等，成为神祇体系中的又一构架。

风俗系则包罗着一切与民间风俗活动有关的大小神祇。如腊月二十四祝其

"上天言好事，下界保平安"的灶神，正月十五夜迎于厕间或猪栏旁的紫姑神，正旦杖捶粪堆、令其赐富的"如愿"神，正月十三"赛猛将"供奉的"八蜡之神"，二月二祭奉的"土地正神"等，以及小孩度关礼俗中拜祭的各种延生解厄的关煞之神，诸如"四柱关""百日关""雷公关""铁蛇关""鬼门关""童命关""急脚关""周岁关""四季关""冲天关""短命关""金锁关"等。此外，民间游乐活动中有十二月花神的绘制，如江苏高淳县（现南京市高淳区）薛城乡的"花台会"戏台上所绘的十二月花神：正月花神柳孟梅，二月花神杨玉环，三月花神杨延昭，四月花神姜贵华，五月花神丑钟馗，六月花神美西施，七月花神傅石雄，八月花神钱素款，九月花神陶渊明，十月花神汉貂蝉，十一月花神白乐天，十二月花神佘赛花[①]。此类花神亦属风俗系神祇。至于家堂神、家主神、家柱神、门栏神之类的家神，以及民间行业神等，实也出于俗神系列。

上述神祇的六大支系是依其由来的大略划分，支系间有交叉共通部分，但由此亦足见中国神祇体系的浩繁与庞杂。

纸马所载承的各路神祇都出于上述体系框架，但尤以道教系和风俗系为甚。为了展现纸马的类型和特点，可将其做"天神""地祇""家神""物神""自然神""人杰神""道仙神""佛氏神"的划分。

天神包括天上的日月、星辰、化入民间的道教"天尊"，及各类沟通天地、人神的神使，诸如北斗、南斗、斗姥、本命星君、魁星神君、寿星、紫微星、太岁星、四方之神、三清、玉帝、太乙、使符、甲马、监斋使者之类。

地祇主要收罗掌管冥界的地府之主或地方之神，及一些用以辟祟禳疫的禳镇神，包括土地正神（福德正神）、钟馗、城隍、东岳大帝、酆都大帝、冥府十王、痘神、收瘟、辟瘟猴、飞煞、伤神等。

家神是与家祭、家宅相关的神灵，包括家堂香火、司命灶君、门神、门栏神、宅神、家柱神、禁忌六神等。

物神主要指人类造物的神格化，包括井神、桥梁神、船神（顺风大吉）、牛栏之神、猪栏之神、圈神、床神（床公床婆）等。

自然神主要指水火、山川、雷电、龙蛇、牛马、虫王之类的自然之物和自然现象。

[①] 这十二月花神见薛城乡戏台上的绘画，于采风中记录。

人杰神即英雄神、行业神等人神的类归，包括关圣帝君、梓潼文昌帝君、刘猛将、姜太公、耿七公、张巡、鲁班等。

道仙神指道教中的祖师与仙人，包括三茅真君、张天师、和合二仙、财神、利市仙官、王灵官、张仙等。

佛氏神，指佛教传入中土而带来的神佛及圣徒。纸马中的神佛主要有如来佛、阿弥陀佛、弥勒佛、观音菩萨、地藏王菩萨、韦陀菩萨、大圣国师王等。

除了上述八类，纸马中还有一类众神图谱，往往荟萃道、释、儒诸神，而表对"天地三界，十方万灵"的收罗。其中"三十六神图"为常年贴换之大神马，并由此演化出一些众神同图的中堂画，在一定程度上反映了民间对神祇体系加以融合的努力和艺术表现的丰富想象力。

三　民俗仪礼

纸马多由乡野村民的家庭作坊自刻自印，一般在伏天过后，这些家庭作坊即已开工，至冬、腊二月最为忙碌。纸马的销售时间主要集中在春节前的十数天，特别是在腊月二十至除夕。除了纸马铺、香烛店专门销售纸马外，亦有街头设摊和走村串户的流动兜售。

纸马的应用主要在春节期间，此外，生者做寿、丧祭"做七"、讲经说卷、小孩度关、砌房造屋、店铺开张、生灾害病、神仙诞日等也需要供奉和焚化纸马。

纸马的启用方式有供、贴、挂、焚数种。供奉的纸马一般要折成条状，内衬麦秆或草纸，使其外观形似牌位，供奉在神龛内，或靠放在供桌前。在南京，旧时人家逢年则削木做架，以供放财神、仙官之类的纸马。据《金陵岁时记》载：

> 取纸长约五尺，墨印财神、仙官或莲座等状，新年立春供设厅堂。削木如牌坊形高尺余，曰纸马架。

除了这种"纸马架"，民间尚有多种砖砌、木制和纸质的神龛以供放纸马。一般砖砌神龛就灶而砌，以供灶马；木制神龛多供家堂之神，悬于堂屋东墙；纸质神龛或供灶君或供家堂，多置于中堂前的供桌上。贴用的纸马一般是众神图或有较多陪衬人物及生活场景的重彩纸马，实际上它已带有年画的性质。这类纸马一般尺幅较大，甚至有长达六尺者，它们一年一换，换下后即于庭前焚化。挂用的纸马有春节挂于门楣的财马，也有端午日悬于屋内檩条间的天师符和钟馗像。挂用的纸马亦一年一换，取下后亦即付丙丁。焚用的纸马多为单色，在民俗仪典中用于迎神和送神。

纸马在岁时风俗中的应用一般从腊月廿三或廿四的"送灶"开始。在苏中地区，送灶日的白天先以食糖、青葱、豆腐、红豆饭、酒肉等致祭，晚上则送其上天。"送灶"时，要以竹为杠、以纸为幔扎一大轿，由家主在户外连同从大灶神龛上取下的旧灶马、新购的白底灶马及剪成一寸长充作马料的稻草一并焚化。到除夕接灶时，各家再烧一张白底灶马以示迎神，然后将红底灶马贴于灶壁上或供在神龛中。在苏南地区则有"红纸叠马"的送灶之俗。据光绪十一年《丹阳县志》卷二十九载：

> 是日送灶，祀以米饧。红纸叠马同楮锭焚之，以酒糟、红豆、猪肝、稻秆等撒空，云"喂马"，儿童唱送灶词。除夕接灶，贴灶马。

在中国其他地区也有灶马之用，灶君纸马是中国纸马中流布最广、形制最多的一种。

陈纸马于家堂并设供祭奉，多在除夕之夜或正旦凌晨。在江苏靖江地区，春节供奉的纸马主要有五种：佛、观音、天地、东厨司命和"总圣"。在除夕，人们先虔敬地将纸马折叠成祖灵牌位状，正月初一凌晨始陈列于供桌上，供桌用木版印制的大团花做"桌围"，以遮住桌沿。纸马的供奉从正旦延至正月十八，每天要燃香致祭，其中十三日"上灯日"至十八日"落灯日"每夜要加燃大红烛一对，十八日夜则由家主从供桌上取而烧化，以送走诸神。正旦的供品一般为米面的小圆子，上元日则供"花果"。所谓"花果"，即做成鸡、鸭、棉桃、石榴等形状的米面果或加印红点的大元宵。在苏北地区过去则以牲醴致祭，在苏南地区多用活鱼、猪头、鸡卵、雌雄鸡及干湿素菜祀奉。此外，正月初五敬财神、正月十五迎紫姑、二月初二祭土地、五月十三供关帝、八月十五拜月宫等岁时活动，也都另有纸马的祭供。其中，中秋拜月的纸马，在江苏有《清凉照夜月宫尊天》，在北京则有长者七八尺、短者二三尺，上绘太阴星君、下绘月宫及捣药玉兔的"月光马儿"。

"十里不同风，百里不同俗"，各地对神祇的选择有异，供奉的纸马也不同。苏州地区在春节期间敬供的纸马有玉皇、灶君、财神、玄坛、土地诸神。如皋地区则供有家堂香火列位高真、聚宝增福财神、招财和合利市、顺风大吉、猪栏之神、牛栏之神、水母娘娘（图6）、耿七公公、井泉童子、本命星君、

图 6 水母娘娘

三官大帝、八蜡之神（图7）、关圣帝君、南无观世音、梓潼文昌帝君、值年太岁正神、禁忌六神、大圣国师王等。在南通地区还有"三十六神"纸马于除夕换贴，其神祇包括道、佛、儒及民间宗教的尊神与先师：城隍、准提、孔圣、玉皇、公侯、东岳、天后、火星、观音、佛、华王、太子、太公、北斗、文昌、大圣、南斗、灶君、和合、财神、天官、关帝、本命、张仙、利市、龙王、雷祖、三官、玄坛、招财、土地、月宫、紫微、吕祖、日宫、泉神。此外，还有"三十神"纸马，另收有真武、魁星、三郎、太尉、五路等神祇。在苏南溧水县（现南京市溧水区）有灶君、张仙、和合、桥梁、顺风、祠山、冥府十王殿、替人等纸马，在高淳县则有直符、腾蛇、甲马、水神、消灾（图8）、游魂、斩鬼、土地正神、沙衣、草鞋、往生咒等神祇、灵符的印制。在华北地区多有"牛王""马王""水草"一类的纸马，在云南有"开山""兵""木神""桥路二神""庙神""天狗""哭神""退扫"等众多的品种。

　　纸马不仅因地而异，也因用而别。除了年节岁时祭祀，在其他用途中对纸马的择取往往也有一定的规矩。过去多由道士按事由开列神名，让主家到纸马铺或印马坊请购。例如做寿，须请"寿星""本命星君""星主"三神，其中"寿星"又有单、双之分，若夫妻双双健在，便用"双寿星"纸马，若其一先亡，则只能延"单寿星"为用。另外，小孩满月、过生日以及丧家做"寿材"，也只能供奉"单寿星"纸马。再如超度祖先之灵，和尚与道士在作场时各有所取：和尚选用"佛""观音""地藏王"纸马，而道士则选用"三清""玉帝""星主""紫微""东岳大帝""城隍""土地正神""酆都大帝"等。民间的讲经说卷活动亦需要供奉纸马。在讲《三茅传》《大圣传》时，所供的纸马是"大圣国师王""南无观世音""佛""地藏王""东岳大帝""三茅真君""三官大帝"

图 7　八蜡之神　　　　　　　　　图 8　消灾纸马

等；若为小孩讲经，则须加用"梓潼文昌帝君"，以表劝学。讲经由"佛头"主讲，六个妇女应和，"佛头"每说完一段，应和人即以"阿弥陀佛"的呼声相伴。讲经时，纸马叠成牌位状，列于供桌，燃香致祭，讲毕即取而焚化。

　　纸马中有不少功能单一的品种，保留着巫药或巫具的性质。它们因事而用，而非应时之物，带有巫术与原始宗教的神秘色彩。例如，"痘神"纸马作为驱疫的镇物，用于小儿患天花或麻疹时；"床公床婆"用于小儿夜哭，以逐祟护床；"降福收瘟"用于免疫辟瘟；"沙衣""草鞋"象征亡灵的行头，意在安魂远鬼；"火德"即火神，祀之以镇火怪、压火祥；"斩鬼"则用以驱邪逐祟、打鬼除妖……

　　除了身份与职掌明确的神祇，各地还有一些在祭神中灵活补用的替神纸，其种类有"黄元纸""团花"（又称"元花"）、缺名神像等，它们可由祭者根据需要，将欲请的神祇名号填写其上，即可充作该神的纸马而祭用。

　　如果说纸马在年节岁时中的供奉是一种惯习性的行为，那么，其在专项民俗中的应用则属功能性的追求。正是有确定的祈禳功利相依附，纸马才得以承传和流布，甚至时越千载，在某些地域仍然留有踪迹。目前，灶神纸马最为多见，其流布最广，种类最繁，在苏南某些经济发达的乡镇，如今诸神俱废，唯余灶君，不少人家新砌的大灶上仍辟有供放灶王爷纸马的神龛。另外，财神纸马亦较易见，但大多刻印粗陋，挂于门楣或贴附外墙，远不及"家神"灶君受虔敬。此外，与农事相关的土地正神、圈神之类及用于祭祖或镇宅的家堂神、宅神、钟馗等纸马，在部分地区亦略可见之。

纸马的刻印、销售和应用是民俗文化现象，而不属纯正的宗教行为，它似圣实俗，似诚而随，寄无形于有形，融无妄于现实；它以艺术的、象征的方式表达时人的祈禳心态，并寄托对生活的热望。纸马不是神灵的凭依，也并非佛道的法物，它是历史的俗信实录，也是现实的生活折光，它在人与自然、人与社会及人与自身精神现象的冲突中起着特殊的调节作用，并以艺术性、礼俗性与宗教性的混融显示出一般宗教偶像所欠缺的生活风韵和地方特征。

四　形制演化

作为俗信物品，纸马总是随着社会生活的变迁和社群需求的转化而不断演进。在其生成、发展的过程中，纸马的形制与构图也时有转易，既保有承传的历史因素，又有变异新生的成分。

纸马在近现代的应用仍然是祭供、贴挂和焚化。除了灶君神龛、家堂神龛常年祭奉外，在岁时风俗、人生礼俗及其他祈禳仪典中亦有陈纸马、燃香烛、设供物的祭神方式。纸马的这一应用，保留着"神佛之所凭依"的神秘观念，版印之神祇被视同泥塑木雕的宗教偶像，人们以"敬神如在"的信仰感召神灵，盼其降福赐佑。这一应用是宗教仪典的泛化，纸马也因此以神像为中心构图，并带上佛、道等人为宗教的历史印记。

纸马之用于贴挂，如门神贴于大门，钟馗贴于后门或北门，和合、招财、利市等贴于房门或挂于屋室门楣，或用以招神镇宅，或用以祈神赐福。贴挂的纸马一般不设供祭神，在功用上虽与经幡相类——挂以招神，但在俗用中它们的神圣光晕几已消失，成为纸马向年画渐进的中介。当今乡村人家多挂有"钟馗打鬼""关羽夜读""紫微星君""诸神图谱"一类的中堂画，虽都以民间神祇为构图中心，但不受敬奉，实际上，它们是纸马向年画演进的又一版印作品。

纸马取而焚化的基本应用方式，也决定了它自身类型的变化，并使其带上了冥币的性质。广东的"禄马"，浙江普陀山的"福禄寿"，江苏的"草鞋""沙衣""往生咒"，各地时见的各类版印冥钞等，都以其图像形式显示出与纸马间的"亲缘"关系。

民间木版印制的带有经文和图像的纸镪封袋，透露了其与佛经的渊源关系，也显示了纸马、符咒和冥币的初始形态。著者收藏有版印图经的纸镪袋，尺寸为35厘米×50厘米，分经文与图像两部分。上部刻为《般若波罗蜜多心经》，字凡二百七十余；下部为图，图中是祖灵牌位，旁有二侍者各持条幡，上书"承先人志"和"尽后裔心"，图旁印有一联曰"经文宣妙谛，镪币答故灵"，其下有荷花、鹿、鹤的配置。从全图的主题看，显然是"宣经致孝"，它糅合了佛教与儒学的因素，为佛教汉化的派生物。它以祖代佛，以焚代诵，使经咒与经画化入民间，并成为以图像为主的纸马、冥币和以文字为主的符咒、疏文一类的版印制品的混合物。就类型而论，佛画形成后，祖佛交混，佛道合流，产生了佛经与道符交并、神佛与祖灵并尊的图文，于是为纸马的独出完成了过渡。

道教的图咒是佛教经咒的翻版，但构图更接近纸马，为纸马的产生和增繁打开了路径。如道家的赦罪咒文和"赦王菩萨"，为黄纸版印之品，尺寸为36厘米×87厘米，上列可赦的三十六罪，并印神像一尊，侍从二人，几与纸马无异。可见，道画也是纸马生成的过渡，并可能是其最后的阶段。

纸马的形制五花八门：就用色而言，有墨印单色、墨印彩绘、套色彩印数种，其色序一般是先黑，次青，再黄，最后用红，也有的作坊先黑，次红，再绿，最后用黄。在江苏南通、河南朱仙镇等地，纸马多用紫、红、黄、绿等鲜艳色彩，而江苏无锡纸马则在版印的轮廓上用肉色、灰色、白色、红色等做渲染。就大小而言，规格不一，大者长愈六尺，小者仅巴掌见方。就用纸而言，纸马多用白纸印制，亦有用红、绿、黄等色纸制作，甚至有用黄草纸印制者：其"白纸马"多用以祭奉，其"彩纸马"可用以贴挂，其"草纸马"一般在祭仪中仅用以焚化。就版面处理而言，有独神图、双神图和众神图；有无边框者，有加框者；有顶盖"帽子头"的"脊饰"，也有旁加拼纹的"边饰"；有无字图，亦有点明神祇名称者；有外加戳印的装饰，亦有其他吉祥图案或器物的配置：总之颇多变化。

纸马构图内容的变化最能反映时代的变迁和社会的发展，让人们看到承传与变异的动态轨迹。起初的纸马当与佛画相类，以超凡入圣的天神地祇为唯一的表现对象，或以马匹为中心，寄托招引神灵的企望。后由"神佛"转为"神人"，出现了英雄、先师、圣徒的纸马，并配以侍者和俗用器物，甚至还有配偶的设置，以大妇、小妇陪侍左右，此时的纸马已开始失却宗教的神圣光晕。在近现代，纸马上更出现了世俗生活场景或生产劳动画面，甚至出现拖拉机、摩托车和小轿车的图形，出世的神祇敬仰与入世的生活追求竟奇妙地混融一统。在灶神纸马上多见有"五子登科"图和"麒麟送子"图，图上有吹笙奏笛者，有举扇相随的使女，有嬉戏的娇儿……此类纸马包孕着年画的因素，留下了纸马向年画过渡的踪迹。

至于劳动场景，我们可从"猪栏之神"上的"喂猪图"、灶神纸马上的"春耕图"上看到。有一张"猪栏之神"纸马，图上没有端坐的尊神，刻绘着一猪倌提桶举瓢给猪添食，圈内外各有猪一头向人举首待哺，全图没有任何神秘气氛，俨然乡村生活的写真。在苏中地区流行的红灶马，上端为眉清目秀、美髯长垂的灶公端坐中央，下为牵牛抱麦、荷锄挥臂的农人，演示了20世纪50年代初集体出工的情状。值得注意的是，其数为"五"，反映了与传统"五子登科"图间的潜在联系。60年代以后，上述灶马上的春耕图又有变化，象征丰稔的麦把被刻作五星的角旗所替代，暗示了"革命"对"生产"的统帅关系。进入80年代，社会生活与人们的精神观念有了新的发展，但纸马作为风俗物品在某些地区依旧承传，除了传统构图的保留，亦见有时代精神的楔入。在上述灶马上，灶君像与"春耕图"基本未变，但五星角旗恢复为沉甸甸的麦把，同时在农民高擎的红旗上添刻上"四化"三个大字，从而传导出当时的时代气息。纸马的这种追踪时代、包容生活的奇妙发展正表明了它神性的淡化和作为传统风物的长效生命。

五 文化价值

纸马作为传承性的俗信物品和民艺物品，自有其认识的、学术的与艺术的价值。

纸马的产生与应用主要是民俗文化现象，而不是宗教行为。它上承神话、巫术，下贯人为宗教与民间信仰，其神祇体系与信仰方式不为任何宗教所包揽。纸马在民间的祭奉有很大的随意性:无固定场合,可室内,亦可室外,可家堂,亦可猪栏;无统一的祭仪,可供奉,可贴挂,亦可焚化,从没有严格的程式和定规;多无僧道主持,一般由家主亲祭,特别是岁时性的应用,已完全融入俗民生活,如祭灶马、敬家堂、贴门神、挂天师符等,都无须神职人员参与;无教义可奉,尽管纸马产生的契机是版印佛经与经画,后世纸马与冥币中也略见佛祖与菩萨的神位,以及"心经""往生咒"一类的经文,但这只是形式的借取,其经义与教义从未随纸马同传。纸马虽以"神佛"为构图中心,却与世俗追求联系在一起。民间之祭纸马从不往求西天净土,也不贪恋海上仙国,而是以祈丰求稔、祈福求禄、辟邪驱祟、辟瘟禳疫等入世的生活追求为目标。作为俗信物品,纸马成为民间祈禳行为的象征;作为民艺物品,它又是对自然与社会的审美心理的寄托与流露。

  纸马在民间的广泛应用,从性质上说,是俗信,而不是迷信。所谓"迷信",应指非理性、反科学、对社会与个人有害的信仰,它往往颠倒事物现象与本质的关系,从非逻辑出发,导致对个人的生命、财产和社会的道德与风俗的实际伤害。而"俗信",指与巫术、宗教相关,但在民间的长期传习中退化为惯习性行为的古代信仰,作为风俗的一个方面,它失却了对神秘力量的笃信和对社会生活的实际危害,构成一定时空条件下人们精神生活和社会生活的一个方面。纸马正是这样,它作为惯习性行为的伴物而时越千载,地传九州,并能超越时代与社会的限制,至今留有踪迹。纸马在近代的应用主要是传统的延续,气氛的烘托,乡土情趣的宣泄,从实质上说,同春节贴对联、燃爆竹一样,人们不再注意它潜隐的、初始的意义,而仅取其可观的气氛与效果。笔者在田野作业中对乡民的纸马购取与民俗应用做过考察,他们对神祇虽有择取,但绝非盲信。纸马中,司命灶君、增福财神、家堂香火列位高真、土地正神、猪栏之神、春牛神图等较为畅销,此外,梓潼文昌帝君也颇受敬重,购者踊跃。由此可见,敬祖、耕读、发家是纸马选购的价值取向。至于纸马的应用,已无时辰、祭品、仪礼的顾忌,多在除夕随同对联、年画、挂钱等节物一并贴挂。如同挂钱上的图案和"大地皆春""鱼跃龙门"的吉语一样,纸马的贴挂、陈列或焚化亦有报春求吉、渲染喜庆气氛的意义。

  纸马是民间的版画艺术,具有民族特色和地方风格。云南的纸马多为墨线单色构图,刀工质朴,画面较少配饰,在内容上多有原始宗教和民族宗教的成分,如彝族地区有"路神""土主",白族地区有"本主""大黑天神"等纸马。

京津、鲁豫、江浙等地的纸马刻工较细,用色不一,有单色、彩绘、套色版印多种版式,内容上多仙道神、英雄神、祖先神,版面多配饰,画面较丰富,其中彩印纸马已形同年画,除信仰的寄托,亦具有审美教育与艺术欣赏的作用。

纸马对于学术的价值,在于提供了一个新的研究领域。纸马的产生及其神祇体系所体现的道、佛、儒及民间宗教的融合,为宗教的传承与流变准备了课题。纸马在民俗氛围中的应用,交织着祈禳的功利追求和神人相感、物物相通的神秘信仰,又有因时而举、随俗而行的惯习性行为,为图像型祈禳文化的功用和民间俗信的类型研究开辟了新的视点。纸马作为民间版画艺术,凝聚着传统的艺术经验和创作风格,不论在构图立意方面,还是在刻工刀法方面、点彩渲染方面、虚实象征方面,都留下了可供借鉴的实物资料。

纸马作为功用特殊的民俗版画,其发展历程中交织着宗教的、民俗的与艺术的因素,其宗教成分由浓而淡,其民俗应用由庄而随,其艺术构成由简及繁,在当今年画、符咒、疏文、冥币等俗用版画"家族"中是颇受瞩目又颇费探究的一类。由于纸马的历史遗存甚少,搜集不易,而受人珍视;同时又因其源头幽深,体系繁杂和变化多端而耐人寻味。可以说,纸马已成为中国民间艺苑中似圣而俗、似平而奇、似庄亦随的一树奇花,在民族文化传统中保有永久的价值。

《中国民间工艺》1995 年第 15 期

中国纸马与日本绘马略论

一 引言

中国纸马和日本绘马作为习见的俗信物品，体现着宗教、民俗、艺术在民间生活中的融合。中国纸马属神像类木版画，以佛道之神和各路民间神祇为表现中心，而日本绘马是绘于木板上的墨画或彩画，以神佛、神马、宝船等为主题，均服务于祈愿、镇除的功用。

中国纸马和日本绘马均以"马"定名，留下了马文化的诸多信息，涉及马的信仰、马为乘骑的联想、马与神明先祖相随、马为太阳象征等观念。

中国纸马与日本绘马又有起源、形制、用材、应用、传承等不同，成为既相联系，又有离异的文化现象。二者间为影响型再现，还是平行型共生，是一个值得探究的课题。纸马、绘马同作为马文化的艺术表现，成为追踪马的信仰、马的意象，以及马有从陆地交通到时空交通神能的有趣对象。

二 何谓纸马

纸马是中国民俗版画中的特殊类型，它以道佛之神和民间俗神为表现对象，专用于民间的信仰活动和礼俗仪典。纸马出现于中古时期，它亦圣亦俗，亦奇亦平，亦庄亦随，成为时越千载的俗信类民艺物品。

纸马又称"神马""马子""甲马""佛马""马纸""菩萨纸"等。早在北宋，就已出现专售纸马的"纸马铺"，据孟元老《东京梦华录》载：

> （清明节）士庶阗塞诸门。纸马铺皆于当街用纸衮叠成楼阁之状。

另，吴自牧《梦粱录》卷六载：

> 岁旦在迩，席铺百货，画门神桃符，迎春牌儿，纸马铺印钟馗、财马、回头马等，馈与主顾。

此外，周密《武林旧事》卷六中载有杭州的"印马"作坊，而《宋史·礼志》记契丹贺正使为本国皇后成服后，亦有焚纸马、举哭事。可见，在宋辽时期纸马已遍及中国，成为民俗与官礼中的寻常之物。可以肯定地说，纸马在中国的出现绝不晚于北宋。

纸马之称"马"，乃其形义与马相关。清人赵翼《陔余丛考》曰：

> 然则昔时画神像于纸，皆有马，以为乘骑之用，故曰纸马也。

此因马与神像同绘而称"纸马"。清人虞兆隆《天香楼偶得·马字寓用》则曰：

> 俗于纸上画神佛像，涂以红黄彩色而祭赛之，祭毕焚化，谓之甲马。以此纸为神佛之所凭依，似乎马也。

此说舍形取义，把绘神佛之纸看作马，是神佛依之往来的乘骑。从现存的中国纸马看，既有画马纸上，以为"乘骑之用"者，又有无马的神像，仅以纸为凭依，俨然马者。

纸马之谓"马"和刻画马形，同古人对马的神话认识和神秘信仰相关。《白虎通·封公侯》曰："马，阳物。"《左传》曰："凡马，日中而出，日中而入。"这种将马与太阳的相提并论，源自马引日车的天体神话。《淮南子·天文训》有"日出于旸谷，浴于咸池，拂于扶桑，是谓晨明；登于扶桑，爰始将行，……至于悲泉，爰止其女，爰息其马，是谓悬车"之载。在这则太阳行天的神话中，太阳由马车牵引，可见马、日相感相连，马遂有"阳物""天马"之称。天马作为"天之驿骑"，又有"天驷"之谓，而"天驷"乃星名，因有"日分为星"之说，故"天驷"实属太阳的"家族"。马既是"阳物"，又为"地精"。唐代的《初学记》卷二十九引《春秋说题辞》曰：

> 地精为马，十二月而生，应阴纪阳以合功，故人驾马，任重致远利天下。

由于马日相感，又能"应阴纪阳"，故能上下于天，交通天地，近神远鬼。纸马之用，正是着眼于它接天地、合阴阳之功。

纸马的神祇体系十分庞杂，可大略分为道教系、佛教系、巫神系、神话系、传说系、风俗系等支系，并可作天神、地祇、家神、物神、自然神、人杰神、道系神、佛系神等类分。

纸马的形制丰富多彩。就用色而言，有墨印单色、墨印彩绘、套色彩印等数种。其色序一般是先黑，次青，再黄，最后用红；也有作坊是先黑，次红，再绿，最后用黄。在河南朱仙镇、江苏南通等地，纸马多用紫、红、黄、绿等鲜艳色彩，而江苏无锡纸马则在版印的轮廓上用肉色、灰色、白色、红色等做渲染。就大小而言，规格不一，大者长逾六尺，小者仅巴掌见方。就用纸而言，纸马多用白纸印制，亦有用红、绿、黄等色纸制作，甚至有用黄草纸印制者。其"白纸马"多用于祭奉，其"彩纸马"可用于贴挂，其"草纸马"一般在祭仪中仅用于焚化。就版面处理而言，有独神图、双神图和众神图；有无边框者，有加边框者，有的顶加"帽子头"做"脊饰"，也有旁加拼纹做"边饰"者；有无字图，有点明神祇名称者；有外加戳印的装饰，亦有吉祥图案和器物的配置。

纸马作为请神、送神的凭依，一般在年节祭祀、寿诞礼俗、丧葬仪典、驱病消灾，以及讲经唱卷等俗信活动中应用。长期以来，由于人们不能正确认识其文化价值，甚至错误地把它当作迷信物品而加以破除，纸马在当今已愈来愈少，在不少地区已基本绝迹，甚至连"纸马"的名称已为多数人所陌生。作为民俗艺术品，纸马自有其永久的魅力和探究的价值。

三　日本绘马

日本绘马是用于对神佛祈愿或作为奉纳之礼的俗信物品，同马的信仰与风俗密切相关。

它是从活马奉纳和神马观念中演化而成的。所谓"绘马"，即在木板上绘出神马一匹或多匹，或绘佛像、七福神、人手、人足、母子、青龙、白蛇、百足、狮子、大天狗和乌天狗、生肖、宝船、人物、赤鬼和青鬼等，往往加注文字，以表祈愿。绘马一般悬挂在神社或寺庙内，以赖神佛实现大愿成就。

日本绘马有大、小之分。所谓"大绘马"，指绘马的匾额边框大于30厘米，其奉纳的目的，除了祈愿，还含有对奉纳者行为和业绩的夸示。"大绘马"常由名家绘制，具有艺术品的性质。所谓"小绘马"，即指边框小于30厘米的绘马，它作为民间信仰的产物，一般绘制比较质拙，仅表达对神佛的依赖与祈望，或对魔怪的镇除。

日本绘马的奉纳从平安时代末期开始就已经民众化、习俗化了，现在人们用以祈愿的目标，包括交通安全、五谷丰穰、家内安全、入学如愿、商卖繁昌、除灾免难、祛病健康等，人们已习惯于在小绘马的背后亲手写上自己的心愿。

绘马的木板多选用松、衫类材质制作，其尺度因时而异、因地而别。例如，日本东北宫城县一带，在明治四年（1871），绘马平均纵 15.6 厘米，横 21.1 厘米；明治十一年（1878），绘马平均尺度为纵 10.1 厘米，横 15.2 厘米。

绘马的用色，有单色与多彩之分。单色，大多用墨，而多彩，则用红、绿、青、白等色。至于绘马上的文字，基本用墨笔书写。在分类上，以文字为主的绘马叫"文字绘马"，而以图画为主的绘马则叫"图柄绘马"。

当今绘马一般在神社、寺庙出售，几乎没有民间制售者，而在江户时代，如同中国民间有"纸马铺"一样，日本也有专售绘马的小商贩，甚至有肩挑步行、沿街叫卖者。

日本绘马与日本人的马崇拜一脉相承，在日本的一些神社里，至今有活神马的圈养或石神马的供奉。日本人把马看作神的乘骑和祖灵的乘骑，在道祖神的祭祀、迎山神的仪式、盂兰盆节的祭祖仪典中，均用稻草扎成藁马，以示接送神祖。所以，绘马不论是否绘出马图，都作为神佛的凭依，充当乘骑的作用，服务于庶民邀神祈愿的功利追求。

四 纸马与绘马的异同

纸马与绘马分别传承于中、日两国，纸马大约形成于唐宋之间，而绘马开始流行的平安时代末期，相当于中国北宋末至南宋初这一历史阶段。可见，纸马与绘马产生的年代比较接近，而绘马稍晚于纸马。二者同作为邀神祈愿的俗信物品，既有诸多的相同，又有诸多的相异。其同，展现了中日文化哲学、宗教观念、民俗生活、艺术情趣的相近；其异，则反映了各自的民族特色。

二者之同表现在如下方面：

（1）"纸马""绘马"均以汉字"马"为中心词，都曾以马的图形点画主题，都有"神马"的理解，并把马看作神佛和祖灵的乘骑，视其有绝地通天、交通神鬼的神能，同时也是马崇拜、马文化的自然延续。

（2）二者均为俗信物品，既不是装饰用的画幅，也不是纯宗教的法物，而是亦圣亦俗,亦庄亦随,伴随着信仰风俗而承传。

(3) 二者均有多形制的特点:大小尺度不一,黑白、彩色兼用,图案既有程式,又有变化,并呈现出多对象、多主题的表现方式。

(4) 二者虽为民俗物品,但也有神职人员的参与。纸马的请用往往由道士开列神位,由事主到纸马铺请购;讲经唱卷由"佛头"选定纸马;而民间丧葬超度,纸马、和尚同在。日本绘马多由神社、寺庙中的神职人员发售。但不论纸马或绘马,都未进入正规的宗教仪典,主要表现为民俗的应用。

(5) 二者均为民俗、宗教与艺术的结合。其应用与传承表现为民俗现象,其观念与追求则具有宗教的性质,而其制作与构图又是艺术的体现。

二者之异表现在如下方面:

(1) 二者所用材料不同。纸马以纸张为制作材料,而绘马以木板为材料。

(2) 二者制作方式不同。纸马用版印的方式加工,而绘马以绘制的方式制作。

(3) 二者图像成分不同。纸马基本以各路神祇为图像,而绘马除了神佛、天狗、鬼怪之外,尚有宝船、人物、母子、器用等世俗内容。

(4) 二者图文配置不同。纸马上的文字一般仅用来注明神的名号,如"梓潼文昌帝君""协天关圣帝君""显应城隍""东厨司命"之类。绘马上的文字,有"奉纳""招福""奉挂御宝前""诸愿成就,皆令满足"等,有的还写上祈拜人的名字、祈愿的日期,以及神社的名称。

(5) 二者用后处置不同。纸马用后一概焚化,以纸灰的青烟作无形之马送神归去。绘马祈愿后长挂神社、寺庙中,以表愿长不断。

(6) 二者价值略有不同。纸马因祭后焚化,古代作品已难得一见,就连近代纸马也已成凤毛麟角。纸马作为特殊的民俗版画,有极高的鉴赏、收藏与研究的价值。绘马,尤其是小绘马,其艺术含量较低,一般难为收藏家所青睐。

(7) 纸马主要用于敬神,常配以香火、供品,并有相关的仪式,而绘马主要用于祈愿,无需香火、供物之类。

五 结语

纸马、绘马作为建筑在马的信仰之上的俗信物品,体现着民俗、宗教与艺术的融合。

在中国纸马体系中，还有专以马为构图的"甲马"支系，《水浒传》中的"飞毛腿"戴宗就因腿绑甲马而日行千里，留下了神马崇拜的印迹。可见，在北宋时纸马已十分成熟，并广为应用。中国纸马早于日本绘马，在佛教、吴服、岁时年节等传入日本的过程中，纸马可能间接影响了绘马的形成。受中国纸马直接影响的再现物是日本神社印售的"神像"，例如远野乡八幡宫的"山神""岁神""惠比须""八幡神""大国神"等。作为间接的影响物，绘马的文化背景更其复杂。

纸马与绘马是既相联系又有离异的文化现象，在中日的民间信仰中十分突出。理清二者的关系，把握各自的规律，可为中日文化的比较研究寻得新的课题，并在多重的层面上引发深入的思考。

参考文献

[1] 陶思炎. 中国纸马. 台北：东大图书公司，1996.
[2] 内田静马. 日本的民画. 东京：东京理工学社，1978.
[3] 岩崎真幸. 百足绘马. 东北民俗学研究，1998 (6).
[4] 三谷一马. 江户商卖图绘. 东京：三树书房，1975.

《民族艺术》2002 年第 4 期

中国纸马研究的现状

纸马这一民俗艺术品类产生于唐代,到北宋时期就已十分繁盛,出现了专营性的纸马铺,并作为与纸钱、香烛相提并论的祭祀物品①,持久传承,至今犹见。然而,纸马的研究,不论是艺术学的研究,还是民俗学的研究,或宗教学的研究,从 20 世纪 80 年代起才刚刚开始,及至今日,虽近 30 年,然其研究与纸马长期的历史传承和广阔的地域流布相比,仍然是很不充分的。

张道一先生在 80 年代初率先涉及纸马的研讨,1984 年他在《无锡"纸马"》一文中对纸马做了如下的表述:

> 作为迷信品的纸马,是封建社会的一种历史现象。它的产生可能与古代"以纸寓钱"的迷信有关。……不论作为艺术的借鉴还是民俗学的研究,无锡纸马都是一份值得珍藏的资料。②

尽管这不是学术的定义,同时纸马在当代依然存在,也并非什么"封建社会"的"历史现象",此外,对纸钱做出的"迷信"判断也值得商榷,但作为现代人对纸马的最初概括,发现了纸马与纸钱的内在联系,并显露出民俗与艺术相关联的视野。

80 年代末期,李伟卿在《云南民族大学学报》1988 年第 2 期发表了《大理甲马与白族的民间诸神》一文;《民族艺术研究》1988 年第 4 期发表了高金龙的《简论云南纸马》和张友乾的《"甲马纸"与"小刀山"》两篇文章;1989 年 5 月徐艺乙发表了《纸马话旧》一文。其中,高金龙的《简论云南纸马》对

---

① [明]冯梦龙《三遂平妖传》第十六回曰:"不若我与你拣个吉日良时,多将香烛纸马拜告真君,祈求子嗣。"
② 张道一、廉晓春:《美在民间》,北京工艺美术出版社 1987 年版。

云南纸马的名称、分布、族属等做了研讨，并对称纸马为"迷信品"的提法做出了批评，同时在"附录"中对云南纸马的"名目"进行了广泛的收录，使文章具有较强的学术性和资料性。徐艺乙的《纸马话旧》一文则着重对江苏南通纸马进行了类型与俗用的列举，指出纸马的内容主要分成"神祇类""神像类""祖师类"三种类型，同时对纸马的名称、概念、制作、形制等也做出了简要的论述，其特点在于让纸马的民俗学研究带上部分的艺术归纳，其不足在于对纸马概念的表述和性质的判断略嫌片面。文章称："纸马，是旧时供人们祭祀后焚烧的神像。它是过去民间迷信的产物"，"是一种带有迷信色彩的民间美术品"①。上述有关"迷信"之论因未能分清"迷信"与"俗信"的关系，其结论的扩散对纸马艺术的传承有所不利。

90年代以来，王树村、陶思炎等学者也发表了有关纸马研究的论作。王树村在《美术研究》1990年第2期发表了《纸马艺术的发展及其价值》一文；陶思炎则在《东方文化》《中国民间工艺》、日本印度学宗教学《论集》《民族艺术》等中外书刊发表了《中国纸马与佛教艺术》《纸马探论》《论中国纸马》《中国纸马与日本绘马略论》等论文②。

王树村的《纸马艺术的发展及其价值》一文着重论述了纸马的发展历史和纸马艺术的民族特色、地方风格对版画创作与研究的借鉴作用与资料价值。此文对纸马的研究选取了艺术史的视角，从而拓展了纸马的研究领域，但文章中的一些判断有误。例如，说甲马"在内地纸马中早已绝迹"，说北京纸马"之多，刻绘之精，高于其他各地"等，与实际情况不符，反映了作者在资料把握方面的不足。陶思炎的纸马研究则选取了民俗学、艺术学和宗教学的交叉视野，同时对日本的绘马、版印神像开展了比较研究，指出其异同之处和源流关系，并从非物质文化遗产保护的立场提出了相关的方略，从而在理论与实践的层面为拓展、深化中国纸马的研究做出了努力。

有关纸马研究的著作从上世纪90年代以来，已陆续出版了近10种，它们是薄松年著《中国灶君神祃》[（台湾）渤海出版公司1993年版]，陶思炎著

---

① 徐艺乙：《纸马话旧》，载王栋等主编《民俗论丛》，南京大学出版社1989年版，第158页。
② 陶思炎：《中国纸马与佛教艺术》，载《东方文化》第二集，东南大学出版社1992年版；《略论中国纸马》，载《秦汉文化与华夏传统》，学林出版社1993年版；《纸马探论》，载《中国民间工艺》1995年第15期；《论中国纸马》，日本印度学宗教学《论集》1997年第24号；《中国纸马与日本绘马略论》，《民族艺术》2002年第4期；《中国纸马及其保护方略》，《民族艺术》2009年第2期。

《中国纸马》[(台湾)东大图书公司 1996 年版],高金龙编著《云南纸马》[(哈尔滨)黑龙江美术出版社 1999 年版],韩秋长、和莲芬主编《内丘神码》[(石家庄)花山文艺出版社 2008 年版],王树村著《中国民间纸马艺术史话》[(天津)百花文艺出版社 2008 年版],王树村著《民间纸马》[(北京)中国轻工业出版社 2009 年版],韩秋长、和莲芬主编《内丘神码卷(中国木版年画集成)》(中华书局 2009 年版)等。

薄松年的《中国灶君神祃》,是一部有关灶神纸马的图录,全书共收各地黑白和彩色纸马图片 60 余幅,每幅图片附有简要的说明文字。作为专题性图册,该书虽不是纸马的系统研究,也不是什么理论著作,更没有使用"纸马"的名称,但仍可视作纸马著作专题编纂的起始。不过,其书名写作"神祃",是一个很大的失误。"祃"的读音为去声,音同"骂","祃"是古代军中的祭礼。《宋史·礼志二十四》曰:"师出必祭,谓之祃。"另,《礼记·王制》有"祃于所征之地"之载,郑玄注曰:"祃,师祭也,为兵祷。"现在时有将纸马写作"神祃"者,反映了对古代军祭与民祭区别的茫然,同时也是对纸马别称"神马"的误录误写。

陶思炎的《中国纸马》,作为中国第一部致力于纸马理论研究的专著,全书包括"纸马溯源""神祇体系""民俗仪礼""形制演化""文化价值"五个部分,除正文配图 27 幅外,另附有 210 幅彩色和黑白图版,图版中的纸马作品大多从著者所收藏的千余幅各地纸马中选出,并按"天神""地祇""家神""物神""自然神""人杰神""道系神""佛系神""众神图""替神纸""符经、冥币"等类别编排。该书系"沧海美术·艺术特辑"之四,16 开本,共 216 页,它以艺术学、民俗学、宗教学的交叉研究为显著特色。《中国纸马》在开篇中就明确概括了纸马与巫术宗教、民俗风物、民间艺术的有机联系和其风格特征:

> 纸马是中国民俗版画体系中的特殊类型,它以道佛之神和民间俗神为表现对象,专用于民间的信仰活动和礼俗仪典。纸马出现于我国中古时期,但经历了一个漫长而复杂的孕育阶段,它始终交织着巫术的、宗教的、风俗的与艺术的因素,其形制与应用也总是与时迁化,因俗异变。作为巫术与宗教遗物,纸马留有神圣的光晕,传导着时人对神祇与祖灵的虔敬;作为民俗风物,纸马融入了民间生活,成为民间祈禳心理的寄托;作为民艺物品,纸马又展露着鲜明的地方特色和

淳厚的民族风格。它亦圣亦俗,亦奇亦平,亦庄亦随,堪称中国文化园苑中的一树奇花。

该书还归纳了纸马产生的背景因素,指出:

> 对鬼神的信仰和人神、人鬼间凭物交通的巫术观念是纸马产生的精神基础,也决定了其名称的寓意;佛教在唐代的兴盛及经咒绢画、版印佛画的出现,是纸马兴起的直接诱因;道教诸神及民间俗神的庞杂体系是纸马主要的表现对象,也是纸马得以广泛流布的依托;民俗节令与仪礼中的延神敬先的传统及焚纸设供的惯习使纸马成为传习的世俗风物;先秦、两汉以来的木雕、石刻及绘画的艺术成就给纸马提供了技术手段和艺术范例,并奠定了中国民俗版画的象征风格。①

此外,《中国纸马》还从宗教、民俗、艺术的角度对纸马的学术价值做出了简要的概括:

> 纸马对于学术的价值,在于提供了一个新的研究领域,纸马的产生及其神祇体系所体现的道、佛、儒及民间宗教的融合,为宗教的传承与流变准备了课题。纸马在民俗氛围中的应用,交织着祈禳的功利追求和神人相感、物物相通的神秘信仰,又有因时而举、随俗而行的习惯性行为,为图像型祈禳文化的功用和民间俗信的研究开辟了新的视点。纸马作为民间版画艺术,凝聚着传统的艺术经验和创作风格,不论在构图立意方面,还是在刻工刀法方面,在点彩渲染方面,还是在虚实象征方面,都留下了可供借鉴的实物资料。②

《中国纸马》作为首部纸马研究的学术著作,为纸马研究初步建立了理论框架。该书所收图幅大多首次发表,其中以江苏纸马为多,能帮助读者对中国纸马主要传承地加以重新的认识。该书的一些观点与材料已被多种著作和文章引用,在海内外产生了一定的影响。

高金龙的《云南纸马》一书,是在其《简论云南纸马》一文的基础上修改而成的,全书共78页,大16开本,其中文字部分5页,附图179幅,所收纸马均为黑白图,部分用彩色印刷。该书的学术价值在于,首先,重申了"甲

---

① 陶思炎:《中国纸马》,(台湾)东大图书公司1996年版,第15页。
② 陶思炎:《中国纸马》,(台湾)东大图书公司1996年版,第46页。

马、纸马不能混称","甲马"是"纸马"群中的一类,云南各地民间确以称"纸马"为主①。其次,"云南纸马以汉族为主,少数民族除大理白族、楚雄彝族之外,都不用纸马做信仰的媒介"②。再次,该书指出了云南纸马是由汉人移民在明朝时带入,与无锡纸马、金陵版画有相类的地方:

> 如果我们把云南纸马中的具有代表性的部分与明代金陵版画做比较的话,就能进一步证实云南纸马是受明代版画的影响的观点,而且从中可以看出其中的传承关系。③

最后,该书的价值还在于根据自己的收藏对云南纸马的名目做出了集中的修订与收录。在上述论点中,对于云南纸马受明代金陵版画影响,并与江苏纸马相类的观点最值得注意,因为它对中国纸马主要传承地间的源流关系做出了有价值的判断。

《云南纸马》一书的不足,在于个别判断不甚准确。例如,说云南纸马与外省纸马的存在情况不尽相同,"国内绝大多数地区的纸马都已成为历史的旧话了"。实际上,纸马在当代中国的存在仍十分广泛,如果深入调查的话就会发现,在纸马曾经繁盛的省份,至今仍见传承,只是有些式微而已。目前,我国乡镇还在印售纸马的省份(自治区)有江苏、云南、山东、河北、河南、陕西、山西、浙江、福建、安徽、湖南、江西、宁夏、广东、台湾等。上述省份(自治区)的纸马作品笔者基本都有收藏。此外,《云南纸马》对"迷信"与原始宗教和道教的关系,发出了"也许它们本来就是一回事"④的感叹,反映出作者对"迷信"概念的茫然。其实,迷信作为非理性、反科学的迷狂的信仰,能造成对个人和社会的实际伤害——破费钱财、伤残身体、诲淫诲盗、扰乱治安、破坏生产、形成黑恶势力等,与原始宗教和道教不可混为一谈⑤。

韩秋长、和莲芬主编的《内丘神码》一书,由冯骥才先生作序,内容包括"内丘神码的种类""溯源内丘神码""工艺传承""艺术特征""民间传说"五编,全书349页,32开本,书中附有多幅黑白与彩色的内丘纸马图片。该书的主要篇幅集中在第一编,占全书的一半以上,其"神码的种类",实际上是指

---

① 见高金龙《云南纸马》,黑龙江美术出版社1999年版,第1页。
② 见高金龙《云南纸马》,黑龙江美术出版社1999年版,第2页。
③ 见高金龙《云南纸马》,黑龙江美术出版社1999年版,第3页。
④ 见高金龙《云南纸马》,黑龙江美术出版社1999年版,第3页。
⑤ 详见陶思炎:《应用民俗学》第五章第一节"迷信与俗信",江苏教育出版社2001年版。

内丘神码所包容的神祇体系。该书在第一编中分"自然神""生活神""儒释道神""祖宗""待考神码"五类逐个介绍了所搜集到的纸马。该书的主要特点有三：其一，选用了一些纸马民俗应用的实景图片，如供粪神、请火神、送天地、贴车神、制作七夕用的天棚地棚等；其二，对纸马制作的工艺、作坊、材料、工具和传承人情况，有简明的介绍和图片；其三，收录了一批与纸马中神祇相关的传说和故事，涉及猪神、鸡神、粪神、喜神、梁神、织布机神等，并大多附有其木版的照片。可以说，上述特点的存在使纸马研究的领域有了新的拓展。

《内丘神码》的不足，除了第一编与第二至五编的篇幅比例过于悬殊，有些观点和判断亦有错误。例如，该书说："内丘神码完全没有'神马'这一形象，根本不借用'神马'去实现人与神鬼的沟通……"[1] 其实，"纸马""神马"等之谓"马"，除一部分图上有马的形象外，主要是"以此纸为神佛之所凭依，似乎马也"[2]。也就是说，纸马是象征性的马，不一定出现神马的形象。实际上，内丘人把纸马写作"神码"，这"码"字就是指"马"！古代"码""马"相通，正如"码头"又写作"马头"一样，"神码"就是"神马"。因此，内丘神码也是借无形的"神马"去实现人与神鬼的沟通的，与他地纸马在信仰根基上并无不同。

书中另一个错误在于对"土神"纸马的释读与判断上。该书称一土神纸马上有"女阴符号"，有"地母"和"孕育万物之意"[3]。实际上，所谓的"女阴符号"是古钱纹，表"土中出黄金"之意。然而，"土神"的功用是"孕育万物"吗？这无疑又是误读。内丘人所称的"土神"，其实它真实的身份叫"太岁"。江苏的太岁纸马的形象就是手臂从眼窝中长出，眼睛长在手心上。太岁生土下，它常从地下向外探望，故手臂生眼，外伸出土，以作潜望[4]。因太岁居土下，故被内丘人称作"土神"，其纸马起初当在砌房造屋等建筑活动中使用，以便动太岁头上之土，在内丘竟被讹为"地母"，分了土地神的职能。

王树村的《中国民间纸马艺术史话》，小 16 开本，337 页，配黑白和彩色插图 280 幅，全书共包括"汉唐纸马为神所依""两宋时期的纸马""辽金元三

---

[1] 见韩秋长、和莲芬主编：《内丘神码》，花山文艺出版社 2008 年版，第 198 页。
[2] 见虞兆隆：《天香楼偶得·马字寓用》。
[3] 见韩秋长、和莲芬主编：《内丘神码》，花山文艺出版社 2008 年版，第 27 页。
[4] 详见陶思炎：《风俗探幽·土木篇·破土辟凶说太岁》，东南大学出版社 1995 年版。

朝的甲马""明代的纸马""清代各地纸马繁多""日本帝国侵华纸马""中国纸马对外影响""文学里的纸马故事"等八章。该书的主要价值在于,以断代的方式努力为中国纸马的发展历史做出概括,拉出了一条按时序排列的线索。同时,在空间方面,该书涉及港台、宁夏、贵州、满洲等前人尚未充分注意的地域。此外,它还将日本侵华时期的纸马列为专章讨论,虽篇幅短小,但很有意义。作为中国纸马发展史的研究,《中国民间纸马艺术史话》自有其学术价值。

不过,《中国民间纸马艺术史话》一书存在一些理论和判断方面的错误,以及语言表述方面的问题。例如,该书"绪说"第一段说道:"除了佛经、道藏等宣扬念佛超脱成道升仙之类的图像外,还有一大宗各民族劳动大众自己创造出来的众神和祖师图像,俗称'纸马'。"这条类似概念的表述不够严谨,因创造出的"众神和祖师图像"不一定是纸马,可能是壁画,可能是石刻,可能是缯画或绢画等。此外,众神和祖师图像的创作者也不一定是"各民族劳动大众",可能是巫师、僧道和其他人等。总之,该书对"纸马"的概括没能把握住纸马的特征。再者,该书第一章的标题为"汉唐纸马为神所依",可是,汉代并无纸马,东汉才发明造纸,哪有可能印出纸马呢?作者提前了纸马产生的时期,出现了概括上的错误。此外,该书第三章说:"元代纸马称'甲马'。"[①]这一判断来自《水浒传》中有关戴宗用甲马的叙述。若仅从《水浒传》的这一描述,就说元代的纸马称"甲马"是武断的。其实,元代还继续使用"纸马"的名称,在元杂剧中就多次提到纸马的应用[②]。该书对神像画、符经、纸钱与纸马的关系也似未论说清楚,一而统之地称之为"纸马"[③]。

王树村的另一部著作《民间纸马》,24开本,141页,全书除"概述"外,分"祈财纸马""迎福纸马""岁时纸马""喜寿纸马""敬祖纸马""孝行纸马""经符纸马""禳灾纸马""神佛纸马"九类编排图幅,并加说明文字。该书图版较清晰,有一定的可读性,是较通俗的纸马普及读本。该书上述的九类纸马,大多按功能划分,但也有按时令(岁时)、品类(符经)和神系(神佛)分列的,若能统一用功能划分所有纸马则更好,可以避免因不同标准的分类混杂在一起而出现的相互交叉。

作为《中国木版年画集成》分卷出版的《内丘神码卷》,该卷主编仍是韩

---

① 见王树村:《中国民间纸马艺术史话》,百花文艺出版社2008年版,第53页。
② 《岳孔目借铁拐李还魂》和《小张屠焚儿救母》等元刊杂剧中均有"纸马"的名称。
③ 见王树村:《中国民间纸马艺术史话》,百花文艺出版社2008年版,第17页。

秋长、和莲芬，其内容与《内丘神码》大致相仿，但章节有所改动，其"分类、张贴与习俗""制作工艺、材料工具与营销方式""艺人与行规习俗"等篇章是该书的特色，尤其是一些实景图片清晰而多趣。全书印制精美，设计上乘。该卷的不足同《内丘神码》一样，对"神码"名称的理解和解释有误，对"土神"图上的符号和职司也坚持了前书的猜测和误断。此外，纸马的传承就全国来说仍较普遍，不论在内丘，在云南，还是在江苏，它都不是什么"活化石"，它并没有真正死掉，只是其传承节拍时强时弱而已。

纸马的研究还在继续，新作会不断问世，一个曾经相对寂寞的领域已拂去了神秘的面纱。对它的研究必将不断拓展和深化，伴随这一过程，作为民俗艺术学视野下的纸马研究，也必将迎来推进学术批评、开启学术史研究的新阶段。

《民族艺术》2010年第1期

略论江苏的纸马艺术

江苏纸马作为宗教民俗物品曾在江苏大地上广为承传,在各地岁时祭祀和民俗活动中多有所见;同时作为民俗艺术物品,又与江苏的历史文化紧密相连,在全国的纸马族群中显示出东南地域的文化个性。它精细与粗犷互见,正神与俗神合流,五彩多于黑白,质拙而不乏文雅,繁杂而自成体系,多点传承而又互有异同。

一 江苏诸地纸马的特征

纸马在苏南、苏中、苏北均有分布,主要集中在苏南地区的南京、无锡一带和苏中地区的南通、泰州一带。苏北的连云港、徐州等地虽有灶君、财神、"黄小马"等纸马见用,但品种相对较少,不及苏南、苏中地区的纸马成套印售,且其风格也与山东、河南等地的纸马相近。拿灶神图样说,苏北的灶神纸马上往往灶公、灶婆并列同在,而江南和苏中地区的灶神纸马则几乎均为独神图,不论是祭灶时焚用的"白纸马",还是搁置于大灶神龛中或贴挂于灶壁上的"红纸马",都没有灶婆的配祀,灶神的面前或印有马匹,或印作"五子登科""聚宝盆"等图像。就苏南和苏中地区的纸马艺术而言,它们在形制、类型、用色等方面也体现出各自的风格特征。

在形制上,南京纸马的尺幅较小,其中,高淳纸马一般高宽尺寸为17厘米×11厘米,溧水纸马的尺寸一般为27厘米×20厘米。无锡纸马,大纸马尺寸为51厘米×34厘米,中号纸马35厘米×21厘米,小幅纸马尺寸有27厘米×21厘米、27厘米×13厘米两种;江阴纸马的基本尺幅为55厘米×20厘米,而配套使用的小纸马,其尺寸为25厘米×18厘米。南通纸马的品类繁多,尺幅也最为多样，尺寸有 54 厘米×39 厘米、39 厘米×27 厘米、36 厘米×26 厘米、35 厘米×27 厘米、32 厘米×27 厘米、27 厘米×20 厘米、26 厘米×15 厘米等多种，尺幅的多种多样反映了版式的丰富多彩。泰州地区的纸马以靖江为代表，其纸马的标准尺寸为 54 厘米×26 厘米，此外，还有 23 厘米×15 厘米等形制，而在泰州其他市县尚用的"红灶君"，其尺寸一般为 26 厘米×15 厘米。

江苏纸马的图幅绝大多数为纵长方形，其中江阴纸马和靖江纸马的高宽比最大，超过了 2∶1，呈长条形。南京纸马、江阴纸马、靖江纸马基本不加拼版印刷，无锡纸马和南通纸马的典型作品则多采用拼版，并有顶饰和边饰。南通纸马的顶饰最为典型的是"龙楼"的设置，而无锡纸马的顶饰以招财进宝的图像和"四海通财""利达三江"等吉语的附缀为特点。

在类型上，南京纸马以巫神及地方神的系列为特色，显得较为古奥，而佛系神、道系神则很少。诸如高淳纸马中的"腾蛇""狗神""游魂""消灾""斩鬼""七杀""草鞋""沙衣""甲马""五方咒诅神君"等，溧水纸马中的"祠山"和"降幅收瘟"等，都具有浓郁的巫风气息。无锡纸马包容着儒释道的神系和民间信仰中的神祇，其财神系列较为突出，尤其是五路大神、金危危财神为其地方特色。金危危恐为金国女真族人，何以成为无锡地区的财神，暂不得而知。此外，"孔子"纸马在各地极为鲜见，作为文明象征的儒学先师进入纸马系列，也凸显了无锡纸马在人物类型上善包容的特征。

在靖江纸马中，佛系、道系的神佛形成了浩荡的队列。佛系如释迦牟尼佛、观世音菩萨、地藏菩萨、韦陀菩萨、狼山大圣、总圣、十殿阎王等；道系如三清、玉帝、雷祖、太乙星君、真武大帝、南斗星君、北斗星君、斗姆、本命星君、紫微星君、文昌帝君、梓潼文昌帝君、寿星、关圣帝君、三官大帝、三茅真君、星主、城隍、酆都大帝、东岳大帝、三界符使、太岁、张天师等。江阴纸马在类型上以佛系、道系为主，同时又有来自神话传说和民间信仰的成分。江阴纸马中有一些特殊的品类，例如，牛郎、织女、日神、月神、福星、禄星、鲁班、张班、勾消（销）、猛将、北阴正堂等，均为他处没有或较为鲜见的纸马作品。

南通纸马的类型也比较广泛，来自民间传说和民间信仰的纸马最具特色。例如：与泗州城淹没有关的"水母娘娘"，护佑渔民的"耿七公公"，除灭蝗虫的"八蜡之神"，医治眼疾的"眼光圣母"，镇宅护路的"泰山石敢当"，以及地母娘娘、痧痘之神、三煞正神、大圣国师王、三十六神图、元花、男替神、女替神、立报司等，也都在类型和品种上显示出纸马的地方特征。

在用色上，江苏纸马主要有单色墨印和彩色套印两种。其单色，多为黑色墨印，亦有用红色或紫色或绿色等单色印制的纸马。现存的南京纸马基本是单色的，不论是高淳纸马，还是溧水纸马，都是黑色版印的黑白图，尽管有的用红、黄等色纸印刷，但均为黑色线条图。南通、无锡、泰州等地区的纸马除部分单色印制外，大多彩色套版印刷。靖江、江阴的纸马在墨印的基础上，用软版漏印的方式加红、绿彩色，使画面改变黑白图的单一形态，产生多彩的效果和神秘的气氛。南通纸马的用色多样，有套色版印，有加软版漏印，有印马人用色笔所加的徒手勾画等。

无锡纸马主要是套色版印，另加多彩的手绘和戳印，因使用肉色、白色、金色、银色等鲜亮的色彩，故而画幅略带缤纷华贵之感。无锡纸马的上色印绘流程包括：墨印神像轮廓，涂脸部及手底色，用白色点眼，用墨线画须发，点画衣饰、道具，戳印草纹、波纹、涡纹等，在神像脸颊、眼窝处用红色染绘而显酒色等。

在靖江敦义乡，印纸马的用色次序为先黑，次红，再绿，后黄。在南通如皋九华乡农家纸马铺，印马的色序则为先黑，次青，再黄，最后用红。各地纸马套印用色的差异，也在一定程度上反映了各自的艺术风格。

黑白纸马的用色虽单一，但带有古奥、质朴的巫术气息，其作品中宗教与民俗的成分似乎比艺术的成分更为显著，信仰的表达比较明了、直接。套色纸马因色彩的缤纷强化了艺术的表现，扩大了纸马鉴赏与审美的功用，使纸马在艺术表现上逐步与木版年画趋同。色彩既可表现人性，也可表现神性，纸马因色彩的丰富而向年画靠拢，实际上，表现了神性向人性的转化，或者说，体现了艺术对宗教的包容。

二　江苏纸马的艺术要素

江苏纸马作为民俗、宗教与艺术的结晶，既留有宗教与巫术的遗痕和民俗生活的功用，又具有民俗艺术物品的普遍特征，即群体的、传统的审美情感，与象征的或实用的文化功能的统一。在纸马至今仍见传承的江苏乡村，纸马艺术要素的存在是客观的、潜在的，而宗教民俗的追求却是主观的、外显的。也就是说，乡民们不是为了艺术享受或艺术消费而印售和使用纸马，而是信仰满足和民俗传统决定着纸马在当地的存废和演进。

江苏纸马具有主从分明、文图互映、统一变化、俗极而雅的基本特征。至于江苏纸马的艺术要素，我们可以从外观效果、内在精神、基本格调、版面构成、生存状态、表现手法等方面做出简要的概括。

要素一，质朴与绚烂同在。从外观效果看，纸马因构图简繁、套版多寡、刀法精粗、木版新老、印技生熟等，会造成纸马图幅的不同效果。有的绚烂多彩，构图多趣，手法奇特，令人鉴赏把玩，不忍付之一炬；有的刀法粗劣，图像板滞，用色单调，构图简单，但因乡民自刻自印，成为他们质朴的民俗生活的象征，也一样具有艺术研究的价值。例如，无锡纸马因刻绘精细、用色丰富，可视作具有绚烂外观的典型，而泰州兴化祭祀中用于焚化的"阿弥陀佛"，虽图样简单、不用彩色，但依然质朴多趣。"豪华版"与"简约版"的并存，不仅是经济的或技术的因素使然，也反映了民俗艺术服务生活的手段多样，以及民俗艺术想象力和创造力的强劲与丰富。

要素二，审美与信仰统一。从内在精神看，审美与信仰都旨在追求精神的满足。审美的要素使纸马凸显了其作为民俗艺术品的性质，其图像与使用中的民俗仪式本身也都可视作艺术的现象，审美的过程使从众的信仰行为和习惯性的风俗活动更具情感色彩，并注入了内心感悟、选择取舍的活力。不过，这一审美又与信仰观念不可分割，纸马毕竟是宗教民俗的产物，它以诸神为表现中心，是民间信仰活动的对象化和符号化。审美拓展了纸马的艺术影响空间，而信仰维系着它的宗教民俗性质。审美与信仰的统一是纸马固有的内在特点，符合纸马中艺术、民俗与宗教诸因素交混融合的实际。

要素三，庄重与谐乐并存。从基本格调看，庄重与谐乐反映出精神层面的凝重和轻松。纸马以神佛为表现对象，其应用的主要功能在于满足祈神近佛、纳吉辟凶的追求，纸马本身突出的信仰成分与祭祀中的宗教氛围自然使其带上了庄重的气息。由于纸马类型的庞杂，吉神与凶神的交混，主神与陪祀的有别，以及制作中艺术表现手段的多样，纸马系列中不乏生活场景的附缀和情调上的谐乐的成分。例如，苏中地区的灶君纸马上配有"聚宝盆"和"五子登科"图，而在"猪栏之神"纸马上印绘着喂猪的场景等，与单纯的神像图相比，显然这类纸马已淡化了原本庄重、威严的气氛。再如，无锡宜兴的"蛮家"纸马，人头蛇身，本为护佑粮食丰足的仓神，画面上虽蛇躯硕大，但面露笑容，头发成绺四张，不仅没有让人惊怵、敬畏，反而教人产生几许谐乐之感。

要素四，图像与文字互映。从版面构成看，纸马作品往往由图像和文字合成。图像包括主神和陪侍、器用和执物、马匹与场景等，表现"敬神如在"的情境；文字则主要点明纸马上神祇的身份，以避免错请错祭。纸马上的文字还包括吉祥语词、颂神联句，以及其他说明或疏文之类，从而使纸马的功用祥瑞化、多样化。在江苏纸马中另有有像无题的作品，如男女替神之类，又有有文无像之作，如"敬神如在""家堂香火列位高真"等牌位状文字纸马。不过，图文互映的纸马数量最多，由于用两套符号系统传导信仰信息，扩大了纸马的传布和应用。

要素五，传承与演化共进。从生存状态看，能传承，就能存留；有演化，就有发展。纸马也正是如此。因人亡艺绝、社会变迁、人口变化、移风易俗等情况，纸马在许多城镇和乡村已不复传承，渐渐退出了现代生活，以致成为难得一见之物。然而，它在部分地区却至今传承，甚至在社会经济较为发达的苏南地区仍较兴盛。究其原因，一是当地有刻印纸马的传人，二是使用纸马的乡民依然沿袭过去的传统。当然，纸马的传承中不乏变异，纸马某些细部的演化，都可视作它的演进和发展。例如，在苏中地区的红灶神纸马上，灶神膝前的五子登科图，曾演化为五农民牵牛抱麦的干活图，再演化为手执角旗、肩扛红旗的"干革命"图，到20世纪70年代以后，又在高擎的红旗上打上了"干四化"的响亮口号，反映了纸马在生存适应中的不断演进。传承与演化的共进，是当代纸马的发展轨迹。

要素六，写实与象征的相容。从表现手法看，写实与象征本完全不同，二者各以形似、神似为目标。拿纸马来说，前者以表象的相似而产生情感的认同，从而创造信仰与崇拜的情境；后者则从象到意，由此及彼，用符号引发联想，通过集体的释读而升华为宗教与民俗的情感，而使用象征的整个过程，又体现为艺术的创造。纸马中的形象、物象大多是写实的，但仍有不少象征手法的运用。例如，高淳纸马中的"游魂"，又称"夜行游女"，以头上的两根长羽毛和一旁站立的孩童，透露出它为专害小儿的"姑获鸟""飞鸟"的象征①。再

---

① 唐段成式《酉阳杂俎·羽篇》载："夜行游女，一曰天帝女，一名钓星，夜飞昼隐，如鬼神，衣毛为飞鸟，脱毛为妇人，无子，喜取人子，胸前有乳。凡人饴小儿，不可露处，小儿衣不可露晒，毛落衣中，当为鸟祟，或以血点其衣为志。或言产死者所化。"

如，南通的"日宫天尊"纸马，以其在图幅左上角圆圈中刻印的雄鸡作为日轮的象征，从而表明图像中主神的日神身份。另如南通的"元花"纸马，乃是备用的"替神纸"，在民间的祭祀仪式中若缺哪位神祇，可随时将其名号书写"元花"之上以代之。"元花"的图像为花朵形，花朵在民间信仰中象征着神的归宿与出处，或者说，花朵就是神位的象征。正是写实与象征的相容，使纸马在现实与虚幻的混融中染上了神秘的色调。

三　江苏纸马与外地纸马

江苏纸马与国内其他地区的纸马相比，既有共性的方面，又在艺术处理上不尽一致，体现出地域的风格。它们之间存在着或明或暗的艺术联系，同受当地文化、历史、经济的制约，产生同中有异的流布局面。我们且以云南纸马、内丘纸马、永年纸马为比较对象，分析江苏纸马与它们的异同关系，从而对纸马艺术或纸马文化做出判断。

1. 江苏纸马与云南纸马

江苏纸马与云南纸马具有同源关系，尤其是南京纸马在明初传入云南后，使这一西南边陲成为中国纸马重要的传承基地之一。虽然目前纸马已在作为大都市的南京主城区消亡，但在南京郊县高淳、溧水等地仍略见遗存。南京纸马与云南纸马的共性至今仍比较突出：其一，尺幅较小，云南纸马的高、宽尺寸大多在11~18厘米、10~15厘米，而高淳纸马的高、宽尺寸大多在17~23厘米、11~14厘米。其二，两地纸马作品基本为墨线黑白图，套色印刷的纸马极为罕见。其三，它们都以白纸印制为主，但也有用红、黄、绿等色纸印制的作品。其四，两地的神祇体系较为怪诞，巫神占有较大的比例，反映了一定社会历史下的巫风背景。其五，两地均有多种"甲马"，且至今仍在民间使用。

当然，江苏纸马不只是南京纸马，江苏纸马至今呈多点传承的态势，具有多种形制和风格，因此，江苏纸马与云南纸马又有明显的区别：

第一，在纸马的版式上，与云南纸马用一小块木版单版印刷不同，江苏纸马很多是用拼版印制，即纸马带有顶饰和边饰，尤以带顶饰的版式为多，如加"龙楼""莲花头""招财进宝""福禄寿"等小版，形成纸马主体的"帽子头"。

第二，在纸马的用色上，与云南纸马基本为墨印黑白图不同，江苏纸马就整体而言，虽仍见不少黑白图形的纸马，但以彩色套版印刷和软版刷彩漏印为主。江苏纸马的不少作品在用色上已与木版年画趋同，它们在信仰的实用功能之外，还讲求审美的外观效果。

第三，在纸马的形制上，与云南纸马普遍尺幅较小不同，江苏纸马的尺幅大小不一。其小者，如南通的"衬马"，其高宽仅 6.7 厘米×5 厘米；其大者，高宽可达 78 厘米×55 厘米。江苏纸马形制的多样，表现出不同地域的文化选择与民俗艺术多样性的实际。

第四，在纸马的制作上，与云南纸马单纯版印不同，不少江苏纸马在版印的基础上加手工描绘、戳印图纹和色笔开光，也见由印马师傅或乡间道士在纸马上用彩笔画圈或加线以代神符之作。制作手段的多样，丰富了江苏纸马的艺术表现。

第五，在纸马的风格上，云南纸马在神系选择方面更有地方的个性，如"孔雀甲马""红山本主""清官本主""雪山太子""大黑天神"等，在江苏纸马中就未曾一见。江苏纸马中地域性突出的"本土神"相对略少，但也有"耿七公公""水母娘娘"等与地方传说相联系的纸马品种，但不像云南纸马更带有民族宗教的性质。

由此可见，云南纸马的源头虽在南京，但其体系与现存的江苏纸马已各有异同，都已成为中国纸马的重要支系，并在国内形成了多点互映的格局。

2. 江苏纸马与内丘纸马

江苏纸马与内丘纸马作为祭祀物品，其应用主要满足信仰的功用，都离不开宗教民俗的氛围，也都客观地带有艺术审美的气息。它们虽品种多样，至今传承，但毕竟地隔南北，两地的纸马在特征上又有着很多的区别：

第一，在纸马品种上，江苏纸马形成了系列，道教系、佛教系、传说系、民间神等各作坊大都成套印制，并能在中国神话与宗教的资料中找到它们的由来。相对江苏纸马而言，内丘纸马在奇特品种上与江苏纸马不尽一致。例如，内丘纸马中的"九家仙姑""上房仙""下房仙""针公""楼仙""梯神""小人仙""鸡神""中梁祖""无生老母"等品种，在现存江苏纸马中难得一见。

第二，在纸马风格上，江苏纸马带有我国东南地域的特征，除刻工精细、色彩多样、印制相对考究、历史比较久长外，还有一些地方特色浓郁的纸马，如"蛮家"，体现了吴地土著人的信仰；"祠山大帝""刘猛将军"，为苏皖、江浙一带的民间大神；"耿七公公"，为苏中里下河地区的渔神；等等。内丘纸马中则有一些作品具有明显的我国北方风物的特点，如"窑神""炕神""五道将军""牧神""马王""牛王""水草大王""泰山奶奶"等，显示出地域的风格。

第三，在纸马构图上，江苏纸马因多点传承，刻工技法不一，有单版和拼版等，构图也就形式多样。在刻版线条方面，江苏纸马的用线大多密匝连贯，或粗或细，而内丘纸马的构图用线，则往往短小、稀疏、简易，因带有几分质拙也显得颇为有趣。例如，内丘纸马中的"土神""牛王""牧神""中梁祖""田苗"等图像，都具有突出的疏短、简易、质朴、多趣的特点。

第四，在纸马形制上，江苏纸马黑白、彩色均有，以彩色套版偏多；图像幅面大小不一，与外地纸马相比，图幅相对较大；用纸以白色为主，用色纸印制的纸马也有，但数量很少。内丘纸马以黑白图为主，彩印的品种较少，其套色印刷的纸马恐从南面邯郸永年县（现邯郸市永年区）一带传入。内丘纸马的图幅普遍较小，通常为江苏纸马一般作品的1/2~1/6大小；且大多用色纸印制——包括用红色、绿色、黄色、紫红色等纸张，以墨线印刷。因而，在外观上，江苏纸马与内丘纸马有着明显的区别。

第五，在纸马的变迁方面，江苏纸马除了色彩效果有年画化的趋向，构图仍基本沿袭传统，没有增生新的神祇，也未对纸马的图形做较显著的现代性改造。内丘纸马虽也大多质朴、古奥，但对部分纸马的图形做了现代化的置换和改造。例如，在"车神"纸马中出现了小汽车，替代了原来人赶马拉的大车；在"机神"纸马中出现了拖拉机的图形，代替了原来的织布机，或作为新创的品种出现；此外，还有"摩托车神"等。小汽车、拖拉机、摩托车等现代工业产品出现在纸马上，一方面表现了纸马在当代社会仍有着巨大的生命力，另一方面，也表现了内丘纸马在恢复和再创中正经历的传承与改造的过程，这为民俗艺术的研究提供了有趣的考察窗口。

3. 江苏纸马与永年纸马

邯郸永年是一个在纸马研究中鲜有提及的纸马传承地，虽与内丘同在河北省内，相去并不遥远，但永年纸马与内丘纸马在形制、风格等方面却大相径庭。它们所表现的神祇虽有部分相同，但就形态而言，它们当分属不同的系统。

永年纸马就笔者目前收集到的作品来看，基本为彩色纸马，其套版用色除黑色定底外，主要为红、绿、黄三色，较简易的仅使用红、黄，红、绿或黄、绿二色相套。江苏纸马大多为彩印纸马，但也有一些黑白图像的作品。永年纸马与江苏彩色纸马大致相同，其标准尺幅为39厘米×27厘米，比内丘纸马大

4倍以上，其小纸马的尺寸为17厘米×13厘米，大纸马尺寸为53厘米×38厘米。不过，邯郸永年纸马的版式、用色、品类都不及江苏纸马丰富，但两地纸马年画化的趋势却是相同的。

永年纸马所涉及的神祇体系，同样包括道教的、佛教的、民间宗教的多位神灵，就其纸马名称看，有三代宗亲、全神各祖、三圣同堂、协天大帝、文武圣人、天地三界、天地三界十方万灵真宰、天官、门神、秦琼、尉迟敬德、救苦救难观世音菩萨、观音、送子观音、地藏王、送子娘娘、老母、无生老母、天仙圣母、女仙、文仙、飞仙、仙家、坐家姑姑、坐家仙姑、九家姑姑、楼仙、花奶奶、灶王、财神、增福财神、上关下财、钟馗、井龙王、火帝真君、牛马王、牛王、仓官、鲁班、车神之王、车神大王（三轮车）、车神等等。

从上述神祇的罗列看，永年纸马与江苏纸马相比较，亦有其显著的特点：

其一，江苏纸马中除"张仙"外，涉及"仙人"的只有道教的"真人""真君"之类了，而邯郸永年纸马中的诸"仙"多为民间信仰中的神祇，并非出自正宗的道教系列。

其二，江苏纸马中亦有女性神祇的存在，如"痧痘娘娘""水母娘娘""眼光娘娘""织女""女寿星""女替神"等，但女性神祇在纸马系列的总量中所占的比例较小，而永年纸马中的"女仙""老母""姑姑"之类所占比例明显较大，甚至"文仙""楼仙""家仙"等纸马，其神也均为女性，反映了邯郸永年纸马在信仰上与民间宗教的联系更为密切。

其三，江苏纸马与永年纸马在神祇的选择上不尽相同，尽管江苏纸马的神系队列较为浩荡，但永年纸马中有不少江苏纸马所阙如的品类，例如"花奶奶""坐家仙姑""九家姑姑""三代宗亲""三圣同堂""全神各祖""文仙""车神"等等。纸马品类的不同，正反映了"一方水土养一方人"，他们的生存空间不一，信仰选择和表达手段也就自然有别。

其四，江苏纸马与永年纸马的部分品种从图像看，都有变异、演化的实例。江苏纸马中的"灶神"，其图像中的五子登科向五农忙生产演化，其执物中的莲蓬、花灯被麦把、红旗等置换，从而融入了当代生活场景和时代精神。永年纸马的"车神"也经历着变异和演进。传统的永年"车神"纸马图形是一黑驴拉货的大车，或者是侍从执长鞭、主神正襟危坐帷帐下的图像。后来出现了"摩托王"车神和拖拉机"招财进宝"车神。再到"车神大王"纸马，图形又演化为在神官指挥下的三轮卡车，两边加有"高高兴兴出门，平平安安回家"的现代联句。最后到"车神之王"纸马,出现了小汽车的图样,纸马也似乎随它一起开进了21世纪的中国北方新农村。

江苏纸马与其他外地的纸马有同有异,并存在着艺术的与信仰的联系,也各自展露出地域的个性。山东纸马、河南纸马均呈现出年画化的趋向;而湘西纸马仍以小幅、黑白、彩纸为主,图像较为古奥、质朴,传统的印迹比较突出。虽然它们在总体上均不及江苏纸马面广量大,图样精细,然各有其不可替代的功用与价值。就生态现状而言,江苏、云南、河北三省的纸马已形成三足鼎立之势,并共同传承着中国的纸马艺术。

《东南大学学报(哲学社会科学版)》2010年第6期

略谈书法与民俗艺术

一　书法：民俗艺术的构成方式

所谓"民俗艺术"，系指依存于民俗生活的各种艺术形态，作为传承性的下层艺术现象，它又指人类艺术中一切能融入传统风俗的部分。"民俗艺术"往往作为民俗传统的象征符号和民俗生活化的原生艺术，在岁时节令、人生礼俗、民间信仰、社会交际、衣食住行、消遣娱乐等方面广泛应用。民俗艺术在类型方面的基本构成，包括造物艺术、表演艺术、口头语言艺术、平面图像和文字艺术等。其中，书法活动及其作品作为文字艺术，构成了民俗艺术的一个重要方面。

汉字先天的图像性特征，文字作为符号的神秘性质，书写方式的异彩纷呈，以及文字传承知识、启迪教化的特殊功用，使书法带上了艺术的、信仰的、风俗的与文明的性质。艺术离不开生活，书法也离不开生活，书法在民俗生活中的广泛应用，使之融入了民俗艺术，并成为民俗艺术的一个构成要素。从建筑、装饰到器物、图画、符箓、年饰、商卖招贴等，都见有书法的应用，书法因文字的明确性而往往使民俗艺术的象征性发生了由潜而显的变化，从而凸显了它的文化功用，起到了点题的作用。

二　民俗艺术中的书法应用

书法在民俗生活和民俗艺术中的应用主要集中在岁时装饰、禳镇纳吉、训诫教化和店招商号等方面。

1. 岁时装饰

岁时装饰主要表现在新年装饰上,即在用来装饰门户、墙壁的春节风物上。就书法的具体应用而言,多见于春联、报春条、"福"字、合体字、名刺、中堂画的题联、年画上的题诗等等。

其中,春联是书法艺术在新春佳节最集中的展示,春联不仅使千门万户焕然一新,更以各类字体书写联句以抒发志向、寄托心愿、表白心迹,表达对生活的热爱,对幸福的追求。除了常见的楷书、隶书春联,还有采用汉字各体,甚至用回文(阿拉伯文)书写的联句。春联的书写大多使用标准的汉字,作为自家和他人易于共同欣赏的作品,它发挥着营造新年气氛、传递吉祥信息、倡导读书识礼、推行社会教化的作用。对联中还见有合字联和文图合体联,它们以图画式的书写方式追求赏玩、娱乐的艺术效果。例如,有关八仙的联句以 16 个合体字表达了如下的意思:

> 拐李先生法道高,
> 钟离磐石把扇摇,
> 洞宾背剑清风客,
> 采和花篮献蟠桃。
> 国舅手执阴阳板,
> 湘子云中品玉箫,
> 仙姑敬奉长生酒,
> 果老骑驴乐逍遥。

这类合体字联句具有游艺的情趣,发挥着赏玩的满足功能。

至于文图合体联和合体字,主要是在文字笔画的轮廓中填以山水、人物之类,形成画上有字、字中有画、字画相映、互联合体的视觉效果。此类书写方式,亦在追求赏乐与装饰的功能和年节、礼俗中的喜庆气氛。此外,还有采用鸟书、鱼书、龟书、龙书、麟书、穗书等方式书写的联句,也是以字画的交融创造吉祥而多趣的艺术情境。

以红纸斗方所书写的合体字,是店铺和民宅春节常用的民俗风物。这类单张呈菱形贴用的合体字有:"黄金万两""招财进宝""日进斗金""日日有财""斗大元宝""出门见喜""寿及南山""童言无忌""三元及第"等,它们一律用墨笔书写,成为一种以纳吉迎祥为主旨的特殊的民俗艺术作品。

2. 禳镇纳吉

在民俗生活中，书法也能被赋予神秘的信仰观念和巫术与宗教的情感，发挥禳镇的或纳吉的功能作用，成为庶民们心愿的表达。

在禳镇方面，贴挂于民居宅室的"天师符""端午符""镇宅灵符"之类的符画和符箓，常见有书法的应用，书法与绘画、版印交互重叠，共同发挥着禳辟凶殃的功用。符纸上的书法往往自由流畅，与其他图形相连相缠，始终显露着神秘的气息。冬至数九以后，民间旧有贴挂和书描"九九消寒图"的风俗。所谓"九九消寒图"，取九个笔画为九画的汉字，每天描写一画，以记数时日，驱除寒冬。这类文字"九九消寒图"的实例有"亭前垂柳珍重待春風（风）"，"春前庭柏風（风）送香盈室"等等。此外，还有基本为九画文字的"消寒图"，例如"雁南飞柳芽茂便是春"等。驱寒也是一种禳镇，书法在其中的应用亦具有功能夸张的作用。

在符贴中还有专用于驱虫的"蜒蚰榜"。所谓"蜒蚰榜"，是一张二寸宽、一尺长①的红纸条或白纸条，上用毛笔写上"蜒蚰、蚂蚁、蜈蚣、蟑螂、蛇蝎、蛀虫、壁虎、蜘蛛、跳蚤、白虱、臭虫，一切害虫皆入地"，或写"二月二，诸虫蚂蚁直入地"，于二月二倒贴于床腿、桌腿、厨背和箱底，以避虫害。清明时，人们则书写"清明嫁九娘，一去不还乡"的纸条张贴，俗信这样做了夏月则无青虫扑灯之扰。这些民间书法把文字信仰与巫术观念结合起来，以追求除虫灭害的禳镇功用。

在纳吉方面，民宅墙壁上的"福"字、"寿"字，大门上所贴的"开门见喜"，以及门头上所书的"福寿""鸿禧""耕读""紫气东来""人财两旺""天通人和""安宅为仁""春和景明""枝茂叶盛""满园春色""旭日东升""五福临门""龙凤呈祥""三星在户""吉庆家堂""安康敬业""兴旺富贵""积德有庆""三听人家""幸福之家"等，都营造着"吉宅"的气氛。此外，农家大灶上的灶头题书，诸如"人财两旺""五谷丰登""如意吉祥""人寿年丰""蒸蒸日上""发家致富""丰衣足食""水星高照""吉庆有余"等，同灶头画一样，渲染着长寿、丰足、平安的吉祥主题。

民间还爱贴挂"百福图""百寿图""百财图"等书法作品和使用带"百福""百寿"各体的器用，亦意在纳吉。

---

① 1寸≈3.33厘米，1尺≈0.33米。

3. 教化与商卖

各地祠堂里的题匾、壁书和抄写的家训，都具有教化的作用。除了常见的"孝"字，以及"入则孝""出则悌""忠孝节义""忠信笃敬""惟吾德馨"一类的题匾和壁书，还有倡导劝学崇儒的"耕读""教授""文明大严""克己复礼""魁星点斗""独占鳌头"等书法作品和书画并用的刻石作品。

在商卖民俗中，书法更是不可或缺，成为店招、商号、商品推介的重要手段。旧时，一些特殊的店铺，就使用硕大的文字招牌或直接书写在墙壁上为标记，例如当铺的"當"（当）字，酱园的"酱"字，酒旗上的"酒"字和柜台上"太白遗风"的大字，以及"茶""布""香烟""粮食杂货"等，都是十分醒目的书法作品。此外，有关制作、加工的"经营项目"也往往墨书于墙壁以广而告之。

总之，不论是为教化，还是为商卖，书法已融入了民俗生活和民俗艺术，并发挥着联结生活与艺术的特殊作用。

三 民俗艺术中书法的审美作用

书法在民俗艺术中的应用不仅有实际的功能作用，也有其满足艺术审美和文化生活的需要。对书法的审美作用，我们可以做出这样的归纳：

（1）书法是艺术图像的浓缩和象征，其特殊的结构美具有多重而广阔的想象空间，能激发生活与创造的激情。

（2）书法具有信息传达和主题提示的作用，它因文字的有形有音和意义的固定明确，能准确地宣示主题，较好地表现创作与应用的目的性和目标性。

（3）书法作品往往交织着个性风格和群体认同，展现出统一与变化的艺术法则，也适应着民俗生活和民俗艺术的丰富多彩和交融整合。

（4）书法以文字为表现对象，而文字的运用是文明的标志，书法作为人类文明的艺术化展示，在民间具有倡导知识与文明教化的特殊作用。

（5）书法包括"书法作品""书写过程"和"内蕴精神"三个基本的文化层面，分别从静态平面、动态过程和文化精神三个层面展现书法艺术的丰富内涵和其文化基础的深厚宽广。所谓"书法作品"，指用于日常生活和艺术装饰的书写成的文字；"书写过程"，指书法作品的创作过程及相关的背景与活动；而"内蕴精神"，则指书写者的哲学观念、宗教信仰、人伦情感等综合的精神境界，以及透过纸背所反映的时代的、社会的与个人的情致与追求。这三个层面的连贯和统一，不仅是艺术审美的需要，也是书法艺术，包括民俗艺术的发展之路。

《南京艺术学院学报（美术与设计版）》2012年第2期

魂瓶、钱树与释道融合

魂瓶、钱树是在长江流域的汉晋墓葬中颇为习见的随葬物品，它们亦仙亦佛，亦圣亦俗，造型怪异，寓意迷离，其文化隐义与风俗功用至今少见可信的破译，已成为一个待解的千年之谜。

一　魂瓶揭秘

魂瓶的制作、应用主要在汉末至东晋时期，其质料为陶瓷，尤以青瓷为多。在造型上，它分罐身与顶盖两大部分：其罐身多堆塑鱼、鳖、龟、蟹、泥鳅、龙、蛇、铺首、辟邪、佛像等图形，而其顶盖则较为复杂，一般以亭台楼阙、角屋围墙、神兽飞鸟、佛像胡僧、胡伎乐器、家畜野兽、一大罐与四小罐等构成，其楼台有单层、双层与三层之分，布图密匝，且富动感（图1）。

魂瓶，又称作"谷仓罐"，曾被附会为与生活资料相关的随葬明器，而其真正的象征意义则多被忽略。其实，魂瓶是非实用的葬器，它以有形的物象寄托无形的信仰，作为内在精神观念的外化形式，它体现为巫术、神话与宗教的俗用趋向和艺术表达。

图1　青瓷魂瓶

魂瓶从其功用讲，是作为丧葬中的收魂、安魂之器。它同原始葬式中的"瓮棺葬"有一定的联系，不过它不藏尸骨，仅用作亡魂的居处或出天入地的阶梯。其罐口与肩部凿孔同半坡文化瓮棺葬的凿孔取义相同，即留作亡魂出入的门户。以中空的器物收魂本是各地皆有的巫法。中国西南少数民族曾用竹管收魂，北美的印第安人海达部落，则用一块中空的骨头收装脱离人体的灵魂。此外，据弗雷泽《金枝》第六十七章所载，西里伯斯的米纳哈萨人在迁入新居时由祭司用布袋子收魂；在凯伊群岛，凡新生儿人家常在一个粗糙的木刻祖先像旁挂一个挖空了、裂为两半又缝合起来的椰子，以存放婴儿的灵魂；因纽特人在小儿生病时，巫医将其灵魂收放在巫药囊中；在中非西部，土人以象牙管收灵魂；在南非，酋长把自己的灵魂放在牛角中，系在屋顶上；……随着文化的演进，人工物逐步取代了自然物而成为收魂巫风中的法物，陶瓷魂瓶的出现正是这一巫术信仰在其后社会的发展。

巫术与神话本缠绕相随，魂瓶中亦留有神话的印迹，可加以搜索和推原。魂瓶的构图立意本出于对上古五神山神话的图演。《列子·汤问》载：

> 渤海之东，不知几亿万里，有大壑焉，实惟无底之谷。其下无底，名曰归墟。八纮九野之水，天汉之流，莫不注之，而无增无减焉。其中有五山焉：一曰岱舆，二曰员峤，三曰方壶，四曰瀛洲，五曰蓬莱。其山高下周旋三万里，其顶平处九千里，山之中间相去七万里，以为邻居焉。其上台观皆金玉，其上禽兽皆纯缟，珠玕之树皆丛生，华实皆有滋味，食之皆不老不死。所居之人皆仙圣之种，一日一夕飞相往来者不可数焉。

这则神话虽带上了道仙之气，仍旧是神话思维的记录：五山是与世隔绝的海中神岛，也是不老不死的极乐世界。它虽与天地沟通，却离人间有几亿万里的海路之遥，且有"无底之谷"的阻隔，成为凡人难至的乐土。

魂瓶的构图正是对"五山"神话的仿效：其罐身是大海的象征，故多以水族堆塑；而顶盖则为神山的模拟，故以亭台楼阙、飞禽走兽、佛僧乐伎等表现一个金玉满屋、吉鸟翔集、歌吹渲阗、人神交混的长乐未央的世界。长生长乐的主题在魂瓶上十分突出，如1985年在浙江瑞安县塘下区场桥乡龙翔寺三国墓出土的青瓷百戏魂瓶，其顶盖堆塑的场面最为热闹，有倒立、吹竽、丑角、操琴、弹琵琶、鼓掌等，渲染出仙岛狂乐的欢怡气氛。

魂瓶的前身是五口罐，它虽没有楼阁、禽兽、人物的附缀，亦具有"五山"的隐义：其口圆平，为"天"之指代，五口与罐相通，表神山相邻，并附会着《史记·天官书》中"天有五星，地有五行"之说。高山在神话信仰中多为登天之梯，故罐口成了绝地通天的天门象征，拟指亡灵进入天界的门户。南京博物院收藏有一个东吴时代的陶魂瓶，其顶盖不仅留有五罐遗制，且其主罐口加有平圆的口盖，印证了《列子·汤问》中的五山"顶平"之说。

魂瓶虽为神山的比附，但作为随葬物品，在俗用中成了安魂佑生心理的寄托。魂瓶上常附简略的铭文，表达了社会的时尚和丧家的企盼。上海博物馆收藏的西晋青釉魂瓶上的铭文是："会稽，出始宁，用此丧葬，宜子孙，作吏高迁，众无极。"江苏吴县（1995年撤销）狮子山西晋墓出土的魂瓶罐上的铭文是："元康，用此□，宜子孙，作吏高，其乐无极。"北京故宫博物院收藏的绍兴出土的东吴魂瓶上，则见有如下铭文："永安三年时，富且洋（祥），宜公卿，多子孙，寿命长，千意（亿）万岁未见英（央）。"这些铭文并无安魂的点题，反倒为活人算计，表现了时人借丧葬以图多子、益寿、升官的世俗之求。这些铭文的语意是浅白的，但其堆塑的构图却是古奥的，魂瓶用以安魂的本意正潜藏在这些图像中。神山仙岛是极乐世界，作为打发亡灵的去处，欲使它们乐而忘返，从而不对生人作祟。由于在空间处理上，有大海阻隔，远离此岸，俗信生者因此而不受侵扰，终使生死异路。安魂与佑生是相互关联的两种取向，安魂才能佑生，欲佑生先须安魂，因此在魂瓶上图像与文字的选用正是这两种取向的并合。魂瓶上众多的飞鸟即为亡灵的化身，它们飞舞翔集，入地通天，可谓"得其所哉"，点画出魂瓶的主题。此外，在民间信念中，鸟为阳物，它们在魂瓶神山中的翔集，具有"仙人无影，而全阳也"的隐义。

魂瓶的器形源出于收魂巫具，其艺术的造作乃融入了神山神话和海岛仙话，其思想观念由巫术信仰发展为对道仙与佛神的崇信，其应用领域是丧葬礼俗，其基本功用为安魂佑生。文化象征的要点在收魂、上天与彼岸世界等观念上，其文化表达的基本方式是以有形的器物表无形的世界，其主导性质是风俗，但又带有浓郁的巫术与宗教的气息。

二 钱树探幽

钱树俗称"摇钱树"，多为陶座铜树，在商代始见有之，在四川广汉三星堆商代祭祀坑中曾出土多株，其中最大者高达4米。汉代的钱树较为兴盛，有陶树与铜树两种,以铜树为主,从流布范围看,以四川为多,在云贵、陕甘及中原地区也有发现。

钱树在构造上主要分作树座与树身两大部分。树座为陶制或石制,多塑为山形,并配有虎、羊、辟邪、三龙虬结或二龙穿壁等兽图,另有楼阁、人物及佛像的塑制。树身插于树座之上,往往多节配合,树上有仙人、神兽、西王母、佛祖及钱纹。商代"钱树"上挂的是璧瑗,汉代则以方孔铜币形为多,然亦见有圆环圆孔的璧形铜片,且有祥云、毛羽相连。

钱树在汉代及三国时期亦用于墓葬,具有类似魂瓶的通天绝地、安魂佑生的功用。钱树座实际上就是海中神山的模拟,而"钱树"则是通天的阶梯,是日月出入的宇宙之树。

钱树的构想与神树、天梯的神话信仰相关,是对中国古代神话中有关建木、扶桑、若木等宇宙树的图演与应用。我们从古代典籍对上述神树的载述中可探得钱树的寓意。《淮南子·坠形训》曰:

建木在都广,众帝所自上下。日中无景,呼而无响,盖天地之中也。

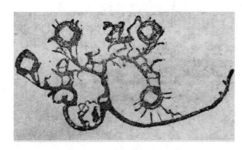

图2 钱树残片

建木是神巫上下于天的宇宙阶梯,这种缘树上天的神话认识在钱树中得以表现,枝头遂出现了神人的造型,甚至钱树上还有骑马乘鹿者,其枝干俨然成了登天的路径(图2)。

在这类通天的宇宙树中,"扶桑"似更著名。《山海经·海外东经》载:

汤谷上有扶桑,十日所浴,在黑齿北,居水中。有大木,九日居下枝,一日居上枝。

钱树之"钱"究竟何指?其隐义可从神话资料和考古实物中寻得。钱纹首先作为太阳的象征而展现其文化精神。上述引文中"九日居下枝,一日居上枝""十日所浴"等均明白无误地点明了神树与十日的关系。日为阳,阳表生,故钱树即为生命之树,其用于墓葬则以阳克阴,以生慰死,让死者凭此而得阳转世。因此,它的主要功用是安魂。由于日出于海,海岛路遥,故借神树仙岛将死者化生之所安排在海角天涯,让魂灵乐不知返,从而获取生者的安宁。

钱纹的另一个象征意义是拟指通天之门。钱树出现于汉代，而在商代的铜树上所挂的则是璧瑗。璧为平圆有孔之玉，作为天门的象征。古代天子的宫门就有"璧门"之谓，《史记·封禅书》曰："作建章宫……其南有玉堂、璧门。"《三辅黄图》载："（建章）宫之正门曰阊阖，高二十五丈，亦曰璧门。"天子之宫素以紫微宫相比附，自秦始皇起便开创了"象天设都"的传统，取"在天成象""在地成形"之义。因此，"璧门"就是天门。商代铜树上的璧瑗本为天门或天界的象征，而铜树则是通天阶梯的指代。《白虎通》曰"方中圆外曰璧"，因此在汉代由方孔钱纹取代商之璧瑗，也没有从根本上改变其文化传统：树座为仙岛，钱树为登天之梯，钱纹为天门或天界的标记。在四川彭县（现彭州市）出土的汉末摇钱树座上，除佛饰外尚雕有二龙穿璧图，留下了龙导亡灵、缘树登天的信息。

钱树与魂瓶均以仙岛、天梯的神话信仰为基础，以安魂慰死为主旨，以登天得阳、长乐永生相标榜，以人间、仙境（鬼界）的阻隔及天、地的交通为构想，在抚慰死者的表象背后，潜藏着生人乞宁护佑的心态。由于佛教因素的楔入，我们可以说，钱树与魂瓶一样以图像包容着各路法理，其中也表达了《游行经》中阿难与佛的一句对话，即"生获福利，死得上天"的信念。

三 释道融合

魂瓶与钱树不仅联系着通神巫术与上古神话，也有着浓郁的仙道之气和初传的佛教成分，其上仙人、佛像往往并存同在，反映了当时释道融合的社会时尚。

魂瓶上的仙山琼阁，钱树上的云气毛羽，是典型的道教文化因素，它以升迁不死为号召，使生人吞丹学道以求羽化，使死者借助符咒道器以求转世复活、千秋永存。其超凡遗世、飞越生死的幻想，使道教在丧葬礼俗中找到了应用的天地。魂瓶和钱树的启用都在最初的道教文化圈内。魂瓶主要流布于江苏、浙江、安徽等下江地带，即道教较为兴盛的区域；而钱树主要出现在四川等地，东汉时川地有张道陵"鹤鸣山中，造作符书"，传"五斗米道"，也是道教兴盛的地域。

道教文化借取中国本土的巫术与神话而加以世俗的应用本不足为奇，然魂瓶、钱树上佛像的出现，反映了外来文化的楔入，特别是仙人与佛祖并出同在

图 3　[东吴]青釉绘羽人纹瓷盘口壶

的构图,体现了佛道的交融和中外文化的整合,其成因较为复杂。

　　魂瓶上的佛像多在瓶的肩处(海边)或顶盖(神山)的下部,俨然镇守幽冥之神,或迎魂纳灵之主。在南京雨花台区长岗村出土的青釉瓷壶上,其肩部堆塑着佛像和铺首形神兽,其背景则是密匝的羽人与仙草的图饰(图3)。神兽为镇门之兽,也是大门的标记,佛像与铺首神兽并列,即有迎魂之义。至于升天的羽人,可视作亡灵的引导或天界的卫士。汉代的王充在《论衡·无形》中曾言及体生毛羽的仙人:"图仙人之形,体生毛,臂变为翼,行于云,则年增矣,千岁不死。"又曰:

　　　　为道学仙之人,能先生数寸之毛羽,从地自奋,升楼台之陛,乃
　　可谓升天。

羽人因能"升天",又名"飞仙"。羽人之"升天"乃意取"不死"。《楚辞·远

游》中有"仍羽人于丹丘兮,留不死之旧乡"句,实已透露出羽人与"不死"主题的联系。羽人之用于魂瓶等随葬物器,乃寄托着时人飞升不死的祝愿。可见,佛祖与飞仙在冥途或彼岸,各有职掌,又相互协同,反映了道佛的互容与抱合。

在钱树座或钱树干上,常见有仙人、西王母等仙道神像,但也见有佛像的楔入。在四川忠县涂井蜀汉崖墓中清理出一批带佛像的钱树干,佛像为坐式,头有高肉髻,双腿盘交,两手置胸前,右手作施无畏印,衣着宽松,神态庄严,其身后为带羽状的璧纹或钱纹。在通天之梯上出现佛像,或在天门边设置佛像,同时又与主生死的西王母串代,正是将佛视作冥神,由他接引并超度亡者。

佛教初传中国,有海上一途,故在长江流域留下了某些若明若暗的遗痕,汉晋时期的魂瓶及钱树就是其中值得注意的方面。佛教对生命轮回、彼岸世界的描述,特别是对"无生灭"之"离境"的幻想,同中土的仙岛传说有相通之处,于是佛祖作为冥神而进入当时的葬俗,并借此得以传布。后汉的高诱在注《淮南子·坠形训》中的"若木"时写道:"若木端有十日,状如莲华。"其"莲华"一词,也将佛教因素引入天梯信仰,说明时人对佛法尚不深谙,常将之与道教因素及其他信仰观念相混相袭。在上海博物馆收藏的一个魂瓶上,佛像肩后甚至被粘附上一对羽翼,这种将佛祖纳入"羽人"系列的实例,清楚地表明了释道在初期俗用中的合流。

佛教中有关生死的议论显然在其初传时期已受到人们的关注,"生获福利,死得上天"之说及"波罗蜜多"(度无极)的观念同"生人得九,死人得五"的天人感应说及不老不死的仙岛幻想相合,故二者交错杂糅在民间的信仰观念及风俗事象中,成为特定时代的思想记录和文化载承。魂瓶和钱树以艺术、宗教与风俗的形式展现了外在文化成果与内隐文化精神的依存关系,展现了文化传承与文化整合这两种趋势的交并,也展现了释、道两种宗教思想与文化体系的异中之同及其相互借取、互渗互融的内在规律。魂瓶、钱树虽在六朝之后的墓葬中已不复见用,但其形制与应用却提出了超越时空的文化思考,为今日的文化寻踪与探幽留下了有趣的课题。

日本《比较民俗研究》1993年第8号

中国镇物文化略论

镇物，又称"禳镇物""辟邪物""厌胜物"。作为传承性器物文化的一支，它源起于人类社会发展的低级阶段，并随着人类生存空间的拓展、创造手段的丰富及生命意识的增强而越来越曲奇庞杂。镇物以有形的器物表达无形的观念，帮助人们承受由各种实际的灾祸危险以及虚妄的神怪鬼祟带来的心理压力，克服各种莫名的困惑与恐惧。因此，镇物不仅是一种物承文化，更有精神的或信仰的成分。作为非实用的工具，它体现为自然物质与人类社会、精神意识的统合，或者说，它是凝聚着心智与情感的心化的器物。

可以说，镇物是文化象征的产物，是巫术神话的外化，是宗教的通灵法物，也是风俗传习的符号。镇物以一定的时空条件为存在前提，与社会的文化心理及风俗传统相依存，主要发挥镇辟与护卫的心理功用。镇物所辟克的对象多为鬼祟、物魅、妖邪、阴气、敌害之类，具有神秘的俗信气息，并不乏妄作因果的迷信色彩。由于这种功用的间接性与对象的虚无性、方式的象征性、效果的模糊性和形制的驳杂性并存，因此，镇物历来显得奇奥而神秘。

镇物是传承性文化象征，但又是一个开放的体系，它不断经历着内衍与外化的改造，并随着社会生活的演进而派生出新的物类与应用方式。例如，在当今各地的汽车上，常见有小型人像符镇，其中尤以领导彩像为多，像多为塑料制成，悬于驾驶室正中的挡风玻璃处，让其像面对路道，以求护车镇路，免除祸端。此外，闰八月为凶月的妄说也导致一些地区出现穿红衣红裤、打红阳伞、挂红灯笼的禳辟事象，在湖北孝感，甚至连公共汽车上也挂起了彩灯笼。灯笼、红伞、红衣、红裤一时间竟成了禳凶的岁时镇物。

显然，探究镇物文化的底蕴这一文化人类学的任务既是历史的，又是现实的，既是学术的，又是社会的，既是文化的，又是生活的。遗憾的是，过去学界对此尚缺乏专门的研究。今天，随着文化研究的深入，已到了完成这一科学任务的阶段。

一 镇物：文化象征的产物

象征（symbol）又被译为符号，美国人类学家怀特把它定义为"使用者赋予意义和价值的事物"①。由于镇物包含着人们的心智、情感和期望，发挥着镇辟、护卫的功能，它显然归属于象征文化。进而言之，镇物是文化象征的产物②。

最早的镇物产生于原始文化阶段，它是作为工具和武器的石器。此外，原始人收集的兽牙与贝壳，用单色图绘的崖画，奇妙的陶器纹饰，以及精美的玉雕等，不仅仅出于美感的冲动，也潜含着镇凶纳吉的追求。镇物作为一种观念的象征，一种文化的符号，一种借以制抑他物、辅佐生活的工具，往往体现出原始思维的诱发，它的形成出于人类复杂的神秘观念，而其应用与传承则有赖于风俗传统。因此，镇物的象征意义应索之于神话、巫术、宗教观念及民间风俗，并从其文化功用与传习背景中加以揭示。

拿中国民间的春联说，它的贴换有时令的限制，并作为辞岁迎年的一个事象而传习民间，几乎成了新年风俗中最具特色的象征事物。然而，起初的对联贴换不在于追求大红的色彩和吉祥的语句所烘托的吉庆气氛，而是一种内蕴复杂的岁时性辟阴镇物。

春联的前身是桃符，而桃符的启用又来自神话的叙说及前逻辑的判断。上古神话中有关鬼岛"度朔山"的描述，是桃符、春联这类镇物进入风俗应用的思想基础。度朔山上屈蟠三千里的大桃木是"万鬼"的审判所，在这里，凡恶害之鬼皆无计可逃，均被苇索捆绑而执以饲虎。正是基于这一神话，桃木成了辟鬼的象征，并被移植到民间风俗之中。由于古人习惯把一切文化创造都归功于祖先英雄，因此从桃木到桃板所体现的由神话到风俗的演变被说成是黄帝的功勋。《三教源流搜神大全》卷四载：

---

① ［美］怀特：《文化科学》，浙江人民出版社1988年版，第24页。
② 怀特认为，由于只有人类才能赋予事物以意义，所以象征构成了人与动物的根本区别，只有人类才会有象征现象。正是在这个意义上，怀特说："人类行为是符号（象征）行为；假如没有符号（象征），便没有人类。"来源同上条，第37页。

>于是黄帝法而象之，因立桃板于门户上，画神荼、郁垒，以御凶鬼。此门桃板之制也。盖其起自黄帝，故今世画像于板上犹于其下书"左神荼""右郁垒"，以除日置之门户也。

可见，黄帝之"法而象之"是采用了象征的手法，而表现"象"的器物则是"桃板"，这样，借助"象"的中介，器物演示着法理，桃板的形制体现着神话的意义。由于除日为岁末，被视作阴气最盛、阳气最衰之日，因此除日将其"置之门户"以扫除阴气；又由于鬼为"阴气贼害"，故桃木及其后来的形制——春联，便有了辟鬼除阴的岁时禳镇意义。此外，元日又叫"元旦"，也叫"过年"，而"度朔山"之"朔"本指初一、初始之意，因此"度朔"含有过初一的意思，实际上就暗指"过年"。这样，春联作为新岁镇物与"度朔山"神话在语义与内涵上便有着多重的联系。作为象征，它不只是单一的符号，而且包含着复杂的文化信息。正如列维·布留尔所指出的：对原始民族的思维来说，"没有哪种知觉不包含在神秘的复合中，没有哪个现象只是现象，没有哪个符号只是符号"①。

镇物作为观念的象征具有先验性、间接性、多用性和神秘性的特征。所谓"先验性"，指其功能和价值来自神话和巫术宗教的观念，不以现实应用中的物理、事理为准则，而是图演内隐的心理和法理。所谓"间接性"，即镇物不是直接作用于对象的工具或武器，而是作为观念形态的中介，通过接触、感应、诱发、联想而对心理产生平抑的作用。所谓"多用性"，即一个镇物往往集合着多路文化信息，它因时而存，因地而异，随俗而传，因人而用，具有传承与整合的活力。所谓"神秘性"，即镇物的功用建筑在神话思维、巫术观念和宗教信仰的基础之上，以物人相感或物物相应的逻辑图演镇辟的效果，由于这种效果的不明朗，由于镇物与被镇者之间缺少实际的、显著的联系，因而便显得神奥而迷离。总之，文化象征不仅派生出镇物的体系，更决定了它的特征。

二　镇物：巫术信仰的物化

巫术是借取虚构的"超自然的力量"以图对他人、他物或环境加以控制的一种原始方术。巫术的信仰来自原始人类的生活经验与心理感受，并且依赖神

---

① ［法］列维·布留尔：《原始思维》，商务印书馆1987年版，第170页。

话证实它的有效。巫术往往借取巫具和一定的仪式、咒祝而施行,是人类早期选用的一种具体而实用的心理工具。

作为文化形态的巫术究竟在原始社会中起过何种作用?它在格调上是乐观的,还是悲观的?在价值上是积极的,还是消极的?它与宗教的关系如何?自19世纪以来,文化人类学者已做过讨论,其中不乏真知灼见。马林诺夫斯基从功能主义的立场评价过巫术的功能与价值,他指出:

> 巫术使人能够进行重要的事功而有自信力,使人保持平衡的态度与精神的统一——不管是在盛怒之下,是在怨恨难当,是在情迷颠倒,是在念灰思焦等等状态之下。巫术的功能在使人的乐观仪式化,提高希望胜过恐惧的信仰。巫术表现给人的更大价值,是自信力胜过犹豫的价值,有恒胜过动摇的价值,乐观胜过悲观的价值。①

显然,这种心理排解的方式在人类社会的早期对人类的生存与发展曾有过积极的作用,并且是人类文化进步的一个阶梯。

镇物也以"超自然的力量"控制他物或环境,主要被用来排解恐惧与困惑,增强人们生活的信念,从而乐观地面对现实人生。镇物是巫具的延伸与泛化,它常常脱离仪式、咒祝、巫觋的"三位一体"而单独启用,表现出巫术信仰的分化及其在民间风俗中的物化趋向。镇物作为脱离巫觋而俗用的巫具,也主要发挥心理排解的功用,尽管仍保有神秘信仰的氛围,但滞重中不乏轻松,流溢出乐生的基调,如新年镇物中的春联、门神、挂笺、爆竹之类,就已失去神秘而凝滞的气息。

巫术有突出的使用性质,有一套相应的技术,其应用领域主要在人事方面,在人与自然、人与社会的关系方面。镇物基本沿袭了巫术的传统,亦讲求实用的效果,不过已淡化了仪式与技术的成分,多以静物代替活动,用以逸待劳的方式追求防范、护卫的目标。巫术有"白巫术""黑巫术"之分,或"吉巫术""凶巫术"之别,相应的,巫具又有白、黑或吉、凶之异。镇物则没有这种价值取向上的对立,它一般不表现对他人的侵害,而主要对自然界的或观念中的敌害加以排拒。从这一意义上讲,镇物的应用反映了人的平和、宽厚的道德观念。实际上,镇物的应用是一种旨在与自然、他物或其他神秘存在相沟通的方式,作为工具或中介,镇物本来就是主客体联系的桥梁。

---

① [英]马林诺夫斯基:《巫术 科学 宗教与神话》,李安宅译,中国民间文艺出版社1986年版,第77页。

需要指出的是，虽然一些宗教的法器具有镇物的性质，但镇物不是宗教物品，镇物所体现的观念也有别于宗教观念。由于镇物仅仅是手段，不提出终极的目的，其本身也不是修持的象征，因此它在俗用中没有虔敬的成分和严格的仪规，往往比巫术还显得随意而纷乱。

镇物作为巫术的物化形态，仍保有顺势巫术与接触巫术的色调，即借取"相似"的联想和"接触"的联系，达到心理防护的目的。在中国镇物体系中与"顺势巫术"或"接触巫术"相联系的镇物形态比比皆是，透过它们不难看出镇物与巫术的承继关系。

在建筑活动中巫具曾被广泛应用，其中有"白巫具"，也有"黑巫具"。建筑"黑巫具"专被偷安在墙体或其他建筑构件中，以图对住户产生侵扰和伤害。铢庵《人物风俗制度丛谈》引《在园杂志》曰：

> 尝言营造房屋时不宜呵斥木瓦工匠，恐其魇镇，则祸福不测。野记记莫姓家每夜分闻室中角力声不已，缘知为怪，屡禳弗验。他日转售，拆毁梁间有木刻二人，裸体披发相角。又皋桥韩氏从事营造，丧服不绝者四十余年。后为风雨所败，其壁中藏一孝巾，以砖弁之，其意以为专戴孝也。①

以上引文中的"木刻二人"和"孝巾"就是归属"顺势巫术"的"黑巫具"。此外，在《果报闻录》中还记有潜放宅中令人无嗣的"木刻太监"，让人尝闻锣鼓之声的"摇鼓"，使人入居后贫致乞丐的"破碗"和"竹棒"等②，亦均为顺势巫术。民间对之禳解的方式往往是以巫制巫，即以咒诵加镇物辟克暗藏的巫具。孙兆溎《花笺录》记有解魇的咒诵曰：

> 水郎水郎，远去震方，天蓬力士，助我刚强，世保吉康，天乙贵神，解魇镇殃，凡有诅咒，作者身当，急急如荧惑律令。

念咒时还用柳帚浸水遍洒房屋。这里的"柳帚""水"便是两种解巫的镇物。此外，在苏皖南部的民居中，在梁柱间还见有一对木槌的挂配，当地乡民称之为"发槌"，实际上，它是铁锤的模拟，而铁锤在工具中有摧坚的强力，因此在观念上被赋予了辟克邪巫的法力。所谓"发槌"，也是顺势巫术的袭用，或者说，是

---

① 铢庵：《人物风俗制度丛谈》，上海书店 1988 年影印版，第 7 页。
② 铢庵：《人物风俗制度丛谈》，上海书店 1988 年影印版，第 7 页。

一种保留着巫风气息的居室镇物。

在苏、皖、赣、台等东南诸省还见有在民居屋脊上制作牙脊装饰的巫术遗风，牙脊（图1）作为护宅的镇物也体现为顺势巫术的物化。牙脊以牙齿为原型，以牙齿为生命之种或生命载体的神话逻辑为信仰基础，追求以生克死、以阳辟阴的镇除功用。

图1　牙脊

在巫术中还有以人齿、毛发等直接作为镇物的实例，这种以身体之一部分以感应、控制他物的巫术被归类于"接触巫术"。在中国及太平洋地区都有在小孩换牙时把脱落的牙齿扔上自家屋顶的惯习，亦有将上牙床掉落的牙扔进床肚、把下牙床掉落的牙扔上屋顶之分。这种人齿与砖瓦制作的牙饰不同，它的立意不在模仿，不是以"相似"引起联想，而是表现"接触"，以接触产生巫术想象，实现己身对外物的控制。牙齿再生之性及其形似种子的外部特征曾导致中外神话中出现过女阴中生齿牙①，撒龙齿变武士之类的描述②。牙齿还被一些土著民族作为装饰颈部的项链，或敲凿后投向国王或亡亲棺中作为随葬物品，这表明牙齿具有镇宅、护床、护身、镇墓等多种功能。这里，人齿作为镇物的应用虽无巫觋、仪式的出现，但建立在"交感律"基础上的机制正反映了镇物是巫术的延伸与衍化。

三　镇物：宗教的通神法物

宗教是人类的创造，是初民精神文化的火花，也是人类凭借想象与自然沟通，以获得自我的曲折表达。美国学者斯特伦对宗教下了这样一个定义："宗教是实现根本转变的一种手段。"他进而解释道："所谓根本转变是指人们从深陷于一般存在的困扰（罪过、无知等）中，彻底地转变为能够在最深刻的层次上，妥善处理这些困扰的生活境界。"③ 这里，斯特伦实际上是指出了宗教对于生活的作用。德国学者W. 施密特则提出："宗教是人系属于一个或多个超世

---

① 见［清］李庆辰《醉茶志怪》卷二。
② 见［苏］鲍特文尼克等：《神话辞典》"龙齿"条，商务印书馆1985年版，第187页。
③ ［美］F. J. 斯特伦：《人与神——宗教生活的理解》，上海人民出版社1991年版，第2页。

而具有人格之力的知或觉；根据这种知识或感觉，人与此力有一种相互的交际。"①施密特的论点强调了宗教的作用在于"交际"，而并非一种纯信仰层面的感觉或意识。关于宗教的定义很多，这两个定义着重于从宗教的功能来进行界定，有助于对本文所论的理解。

大凡宗教建筑在有灵观和神观等信仰之上，并有具体的崇拜对象、程式化的仪典、相对固定的坛庙、神秘的祝咒和经文，以及招神驱邪的种种法器和符箓等。其中，宗教的法物和符咒流布民间后便成了俗用镇物，它们因有通神之性而先天地被赋予了辟邪之功能。

佛教的神像、佛塔、佛寺、佛经、梵咒、法灯及法器等，早已越出了寺庙的院墙，成为中国民间的镇物。

江南放水灯以驱灾的宗教风俗，是佛教法物玻璃灯的衍化。胡朴安《中华全国风俗志》下编载：

> 每当夏末秋初，吴江有一乡有放水灯之风俗。先由经理人向人家募捐，约计数十元，择定日期，雇船数十只，夜间游行河中，云可驱灾去疫。船上皆扎彩悬灯。有请僧人诵经者，有供泥佛像者，另有数只雇请多人奏乐，末后一只则专将五彩纸折成元灯，点着火烛，放入河内。红白相间，倒也可观，但是云可驱疫去灾，则未见有功效也。

"水灯"又称"河灯"或"荷灯"，施放的日期多在夏历七月十五日前后，由于放水灯时有"请僧人诵经者"，并有"供泥佛像者"，因此这一事象无疑是来自佛教，而"水灯"的"驱疫去灾"之性，正表明了它充作镇物的"身份"。

佛教的经咒也是民间用以驱鬼辟凶的镇物。《冥报记》载有司马文宣于元嘉元年令人以楞严经扑击"灵床鬼"，使其显形逃遁的故事；在当今皖南农户的房门上还见有"唵嘛呢叭咪吽"的"六字真言"，人们以这"观世音菩萨六字大明咒"为辟鬼守户的镇物。六字大明咒属佛教密宗的咒语，其藏文咒字在西藏更是随处可见（图2）。在陕西民间剪纸中有寺庙、佛塔一类的构图（图3），庙有尊神，塔藏佛骨，故塔、庙成了近神远鬼的法物。民间早有塔砖镇妖之说，甚至在著名的《白蛇传》传说中也有专门的描写，因此塔、庙的剪纸便成了一种象征的佛教镇物，用作窗花，传导护室镇宅的心理。

---

① ［德］W. 施密特：《原始宗教与神话》，上海文艺出版社1987年版，第2页。

在西藏等地常见的经幡,既是佛教招神的法物,也是民间驱邪的镇物。汉族地区新年贴挂的刻纸门笺,实际上是经幡的异变。宋人陈元靓《岁时广记》引《皇朝岁时杂记》云:"元旦以鸦青纸或青绢剪四十九幡,围一大幡,或以家长年龄戴之,或贴于门楣。"可见,"门笺"与"幡"同类,作为由宗教法物衍化形变的镇物,意在表达守护门户、呵退鬼祟的愿望。

图2 藏文大明咒

图3 民间剪纸中的塔庙

道教的法物在民间转易为镇物的现象更为普遍。道家从哲学上探讨过"道"与"物"的关系,老子曰:"道生一,一生二,二生三,三生万物。"①庄子则曰:"道无终始,物有生死。"② 在他们看来,物为道化,物暂道久。"道"

---

① 语出《老子》四十二章。
② 语出《庄子·秋水篇》。

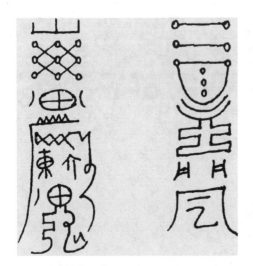

图 4　护身镇符

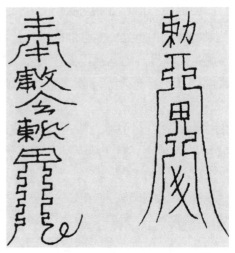

图 5　斩鬼驱病道符

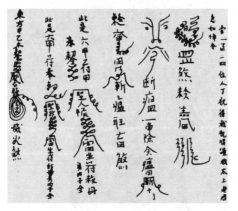

图 6　苗族道公的鬼符

究竟是什么呢？《系辞》曰："一阴一阳谓之道。"因阴阳与天地、男女相对应，这样，《系辞》所谓"天地絪缊，万物化醇；男女构精，万物化生"之说，是强调了"道"对万物的驱动。"道"体现了一种生生不息的永恒力量，因此被看作能辟克死亡，并引申为能对鬼魅、妖魔、敌害加以镇除。故此，太极图、八卦牌、天师符等曾被当作镇物广为应用。

　　道教的符咒作为施法的神物主要取其镇辟之功，它在俗事中成为意旨最为直露的一类镇物。道符一般以汉字或变形的汉字、星图、人像、笔画不定的线条或图画等合成，以"奉""勅"（敕）表神助，以"星""山""雷"表镇力，以"鬼""煞"为对象，以"斩""断"为手段，在镇宅、护身、除疾、行路等方面曾普遍应用。例如，用于护身的星象镇符有如图4，图中"星""山"在上，以表镇辟。此外，"奉""勅"在上的道符亦为数众多，包括斩鬼符和驱病符等（图5）。符上写有"奉""勅"之字，表奉太上老君等道神之令前来斩鬼除妖。有的道符则文字、图画、咒语并有，如海南苗族道公的"鬼符"（图6），就是以叠加法强化其镇辟之力。

镇物是宗教通神法物的泛化，但随着民间的长期俗用和文化选择的结果，镇物已不完全等同于宗教法物，它基本失去了宗教的神圣观念，仅强化了工具的性质。此外，它不表现对生活的统领，而是对生活中种种困惑的排解。可以说，与宗教相关的镇物文化所演变的仅仅是对现实生活的一种认知过程及其相应的能力。

四　镇物：风俗探秘的符号

镇物作为一种凝聚着神秘观念的文化器物，其价值在于应用，而其应用的过程又往往体现为功用明确的风俗活动。马林诺夫斯基在论及文化的体系时曾提道："文化是一个组织严密的体系，同时它可以分成基本的两个方面，器物和风俗。"[1] 这里要说的是，"器物"与"风俗"是统一的，而并非毫不相干的两个方面，器物一旦为俗民社会所选用，进入民间的应用，并形成一定的传承机制，它就成为风俗物品，并演成一定的社会习俗。嘉庆《江阴县志》卷四曰："因物而迁之谓风，从风而安之谓俗。"可见，古人也注意到："物—风—俗"间的链式结构，勾画出它们的整体关系。镇物文化的存在体现了器物与风俗的统合，一方面镇物有质料、大小、形制等器物的一般特点，另一方面它作为一种传承性的符号，又带上了风俗的印记，并包容着神秘而复杂的内涵。

所谓"风俗"，指在一定的社会氛围中世代传习的行为模式，它是生活的准则、行为的规范、文化的传统和社会的纽结，它因功能而存亡，以符号而传习，作为个体与群体认同的媒介，先天地具有排异的约束力量。而镇物则依存于风俗，同时又成为风俗的符号。

镇物作为风俗的符号，其寓意隐秘而难破，但并非无从揭解。本尼迪克特曾把"理解社会习俗"认作学界"义不容辞的责任"[2]，因此，对镇物风俗加以寻探乃是一项有意义的工作。

镇物的风俗应用极为广泛。从功用来说，主要有护身、镇宅、镇路、镇墓等，以辟阴镇祟、除凶禳灾为追求；从范围来说，它涉及岁时风俗、人生礼仪、衣食住行、生产习俗、民间艺术、民间信仰、民间文学等领域，几乎涉及人类生活的全部空间。

---

[1]　[英] 马林诺夫斯基：《文化论》，中国民间文艺出版社1987年版，第11页。
[2]　[美] 本尼迪克特：《文化模式》，浙江人民出版社1987年版，第3页。

春秋寒暑的岁时变化最易使人感受生命的运动，并引发有关生与死的哲学玄想。为了辟克死亡，延续生命，于是出现了林林总总的岁时镇物，它们作为时令的标志和风俗的象征，寄寓着超越死亡、长生长乐的期盼。春节贴挂的门神、春联、挂笺、年画及祭供的纸马等物，上巳节的荠菜花，清明节的柳枝，端午节的菖蒲、艾草、龙舟、粽子，重阳节的菊花酒、重阳旗、重阳糕，腊月初八的腊八粥等，不仅是岁时风物，也是一类镇物符号，它们依存于时令，借风俗而显出内在的活力。

人生易老，幼儿难养，病痛灾祸，难以捉摸，为了护体延生、免病除恙，护身镇物早在原始社会就已启用：兽牙、贝壳或玉管串饰，插在发间或鼻中的羽毛，涂抹身体的颜料或纹饰，含在口中的石球或陶球等，都是潜含着镇辟观念的风俗符号。有史以来，人们随身佩戴或携持的项圈、银锁、五色缕、桃核、佛珠、符箓、怀镜、佩玉、香囊之类，也都在其装饰功用的背后包含有镇物的性质。

住宅、路道是人的生存空间，人们起居、出入日日不息，因此安宁、无祸、去阴护阳成了人们的愿望，由此出现了寄托这一心愿的象征镇物。居室门户上的门神、对联、剪纸或刻纸图案，虎头八卦牌、钢叉、葱蒜、钱纹、石狮、石鼓等，室内的经文、符箓、神像、祖宗牌位，绘为"关羽夜读""钟馗打鬼""虎啸图"等题材的中堂画，以及邀神致祭的"神榜"等，道路边的泰山石敢当、石将军、石婆婆、石块或磨盘、挡箭碑、土地庙、五猖庙等，也都是镇物的符号。

婚嫁、丧葬等社会礼俗联系着人口生产与祖先崇拜的观念，为的是纳吉得福和安死慰魂，也借助镇物退辟隐患，并因此形成象征性的风俗。婚俗中的桃弓柳矢、筛子、铜镜、豆谷、红盖头、龙凤烛、尺、秤、剪刀之类，丧俗中的石虎、柏树、碑石、壁画、符砖、玉石、帛画、饭含、铜钱、兵器、工具之类，都是由镇物构成的特定风俗的符号系统。

天灾、疾疫威胁人生，不论是地震、火灾、旱涝或虫害，还是瘟疫、疾病，常使人防不胜防。为消灾弭患，不受侵害，人们也试图以镇物加以退辟，从而形成防灾祛病的禳镇风俗。锣鼓及其他响器、干柴、烈火、铜牛、石鸡、扫晴娘、刘猛将、龙灯、狮舞、红豆、荠花、口数粥、屠苏酒、重阳糕等，就成为此类镇物的符号。

这些符号各有由来，往往包容着复杂的文化内涵和迷离怪异的生成逻辑，不少镇物今天已成为文化之谜,识破它们的本义与象征意义需要精细的研究工作。

存现于风俗中的镇物往往是心象与事象的叠合,它一般以实用的或非实用的装饰为外观,以防护、驱遣或镇杀的功用为主旨,具有类似用具与武器的性质。镇物作为文化符号隐含着风俗与生活的秘密,永远展现着人类的多彩思维和奇妙创造。

《中国社会科学》1996 年第 2 期

南京高淳县的祠山殿和杨泗庙

高淳县（现南京市高淳区）归属南京市，地处江苏省西南边界，与安徽省宣州市（现宣城市宣州区）和当涂县的乡野水土相连。高淳素有"吴头楚尾"之称，尽管距南京市区的空间距离仅百余公里，当地乡民仍操吴语，与南京人的"下江官话"大相径庭。过去由于石臼湖、固城湖的南北阻隔和丘陵陆路的不畅，高淳的民风民俗历来古朴淳厚、丰饶多姿。

高淳县的乡野神庙至今香火未绝，虽历受洪水、战乱和政治风暴的毁损，然几废几兴，依然可观。近几年复庙建庙蔚然成风，虽小庙大多简陋，却已成为当地民间信仰活动的中心。在当地，有一村一庙的，亦有一村四庙或五庙的，除了土地庙外，尚见有财神庙、祠山殿、杨泗庙、虫王庙、天后宫、二郎庙、龙王庙、城隍庙、大仙庙、五显庙、五猖庙等。除少数佛、道之神，庙中所供大多为各路民间神祇，其中，乡民们对"祠山大帝""杨泗将军"颇为虔敬，并流传着一些建庙传说和信仰风俗。

一　祠山殿及其庙祭

在高淳县的丹湖乡、双塔乡、薛城乡等地均有"祠山殿"或"祠山庙"的构筑。庙中所供奉的主神，俗称"张大帝"，又称"祠山张大帝"。

所谓"张大帝"，即传说中汉代的张渤，其字伯奇，武陵龙阳人。据说他母亲游太湖时，曾得仙人所赐的金丹而娠，于汉宣帝神雀三年二月十一日生下了他，又有说张渤的诞日是二月初八。关于祠山庙的来历，宋人吴曾在《能改斋漫录》中记述了一段有趣的变形传说：

　　广德军祠山广德王，名渤，姓张，本前汉吴兴郡乌程县横山人。始于本郡长兴县顺灵乡发迹，役阴兵导通流，欲抵广德县。故东自长兴荆溪，疏凿河渎。先时与夫人李氏密议为期，每飨至，鸣鼓三声，而王即自至，不令夫人至开河之所。厥后因夫人遗餐于鼓，乃为乌啄。王以为鼓鸣而飨至，洎王诣鼓坛，乃知为乌所误。逡巡夫人至，鸣其鼓，王以为前所误而不至。夫人遂诣兴工之所，见王为大猪，驱役阴兵，开凿河渎。王见夫人，变形未及，从此耻之，遂不与夫人相见，河渎之功遂息。遁于广德县四五里横山之顶。居民思之，立庙山西南隅。①

祠山庙主要分布于苏、皖南部一带，系地区性民间神庙，早在唐、宋间已十分兴盛。现今高淳县的祠山小庙作为传统的承袭，仍留有古奥迷离的气息。

1. 双塔乡陀头村祠山殿

双塔乡陀头村祠山殿系由一开间的民宅所改建，庙门朝东，大门外砌有塔式香炉一座。殿内壁上中部供奉着祠山大帝的布画坐像，两旁以杨泗将军和晏公将军的布画神像为配祀。神像前的香案上供放着祠山张大帝的木雕面具，其脸黑如漆，双眼圆睁，额有皱纹，其形酷似猪脸，与古代有关张大帝的传说妙合（图1）。神像旁放有木剑一把，这里的面具神与木质剑系"文革"中毁庙者近年按原件复制后所赔献，以求赎罪。

图1　祠山大帝布画和面具

殿中神像均披红挂绿，供桌上除香炉、烛台、油灯、油缸，还有神签一筒，供进香者求卜。此外，桌上还置有水果、清茶等供品。殿中祠山神布画像系传世的旧物，"文革"时"破四旧"中为乡民所藏匿，而终免丙丁之厄。画像上除绘有祠山大帝外，还绘有白鹤青松、壮马武士和兵勇轿舆等，由于年代

---

① 吴曾：《能改斋漫录》卷十八"广德王开河为猪形"，见《文渊阁四库全书》第850册，台湾商务印书馆1986年版，第845页。

较久，布胎底色因香烟水迹之染已经泛黑，但图上的彩绘却依然鲜艳，其祠山神的面部涂绘得尤为传神。

陀头村的祠山殿与民居连在一起，可谓"宅庙"。门前用两根木棍支撑着一块水泥波形瓦权充雨篷，在外观上并无神殿的堂皇。不过，庙中除祠山面具神、布画像，还有杨泗将军和晏公将军的圆雕木像，像高二尺余，皆描金涂彩，着甲执兵，为当今乡村中已不多见的古传旧物。

2. 丹湖乡网埠村祠山殿

丹湖乡网埠村祠山殿建于村外田边，其西面为河流，南面为林地，东面为大田，北方为路道。该庙系一开间的砖墙瓦屋，墙体遍抹水泥，与民宅相类。原址本有旧庙，早在1954年就因洪水倾圮，现存小庙是由村民集资于1993年修复的。小庙大门朝北，门楣上用墨笔写着"祠山殿"三字，门左右所书的联句是：

祠后宝地威振八方
山水相应光明日月

此外，在石灰刷白的山尖处写有"八面威风"四字，显得似庄亦随，似圣亦俗。

该村的祠山殿中没有神像，仅供奉着六块神牌，其中高放中央的便是祠山张大帝的牌位，牌高一尺有余，木质深黑，显得异常古旧，显然是40年前庙中的原物。祠山神牌披挂着村民敬献的红布，其下还陪祀着称作"红灵""黑灵""金灵""白灵""青灵"的五块神牌。庙中香案上有线香、红烛、油灯，还放着一把近年从田中掘得的战国时期的铜剑，村民们视之为祠山大帝的兵器，故也供放于神牌前的香案上。

3. 丹湖乡芮杨村祠山庙

丹湖乡芮杨村祠山庙又称"土地庙"，1991年修建。该庙位于进村的路口，其址东河西塘，南北为路，庙东有座小木桥，过桥便见村舍。该庙因建于路口水边，较为简陋，仅瓦房半间，平面不甚规则，且斗墙外露未加粉饰。庙内供奉着三块神牌，居中者为"张将军之神位"，左右为"程仙太之神位"和"当方土地之神位"。水泥板制的供案上仅见烛台、线香，唯墙壁悬挂着红绿布多块，昭示着神圣境界。"张将军之神位"居中供放，显露出祠山神在当地村民信仰中的重要位置。

4. 敬祈祠山神的具恳状与具保状

祠山神本为主水利的农神，但乡民却视其无所不管，凡生灾害病、求梦祈寿、禳凶辟殃，除诣庙进香，献上米团、茶水、瓜果之类的供品，甚至亦献牛肉、狗肉（忌用猪肉，因祠山神原形为猪）。此外，还有在庙中立下"具恳状"或"具保状"者，以作为人神契约的凭证。笔者在高淳县凤山乡搜集到两则光绪年间抄录的敬祈祠山大帝的帖式。

其一，"具恳状"，格式如下（原帖式为竖写）：

具恳状　　本村某人今恳到
祠山大帝案前，切因小儿某名，年幼无知，冒犯神明，于某月某日惨遭危疾，至今　月余，越加沉重，身愿演小花戏一台敬谢　神灵。伏乞恩开一线，恕罪宥过，消灾降祥，庇佑病愈为荷。永感不忘。敬谨　上恳
光绪　年　月　日具恳状阳民△△

其二，"具保状"，格式如下（原帖竖写）：

具保状　　阳间信士△△、△△等
为恳求恩准消灾延年事切，某保某人年甫几岁，于几月几日偶得一疾，渐加沉重，身等痛念伊父早殁，伊母冰心花甲，单靠此子承祀，而某人为人亦颇醇谨，因思　祠山大帝德威丕愿，恩泽普周，矧在本保，谁不庇佑？是以虔奉香马、祭品同祈。　案下电怜准保，格外施恩降福添寿，不特生者衔恩无既，即某氏先远亦永祝圣寿无疆矣。身等愚昧无知，冒渎尊威，惶恐莫释，敬谨　上恳。
光绪　年　月　日具保状阳民△△、△△等

上述两种帖式均与祠山神的庙祀活动联系在一起，形成信仰风俗的又一类事象。

5. 大王魁与出会

所谓"大王魁"，即大王"魁头"，俗称"魁头菩萨"，乡民们信其为祠山大帝之子。

魁头往往与面具并用，它由木雕而成，高可1米开外，上雕神树瑞草和各路神祇。大王魁除面具神外，上刻九路神祇，最上为祠山大帝，其下依次为关

公、娘娘、万岁、二郎、五显、神女、三官、五猖。魁头菩萨在出会时,由一人套上其面具,将魁头整个架在肩上行游,而平时则作为神像供奉于庙坛(图2),受香火、茶果的祭奉。

在丹湖乡孙家宕村,魁头菩萨的出会定在谷雨这天。由于"出菩萨"已被看作"迷信"行为受到干预,一旦发现,有关方面会收缴其魁头和仪仗,因此村民们往往在夜晚偷偷出会。出菩萨的活动每年轮流由一户承办,承办者出会前先将菩萨请回自己家中,供放在堂屋里。承办的人家预先要捣制糯米粉和大米粉,用以蒸制三斤四两一个的大粑粑,共需做60多对,要用掉几百斤米来加工。蒸好的大粑粑在出会前先祭供魁头菩萨,然后再分给村上的各户人家食用。

出会时,由一健壮的农夫穿上古袍,戴上面具,将魁头扛在肩上,前有大锣开道。队列的最前面由两人各挑一龙竹扁担,扁担前后各挂一面大锣,共四面响锣。大锣后是扛旗打伞的仪仗和沿途施放火铳的炮队,其后便是戴着面具的魁头菩萨了。魁头之后,还有小锣、小鼓、喇叭、板鼓、铜钹等队列,他们边走边吹、边打边唱,一般需游遍附近各村。附近乡村早有准备,打谷场上点着香火,供着猪头、羊头和茶果之类,当魁头菩萨巡游到一村,装作判官的便在场上起舞,一时进香者、叩头者、聚观者甚众。巡游遍至,返回本村,魁头和面具复归原庙,以后每月初一、十五享村人祭祀。

当地乡民视祠山神为大神,信其能退病消灾,护田助农,无所不管。其实,祠山张大帝早在古代已有"天下鬼神爷"之称了。据元代无名氏《湖海新闻夷坚续志》卷二载:

> 广德军祠山张大帝,初发灵时,尝化为猪以治水,故郡人多不食猪,自为讳物。郡人事之甚谨,戒不食猪肉。唐人罗隐,名彰天下,所至之处,鬼神无不为之讥讽。尝过其庙,题诗于壁曰:"踏遍天涯路,平生不信邪。"方欲题

图2 魁头菩萨

后二句，俄手如人拽起状，闻人语曰："若后二句不佳，能折尔手。"罗惊惧曰："如不佳，甘照神语。"手遂如故。续题曰："祠山张大帝，天下鬼神爷。"①

上述故事不仅记述了有关祠山神的信仰风俗，而且收录了时人的神异传说，从中亦可窥得"鬼神爷"的造神过程及民间对其信仰的夸张。作为地方神，祠山张大帝的俗信具有惊人的穿透力，它穿越了时代、社会的重围，至今在苏、皖南部的某些乡村仍保有主神的身份。

二　杨泗庙及其信仰

在高淳县的凤山乡、古柏乡、丹湖乡等地还见有几座杨泗庙，其香火依旧，地位不凡。

所谓"杨泗"，又称"杨泗菩萨""杨泗将军"，或"杨四将军"，系苏、皖南部及湘、赣一带曾普遍祭祀的民间水神。传说他生于宋代，一岁丧父，二岁丧母，三岁得道，七岁成神。父母双亡后，他由叔父抚养，叔父家仅有一只小船赖以谋生，船常停神童桥下。七岁时，杨泗以其神力将这只小船上的船钉一个一个地全拔了出来，叔父的家当被毁，怒不可遏，便将杨泗打入河中淹死了。叔父气还未消，对着小杨泗的尸体说："你如果真有神灵，便给我香三天，臭三天，上浮三天，下浮三天。"果然，这尸体发散了三天奇香，又发散了三天的恶臭；逆着水上浮了三天，又顺水漂流了三天。于是乡民们都说这孩子不是凡人，他真的成神了②。

杨泗的主要神功是"斩龙护国"。他手执斧钺，在观音的帮助下战胜了要把中国搅成"中洋大海"的"无义龙"，后被奏封为"英烈正直威猛将军"，或称"杨泗将军"，或称"四圣王爷"，又称"平浪王爷"③，在高淳县乡民中则多称"杨泗将军"或"杨泗菩萨"。

高淳县杨泗庙中的神像有木雕、布画、壁画数种，其构图有"头戴金盔穿金甲，手拿钺斧斩蛟龙"的口诀，像多白面无须，显示出少年神的身份。

---

① 无名氏：《湖海新闻夷坚续志·后集》卷二"祠山神显"，中华书局1986年版，第215页。
② 参见黄芝岗：《中国的水神》第一章"杨泗将军与无义龙"，上海文艺出版社1988年影印本，第1-2页。
③ 参见黄芝岗：《中国的水神》第一章"杨泗将军与无义龙"，上海文艺出版社1988年影印本，第1-4页。

图 3　杨泗菩萨

1. 凤山乡前堡村杨泗庙

凤山乡前堡村杨泗庙同城隍庙合为一处，庙坛为三开间的瓦屋，殿前有小庭院，并以院墙围护。杨泗将军的神像为彩色壁画，外加红布罩幔，亦颇严整。壁画上的杨泗右手举钺斧，左手执恶龙，其侍卫一个擎令旗，一个托宝珠，演示着杨泗将军制伏恶龙、消除水患的功德。同侍卫者的赤面、青面相比，杨泗将军红袍白面，更显出少年神的清秀端庄（图3）。

2. 古柏乡墙屋里村大王庙

古柏乡墙屋里村大王庙实为主供平浪王爷的杨泗庙，该庙有高高的台基，一院三间两厢的规模，在江南民间神庙中已属不小。值得一提的是，该庙有主持僧人，其号为"果心法师"。该庙每年以阴历八月十五日举行庙会，果心法师称此日为杨泗菩萨诞日，与《广玉匣记》所载六月初六为其圣诞相抵牾[①]。可见，果心法师当为外来的游方僧。

该庙大殿颇有气势，神座前挂着大幅的刺绣着龙凤图案的红幔，顶上有匾额、吊灯，香案上有香火和瓶花，并备有法鼓、法铃、纸钱、符经之类。大殿

---

① 许仙真君：《广玉匣记》卷上，金陵三经斋蒋元泰梓行本，第8页。

的神幔低垂，幔后并无神像，据说那个"白面书生"形的"大王"正被村民藏匿在家中，以防毁庙者的突袭。由于该庙已几兴几废，反复多次，信神的村民们便小施了这一有庙无神的"空城计"。不过，大殿上的一副楹联仍点画出遁去的庙神身份和乡民的祈愿：

杨泗将军四百多年威镇宝珠为人民造福
菩萨老爷三六九日神马奔驰替群众消灾

在大王庙的厢房中仍供放着杨泗菩萨的"神马"和马伕，木马和木像身披红布无声地伫立在墙角，似乎在凝神倾听墙外"破除迷信"的动静。

同其他杨泗庙一样，大王庙大殿的山墙屋檐下也悬挂"神舟"一只，上有小舱和艄公，据说是杨泗将军水上交通的工具。神舟或以黄漆涂饰，或以红漆刷就，点画出杨泗将军的水神身份。

3. 丹湖乡梅家村杨泗庙

在丹湖乡梅家村的河边有一座不大的砖砌小庙，庙门朝东，背村迎水。别看它并不起眼，但有关它的来历，至今流传着一些奇异的故事，成为民间"流行神"的又一实例。

1994年11月笔者前往该村调查，采访了一位当时已87岁的老农梅录刚。他一边用钢叉叉起一捆捆稻草把以堆砌高高的草垛，一边向笔者讲述了他的家史中涉及这一小庙的一页。据梅录刚老人说，他的祖父有一次在湖上捞水草，不料网兜中竟捞到了一尊木菩萨。当时他祖父因赌博输了钱，身上还欠着债，于是他就对菩萨说："菩萨啊，菩萨，你若能保我赢钱，我就带您回去建个庙!"当天他又进了赌场，果真来了手运，赢了一大笔钱。他把菩萨带回了梅村，并没有供奉起来，而是扔到自家屋外的草垛旁。入夜后，乡民们远远看见他家草垛旁一片红光，当人们寻踏过来时，红光就消逝了。梅录刚祖父闻之后，方信其为神，决定在村中造庙，但是有些村民反对，认为这尊菩萨来路不明，并刁难说，某家的孩子病了，若菩萨能让他病愈，就同意建庙。于是这木菩萨被送到了病孩家中，不久这孩子竟康复了。这时村民才不再犹豫，大家便合伙在水边造了这座小庙。这个"木菩萨"就是杨泗将军，小庙因此被称作"杨泗庙"。

梅村杨泗庙建于清末，百余年来香火不断，但"文革"以来已两次被毁、两次修复，只是那尊不寻常的"木菩萨"未能逃脱自身的厄运，被"造反派"

劈开烧掉了。据村民们讲，当时"破四旧"之风吹到了乡下，这尊菩萨曾被农民们藏在水稻田中。后来"造反派"李正恕（"村革会"主任）要查抄菩萨，却见小庙空空如也，菩萨已不知去向，可是该村会计梅位忠却用手指悄悄指着稻田向李正恕示意，就这样菩萨被找到了，立即被斧头劈开并烧毁。笔者在田野调查中，村民们众口一词地对笔者说，那个李正恕没几年就死掉了，临死前在病榻上曾大喊大叫什么"三年无口粮"。至于梅位忠呢，后来竟齐根烂掉了手指，歪了嘴，也没能活下来。

现在梅村的杨泗庙中供奉的是一块小小的神牌，村民每逢初一、十五以香烛、粑粑、水果、米团等祭供。现存的小庙，门前写有一副对联，分别以"日""月"的两字、三字、四字的叠合传导"为善最乐"的神秘气氛。

杨泗将军作为水神，主管航运、农事，民间常用以除病祛疾。在文献中亦见相关的载述，徐珂《清稗类钞》"迷信类"载：

> 萍乡居民如有感冒以至呕吐、头痛、头晕、四肢畏寒、遍体发热，以及口中谵语、面目红肿经数日不愈者，即于寺观迎杨泗将军像至家，置厅事。又请一道士，花衣纱帽，口念齐东集，跪而叩首。如是者半日。日暮，以壮有力者二人，肩负将军左右簸动，任意播弄，口中作牛鸣，呼呼不已。此外杂以铜锣声，并携一小缸，徒步出门，至水畔有枯树之处，道士封缸作法。当火光烛天时，凡见有飞蛾虫蚁等来，即捕拿一二，置缸中，谓为病者之魂魄。既毕，仍喧嚷返家，但相戒同往之人不得回顾，谓回顾则魂魄来而复去也。称之曰"打菩萨"。

打菩萨的禳疾风俗混融着巫道的信仰和对杨泗将军的敬祈与驱使，显示出民间宗教以功利为追求的主旨和既庄亦谐的生成形态。

三　结束语

高淳县素有建庙的传统，其民间信仰活动比较兴盛，一乡之内有四五十座小庙的并不鲜见。据该县1988年编修的《薛城乡志》载，薛城乡境内原有各类小庙亦为数可观，现列表如下（见表1）：

表1 薛城乡民间小庙一览表

名称	地址	创建日期	拆废日期	备注
紫微阁	肇倩荣复	明万历年间	1954年被洪水冲塌，1955年拆毁	邢氏建
关王庙	肇倩圩埂	清道光年间	1954年水灾废	
隆福庵	肇倩圩埂	清光绪二十六年	不详	
大庙	联合	不详	尚存	1941年被日伪军烧毁，1946年重建
杨和尚庵	丰桥	1934年	1954年水灾废	
娘娘庙	丰桥	1853年	1954年水灾废	
二郎庙	丰桥	1876年	1954年水灾废	
礼堂	丰桥	1874庄	1954年水灾废	
关王庙	丰桥	1824年	1954年水灾废	
大士庵	薛城一村	明万历年间	1954年水灾废	清道光年间水圮，同治十一年僧悦广重建准提庵，现改为仓库
祠山庙	薛城一村	不详	1954年水灾废	周氏建
大王庙	二村	不详	1954年水灾废	
八角亭	二村	不详	1954年水灾废	
娘娘庙	三村	不详	1954年水灾废	
八仙姑庙（又名东灵庵）	六村	不详	1954年水灾废	1951年薛城供销社设于此。现改为薛三仓库
臼湖惜字局（又名善化堂）	七村	不详	1954年水灾废	1949年后为临城区人民政府所在地，现改为薛三队屋和稻场
西宁庵	十村	不详	1954年毁于水	薛城邢氏建，僧澄月募修，道光年间毁于水，同治年间重修
薛城古社	十村	不详	1966年拆毁（现已修复——笔者注）	明为乡讲约所。曾遭兵废后重建为花台社庙。公社化时期改为队屋

续表

名称	地址	创建日期	拆废日期	备注
且止庵	大丰下圩穿心埂中	明万历年间	民国二十年（1931）水灾废	邢林一、邢本歧、僧建明等建修
宝灵庵	长芦长一	不详	不详	
王太太庙	长二	不详	1966年废	
芦墩庵	长乐	不详	不详	夏氏建
新庙	长乐	清嘉庆年间	不详	夏安帮建
里仁局	长乐	不详	1955年拆	建长乐小学
大王庙	长乐	不详	1954年水灾废	
大庙	长乐	不详	1954年水灾废	1958年拆炼钢铁
龙王庙	杨家	不详	尚存	杨氏建后，杨应功独修，后杨姓同修，近年重修
瑞华庵	花犇	清康熙十八年（1679）	不详	邢履衢建，光绪元年尼修德重修
花岗庙	花犇	不详	不详	胡姓建
三宫庵	花犇	不详	1954年水灾废	
财神庙	花犇沙埂旁	不详	1954年水灾废	
五仙庵	孙家	不详	1954年水灾废	
茅庵	太安孙家宕	清乾隆年间		1949年后改建小学
洪庙	太安下埂村	明洪武年间	不详	
龙亭古社	太安中赵村	清道光年间	不详	赵源庆、陈福财倡建
淳西庵	太安蒋家	明洪武年间	1949年后拆	王茂一、夏裔始建。其后王珑、夏良心再建。内有僧如愚（号石头和尚）肉身像，藏经阁一所，内藏经书六橱
西甘庙	西甘	不详	1966年	"文革""破四旧"时废
社庙	西甘	不详	尚存	
东平庙	东甘	1855年	1958年拆毁	
社庙	东甘	1832年	尚存	
兴隆庙	东甘	1853年	1937年	被日军烧毁

民间小庙因洪水的自然损毁和某些人为的破坏，在20世纪60年代末几已荡然无存，自80年代以来渐有修复与新造。小庙一般由村民集资修建，大多比较简陋，其神像有木雕、泥塑、石刻、帛画、壁画多种，亦有以神牌替代者。神像的雕塑与彩画需延请专职的工匠或民间画师制作，并参照清代的帖式签有专门的绘塑文帖。笔者在凤山乡搜集到一则有关绘塑神像的帖式，其全文如下：

立请字△△、△△等　今请到
△△老司务名下，绘塑某神圣像一堂，正身几尊，正身圣像高几尺，上等五彩；其他神像几尺，中等五彩。金要洋红，砂要三星，颜色务要鲜明。当日凭中言定，辛工、饭资、颜料共英洋几十元整，并各项利市一应包在价内，其钱开工凭折支取自请。以后限几月告竣，不得耽误日期。倘金朱颜料稍不如式，定着中保调换，决不卖情。今欲有凭立此，请字存照。

凭中△△、△△
计开现交洋几元正

光绪　　年　月　日　　立请字△△、△△

尽管近几年来民间小庙的修建已成风气，各路神祇纷然杂陈，但祠山殿、杨泗庙在高淳县的民间庙祀中依然比较突出，祠山大帝和杨泗将军仍保有地方性主神的地位。当地乡民之所以推崇此二神，显然是看中了他们的"水神"身份。一个疏凿河渎，一个擒龙平浪，均以水为功，兴农助业，利民护国。

高淳境内河湖棋布，其西南更有大片低平的圩区，自宋代开垦以来，水患时有发生，成为当地危害生命财产的主要灾祸。由于高淳与皖南比邻，而皖南的地形为连绵层叠的丘陵山地，因此每遇豪雨，山洪外泄，附近平原多受其害，高淳自不可免。水患的频仍使乡民们将祈佑的心理寄托在祠山大帝、杨泗菩萨等水神身上，故而庙祀相沿，香火未断。近50年来虽注意兴修水利，然每遇水患，高淳仍频频告急，1954年和1991年曾遭破坏之灾，近年来也时有险情，因此祠山殿和杨泗庙的修复曲折地表达了乡民们对退洪免患的信仰追求。可以说，近山低地的连年水患是诱发水神庙祀的主要动因。

当今小庙作为民间信仰的活动中心，除了平患弭灾、祛病逐疫的追求，也有功能的变迁与增衍。不少小庙挂出了"老人俱乐部""老人协会""骨灰纪念堂"等牌子，发生了由敬人到娱人或由供神到祭人的世俗转化，成为乡野老人和妇女们又一社区性活动的空间。有关活动不仅仅局限于庙内,也以聚饮、出会、演戏、庙市等形式发展到庙外空间。例如在丹湖乡,乡民们在敬神祭祖后有吃"公酒"的风俗,多由老年男子们聚饮会餐,这除了保有传统的信仰因素,也成了一种联宗聚族、沟通乡邻、乐神娱人的社交性活动。这类活动强化了乡村社区的成员集聚和文化传统,具有超越信仰的功能意义。

高淳县祠山庙中的面具神是傩祭与傩仪的遗存,其庙坛祭供与魁头出会的仪式正是傩文化的功能演示。当地除祠山神外,五猖神、五显神等亦有面具的供奉,甚至还建有专门的面具与魁头神庙,其中最大的一堂竟有面具神十几余尊!面具与魁头以驱鬼逐祟、祛病除疫、消灾弭患为主旨,当今除了在神诞日和例行祭期饱受香火,犹能随时被村民请回家中用以消灾,甚至还见有在腊月中由人戴上面具端坐庙坛,受人拜问并作各种应答的"赴坛"活动。由于赴坛是在岁除腊月,因此同傩祭、傩仪又留下了关联的线索。高淳的面具神,包括魁头菩萨,是傩文化研究中迄今未做涉及的领域,具有深入开掘的价值。

梅村的杨泗菩萨是"流行神"或"流行佛"的又一实例。此类流行神在日本、韩国均有发现,日本东北大学的铃木岩弓先生曾写过系列论文研讨这一现象,因此梅村的杨泗菩萨也是比较宗教研究值得关注的课题。流行神往往因偶然发现,忽生"灵验",信能除疾治病、振兴商卖、给人运气等,一时成为某一方较为热衷的信仰,因其有突发的、速传的特征,便有了"流行神"之称。

流行神属民间宗教现象,不论是日本的"无首地藏",还是高淳的"杨泗菩萨",都是因功利的热望而煽起的信仰风潮,与诵经悟道的人为宗教有本质的区别。实际上,它是巫术的一种异变,并以"接触"的方式去感受"灵验",宗教的外在形式往往被注入了传统民俗及民间信仰的内涵,入世的功利需要是其存在的主要基础。

流行神现象对巫术、民俗与宗教的转成与共融提供了研究的实例,对信仰发生学、造神动因论及民间信仰中的选择与认同规律等也准备了课题。流行神的文化意义主要在宗教人类学方面,及比较宗教或比较民俗的研究方面,尽管在中国民间故事中也见有用渔网从水中打捞出石观音的说法①,但像梅村这样

---

① 路山等:《流泪的石观音》,《野马渡》1996年总第33期第3版。

有庙宇作为物证、有村民作为人证的活材料更具有社会调查与学术探究的价值。流行神往往有地域的特点，其现象却又能超越地域与国界，循此我们又可探寻人类共有的宗教与心理的秘密、风俗与生活的秘密。

《民俗曲艺》1998年第112期

祖道軷祭与入山镇物

一　何为祖道

古时行路难，入山更难，路行苦远，山行凶险，为求出入平安、远行顺达、入山安全、行旅便捷，古人有道神、山神之祭。晋嵇含《祖赋序》有"祈请道神谓之祖"之说，故对道神的祭祈又称为"祖道"。

祖道之仪在春秋时代已颇为盛行，《礼记·曾子问》载：

> 孔子曰：诸侯适天子，必告于祖，奠于祢，冕而出，视朝，命祝、史告于社稷、宗庙、山川，乃命国家五官而后行，道而出。

郑玄注云："祖道也。"孔颖达疏曰："经言'道而出'，明诸侯将行，为祖祭道神而后出行。"孙希旦集解："道，祭行道之神于国城之外也。"如果说，孔子时代的祖道是诸侯为拜谒天子而上路的上层社会之礼的话，到汉后已成为社会各层咸用的国俗。嵇含《祖赋序》曰：

> 祖之在于俗尚矣。自天子至于庶人莫不咸用。

"祖"本为"取道"、出行，是行前的求吉祭礼。《战国策》在记述荆轲刺秦王故事时，有"至易水上，既祖，取道"①之句，也说出了"祖"与"道"的相关相连。

道神，又称作"行神""路神""路头"，其原型有"累祖"或"修"之说。《古今事物考》卷八"祖道"曰：

> 黄帝之子累祖，好远游，而死于道，故后人祭以为行神也。祖祭

---

① 见《战国策·燕策三》。

因飨饮也。①

累祖"好远游，而死于道"，可谓与路道结下了生死之缘，充作"行神"，自有其因果式生成逻辑。至于"黄帝之子"的身份，本来就介乎神、人之间，故具备护路佑旅的神能。

此外，《风俗通义·祀典·祖》载：

> 谨案：《礼传》："共工之子曰修，好远游，舟车所至，足迹所达，靡不穷览，故祀以为祖神。"祖者，徂也。《诗》云："韩侯出祖，清酒百壶。"《左氏传》："襄分将适楚，梦周公祖而遣之。"是其事也。

《五经要义》曰："将行者，有祖道。一曰祀行。言祭祀道路之神，以祈也。"《后汉书》注引作："祖道，行祭，为道路祈也。"②

修亦因"好远游"而成为"祖神"，其祭的功利在于"为道路祈"。共工为炎帝之后，曾与颛顼争为帝，"怒而触不周之山"，并使"天柱折，地维绝"，因此，修也兼备神、人之性。

除了作为行前之祭，道神、行神的祭祀古时还有时间与空间的限定，并伴有神秘的咒祝。《礼记·月令》曰："冬祀行。"祀行是冬季的例行祭仪，不论是群姓的"七祀"，诸侯的"五祀"、大夫的"三祀"，还是适士的"二祀"，皆有行祭。云梦睡虎地秦简《日书》载有"行行祠"曰：

> 行行祠：行祠，东行南，祠道左；西北行，祠道右。其号曰：大常行，合三土皇，耐为四席，席餟其后，亦席三餟。其祝曰："毋王事，唯福是司。勉饮食，多投福！"

"道左""道右"的空间规定与东、南行和西、北行的方向相配，以及神歌祝咒的应用，都体现了祖道的仪式化和神秘化。直到清末，民间还有祀行神的吉礼，并有"酒盏六，箸六"的定规③，可见祖道影响的深远。

二　行山軷祭

古时行山道祭称为"軷"或"軷祭"。《诗·大雅·生民》有"取羝以軷"

---

① 王三聘：《古今事物考》，上海书店 1987 年影印版，第 158 页。
② 雷氏：《五经要义》，见《玉函山房佚书总十种》，光绪甲申春日湘远堂刻本。
③ 见清光绪五年《武进阳湖县志》卷一。

之句，《传》曰："軷，道祭也。"《说文·车部》释"軷"曰：

> 軷，出将有事于道，必先告其神，立坛四通，树茅以依神为軷。
> 既祭犯軷，轢牲而行为范軷。

这种立坛树茅、设牲车轢之祭使"軷"显得古奥而神秘。此外，《周礼·夏官·大驭》有"大驭掌驭玉路以祀，及犯軷，王自左驭。驭下祝，登受嘏，犯軷遂驱之"之载。郑玄注曰：

> 行山曰軷。犯之者，封土为山象，以菩刍棘柏为神主。既祭之，以车轢之而去，喻无险难也。①

郑玄已明言"犯軷"为行山之祭，意在排除山路中的险难。祭仪中"封土为山象"，并以山柴茅棘之类为山神凭依的象征，用车践履而去，意表行山路如坦途。这显然是一种禳镇巫仪。

軷祭中的祭场亦筑土为之，并称作"軷壤"。《祀记·月令》孟冬之月"其祀行"注云：

> 軷壤，古祀行之礼。在庙门外之西为軷壤，厚二尺，广五尺，轮四尺，北面设主于軷上。②

这二尺厚、五尺宽，纵深四尺的土台当为标准的軷祭场所的尺度。其位置在庙门外之西，而山神之位设于軷壤的北端。古人视空间的位序为东—南—西—北，而时令的递次为春—夏—秋—冬，时空之间有对应的相互关系，即西表秋，北表冬，而西与北连，秋与冬连，因此，軷壤与神主的方位设置与孟冬之月"其祀行"的时令安排正图演了时空对应的文化逻辑。

軷祭本为山行而对道路之神的祭祀，其功用乃求军旅平安。梁简文帝《和武帝诗》曰：

> 祭壶今息鼓，蕫案成开帷。
> 聊举青龙阵，正取绛宫时。
> 犒兵随后拒，軷祭逐前师。
> 军门初露节，步阵始分旗。

---

① 《十三经注疏·周礼注疏》，中华书局1980年影印版，第219页。
② 见《辞源》，商务印书馆1988年版，第1642页。

显然，軷祭是为了出征的顺利。而軷祭中的"轹牲"，所碾压的为何物呢？《周礼·大驭》"及犯軷，王自左驭"；杜注云："軷，读为别异之别，谓祖道，轹軷，磔犬也。"① 看来，是以狗为牲，以献山神。

中国的山神最初应是动物形态或人兽合体，但在庙祀信仰及民间纸马中早已完成了人形化的过程。在日本，有道祖神的祭祀，其像多为男女执手、相拥或交合的石雕，祭用稻草扎成的蒿马，以男女相就、阴阳相合来辟路道之凶，并留下"树茅以依神"的遗痕。在朝鲜半岛的民画上，山神则往往为骑虎的官人或与虎相伴的白发老人。山神信仰与道神信仰的结合乃是中国古代軷祭得以形成的基础。

三　入山镇物

古人行路有腿上缚甲马之法，《水浒传》第四十四回中载有戴宗替杨林缚甲马，因"作用了神行法"，而疾走如飞，不知倦怠之事。航海人遇风涛不测，则焚天后甲马以祈救②。甲马成了陆行与水行的镇物。

古人入山为辟虎狼、退鬼魅，故有多种镇物之用，诸如黄神越章印、入山符、明镜、响虫、虎肉等。

"黄神越章印"是道教的一种入山符镇。葛洪《抱朴子·杂应》载：

> 古之入人山者，皆佩黄神越章之印，其广四寸，其字一百二十，以封泥著所住之四方各百步，则虎狼不敢近其内也。行见新虎迹，以印顺印之，虎即去；以印逆印之，虎即还；带此印以行山林，亦不畏虎狼也。不但只辟虎狼，若有山川社庙、血食恶神能作福祸者，以印封泥，断其道路，则不复能神矣。

可见，"黄神越章印"既用以辟虎狼，也用以驱恶神，其一百二十字当为道教的符咒之语。除了"黄神越章印"，《抱朴子》中还有多种"入山符"，均以文字的变体与叠加传导神秘的法力。

九寸以上的明镜也是道士入山的镇物。《抱朴子》曰：

> 万物之老者，其精悉能记人形惑人，惟不能易镜中真形，故道士

---

① 见《经籍纂诂》卷九十六。
② 见袁枚《续子不语》卷一。

> 入山，以明镜径九寸以上者背之，则邪魅不敢近，自见其形，必反却走转。镜对之，视有踵者，山神；无踵者，老魅也。

作为"照妖镜"的明镜，其神力在于使山神、老魅显露真形，使其不敢近人。各地有在民居门楣上挂小镜子之俗，同样追求使鬼魅"反却走转"之功。

据说，"响虫"也是山行镇物。清人王士禛《香祖笔记》卷一曰：

> 山行虑迷，握响虫一枚于手中，则不迷。见《物类相感志》。

"响虫"是鸣蝉，还是他物，已难定说，显然它的功用不是引路导向，而是镇除山中神秘因素的迷惑。

虎肉也是一种山行的镇物，食之能驱虎逐魅。元人忽思慧《饮膳正要·兽品》载：

> 虎肉味咸，酸平，无毒，主恶心欲呕，益气力。食之入山，虎见则畏，辟三十六种魅。

这是以虎退虎、以虎逐魅，虎肉成了一种奇特的饮食类入山镇物。

入山镇物往往还配有一定的动作、咒语，如入山有"禹步"法，即先出右足，左足跟平，再出右足，左足再跟平，同时口中念咒。入山咒语中有一种"六甲秘咒"，据《抱朴子·登涉》载，此咒凡九字，即"临兵斗者，皆阵列前行"，它被称作"无所不辟""要道不烦"之咒。此外，对一些山精物怪，人们若知其名，可呼之，它们就不能为害了[①]。

入山镇物同軷祭具有同样的取义：排险除难，山行平安。它们同作为行山信仰构成了中国山岳文化中一个不可忽略的研究领域。

《民族艺术》2001 年第 4 期

---

① 参见《抱朴子·内篇》卷十七。

钟鼓·琴·琵琶
——中国吉祥乐器撷谈

中国古代乐器作为礼俗与宗教的用物，不论是在外在的工艺造型，还是在内在的文化取义方面，均体现出祥物的性质。祥物又称"吉物""吉祥物"，往往是点画"福善""嘉庆"主题的象征物品①。祥物在俗民社会的文化识解中能超越其单纯的物态性质，带上理念、情感、品质，成为创造主体的思想与人性的延伸。《老子》所谓的"道生之，德畜之，物形之，势成之"，点明了"物"与"道""德"相贯相连，它们构成同一个文化链上的不同形态。拿中国古代乐器说，诸如琴、筝、箜篌、琵琶、箫、笛、笙、筘、钟、鼓、磬、二胡、唢呐等，或法天地人、四时五行；或"感阴阳之和""见风俗之伦"②；或"尽声变之奥妙，抒心志之郁滞"③，它们均能通自然、抒心志、和阴阳、美风俗，成为美感与功用交并的吉祥乐器。今且选钟鼓、琴、琵琶以做例说。

钟　鼓

钟、鼓作为响器，是发声的祥物，具有幽深的文化内涵。

中古时期有晨钟暮鼓的报时警众之制，古诗中见有"长夜默坐数更鼓"之句。击鼓迎年是旧时的除夕风俗，击鼓本有数时记刻、除阴接阳的寓意。镇江一带的乡民有在除夕夜聚集场头，通宵击鼓之俗，并以击破鼓面为来年丰穰之

---

① 成玄英疏《庄子》"吉祥止止"云："吉者，福善之事；祥者，嘉庆之征。"
② 语出王褒《洞箫赋》。
③ 语出傅毅《琴赋》。

兆。其实，岁除击鼓建筑在鼓如春雷的信仰之上，潜含着借取雷霆扫除阴气的盼求。古人的"天以震雷鼓群动""腰鼓百面如春雷"的诗文①，正揭示了这一辞岁祥物的信仰基础。

鼓作为乐器，亦用于军事、娱乐等方面，汉画像中的击鼓图，有以乌鹊、巨树相配，大鼓空悬树干者，它以宇宙树的模拟，表明鼓作天震之声。

撞钟迎年作为宗教风俗，主要由佛寺主持。佛教初传中土即与丧葬悼亡风俗相结合，于是有临终撞钟增正念、驱烦恼、发善心、震地狱、解苦厄之类的说法。

《俱舍论》曰："为临终令生善念中死，打钟鸣磬，引生善心故。"

《佛祖统记》曰："又戒维那曰：人命将终，闻钟磬声，增其正念，惟长惟久，气尽为期。"

《唐高僧传·智兴传》曰："亡者通梦其妻曰：不幸病死，生于地狱，赖蒙禅定寺僧智兴鸣钟，响震地狱。同受苦者，一时解脱。"

岁末也是"岁终"，它同"人命将终"能建立起相关的联想：除夕为旧岁终亡、阴气盛极之夜，如人之将死。因此，撞钟除用于人的临终，也用于岁的"临终"。

其实，在佛教传入之前，早有撞钟奏乐活动。《诗经·周南·关雎》中有"窈窕淑女，钟鼓乐之"之句，汉画像石中亦常见撞钟的刻画。

钟的文化意义究竟何在？《白虎通·五行》中有一句揭秘之语：

> 钟者，动也。言阳气于黄泉之下动，养万物也。

唐代诗人李白在《化城寺大钟铭》一文中曾将鼓、钟相提并论，他说：

> 噫！天以震雷，鼓群动；佛以鸣钟，警大梦。而能发挥沉潜，开觉茫蠢，则钟之取象。其义博哉！夫扬音大千，所以清真心，警俗虑，协响广乐；所以达元气，彰大声，铭勋皇宫；所以旌丰功、昭茂德，莫不配美金鼎……②

李白所历数的钟的功用，莫不在其"扬音"之大而引发的动感和除"沉潜"、开"茫蠢"的浩荡阳气。

---

① 见祝穆：《古今事文类聚》卷二十三"乐器部"。
② 见祝穆：《古今事文类聚》卷二十三。

中国传统铜钟的纽环均铸为蒲牢之形，以求其钟"大鸣吼"。薛综注《周礼》"发鲸鱼，铿华钟"曰：

> 海中有鱼，名鲸。海岛又有大兽，名蒲牢。蒲牢畏鲸鱼，击蒲牢辄大鸣吼。凡钟，欲令声大，故作蒲牢于上，以所击之者为鲸鱼。①

佛钟也有蒲牢之作，可见从形到义它都植根于中国文化的沃土。至于佛寺除夕夜撞钟108下，是取"九"与"十二"之积，即把"老阳"之数与十二地支相配，以表来年月月充满阳气，全年大吉大利。这样，即使在行为上，或在数字的神秘观念上，它也都与中国文化难舍难分。

钟、鼓作为辞岁祥物流传至今，近20年来，中国各地为满足日本游客需求而大搞除夕撞钟活动，从苏州寒山寺开始，逐步波及常州天宁寺、镇江金山寺、南京栖霞寺、扬州大明寺等地，使这一辞岁活动显得格外突出。

琴

古人把琴、棋、书、画称作"才秀四艺"，而琴为其首。琴的发明在传说中归功于上古的文化英雄和贤明的先祖，琴被说成是伏羲、神农或舜的创造。《初学记》卷第十六引《琴操》曰：

> 伏牺作琴，以修身理性，反其天真也。

而桓谭《新论》曰：

> 神农氏继而王天下，于是始削桐为琴，绳丝为弦，以通神明之德，合天人之和焉。②

《广雅》记述了"神农氏琴"的尺寸与弦数：

> 神农氏琴，长三尺六寸六分，上有五弦，曰宫、商、角、徵、羽。文王增二弦，曰少宫、少商。③

此外，《礼记》曰：

---

① 见祝穆：《古今事文类聚》卷二十三。
② 引自《艺文类聚》卷四十四"乐部四"。
③ 引自《艺文类聚》卷四十四"乐部四"。

> 舜作五弦之琴，以歌南风之诗，而天下治。

不论是"修身理性"，是"通神明之德，合天人之和"，还是为了"天下治"，先祖制琴总是为了吉祥的目标。

不过，传说不是历史，琴的出现大约在西周时期。《诗经·国风·周南·关雎》中有"窈窕淑女，琴瑟友之"之句，可见春秋时期，琴瑟同钟鼓一样已普遍使用，甚至比钟鼓更为"君子所常御"。《风俗通》言及琴之优长时说道：

> 琴者，乐之统也。君子所常御，不离于身，非若钟鼓，陈于宗庙。……以其大小得中而声音和，大声不喧哗而流漫，小声不湮灭而不闻，适足以和人意气，感发善心也。

由于琴能"和人意气""感发善心"，故有伯牙与钟子期高山流水知音的美谈和司马相如与卓文君夜奔的故事。

古琴中的"号钟""绕梁""绿骑""焦尾"被称为"四大名琴"。琴不仅声音和美，其形制亦有象征意义。《琴操》曰：

> 琴长三尺六寸六分（象三百六十六日）；广六寸（象六合）；文上曰池（池者，水也，言其平）；下曰滨（滨者，服也）；前广后狭，象尊卑也；上圆下方，法天地也；五弦象五行（《风俗通》曰：琴长四尺五寸者，法四时五行，七弦法七星）；大弦为君，小弦为臣，文王、武王加二弦，以合君臣之恩。[①]

琴作为天地、四时、五行、年岁、君臣、尊卑的象征，上应自然，下合伦常，故为祥物。

琴还有禁邪正心的教化作用。《白虎通》曰：

> 琴者，禁也。禁止于邪，以正人心也。

另，后汉李尤《琴铭》亦曰：

> 琴之在音，荡涤邪心。
> 虽有正性，其感亦深。
> 存雅却郑，浮侈是禁。
> 条畅和正，乐而不淫。

---

① 徐坚等：《初学记》卷第十六"琴第一"。

其实，孔子早说过："移风易俗，莫善于乐。"其"乐"，当指琴的禁邪正心之功。因此，琴在创造之初就已被圣贤们视作吉祥之物。

琵 琶

琵琶，又称"批把""枇杷"，多为四弦，系秦汉间由西域、北狄传入中土的"马上之乐"。刘熙《释名》曰："批把，本出于胡中，马上所鼓也。推手前曰批，引手却为把，象其鼓时，因以为名之。"至于琵琶的产生及其尺寸的意义，东汉应劭《风俗通》释曰：

> 谨按：此近世乐家所作，不知谁也。以手批把，因以为名。长三尺五寸，法天地人与五行，四弦象四时。

傅玄《琵琶赋》则称琵琶为天地、阴阳之象：

> 中虚外实，天地象也。盘圆柄直，阴阳叙也。

而晋成公绥《琵琶赋》则称：

> 盘图合灵，太极形也。三材片合，两仪生也。分柱列位，岁数成也。回窗华表，日月星也。

琵琶的形制与太极、两仪、三才、四时、五行等相联系，当然是祥瑞的乐器。

围绕琵琶亦有不少著名的传说与诗篇。汉王建女细君妻乌孙王，马上奏琵琶随行慰之；王昭君初适匈奴，也在途中弹奏琵琶以解愁怨，以寄其恨；"竹林七贤"中阮咸善弹琵琶，其形制又被称作"阮咸琵琶"；白居易在九江作《琵琶行》，写出了"大弦嘈嘈如急雨，小弦切切如私语，嘈嘈切切错杂弹，大珠小珠落玉盘""此时无声胜有声""银瓶乍破水浆迸，铁骑突出刀枪鸣"等名句，都使人们对琵琶更心向神往。

琵琶在志异小说中还被说成是能占吉凶的法物。《异苑》曰："每占吉凶，辄先索琵琶，随弹而言事有验。"这显然是建筑在琵琶能连阴阳、通五行的文化观念上。琵琶作为祥物，为历代文人所推崇，其中，唐代薛收《琵琶赋》最具溢美之词：

> 惟兹器之为宗，总群乐而居妙。应清角之高节，发号钟之雅调。处躁静之中权，执疏密之机要。遏浮云而散彩，扬白日以垂耀。尔其

状也，龟腹凤颈，熊据龙旋；戴曲履直，破觚成圆；虚心内受，劲质外宣；磅礴象地，穹崇法天。候八风而运轴，感四气而鸣弦。金华徘徊而月照，玉柱的历以星悬。①

可见，琵琶不论音、形都是美好事物、宇宙法则的象征，故创造出喜庆嘉瑞的气氛。

《民族艺术》2004 年第 2 期

---

① 徐坚等：《初学记》卷第十六"琵琶第三"。

灵岩寺泥塑罗汉吉祥衣饰探究

一 引言

位于山东省济南市长清区的千年古刹灵岩寺，堪称宗教的胜地、文物的宝库和艺术的殿堂，其供奉于千佛殿内的四十尊泥塑罗汉像，作为宋、明时期的艺术精品，更有令人叫绝的特殊魅力。

这组泥塑罗汉在表情把握、身段比例、服饰配置、肌肤质感、色彩光泽等方面都臻于完美，其价值远超出宗教的范畴，具有艺术的典范意义。值得一提的是，泥塑罗汉衣饰上的纹样博采各类民间祥图，透露出灵岩寺宗教艺术包容世俗风尚的情志。圣俗交融本为佛教东传中土之初即已开始的过程，但在汉传佛教的造像上如此集中地展现中国的吉祥文化，则颇为鲜见。

灵岩寺泥塑罗汉衣饰上的吉祥纹饰涉及花草、神兽、文字、果实、自然物、手绘图案等，且五彩纷呈，将罗汉们装扮得既端庄富丽，又神秘莫测。释读这些祥物的象征意义，无疑有助于对灵岩寺宗教艺术的深刻把握与思考。

二 纹样举释

灵岩寺泥塑罗汉像衣饰的吉祥纹饰种类繁多，有宝相花、如意草、灵芝头、寿桃、佛手、莲花、牡丹、夔龙纹、火焰纹、钱纹、寿字纹、方胜纹、水波纹等十数种。它们各得其妙，各有其用。在此，且择数例，以略做解说。

1. 宝相花

"宝相花"，为蔷薇的一种，朵大、色丽、多瓣。宝相花为古人所钟爱，在唐、宋时多见于装饰图案和文人诗咏。宋梅尧臣《依韵和中道宝相花》诗云：

> 嘉卉得所托，植君之寝阳。
> 开荣同此春，淡艳自生光。
> 不为露益色，不为风尽香。
> 节换叶已密，尚可见余芳。

诗人把宝相花称作"嘉卉"，并赞美它生光同春、色香不露的品质。

在元代，宝相花已成为士卒衣袍上的装饰。据《元史·舆服志》载：

> 士卒袍，制以绢缯，绘宝相花。

因此，清代对罗汉像重新进行彩绘时，在衣饰上保留或添加宝相花都是很自然的事，体现为舆服制度和风俗习惯的传承。

在蔷薇花中还有一种与宝相花同属一类的品种，名叫"佛见笑"。据清人汪灏等《广群芳谱》卷四十二载：

> 他如宝相、金钵盂、佛见笑、七姊妹、十姊妹，体态相类，种法亦同。

杨巽斋咏《佛见笑》诗曰：

> 芳葩丰美折轻红，想是只园秀气钟。
> 解使金仙犹动色，窥栏谁不解愁容。

可见，"佛见笑"作为丰美的"芳葩"，因其"秀气"，而能解人愁容。"宝相花"与"佛见笑"本为同种，因此，"宝相花"绘作罗汉衣襟的纹饰，亦隐含见佛而笑、善解愁容的象征意义。

2. 莲花

莲花，又称"荷花"，另有"芙蕖花""水芙蓉""水芝""泽芝""水芸""水旦""水华""玉环"等名。莲花的品质自古被人看重，并有"花中之君子"之称。《广群芳谱》卷二十九载：

> 凡物先华而后实，独此花实齐生，百节疏通，万窍玲珑，亭亭物表，出淤泥而不染，花中之君子也。

莲花的品种很多，有重台莲、并头莲、一品莲、四面莲、洒金莲、衣钵莲、千叶莲、黄莲、金莲、红莲、睡莲、四季莲、佛座莲、碧莲、白莲、锦边莲、百子莲、斗大紫莲、金镶玉印莲等，均为世人所喜爱。

由于莲花"出淤泥而不染",又"花实齐生""百节疏通","阴结其实,阳发其花"(晋傅玄《芙蕖》诗),而莲蓬中又籽实相连,故莲花成了圣洁之花和阴阳相感、结实多子的象征。佛教把它视作神圣之物,而民间当它为吉祥俗物。

莲花在罗汉像上的出现,是圣俗呼应的文化现象,除了圣洁的感悟,更引发"百节疏通""万窍玲珑"的吉祥联想。

3. 寿桃

桃子作为民间祥物,乃基于桃能延年益寿、桃本神仙食物的文化理解。《神异经·东荒经》载:

> 东方有树,高五十丈,叶长八尺,名曰桃。其子径三尺二寸,和核羹食之,令人益寿命。

此外,《神农经》也曰:

> 玉桃,服之长生不死。若不得早服,临死服之,其尸毕天地不朽。

桃能使生者延年益寿,也能使死者亡而不朽,可见,它具有内在的、永恒的生命力。这种生命力,按神话传说讲,乃源于它本身漫长的生长周期,并有"三千年一生实"和"万岁一实"的不同说法。张华《博物志》卷八曰:

> 汉武帝为仙道,时西王母遣使乘白鹿告帝当来。七月七日夜漏七刻,王母乘紫云车而至于殿西,青气郁郁如云。有三青鸟,如乌大,使侍母旁。王母索七桃,大如弹丸,以五枚与帝,笑曰:"此桃三千年一生实。"

王嘉《拾遗记》卷三则曰:

> 扶桑东五万里有磅䃀山,上有桃树百围,其花青黑,万岁一实。

正是这些神话传说中的千年、万岁之桃,使桃与"寿"相连,成为延年益寿的吉祥象征。

灵岩寺泥塑罗汉衣饰上有白色的桃纹,内书"寿"字,以作点题。由于白为生,黑为死,故白桃加"寿",便带上了长生长寿的祝福意义。

4. 牡丹

牡丹,一名"鹿韭",又叫"鼠姑""百两金""木芍药",有"国色天香"

之誉和"花之富贵者"之称。"牡丹"之名何意？李时珍《本草纲目》释曰：

> 牡丹以色丹者为上，虽结子，而根上生苗，故谓之牡丹。

牡丹可下种，也可根生，即雄者亦能繁衍，故有"牡丹"之谓。

中国自南朝以来便有观赏牡丹之习，"永嘉水际竹间多牡丹"之录是牡丹受到普遍关注的起始。隋唐年间，牡丹得到大规模的人工培植，形成了花苑与花市。据王应麟《玉海》载：

> 隋炀帝辟地二百里为西苑，诏天下进花卉，易州进二十箱牡丹，有颊红、鞓红、飞来红、袁家红、醉颜红。

唐开元中，牡丹始盛于长安，每到暮春花盛时节，赏花、买花人趋之若鹜，到了"家家习为俗，人人迷不悟"的程度。宋代花都转向洛阳，有"洛阳之花为天下冠"之称。欧阳修在《风俗记》中记述了洛阳人好花的情状：

> 洛阳之俗，大抵好花。春时城中无贵贱皆插花，虽负担者亦然。花开时，士庶竞为游邀，往往于古寺废宅有池台处为市井，张屋帘，笙歌之声相闻。

牡丹品种繁多，《广群芳谱》所载的品名就有182种，被古人称作"绝丽者"就有32种（见仲休《花品叙》）。

牡丹因艳丽、华贵而为人们所爱，成为富贵、美满、美人、繁盛的象征。其实，早在唐宋间，牡丹已被称作"物瑞"，孙光宪《生查子》词曰：

> 清晓牡丹芳，红艳疑金蕊。乍占锦江春，永认笙歌地。感人心，为物瑞，烂漫烟花里。戴上玉钗时，迥与凡花异。

这与凡花迥异的牡丹，作为"物瑞"，也出现在泥塑罗汉的衣饰之上，除了显露佛教汉化的印痕，更借此感应人心，传导富贵美满的祥瑞信息。

5. 灵芝

灵芝，又叫"木芝""菌芝"，一名"寿潜"，一名"希夷"。《说文》曰："芝，神草也。"《广群芳谱》曰："芝，瑞草也。"灵芝属真菌类，它由菌盖、菌柄、孢子构成，自古被当作有神奇疗效的灵药。灵芝的品种有一百余种，分赤、黄、白、黑、紫数类。《本草经》曰：

> 赤芝，一名月芝；黄芝，一名金芝；白芝，一名玉芝；黑芝，一

名玄芝；紫芝，一名木芝。

灵芝的嘉瑞来自它的药用功效，因而有"神芝""仙药"之称。《博物志》云：

名山生神芝，不死之草，上芝为车马，中芝为人形，下芝为六畜。

这是对灵芝形象的神异化。作为"仙药"的灵芝，又被说成为西王母所有。《汉武内传》云："西王母之仙上药，有大真红芝草。"此外，《思玄赋》有"聘王母于银台兮，馐玉芝以疗饥"句。可见，无论赤芝、玉芝，均为西王母的不死"仙药"。

灵芝被古人说成有延年益寿的神效，《抱朴子》称：青云芝，阴干食之，"令人寿千岁不老，能乘云通天，见鬼神"；黄龙芝，"日食一合，寿万年，令人光泽"；龙仙芝，"服一株，则寿千岁"；金菌芝，"饮其中水，寿千岁，耳目聪明"。道家术士对灵芝药性的夸张影响到民间传说，《白蛇传》中有盗灵芝救活许仙的情节。灵芝在人们观念中不仅能延年益寿，而且能起死回生。

同其他祥物一样，灵芝也曾受到道德化的渲染。《孝经援神契》曰："德至于草木，则芝草生。"《神农经》则称，五色神芝之生为"圣王休祥"。早在汉代，灵芝已成为郊祀的对象。《汉书·礼乐志第二·郊祀歌》有"蔓蔓日茂，芝成灵华"之句，而班固《郊祀灵芝歌》则曰：

因露寝兮产灵芝，

象三德兮瑞应图。

延寿命兮光此都，

配上帝兮象太微，

参日月兮扬光辉。

在民间吉祥图案中，祥云、如意头常为灵芝状，并广泛见于木雕、石雕和其他装饰图像中，皆有药物以外的祥瑞取义。灵岩寺罗汉衣饰彩绘及后壁线板均有灵芝头图案，同样表达了对延年益寿、吉祥瑞应的追求。

三　艺术特色

灵岩寺泥塑罗汉的吉祥衣饰构成了这组罗汉造像最有特色的方面，具有很高的鉴赏与研究的价值。对其艺术特色，可做如下概括：

（1）圣俗交融。服装有袈裟、披肩、无领大襟、腰带、花结、宽袖大袍等，衣饰图案有花草、果实、神兽、水波、火焰、汉字、几何图案等，它们把来自印度的阿罗汉改造成汉化的偶像，使宗教人物打上了世俗的印记，从而得到可亲可感的艺术效果。

（2）虚实相间。罗汉衣饰图案的排列比较密匝，但仍留下了不少空间，能产生虚实互见的效果。例如在袖膀部、腰部、下摆处等，有的就不绘图案，或图案稀疏。

（3）零整结合。罗汉衣饰上的吉祥图案，有的成片出现或成行排列，有的则单独点缀，例如夔龙纹、水波纹等，反映独运的匠心。

（4）突出边饰。灵岩寺罗汉衣饰在彩绘中较着重领口、袖口、披边、襟边等处，一般用图密匝或色彩鲜艳，起到强调轮廓线的作用。

（5）多色调和。灵岩寺泥塑罗汉衣饰的用色，以青绿、红黑、紫白为基调。其领边尤重色彩的搭配和变化，色彩组合有红、蓝、褐、绿、白；白、蓝、黄；绿、红、黄；白、绿、黄；白、黄、绿、红；酱、白、黄；红、蓝、黄；褐、白、绿、黄等。至于吉祥纹饰用色，则有红、蓝、紫、白、黄、绿、黑诸色的搭配与独用，从而使四十尊罗汉的衣饰各不相同，让人有触目有变、常见常新之感。

四　结语

灵岩寺泥塑罗汉衣饰的纹样基本取自中国祥物，具有突出的民族性、风俗性和装饰性的特征。中国吉祥图案的大量运用，强化了佛教汉化的过程，模糊了圣与俗的分野，使艺术、宗教、民俗得到了奇妙的融合。由于泥塑罗汉的彩绘在清代曾重新做过，因此罗汉衣饰的纹样略嫌繁缛，不过，这也反映出吉祥装饰在鼎盛时期的风格特点。

罗汉衣饰上的吉祥纹样是一个有趣的研究课题，它不仅能帮助对灵岩寺历史、文化价值的全面领悟，同时对当代的艺术装饰亦有着不可忽略的启示作用，值得我们去加以深入的探究。

参考文献

[1] 王荣玉，等. 灵岩寺. 北京：文物出版社，1999.
[2] 陶思炎. 风俗探幽. 南京：东南大学出版社，1995.
[3] 汪灏，等. 广群芳谱（影印本）. 上海：上海书店，1985.

《东南文化》2003 年 5 月

石敢当与山神信仰

一 引言

石敢当,又称"泰山石敢当""泰山石""石将军""泰山石敢当将军"等,作为民间镇宅、护路、守村、卫桥的辟凶法物,同灵石崇拜、泰山崇拜、鬼魂观念、山神信仰等联系在一起。它以碑石、文字、符号、动物图像和人形雕刻,展现其作为镇物的功能追求,并往往以民俗艺术的形式隐藏着深层的宗教观念。透过"石敢当"上的某些文化符号,我们不难找到山神信仰存在的踪迹,看到山神信仰在民俗生活中的持久应用。

二 石敢当的俗用

石敢当作为镇物在中国的俗用不晚于唐代,而以山石设镇的观念则由来已久。北宋庆历四年(1044)张纬宰莆田,曾掘得一块唐大历五年(770)的碑石,其铭文曰:

> 石敢当,镇百鬼,压灾殃,官吏福,百姓康,风教盛,礼乐昌。

可见,具有"镇百鬼"之性的"石敢当",与官民、风教、礼乐的福康昌盛相联系的信仰在唐代已经成熟。不过,"石敢当"的名称早在西汉时期就已出现。史游《急就章》有"师猛虎,石敢当,所不侵,龙未殃"之句。唐人颜师古注曰:"敢当,所向无敌也。"由于"石敢当"有"所向无敌"之功,故后世将其人性化,便又有"石将军""石敢当将军"之谓。

石敢当在中国主要流布于东部沿海地区,集中于江苏、山东、浙江、福建、江西等省,在其他省份亦略有所见。宋代施清臣《继古丛编》曾载录吴地的"石敢当"之用：

> 吴民庐舍，遇街衢直冲，必设石人，或植片石，镌"石敢当"以镇之。

吴地的"石敢当"有石人圆雕和片石镌字（图1）等基本形制，并在宋代已同时见用。

中国现存最早的"石敢当"实物，是在福建省福州市郊高湖乡江边村发现的一块宋碑。它高约80厘米，宽约53厘米，其上横书"石敢当"三字，其下直书文字："奉佛弟子林进晖，时维绍兴戴，命工砌路一条，求资考妣生天界。"这是一块南宋的"石敢当"碑，其功用在镇路护道，筑路人希望通过修路行善，以超度父母往生天界。有趣的是，孝子林进晖视神、佛为一体，他对佛祖的供奉与对石敢当的信仰实已混融不分。

至于"石将军"的名称，在元人陶宗仪《南村辍耕录》卷十七中已有载录：

图1 片石石敢当

> 今人家正门，适当巷陌桥道之冲，则立一小石将军，或植一小石碑，镌其上曰"石敢当"，以厌禳之。

"石将军"立像与"石敢当"碑石形异质同，它们的俗用都体现了镇护巷陌桥道的民间信仰。其实，在它们启用之前，就已存在一个以块石设镇的古俗。梁代宗懔《荆楚岁时记》中有"十二月暮，掘宅四角，各埋一大石以镇宅"的记载。镌字的片石，以及石人、石将军等，正是对宅角"大石"功用的点题和艺术化的改造。

当今，石敢当的信仰和俗用仍很普遍。不论是片石镌字的"石敢当"，还是圆雕的"石人"或"石将军"（图2），以及屋角处、大门边未做雕饰的大石

图 2　石将军

块,都不是难以寻觅的罕见之物。此外,在江苏,有"泰山石敢当"的纸马供人家祭祀;在山东,有"泰山石敢当"圆雕石像的庙祀,还以刻着"泰山石敢当"五字的山石作为家宅的室内镇物;在苏南等地,还见有石敢当的变体形式——石磨盘,以砌筑在家宅的外墙中。其中,"石将军"有全身圆雕的立像,有以首代身的头像,还有半身圆雕像等数种。其多形制的广泛应用,表明石敢当在民间具有深厚而悠远的信仰基础。

三　追寻山神信仰的踪迹

石敢当从其材料、文字、图像、符号来看,无不留有山神信仰的印迹。

从材料看,石敢当的制作一般选用自然的山石加以雕凿或镌刻,而石即为山的象征。这在中国古代文献中多有载述:

《说文》曰:"石,山石也。"

《释名·释山》曰:"山体曰石。石,格也。坚捍格也。"

《汉书·五行志》曰:"石,山物。"

《经籍纂诂》卷十五引《周礼·大司徒》注曰:"积石为山。"

石有"山物""积石为山""山体曰石"之说,可见,石与山本相连相通,互为彼此,石在民俗中的应用实乃山的比附与象征。

从文字看,石敢当上一般镌刻"泰山石敢当"数字,点明对东岳泰山的信仰。中国的"五岳",以泰山为东岳,以衡山为南岳,以华山为西岳,以恒山为北岳,以嵩山为中岳,而泰山被称作"五岳之尊",受历代王者封禅之祭。泰山因是"群岳之长",又有"岱宗"之称。唐代徐坚《初学记》卷五"泰山第三"引《五经通义》云:

> 一曰岱宗，言王者受命易姓，报功告成，必于岱宗也。东方，万物始交代之处，宗长也。言为群岳之长。

作为"群岳之长"，泰山是最大的名山。凡名山必有山神，古有山神能献宝却邪之说。唐代欧阳询《艺文类聚》卷七引《地镜》云：

> 入名山，必先斋五十日，牵白犬，抱白鸡，以盐一升。山神大喜，芝草、异药、宝玉为出。未到山百步，呼曰："林林央央！"此山之名，知之却百邪。

泰山素有"鬼府"之称，自古就有却邪招魂、知人生命的信仰。《博物志》卷一引《孝经援神契》云：

> 泰山，一曰天孙，言为天帝孙也。主招魂。东方万物始成，故知人生命之长短。

显然，"天孙"说是对作为自然崇拜的泰山神的正统化和等级化。正因为泰山"主招魂"，能"知人生命之长短"，俗信泰山石亦具有同样的法力，故受到广泛的应用。

"泰山石敢当"用于镇宅护道，除了俗信泰山石有治鬼镇邪之性，还在于凡山有宣气化物之功。《春秋说题辞》云："山之为言宣也。含泽布气，调五神也。"《说文》则曰："山，宣也。宣气散生万物，有石而高，象形也。"山的"调五神""生万物"之性，使以文字表明的"泰山石"也同样具备了调神、化生之功，于是，助生禳死成了石敢当启用的信仰内核。

从图像看，石敢当上常浮雕虎头的图像，留下了山神信仰的明确信息。虎作为山兽，往往被视作山神的化身。正如《山海经·西次三经》所载，昆仑之丘神陆吾，"其神状虎身而九尾，人面而虎爪"；位居玉山的山神西王母，"其状如人，豹尾虎齿而善啸，蓬发戴胜"；槐江山山神英招"人面马身，虎文鸟翼"等。虎的图像还出现在韩国山神图中，也表明了虎与山神密不可分的内在联系。

石敢当上的虎头均镌于碑石的最上方，其形圆目獠牙，竖耳翘眉，吐舌咧嘴，脑书"王"字，显得十分狰狞而威严。在南京市高淳县（现南京市高淳区）凤山乡永城村一家民宅的外墙边，竖有一方石敢当碑，碑上镌刻着威严的虎头、神秘的八卦和"泰山石敢当"五个汉字，碑前方筑有山形小石与虎头呼应，凸现了石敢当与山的有形联系，以及虎为山神的信仰观（图3）。

虎与山丘的联系及食鬼之性，还见于"度朔山"神话。汉代王充《论衡·订鬼篇》引《山海经》曰：

图3　虎头山形石敢当

图4　类山狗的石敢当

沧海之中，有度朔山，上有大桃木。其屈蟠三千里，其枝间东北曰鬼门，万鬼所出入也。上有二神人，一曰神荼，一曰郁垒，主阅领万鬼。恶害之鬼，执以苇索而以食虎。

度朔山上的神荼、郁垒是对万鬼审讯、执法的"神人"，而食鬼之虎才是度朔山真正的山神。这一信仰在后世民俗中留下了深长的投影：人家门头挂虎头八卦木牌，给小孩戴虎头帽、穿虎头鞋、睡虎头枕、围虎头兜，民宅中堂挂"猛虎下山"图的长轴等，都隐藏着以虎设镇的山神信仰。

关于虎与山神的对应关系，我们还可从石敢当的其他个案中得到认识。在高淳县薛城乡有一方石敢当，在通常镌刻虎头的位置直接雕凿出山神的形象，他虽咧嘴圆目，但嘴边无獠牙，脑门无"王"字，头上不长耳，鼻孔不扁张，其长长的鼻子类似日本的"山狗"（图4），展现了人们想象的山神形象，并点画出石敢当与山神信仰的内在关联。

从符号看，石敢当上的太极八卦符号，以阴阳鱼为其核心，表现阴阳抱合、化生万物、两德润泽、八方平和、成天地而宁家国的哲学思考和文化判断。

山、石在古人看来，本具有阳、阴

之性。《春秋公羊传注疏》卷十七云："山者，阳精，德泽所由，生君之象。"《春秋谷梁传注疏》卷十三引汉许慎之说云："山者，阳位，君之象也。"山因雄健高峻、与天相接，被视作"阳"的象征。《尔雅》云："山西曰夕阳，山东曰朝阳。"此说强调了山的东西两面均与"阳"相关。

石，则被古人视作阴类之物。《经籍纂诂》卷第一百引《汉书·五行志》云："石，阴类也。"又引《春秋谷梁传》云："石者，阴德之专者也。"因石为"山物"或"山体"，往往隐没山中藏而不露，故有"阴类"的联想。

由于山为"阳"，石为"阴"，以"泰山"冠名的石敢当，便是"山"与"石"的组合，也就是"阳"与"阴"的相抱。阴阳相就，便有了化生之力、禳死之功，故石敢当成了守宅护道的镇物。其实，山本身也有"阴阳"的因素，山之南称为"阳"，山之北称为"阴"，阴阳同在的认知，构成山"吐生万物"的信仰基础。唐欧阳询《艺文类聚》卷七引《韩诗外传》曰：

> 山者，万物之所瞻仰也。草木生焉，万物植焉，飞鸟集焉，走兽休焉，吐生万物而不私焉，出云导风，天地以成，国家以宁。

山生万物、成天地、宁国家的神功，正是民间信仰中山神的禀赋。

石敢当上的太极八卦，既是哲学化的神秘符号，又是信仰性的实用工具，它同对山、石本性的文化理解密切相关，并与"泰山"文字和虎头图像一样，隐藏着山神信仰的信息。

四 结语

石敢当作为宗教民俗物品，以山、石的自然崇拜为基础，以巷陌、桥道、家宅的镇辟为功能，以安居、太平、福康、昌盛为追求，以防范、禳拒、驱除、护卫为手段，以材质、文字、图像、符号为象征，表现山神信仰的风俗应用。它既有原始的质朴气息，带有神话哲学的逻辑，又借助文字、图像、符号等文明成果和艺术创造，成为内蕴幽深、形式驳杂的民间镇物。早在两千多年前，"石敢当"的名称就已见诸文献；在一千多年前，已雕凿实用的"石敢当"碑石。时至今日，不论是块石的、碑刻的，还是文字的、雕像的，仍见于中国东南等地，反映着这一风俗的持久传承。石敢当不仅是有形的物承文化现象，更是无形的心承文化传统，即难以淡忘、若隐若现的山神信仰。

石敢当以山石的用材、"泰山"的比附、虎头的雕凿、太极符号的并用、山神的镌刻、山峰的附缀等,成为我们探寻山神信仰的线索。我们确信,石敢当与山神信仰有着诸多的联系,石敢当是原始山神信仰的物化遗存。

参考文献

[1] 阮元,校刻. 十三经注疏. 北京:中华书局,1980.
[2] 欧阳询. 艺文类聚. 上海:上海古籍出版社,1982.
[3] 游琪,刘锡诚. 山岳与象征. 北京:商务印书馆,2004.
[4] 陶思炎. 风俗探幽. 南京:东南大学出版社,1995.

《民族艺术》2006 年第 1 期

切纸·面具·神像
——日本民俗艺术三题

"民俗艺术",指民间的传承艺术,它包括民间的造型艺术和民间的表演艺术,往往同庶民百姓的日常生活和节日活动联系在一起,成为民间生活不可或缺的成分。民俗艺术是艺术,也是民俗,由于在创造过程和艺术成果之上还有审美与信仰的精神驱动,因此,民俗艺术往往是物质文化与非物质文化的奇妙结合。

日本的民俗艺术作为日本风情的一部分,备受关注,其中一些已成为日本最具特征的文化符号,诸如能、狂言、和服、人偶、切纸、御币、绘马、面具、蒿绳、风筝、神像等等。不过,其中不少与中国文化息息相关,传承中潜留着接受与改造的踪迹。在此,且取切纸、面具、神像三题,以做日本民俗艺术之管窥。

一 切纸

日本所谓的"切纸",在中国则称作"刻纸"。日本切纸系用白纸做材料,切刻出吉祥图案或吉祥文字的俗信物品,主要用作新年纳吉迎祥的饰物。

日本的切纸,当传自中国。梁代宗懔《荆楚岁时记》曰:

> (正月一日)贴画鸡户上,悬苇索于其上,插桃符其旁,百鬼畏之。
>
> 正月七日为人日,以七种菜为羹,剪彩为人,或镂金薄为人,以贴屏风,又戴之头鬓。又造华胜以相遗,登高赋诗。

"剪彩"，即剪纸；"镂金薄"，为刻金箔。可见，中国的剪刻工艺早在一千多年前已在民俗活动中普遍应用。

日本人在新年中也有挂蒿绳、贴刻纸、正月七日吃"七草粥"等传统风俗，与中国南朝的风俗相同，透露出对中土古俗的接受与模仿。

在中国，"画鸡"在陕西凤翔一带至今犹用，但门户上的"苇索"已改变为芝麻秸，木质"桃符"为纸本门神、春联所替代，而"七菜羹"已无人再做，不过，"剪彩"在新年里仍各处可见，不论是剪纸的窗花，还是刻纸的门钱，仍作为新年的装饰贴挂于千门万户。

日本的"切纸"对中国的"剪彩"有接受，又有改造。首先，它的纸色，由红色而改为白色，即由喜庆、热烈变为虔敬、素洁；其次，它的应用空间，由门头、人头、屏风之上，主要转换到室内的神棚；再次，它多与御币、蒿绳、神像、玉纸（年画）等并用；最后，它的形制多样，但没有"钱"的图形，仅部分保留人形的构图。总的来说，日本切纸的民间信仰功用更为突出。

日本切纸的基本形态，可归纳为五种：

其一，透空式。所谓"透空式"，即在白纸的平面上用刻刀镂空，或切除与构图无关的纸片，让保留的部分形成所要的图案；或在纸上直接将所要的图形刻空，衬上红纸，图案即清晰可见。这两种透空方式可称作切纸的"阳刻"和"阴刻"。

其二，连形式。所谓"连形式"，即图样切刻得没有边框，若干图形相互连接，并用细细的纸链吊着主题图案，极富装饰的艺术效果。

其三，币束式。所谓"币束式"，即与邀神、敬神相关的一种纸质神牌，它经过剪切、折叠，形成各种图样，固定在小竹竿上，作为某种神灵的象征。它有普通币束、变化币束、新型币束几种基本样式。其中，变化币束是普通币束与切纸图案的结合，而新型币束不是传统的图案，而是个性化的艺术创作，如十二生肖币束之类。

其四，人形式。所谓"人形式"，即剪成人物形象的切纸，以表专司吉凶的神灵。它一般在六月晦日的越夏祓除和十二月大晦日（除夕）的大祓中启用。例如，宫城县北部有称作"八将神"的人形切纸，这"八将神"是大岁神、大将军、大阴神、岁刑神、岁破神、岁杀神、黄幡神和豹尾神。

其五，纸垂式。所谓"纸垂式"，是注连绳和轮年绳的模拟。它既可由神社制作，又可由各家自制，是一种较为简易的切纸样式。

其中，"透空式"与中国刻纸在构图上最为接近。例如，就汉字图案说，日本切纸有"福""禄""寿""金""宝""福神""大渔""大利""清廉""有福""感光""爱敬""寿命""人望""六量""开运""子年""丑年""寅年""卯年"等等。就人物、事物说，日本切纸有七福神、大鱼、竹枝、宝船、山岳、牌坊、绳子、米包、折扇、松、鹤、龟、铜钱、镜饼、生肖、日月、雄鸡、国旗等等。从其中的钱纹切纸，我们可看到它与中国挂钱的联系。实际上，日本切纸就是中国挂钱的衍化形态。

中国挂钱用红纸刻成，包括吉语题额、主题图和钱纹背饰三个基本部分，其中，主题图为吉祥图案，钱纹透露出镇物的性质。由于红色在中国表喜庆、热烈，因此挂钱在中国当代民间主要作为祥物在传承。而日本的切纸，也经历了由镇物而祥物的变化过程，同样具有"祥物"与"镇物"的双重身份。

日本旧时常用的切纸，大多与民间信仰相联系，有的甚至作为符纸为民间所用，具有突出的镇物的性质。例如，有疟病符、疫病符、汗垂符、难产治方、逆子治方、求子符、石女怀妊符、金刚童子咒、肿物咒、小儿夜泣加持、产儿汤加持、血虫药、鼻血吐送、蛇食药、离别符、爱敬法、牛马病符、月水留符、吐逆符、女乳不出符、夫妇爱敬符、知人魂去处法、知死期法、疮术符、不食符、拳符、海河渡时符等等，共有290条之多。可见，日本切纸在正月装饰之外的应用，都服务于镇辟的信仰。

从功能与应用看，日本切纸既是民俗艺术物品，又是民间宗教法物。

二　面具

面具，在日本又称"假面"，在日本东北地区略见遗存，主要由佛寺、神社、博物馆、民间的专题"保存会"和个人收藏。

日本最早的面具是绳文时代的"土面"，属原始文化的遗物，之后的弥生时代和古坟时代，假面在日本却销声匿迹了。现在日本的各类面具是古代由中国大陆和朝鲜半岛传入的伎乐、唐乐、高丽乐、百济乐诸乐面具发展而来的。上述诸乐传入日本的时间有先后，其中，伎乐较早，6世纪中随佛教传入。唐舞乐8世纪传入，奈良时代已开始教习，并设立了国家的乐人组织——雅乐寮。平安时代雅乐寮对伎乐、伎乐舞、吴国乐加以整理、统合，形成了新的乐舞，到 10 世纪中叶舞乐面具已经定型。以后，又有其他类型面具陆续出现。

日本东北的面具一共有 12 种类型，分别为土面、舞乐面、延年面、行道面、狮子头、能乐面、神乐面、古面、风流—狮子（鹿）面、剑舞面、信仰面和行事面。

所谓"土面"，用陶土制成，在宫城县、岩手县、秋田县、福岛县等处有所发现和收藏。

所谓"舞乐面"，即舞乐所用的面具。舞乐作为平安时代的贵族文化，到镰仓时代已从京畿向全国普及。近世存留的舞乐面，在日本全国共 80 处 500 面以上，其中在东北地区有 14 处、约 60 面。

所谓"延年面"，是在寺院法会后表演的法乐中使用的面具，以去灾延年为祈愿，同时也求五谷丰穰。在岩手县平泉町的中尊寺和毛越寺藏有"若女面"（年轻女子面具）、"翁面""老女面""男面""尉面"等。毛越寺的法会和延年仪式已被指定为日本的"重要无形民俗文化财"。其中，"若女面"白面，红唇，黑色的额眉，弯弯的笑眼，整齐的牙齿，十分传神，而"老女面"的笑眼、皱纹和歪嘴，亦颇有趣。

所谓"行道面"，是在寺院的佛像和堂塔周围走步，进行礼拜供养仪式时所使用的面具。"行道面"均为菩萨的面具，日本东北现存室町时代和江户时代的此类面具数面。

所谓"狮子头"，是木雕的狮子头形面具。它由两人戴着起舞，起初用于佛事和神事，后也用于散退疫病、丰穰祈愿。狮子头因时代、地域不同，其形制千差万别。

所谓"能乐面"，包括能和狂言的面具。能是来自田乐和猿乐的且歌且舞的戏剧式的艺术。田乐本为耕作时祈祝丰收的田间活动，而猿乐的前身是 8 世纪从中国传入的散乐。在镰仓时代的演目中已有能了。在能和狂言的面具中，喜、怒、凶、怪之像均有。

所谓"神乐面"，即设神座、请众神，在神前进行镇魂、祓除等神事活动时的古乐形式。当今神事活动，神乐伴随着歌舞。东北地区的神乐和修验道山伏的山岳修行相关，神乐中使用的面具受江户时代能乐面的影响，但也见有古代的残存形式，在岩手县的净法寺町、大迫町，宫城县的名取市的熊野神社，仙台市的爱宕神社和大崎八幡宫，以及秋田县的金峰神社等处犹有所遗存。

所谓"古面",指演艺者已艺绝人亡,是神事用,佛事用,还是艺能用,已不太明白。虽来由不清,古面仍被视作重要的文化遗物受到保护。目前,福岛县二本松市教育委员会保管着 10 面镰仓时代末期至南北朝时期的"古面",福岛县棚仓町藏有 15 面江户时代的"古面",山形市慈光明院藏有 5 面江户时代的"古面"等。"古面"的角色包括"鬼面""姥面""女面""男面""尉面""空吹面"等等。

所谓"风流—狮子(鹿)面",即既像狮子又像鹿的面具。它的鼻、嘴、眼像狮子,但头、角像鹿。它在仪式中列于队伍的前头,由 1 人戴着,胸腹部抱着太鼓,4 人以上组合在一起舞蹈,为神或佛被清道路。称其为"风流",即属"风流系",以区别于属于"行道系"的狮子头。

所谓"剑舞面",来源于伴鼓点念佛和念佛舞蹈中的面具。阴阳道在修验中行咒法,并以特殊的步伐镇除大地的恶灵,这种舞蹈因手中持剑,故有"剑舞"之名。在江户时代,它仅传播于仙台周边一带,现在在岩手县也较多。"剑舞面"的种类主要有"和尚面"和"鬼面"两种。

所谓"信仰面",即在神事和佛事中使用的艺能性面具,它是 7 世纪从中国传入的伎乐和舞乐的支流。它以众神为表现对象,并因信仰需要而选用不同的神的面具。除了戴在脸上的面具,还有挂在神棚前或墙壁上的"挂面",其中灶神的面具最多,而且尺幅较大,有的纵高达 50～60 厘米。除了神的面具,还有长着尖角獠牙的鬼形面具,如"阿形""吽形"等。

所谓"行事面",是岁时性活动中使用的面具。例如,在岩手县水泽市的黑石寺有从奈良时代开始传承下来的"苏民祭",每年于旧历正月初七夜至初八晨进行。苏民祭在安置本尊药师如来于药师堂中后,有抢苏民袋以祈无病息灾、五谷丰穰的信仰民俗。在初八日晨 4 时前,在呼"鬼子"的声中,两个 7 岁的小孩身着麻衣,背挂鬼子面具,进入堂中,待鬼子的仪式一做完,人们立即开始争夺苏民袋。这类在岁时风俗中使用的面具,就叫作"行事面"。"行事",即日本人所说的"年中行事",在中国则称作"岁时风俗"。

面具同样交织着民俗、艺术、宗教的因素,需要进行立体的、综合的探究。面具往往与一定的舞蹈、仪式和信仰相联系,大多具有文化遗产的性质。日本面具与中国文化的联系,可构成中日民俗艺术研究的有趣课题。

三 神像

日本是一个多神的国家，号称有八百万之众的各类神祇。其诸神的传承媒介，或语言，或文字；或泥塑，或木雕；或石刻，或瓷烧；或手绘，或版印：凡此种种，不一而足。

除了寺院中的佛像，在日本似乎到处还能看到神的标志和敬神的活动。在仙台市的青叶山下，就有"山神"的碑刻；在宫城县白石市，有蚕茧状的"蚕神"碑。在有的公共厕所里，甚至还发现供奉着瓷质的"便所神"。"便所神"为小女子的模样，同中国的厕神"如愿"或"紫姑"一样，为女性神。"如愿"投粪坑而化为厕神的故事记录在梁代的《荆楚岁时记》里，并在中国南北朝时形成"以钱贯系杖脚，回以投粪扫上，云令如愿"的新年祈福求财的民俗。中国的南朝文化和后来的唐宋文化对日本的影响巨大而深远，如愿神的民俗与信仰很可能随农耕文化在中古时期就已传入日本，并成为日本"便所神"的源头。

日本也有版印的神像，他们称木版或胶版印制的神祇图像为"神像"，与中国的纸马十分相像，可视作日本的"纸马"。

日本"神像"古用木版印制，而现在木版也已无存，改成了胶印。"神像"一般不着色彩，用墨印成单一的黑白图幅，上框印有神的名称，中心图为神像和配物。由于神像由神社印售，因此，在白纸黑线图形上总是加有神社鲜红的印章。"神像"是日本人家点画新年气氛、感受传统、敬神祈年的俗信物品，它的应用同中国纸马主要用于岁除和元旦在自家庭院集中祭拜天地三界十方万灵的风俗相同。

所谓"纸马"，是中国的版印神像画。它又有"神马""马子""甲马""佛马""马纸""菩萨纸"等名称。早在北宋时代，专售纸马的"纸马铺"就已在汴梁出现。据孟元老《东京梦华录》卷第七载：

（清明节）士庶阗塞诸门。纸马铺皆于当街用纸衮叠成楼阁之状。

另，宋吴自牧《梦粱录》卷六曰：

岁旦在迩，席铺百货，画门神桃符，迎春牌儿，纸马铺印钟馗、财马、回头马等，馈与主顾。

此外，南宋周密《武林旧事》卷六提到杭州的"印马"作坊，而《宋史·礼志》记契丹贺正使为本国皇后成服后，亦有焚纸马、举哭事。可见，在宋辽时代纸马已遍及中国，成为民俗与官礼中的寻常之物。可以肯定地说，纸马在中国的出现不晚于北宋。

纸马之称"马"，乃其形义与马相关。清人赵翼《陔余丛考》曰：

> 然则昔时画神像于纸，皆有马，以为乘骑之用，故曰"纸马"也。

此因马与神像同绘而称"纸马"。清人虞兆隆《天香楼偶得·马字寓用》则曰：

> 俗于纸上画神佛像，涂以红黄彩色而祭赛之，祭毕焚化，谓之甲马。以此纸为神佛之所凭依，似乎马也。

此说舍形取义，把绘神佛之纸看作马，视之为神佛依之往来的乘骑。从现存的中国纸马看，既有画马纸上，以为"乘骑之用"者，又有无马的神像，仅以纸为凭依，俨然马者。

纸马之谓"马"和刻画马形，同古人对马的神话认识和神秘信仰相关。《白虎通·封公侯》曰："马，阳物。"《左传》曰："凡马，日中而出，日中而入。"这种将马与太阳相提并论的看法，源自马引日车的天体神话。《淮南子·天文训》有"日出于旸谷，浴于咸池，拂于扶桑，是谓晨明；登于扶桑，爰始将行，……至于悲泉，爰止其女，爰息其马，是谓悬车"之载。在这则太阳行天神话中，太阳由马车牵引，可见马日相感相连，马遂有"阳物""天马"之称。天马作为"天之驿骑"，又有"天驷"之谓，而"天驷"乃星名，因有"日分为星"之说，故"天驷"实为太阳的家族。马既是"阳物"，又为"地精"。《初学记》卷二十九引《春秋说题辞》曰：

> 地精为马，十二月而生，应阴纪阳以合功，故人驾马，任重致远利天下。

由于马日相感，又能"应阴纪阳"，故能上下于天，交通天地，近神远鬼。纸马之用，正是着眼于它接天地、合阴阳之功。

纸马的神祇体系十分庞杂，可大略分为道教系、佛教系、巫神系、神话系、传说系、风俗系等支系，并可作天神、地祇、家神、物神、自然神、人杰神、道系神、佛系神等类分。

纸马的形制丰富多彩，除单色墨印外，还有墨印绘彩和套色彩印的，就像年画一样色彩艳丽。纸马上框有标明神名的文字，神像有单个者，亦有配祀者。作为请神、送神的凭依，纸马除用于年节祭祀，在寿诞礼俗、丧葬仪典、祛病消灾，以及讲经唱卷等俗信活动中亦见应用。

日本神像在构图与基本形制上，与中国纸马极为相近，在迎神祈福的功能方面也大略一致。这些神像往往各有名称，各有职掌，然又常被聚合一处，同时受到祭奉。

日本神像由神社印制，不像中国纸马由庶民作坊自行印售。"神像"主要在新年贴于神棚前，或挂于檩条下，或供于神龛中，并于正月十五日取下与门松等一并焚烧。贴"神像"已成为日本新年风俗的一个重要事项。

不同的神社所印制的神像有所不同。例如，宫城县盐灶市志波彦神社和盐灶神社所印售的五种神像为大年神、五谷神、大国主神、事代主神、奥津彦神和奥津姬神。其中，大年神主一年的平安、幸福；五谷神主五谷丰登、牛肥马壮、产业兴旺；大国主神为结缘招福之神；事代主神是大国主神之子，为海上守护的福神；奥津彦神和奥津姬神是大年神的子女，为守灶之神，即灶神。

而岩手县远野乡八幡宫印售的神像亦为五种，即山神、大国主神、岁神、惠比须神、八幡神。其中，山神为山的守护神，通常猎户致祭，但农民也有春祭护稻的田神、秋祭山神的传统；大国主神手拿福槌，站在草绳结成的米包上，下有老鼠表丰足，周围是银锭，表财旺；惠比须神，即七福神之一的惠比寿，因他拿着鱼竿，抱着钱袋，起初为渔民们所敬祭，后商家也把他当守护神，渐成为福神和财神的代表；八幡神是人神，其身份各地不一，或天皇，或藩主，或将军等，具有地方守护神的性质。

此外，山形县的出羽三山神社亦印有大国主神的神像，其构图为福神背着一个巨大的包袱，坐在盛米的草包上，手抓福槌，笑容可掬。

比较而言，岩手县远野乡八幡宫的那套神像从构图看较为古朴，也更接近中国纸马的艺术风格。神像作为宗教、民俗、艺术的结晶，同纸马一样，在当今具有信仰的、鉴赏的与研究的多重价值。中国纸马与日本神像的比较研究也是一项有趣的课题，目前尚无人涉足，但却很有意义，它能成为透视中日民俗艺术与民间信仰联系的又一扇窗口。

参考文献

[1] 熊谷清司. 日本的传承切纸. 东京：文化出版局，1981.

[2] 日本东北历史博物馆. 东北地方的假面. 出版地不详：今野印刷株式会社，2000.

[3] 宫城的新年饰物刊行会. 祈祷的形式：宫城的新年饰物. 出版地不详：日贸出版社，2003.

[4] 陶思炎. 中国纸马. 台北：东大图书公司，1996.

《民族艺术》2006 年第 4 期

山西常家庄园影壁花墙砖雕的文化功能

山西常家庄园坐落在太原附近的榆次境内，占地面积400余亩，有房屋4000余间，楼房50余座，园林13处。庄园房屋均用青砖砌筑，色调和谐，布局严整，风格统一，是典型的晋商大院。它于乾隆三十三年（1768）起建，至光绪八年（1882）完工，费时一百余年，经不断地精雕细琢，成为展现晋商生活情趣与思想境界最好的建筑实物之一。尤其是庄园内随处可见的影壁和花墙的砖雕作品，作为庄园建筑装饰的最主要手段，集中反映了园主崇尚儒学、纳吉迎祥的审美观念和功利追求。

常家庄园影壁、花墙的砖雕，有图形雕琢、文字雕刻和图文并雕三种基本形式，所用雕法包括浅浮雕、高浮雕、透雕和诸法并用等数种。常家庄园的砖雕，除影壁、花墙，还见于门楼、漏窗、墀头、脊饰等处，它们建筑部位虽有不同，但都有基本一致的精神主题和大略相近的文化功能。这些功能，具体说可归纳为装饰功能、纳吉功能、镇护功能和教化功能等，它们不仅给庄园建筑群带来了美感，更赋予了理念、情感、心愿和信仰。

1. 装饰功能

装饰，作为砖雕应用的实用功能，体现了建筑直观视觉效果的基本要求。其题材上的动物、神兽、花卉、瓜果、云雷、山石、宝物、器用、神仙、圣人、文字、纹饰等（图1），为单调平直的墙面带来了曲直不定的变化，为滞重沉闷的高墙带来了园外世界的多彩景物，更为冰冷无言的院落带来了有声有色的传说和故事。砖雕的大量运用正是在视觉上、心理上、信仰上丰富了庄园建筑的文化内涵，为单调重复的建筑在内涵和外观上做了有形与无形的充实和包装。例如"四时花卉""四时之景"的壁雕（图2），不仅以四季时花造就了繁花似锦的装饰效果，更让庄园建筑的空间与年中时间对接，让人产生时空互动、空间延展、变静为动、谐而不同的文化联想。

装饰既是建筑艺术的表现手段，也是建筑作品借助文化符号而升华为建筑哲学的妙用。常家庄园的砖雕装饰，就功能说，反映了建筑在满足安居功能之外所隐含的艺术与哲学的需求。

2. 纳吉功能

纳吉迎祥是人类生存、发展的本能需要，也是一切建筑活动的出发点。古人说："吉者，福善之事；祥者，嘉庆之征。"① 可见，吉指事象，祥为意象；吉指善实，祥为嘉征。它们似有实与虚的区别，但又是一个相关相连、并存互补的整体。

人类从原始社会的营窟和巢居开始，就把建筑活动与文化观念联结在一起。北方的"营窟"是对天地宇宙的模仿，而南方的"巢居"则表达了对图腾物——鸟的亲近。它们的形式不一，但追求的功能是相同的，即让建筑纳吉获佑。

常家庄园影壁、花墙的砖雕正是展现了纳吉获佑的功能。从构图看，有吉祥语词、祥物的单独使用，更有它们的组合、叠加运用。除了"福"字、"寿"字、"禄"字等吉祥文字，以及日月、祥云、瑞兽、祥禽、名花、珍果、宝物、器用等的单用，我们更多看到的是

图1　砖雕纹饰

图2　花卉壁雕

---

① ［唐］成玄英：《庄子》"吉祥止止"疏。

祥物的组合运用，并由某些固定的搭配而形成名称不一的吉祥寓意。例如，鹿、鹤刻在一起，叫作"六合同春"；松树、仙鹤同图，叫作"松鹤延年"；喜鹊在梅枝上，叫作"喜上眉梢"；鲤鱼、龙门同图，叫作"鱼跳龙门"。此外，还有"三星在户""太平有象""多子多福""室上大吉""锦上添花""麒麟送子""瓜瓞绵绵"等。祥瑞的图样营造出喜庆的氛围，使建筑带上了福善嘉庆的信息。

3. 镇护功能

"居有所安"是古今共有的生活理想。为了排拒一切外来的破坏力量，尤其是来自冥冥之中的神秘因素，人们在宅室建筑中除了考虑壁坚墙固，还使用各种专事禳除的民俗镇物。清李渔《一家言·居室部》说："国之宜固者城池，城池固而国始固；家之宜坚者墙壁，墙壁坚而家室坚。"常家庄园的外墙正是用厚壁高墙以求家室坚固，恒久兴旺。不过，砖雕图样的大量雕制，似乎在降低厚壁高墙的凝重感，转借祥物与镇物的鲜活图样，以轻松的审美方式实现对家室顺向与逆向的文化护卫。其中，镇物的运用就着眼其禳镇护卫的功用。

常家庄园中"百狮园"东侧的"四狮图"影壁，虽有"四世同堂"的吉祥隐喻，但从图中以高浮雕手法凸显于墙面的硕大的狮头看，它怒眼圆睁，张口吐舌，具有强烈的镇园护宅的气息（图3）。再如，庄园中的太极八卦影壁也展现了镇护的功能（图4）。太极八卦本是民间镇守门户的常见之物，它多与虎头、小镜子、小钢叉等合用，以阻挡阴气，退避鬼祟。因此，太极八卦砖雕主要用作镇护的象征。此外，大院中的"福德祠"，也均为砖雕作品，它本是祭祀土地爷的神龛，往往位于座山影壁，面对大门，用作镇物，有借神守门的取意。

图3　狮头砖雕

图 4 八卦影壁

镇护功能以排除凶殃的信仰补充砖雕的纳吉表达,在同一空间下,表现了建筑细部不同情调与不同功能的错杂与共用。

4. 教化功能

常家有山西"儒商第一家"之称,其庄园的砖雕作品充分反映了主人的旨趣,具有突出的崇儒教化的气氛。庄园建筑的教化功能主要体现在文字砖雕中,并在"劝学""崇礼""知史""训诫"四个方面展开。

在"劝学"方面,有文字砖雕"学海";有联句砖雕"择师为难,敬师为先,自古无师不通圣""读书最苦,知书最要,从来有书才成人"(图5);"仿圣贤行为方能滋品分,读儒雅文集足可养心""遵温公家范君戴俗训,从文正操行朱子格言"等。这些格言砖刻在墙,每日耳濡目染,发挥了劝学教化的功用。

图 5 劝学砖雕

在"崇礼"方面,有文字砖雕"士为国之宝,儒为席上珍""居则致其敬,养则致其乐""善为田,德为粮,淳播厚获乃家传""敏事慎言耻躬行之不远,省身克己欲寡过而未能"等,均表达了崇礼敬儒的教诲。

在"知史"方面,主要以人物砖雕传播史事,以寄托见贤思齐的愿望。这类砖雕作品有"米芾拜石""羲之爱鹅""太白醉酒""杜甫赋诗""首阳二贤""商山四皓""挑灯看剑"等,均以史事的张扬来推行教化。

在"训诫"方面,庄园的文字砖雕亦有所用。例如,在题名"敦仁"的影壁护墙上有如下的训诫文字:"能知勤俭享人生千万福,能节欲荣贤科名成大儒,能孝亲尔子穷欢照样行,能教子后代兴隆全在此,能足受阖家欢乐无嗟怨";"能谦和遍地人饱暖事多,能读书延年却病精神足,能安分得失承通都不问,能忍耐做个儒夫无祸害,能谨言是非争讼不牵连"①。训诫是提醒,是要求,也是教化的手段。

常家庄园的砖雕虽说堆砌、繁缛,有些图幅还略显板滞,整体风格亦较为单一,但有着多重的文化功能,在晋商文化的传承和中国建筑传统的承继方面,仍具有较高的鉴赏与研究价值。

《建筑与文化》2009 年第 8 期

---

① 转引自赵继光主编:《常家庄园影壁花墙撷珍》,山西人民出版社 2008 年版。

中国园林景观建筑中的民俗观

中国园林是中国文化的缩影,其景观建筑包容着天文观、地理观、阴阳观和人生观,作为艺术与生活的统一,构成了中国民俗的一个特殊的表现领域,也形成了中国园林景观建筑的独特风格。所谓"园林景观建筑",包括楼台馆榭、亭房廊径、山石池泉、船桥栏靠、龙墙漏窗、奇花异木、嘉卉珍果、装饰摆饰等,涉及园林中的主体建筑、小品配置和细部装饰。所谓"民俗观",则指风俗观、生活观,作为人的生活需要、理想追求、情感抒发和信仰寄托的象征表达,它们通过叠山、理水、造屋、铺路、装饰、摆饰、小筑、对景、借景、莳花和植木等造园手法,反映出寄寓在园林艺术中的文化传统、社会风尚、审美习惯和园主的个性风格。

中国园林景观建筑中的民俗观,作为生活与艺术的无声表达,主要表现出"刚柔相济,阴阳和顺""时空流动,内外交通""除凶纳吉,入世乐生""统一变化,彰显个性"等基本的文化特征。

一 刚柔相济,阴阳和顺

"刚柔相济,阴阳和顺"是大自然的法则,也是人生之道和中国的民俗传统。作为理想的境界和精神的家园,中国园林追寻着这样的法则和传统。在园林景观中,往往山水同在、曲直互见、虚实对应、强弱并用,表现为刚柔、阴阳的协调、和顺,人生与自然的呼应、谐同,以及不偏不倚、能屈能伸的心境与气度。中国古代的私家园林多为园主隐入"城市山林"的别业,他们曾经为官或经商,崇文而知礼,大多信天理、重人伦、爱自然、读诗书,讲求人文与天文的交并、人道与天道的统一。

在和谐、统一的宇宙观与人生观的潜移默化下，园林景观的建筑往往带上了哲学应用的意味。例如，在中国园林的建造中，人们总少不了运用叠山、理水的基本造园方法，而山、水正好给人以刚柔、阴阳对照的直观印象和相反相成的哲学联想。山石的高耸、坚挺，带上了阳刚气息，而池水的静谧、幽曲和轻缓的涟漪则成了阴柔的象征。

关于石与山的相互关系和文化判断，在中国古代文献中多有著述。《说文》曰："石，山石也。"《释名·释山》曰："山体曰石。石，格也。坚捍格也。"《经籍纂诂》卷十五引《周礼·大司徒》注曰："积石为山。"因此，中国园林中的片石或叠石大多有"山"的取意。古人认为，山能布气调神①，为"阳精德泽所由"②，故被视作"阳"的象征。至于水为"阴"之说，也屡见于中国汉代的古籍。《论衡·顺鼓》曰："水，阴也。"《白虎通·五行》曰："水者，阴也"；"水者，盛阴者也"。《淮南子·天文训》曰："阴气为水。"③

其实，山、石在古人看来，本也具有阳、阴之性。《春秋公羊传注疏》卷十七云："山者，阳精德泽所由，生君之象。"《春秋谷梁传注疏》卷十三引汉许慎之说云："山者，阳位，君之象也。"山因雄健高峻、与天相接，被视作"阳"的象征。《尔雅》云："山西曰夕阳，山东曰朝阳。"此说强调了山的东西两面均与"阳"相关。然而，"石"却又被古人视作阴类之物。《经籍纂诂》卷第一百引《汉书·五行志》云："石，阴类也。"又引《春秋谷梁传》云："石者，阴德之专者也。"因石为"山物"或"山体"，往往隐没山中藏而不露，故古人又有"阴类"的联想。实际上，山本身也有"阴阳"的因素，山之南称为"阳"，山之北称为"阴"，阴阳同在的认知，构成山"吐生万物"的信仰基础。唐代欧阳询《艺文类聚》卷七引《韩诗外传》曰：

> 山者，万物之所瞻仰也。草木生焉，万物植焉，飞鸟集焉，走兽休焉，吐生万物而不私焉，出云导风，天地以成，国家以宁。

"天地以成，国家以宁"是和谐世界的最高表现，也是刚柔相济、阴阳和顺的内力驱动。

此外，水也联系着阴阳，所谓"水之南为阴、水之北为阳"，乃从河的南

---

① 《春秋说题辞》云："山之为言宣也。含泽布气，调五神也。"
② 《春秋公羊传注疏》卷十七云："山者，阳精德泽所由，生君之象。"
③ 见《经籍纂诂》卷三十四"水"。

北岸受光与背光的不同联想到"阴"与"阳"的对应,以及它们之间的互连互通。

可见,"山""水"在文化观念中各有"阳""阴"的深层意蕴,其自身及彼此间又因阴阳同在而自然、和顺。叠山与理水手法的并用就在于追求"阴""阳"的同在与和顺,从而为园林提升美感,并营造安宁的气氛。

在中国园林中,不仅在地上植有石峰、石山或片石,人们更在池中水际立石为岛,以象征的、模拟的方式追仿海上五神山或三神山的神话意境,从而使园林景观带上了神话哲学的氛围。此外,园林建筑与配物还采用多重对应关系来表达阴阳的相伴相随与调和一统的立意。例如,建筑的立柱和墙体都是笔直的,但屋面、角脊则是弯曲的;厅堂、房室、水榭等建筑的平面一般讲求方正,但路径、回廊、池岸则多取曲折;园中的树木,以松木为刚劲,以池柳为柔弱等等。这些对应的配置,除了增加视觉上多重变化的赏景效果,更在于从功能上表达刚柔相济、阴阳和顺的造园主题。

二 时空流动,内外交通

中国园林有"虽由人作,宛自天开"的审美定式和文化追求。园主虽因辞官或歇商而揖别尘世,遁居别业,却思接千载,心连天下,常怀抱合四时、交通内外之想,欲在时空驾驭和内外通达的幻想中实现精神的自由。拿扬州个园中的四季叠石来说,其园以笋石为"春山",以太湖石为"夏山",以黄石为"秋山",以宣石为"冬山",表现出一日之内、一园之中的四时之景和相互间的映照、连接与流动。主人或坐春山,或登秋山,可在夏山纳凉,可临冬山赏雪,如此叠石,营造出了季节更迭、空间流动的景观。园主坐拥四季石山,便一扫蜗居的闭塞和困顿,从而得到逍遥于人世与宇宙之间的快乐。

在园林中,厅房楼馆与石山、回廊等虽有平面上的高差,但在造园过程中却往往能做到相互衔接,通连变化,这除了在技艺上表现出造园者们独运的匠心,也在观念上表现出他们对园景时空相贯、彼此流动意境的心向神往。时空衔接、彼此流动的造园思想本来自宇宙法则的启示,也来自人们对传统民俗生活的观察和体验。人生礼俗中的生死相连和阴阳两界间的交通转换;岁时民俗中神秘的时令观念和周而复始的再现特点;神话和传说中有关物物相通、时空生成与变化从无序到有序的循环往复,以及神上下于天、来去无碍、神人相感的叙说；建筑民俗中"上梁正逢黄道日，立柱巧遇紫微星"之类的吉语应用，以及在"天似穹庐"的建筑宇宙观影响下产生的"五月不上屋"的禁忌等等：都能诱发时空流动的联想，进而体现在园林的景观设计中。

中国园林的一些造园手法还旨在突破园墙的阻隔，追求内外的交通，把园内小天地与园外大世界勾连起来，从而扩大赏景的视觉空间和想象的心灵空间。除了园墙的花窗、漏窗的设置，园林墙角、墙边常见小筑和花木，以改变实墙的沉重和单调，并以窗外对景的形式实现空间的变化与延伸。至于"借景"手法，在造园中也多有运用，其目的就在于突破园林中有限的赏景空间，并从视觉到感觉实现内外的交通。明人计成《园冶》中有"借景"之法，他所说的"萧寺可以卜邻，梵音到耳；远峰偏宜借景，秀色堪餐"，就是要从听觉和视觉上拓展园景的感受空间，打破园墙内外的无奈分隔，达到在园内外心驰神往的自然交通的目的。

在中国园林中常见有船形屋、石舫一类的构筑，例如，在扬州的汪氏小苑中有船形屋的建造，在南京煦园水池中有石舫的砌筑等。船屋、石舫作为景观建筑，所表现的是水陆的相通，内外的相连，显示出园主虽在园内，却想乘船远行，并使想象的能游走景外的交通功能得到有效的发挥。

三　除凶纳吉，入世乐生

民居建筑为"居有所安"，多有镇物与祥物的应用，以退避凶殃、纳吉迎祥，营造吉宅瑞屋的气氛。中国园林建筑亦是如此，也借助构件、装饰、配物、摆饰等表达园主长乐未央、入世乐生的情怀。

所谓"镇物"，又称"禳镇物""辟邪物""厌胜物"，作为传承性器物文化，它发轫于人类社会发展的低级阶段，并随着人类生存空间的拓展、创造手段的丰富及生命意识的增强而愈来愈曲奇庞杂。镇物以有形的器物表达无形的观念，在心理上帮助人们面对各种实际的灾害、危险、凶殃、祸患，以及虚妄的神怪、鬼祟，以克服各种莫名的困惑和惶恐。镇物所辟克的对象多为鬼祟、物魅、妖邪、精怪、阴气、敌害之类，具有神秘的俗信色彩。由于这种功用的间接性同对象的虚无性、方式的象征性、效果的模糊性和形制的驳杂性并存，因此，镇物历来就显得奇奥而神秘。

镇物作为心化的器物，或物化的精神，是一定历史时期人们的生活实录和心理陈述，也是人们对己身趋吉避祸心态所做的艺术的与哲学式的表达。虽然它联系着神话思维、巫术观念和宗教信仰，但作为一种文化的形态、一种风俗应用的工具、一种寓意明确的象征，表现为对生命、生活的热爱，对现世幸福的憧憬，以及对未来岁月的祈愿。

镇物在园林景观中多有所用。诸如，园门前的石雕门当，以形似大鼓、声似雷霆以除妖；大门内的土地小庙，护佑宅室人口平安；建筑正脊上所做的鸱尾或蚩吻，借助来自印度的河神摩羯以吞火怪；角脊上的神兽和瓦将军，以及带有虎头、八卦等图纹的瓦当和滴水，檐下斜撑的狮子木雕、地下阴沟的古钱纹盖板等，都具有除凶镇辟的文化功能。它们或吞火怪，或阻阴邪，或驱鬼祟，以艺术装饰的方式在美化园景的同时，旨在维护园宅的平静和安宁。

而用以纳吉的祥物，在园林中更是处处可见，俯拾即是。所谓"祥物"，又称"吉物""吉祥物"，系由原始崇拜物、巫具、宗教法具等而衍生出的福善、嘉瑞的象征物品，它借取自然物、人工物及其他文化形态，遵循物物、物事、物人相感的原始逻辑，在礼俗应用中表达明确而强烈的祈福纳吉的功利追求。"祥物"的名称在汉代已经出现，《后汉书·明帝纪》有载："祥物显应，乃并集朝堂。"祥物的构成体系，包括日月星辰、山水云气、神佛仙道、动物植物、神兽灵物、日用器具、武器工具、乐器珍玩、经籍图画、文字符箓等，即一切被赋予祥瑞嘉庆意义的自然物、人工物及其文化符号。由于祥物多用类比的、象征的、联想的方式而承传、应用，故而含蓄委婉、曲奇多趣。

园林景观建筑中的祥物也多彩多趣。门窗、裙板、栏板、墙壁、地面、梁柱上的木雕、砖雕、石雕、彩画作品，大多为各类吉祥图案，常见的有盘长纹、卐字纹、方胜纹、万寿纹、冰裂纹、葫芦纹等等。园中建筑所配的楹联大多为写景抒情的吉祥话语；园内各门的砖雕题额多为"通幽""入胜""赏心""揽月""和风"一类风雅和吉祥的语词；室内摆设以瓶、镜表"平静"，以三星的瓷像表福禄寿进门；而建筑上的装饰图案以卐字纹、长寿纹、团寿纹、梅花纹、蝙蝠纹、鹿纹、鱼鳞纹等为多，均有纳吉迎祥的取义。

四 统一变化，彰显个性

园林景观的设计将建筑、山石、水池、花木、路径、小桥、石舫等部分有机地整合在一起，形成一个错落有致、相互衔接、风格统一、独具个性的整体。园林设计讲求统一中有变化，共性中显个性，从而展现园主的文化素养和艺术风格。

中国园林的建筑不仅有体量尺度、几何平面、屋脊形式、回廊复道的变化，还有位置、标高、花木配置、衬景、对景、借景、路径通连等考虑，一般均讲究景到随机，步移景换。例如，园墙一般都坚实、高厚，以营造出一个远离市井尘嚣的"城市山林"，但墙体又不可显得过于沉重和单调，于是人们在墙体前植花木、立石峰、砌小筑、修半亭；此外，还将墙头砌为龙脊，以曲线来改变直线的单一，并产生静中有动的视觉感受。

中国园林的门窗变化多样，是构成园林景观的一个重要方面。门有长方形、圆形、六角形、葫芦形、宝瓶形等做法。而窗扇，尤其是墙体的漏窗，更是图纹多样、造型各异。园林中的木窗或石窗，除了方形、圆形的基本造型，还见有扇形、书卷形、梅花形、六角形、树叶形、寿桃形等多种样式。这些门窗形制的变化旨在打破园林景观的单一，显现统一而变化的特征。

再拿园景中以卵石铺设的"花街"说，它除了改变地面的质地与色彩，也铺就题材不一的吉祥纹样，诸如仙鹤、回头鹿、菊花、梅花、方胜、盘长、"五福捧寿""平安富贵""必定如意""福在眼前""鱼跳龙门"等等，成为园林中又一道既统一又变化的民俗景观。它呼应并衬托着园中的建筑与花木，在渲染吉祥气氛的同时，又成为不同景观建筑的有机连接与自然过渡。

从上述民俗观在园林中应用的简略讨论，我们不难得出这样的认识：中国园林景观的建设不仅是建筑与技术的问题，也是民俗与文化的问题。其中的哲学思考、美学法则、功能追求、文化背景等都有民俗传统的影响，反映了民俗观对园林景观建筑具有潜隐而实在的作用。

《东南大学学报（哲学社会科学版）》2012 年第 5 期

民俗表演·口承艺术

民间小戏略论

民间小戏是文艺百花园中的一朵最富乡土气息的小花，它根植于民间生活的沃土，果成于民歌、民间舞蹈和说唱艺术的融合。作为一种原生的综合艺术，它是集体意识与经验的体现，是乡民功利心理和审美情感的外化，也是一幅动态的、逼真的风俗画卷。民间小戏不仅是地方大戏形成的基础，而且也影响着民间艺术的其他门类，其剧目、角色、故事等广泛移植或复现于皮影戏、木偶戏、泥塑、糖塑、织染、壁画、砖刻、木雕、瓷画、剪纸、年画等领域，在艺术世界占有不可忽略的地位。

民间小戏多为独幕单场，角色仅有旦、丑"二小"或旦、丑、生"三小"，主题单一，情节亦无枝蔓，从戏剧艺术的发展看，它还没有达到成熟阶段。然而作为一种原生的具有浓郁的地方色调的综合表演艺术，它不仅具有自己的风格特点，而且充分展现出一般戏剧的本质，并与其赖以生成的民间歌舞、说唱等艺术形式泾渭分明。本文拟就戏剧理论中有关本质、风格、手段的几个范畴对民间小戏略加论说，以冀推进对它的认识和探究。

动作与仪式

动作是戏剧的本质，是一切戏剧赖以形成的主核。戏之所以为戏，不在于戏文的文学性质，也不在于游离于冲突之外、渲染效果的舞蹈，而取决于演员以动作演示的情节。

从世界戏剧史看，古希腊人所称的戏剧（drama），本就是动作（action）的意思。亚里士多德曾对悲剧的定义做过权威的表述，他说："悲剧是对于一个严肃、完整、有一定长度的行动的模仿；……模仿方式是借人物的动作来表达，而不是采用叙述法，借以引起怜悯与恐惧来使这种情感得到陶冶。"① 这里以"模仿说"释悲剧，并把"动作"作为模仿的基准，触及了戏剧的本质。他还将悲剧的成分剖析为六个方面，即情节、性格、言词、思想、形象与歌曲，并认为其中最重要的是情节，而情节即出于对人物行动的模仿。悲剧如此，喜剧亦然，只有演员演示出"完整、有一定长度的行动"，才具有真正戏剧的意义。这种强调"动作"（行动）的戏剧理论，两千多年来一直受到人们的重视。

我国的民间小戏之所以称作"戏剧"，也是以动作展示情节，不过它与古希腊戏剧略有不同。民间小戏中民歌的对唱应和，唱、白并用，以及套曲、转调，使演员的动作得以在舞台上应变发挥。由于古希腊戏剧的歌曲是由歌队演唱，而歌队不是演员，在演出中歌唱只起渲染气氛和转场的作用，因而它与"动作"脱节，与剧情本身没有直接的勾连。中国的民间小戏则没有舞台外伴唱的歌队，亦没有专事应和对答的"歌队长"，而是唱、念、做、舞系于演员一身，因此民歌套曲的演唱及念白，亦能成为动作表演的契机。此外，民间小戏还留有显著的民间舞蹈的印记，扭秧歌、踩高跷、跑旱船、打莲湘、打花鼓等舞蹈形式被广泛移植利用，其载歌载舞的舞台表演，虽不是严格的戏剧理论上的"动作"，但却是人物行动的过渡或象征，与情节往往有若隐若现的联系。特别是在一些表现劳动生活的小戏里，模仿劳动方式的象征性舞蹈，构成了剧情的一个重要方面，如《双推磨》《三伢子锄棉花》《磨豆腐》《小放牛》《兄妹开荒》等，其中推磨、锄田、放牛、开荒等象征性动作，既是舞蹈表演，又是展开剧情的链接。因此，中国民间小戏的"动作"有着多种形式，其唱、念、做、舞除了部分用于交代环境、制造气氛、叙说原委，也都能用以推动情节的发展，成为人物的行动。

没有动作，就没有情节；没有情节，就没有戏剧。戏剧可以揭示由"劫数"主宰的"幸福与不幸"的神秘命运，也可以展现苦乐交融的现实人生；可以做哲学与玄学的思考，亦可表现劳动、爱情等寻常琐事。然而，不论是希腊的古典戏剧，还是中国的民间小戏，都不能没有"动作"。正因为有了人物的行动（动作），民间小戏才不复是民间歌舞，两者虽有承继的亲缘关系，但已分属于不同的艺术范畴而各具本质。

至于仪式，它是在社会群体中传布集体体验的手段，本具有模拟与表演的

---

① 亚里士多德：《诗学》第六章。

性质，其程式化的动作往往具有象征、隐喻的意义，可视作一种非舞台的、广义的戏剧。仪式不论在原始部落，还是在高度文明的社会都时有所见：文身饰面的表现图腾崇拜的舞蹈，祈雨的队列、祝祷和秧歌，萨满驱鬼请祖时手击神鼓、身摆腰铃的唱诵及模拟动物的动作，帝王的登基大典，迎接国宾的仪式，隆重的国葬，国庆的阅兵式，重大体育比赛的开幕式等，都具有戏剧的因素。其中，宗教仪式与戏剧最相类似。英国当代戏剧理论家马丁·艾思林曾论述过仪式与戏剧相类似的目标和手段，他指出："在仪式里如同在戏剧里一样，其目的是要提高觉悟水平，使人对于生存的性质获得一次永志不忘的领悟，使个人重新精力充沛去面对世界。用戏剧术语来说是净化；用宗教术语来说是神交，教化，彻悟。"至于达到这种目标的手段，他指出，是"利用精练的语言或诗句、歌曲、音乐、赞美诗；还利用引人注目的视觉效果，如服装、面具、舞蹈、富丽堂皇的建筑"①。

戏剧与宗教仪式的渊源关系是两者相类的基础。希腊戏剧源起于对酒神的祭颂，由春秋两季祈神与谢神的仪式所演进而成；中世纪的神秘剧和传奇剧则与基督教教义和仪式相关，有的甚至是对耶稣受难的模仿。中国民间小戏的普遍繁盛虽较晚近，然与原始的巫术、宗教亦密切相关。巫术仪式、迎神赛会、逐疫弭灾的傩舞傩戏等，均为表现现实生活的民间小戏准备了条件。

被称为戏剧"化石"的傩戏，其功用不在于赏玩消遣，而有其信仰中的巫术作用。在江苏方志中我们能看到有关的记述：

> 十二月朔乞儿作男、妇装，称灶公、灶母，执竹杖噪于门，曰"保平安"（俗云"跳灶王"）。至二十四日乃止。又有涂面扮钟馗逐鬼者，除夕乃止。盖即傩之遗意。②

康熙二十六年《常熟县志》卷九载：

> 十二月初一日乞人始偶，男女傅粉墨妆，为钟馗、灶王，持竿剑望门歌舞以乞，亦傩之遗意云。

除了逐疫驱鬼，还演剧弭灾求安。乾隆《句容县志》卷一载，中元"演剧祀田祖，谓之'青苗戏'，又谓之'平安戏'，弭虫灾也"。这种巫剧的扮演是巫术

---

① ［英］马丁·艾思林：《戏剧剖析》，中国戏剧出版社1981年版，第21页。
② 王大经：《太仓迎神赛会的调查》，载江苏省民俗学会编《民俗学论文选》，1984年铅印本。

仪式艺术化的结果，也是向民间小戏渐变的一步。

至于迎神赛会的仪式也颇具戏剧因素。拿江苏太仓县（现太仓市）的迎神赛会说，它有"议会""开光""募捐""宿夜""走会""解粮"等仪式，其中"走会"的仪仗和表演几乎与演剧无异：队前有"报导"，有金鼓、头锣开道，其次是飞龙飞虎旗，"肃静""回避"牌，出会"老爷"的头衔及銮驾——龙头、金瓜、斧、刀、剑、戟等，然后是"万民伞"及各色彩伞，再后是"看马""台阁""西洋台""十姐妹""十女婿""荡湖船""滚灯""龙灯""痴官""矛子午""臂锣臂香"等民间杂技表演队伍，最后是老爷的八人大轿[①]。民间小戏虽没有这般浩大，但与其却有着形式间的关联。

民间小戏与宗教仪式具有人物程式化、行为隐喻化和经验群体化的共性，又有着效果上失时与守时，思想上入世与出世，及形式上不定与稳定的区分。同"动作"一样，对"仪式"的理解也是认识小戏本质的蹊径。

固定与流动

民间小戏是地方性与社会性的群众文艺，是乡民村妇们的集体创作，它多没有戏文、剧本的著录，靠言传身教而世代承传。它既有固定的因素，又有流动的成分：一方面，它愈趋成熟，在角色、调式、辞令、剧目、表演、服装、道具等方面愈具程式化的倾向，呈现出稳固的传统风格；另一方面，它随着社会生活的发展、舞台的变换、时令的转移、演员兴致与素养的差异、观众发挥的移情作用的大小等，又往往效果不一，并不可避免地导致戏剧成分自身的变化，显示出流动的风格。固定性使小戏保持了"种"的特点，而流动性则使之赢得了"命"的机遇。也就是说，固定性使其保留了剧种的风貌，而流动性则使它在变化中延续、发展。因此，固定与流动既是民间小戏的基本风格，也是其存亡的命脉。

拿角色与演员说，民间小戏的"两小"，戏的角色固定为小丑、小旦，而"三小"戏则固定为小丑、小旦、小生。其身份与扮相也较为固定：旦角是村妇打扮，穿花衫，扎彩头，系腰裙；丑角是农夫打扮，戴绒帽，扎腰带[②]。这种固定的角色与扮相因流动的演员而效果各异。演员有年龄大小、素养高低、

---

① 王大经：《太仓迎神赛会的调查》，载江苏省民俗学会编《民俗学论文选》，1984年铅印本。
② 参见张紫晨：《民间文学基本知识》，上海文艺出版社1979年版，第131页。

男女性别、经验多寡、气质优劣、声色美丑、身段拙巧等诸多不同，因而戏文受到了不同的处理，风格也必然因之而歧变。此外，同一个演员在不同的时空条件下演出同一出剧目，也会有不同的发挥和效果，场地的自然条件、时令与农事的顺违、年成的丰歉等都会影响农夫村妇们的兴致，使移情作用或大或小。观众的情绪、场外的气氛必然反馈到演员身上，使其在台上或夸张，或简约，从而让剧目定本受到不期而然的改造。固定的剧目角色、脸谱、服装受制于流动的演员，因而发生形象、性格，乃至剧情的变易本不可避免。

拿时间因素说，民间小戏的演出除了部分走入都市剧场，大多留在乡野草台上，因而它受农事与岁时的制约，有固定的演出日期和固定的剧目，并形成自己的传统。以浙江省宁波地区为例，那里春演"年规戏"，五月关帝戏，六月酬神戏（老郎神诞），七月焰口戏（盂兰盆会），旱年唱龙王戏，八月龙船会戏、羊府胜会（祈丰年）应时戏，九月安神戏、元红戏、出洋戏、回洋戏，十、十一月冬至戏、祖师庙"寿戏"、庙会戏，十二月各班回城演年脚戏[①]。不同的地区，因时代的变迁、社会的发展、文化的普及、耕作制度的变化、农村经济结构的调整等因素，也会影响演剧与观剧的传统习俗，从而产生制约作用，使剧目的岁时性日趋淡化。这样，那些不能在固定与流动间协调的剧目就走向了衰亡，例如酬神戏、焰口戏之类，在当今乡间舞台上就已经基本绝迹。

拿空间环境说，民间小戏主要活跃于乡间的谷场和草台上，一旦进入城市，往往发展成地方戏剧而失却原貌。只有当它在场头、山坡、草台、堂屋、庙院等处由乡民自演自娱时，才是真正的民间艺术，而一旦进入城市，走上有票房的戏台，便失却了民间小戏的性质。因此，舞台的流动亦关系到小戏风格的保持与变易。坐在散发着稻香的谷场，观众或坐木凳，或倚草垛，或立船头，或卧瓜棚，他们捧着饭碗，抱着孩子，扶着车把，搓着草绳，吃着炒豆，在随意而自在的氛围中观看表现自己劳动与生活的剧目，其方言乡音、俚曲俗调，及推车、摇船、赶牛、行路等动作，无不唤起他们的体验和情感，演员与观众得到了最大限度的交流。然而，当观众坐入华灯灿然的广厅大厦，座位蜂然，舞台高出，且有幕布、乐池拉开演员与观众的距离，戏剧仅提供旁观的欣赏，而割开一体的感受，这样，民间小戏即使有固定的剧目、固定的情节、固定的角色、固定的演员，也终因舞台的流动缺失而失却原有的风韵。民间小戏

---

① 金名：《吴语地区戏曲曲艺概况》，《民间文艺季刊》1987年第4期。

是民俗的产物，其固定与流动的过程只能在原民俗社会中进行，一旦它被移植，被加工，被调出，就不再是民俗意义上的小戏，而发展为独立的地方剧种。

拿功能作用说，民间小戏由信仰活动向自娱自乐的方向发展。在前期，小戏作为信仰习俗的一个方面，与祈神或谢神的宗教活动相连，与岁时性的宗教节日相连，除了农事上祈雨求丰的拜神性质，还有逐疫驱鬼免灾的巫术成分。小戏往往在社祭、赛会、庙会时表演，作为崇神祭祖的一种手段。由于时代的变迁，民间年节岁时对宗教祭日的冲击，以及农事时令历来受到的特别重视，小戏愈来愈离虚向实，到后期终发展为表现现实人生苦乐的生活戏剧。这一功能的流动使民间小戏获得了生机，并循此而不断发展。其形式的相对固定，反映了艺术传统的存留，而功能的转移则反映了它具有不断再生的活力。

固定与流动是民间小戏的基本风格，也反映出它从民间歌舞到地方剧种的中介性质。

道具与象征

道具是丰富戏剧舞台的手段，是点画人物形象的工具，有时也是剧情发展的媒介。民间小戏的道具运用具有象征、隐喻与指事的意义，因此对道具的剖析已成为认识小戏特征与价值的一条路径。

道具在民间小戏中有着广泛的运用，其种类有扇子、手绢、花鼓、花棍、腰带、鞭子、担子、面具等等。它们一方面可突出角色的类型，另一方面也用于推进剧中的动作和舞蹈，甚至还能成为舞台表演的中心。

应当指出，小戏中的道具是宗教仪式的产物，是巫术法具的孑遗和模仿。巫师手中的羽毛、花草、铃鼓、号角、杖棒、水、火、刀、剑等，都曾作为招神引鬼、通天入地的神物，并在祭神仪式中得到反复的运用和夸张。戏剧是非宗教的仪式，道具作为戏剧的有机成分，也就是仪式的一个部分。正如法具在宗教仪式中具有绝地通天的象征一样，道具在民间小戏中也有通连生活的象征、隐喻性质。它打破了舞台上的板滞，赋予角色以灵气，帮助角色完成舞蹈和动作，点画形象，并暗示冲突。花鼓戏若无花鼓，秧歌剧若无腰带，不仅在舞台上失去了活气，就连其自身也无法存在。小戏的舞台动作多为暗示性的模拟，如开门关门、骑马行路、划船推磨、吃喝穿戴一类，往往是无伴唱的象征动作，不一定使用道具。至于和歌入乐的舞蹈动作，角色打逗争白的场面，则常常借助道具而加以烘托和渲染。当然，花鼓、花棍、小扇、长绸等道具主要不在于创造喧闹的场面，它们在特定情境中的运用能唤起观众的生活体验，从而引发旁通的联想。从这方面讲，道具与法具在不同仪式中有着"同工"之妙。法具在祭神仪式中庄严而神秘，能唤起观者崇神的宗教情感；道具在舞台表演时亦能引导观众的注意力，发生从视觉到想象的转移。

民间小戏的简单道具是同它无布景、少服装、短剧情等特点相协调的，发展到地方剧或大戏，随着角色的增多、服装的纷杂、布景的使用，道具也越来越纷繁。我们从山西省洪洞县明应王庙内的元代戏曲壁画上可看到这一变化：前排居中者手执朝笏，左第一人手持宫扇，右第一人手持长刀，左第二人戴黑札，右第二人戴髥三；后排者有的执鼓，有的执节板，有的持长柄扇，有的吹笛。这些道具既区分了角色与司乐，也点画了场面，表明了身份，确定了各自的动作范围，并对剧中事件做了暗示。因此，道具从民间小戏到地方大戏的发展都表现出参与仪式的作用。

道具的象征还能强化人物的性格，成为剧情发展的媒介或矛盾冲突的焦点。挥舞小扇的扑蝶，甩弄手绢的笑骂比徒手作戏更富情趣，而花鼓、莲湘棍的穿插则有衔接剧情或类似转场的作用。有时道具还是角色争执的中心，它或在唱段与念白中被反复提及，或在舞台角色中转传易手，成为戏台上下注目的焦点。

民间小戏的道具不少是从民间舞蹈直接移植而来的，但两者的作用却大相径庭，如扇子、花鼓、花棍、手绢等，在民间歌舞中的作用仅在节奏、构图、色彩及变化等方面，而用之于小戏，它们服务于形象与性格、情节与冲突、背景与场面、象征与隐喻等，它们勾连起不同的角色，并把它们协调到同一画面、同一情节、同一主题之中。没有道具的戏剧是不可想象的，实际上，即使在最简略的小戏中道具也是不可或缺的。不少剧目因舞台或实物的限制，常采用虚拟的动作来展示。如《双推磨》的演出，台上不必放置石磨，《打面缸》的演出，也不必在台上真的放上一两口面缸，《纺棉纱》可不置纺车，《小放牛》更无须牵牛上场，演员用模拟的动作来表现它们的存在，通过象征、暗喻，让这些无形的"道具"伴随着观众的体验和联感而俨然"活"在台上。这种有形的舞台道具与无形的"观念道具"的并用，拓宽了小戏的舞台空间，并在其虚实之间给观众留下了想象与玩味的余地。

道具作为丰富舞台的手段，可谓显而易见。演员手执道具更易进入角色，而角色配有道具可点明形象类型及剧中身份，实际上道具在小戏中常常辅助单一的服装，构成"扮相"的要素。民间小戏中的歌舞成分也使道具有了"用武之地"，它们打节奏，做花样，声形并茂，使台上气氛变得活跃。由于小戏多在乡野谷场或山坡上演出，没有布景、灯光及别的舞台装饰，因此道具的运用就成了补台的重要手段。它丰富了舞台的色调和构图，并伴随着角色的动作，产生了动静、大小、虚实、远近的变化，从而使舞台有了生气。

总之，道具如同法具在仪式中发挥效应一样，它是情节发展的媒介，又是丰富舞台的手段，它靠象征和隐喻唤起观众的体验和联想，从而扩大了舞台空间，淡化了时间观念，诱发了移情作用，并使小戏在这一过程中为乡民所喜闻乐见，乃至被视作"自己"的艺术。

《民俗研究》1992年第1期

高淳花台会与乡野戏剧教育

一 引言

高淳县（2013年撤县，设立南京市高淳区——编者注）在行政区划上属南京市管辖的郊县，它位于江苏省的西南边界，与安徽省的当涂、宣城、郎溪，以及江苏省的溧阳、溧水（现为南京市溧水区）等县市接壤，总面积802平方公里，下辖9个镇和1个街道（截至2019年，下辖2个镇和6个街道——编者注），人口约有43万（截至2012年末）。

高淳县境内的地势为东高西低，东部丘陵山区为茅山、天目山的余脉，西部为江湖环抱的水网圩区。境内有固城湖、石臼湖两大天然淡水湖泊，使高淳素有"日出斗金，日落斗银"的"鱼米之乡"的美誉。

高淳的历史文化发轫于春秋战国时期，秦汉时属溧阳县（现溧阳市），隋代以降属溧水县，明弘治四年（1491）始立高淳县。高淳由于地处吴头楚尾，故民俗文化兼有吴、楚风韵，既深厚悠久，又特色鲜明，虽说在空间上距南京城区仅100多公里，但它们的语言、风俗却大相径庭。

高淳人对戏剧情有独钟，演戏、看戏、说戏已成为当地经久不衰的风俗传统。在高淳，戏楼、花台、草台遍及乡野，大戏、小戏常年可见，庙会中的抬阁、傩舞常以动态的戏剧场面为演示，而建筑中的砖雕、木雕、壁画等则多以静态的戏文故事为装饰。在高淳，春季里有与社祭相关的花台会，其中薛城的花台会规模最大，它既是集中的社戏会演的民俗庆节，又是乡民自发接受戏剧教育的露天课堂。可以说，高淳乡野的戏剧教育是以艺术的、民俗的和宗教的方式展开的，戏剧活动已成为乡民们不可或缺的精神生活，并构成地方的文化特色和传统。

二 薛城花台会

每到春季，高淳的一些乡村，不论是水田圩区，还是旱田山区，都有搭台唱戏的社祭活动，其中以薛城的花台会最为壮观。

薛城花台会自明代以来每年阴历二月初二在薛城古社前的简易草台上举行，以祭祀土地正神，清中期以后逐步与风行苏皖的祠山庙会并合，遂改成每年的阴历三月十八日，地点仍在薛城古社前，但花台搭得比较讲究，变得高敞而华丽。

薛城花台会有小花台和大花台的区别。小花台唱戏 1 日，大花台唱戏 3~5 日。大花台每 3~9 年举办一次，是否唱大花台，以薛城古社二月初二是否升社旗为定。升了社旗，当年就搭大花台，唱大戏，一般请戏班来连唱 3~5 日，有日场，也有夜场，剧种有京剧、黄梅戏、锡剧、越剧等，多以京剧为主。到时，本县的及苏、皖比邻乡村的乡民们成千上万地聚集到花台下的野地上，赶花台看戏成了当地最盛大的民间节日。

所谓"花台"，是一座背靠水塘、面临社庙，临时搭建的戏台，会完即拆。薛城的花台长 16 米，深 13 米，台面距地面高约 12 米，占地面积达 208 平方米。台沿口围有 0.7 米高的栏杆，中间塑有福、禄、寿三星泥像，两旁另塑八洞神仙。栏杆上悬挂着各种手绘图画，绘有《渭水河》《追韩信》《女起解》等曲目中的人物群像[①]。戏台前沿立有两根描金龙柱，使舞台形成中间大、两边小的三开间形式。柱头大枋下吊着五彩宫灯和元宝形花篮，花篮中亦塑着戏剧人物。花台建有门楼似的屋顶，中间为四角攒尖顶，既有宫殿般的辉煌，又能风雨无阻地唱戏。台口上方为"五彩架"，即由纸扎、绘画、泥塑构成的上下五架屏风。第一架是"双龙戏珠"；第二架是"十二月花神"，即一月花神柳孟海，二月花神杨玉环，三月花神杨延昭，四月花神姜贵华，五月花神丑钟馗，六月花神美西施，七月花神傅石雄，八月花神钱素款，九月花神陶渊明，十月花神汉貂蝉，十一月花神白乐天，十二月花神佘赛花；其余几架为彩绘的各种图画。舞台上方有一匾额最为奇巧，从不同角度看，所见文字不同：从正面看，为金色的"玉堂春"三字；从左侧看，变为银灰色的"玉树春"；从右侧

---

① 参见王润心：《薛城乡志》（内部资料本），1988 年印。

看，则又变为紫金色的"玉楼春"。花台的藻井由 86 幅或 60 幅彩绘构成，内容有《西厢记》《白蛇传》《青衫泪》等戏文故事和八仙、门丞、武卫之类。花台上分隔前后台的中屏为 3 个大月窗和 4 个进出场的彩门，门上有"出将""入相"的题额。花台正面绘有"旭日东升"的大幅图画，并配"歌传石臼龙惊起，唱彻花阁凤欲鸣"的对联，花台上还前后悬有"鹧鸪天"和"近水楼台"的匾额。

花台会经费由村民集资承担，他们往往邀请名剧团、名演员到村上来唱戏，所付的报酬从优，但要求亦很严格。首先，几天的剧目不能重复，乡民称之为"不倒槽"；再就是要求"唱彩戏"，即每出戏都要赢得观众的喝彩。花台两边挂着一个个红包彩礼，每喝一次彩，演员就能得到一份红包。倘若观众不喝彩，或喝"倒彩"，这出戏就算白演，会主不给包银。同时还规定，演出是否成功，看散场时薛城古社门前的"九莲灯"是否升起，若挂在旗杆上的九盏红灯笼升起了，标志着演出成功，若不升红灯，则说明戏中有差错，演出失败。

当地乡民因常年生活在戏剧的氛围中，有较高的鉴赏水平。有一年，某剧团演出《徐策跑城》，观众发现徐策上城楼跨了 13 步，而下城楼迈了 11 步，少了两步，结果"九莲灯"没有升起，剧团只好认错，重演。还有一年，某剧团演出京剧《五典坡》，女主角由于疏忽，上场时竟戴了金戒指——窝居寒窑的王宝钏衣食无着，哪有金银可戴？一时间台下议论纷纷。女演员很机灵，没等观众喝倒彩，赶紧应变救场，她低下头来，用手摸了摸金戒指，凄苦地唱道："富家女穿金戴银好风光，王宝钏我一贫如洗，只能折一根麦秸做戒指。"观众明知不对头，但唱得很得体，让人同情，本来想喝倒彩的，气到了喉咙又咽了下去[①]。

花台会的活动项目，除了演戏和其他文艺表演，还包括社庙祭祀、集市商贸等，尤其是在花台的周围有很多小吃、水果、玩具等担子，以及出售农用物品的地摊。薛城人家在花台会期间会把出嫁的女儿、外乡的亲戚请来小住几日，一同看戏、说戏。戏剧为他们创造了表达亲情的机会，营造出喜气洋洋的节日气氛，提供了看戏、品戏、说戏并接受艺术熏陶和道德教化的机缘。

每当薛城举办花台会，临近的长乐村就必然要出辚辚车，因为按当地风水

---

① 参见王来兴等主编：《高淳风俗》（资料本），2005 年印。

先生的说法，薛城是"公鸡地"，长乐是"蜈蚣地"，公鸡、蜈蚣总是相斗，公鸡吃蜈蚣，蜈蚣吃鸡骨。薛城搭起了花台，唱起了大戏，就是公鸡啼叫了，长乐若无反应，就是蜈蚣败下阵来，于是长乐村也在阴历三月十八日扛出蜈蚣旗，推出辚辚车，以表应战，抵消公鸡的威风。长乐的"蜈蚣旗"是挂在竹竿上的纵长条旗，长约 6 米，边为犬齿状，以象征蜈蚣的"百脚"。至于"辚辚车"，又叫"龙吟车"，系以木龙为主要雕饰的巨大的独轮推车。其轮径 1.43 米，龙头在车前，龙尾在车后，雕龙全长 4.13 米，车高 3.3 米，车身两边的卫杆长 7.84 米，车重 1000 余斤（即 500 多千克），由十数个男丁手推缓行。车上站有 4 人，其中 3 人分别着古装，戴红、蓝、白面具，颇有演剧的气息。此外，辚辚车后的"抬阁"，均由孩童扮作戏剧人物，演示某出名剧的一个场面①。

可见，辚辚车与花台会相辅相成，分别以定点的和游动的方式使民间的祭仪与戏剧交并，由乐神向乐人转变，客观上成为乡野戏剧教育的特殊手段。

三　乡野戏剧教育的展开

戏剧活动在高淳不仅以花台、草台为空间直接展开，其因素还渗透在艺术的、风俗的、宗教的活动中，使乡野戏剧教育显现出多侧面、多手段、多形态的特点。乡野戏剧教育从来就不同于学校教育，没有大纲、没有课程、没有导师、没有课本，是一种生活的潜移默化，是环境的耳濡目染，是人与人之间的心灵互通，虽没有什么理论可言，却是延续戏剧生命的可贵实践。

1. 有形的艺术造物

在高淳，传布戏剧知识、营造戏剧空间、强化戏剧情结的手段是多样化的，就有形的艺术造物而论，大到常设的雕花戏楼、戏台，小到作为建筑构建的砖雕、木雕，都带有戏剧的因素，成为无声而实在的教化载体。

现存的具有一定历史与规模的高淳戏楼、戏台，包括沧溪戏楼、东坝戏楼、观乐台和万寿台等。

沧溪戏楼始建于明代，原为三元观的附属建筑，后多次重修。这座歇山顶戏楼分上、下两层，上层演戏，下层供演员住宿。台面共三间，宽 15.3 米，

---

① 详见陶思炎：《长乐村的辚辚车和五显庙会》，《民俗研究》2000 年第 4 期。

深 9.46 米,高 11.2 米,面积 150 平方米。戏楼上的梁枋、斜撑、藻井等处,雕绘着吉物仙人、历史传说和戏文故事,台上悬有"沧浪一曲"的匾额,相传为清代文人方苞所题。戏楼两边的角柱上配有楹联,上书:"功名富贵一时事,离合悲欢千古情",可谓以戏喻世,点画出演戏教化的功能追求。

东坝戏楼始建于清同治年间,为东坝镇东岳庙的前进建筑,亦经过多次重修。东坝戏楼为砖木结构的单檐歇山式建筑,分上、下两层,台高 11 米,占地 157 平方米。台面呈"凸"字形,进深 6.05 米,前台顶部架叠三层八角形藻井,使声腔能回转共鸣。也许正是戏楼的音响效果好,清末解元王嘉宾在此撰写了"绝顶一呼众山皆应响,宏图再展大厦总还魂"的联句。

观乐台为高淳老街上吴家祠堂的前进建筑,三间两层,占地 134 平方米。台中装有刻作"凤戏牡丹"的天壁,台顶构叠三层八角藻井,内刻"双龙戏珠"。藻井四角悬挂木雕花篮和四季花卉,斜撑为"倒挂雄狮",梁枋、格窗上雕有"郭子仪做寿""百岁挂帅""借东风"等戏文故事。

万寿台为祠山殿前进建筑,占地 91.2 平方米,始建于元代,清乾隆年间重修。戏台为硬山墙砖木结构,分上、下两层小三间。台顶设方形藻井,檐口梁枋刻吉祥图纹,整体显得古朴大方[①]。

砖雕、石雕、木雕被誉为高淳"三绝",它们作为建筑构件或家具的材料,大多以吉祥图形表达审美的需要,其中不乏戏剧的因素,诸如《三国志》《水浒传》《西厢记》《牡丹亭》《南柯梦》《紫钗记》等小说与剧目中的人物与场景,作为艺术装饰广为应用。

如果说,戏楼、戏台是直接的戏剧展示舞台,砖雕、石雕、木雕上的戏剧图像则是间接的戏剧传习媒介。正如春节农家贴挂戏剧年画作为观赏的对象、回味的凭依和教习的读本一样,砖木雕刻的戏文故事也起着耳濡目染、烘托气氛和随时讲习的播化作用。

2. 无形的风俗传统

乡野的戏剧教育在高淳主要靠风俗传统的带动,除了有固定期日的"花台会"和"草台戏",还有其他民间表演活动,以及民谣、俗谚、村规等,均强化了戏剧的因素与应用。

旧有"丰年唱戏多,荒年土匪多"之说。其实,丰年不仅唱戏多,带有戏

---

① 参见高淳县政协学习文史委员会编:《高淳文物》(资料本),2000 年印。

剧成分的民间舞蹈也多。东坝的"大马灯",定埠的"小马灯",丹湖的"打水浒"等,都是糅合着戏剧因素的民俗表演。

"大马灯"盛行于明清时期,目前仍在高淳的东坝、固城等镇传承。大马灯的"马"身高体大,由两个人扮演,前一人套马头道具,后一人弯腰弓背,双手紧抓前一人的腰带做马身。表演时,二人亦步亦趋,前后配合,跳跃腾空,灵活协调。一般为七匹"马"并出跑阵,另有七个少年扮作《三国演义》中的刘备、关羽、张飞、赵云、黄忠、马超和旗牌报马。他们骑着大马,不断变阵,有单穿、双穿、列队、对阵、勒缰、长啸、奋蹄等招式,有如武戏令人叫绝。

定埠"小马灯"已有300多年的历史,至今每年正月初一至正月十八日仍在村中出演。"小马灯"的"马"为纸扎制品,马身中空,中立一人,马高齐腰,由表演者提着跑阵。其阵法从出场到收场共有九阵,即"大字阵""太字阵""神仙阵""六角阵""梅花阵""金锁阵""七角阵""八角阵""琵琶阵"等[①]。而在邻县溧水的石湫镇,小马灯的阵法则有十阵,其阵名为"剪刀阵""双龙阵""双排阵""四角阵""单梅花阵""双梅花阵""单元宝阵""双元宝阵""百页阵""螺蛳阵"等。"小马灯"一般由少儿扮作各种戏剧角色出演,有《三国演义》中的刘、关、张,《西游记》中的唐僧、孙悟空、猪八戒、沙和尚,《白蛇传》中的许仙、白娘子、小青等,以及《小放牛》《渔翁戏蚌精》《八仙过海》等节目。这种自娱式的乡村表演,是向村童传导戏剧情结的有效方式。

丹湖的"打水浒",分作四场,每场8人,加上开场扮作"开路先锋"的两个孩童,共34人出演。他们各扮梁山英雄中的一个角色,一律头扎英雄巾,额戴绣球花,上身穿双排扣短褂,下身穿黄色灯笼裤,脚蹬绣花老虎鞋,手执各种兵器,个个雄姿英发。场上打斗的套路有"八字阵""一字阵""打台面""打正面"等,拳法有"八俊""八府""小师门""鸳鸯楼""百鸟朝凤"等,其他还有"一里棍""二里棍""三里棍""九节鞭""板凳花"等。打斗时,刀光剑影,杀声阵阵,惊心动魄。全场主要有"散打""双打""打众场"等几个场次,具有武打戏的风格,但场面更为壮观[②]。

民间歌谣作为非物质文化遗产,具有重要的研究价值,其中一些以讲唱戏文故事为主,在乡野戏剧教育中发挥着特殊的作用。例如,在高淳县凤山镇(现属高淳区古柏镇——编者注)流传的《十张台子》是这样的:

[①] 参见王来兴等主编:《高淳风俗》(资料本),2005年印。
[②] 参见王来兴等主编:《高淳风俗》(资料本),2005年印。

一张台子四角方，岳飞枪挑小梁王；
武松手举千斤石，姜太公八十遇文王。
两张台子并成双，辕门斩子杨六郎；
诸葛亮来把东风借，三气周瑜芦花荡。
三张台子桃花红，百万军中赵子龙；
文武全才关夫子，连环巧计治庞统。
四张台子四角平，吕蒙落难寒窑蹲；
朱买臣上山去打柴，何文秀私访唱道情。
五张台子是端阳，莺莺小姐烧夜香；
红娘月下施巧计，约使张生跳粉墙。
六张台子荷花放，阎婆惜私通张三郎；
宋公明只把梁山上，沙滩救主小秦王。
七张台子是乞巧，蔡状元砌造洛阳桥；
观音从中来作法，四海龙王来保朝。
八张台子张张好，赵云月下战马超；
判断阴阳包文拯，张飞喝断坝陵桥。
九张台子菊花黄，王婆照应武大郎；
潘金莲结识西门庆，药死丈夫武大郎。
十张台子唱完成，唐僧西天去取经；
孙行者领路前头走，途中遇到妖怪精。①

上述歌谣唱出了一系列历史传说和文学作品中的人物，大多已被搬上戏剧舞台，其在乡野民间的传承，无疑成了乡民戏剧教育的又一重要手段。

在高淳的丧葬民俗中，用以烧化的纸人也有类似古代戏剧人物的装束。至于在村规禁约中，对犯禁者有"罚戏一本"的惩处定规。笔者在高淳县进行田野作业时，曾在狮树镇大巷村（现属高淳区阳江镇——编者注）发现一方乾隆四十年（1775）所立的"埂禁碑"，碑上明文规定：对在埂上放牧、砍柴、取土者，"一经捉获，定行罚戏一本，酒十席，断不容情"。以"戏"相罚，可见，戏剧在当地民俗生活中占有重要的位置，戏剧在高淳乡野的普及早已得到乡规村约的支撑。

---

① 孙佳美演唱，宋永保记录，载《中国民间文学集成·高淳县资料本》，1989年印。

3. 民间宗教的活动

高淳的民间宗教活动以庙会为中心，集信仰、娱乐、商卖为一体。所谓"庙会"，即迎神赛会，乡民们俗称"出菩萨""赶会场"。庙会期间除了菩萨神舆的巡游，还有旗伞、花篮、抬阁、锣鼓、炮铳等队列相随表演，有的村还"张灯演剧"①。

在"出菩萨"中，"抬阁"队往往是戏剧场景的再现。例如，高淳桠溪镇（现高淳区桠溪街道——编者注）三月初三的"祠山庙会"共有6副抬阁，扮成"唐僧取经""桃园结义""打渔杀家""钓金龟""大登殿""盗仙草"等戏文故事。剧中人物均由男女幼童扮演，他们做出各种"亮相"的姿势，从小便缘此进入角色，在乐神与娱人中体味到戏剧的奥妙。

高淳的庙会分布在正月、二月、三月、七月、八月、十月等月份，尤以正月和三月最为集中。现存的主要庙会有：东平王庙会（又称"降福会"）、祠山庙会、白莲庙会、城隍庙会、娘娘庙会、杨泗庙会、晏公庙会、观音庙会、大王庙会、五显庙会等等。其中，庙会的主神大多为民间化的道系神祇，其执掌多为防汛抗洪、除害消灾、交通平安、丰穰富足和天下太平之类。

傩舞、傩仪作为傩文化的重要遗存同傩戏一样，有角色，有面具，有场次，有道具，其表演充满了戏剧的气氛。在高淳还意外地传承着"跳五猖""跳灶王""跳财神"等傩舞，成为南京地区弥足珍贵的文化遗产。傩舞作为民间宗教活动，不是一般意义上的文娱表演，往往也同庙会联系在一起，而其面具在平时就供奉在庙坛之上，像其他泥塑木雕的神像一样，受乡人的祭祀。

"跳五猖"是高淳傩舞中最突出、最完整的一种宗教艺术形态。"五猖"为何，说法甚多，但作为淫邪的恶神，乡人祭而不敬，仅用以辟凶远鬼。因此，五猖神的面具是狰狞的，用色各为青、红、黄、白、黑，所着战袍亦各用其色，以附会东、南、中、西、北五方。他们的头盔上插着雉尾，肩背角旗，身披铠甲，手执片刀，像戏剧中的武将一般。

"跳五猖"的角色除五猖神外，还有土地神、道士、和尚、判官，以及10多位手执钢叉的武士。其演出主要分6个场次：第一场"迎神"，第二场"降神"，第三场"拜神"，第四场"布阵"，第五场"庆功"，第六场"送神"。其中，"布阵"一场由道士引领诸神摆出"五角""满天星""双龙出水""天下太

---

① 清乾隆十七年贡震《建平存稿》"禁淫祠"有"各处神会集场无月不有，张灯演剧宰牲设祭"之载。

平"等阵势，而"庆功"一场节奏加快，众神狂舞，演出达到高潮。

"跳五猖"的台步包括"踢脚步""碎步""扭丝步""拂尘步""鸡爪步""挥刀步"等，伴奏乐器包括堂鼓、堂锣、苏锣、大镲、铙钹、大锣、小锣、长喇叭、大唢呐、小唢呐、竹笛、板鼓、大鼓等①。

五猖神、土地、判官、道士、和尚等人物的面具在庙坛上是神明，在舞台上是道具，其制作是手工艺术，其应用是宗教民俗，其构成的场景有着戏剧的效果。可以说，正是戏剧的因素使民间宗教的活动淡化了威严、虔敬的气氛，让宗教、艺术、民俗糅合在一起，并共同形成培养戏剧情结的特殊空间。

四 结语

高淳花台会作为戏剧展演的大舞台，在乡野戏剧传播与教习中发挥了重要的作用。高淳乡村戏台从"草台"到"花台"的演变，主要不是衣食丰足的诱发，甚至也不是民间宗教活动的推动，而是出于乡民对戏剧情有独钟的传统。如果说，花台会是乡野戏剧教育的机缘与空间，那么，高淳的民情风俗、宗教信仰和艺术活动则充满了戏剧的因素，并为戏剧的传习创造了他处所难企及的氛围。不论是戏楼、戏台、面具等有形的艺术造物，还是民歌民舞、村规村约等无形的文化事象；不论是乡民们世俗的娱乐满足，还是社庙、村庙的仪式性信仰活动：都以乐神娱人为主旨，追求神与人的和谐，以及自然与社会的和谐。宗教、民俗、民艺既是乡野戏剧存在的沃土，又是戏剧教育、传播的有效媒介和广袤空间。近年来，都市里的一些大剧团纷纷到高淳乡村的戏台上演出，更促进了乡野戏剧的繁荣和发展。高水平的正规剧团的到来，无疑大大地推动了戏剧在下层社会的普及，并使乡野戏剧教育获得新的机会。探讨高淳花台会和乡野戏剧教育的方式，对认知戏剧的社会文化功能及其生命的根系，乃具有重要的意义。

《南京艺术学学报（美术与设计版）》2007年第2期

---

① 见茆耕茹：《胥河两岸的跳五猖》，施合郑民俗文化基金会1995年版。

略论傩及其文化系统

一 傩之何谓

"傩",作为对今人来说较为古奥、生僻的汉字,其义神秘而朦胧,来源悠久而幽隐。

据郭沫若先生考证,甲骨文中有一"供"字,又写作"魌",即指戴着面具的傩者,而饶宗仪先生根据卜辞的研究,指出《世本》辑文"微作裼五祀"中的"裼"就是"傩"字,从而做出"傩肇于殷,本为殷体,于宫室驱逐疫气"的判断①。"傩"作为中国巫文化的特殊类型,究竟起于何时,至今还是一个需要深入探究的问题。在文字创制之前,在文明开启之先,是否就已有傩文化的存在呢?或者说,在青铜时代之前的原始社会是否就已出现了"傩"的雏形?

林河根据汉字造字注意形声的特点,指出"傩"字从"难"从"佳",提出"难"是声,"佳"是形,"佳者雀也。依此,傩应与雀类有关",并从图腾崇拜的联想,得出"由于傩崇拜的对象是与农事有关的鸟,因此,傩理应是农耕时代的图腾崇拜"的结论②。萧兵则根据自己的考释,提出"傩"的正字从"鬼"从"难","是尊奉猿猴图腾的西部鬼戎集团调节雨旱阴晴的巫术性舞蹈仪式"③。他们二人均把"傩"与图腾崇拜和农耕生产相联系,力图把傩文化的源头上推到原始氏族社会。不过,傩为图腾崇拜的假说没有可靠的依据,动物崇拜和动物象征并不等于就是图腾崇拜,仅从"傩"的文字符号及其与动物的

---

① 参见刘锡诚:《傩仪象征新解》,《民族艺术》2002年第1期。
② 林河:《古傩寻踪》,湖南美术出版社1997年版,第145—147页。
③ 萧兵:《傩蜡之风——长江流域宗教戏剧文化》,江苏人民出版社1992年版,第7页。

联想入手加以解读，很难对丰富复杂的傩文化现象做出令人信服的论断。值得强调的是，他们都让傩的肇始期突破了殷商时代，注意到原始阶段这一更深广的文化背景对傩可能的影响。曲六乙先生也对傩的产生做出了史前的判断，他说："傩，大约起源于旧石器中晚期狩猎活动的驱逐术，在人神不分、人兽不分、神鬼不分'三不分'的蒙昧时期……"① 这一判断提出傩起源于旧石器时代的中晚期。不过，这一时间向度上的定位或许过早了些，傩的雏形当在原始农业已经开始发展、艺术创造开始趋向兴盛的新石器时代，即在社会发展的野蛮时期才有可能。因为，没有原始农业的因素，没有定居的前提，就难言时间上的除旧更新和空间上的守护驱逐。

"傩"究竟何义？古文献中有简略的记述。

《周礼·夏官》曰：

> 方相氏掌蒙熊皮，黄金四目，玄衣朱裳，执戈扬盾，帅百隶而时难（傩），以索室驱疫。大丧，先柩，及墓，入圹，以戈击四隅，殴方良。

郑玄注：

> 以惊殴疫病之鬼，如今魌头也。时难（傩），四时作方相氏以难（傩）却凶恶也。

此说方相氏为傩神，傩的活动主要是用以驱疫病、却凶恶。

《说文解字》释"傩"云："见鬼惊骇，其词曰傩。"孔子《论语·乡党》中有"乡人傩，朝服而立于阼阶"之载；皇侃疏云："口作傩傩之声，以殴疫鬼也。"另，唐段安节《乐府杂录·驱傩》曰：

> 用方相四人，戴冠及面具，黄金为四目，衣熊裘，执戈扬盾，口作"傩，傩"之声，以除逐也。

这些文献都说，"傩"是人们在惊驱疫鬼的仪式中口中发出的呼喊，本是对象声词的记录。

《经籍纂诂》卷二十释"傩"曰："'傩'亦作'难'，'傩'犹'除'也。""傩""难"为通假字，其义在于"除"，即逐除。《周礼·占梦》"遂令始傩，

---

① 贵州省德江县委宣传部编：《傩魂——梵净山傩文化文选》，贵州民族出版社2003年版，第2页。

殴疫"注云："傩，逐疫，除不祥也。"① 按此说，傩除的对象从"方良"（魍魉）、"疫鬼""凶恶"，又扩大到一切"不祥"的物事。

关于傩的意义，古人另有"逐阴导阳"说和"扶阳抑阴"说，这种从"阴""阳"二气相反相成、对立统一的哲学认识去说"傩"，更符合岁除傩仪的古代信仰和农耕风俗的本义。《吕氏春秋·季冬》"命有司大傩"高诱注云：

> 大傩，逐尽阴气，为阳导也。今人腊岁前一日，击鼓驱疫，谓之逐除是也。

周代以后形成的"大傩"，具有宫廷朝礼的性质，上述对傩仪的解说除了"逐疫"功能的重申，汉代以来又强调了"阴""阳"二气相生相克观念的驱动作用。《淮南子·时则训》"令国傩"注云："大傩，所以扶阳抑阴也。"② 可见，在古人看来，大傩不仅能逐阴、抑阴，同时能导阳、扶阳，阴阳本相关相连。这一观念直到清代仍然被人信守。乾隆《萍乡县志·风俗》载：

> 先春三日，乡人乃傩，魅面朱衣，执戈扬盾，驱疫疠，以达阳气。

所谓"达阳气"，不仅是保有健康、长寿，驱除疫疠、死亡，而且还含有迎得初阳萌动、大地回春、农作丰稔的寓意。

傩仪、傩祭活动多见于腊月岁除时节，它在古代民俗生活中又具有辞岁迎年的意义。《后汉书·礼仪志》注引《月令章句》曰：

> 大傩，所以逐衰而迎新。③

这里所言之"逐衰"，即逐除阴气沉沉、阳气衰尽的旧岁；而"迎新"，则为迎来一元复始、万象更新、阳气升腾的新年。傩在后世淡化了巫术宗教的信仰而进入了新年风俗，成为人们迎新接春的文化符号。

可见，"傩"与原始宗教、巫术信仰密切相关，作为我们祖先在人类童年时期的文化创造，它质拙、神秘，并始终带有野性之美。傩以面具作为神人鬼交通的凭依，以祭仪、咒祝、文辞、舞蹈、戏剧等为基本的艺术表现手段，面对变幻莫测、凶险四伏的自然世界和人类社会，它借助象征符号群建立起沟通

---

① ［清］阮元：《经籍纂诂》卷二十"傩"。
② ［清］阮元：《经籍纂诂》卷二十"傩"。
③ ［清］阮元：《经籍纂诂》卷二十"傩"。

与改造的想象联系,并以追求逐疫禳凶、除旧迎新、纳吉获佑的心理满足为主旨,表达了乐生入世的生活情怀。

二 傩与巫

巫作为原始宗教盛行时期的精于法术的能人,被视作具有交通鬼神、沟通天地的特殊能力。他们作为准神职人员,圣俗不分,并不全身心地服务于某一宗教,而是保持氏族社会成员的身份,在需要时才出来主持有关的祭祀和祝祷活动,充当神、人、鬼相互对话的使者。他们往往通过一些程式化的舞蹈步法、模拟而夸张的身体动作、神秘的语言和符咒、象征性的装饰和携物等,以表现某种超人的力量,实现对自然、他人和自我精神的沟通和掌控。

1. 傩的巫术特征

傩作为祭祀与禳镇的信仰活动和沟通神、人、鬼的象征手段,归属巫术的范畴。傩祭、傩仪、傩舞、傩戏等傩文化活动,均具有鲜明的巫术特征。归纳起来说,它主要表现在以下几个方面:

——跨界的信仰联系。傩的活动所追求的功利虽是人间的消灾、灭害、辟鬼、祛病、太平、繁衍、丰稔之类,但沟通与联系的对象却是天神地祇和各路鬼祟,而邀神驱鬼正是巫师最基本的职能。傩者借助仪式、表演、法物、图像、语言的种种形式,旨在对他界的各种神秘力量展现人的意志力和控制力,从而在社会与自然、人类与鬼蜮间建立起对话、平抑、化解和辟克等想象的联系。

——神秘的面具装扮。面具的应用是傩文化最具特色的方面,它能转换角色,产生亦人亦神亦鬼的视觉效果。面具将无形的神鬼具象化和人格化,从而使之成为人类可实在地与之交往的对象,并在宗教与艺术活动的动态过程中成为可来可往、可变可化的因素。巫术本以想象的超自然之力控制一切影响人类生存与生活的神秘力量,而面具正是形象地显示人类控制力的信仰符号。

——武器类道具的应用。在傩文化的诸形态中,武器是常见的用以逐除的道具。傩戏、傩舞中的刀、剑、戈、戟、斧头、钢叉、盾牌等,岁末傩除中用以驱鬼的木棍、竹帚等,都是实战中的兵器和常用的工具或武器。这些武器在傩文化中的存在和应用,实际上是巫术灵物的袭用和演变,作为威力的象征和力量的夸饰,它们主要服务于对异己因素加以镇辟、驱逐、除灭和威吓的目的。

——生活场景的模拟。在傩文化中,尤其在傩戏、傩仪的表演中,常有生活场景的模拟式展现。例如，在贵州威宁彝族地区传承的傩戏《撮泰吉》，其意为"人类变化的戏"，又称作"变人戏"，它剧情简单，动作粗犷，有一些模拟的动作——嘿布与阿达姆从背后交媾的动作、阿达姆给小孩喂奶的动作等，反映出人类早期的生活场景。再如，湘西土家族的乞子还傩愿，"梯玛"盛一竹筒米，上面放一个鸡蛋，用一根贴着布或纸条的象征男根的棍子插进米筒里，"梯玛"对天上的七姊妹说淫词秽语，诱惑七仙女下界赐子①。这其中也有模拟与象征的巫术成分。

——舞蹈动作的程式化。在傩戏、傩舞的表演中形成了一些程式化的舞步和阵法，它们与巫术中的"禹步"，以及相关相联的"履罡步斗"之类的步法或步阵有直接的联系。所谓"禹步"，传为夏禹观飞鸟而"摹写其行，令之入术。自兹以还，术无不验。因禹制作，故曰禹步"②。"禹步"作为巫术与行傩时的常用舞步，在傩戏、傩舞中多有所用。例如，在南京高淳的傩舞《跳五猖》中，有"五角""满天星""双龙出水""天下太平"等步阵，这些程式化的步阵留有明显的巫术印迹。

——神秘语言的运用。语言是人类思维的基础和社会交流的凭依，语言先天的符号性质，以及对宗教、文化、心理、情感等的包容和表达，使其显得神秘而复杂。在巫术活动中，巫师在借助舞蹈、灵物施法的同时，少不了语言的运用。他们的请神祷神、驱邪逐鬼、祝由祛病、摄魂佑生等环节，总有神秘语言的运用。在行傩的过程中，除了傩者的呼喊，也见有傩词、咒语和唱段，它们均借助语言为巫傩活动创造出沟通他界、制抑他物的神秘气氛。

2. 傩——巫风的艺术

所谓"巫风"，指巫觋以歌舞事神的习惯做法，又指人们为满足信仰与心理的需求以歌舞作乐的风俗。《尚书·伊训》曰："敢有恒舞于宫，酣歌于室，时谓巫风。"孔颖达疏曰："巫以歌舞事神，故歌舞为巫觋之风俗也。"

巫风既离不开歌舞，也就与艺术紧密相连，由于其产生于原始的野蛮阶段，故又被人称作"不成的艺术"③。"不成"也罢，"既成"也罢，巫风可说是巫术的艺术化，它推动了事神仪式的表演化进程。

---

① 参见庹修明：《叩响古代巫风傩俗之门》，贵州民族出版社2007年版，第281页。
② 《洞神八帝元变经·禹步致灵》，载《道藏》正一部满字号，第875页。
③ 李安宅："本来巫术是伪的科学，不成的艺术。"见《巫术与语言》，上海文艺出版社1988年影印本，第4页。

作为巫风艺术的傩，不仅体现在巫歌、巫舞、语言、音乐和仪式方面，还逐渐形成了形式多样、内容丰富的傩戏文化。

拿巫歌来说，它对古代歌谣的影响深远，尤其对中南楚地和东南吴越地区的古歌有直接的影响，甚至在屈原的楚辞作品中，在《九歌》之类的颂神诗歌中，都不难感受到浓郁的巫风气息。伴随着民间丧葬习俗而传承呼喊"魂兮归来"的招魂歌，以及《十送亡灵》之类的安魂歌等，透过宗教的氛围，仍显露出巫歌的遗痕。

拿傩仪来说，有面具，有仪仗，有服装，有车轿，有旌旗，有炮铳，不论是在傩坛上进行，还是在走村串巷的巡游中展示，都有一定程序和场面，具有可供观赏的戏剧效果。在南京高淳县薛城乡的长乐村，每过3~5年，便于农历三月十六至三月十八日举办一次五显庙会，每天有辚辚车出巡两次。辚辚车，又称"灵灵车"或"龙吟车"，是一以木龙为主要雕饰的巨大的独轮推车，龙头在车前，龙尾在车后。该轮直径1.43米，龙长4.13米，车高3.3米，车身两旁的卫杆长7.84米，车身重1000余斤（即500多千克）。车上共载4人，各戴木雕面具或魁头，戴红、蓝、白面具的由小孩装扮，是类似抬阁的表演形式。这一巫仪，除了巨大的独轮车、抬阁式的傩神，还有长为4.4米的遮神用的长柄凉伞和高达8.7米的用以开路的白底蓝边的"蜈蚣旗"等，这些少见而夸张的器物都让辚辚车的傩仪获有令人惊叹的艺术展示效果。

拿傩戏来说，其一般都具有娱神和悦人的双重功用。不论是乡人傩，还是宫廷傩、军傩、寺院傩等，都将傩戏与相关仪式并用。傩戏有简略的故事演示，一般都使用面具来表明角色的身份，有一定的音乐渲染气氛，穿插程式化的舞蹈和动作，具有舞台综合艺术的性质。傩戏内容比较宽泛，除神鬼之事外，还涉及神话传说、民间故事、历史演义等方面。在贵州铜仁地区（现铜仁市）的祭祀活动中，傩戏正戏的"全堂戏"要演出24出，上半堂的12出戏为：《唐氏太婆》《金角将军》《关圣帝君》《周仓猛将》《引兵土地》《押兵老师》《开山莽将》《九州和尚》《十州道士》《柳毅传书》《开路将军》《先锋小姐》；下半堂的12出戏是：《秦童挑担》《三娘送行》《甘生赴考》《杨泗》《梁山土地》《李龙神王》《城隍菩萨》《灵官菩萨》《文王卦师》《丫鬟》《蔡阳大将》《勾薄判官》。此外，剧目还有《古城会》《霸王抢枪》《钟馗斩鬼》《三星反乱》《八仙闹海》《刘海戏蟾》《梁祝》《劈山救母》《驾坡回窑》等等①。这些剧目既有神事，也有俗事，以传说故事为主，从其剧目的罗列，我们不难看到巫风艺术的发展和繁盛。

三 傩的文化系统

傩在中国经历了数千年的传承、演进，交织着巫术宗教、神话传说、民俗生活和艺术创造，形成了一个独特而庞杂的文化系统。由于这一系统主要包括精神信仰、民俗活动和文化艺术等领域，我们可从宗教信仰系统、民俗表达系统和傩的文化丛系三个侧面对之加以认识。

1. 宗教信仰系统

傩文化就其融摄的宗教信仰来说，主要包括"原始宗教"和"人为宗教"两大支系。

原始宗教产生于原始社会，以"万物有灵论"为信仰基础，以巫术与神话为主要行事依据，以人神交混、物我同一的互渗观为前逻辑思维的特征，追求人与自然、他人和自我精神的通连与和谐。原始宗教由于主要以自然为崇拜对象，同时它是在原始社会的群体生活中自然而然地产生的，因此，它又被称作"自然宗教"。

傩与巫密切相关，傩文化中包容着突出的巫术宗教成分，留有鲜明的原始信仰的印记。傩仪、傩舞中逐鬼的表演场面，狰狞的、怪异的面具的使用，武器、灵物在傩文化中的道具化，咒语、傩词配合动作的神秘渲染等，都让人看到原始宗教的遗存。拿傩戏来说，其中有关请神、驱鬼、祛病、乞子、求稔、祈雨、除虫、消灾等功利的信仰式表达，也有明显的原始宗教的因素。此外，在苏中地区以及六合、宿迁等地流行的童子戏、香火戏等傩文化的衍生形态，也有浓郁的原始宗教色彩。香火戏，实为"香火神会"，又称作"香火会"，本与巫术宗教相关相联。清人宣鼎《夜雨秋灯录》卷四《巫仙》曰：

> 巫之一教，流传已久，曰端工（公），曰香火，曰童子，总不外乎乡傩之遗意。古之巫也，仅仅逐疫疠，御旱潦，近则愈幻愈奇，击腰鼓，吹画角，吐秦腔，弟子鸣钲相和，跳舞若狂。更有搭台演戏

---

① 喻帮林：《试论铜仁傩戏的渊源》，载《傩魂》，贵州民族出版社2003年版，第142页。

者,优伶瞑过,阴若亡者。

在当今香火戏的遗存中,确有"优伶瞑过"的表演,表明其巫术宗教的性质依旧存在。

人为宗教从产生上说,相对于自然产生的原始宗教,它具有人为创立的特征。由于它产生在阶级社会,有文明手段的支撑,特别是有经书、经文用于传教布道,因此它不同于巫术宗教的"不成"性,而可视作"既成"的宗教。

傩文化虽形成于上古,与巫术活动息息相关,但在长期的传承、发展中,在巫风的基础上又融摄了一些人为宗教的成分——主要来自道教、佛教等民族宗教和世界宗教的因素,形成了不同于原始宗教的支系。例如,傩舞《跳五猖》中的和尚、判官来自佛教,道士、土地公公来自道教,甚至"五猖神"本身也不是原始信仰中的自然神,同样可归于道教文化的范畴。傩戏中的《九州和尚》《勾薄判官》等以佛教内容为表现对象,而《关圣帝君》《十州道士》《城隍菩萨》《灵官菩萨》《文王卦师》等,以及云南香童戏中的《斗姆娘娘》《土地公公》《赵公元帅》和苏中地区香火会"周忏"中的《值年太岁》《镇宅土地》《真武》《彭祖》等,都具有道教文化的性质。

人为宗教内容的融入使傩文化的信仰空间与叙事空间更为拓展,由此带来的内容与形式的丰富决定了傩文化宗教系统的形成。

2. 民俗表达系统

傩文化总是在民俗情境中传承,成为民俗生活的现象和民俗心理的表达。与民俗事象紧密相连的傩文化又因社会生活的融入而形成民俗表达系统,从而显示出自己的类型特点。傩文化的民俗表达系统包括年节岁时、度关庆寿、祭祖祀先等方面。

年节岁时是傩文化最集中的展现时段,也是民俗最主要的传承周期。尤其是从除夕到元宵节这段过年时期,在傩文化的自然传承地,傩的活动往往构成了新年民俗的重要部分。岁终除夕,古代各地皆有逐疫的傩祭仪式。《后汉书·礼仪志》载:"季冬之月,星回岁终,阴阳以交,劳农大腊。先腊一日大傩,谓之逐疫。"此外,古文献中还有"前岁一日",驱疫除害的傩仪之载①。这"前岁一日"和"星回岁终"一样,指的就是除夕。至今,除夕、新年、元宵节仍然是傩戏、傩舞和傩祭最集中的展演期,例如贵州的地戏在春节期间就

---

① 《古今事类全书》卷十二:"前岁一日,击鼓驱疫疠之鬼,谓之害除,亦曰傩。"

要连续表演20天。另外，一些神诞日也成了固定化的岁时节日，并形成了展示傩文化的庙会活动，如苏南正月初八的东平王庙会、二月初八的祠山会、三月十八的大王会等，都有傩神的出巡与祭祀。乡民们辟凶趋吉的民俗心理在傩文化的传演中得到了充分的表达。

度关庆寿在民俗类型中属于人生礼俗的范畴。所谓"度关"指小孩到一定的年龄要过各种"关口"，需要用傩或道的法力辟退关煞，求得小孩健康长成。在黔东北，小孩在12岁前要请土老师"打十二天太保""跳家关""保关煞"，以保小孩过关，无病无灾。这体现了巫傩与民俗的交融。此外，60岁以上的老人的"冲寿傩"仪式中有祝寿的场面，有寿堂的摆设，有"寿星登位""卜寿延卦"等16道程序。在苏中地区，小孩度关要延请乡野道士，并使用印有"急脚关""铁锁关"等附图的符箓。这些傩文化活动也形成了民俗表达的系统。

祭祖祀先是重要的民俗活动，往往伴有一定的仪式和祝祷，其中也有傩戏、傩舞和傩祭的成分。祖先祭祀和傩文化同为信仰活动，而祖先往往被后人视作无所不能的神灵，具有驱辟鬼祟、护佑族人的神功，这为傩文化的融入打下了信仰基础。不论是为了子孙繁衍、人口众多，还是表达对图腾物的情感以及对女神的颂扬，傩文化都与祭祖民俗交混不分，或者说，它们也都成为民俗功能与心理的表达。

3. 傩的文化丛系

张紫晨先生在《中国傩文化的流布与变异》一文中以"文化丛系"的概念来概括傩文化的内涵及涉及的基本领域，他指出：

> 傩文化今天已经发展成为一个文化丛系，但其实质，乃是一种巫文化。中国傩文化的丛系，包括傩的观念、傩的文化根基、傩舞、傩戏、傩像、傩面、傩坛（堂）、傩器、傩画，以及有关的驱鬼活动、祭祀酬神活动和求子、度关、医疗、娱乐、建房、超度法事等活动。①

此外，萧兵在述引徐新建所列的"傩文化诸因子"时，罗列出以下11条：

（1）傩坛——通神空间
（2）傩仪——敬神驱鬼之操作、宰牲、勾愿

---

① 张紫晨：《中国傩文化的流布与变异》，（台湾）《民俗曲艺》1991年第1期。

(3) 傩神——鬼神灵魂、自然崇拜、多重世界、神话

(4) 傩教——巫教、道教、民间宗教

(5) 傩舞——扮神、娱神、逐鬼、欢庆

(6) 傩音——吹牛角、海螺、打击乐、歌唱

(7) 傩戏——民间演技、脚本、唱腔……

(8) 傩术——巫术、幻术、气功、杂技、特异功能

(9) 傩面具——雕塑、绘画、偶像、图腾

(10) 傩符——咒语、符图、卜卦、祝词

(11) 傩坛师——超常人、神鬼中介、民间组织……①

上述这些所谓的"傩文化诸因子",实际上也是对傩的"文化丛系"的归纳,尽管有的条目概括得并不十分准确,但较清晰地勾勒出了傩文化的系统。

就傩文化丛系中较具有艺术性质的成分说,主要在傩仪、傩舞、傩戏、傩面具、傩画、傩乐、傩器、傩符、傩词等领域,其中尤以傩仪、傩舞、傩戏和傩面具最为突出,也最为普遍。

傩仪,一般具有浓郁的巫风气息,以祭祀、逐除、祝祷为主要活动,以巫师(傩坛师)与傩神的对话与沟通为联系途径,其仪式与表演具有神秘的、凝重的气氛。在苏南地区,傩仪主要有庙祭、野祭、路祭、家祭等形式,并由傩神的庙堂祭祀向走村串巷的出巡庙会演化,仪仗、装扮、鼓乐、炮铳、队列、执物、抬阁、花篮等使其增加了观赏的、娱乐的性质。

傩舞,仍具有较原始的巫舞成分,它早于傩戏而进入傩文化的丛系,主要以过程性的表演、程式化的动作、特别的装扮、神秘的步阵和乡土化的音乐,表现近神远祸的祈愿和乐神娱人的效果。傩舞在当代已逐步融入了岁时风俗之中,尤其在春节和元宵节表演,成为村落新年文化中最具传统和特色的活动。例如,江西南丰县的《开山舞》《猪嘴、鸡嘴舞》,苏南溧阳社渚镇嵩里村的《跳幡神》、蒋塘村的《竹马灯》、刘家边村的《跳祠山》、乘马圩村的《冻煞窠》等,都作为傩舞形成了岁时性的表演活动。

傩戏是傩文化发展的后期形式,它包含了傩舞、傩祭、傩器、傩画、傩乐、傩词、傩面具等多种成分,形成一种综合的艺术形式。傩戏中往往有不同的角色,有他们的矛盾冲突和故事,除了神灵,还有历史人物、传说英雄等,

---

① 萧兵:《傩蜡之风——长江流域宗教戏剧文化》,江苏人民出版社1992年版,第67页。

总体看来，其信仰的成分减弱，娱乐的成分增强，具有化滞重为轻松的客观效果。傩戏大多使用面具，但江苏的香火戏和童子戏中已不用面具，而巫傩的气氛依旧。

从文化丛系的视角看傩，我们对傩的文化系统能有更清晰的认知。

《民俗研究》2013年第6期

苏南傩面具略论

一 傩面具概说

面具文化发轫于原始社会阶段,从陶面具、玉面具到青铜面具,早期的面具作为崇拜与祭祈的对象虽不一定做佩戴之用,但"假面"之制却已由此形成,并成为后世傩面具的先型。

从定义上说,所谓"面具",指人们利用自然物或人工物,模仿人面或兽头而制作的各种狰狞的、滑稽的、英武的或和善的人格化的角色象征,它们往往被赋予超自然之力,在祭祀仪式或相关表演中用以近神远鬼、乐神娱人。

在名称上,面具在民间有多种称呼,如"假面""神面""大面""代面""神头""鬼脸壳""鬼面""面子""脸子""脸壳"等等。其中的"假面""神头",除指戴于口耳的一面刻画的"面具"外,也指四面刻画的"套头"[1]。当今在民间舞蹈中还能见到的"大头娃娃"之类,就是"套头"假面的遗存和衍化。此外,在古代还有"供""魖头""魖"等名称[2]。称呼的纷纭迭出,正反映了中国面具的源远流长和面广量大。

傩面具伴随着傩文化在中国有广阔的地域分布,据统计,面具文化流布地包括苏、皖、赣、两湖、两广、川、黔、滇、藏、陕、晋、冀、新疆、内蒙古、黑、吉、辽等20多个省(自治区),涉及汉、土家、苗、瑶、侗、壮、彝、藏、布依、哈尼、毛南等近40个民族[3]。

---

[1] 李调元《弄谱》曰:"世俗以刻画一面,系于口耳者,曰'鬼面',兰陵王所用之假面也;四面具而全纳于首者,呼曰'套头'。"
[2] 宋高承《事物纪原》中"驱傩":"轩辕本纪曰:……今人逐疫出魖,击鼓呼噪何也?"
[3] 数据参见庹修明:《叩响古代巫风傩俗之门》,贵州民族出版社2007年版,第20页。

1. 傩面具的类型

傩面具自古数量众多，在宋代有"八百枚为一副"之载，陆游《老学庵笔记》曰：

> 政和中，大傩，下桂府进面具。比进到，称一副。初讶其少，乃是以八百枚为一副，老少妍陋，无一相似者，乃大惊。

此外，在清代有"面具千面"同时出演之载，赵翼《檐曝杂记》记承德行宫戏中的面具道："有时神鬼毕集，面具千面，无一相肖者。"

从当代傩面具的遗存看，贵州地戏的面具有百余面之多，黔东北现存老面具1500面以上，江西南丰保留傩面具近百面，南京高淳现有傩面具亦在百面以上，广西、云南、安徽、湖南等省（自治区）现存面具也为数不少。对这些面具的类型，我们可根据材质、角色、形制、色彩等做出不同的划分。

从材质方面说，目前遗存的傩面具在用材上，以木头为主，亦有布、纸、皮、龟甲、头骨、树皮、椰壳、葫芦、青铜等。因此，根据所用的材质，可作"木面具""布面具""纸面具""皮面具""骨面具"等简单的类归。

从角色方面说，根据身份与性质，有人将黔东北傩戏面具分为"正神""凶神""世俗人物""丑角"和"动物"五种类型[①]。此外，还有把中国的傩戏假面分为"老态面具""滑稽面具""雷神面具""将帅面具""判官钟馗面具"和"鬼神面具"等几类[②]。

从形制方面说，傩面具有"全脸""半脸""开合脸""套头"和"魁头"等五种基本类型。此外，云南的"吞口"、各地民间舞蹈中的"大头娃娃"等，则是傩面具在晚近时期的变异形式。

所谓"全脸"面具，即面具完整，戴上可覆盖傩文化表演者的全部面孔，其眉、眼、鼻、腮、嘴等部位均有，不论写实或夸张，其表现都比较逼真。大部分傩面具都归属"全脸"面具。

所谓"半脸"面具，即半截面具，它们往往没有下巴，面具仅遮挡傩表演者的面颊和鼻、眼，有亦幻亦实、亦人亦神的感觉。

---

① 俞帮林：《黔东北傩戏面具漫谈》，载《傩魂——梵净山傩文化文选》，贵州民族出版社2003年版，第151页。
② ［日］广田律子：《"鬼"之来路——中国的假面与祭仪》，王汝澜、安小铁译，中华书局2005年版，第105页。

所谓"开合脸"面具，即多层面具，往往为两层，外层从脸的正中分为两半，可或左或右地打开，与里层的面具构成新的面孔，一副两层的"开合脸"面具可构成四副面孔，即全闭、左半开、右半开、全开四种。南京高淳的"开合脸"面具主要表现傩神的变身、变形，这种借助面具的多角色转换，带有神秘古奥的气息。此外，还有三层六目的面具，它可上下拉合，形成纵向排列的三面面具，这类傩面具出自广西桂林，也是用以表现角色的转换和一人多面性的特点，其具代表性的面具角色有托塔天王李靖等。

所谓"套头"，不同于片状的面具，而是圆雕的中空的大头，它不像面具戴在脸上，而是套在表演者的头上。在南京高淳的傩舞《跳五猖》中，道士、和尚等角色的面具就使用了套头，与五猖神、判官、土地神的面具在形制上完全不同。

所谓"魁头"面具，即面具和装饰头部的神界背景连成一体，因体量硕大、分量较重，故被称作"魁头"。"魁"有高大之意，因"魁为首"，又有"大帅"之说[①]。"魁头"面具属于傩文化的现象，《轩辕本纪》有"今人逐疫出魁，击鼓呼噪何也"之载，可见，"出魁"是驱鬼的傩仪。当今"魁头"面具主要见于江苏南京的郊县高淳，及与其临近的部分皖南地区。"魁头"上除了有主神面具，还有众神像和排列密匝的花树枝叶，其总高度大多在1米以上，显得魁伟高大。

从色彩方面说，傩面具有"素面具"和"彩面具"的区分。"素面具"一般由木头雕刻，不施油漆，在傩戏面具和萨满面具中均可见到；"彩面具"则在制作中涂刷油漆，并用油彩勾画脸谱。前者显得古朴、原始，后者则从视觉上增强面具的艺术效果。

2. 傩面具的制作

傩面具的制作一般选用白杨、丁香木、柳树等质地比较细软的木料进行加工。其主要工序，在贵州的安顺有"一坯""二坯""三坯""上彩"等几道；而在贵州的松桃，傩面具的制作则有"选材""取样""画型""挖瓢""雕刻""打磨""油炸""上彩开光"等8道工序。据喻帮林的介绍，松桃这8道工序的做法和目标是：

(1) 选材。选取白杨或柳树为原料，白杨木质轻而不易开裂；柳木在民间

[①] 见《经籍纂诂》卷九"魁"。

是辟邪之物,具有吉祥的取义。

(2) 取样。根据树木的大小、现状,确定面具的长短,然后用锯子按尺寸下料,一般要比人头稍大、稍长、稍宽。面具的长一般为 15~30 厘米,面宽为 15 厘米左右。

(3) 画型。在所下的木料上用笔勾画出面具人物的脸型轮廓。

(4) 挖瓢。根据人物脸谱的轮廓形象进行加工,先从背面用挖刀把瓢型的凹处挖出,形成瓢模坯型。

(5) 雕刻。瓢模坯制成后,开始着手雕刻,用角刀、平刀、洗刀等工具按人头的比例,把眼、鼻、口、眉、头饰等一一刻出,形成面具的雏形。

(6) 打磨。面具雏形雕刻完成后,就用刮刀、瓷片、粗细砂石等进行打磨,使之光滑。

(7) 油炸。为了让面具经久耐用不变形,打磨好的面具要放入一定温度的桐油锅里,待油炸到面具颜色发黄即捞出,使之冷却。

(8) 上彩开光。将油炸冷却后的面具再用粗细砂石打磨一遍,然后着色,上光油开光,最后根据角色形象配上须发和装饰,面具制作即告完成①。

经过这 8 道工序,能制出神鬼、男女、凶恶、友善的各种面具角色。

在黔东北傩面具多由傩坛中的"雕法师"刻制,他们除了做面具和道具,也参加法事和表演活动,而苏南的傩面具一般由技艺高超的木工师傅在家庭作坊中制作,他们一般不参与傩神的祭仪和傩舞的表演。

在苏南,面具的制作多选用杨木或柳木,也有用樟木、桦木的。制作工序包括选材、下料、煮木、阴干、雕形、打磨、批腻、刷底色、彩绘等。其中,"雕形"先定中线,再先粗后细地雕刻,民间艺人一般不用画稿,按传统样式的腹稿制作。打了腻子后,面具所加的底色一般取红色。所用的工具包括斧头、圆凿、扁凿、三角凿、蝴蝶凿等近 30 种。

3. 傩面具的功用

傩面具的传承与应用在中国已经历了数千年的发展历程,它在社会生活中以信仰的、审美的、风俗的和艺术的方式发挥着多重的文化功用。及至当代,傩面具除了辟凶除害、迎年祈福的精神追求,还有表演陈列、装饰商卖等实际

---

① 喻帮林:《松桃苗族"傩愿"及其面具工艺浅谈》,载《傩魂——梵净山傩文化文选》,贵州民族出版社 2003 年版,第 193-194 页。

的功能作用。功能决定了傩文化在时间向度上的存废消长，也决定了其面具在空间向度上的传承与应用。作为人的需要的反映，傩面具不论是用来驱凶，还是用来纳吉，都有其存在的合理性，都有其复杂的文化内蕴，需要深入地发掘和认知。

（1）辟凶除害。

傩文化的仪式及其面具所驱辟的"凶""灾"，指疾疫、疫鬼、寒气、阴气、恶鬼、鬼魅、鬼祟、方良（魍魉）、黄鬼、虚耗等，并形成"逐疫""驱疫""殴疫""逐疫鬼""逐阴""埋祟""殴方良""捉黄鬼""撵虚耗""打野胡""跳五猖"等驱傩活动。

傩及其面具的"驱疫"功用，早在周代已经产生。《周礼·夏官》载：

> 方相氏掌蒙熊皮，黄金四目，玄衣朱裳，执戈扬盾，帅百隶而时难（傩），以索室驱疫。

所谓"黄金四目"，就是面具的应用。傩本为了"驱疫疠之鬼"，又谓之"害除"，直到汉后人们仍视疾疫为鬼祟，沿袭以傩"逐疫"之说。《后汉书·礼仪志》曰：

> 季冬之月，星回岁终，阴阳以交，劳农大享腊。先腊一日大傩，谓之逐疫。

驱疫疠之鬼的"害除"，又称作"埋祟"。孟元老《东京梦华录》卷十"除夕"条载：

> 至除日，禁中呈大傩仪，并用皇城亲事官。诸班直戴假面，绣画色衣，执金枪龙旗，教坊使孟景初，身品魁伟，贯金副金镀铜甲，装将军。用镇殿将军二人，亦介胄，装门神。教坊南河炭丑恶魁肥，装判官。又装钟馗、小妹、土地、灶神之类，共千余人，自禁中驱祟，出南薰门外，转龙弯，谓之"埋祟"而罢。

可见，宋代的傩仪已有众多角色，其类型开始由仪式向表演的方向演进，其基调则由严肃转向谐乐。到清代，甚至出现由丐者扮演的傩舞"跳钟馗"，在"逐鬼"的主题下增添了逗乐的成分①。

面具能辟凶驱邪的信仰还体现在民间的风俗活动中，宋人陈元靓引《岁时

---

① 顾禄《清嘉录》："丐者衣坏甲胄，装钟馗，沿门跳舞以逐鬼，亦月朔始，届除夕而止，谓之'跳钟馗'。"

杂记》说到面具"施于门楣"以作为除日的镇物①。贵州民间有"一傩冲百鬼"的谣谚，而明代的冯梦龙则记述了面具除怪的故事：金陵一卖"鬼脸子者"，以面具吓得黑鱼精招认与人家小姐私通，并被擒获，终遭杀而腌之②。辟凶成为面具最常见的功用之一。

(2) 迎年祈福。

傩仪活动和面具的使用主要在除夕和新年期间，具有突出的迎年祈福的取义。除日的以驱鬼逐疫为主旨的巫仪傩祭，实际上，就是为排除岁末的阴气、凶殃，迎来新岁的太平、吉祥。面具在岁除的出现如同门神、门钱的贴挂和"天地""百分图"之类的纸马祭供一样，意在为新年祈福。傩面具所谓的"除旧德""立新德"之功，包含着送寒气、迎春气的现实追求和逐阴导阳的信仰观念③。

在江西乐安县流坑傩的面具中，有武财神赵公明和关公，专司赐福的天官，执掌文章文运的魁星神君，以及表夫妇甜蜜和兄弟亲和的和合二仙等，这些吉神面具的应用表明了傩面具及傩戏表演具有借助角色而祈福的成分。

在傩戏和傩仪中还常见手拿长斧的开山者或开路先锋，他们都是作为山神或山神的化身而出现的。山在中国古人看来是"阳精"的象征，也是"生君"之象。《春秋公羊传注疏》卷十七云："山者，阳精德泽所由，生君之象。"此外，《春秋谷梁传注疏》卷十三引汉许慎之说云："山者，阳位，君之象也。"山因雄健高峻，与天相接，被视作"阳"的象征，故此，《尔雅》称："山西曰夕阳，山东曰朝阳。"此说强调了山的东西两面均与"阳"有关。因山为"阳"，山神便无疑是"阳神"了，故能驱邪辟鬼，并带来健康、丰足、兴旺和幸福。

(3) 表演陈列。

傩面具就表演的功用来说，主要应用在傩舞、傩戏和傩仪方面，并主要以动态的过程来展现信仰的和娱乐的内容，从而在一定社会群体的节日活动中发挥出满足、教化等功能作用。

在当今文化旅游资源的开发与应用中，贵州、江西、安徽、江苏等地均对

---

① 陈元靓《岁时广记》卷四十引《岁时杂记》曰："除日作面具，或作鬼神，或作儿女形，或施于门楣。驱傩者以蔽其面，或小儿以为戏。"
② 见冯梦龙《古今谭概》卷三十四。
③ 高诱《吕氏春秋·季冬纪》注曰："大傩，逐尽阴气为阳导也。"

当地的傩文化遗产加以保护、开掘和转化，并利用傩舞、傩戏等先天具有的表演性质，形成具有地方特色的旅游产品。例如，贵州安顺的地戏与屯堡景点结合，形成能引发游客兴致的旅游项目；傩舞"跳钟馗"，成为安徽歙县乡村旅游的特色文化；南京高淳的傩舞"跳五猖"引入了县城老街"一字街"，成为仿古戏台上最受欢迎的节目之一。这些以面具为标志的傩文化，不论在乡野的岁时节日生活中，还是在旅游项目的开发与应用中，都以其展演性而显示出满足的功能。此外，河北的"捉黄鬼"，因有惩戒不孝的内容，其表演则具有教化的功用。

至于伴随民俗生活的各种傩文化形态，诸如《跳灶王》《跳加官》《跳灵官》《跳财神》《耍大头》《跳魁星》《跳马灯》之类的傩舞和其他傩戏表演，较少敬神逐鬼的气氛，在乡民生活中发挥着娱乐的与满足的功能。

近年来，傩面具的陈列、展示也已受到普遍的关注，一些博物馆或艺术馆举办过多次的面具专题展览。例如，在贵州安顺的屯堡，常年都有地戏的表演，其舞台的两旁就有傩面具的陈列，使舞台上下动静交并，让人目不暇接。面具的陈列不仅有保护与观赏的功用，也有学术研究和认识教化的作用。

(4) 装饰商卖。

傩面具在当代具有装饰美化的功能应用，一些地方和场合用面具做环境装饰，并主要用于广场、景点、饭店、茶楼及其他较大的公共活动空间，以彰显地方的和民族的特色，渲染民俗的与艺术的气氛。

在广西环江县中心的民族文化广场，有毛南族自治县的标志性建筑——"盛世祥傩"群雕。它由72块傩面具垒成，主体雕塑高18米、宽12米，重达2000多吨，整个雕塑占地120平方米，号称"天下第一傩"[①]。这一面具雕塑群不仅装饰了广场，体现出当地的文化资源特色，而且配合了毛南族的"庙节"，即分龙节的三界公爷的傩祭活动。

傩面具在艺术装饰中的应用，扩大了面具文化的影响，为环境艺术设计、景观艺术设计提供了资料和手段，并以面具特有的视觉冲击力扩大了其功用的空间，推动了傩文化的传承和传播。

傩面具也能作为文化产品进入艺术市场，成为商卖活动中最具特色的艺术品类之一。面具在古代就早已作为文化商品买卖，且价格不菲。宋人范成大

---

① 参见朱奕：《傩戏班的春天》，载《人民政协报》2009年8月14日A1版。

《桂海虞衡志》曰：

> 戏面，桂林人以木刻人面，穷极工巧，一枚值万钱。

这既说明宋代的桂林在面具制作方面极为工巧，因而价格高昂，同时也透露出在北宋繁荣的商卖市场中傩戏面具也是炙手可热的文化商品。此外，明代冯梦龙的《古今谭概》写道，在金陵有挑担专售面具者。面具作为商品，这种走街串巷叫卖的存在，说明当时的普通市民对面具需求的广泛。

在当代，随着文化遗产意识的增强，对装饰风格民族化的热衷，文化艺术市场的繁荣，民众文化消费能力的提高，面具市场也愈来愈活跃。在傩文化传承地、展演地、陈列处、旅游景区、文化大市场等处，常见面具的销售，面具通过商卖而进入当代的寻常人家，发挥装饰、收藏、怀旧、鉴赏等作用，满足着人们信仰之外的功能追求。

二 作为傩文化现象的苏南傩面具

1. 苏南傩文化背景

江南吴地作为荆蛮之地，自古巫风盛行，相对于中原地区较早进入文明时代来说，吴地曾长期处于蛮荒状态。鬼神信仰的深厚基础，人与自然浑然不分的思维逻辑，鱼米丰足的原始经济状况，使吴地的巫术活动十分活跃。《战国策·赵策》有"黑齿雕题，鳀冠秫缝，大吴之国也"之载，"黑齿雕题"指染齿和文身，"鳀冠秫缝"则指其发展迟缓、装束原始，字里行间透露出自然宗教的气息。

苏南浓郁的巫风，通过鱼蛇崇拜、立庙祭祀、稻米信仰、行巫杂俗等而显现出来。鱼蛇崇拜属动物崇拜，它主要包括鱼的信仰崇拜和蛇的信仰崇拜等方面。苏南水源丰足，河流、湖泊多不胜数。单说较大的湖泊，就有太湖、阳澄湖、金鸡湖、长荡湖、滆湖、固城湖、石臼湖、玄武湖等，丰富的鱼类资源不仅构成苏南先民的食物来源[①]，而且成为信仰的中心。在吴语中，"吴"与"鱼"的发音相同，实际上，吴人就是鱼人，即鱼的氏族群体。

至于蛇的崇拜，与龙的崇拜相互交叉。吴越之民断发文身，本为扮作"龙

---

① 《汉书·五行志》曰："吴地以船为家，以鱼为食。"

子",是一种拟龙、亲龙的信仰。在江南吴地,蛇是作为仓神而受祭拜的,俗信蛇与粮多仓满联系在一起。至今在江南宜兴、常州一带还流传着刻印蛇图像的纸马,蛇被称作"蛮家",又被称作"仓龙"或"天龙"。在苏州娄门还建有蛇王庙,据《吴门表隐》载:"蛇王庙,在娄门城下,向在城外,地名毒蛇墩。凡捕蛙者,祭献不绝。明末移建今所。"俗传,四月十二为蛇王生日,吴人多往蛇王庙祭拜,并以庙中乞得的符纸粘贴自家户牖,信其能远蛇毒。这里的拜蛇、蛇符均属巫术现象,被清人蔡云称作"妖氛"。其诗云:

月交蛇位麦登场,日纪蛇生验雨旸。

更怪妖氛干正气,丛祠香火拜蛇王。

可见,崇蛇的巫风到清代在吴地依然盛行,并构成吴地文化的标志之一。

立庙祭祀在苏南也较为普遍,其中不乏巫术的成分。除了上述苏州的蛇王庙,还有五通神庙、五猖庙、八蜡庙、狗王庙、刘王庙、山神庙、火神庙、蚕神庙等。其中,苏州上方山"五通神庙"的"借阴债";行凶作恶,但能乱丢抢来钱物、让人意外发财的五猖神;祭拜蝗虫,避免虫灾的八蜡庙祀;以狗为先祖或忠犬而塑像庙祭的"狗王庙"或"狗头庙",以除蝗英雄刘猛将军为庙祀对象的"刘王庙"或"猛将庙"等等,其信仰与活动都有巫风的印记。

至于苏南以面具为庙祀对象的神祠小庙,更具有巫风的气息。例如,高淳的祠山殿中的祠山大帝魁头,配祀的五猖神的面具,和尚、道士的套头,关公、太子、元帅、土地、判官等面具以及眼光娘娘、斑疹娘娘、天花娘娘的塑像等;东坝降福殿和张巡庙里的东平王张巡、元帅、将军、总兵、城隍、土地、祠山、二郎神、关公、五方神、晏公、刘猛将等面具:它们既是出巡时的神列,又是庙祭的对象。面具与塑像、雕像相比,在视觉效果上更为古奥而怪异,因其形象的不完整及傩事中的应用,更具有巫术宗教的神秘性质。

稻米信仰与农耕社会的生产、生活密切相关,作为稻作文化的一部分,其中不乏巫术的成分。在苏南吴地,稻米信仰中有"供米驱邪""撒米找魂""糙米收晦""稻穗镇宅"等具有巫术气氛的风俗。

所谓"供米驱邪"的"供米",指春节用以斋神、祭祖的放在堂前的一碗米,也有说是供米神的,它常年供放,俗信可驱邪鬼。在无锡地区流传着这样的谣谚:"米是宝中宝,斋神最最好";"堂前供米神,邪鬼勿进门"。

所谓"撒米找魂",指小孩受了惊吓,夜里啼哭或胡言乱语,家长就认为他丢了魂,魂被鬼勾去了,于是用撒米的方式把魂找回来。或者把米放在病人枕边，撒少许米到床上，拍床沿喊"归来吧""归来了"！或者带一碗米上屋顶，于二更过后把米撒向四周，并呼喊儿名，以家人的应答表魂已找回。

所谓"糙米收晦"，指农家在碾米时留一碗或一升糙米，叫作"灰米"，米上再撒少许稻草灰，放在家中，俗信能吸去全家的晦气，保佑一家人四季平安。

所谓"稻穗镇宅"，指农民们在自家门前屋檐下挂三五个稻穗，信能镇护宅院，有俗谚道："门上有谷神，全宅保太平。"此外，苏南从前还有用稻穗挂婚床，以祈盼多子多育的风俗①。

上述有关稻米的苏南信仰民俗，均反映出巫术在当地生活层面的深远影响。苏南地区的古今风俗中，遗存着大量的行巫杂俗，表现在护儿、乞子、镇宅、治病等许多方面。

在护儿方面，新生儿的衣胞不能随便丢弃，不能让野狗吃了，要装入瓦罐深埋，一般埋在路道上、石板下，或埋在男厕所的路下，俗信让千人踩、万人踏，小孩才能长得健壮。二月二农家炒豆子给小孩吃，叫"吃蝎子爪"，意为小孩当年就不会被蝎子等毒虫咬了。小孩的衣服夜晚不晾在室外，并要祭供"游魂"纸马，以防这个"夜游女"滴血在小孩衣服上而害死小孩。在苏州曾有"卖痴呆"的除夜风俗，小孩子们在外面边跑边叫"卖痴呆"，大人们往往成全他们，叫住孩子，说自己要买，以使孩子们转移掉"痴呆"，变得聪明。这些护儿风俗，显然带上了巫术的印记。

在乞子方面，相关的民俗活动多具有巫术的成分。例如，在南京，中秋月夜妇女到瓜田、菜地偷瓜或豆子，作为诱发怀孕的手段；新年娘家人给出嫁的女儿送灯，以祝其有子，灯投灶中烧掉，看火势尖团、白红卜男女。在吴地，元夕妇女们相约走桥，称作"走三桥"，有的妇女在走桥中有拆一桥砖带回家的做法，俗信拱桥能诱发自己的肚子隆起，并以数字"三"兆男，以乞怀孕产子。在各地，雕花的木质婚床，以大大小小的葫芦为基本图案，称作"瓜瓞绵绵"或"子孙万代"，以此象征传宗接代、香火不熄。旧时婚嫁，当花轿快起轿离家时，娘家人会拎出一只新马桶，里面放着一包枣子、一把筷子，以寄托"早生快养"的祝愿。上述瓜豆、灯盏、桥砖、葫芦、马桶、枣子、筷子等民俗符号的象征应用，均具有巫术的性质。

---

① "供米驱邪"等信仰民俗参见朱海容：《古吴春秋》（上），新疆青少年出版社1994年版，第77-78页。

在镇宅方面，借助石雕、木雕、砖雕、建筑构件、门饰等以护佑，常常显露出巫术信仰的因素。例如，石狮子、石磨盘，砖雕或木雕的狮子、老虎，石刻的带有虎头、八卦的"泰山石敢当"，贴挂着门神、桃符、春联、挂钱、雄鸡图、钟馗、吞口、小镜子、八卦牌、剪刀等物的门头与窗户饰物，门当、户对、铺首、鸱吻、瓦将军、瓦当、滴水、脊饰、手纹砖等建筑构件，以及发锤、红绿布、符箓、兵器等在室内的挂置等，都在一定程度上反映了巫术观念在建筑信仰中的存在。其中，在南京高淳民宅墙体上的"手纹砖"，以手印纹表两仪和五行的同在，同时以小孩的手印表通神有灵。以手印镇宅属巫术流风，在日本、韩国也有类似的巫术信仰。

在治病方面，有沉疴重病的人家请用"消灾""替身""巫师"之类的纸马祭奉，以图转走病痛；有小儿因缺钙而夜啼的人家，则用红纸写上"天皇皇，地皇皇，我家有个夜哭郎，过路君子念一遍，一觉睡到大天光"，贴在男小便池附近让众人诵读，信能止小儿夜啼；有病痛而熬服中药的人家，常常把药渣倒在路道中央让人践踏，以盼集众生之阳气转移到病者身上，让他得以早日康复；旧时小孩得病，人们就请用祝由科的符纸或符水来治等等：这些都是巫风在习俗中的体现。

苏南地区带有浓郁巫风气息的信仰民俗，构成了傩文化传承的重要基础和背景。

2. 主要传承地的文化基础

泰伯奔吴之后，江南土著的荆蛮文化便与中原的商周文化混融，形成食稻米、重商贾、好祭祀、习水善舟、好勇轻死、讲求工巧的吴文化，使苏南成为经济繁荣、文化丰厚的特殊地域。到西晋，在苏南"人咸安其业而乐其事""牛羊被野，余粮栖亩"，"天下无穷人"[①]。同时商卖兴盛，"都有专市之贾，邑有倾世之商，商贾富乎公室"[②]。到唐代有"赋出天下，江南居十九"之说，而宋有"苏湖熟，天下足"之谚。

吴地的经济富足使其信仰文化得以持续传承，由于淫祀、巫道盛行，《淮南子》中有"吴人鬼"之说。在巫风气息下，从中原传来的傩文化也有了立足和发展的可能。直到现在，在苏南的高淳县（现南京高淳区）和溧阳市等地，

---

① 干宝：《晋纪·总论》。
② 《全晋文》卷四十七载傅玄《检商贾》。

还有傩祭和傩舞在传承，面具仍然是其风俗信仰和艺术活动的中心。

（1）南京高淳。

南京高淳县位处江苏省的西南角，作为边县，其地与安徽省的当涂县、宣州市（现宣城市宣州区）和郎溪县接壤，是一个鱼米丰足、文化深厚、特色鲜明、传承持久的文化历史名县。高淳地区积淀着吴文化、越文化、楚文化和中原文化的因素，由于湖泊、丘陵较多，离中心城市南京稍远，近代以来又相对闭塞，成为江苏文化遗产蕴藏丰厚的"富矿区"。

高淳在傩文化方面遗存甚多，除了桠溪、定埠等镇有傩舞"跳五猖"外，傩祭更为普遍，在淳溪、薛城、阳江、砖墙、东坝、固城、桠溪、古柏等镇的乡村，以面具和魁头为祭祀对象的傩祭活动较为突出，不仅有常年的诣庙致祭，还有定期的出会巡游和赛会活动。

在高淳，民俗艺术的根基比较深厚。在传统戏剧方面，有阳腔目连戏、高淳锡剧、高淳高腔等，其中，阳腔目连戏在唱腔上吸收了皖南的"弋阳腔"和"青阳腔"，结合本地的"高腔"而形成，并融合了"跳五猖""跳鬼司""跳财神"等傩舞，在元、明时期即已存在。在高淳的东坝、沧溪、阳江、固城的乡村中存留着一些古戏台，在薛城乡有搭台唱戏的花台会，显示出高淳一直沿袭着"丰年唱戏多"的传统。

在民间舞蹈方面，高淳有东坝大马灯、固城大马灯、砖墙中马灯、桠溪小马灯、阳江打水浒、古柏跳八怪、固城武五猖、桠溪狮子灯、砖墙打罗汉、淳溪荡湖船、长芦杨家抬龙、沛桥高跷、长乐龙吟车等，其中龙吟车的面具、魁头、仪仗具有突出的傩祭性质。

在民间美术方面，有道教水陆画"斗牌"，有版印与手绘结合的中堂画"紫微星君"，有"斩鬼""游魂""消灾""水神""螣蛇""城隍""五方神咒"等诸神的纸马，有门头壁画和灶头画，有建筑木雕、砖雕、石雕等。

在制作技艺方面，有羽毛扇制作、布鞋制作、豆腐干制作、炒米塘制作、欢喜团制作、糕饼制作、扎塑技艺等，往往都与民俗生活紧密联系在一起。

此外，高淳还有薛城和朝墩头新石器文化遗址，开凿于春秋时期的古运河胥河，南城遗址，自春秋以来人工围垦的圩田，固城和下坝汉墓群区，明清古街和徽派建筑，太平军遗址，大量的民间口承文学作品、民歌和民间音乐等。

（2）溧阳社渚。

溧阳市为江苏省众多的历史悠久、山清水秀的旅游城市之一。作为县级市，该市的社渚镇位于两省三县（市）的交界处，即西与江苏省南京市的高淳县（现为高淳区）接壤，南与安徽省的郎溪县接壤。社渚镇始建于北宋宣和七年（1125），面积为207平方公里，总人口7.6万，下辖30个行政村和两个居委会。

溧阳社渚镇同比邻的高淳和郎溪一样，至今还见有面具和傩文化的传承。社渚的傩文化与高淳县的傩舞、傩祭，以及郎溪县的傩舞之间，既有一定的渊源联系，又有着形态上和程式上的区别，社渚蒋塘村的"跳竹马"、嵩里村的"跳幡神"、乘马圩村的"冻煞窠"、刘家边村的"跳祠山"等，都是使用木面具的傩文化活动，且形成自己的地方特色。同郎溪一样，社渚的傩文化可能是从高淳传入的，其时间当在明清之际。据在1986年民间文学普查中所搜集到的传说《跳幡神的来历》讲，嵩里村的幡神面具是在清中叶咸丰年间由放牛的牛佬们在村东庙基墩的石板下偶然发现的，它一共有27面，藏在箱子里。村上人后来戴起来跳舞取乐，传承至今①。这一传说的背景可能是真实的，藏在石板下的傩面具有可能是在太平军杀到溧阳时由村民们藏匿起来的，因为信奉拜上帝会的太平天国是反对其他信仰与崇拜的，因此这些面具只有藏匿起来才能避免焚毁的厄运。这样看来，溧阳社渚的傩面具在清中期前就已存在是可信的。

溧阳民俗文化中的四月八"乌饭节"、太平军锣鼓、踩高跷、舞龙舞狮等也烘托着傩文化的传承。其中，乌饭，与目连救母的佛教故事相关；太平军锣鼓，由30多人表演，前有旌旗开路，后有刀枪压阵，身着太平军戎装，具有一定的仪式性。至于高跷，又称作"脚把""拐子"，溧阳高跷的角色有头陀和尚、傻公子、小二哥、渔翁、渔婆、贪官、唐僧师徒四人、白娘子、许仙、梁山伯与祝英台、八仙等，他们以手帕、扇子为道具，配以锣鼓、乐队，场面幽默、生动。它们在灯节、庙会上出演，往往与傩舞相互映衬，烘托气氛。

在溧阳也有距今六七千年的神墩新石器文化遗址，有涉及婚嫁、砌房造屋的仪式歌谣，以及大量的情歌、劳动歌、生活歌和有关历史人物、传统风俗、当地物产、山峰湖泊等的传说、故事，它们共同构成了傩文化传承的基础和背景。

总之，溧阳同高淳一样，经济生活上的富庶，地理上与中心城市较远的距

---

① 江苏省溧阳县三套集成办公室编：《中国民间文学集成·溧阳县资料本》，1989年版，第193页。

离，历史上巫风与宗教气氛的浓郁，民间文化积淀的深厚等，构成了傩文化自然传习的客观基础。

三 苏南傩面具现状

1. 分布与类型

苏南的傩文化和傩面具目前主要分布于南京市的高淳县和溧阳市的社渚镇，此外，在南京市的溧水县（现南京市溧水区），亦见有部分面具神的傩祭活动。这些地方过去主要依靠水路通连东面的无锡、苏州、浙江等地，以及与西面的皖南地区相联系，而较少与北面的南京相往来，在语言上基本属于吴方言，与南京的下江官话有着明显的区别。高淳、溧阳相互接壤，都位于江苏省的西南地带，处在省际的交界线上，作为苏南的傩文化"孤岛"，它们构成了江苏境内目前尚见面具传承的特色文化板块。

对苏南傩面具的类型，我们可以从功用、形制、结构、角色等方面加以简略的归纳。

从功用方面说，苏南傩面具分为可戴面具和不可戴面具两种基本类型。可戴面具属表演类面具，主要用于傩舞的表演和傩仪的出巡活动，具有角色认定、身份转换和通神显灵的艺术作用；而不可戴面具，没有动态表演的应用，只作为静态陈列、装饰的对象和傩祭、庙祀的神物，其宗教意味更加突出。

从形制方面说，苏南傩面具分为脸壳、套头、魁头三种基本形式。所谓"脸壳"，为木雕的呈弧面的面具，它可覆盖扮演者的脸面和额头。脸壳一般用油漆涂绘，其角色形象较为程式化，如"祠山大帝"的脸面为棕黑色，"刘猛将军"的脸面为深红色等。所谓"套头"，即用木、纸、布等材料做成的头形假面，以套在表演者的头上，作为特殊而神秘的装扮。例如，苏南傩舞"跳五猖"中的道士、和尚等就是用套头作面具，类似今大头娃娃舞的"大头"。所谓"魁头"是高淳傩文化中最为奇特的傩面具，它包括木雕的脸壳、金枝叶和众小神。魁头在出巡时由人戴上面具，扛在双肩上。它一般有1米左右的高度，60厘米以上的宽度，重量在100斤（50千克）左右。魁头一般为主神而配，出会时显得高大威武，神秘莫测。戴魁头的傩神有祠山大帝、刘猛将军、二郎神、张巡、关公、晏公、神农等。

从面具结构说，苏南傩面具有单层面具和开合面具两种，或者说，有固定的单一面具和活动的可变面具的区分。通常的木雕面具往往有固定的脸谱和专用的角色,一张面具只表现一个神灵或人物,而开合面具为两层面具,其第一层从脸的中部可左右打开,开左、开右、全开、全合共能形成四张面孔,起着角色转化的作用,也用来表现二郎神等神灵善变的多面性。

从角色性质方面说,有吉神和凶神两类。所谓"吉神",大多为天地神、英雄神、人杰神、道佛神等,他们是专门助人的恩神,诸如关公、张巡、张渤、杨泗、龙王、土地、二郎神、刘猛将军等,他们或招财,或斩鬼,或兴水利,或除虫灾,信能带来吉祥和恩惠。所谓"凶神",能作恶害人,其形多狰狞可怖。苏南傩面具中的凶神主要是五猖神,它们的面具分别为青、红、白、黑、黄五色,其形皆龇牙瞪眼,狰狞可怖。它们因杀人劫财、放火劫色,既被人们痛恨,又为人们所敬畏,成为人们并不真心敬重的凶神而进入傩舞、傩祭之中。

2. 活动与时空

苏南的傩文化活动,就面具使用的形式而言,主要体现在傩舞和傩祭两个方面。傩舞的种类,包括"跳五猖""跳财神""跳八佾""跳幡神""跳竹马""跳祠山""冻煞窠"等,均以面具为主要道具表现神人与神鬼间的关系。傩祭则主要包括庙祭、庙会等活动。在庙祭中,面具神作为尊神供奉在庙堂之中,受人香火。不论是可戴的还是不可戴的面具,都供放在庙堂里,成为平时乡民祭拜的对象。傩祭还包括傩神出巡的庙会和赛会,例如高淳东坝、桠溪七月二十四的东平王庙会(降福会),定埠二月初八的祠山庙会,淳溪薛城三月十六至三月十八的龙吟车会,头陀村三月二十四至二十六的十菩萨会,三月中旬凤山镇永城村的大王会,溧阳社渚河口村二月初八的祠山祭鼓,正月初八至十八蒋塘村的竹马灯等,都是使用面具的傩文化活动。傩祭活动包括场祭、路祭、家祭等形式,祭祀中不乏舞蹈,因此,傩祭与傩舞并非决然分开的两个方面,而是时见交叉和呼应。

就时间来说,苏南傩面具的应用自有其习惯性和规律性。傩舞、傩祭的活动时间一般在每年的正月里,在有关主神的神诞日,也在乡民选定的庙会和祭赛的日子,常年庙祀的神庙也有每月初一、十五致祭的现象。正月的傩文化活动主要在初一到元夕期间,而神诞日的致祭活动多集中在夏历的二三月间,并以祠山大帝的祭祀为主。

就空间来说,苏南傩面具伴随着傩舞、傩祭主要出现在神庙、谷场、路道、祠堂、戏台、广场等处，有时还进入人家里驱傩逐疫，也见存放于村所、库房、老人俱乐部、村中公共用房等处。其中，傩舞的表演主要在谷场、空地和戏台，而傩祭主要在神庙、村道和村中较开敞的空地。

3. 角色与应用

苏南傩文化的面具角色以主神为中心，因事用和地方的差别而形成不同的队列和组合。例如，高淳"跳五猖"的面具角色主要有东、南、西、北、中五方之神，土地，判官，道士，和尚等9个，而溧阳"跳幡神"在表演与祭祀中的角色，有祠山真君、东方甲乙木、南方丙丁火、西方庚辛金、北方壬癸水、中央戊己土、值符、三眼灵官、杨泗将军、鲍龙、鲍虎、鲍氏三娘、廉康、廉寿、福乐、福寿等。高淳东坝降福殿的傩祭神位有张巡及二夫人、大太子、二太子、三太子、太监、十符、花元帅、火仙等。溧阳蒋塘竹马灯所配的10名战将均戴有面具，其角色为头马杨文广、二马巴焦女、三马俄皇万岁、四马焦通大将军、五马观音大士、六马吕氏一品夫人、七马黄道士、八马威化将军、九马黑魁大将军、十马祠山张大帝。面具角色的同中有异，反映了民俗与信仰所具有的地方性特点。

当今傩面具遗存在应用方面主要有传统应用和当代应用两类。所谓"传统应用"，即沿袭傩文化原本的功能，以驱鬼逐疫、除凶禳祸、祈稔求丰、纳吉迎祥为追求，主要用以调节人与自然的关系，以及人与自我意识的关系，表现为生存斗争的一种特殊方式。所谓"当代应用"，即新的应用领域的开拓，在功能上追求生存之外的精神需求和唯美情感的表达。例如：作为民俗博物馆和民俗艺术馆的收藏品和陈列品；作为地方的非物质文化遗产标志，成为旅游项目、建筑装饰、成果展示和地方风物；作为民间工艺品，进入艺术市场和收藏品市场；此外，还作为艺术教育和学术研究的对象，走出乡野，进入了高等院校和科研机构。当今苏南的傩面具在"当代应用"方面除部分进入博物馆、艺术馆外，尚未像贵州、云南等省那样以文化产品的形式开启新的功用方向，仍处在发现与研究的阶段中。

《地方文化研究》2014年第2期

傩仪的结构与作用

傩仪，包括傩祭活动的全部仪式。傩祭中的舞蹈或戏剧作为傩仪的有机部分，往往是其仪式过程的夸张和浓缩，也是对傩仪禳镇主题的艺术表达。傩仪活动作为功用明确的宗教与民俗现象，自有其特定的文化结构和功能作用。

一　傩仪的文化结构

就文化结构而论，"层次结构""空间结构""角色结构"是其最基本的方面，也最能展现傩仪的文化特质和信仰内涵。

1. 层次结构

所谓"层次结构"，指傩仪的展开层面及其相互关联所形成的多态统一的结构系统。这一"层次结构"包括心态、物态、动态和语态的不同层面，导致傩仪多形态、多空间、多层面交叉综合的形成，并呈现出内在而多维的文化结构。

拿心态的层面说，傩仪本属巫术、宗教的范畴，建筑在神鬼同在的信仰观念之上，以获取神佑为驱鬼逐疫的手段，并在长期的传习中形成旨在近神远鬼的信仰风俗。傩文化中的信仰表达与神鬼世界存在的幻想，与凭巫可沟通神祇、天地的观念，与生死相转、吉凶幻化的企望联系在一起。心态层面是巫傩文化体系中最重要的层面，它涉及人们的功能需要和信仰传统，决定着傩仪的简繁和存废。这一层面的存在和传承，必然带动其他层面傩文化因素及其事象的存续，而傩文化在很多地区的销声匿迹，则主要是在这一层面上相关精神信仰和文化意识的衰亡。傩的信仰发轫于原始文化阶段，伴随着巫术、神话和风俗至今在部分地区传习，其传承的土壤和机缘则与当地信仰风俗的深厚和巫术、宗教情结的存留相关。心态层面作为傩仪的核心层面在存在形态上是潜在的,它需要借助物态、动态、语态等层面而显现出来,也只有与其他层面的文化形态相依存,它才能体现出自己的存在价值和文化意义。

拿物态的层面说,它是点画傩仪的威严、声势和文化象征的重要载体。物态层面的傩仪可见、可感,可触、可及,具象而夸张,生动而神秘。傩仪中物态层面文化要素的突出标识是面具、道具(巫具)和服装等。面具作为傩文化最重要的标志符号,不仅决定了傩神的角色认定和基本脸谱,也表现了人、神的联系和合一。参加傩仪的普通乡民因戴上面具或套头被认为进入了神界,从而被赋予了把握吉凶的神能。面具是角色身份的象征,也是傩仪、傩舞、傩戏存在的灵魂。面具以木雕为主,涂以色彩,具象可感,它虽为静物,却能与傩仪、傩舞中的动作、信仰联结在一起。傩仪、傩舞、傩戏中的道具,本有巫具的性质,是巫傩通神的法物。作为道具的傩神执物多为兵器和用具,或刀剑,或拂尘,或蒲扇,或木杖,显示出各自的身份特征和角色仪容。至于傩仪、傩舞中的服装,诸如铠甲、头盔、幡旗、布靴、道袍、袈裟等,也配合着面具,以物质形态展现傩仪的声势和威严。

拿动态的层面说,傩仪活动不是静止的心灵修炼,而是一个动态的、有一定时间长度的过程,它有起始,有终止,甚至还有动静交替的变化。傩仪活动以庙堂祭祀、村中巡游、场头傩舞、搭台唱戏等为主要形式,以傩神的移动和村民的互动为外显的视觉特征。就作为信仰活动中心的傩神来说,它们以跳跃、行走、追逐、互动的方式表现出相关仪式的动态性质。其中,傩舞由村民戴傩面具扮神起舞,他们跳跃、跨步、走阵、打斗,表现傩神疾恶如仇的个性和护佑一方的拳拳之心。傩神的走村巡游,除了乘坐舆轿和骑马、推车之外,更多的是迈开大步,在锣鼓声中昂首前行,他们或执兵器,或甩衣袖,或扛魁头,忽缓忽疾,忽远忽近,成为庙会活动中众所瞩目的游动目标。至于以乐神娱人为追求的搭台唱戏,也是人神互动的场所,作为傩祭活动的一个环节,往往唱戏与祭神自然衔接,并具有傩仪整套仪式尾声的性质。万头攒动的场面、台上的表演、台下的喝彩等,都展现出动态层面的图景。

拿语态的层面说,傩仪不仅以动态的活动表现仪式的过程,表现傩神对神秘的不吉因素的逐除,并以面具、魁头、兵器等物态符号夸饰傩神的威严和神力,而且也需要用语态层面的文化符号,多维地呈现傩文化的综合性和包容性。语态层面的文化符号包括吆喝、巫咒、祝祷、傩词等,借助声响、语词、话语发挥巫术的沟通与震慑作用。古人有从语音出发,认为傩的活动本出于驱傩中人们口作"傩、傩"之声,"傩、傩"为驱赶野兽、疫气、阴祟等的象声语。巫咒则用语句对付现实的自然之物和虚妄的幻想因素，以希冀对其发挥制抑的作用。例如，端午节的"五月五日天中节，赤口白舌尽消灭"的咒语，巫术中"妖魔鬼怪快滚开"的斥责等，都赋予语言以武器的功用。傩仪中对健康、太平、丰收、长寿的祝祷，对发家致富、人丁兴旺的祷告，也赋予了语言神秘的效用。至于傩词、傩诗的出现，体现了巫傩观念的持久传承，以及古代文人对傩文化的观察、记录和感受。这些语态层面的文化因素同样构成传统傩仪研究中不可或缺的方面。

2. 空间结构

所谓"空间结构"，指傩仪作为时间向度上长短不一的祭祀过程，有其多重的展示空间，这些空间相互衔接，在流动中形成自己的结构系统，并各有需求对象和功能取义，彼此形成或大或小、散聚统一的空间体系。傩仪的空间结构包括庙、路、场、室等不同的室内外空间，这些空间成为傩祭内涵与节奏转换的标点。上述的空间变换形成了"庙祭""路祭""场祭""家祭"的系列活动，并合成傩祭庙会流动性的空间结构。

"庙祭"，即诣庙祭祀。它一般在傩神的诞日、每月的初一和十五日、庙会的开场和结束时，以及因其他特殊事由而进行。庙祭的空间是供放傩神面具、魁头、仪仗及其雕像、塑像、画像、牌位的庙堂。庙祭以进香活动为主，村民们到庙中燃香点烛，敬献茶果、糕点等祭品，作揖叩首，烧钱化纸，默念祝祷，有的还求签问卜。庙祭是在室内空间进行的，庙宇作为当地村民的信仰中心，是常备性、多用途的点式空间。这里不仅进行常规的祭祀，往往也是庙会的起点和终点，是傩神巡游队列的集合出发地。傩神庙祭虽说空间有限，仅呈点状出现，但作为信仰风俗的原点，它连接着傩仪的其他阶段和村内外的不同空间，能把路道、谷场、村舍、野田等开敞的与封闭的村落空间串联在一起，从而使村中的点状空间、线状空间和面状空间呈现出相互流动、整体合一的景象。庙祭所依存的空间正是傩仪的整体空间结构中不可或缺的一环。

"路祭"，即傩神出巡中的沿途祭祀活动。它一般见于"出菩萨"的庙会活动，按傩神的出巡线路，沿村落街道而展开。傩神出巡的队列在空间范围上首先选择的是走村串巷，凡村民聚居之处，必巡行而过，以为他们驱鬼逐疫，纳吉降福。庙会中的路祭在乡村的路边进行，村民们沿傩神的行进路线沿途设置供桌，摆放香烛供品，并在巡游队伍到达时燃放爆竹或炮铳，以表迎接。由于路祭沿村中的道路展开，便形成一条条线状的祭祀空间，它连接着神庙、祭场、家室，将点状、线状、面状的祭祀空间连接成动态变化的整体。路祭为游动性的祭祀活动，它由村东到村西，从村内到村外，隐含着傩祭旨在对不吉因素加以驱赶、逐除的遗意。路祭配合着傩神的巡游，不仅烘托出庙会的浩大声势，丰富了信仰活动的内容，更延展了傩祭的空间，使村落的整个空间与庙会的全部过程紧密地联结在一起。路祭在傩仪的空间结构中主要发挥了"点"（庙）与"面"（场）间的连接作用。

"场祭"，即在村中谷场和其他较大空地集中进行的傩祭活动。在庙会期间，在村中或村头较空旷的场地上往往事先设有神棚，插有旌旗，作为出会巡游队列的歇息地，舁神者放下神舆，戴魁头者卸下魁头，并把傩神的面具、魁头安放在神棚之中，由村民进香、叩拜。场祭因场地开阔、人群聚集、傩神集中、气氛热烈，成为傩祭庙会中又一较庄重的祭祀活动。场祭在整个傩祭空间中呈面状的结构，它与庙祭的点状结构、路祭的线状结构，既有联系，又有区别；它们同为傩祭的阶段性过程，在信仰上没有任何的差异，但有空间展开的变化和功能取义的不同。如果说，路祭是傩神为村民效力，旨在驱除疫鬼的话，那么，场祭就有功成歇息，亲临受拜的意味。场祭在傩祭庙会中具有高潮的性质，它在庙祭、路祭、家祭的烘托下，最能显现其规模与主题，并能扩大它在庙外的信仰传播。场祭在一个乡村庙会中常分设数处，形成多个"线""面"相接的祭祀空间，呈现出结构空间的流动。

"家祭"，即在宅室中进行的祭祀与逐除仪式。它借助傩神走村巡游的庙会，主要以家中设供和延神入室的方式，以对鬼祟、疾疫、灾祸等不吉因素加以驱除。祭神的供桌一般放置于大门内的堂屋中，以大门内侧和中堂前为多，不设放在卧室内。供桌上点着香烛，摆放酒菜、茶水、糕点、水果等物，巡游的傩神及其随行者可自行取用。不过，庙会的出巡队伍未必一一进屋，他们主要进行村落的整体逐除。家祭是对庙会的参与和配合，也是公共祭祀空间向私人生活空间的延伸，表现为室外活动与室内祭祀的结合，村落的共同诉求与家族和个人的祈望结合，神圣的庙会与世俗的人家结合。家祭就空间结构说，属点状空间，它与走村巡游的队伍相联系，实际上形成穿插在线状空间中的若干节点。家祭空间虽不及走村串巷所形成的线状空间广远，也不及人神汇聚的场祭空间壮阔，但作为傩神信仰空间的终端，显现了傩仪空间结构的紧密和庞杂。

3. 角色结构

所谓"角色结构"，指对傩仪中主客体身份和相互关系的概括。傩仪的角色主要为"人"(村民)、"神"(傩神)、"鬼"(疾疫)三者,他们相互间的联系与制约关系形成了特殊的"角色结构"。其中,"人"为主体,"神"为工具和主体的延伸,"鬼"为客体,傩祭中的相关仪式正是对他们的角色关系的显现。

"人"作为主体在角色结构中占据主导地位,傩仪的全部过程都出自人的文化创造,也都服务于人的精神满足和现实需要。人在认识自我与世界的过程中创造了神鬼观念,并虚构了他们相互间的联系与制约关系。

"人"之何谓?《管子·内业》曰:

> 人之生也,天出其精,地出其形,合此以为人。

此说人为天地合成,与天地同在,人类与自然世界本同体共融,相生合一。《礼记·礼运》曰:"故人者,其天地之德,阴阳之交,鬼神之会,五行之秀气也。……故人者,天地之心也,五行之端也。"[①]《礼记》的这一论述从天地的客观对象扩展到阴阳、鬼神、五行等文化观念和精神对象,把人与作为物质的自然世界和作为精神的观念世界统合起来,并把人提高到"天地之心"的至尊地位。在古人的著述中不乏对"人"的判断和评价:

《尚书·泰誓上》曰:"惟人万物之灵。"

《白虎通义·三军》曰:"人者,天之贵物也。"

《说文解字》第八篇上曰:"人,天地之性最贵者也。"[②]

作为"万物之灵"和"天之贵物"的"人",是宇宙的精华和精神文化的创造者,他们在人、神、鬼的角色结构中处于主导的地位,他们以"亲近"和"远避"的不同选择推动着三者间的相互运动。

"神"作为自然力的化身,也是人的精神创造。神体现了人的精神寄托和对自然的依赖,被赋予了工具与武器的性质,成为人的能力在幻想中的延伸。中国古代对"神"之何谓多有表述:

《说文》曰:"神,天神,引出万物者也。"

《礼记·祭法》曰:"山林、川谷、丘陵,能出云,为风雨,见怪物,皆曰神。"

《荀子·天论》曰:"列星随旋,日月递照,四时代御,阴阳大化,风雨博施,万物各得其和以生,各得其养以成。不见其事而见其功,夫是之谓神。"

[①] [清]阮元校刻:《十三经注疏》,中华书局1983年版,第1423-1424页。
[②] [汉]许慎撰、[清]段玉裁注:《说文解字注》,上海古籍出版社1981年版,第365页。

这些判断立足于对自然的观察和农业生产的功利。神在民间常被认作视之无形、听之无声、变化无方、来去无碍的超自然之力，它能护人佑生，禳鬼辟凶。人们造神、信神、敬神，为获得佑助，使之成为面对自然与社会各种凶险的依靠和武器。实际上，神成了人类沟通自然世界、人类社会和自我精神的中介，成为存在于主客体间的特殊角色和中间结构。

"鬼"作为子虚乌有的破坏力量是人的虚构，鬼的观念一旦产生能成为一种外在力量压迫自我，成为一种需要辟克的对立因素。它在文化结构中作为客体存在，是主体必须应对的精神现象。

"鬼"又何谓呢？古人多说，鬼为人死后的魂魄所归：

《礼记·祭法》曰："人死曰鬼。"

《礼记·祭义》曰："众生必死，死必归土，此之谓鬼。"

《论衡·论死》曰："鬼者，归也；神者，荒忽无形者也。"

《尔雅·释训》曰："鬼之为言归也。"

《说文》曰："鬼，人所归为鬼。""鬼阴气贼害，故从厶。"

由于"鬼"为"阴气贼害"之物，因此疾病、瘟疫等贼害人命的不吉因素也被人们视为鬼。人们在傩仪中以傩神的舞蹈驱鬼逐疫，表现了神阳鬼阴、以阳逐阴的信仰观念。

实际上，神成为人鬼之间的中介，成为人的工具和武器，成为人沟通自然、社会和自我的手段。在人、神、鬼的角色结构中，其相互关系已比较明朗："人"亲近"神"，并获"神"佑，"人"远离"鬼"，又受"鬼"的祸害，"神"逐除"鬼"，"鬼"逃离"神"。他们双向的沟通或制约关系，形成了傩仪的角色结构系统，并衍生出相应的功利与活动。

二 傩仪的功能作用

就傩仪的功能作用而论，仪式能使精神信仰的成分转变为可见可感的外化形象和动态展现的过程，尤其是戴着面具的傩舞、傩戏和走村巡游的"出菩萨"活动，在信仰与民俗的层面都有着多重的功能作用与文化意义。其中，"启活作用""聚众作用""俗化作用""传播作用"在傩仪中尤为显著。

1. 启活作用

所谓"启活作用"，系将相对静止的文化成分加以动态化的驱动作用。傩文化中的面具、魁头、神像、神舆、仪仗等常年放置神庙之中，处于静止状态，虽饱受乡民的香火祭拜，却无外观的直接回应。只有傩舞、傩戏、出巡的傩仪使面具、魁头、傩神走出庙宇，或舞动于场头、草台，或行进于村路、野田，活灵活现地在仪式过程中表现出灵动的活力。傩祭庙会也打破了平时乡村中的沉寂，村民们或随神行游，或忙于场祭，或燃炮迎神，或围观傩舞，大家走来跑去，你来我往，个个喜形于色，形成了乡村中最热闹的节庆。傩仪使人、神都走出了户外，在节日的氛围中互见互动，让精神层面的信仰观念和获佑心理变为动作语言和外显行为，从而个人、家族、群体、庙宇、乡村都处在可观可感的动跃之中。至于扮神的、舁神的、跳神的、伺神的村民，在庙会中一改平常温顺木然的举止和表情，焕发出少有的活力，他们神情亢奋，不知疲倦，仿佛突然改变了自己的社会身份和角色性格。傩仪这种变静为动、变封闭为开放、变沉寂为欢跃、变内隐为外显的作用，可称为"启活作用"。

2. 聚众作用

所谓"聚众作用"，系指傩祭仪式有聚合乡民，使他们从平时的散杂状态形成统一整体的功用。傩仪是人的活动，只是借助神的符号去实现主体的愿望，人的参与成为它存在的首要前提。不论是扮神、跳神者，还是旁观、随行者，他们的聚集使仪式得以展开，并使傩的信仰得以传承。庙会既是神会，更是人会，不仅众神毕出，仪仗威严，也是村民们倾村而出、户外相聚、彼此协同、相互交流的特殊时机。神缘加地缘的因素促进了人缘关系的深化，而在生存斗争和信仰寄托中形成的同命共运的感悟，推进了他们的整体意识和相互协同。乡村社会的小农经济本是以零散的、个体的方式独自经营的，相互间较少协作和联合，但对死亡的恐惧，对灾害的担忧，对疾疫的提防，对鬼祟的憎恶是人所共同的，在傩仪中村民们找到了共同的信仰和依靠，形成了联结彼此的合力。傩仪的聚众作用首先服务于对鬼祟、阴气、疾疫、灾害、祸患等禳除的需要，它以人的聚集实现阳气的凝聚，从而以阳逐阴，以生克死，同时，人的聚集使傩祭庙会成为乡村的岁时节日，从而为扩大其传承的时空准备了条件。

3. 俗化作用

所谓"俗化作用"，系指傩仪不完全为神秘的宗教信仰活动，而是在乡土社会中表现出明显的风俗化特征，甚至构成了一些富有地域特色的民俗文化项目。傩仪与庙会的依存关系，村民、乡民的集体参与，固定的时空安排和习惯性的程序与基本重复的活动，戴面具的傩舞表演，庙会中搭台唱戏、延请戏班的传统，亲友往来和村民互动的庙会交际，仪式中挑花篮、扮抬阁等民间表演的穿插，神舆、竹马、魁头、仪仗、旌旗、锣鼓、炮铳、服装的展示等，都变圣为俗，带有乡土的气息和民俗的韵味。实际上，当今的傩祭庙会已转向了民俗活动，尤其是世俗文艺表演的插入，临时商品市场的跟随和形成，外乡人员闻讯涌入带来的节日氛围等，都体现了傩仪俗化的结果。当傩祭走出神庙，由精神层面的信仰变为行为层面的活动，由分散的祭祀变为集中的、整体的仪式，由驱傩的奔走呼号变为在广场上的有一定舞步和阵法的舞蹈，虽说有迹可循，但已呈现出俗化的过程。在傩文化传承地所经历的这一过程，已使巫傩信仰成了乡风村俗展示的特殊窗口。

4. 传播作用

所谓"传播作用"，系指傩仪在进行中具有扩大信仰传播和文化传播的功用。传播包括传播者、传播对象、传播媒介、传播机缘、传播方式、传播路径等环节，是一系统性的文化现象。就乡村的傩仪来说，其传播者为传承地的乡民，包括相关活动的主持者、参与者和围观者，作为主体，他们决定了传播的发生和力度，并带动着其他的传播环节，使它们形成整体的运动。傩仪的传播对象是外村人和外乡人，包括村民请来的亲友、闻讯前来的看客、旅游观光的人群，以及采访、调研人员等，他们作为接受者程度不一地感受到了当地的傩文化，成为客观的被传播的对象。傩仪的传播媒介主要包括面具、魁头、神像、祭场、傩舞、傩戏、傩词等，涉及物质的、行为的、语言的文化层面，它们是信息传递的载体，又是传播实现的管道。傩仪的传播机缘是傩祭庙会活动，庙会聚集了村内、村外的乡民和部分闻讯前来的市民，庙会的过程就是傩文化集中扩散、传播的过程。此外，旅游项目中对傩戏、傩舞、面具的表演与展示，也构成其扩大传播的机缘。傩仪的传播方式包括直接传播和间接传播两种。直接传播，即以傩祭、傩舞、傩戏的现场活动对参与者和旁观者施以影响；间接传播，则借助图片、文章、录像、录音，以及报纸、广播、电视、网络等媒体而传播。傩文化的传播路径有多条，包括从乡村到乡村、从乡村到都市和从国内到域外等。传播使傩文化走出乡土，并带来传承与应用的机遇。

《民俗研究》2014年第4期

论苏南傩舞的艺术要素与文化象征

苏南傩舞的当代传承主要在南京高淳区和溧阳社渚镇一带，并以《跳五猖》《跳幡神》《竹马灯》《冻煞窠》等作品为代表。苏南傩舞和傩文化至今尚未引起学界的充分注意，其研究还显得比较寥落。苏南傩舞中的木面具及当地傩祭中的魁头，形制独特，古奥奇绝，对其价值、意义的研究应从艺术要素和文化象征入手，方可洞悉这一巫傩文化的奥秘。

一　苏南傩舞的艺术要素

1. 角色与主题

傩舞作为傩祭仪式的一个部分，以夸张的动作表现了巫师以舞蹈通神的法力，它以角色间的联系与制约关系浓缩了傩仪的过程，并以动作语言表达出惩恶扬善、太平丰足的主题。

就苏南地区的傩舞遗存看，面具的使用虽点画出角色的基本形象特征，但其角色类型与相互关系却呈现出多样性的特点，需要我们多角度地对之加以认知。

从傩舞角色的属性看，有"吉神"和"凶神"之分。这一吉凶的判断乃依其与人的利害关系：凡护人佑生的神祇被视作"吉神"，而给人带来疾疫、灾害、祸患、死亡的神煞则被视作"凶神"。傩舞主要表现它们之间的斗法，突出逢凶化吉的主题。苏南傩舞《跳祠山》《跳幡神》《跳五猖》中的祠山大帝就是最主要的吉神，而五猖神则是被改造了的、可以恶制恶的凶神。祠山神因为民挖沟修渠、兴修水利而受人感戴，而五猖因抢劫杀人、奸淫妇女等恶行本属凶神之列。他们的不同属性决定了舞蹈中的角色冲突和驱傩的主题。

从傩舞角色的地位看，有主导和协从的区分。主从关系虽是社会角色在神界的反映，但也是为了突出主神在傩仪中的地位与作用。如果说，祠山神是傩舞中的主神，那么，土地神、判官、道士、和尚等就是协从角色，它们以导引、跑场、串场、跟随等形式对明场与暗场中的主神起到烘托、勾连、造势的作用。协从的角色在场上往往以夸张的动作、滑稽的舞步反衬主神的威严和堂皇。例如，判官的夸张和滑稽的舞蹈，和尚的老妇人般的扭摆和颠步，不仅产生了谐乐多趣的现场效果，也为风格迥异的主神出场做出了配合和铺垫。

从傩舞角色的来源看，它们出自不同的系统，同傩祭中的神灵一样，它们主要来自神话系、传说系和宗教系。例如，七十三变的二郎神可归属神话系；消除水旱的祠山大帝张渤，志在斩鬼的东平王张巡，驱灭蝗虫的刘猛将军，制服恶龙、免除洪患的杨泗菩萨，残暴淫邪的五猖神等，都归属传说系；而观音菩萨、判官、和尚、土地神、道士等角色，则归属宗教系。其中，来自"传说系"的角色最为突出，他们是傩祭与傩舞中的主神，处在仪式与舞蹈中的核心位置。传说系的角色多为人杰，他们因英雄行为和崇高德行而受人敬重和感戴。不过，传说系中的五猖神本属邪神，其形成较为复杂，他们抢劫杀人、奸淫妇女的恶行可能是对骚扰我国东南的倭寇的记录，恶人也可成神，乃是希望他们不再作恶。在傩舞中，五猖神已受到改造，他们以恶攻恶，成为一方的护卫者，表现出从传说到傩舞其价值取向的悄然变化。

从傩舞角色的队列看，有单个与群体之分。单个的角色包括主神祠山大帝、观音、土地神等，而作为群体出现的角色有五猖神、八恺、十马等。其中，"五猖神"包括东方神、南方神、西方神、北方神、中央神五个，他们的面具分别为青、红、白、黑、黄色；《跳八恺》中的"八恺"，为尧舜时代的八位才俊，协助治理百事[①]；而"十马"，则为《竹马灯》中十位牵马的男女英雄，他们是头马杨文广、二马巴焦女、三马俄皇万岁、四马焦通大将军、五马观音大士、六马吕氏一品夫人、七马黄道士、八马韦化将军、九马黑魁将军、十马祠山大帝。"五猖""八恺""十马"等在傩舞中往往做整体的亮相，虽各有面具和形象，但往往以群体角色出场，形成傩仪的阵容。

此外，还可以从性别（男女）、身份（文武）的角度去认知傩舞的角色特征，从而把握其丰富的内涵和表现。

---

① 《左传·文公十八年》："舜臣尧，举八恺，使主后土，以揆百事，莫不时序，地平天成。"

傩舞的主题是通过角色间的相互关系和舞蹈的阵法来显现的，近神远鬼、趋吉避凶、驱瘟逐疫、除灾禳祸、人口平安、健康长寿、衣食丰足、天下太平等，是它们共有的主题和功利目标。

2. 步法与阵式

步法与阵式构成民间舞蹈的又一艺术要素，尤其是仪式性舞蹈，更具有揭示其文化内涵的象征作用。傩舞作为傩仪的一个部分，本非赏乐性的艺术表演，而是用以通神的巫术手段。舞蹈中的步法是点画角色身份和个性的动作语言，而场面上所排列出的阵式，作为群体的站位与跑动的规则，体现了舞蹈的艺术呈现特点。在苏南的傩舞中不乏步法、阵式的应用，使傩舞中的艺术成分得以凸显。

高淳一带《跳五猖》中的角色使用了踢脚步、碎步、扭丝步、拂尘步、鸡爪步、挥刀步等步法，以表现不同角色的形象特点。《跳五猖》的舞蹈共分六个场次，其第四场即名"布阵"，场上由道士引领，众神先后摆出"五角阵""满天星阵""双龙出水阵""天下太平阵"等阵式。高淳傩舞《跳八恺》，场上有一百多人表演，最后也按"天下太平"四字跑阵摆字。

溧阳傩舞《跳幡神》其场上的步阵有"剪刀阵""四角对阵""起梅花阵""翻腾""别里界""别良头""斗马""白龙穿水阵"等，表现五谷丰登的场面[①]。溧阳蒋塘的《竹马灯》在舞步方面有"剪刀阵""龙门阵""梅花阵""荷花阵"等十余套，并按"围困敌军""力杀四门""攻破敌城""全歼敌军"的过程排出阵型，上半场结束时用人和马排出"天下太平"之阵，而下半场结束时则排出"五谷丰登"的阵型。

与傩舞密切相关的民间马灯舞，也有阵式的讲究。例如，高淳东坝"大马灯"有"单穿""双穿""列队""对阵""勒缰""长啸""奋蹄"等招式；定埠"小马灯"在阵法上共有九阵，即"大字阵""太字阵""神仙阵""六角阵""梅花阵""紧锁阵""七角阵""八角阵""琵琶阵"等。在南京溧水石湫镇，"小马灯"的阵法则有十阵，其阵式的名称为"剪刀阵""双龙阵""双牌阵""四角阵""单梅花阵""双梅花阵""单元宝阵""双元宝阵""百页阵""螺蛳阵"等。

阵式作为舞蹈造型，既有场上艺术表演的构图需要，又有仪式意义的表达

---

① 溧阳市社渚镇嵩里村幡神协会提供。

作用，构成傩舞艺术的重要方面。

3. 乐器与音乐

苏南傩舞在表演中均有乐器伴奏，主要使用锣鼓类打击乐器和铜号、唢呐之类的吹奏乐器。由这些乐器所演奏出的乐曲往往音调铿锵，节奏有力，形式粗犷，格调豪放，与佩戴木面具的古奥质拙的傩舞在风格上十分协调。

溧阳的《跳祠山》使用大小锣鼓伴奏，并形成总名"十里埋伏"和"雨夹雪"的套曲，大锣鼓单敲被叫作"十面埋伏"，而大小锣鼓合敲则叫作"雨夹雪"。"十面埋伏"共有十套锣鼓曲谱，而"雨夹雪"有大小锣鼓穿插演奏的曲谱共十二套，其中，大锣鼓代表"雨"，小锣鼓代表"雪"，以象征一年的十二个月。

在高淳、郎溪的胥河两岸至今传承着傩舞《跳五猖》，在伴奏方面形成了"大锣鼓乐队""小锣鼓乐队"和"吹管乐队"。在乐器方面，"大锣鼓乐队"有堂鼓、苏锣、大镲、铙钹、小锣、长喇叭；"小锣鼓乐队"有板鼓、大锣、小镲、小锣和堂锣；"吹管乐队"有大唢呐、小唢呐、竹笛等。在音乐曲牌方面，就传统的《跳五猖》伴奏乐说，"大锣鼓"系列有十二番锣鼓、长套、快番、小五套、连环套等，"小锣鼓"系列有小十番、三番头、翁叮上水等，唢呐曲牌系列有：大开门、大凡调、小凡调等，竹笛曲牌系列有柳梢景，等等。就当代传承的《跳五猖》音乐曲牌说，"大锣鼓"有长套、快番、十二番、连环套、小五套；"小锣鼓"有小十番；唢呐曲牌有秧歌调、八仙飘海调、洋调、凡调、种麦调；竹笛曲牌有洋调等等①。

溧阳嵩里傩舞《跳幡神》的伴奏乐器被称作"家声"，传说始于明代末年，由汤姓人家内部传承。"家声"是轻重打击乐器，有"大家声"和"小家声"之分。它们的乐器配备为："大家声"有大鼓1只，毛锣2面，小钹2对，大钹2对，镲钹1对，喇叭2支；"小家声"则有板鼓1只，战鼓1只，京板锣1面，小锣2面，堂锣1只，小钹1对，大钹1对，喇叭2支。《跳幡神》的乐谱分"跳开路""跳小马""跳五猖""跳三圣""上下马"五个部分，含"大家声"8套和"小家声"7套②。

傩舞的舞蹈动作虽比较简单，其伴奏乐器又均以打击乐器为主，但在乐曲

---

① 参见茆耕茹：《胥河两岸的跳五猖》，施合郑基金会1995年版，第109-113页。
② 溧阳市社渚镇嵩里村幡神协会提供。

上有多种变化，并与传统的民间音乐相联系，构成了傩舞艺术的又一个重要方面。

二　傩舞——傩仪的象征

傩舞与傩仪之间本有着内在的关联，作为傩仪的简约和浓缩，傩舞本身就具有仪式的性质，同傩仪一样，它旨在以象征的动作语言表达人们趋吉避凶的信仰观念。

傩舞作为傩仪的象征，乃因它们有着共同的和相类的特征。

拿傩仪来说，它有以下的基本特征：（1）一套有起始、有终结的动态过程，有固定的程式和相应的动作；（2）有一定的时间长度，能包容仪式的预设程序和即时性的互动活动；（3）有线索清晰的叙事主题和表达明确的祈禳诉求；（4）有特定的服装、道具和场景设置，并有仪式开展的空间选择传统；（5）蕴含着一定的戏剧表演因素，并能产生激发满足情感的观赏效果。

拿傩舞来说，也能体现出傩仪的上述特征。傩舞也有起有止，动作连贯，并有一定的步法和阵式；傩舞有比较紧凑的时间长度，有固定的上下场次和表演阶段；傩舞以神、人、鬼的相互关系为表现内容，表达众神驱鬼佑人、天下太平的主题；傩舞以头戴面具和套头的方式出演，有专用服装和兵器、执物、马灯之类的道具，其表演在传承地有相对固定的村落空间；傩舞有角色、面具、步法、阵式、音乐，具有突出的艺术观赏性，在信仰表达之外能发挥满足的与审美的功能。

傩舞作为傩仪的象征，浓缩了仪式的过程，突出了神、人、鬼之间的利害关系，它以夸张的动作、强劲的打击器乐、程式化的舞步和阵式、形象奇特的面具和色彩明艳的服装等，强烈地表达了对"五谷丰登"和"天下太平"的朴素追求，与傩祭仪式相比，更具有艺术的与生活的气息。不过，傩舞作为傩文化的类型之一，既与傩仪相关，又有对原始巫舞的承继，它介于艺术与宗教之间，因而显得古奥而神秘。从它在庙会和傩仪中的呈现来看，傩舞也是傩仪的一个部分，甚至可以说，它就是傩仪的概括和象征。

从苏南地区文化传承看，有傩舞，而无傩戏。傩戏在傩文化的体系中是相对傩舞晚出的类型，在舞台表演上它与傩舞已有所不同。傩戏中的角色增多，故事性增强，表演中增加了对白、唱段和念诵，舞蹈动作减少，在角色方面除了神鬼之外,添加了历史人物和世俗角色,其赏乐的性质更为突出。傩舞与傩戏相比,在发生上较为原始,在功用上巫术通神的印痕明显,表现上与傩祭仪式的结合较为自然,舞台上角色间的关系比较单一,表达上多以动作语言代替有声语言,气氛上巫术宗教的氛围较为浓郁。当然,傩舞、傩戏也并非定格在某一阶段的某一模式上,它们各有发展和变化,在傩的信仰渐趋淡化的过程中,它们的赏乐性有所增强,相互之间的区别也随之缩小。

傩舞是傩文化的艺术形态,而傩仪主要是作为群体的祭祀活动,具有宗教仪式的性质。傩舞一般动跃、欢快,而傩仪相对舒缓、有序,前者主要表现情感的激越和目标追求的恳切,而后者则主要表现信仰的虔敬和过程的完整。其实,傩仪和傩舞作为村民们集体活动的形式和村落的信仰与风俗活动,都在于完成祈禳意义的表达和传递,而彼此功能意义的同一,表明了它们共有文化需要的历史惯性,实现了内在文化元素的自然承接。傩舞所体现的傩文化元素的重组与夸张,是其成为傩仪象征的内在根由。

象征作为舞蹈艺术最基本的表达方式,它把动作与行为、语言、事件、信仰、情感等联结在一起,并透过夸张的动作获得信息的传递和释读。也就是说,艺术象征往往表现为事理、物理、心理与哲理的统成。它不仅是对表达对象的选择和概括,更有对意义的重申和强化。弗赖塔格曾指出,象征的本质是"将抽象的感觉诉诸感性,将真正的生活化为有意义的意象"[1],而傩舞正是用感性和意象来演示傩祭的感觉和意义,成为对傩祭仪式加以概括和凸显的一种特殊的表达。傩舞与傩仪同为过程性的文化现象,都以动态的象征为传导功能指向和行为意义的主要手段,这也为它们的互联互通,以及相互间的替代与彼此展开的过程奠定了客观基础。

三 苏南傩舞的象征运用

1. 面具、魁头

傩舞中面具、魁头的运用,不仅是场上角色形象展示和神秘氛围营造的需要,更是直观的傩文化的标志和其意义的象征。面具、魁头古奥、神秘的视觉效果成为傩舞象征运用的心理基础和文化背景。

---

[1] 转引自汉斯·比德曼:《世界文化象征辞典》,刘玉红等译,漓江出版社2000年版,第2页。

傩舞面具的象征意义透过造型、颜色、身份等显现出来。

在造型上，傩舞面具有脸壳面具、复面面具和套头面具等几种主要类型。所谓"脸壳面具"，即常见的用于罩脸的单片面具，就苏南傩舞面具来说，脸壳面具是不露脑门或下巴的全面具，它一般制作成整雕的作品，也有少数做成拼接式面具，如溧阳《跳幡神》中的"报信神"，就属拼接式的单面面具。脸壳面具一般一神一面，角色固定，使用简便，象征明确，在傩舞中广泛应用。所谓"复面面具"，即"开合脸"面具，它属多层面具，这类面具可左右打开，或开半脸，或开全脸，从而形成多个脸谱。复面面具用以表现角色的形变，以象征傩神具有变脸、变形的神力，如二郎神的七十三变等。"复面面具"是在"单面面具"的基础上通过加层表现的，由于木面具的自重较大，"复面面具"的加层不会很多，在高淳所见的"复面面具"为两层，二郎神的七十三变是用多个"复面面具"来象征和表现的。所谓"套头面具"，是以完整的头型面具套在表演者的头上出演的，就像民间的大头娃娃舞那样。苏南傩舞中的"套头面具"主要由和尚、道士二角色使用，以同傩神相区别，象征其非"神"的性质。和尚、道士作为神职人员而非神灵，他们因使用套头而让傩除的舞蹈带上了民间舞蹈的气息，并成为沟通神界与人间的中介象征。

在颜色上，傩舞面具有单色面具、群色面具和多彩面具的区分。所谓"单色面具"主要指黑色、红色、白色等单一色调的面具，它们一般代表性格稳定的正面角色，例如，祠山大帝的面具为黑色，刘猛将军的面具为红色，而和尚、道士的套头面具为白色等。祠山神面具的黑色象征其原型为猪，以及为民治水、与土地打交道的功绩。刘猛将军的面具为红色，以象征火焰和其刚烈易怒的性格，用以逼退和扫灭害农的蝗虫。而道士、和尚本是人间的神职人员，他们的面具使用白色，则作为阳间人的象征，并表明他们的明朗、纯正和易于亲近。所谓"群色面具"，即群体角色固定使用的一组分色面具，例如《跳五猖》《跳幡神》中的五猖神、幡神，他们都是五个一组，成群体出现，各戴青、红、白、黑、黄面具，以分别象征东、南、西、北、中五方。所谓"多彩面具"，即在单个面具上涂饰多种色彩，有类似戏曲中的花脸脸谱，它们常使用蓝、绿、黑、红等色，并多有狰狞之象，以作为武将威仪的象征。

在身份上，傩舞面具有文武之分。文面具色调单一，慈眉善目，面庞端正，和蔼可亲，诸如《跳五猖》中的土地神面具、道士和和尚的套头，《竹马灯》中的观音大士、吕氏一品夫人、巴焦女等面具，就具有美善品貌的象征作用。武面具色调强烈，涂饰较多，一般怒目圆睁、龇牙咧嘴，并手执兵器，威风凛凛，作为神力的象征，具有喝退鬼祟、灾害的震慑作用。

魁头在傩舞中的运用较少，仅在溧阳的《跳祠山》中，见有魁头置于场边与锣鼓队同列。魁头本用以扩大正神面具的脸面，成为以正压邪的标志和堂皇严正的象征。魁头以木雕众神的密匝排列，在傩舞表演场上营造出万神同在的场景，旨在表现神系的浩荡，并给全场罩上神圣的光晕，从而使傩舞通神的作用得到想象的强化。

2. 角色象征

傩舞中的角色不论是神、人、鬼都不是虚设的，透过他们的形象与身份，都可发现其用以傩除的象征意义。在苏南傩舞及相关的祭祀中，主要有祠山大帝、五猖神、土地神、和尚和道士、冻煞等，他们各具象征，各有内涵，使粗犷的傩舞注入了文化的寓意。

祠山大帝是《跳幡神》《跳祠山》《跳五猖》等傩舞中的主要角色或暗场人物的中心，其原型为汉将张渤，他在广德帮民挖沟修渠，不顾家室，不辞劳苦，变形为猪，不复为人，深受百姓们的感戴，被尊为"祠山张大帝"。在傩舞中，他面戴黑色面具，在形象上作为猪的象征，同时在身份上，祠山神又是除灭水旱之灾的恩主象征。正是他的身份与功能，使他在苏南傩舞和傩祭中成为主神之主神、中心之中心。

五猖神是《跳五猖》《跳幡神》《跳祠山》中的五个角色，他们各戴青、红、白、黑、黄色面具，往往成组同时上场，形成群体的角色形象。他们的面具比较狰狞，龇牙咧嘴，粗眉凸眼，胡须粗短，神色暴戾，再加上手执长刀，有一股腾腾的杀气。传说中的五猖神是淫邪之神，他们杀人放火、抢劫财物、奸人妻女，无恶不作。乡民们造神所选择的对象，一是利民的恩神，二是害民的恶神，对恶神加以祭祀是希望他们不再作恶，同时用以毒攻毒的方式让它们去抑制其他的凶险。可见，傩舞中的五猖神既是空间上五方的象征，又是改恶从善、驱除妖邪的象征。

土地神作为傩舞中的次要角色，亦有他的文化取义。土地神慈眉善目，白胡飘飘，手拄木杖，憨态可掬，其形象是对威严的正神和有杀气凶神的对照与补充。其象征作用在于，表明巫傩文化对民间俗神有所包容，同时借助土地神点画出傩舞、傩祭活动本为农事祈禳的象征意义。

和尚、道士是人，是服务宗教的神职人员，他们本身并不是神。他们在傩舞中与神同舞，除了发挥引导、连接、转场等舞台结构的作用，也有文化象征的意义。他们首先是作为人神中介的象征出场的，其次在于表明在乡村的信仰生活中巫傩观念与佛道信仰的融合。

"冻煞"在当今的傩舞《冻煞窠》中是被隐去的角色，场面上并没有他的舞蹈，但其"冻煞"名称的保留还是让他具有暗场的主神地位。从傩祭活动中看，"冻煞"的形象是赤膊的傩者，其身上、臂膀上缝着长短不一的24根红、绿、黄彩线，当他们跑起来，彩线便随之飞舞，犹如大鸟展翅。所谓"煞"，本是鸟形的鬼怪，因此，"冻煞"就是煞鬼的象征。由于他能助人辟凶逐疫，又让人联想到羽人的形象，从而又成为神、人、鬼交通的象征。

3. 道具寓意

傩舞中使用的道具，不论是五猖神手中的长刀，还是《竹马灯》中的马灯，虽是傩神的执物和乘骑，却均有配合主题的象征意义。

刀作为古代冷兵器中的利器，是最常用的战斗武器。刀的斩杀之功，不仅用在消灭敌人，也可用来除妖斩怪，乡民们信其能用以斩鬼驱祟。长期以来，刀在民间被当作辟阴的镇物，广泛用在镇宅、护路、退煞、护身等方面。在南京高淳有一种名为"斩鬼"的纸马品种，其神为唐将张巡，其像高举钢刀一把，突出了以刀除鬼之功。此外，夔峡之人称鸬鹚为"乌鬼"，那里有"家家养乌鬼"的传统，每年正月十一日他们会举行祭祀仪式，以"操兵大噪"的方式来"养乌鬼"。因"乌鬼"名称不吉，他们在收养时为避免真鬼进入，便借巫仪来加以禳除。操兵，即握刀剑，刀剑是驱鬼的镇物，而"操兵大噪"的过程，正是傩仪的演示。苏南傩舞中刀作为傩神的重要道具，就在于表现傩仪、傩舞的驱逐之功。

马灯作为傩神的乘骑，是傩舞《竹马灯》中最主要的道具。马灯不仅使主神显得威严，也给场上带来了雄壮、欢悦的气氛。灯本为道教的法器，马灯舞当为道教仪的衍生形态，各地马灯多变的阵法，实际上是道教灯仪的艺术再现。就傩舞中的马灯来说，其作为道具具有多重的象征意义。其一，马是古代便捷的交通工具，是武将们的坐骑，因此，马灯是傩神身份与乘骑的象征。其二，马为太阳的象征，所谓"天马行空"，即指太阳运行，因此，马为阳物，马灯也自然就是阳气腾跃的象征，可助神逐除阴气。其三，灯在民俗文化中是星辰的象征，而古人认为"日分为星"，因此，灯又是光明的伴物。马灯于是又有了以光明驱除黑暗的象征意义。其四，马灯的数量往往有吉祥的取义，或用以对应天时，例如，十二匹以象征十二月份和十二地支，二十四匹象征二十四节气，等等。溧阳傩舞《竹马灯》原有马灯数为十二，后变为十，前者象征十二个月份，后者表示完满，均寄托一年吉顺的祝福。

《民族艺术》2015年第5期

比较神话研究法刍议

神话是原始思维的产物，是原始人的自然观和社会观的曲折反映。它的使命不是再现生活的真实，而是确定人在世界中的位置，解释人与天地万物的起源及相互关系。神话在当时并不是动听的故事，不是一般意义上的文学，而是虔诚的信仰。

各民族都有过自己的"童年"，都曾生息在相似的物质基础之上，都对其自身和世界有过幻想，并不自觉地做过艺术加工，因而也就必然有类似的神话。

各民族的神话在题材、结构等方面的大量相同，为比较神话的研究积累了丰富的资料，同时也对比较研究提出了任务。它要求在影响研究和平行研究的基础上有所突破，即建立一种超学科的复合研究方法，从社会科学的各个领域去揭示世界神话发生、发展的规律和意义。

比较研究的各种学派

为认识神话的本质和规律，在比较研究中先后出现过一些独树一帜的学派，它们分别做过有益的探索，然而又有失之片面之处。

从比较语言学出发的"比较神话学"学者认为，共同的祖先、同根的语言，是不同民族有相同神话的根源。他们提出了所谓的"雅利安种子说"，认为条顿、拉丁、希腊、斯拉夫、凯尔特、印度、波斯等民族，本是生息在北印度高原的一个种族，因而他们有同根的语言，也有同根的神话。比较神话学者甚至指出，印度的吠陀经是他们的神话之源[1]。应当承认，"比较神话学"在区

---

[1] 恩格斯.《反杜林论》，人民出版社1970年版，第311页。

域性的研究上取得了一定的成功。恩格斯在《反杜林论》里谈及自然力的人格化时，就曾借用过"比较神话学"的成果。然而，这种立足于人种学和语言学的同源论不能解释全部的世界神话，它忽略不同人种、不同语系有相同神话的实际，把比较研究的对象主要局限在欧洲，从而把"比较神话学"引进了"欧洲中心主义"的死胡同。

要说明"比较神话学"的不足并不困难。举例说，很多民族的神话都对神的住所有相同的安排：希腊神话中的诸神住在奥林匹斯山上，中国神话的众神住在昆仑山上，北欧的神在阿司加尔特山，中非的神在乞力马扎罗山，而美洲的原始部落则认为所有的山峰和高地都是神的栖息之所。这种相同是因为山峰的高大雄峻和难于登攀使人们产生了神秘感，它们被当作通天之路而受到崇拜，原始人因此幻想高山必定是神灵的住所。这种不谋而合，是语言学和人种学无法解释的。

再说"灵魂"，它是原始人因死亡和梦幻而产生的观念，在某些部落里它被理解为影子般的无形的东西。大洋洲的塔斯马尼亚人、北美的印第安阿尔贡金人等都这样认为；另外在亚库特人的三重灵魂中，在西非卡拉巴尔黑人的四重灵魂中，都有一重是指影子。还有一些民族认为人的灵魂会死灭，也能离开肉体独立存在和行动，它能行善，亦会作恶。如菲律宾的巴哥波族的八灵魂说，西乌人的五灵魂说，以及我国的"三魂七魄"之说。上述民族，人不同种，语不同根，而各自的语义相合，说法相类，这又是同源论者所无法解释的。可见，比较研究的范围一旦扩大到世界神话，"雅利安种子说"也就不攻自破了。

后起的"心理派"，从人类学得到启示，用现代的野蛮民族的心理状况来说明古代神话的不合理因素，被称作"坚固的理论"[①]。

心理派认为各民族神话之所以多有相似，完全因为神话时代的人们心理状况是相同的。英国的心理派理论家安德烈·兰具体指出创造神话的人们有六点心理状况是相同的：其一，认为万物皆有生命、思想、情绪；其二，信魔术，信迷信；其三，确信灵魂不灭；其四，相信鬼可以附于有生的或无生的各物，而灵魂常可以脱离躯壳而变为鸟兽；其五，相信人类本可不死，所以死，是受

---

① 茅盾：《神话研究》，百花文艺出版社1981年版，第96页。

了魔法或仇人的暗算；其六，好奇心和轻信心。他认为这六点存在于所有的神话之中。

心理派开启了比较神话研究的新领域，时贯古今，地括五洲，取得了可喜的突破。拿动物神话来说，其中就有明显的心理因素：动物作为人的恩友或敌害，引起了感激或恐惧的情感。正如费尔巴哈所说："动物是人不可缺少的、必要的东西；人之所以为人要依靠动物；而人的生命和存在所依靠的东西，对于人来说，就是神。"① 因此，动物因原始人的崇拜心理而进入神话，它不仅能与人互化，而且还能造人。如中国神话中的伏羲和女娲是蛇身人首；印度神话中的普鲁莎（Purusha）身体分裂后变人，变牛，变马，变各种动物；希腊神话中宙斯化身天鹅、牛；西南非洲的布什曼人说人是蛇变的，由大蚱蜢卡根（Cagn）以杖击蛇头而得人；北美胡隆族（Hurons）神话说一只大兔子造了世上万物；南非祖鲁族说人是牝牛吐出来的……显然，这些神话的产生是由于不同原始部落对动物的一致心理。

单凭心理的钥匙还不足以打开全部神话的迷宫。因为心理是人脑对自然和社会的主观反映，这种反映要加上想象，并经过艺术加工才能形成神话，所以心理不是构成神话的唯一因素。譬如，关于月上的黑影的神话，就不能只以心理因素去分析：喜马拉雅的卡西亚族神话说，月亮本是一个男人，因调戏岳母，被岳母用灰撒在他的脸上，因而月面上有了黑影；因纽特人说月亮、太阳本是兄妹，有一次兄趁黑夜调戏妹，妹以灰涂他的脸，结果成了月亮，且留下了黑痕。显然，这些神话反映了乱婚状态结束后的氏族制社会的道德伦理观，若从伦理学、民俗学的角度去分析则更易理解。因此，心理派的理论不是神话比较的唯一方法，它不能离开其他学科而单独说明神话中的所有现象，故显示出理论上的不足。

法国的列维·布留尔从思维、逻辑的角度探讨神话，提出了"互渗"说。所谓"互渗"，是指在原始思维中人与物的互化，借用休谟的话说，就是"任何东西可以产生任何东西"②。动物可以变人，人亦可化为动物；死的可以再生复活；植物、山石、人兽无不可互变。原始人想象"互渗"的形式有接触、转移、感应、远距离作用等等。"互渗"体现了神秘的因素赋予了神话价值、社

---

① 《费尔巴哈哲学著作选集》，三联书店1962年版，第438–439页。
② 列维·布留尔：《原始思维》，商务印书馆1981年版，第4页。

会意义，甚至力量；对原始思维来说，神话既是社会集体与它现在及过去的自身和与它周围存在物集体结为一体的表现，同时又是保持和唤醒这种一体感的手段。因此他得出结论说，原始人与我们的思维有质的差别，根据我们的观点去解释，愈是讲得通，就愈不可靠。理由是，社会集体的思维连同它的制度、它对周围集体的关系一起进化了，创作神话时所具有的优势神秘因素可能失去自己的意义，不被理解的神话可能变复杂、被补充、被改造，神话最初表现的那些"互渗"会被忽略等等。"心理派"认为用野蛮民族的心理状况去解释古代神话的不合理质素是无不可通的，而"互渗"说则强调原始思维的神秘的和原逻辑的性质，以及现代人解释神话的不可靠性。

在生产力极其低下的社会，人、物之间的神秘"互渗"是原始意识的必然，同时各民族神话中都有因残缺、补充、改造而费解的成分。然而把神话视作不可解的"天书"，忽略经济因素与社会因素同神话的内在关联，仍然是历史唯心主义的观点。恩格斯曾指出："这种种关于自然界、关于人本身的性质，关于精灵、关于魔力等等虚假的表象，大抵是以消极的经济因素为基础：史前时期低级的经济发展把关于自然界的虚假表象作为补充，有时也当作了条件，甚至当作原因。"[1] 马克思在《资本论》中谈及宗教史的研究法时也指出，"要由当时现实的生活关系进而阐述它们的天国形式"，"才是唯物主义的科学的方法"[2]。我们从当时的现实生活着眼，从当时的经济活动去分析，就能够对神话中的某些现象做出一定的解释。

例如，关于抟土造人的神话，许多民族的说法几乎一样：中国神话说女娲"抟黄土作人"，希腊神话说普罗米修斯用泥土和水造了男人，犹太人的《旧约》说上帝耶和华用地上的尘土作人，巴比伦神话说主神马尔都克用黏土和神血创造了人。泥土与原始人有着密切的关系，他们不论是穴居或半穴居，都有赖于泥土而生息，认为从泥土中能萌发百物，产生生命。原始人最早的手工生产是陶器的制作，他们用泥土揉捏出各种形状的器皿，认识了泥土的可塑性，因而联想到用以塑人的可能。坚硬的泥土是不能揉捏的，因而有的民族神话加进了水，以制备可塑的软泥。而人是有血的，在"人命神授"的观念下，不少民族又把人说成是由泥土和神血所造。制陶术的掌握标志着蒙昧时代的结束，

---

[1] 《马克思恩格斯论宗教》，人民出版社1957年版，第18页。
[2] 马克思：《资本论》第1卷，人民出版社1963年版，第396页。

因此抟土造人的神话在野蛮时代以后才有可能出现，它要比动物化人的神话晚出，这与当时的物质生产、社会状况有着内在的关联。

可见，无视神话与当时社会、经济的必然联系，就会远离历史唯物主义的观点。正因为如此，我们认为，以"互渗"说解释神话也有它的缺陷。

近年来，有人以结构主义的"符号学"研究神话，开拓了研究的新领域。他们认为，一个语种就是一个"符号系统"，产生意义的不是符号本身，而是符号的组合关系；神话是处理神与人的对立关系并设法加以调解的一种密码，神话由"神话素"构成，"神话素"可以任意排列组合，而同样概括出神话的意义。结构主义注意系统的研究，这一方法的运用对神话形式规律的掌握有所裨益。

我们试以结构主义的方法分析有关天地开辟的神话，并提取它们的"神话素"来考察它们的规律。中国的神话是天地混沌，形如鸡子，盘古生其中，开辟天地，天地始分。印度的神话是世界有水，水生金蛋，蛋生一羊，羊变为神，遂以其口创造诸神，创造万物。希腊神话是天地混沌不分，爱莱蒲逐父娶母，生大鸡子，爱神厄洛斯由卵出，先创造地，再以箭射地心，创造地上百花与鸟兽。埃及神话是天地混沌一团，神拉在水神努体内成形，以蛋形花苞状升出水面，创造万物和灾害。以上神话的情节可分成五阶段，即天地混沌（背景）、生出鸡子（开端）、鸡子生神（发展）、神创天地（高潮）、万物始有（结局）。显然，这组神话的基本"神话素"是天地、鸡子和神三者。三者可以任意组合而构成神话，既可以是天地生鸡子，鸡子生神，神辟天地；也可以是天地生神，神生鸡子，鸡子定天地；还可以是鸡子即天地，神生其中，神定天地……可见，这些组合排列所揭示的神话意义几乎是相同的。

结构主义也有其缺陷，主要在于对社会制度、历史条件、民俗等影响的忽略。有些神话，用结构主义的方法去分析，是无法认识它们的本质的。例如关于兄妹夫妇的类型，中国的创世神伏羲和女娲，希腊的主神宙斯和赫拉，日本生岛的伊耶那歧神和伊耶那美神等，他们既是兄妹，又是夫妻。对这种相同只从结构或"神话素"去说明是不够的。它是血缘家庭的见证，反映了氏族社会早期对婚姻、性关系所做的最初限制的狭窄性。从人类学、社会学的观点去分析，才能得出较为可靠的结论。

此外，在解释神话方面还有所谓"文字学派"，他们认为神话是语言有病的结果，古代平常的一句话，由于口耳相传之误或书笔记录之讹而费解，后人不知真义，反加曲解，增饰附会，使一句平常话竟成故事一则。古希腊的欧里庇得斯和中国的朱熹都曾持有这种意见。然而，以文字的错讹说明全部神话的发生、发展没有足够的实证依据。世界神话中的大量相同与相似，在地不同洲、人不同种、语不同根的情况下，何以语病竟错在一处，而增饰又妙合于一点？这些相同不论是必然的，还是偶合的，"文字学派"均无法一一说明。此说既忽视神话的内容，又没有把握神话的形式，因而它不是一种科学的方法，不能用于宏观的比较神话的研究。

创建科学的比较研究法

世界神话中的大量相似表明，神话研究不能局限于一国或一区域的开掘，只有比较研究整个的世界神话才能完成从总体上说明它发生、发展的任务。历史上的几种研究法分别从语言、文字、心理、思维等单科入手，对神话的内容和形式进行了程度不同的比较分析，找到了一些民族神话间的相同或相似，发现了相互间的某些"联系"和"影响"。然而比较研究的任务，不单是要找到影响与被影响的双方，还要确定其影响的程度和范围，并找出影响发生的根源；同时还要对世界范围内的大量平行相似做出分析，从而在根本上说明神话在内容与形式方面的普遍特征，并揭示它产生、发展的客观规律。

世界神话中的许多相同是不期而然的平行再现，相互间没有宾主、因果的关系，因此，比较神话有其研究的广阔天地。我们认为，开展这一研究，方法问题至关重要，必须设想建立新的科学的方法，以避免过去几种方法的错误或不足。为此，应当具有以下几点认识：

第一，开辟人类生存空间的集体生产劳动是神话产生和发展的基础。神话作为社会存在所决定的精神意识和不自觉加工过的艺术是当时生产、生活的曲折反映，因而比较研究的着眼点首先应该是社会的生产和生活。我们从神话题材的发生先后及演变，不难看到神话随当时生产、生活而产生、发展的轨迹。如关于人类起源的神话，最原始的说法充满了图腾主义的意味。它大约出现在蒙昧时代，当时的生产活动仅限于采集和渔猎，原始人有感于天惠，便把人说成是起源于某种动物或自然现象。制陶业和农业的兴起使他们对泥土产生了神秘观念，以致产生抟土造人的神话。生产的发展决定了社会的进化，父权制对母权制的取代反映在神话里即兄妹夫妻类型逐步为兄弟英雄类型所取代。另外，世界起源的神话，较人类起源的神话晚出，它伴随较高层次的生产活动和社会生活而出现。可见，社会生产劳动对神话发展有决定作用，因而在比较研究中任何忽略这一基础的理论都必然会背离历史唯物主义的原则，从而也就不可能摆脱历史上几种研究法的固有局限。

第二，各民族的神话有一个共同的发展过程。不论是高度文明的民族，还是尚处野蛮的部落，他们的神话发生有先后，而规律却相同；由简单到复杂，再由复杂到逐步消亡。我们若以社会控制论的眼光分析这一过程，可把神话的产生、发展视作对自然和社会运动、变化的反馈，并且属于收敛的正反馈。因为，随着社会生产的发展，自然力的逐步被征服，人脑中的神秘因素也逐步衰减，使神话渐次失去原有的意义。各民族神话发展过程的相同不是无缘的偶合，而是按其内在规律的运动。

第三，神话是原始宗教滋生的土壤，神话中的神秘因素为原始宗教的产生提供了思想基础，因此从宗教可以还原出神话。反映在神话中的万物有灵，灵魂不死，以及神灵的超自然魔力，决定并形成了原始人的种种崇拜和信仰。他们一方面通过神话对神灵世界和神灵的生活方式进行虚构，同时又把自己的本质和心理附加给神灵，从而规定出崇拜的仪式，并以此表现人与神灵间的关系，因而形成了宗教。我们透过宗教的镜子仍可以观察到变形的神话，因此研究者应探索从宗教教义、祭祀仪式、庆节仪式、图腾或偶像等方面还原神话的方法，以开拓神话的研究领域。

第四，神话作为原始人的文化精神遗产，不是一般意义上的文学，它包括人类学、社会学、人种学、心理学、历史学、地理学、语言学、逻辑学以及美学等多方面的内容。因此进行比较神话的研究不能只从一个方面入手，任何一种单学科或少层次跨学科的方法只能解释一种或一类现象，很难包罗整个的神话天地。所以，必须利用社会科学各领域的成就建立一种超学科多层次的复合研究法，才能完成比较神话的全部任务。当然，这种超学科多层次复合法的理论建立和步骤制定，尚需我们去探索。

第五，建立新研究法的原则是对历史上各种研究法的扬弃，它将充分注意科学认识中的继承性，吸收以往各种方法中的一切合理成分，综合出一种较为完善的研究程序。它不是铸造一把以不变应万变的万能钥匙去开启神话迷宫的所有门户，它既是跨学科多层次的复合法，对具体问题的研究当有一定的灵活性。它不把神话简单地看作文学现象，同时又注意神话客观具有的文学特点，因此新研究法应考虑对神话内容和形式的统一分析。

我们认为，只有基于上述认识，才能在历史唯物主义的基础上设想和创建新的比较研究法，从而以科学揭示神话的神秘面纱，得到较大的研究突破。

（本文资料参考茅盾《神话研究》、朱天顺《原始宗教》、列维·布留尔《原始思维》等著作。）

《江海学刊》1982年第5期

神话文体辨正

贵刊〔《华南师范大学学报（社会科学版）》〕1982年第2期发表的叶春生同志的《神话理论新探》一文，其主要观点在于说明神话是不断发展的，神话、传说、神话故事、"科学神话"没有什么不同，可统统看作"神话"。我对这个观点不能苟同。鲁迅、茅盾等对神话定义早有精辟的论述，并严格划分了神话与传说的界限。而神话故事、"科学神话"这些晚出的文体，更与神话有明显的差别。本文主要针对以上几种文体的内涵和特质做简单的叙述，并进行多角度的相互比较，以说明它们在不同发展阶段上的异变。

神话、传说、神话故事和"科学神话"是常见的几种关于"神话"的文体，但绝不是可以混用的同义词，而是各有内涵的不同概念。根据亚里士多德的逻辑观点，我们知道，定义的元素，"一个是属，另一个是种差，并且只有属和种差述说本质"①。神话、传说、神话故事和所谓的"科学神话"是不同历史阶段的产物，不只反映出文学发展的轨迹，而且也反映出人类思维逻辑、社会生产、社会心理和审美趣味的变化，甚至还包含着不同的阶级内容。它们的属不尽一致，而种差又各不相同，它们是揭示不同本质的不同定义，绝不可在文学术语中混为一谈。

神话是人类童年时期的集体口头创作，它不是一般意义上的文学，而是虔诚的信仰和对万物的诠释。鲁迅曾给神话下过定义，他说："昔者初民，见天地万物变异不常，其诸现象，又出于人力所能以上，则自造众说以解释之：凡所解释，今谓之神话。"② 这条定义包含有三大要点：第一，作者是上古初民；

---

① 见《亚里士多德全集》（英文版），牛津，154a 26 - 27。转引自《学术月刊》1982 年第 8 期。
② 鲁迅：《中国小说史略》，人民文学出版社 1973 年版，第 7 页。

第二，是众说，而非个人独创；第三，作用在于对超出人力的诸现象做解释。鲁迅还进而指出，"神话大抵以一'神格'为中枢"[1]，即神话的主人公是与人对立的神。茅盾也指出，神话是"一种流行于上古民间的故事，所叙述者，是超乎人类能力以上的神们的行事，虽然荒唐无稽，但是古代人民互相传述，却信以为真"[2]。这里，他也强调了三点：第一，神话流传于上古民间；第二，神话述说"神们的行事"，即以"神格"为中枢；第三，神话在当时是虔诚的信仰。所谓神，即自然力的形象化，费尔巴哈把神解释作"人的生命和存在所依靠的东西"[3]。原始人心目中的神是关于自然界、人本身、精灵、魔力等虚假的表象，它的产生正如恩格斯所说，"大抵是以消极的经济因素为基础"[4]。

学者们从不同角度研究神话，下有多种定义。如法国人类学者克劳德·列维-施特劳斯以结构主义的理论指出，神话是处理神与人的对立关系并设法加以调解的一种密码[5]。列维·布留尔认为，神话是体现了相渗律的原始思维，对原始人来说，"神话既是社会集体与它现在和过去的自身和它周围存在物集体的结为一体的表现，同时又是保持和唤醒这种一体感的手段"[6]。马克思主义文艺理论家拉法格也认为，神话是"人类思维的朴素和自发的形式之一"[7]。高尔基则认为，"神话乃是自然现象，与自然的斗争，以及社会生活在广大的艺术概括中的反映"[8]。同时，在世界神话的比较研究中，先后出现过文字学派、语言学派、心理学派、"互渗说"和结构主义等等。它们找到了一些神话的规律，却不能科学地、完整地解释全部世界神话，各有其缺陷和不足。

尽管各执一说，意见纷纭，但我们可以肯定：世界神话中关于天地开辟、抟土造人、动物化人等的相似说法，反映了各民族在生产力极其低下的社会所具备的原始思维的一致，以及社会发展的相同阶段；神话作为原始思维的产物，是原始人的自然观和社会观的曲折反映，它包含有人类学、社会学、人种学、心理学、历史学、语言学、逻辑学，以及美学等多方面的内容，同时也如

---

[1] 鲁迅：《中国小说史略》，人民文学出版社1973年版，第7页。
[2] 茅盾：《神话研究》，百花文艺出版社1981年版，第3页。
[3] 《费尔巴哈哲学著作选集》，三联书店1962年版，第439页。
[4] 《马克思恩格斯论宗教》，人民出版社1975年版，第18页。
[5] 袁可嘉：《结构主义文学理论述评》，《世界文学》1979年第2期。
[6] 列维·布留尔：《原始思维》，商务印书馆1981年版，第433页。
[7] 语出拉法格：《宗教和资本》。
[8] 语出高尔基：《原始文学的意义》。

鲁迅所说，它"不特为宗教之萌芽，美术所由起，且实为文章之渊源"①。

传说虽也荒诞、神异，但它是根本不同于神话的另一文体。它是神话的发展，是神话的史化，或历史人物的神化。鲁迅说："迨神话演进，则为中枢者渐近于人性，凡所叙述，今谓之传说。传说之所道，或为古英雄，其奇才异能神勇为凡人所不及……"②茅盾也说，传说与神话"绝非一物"，"神话所叙述者，是神或半神的超人所行之事；传说所叙述者，则为一民族的古代英雄（往往即此一民族的祖先或最古的帝王）所行的事"③。可见，传说的要素在于：一，近于人性，以"人格"为中枢；二，主人公是民族的祖先，为氏族制向奴隶制演化中出现的古代英雄；三，它比神话晚出，就其形式而言，是神话的演进，它较少"解释的神话"的遗痕，而是"唯美的神话"的发展。

各民族的英雄史诗里除却转录的神话部分外，大多为传说，如荷马史诗中所载的特洛伊之战，就能从考古学上找到实证依据。我国的尧舜禅让、大禹治水、公刘徙民等，也属传说一类。传说也是上古先民的集体口头创作，但文学上的审美作用是它的主要功能，它已开始由神话所表现的原始思维和信仰向表现社会历史的纯文学的方向过渡。

神话故事（包括仙话、童话等）是晚出的文体，是阶级社会的产物。它借助神话的幻想形式表现善恶观念，服务于审美和娱乐的目的。有些神话故事虽取材于神话或传说，但经过改造、扩充，有明显的文人化倾向。神话故事大多为文人的个人创作，或由文人记录编纂。从中国的《西游记》《封神演义》以及咒海索宝之类，可看到在神话故事中有贵平之分、尊卑之则，私有制、等级制及宗教的因素使之带有时代、社会和阶级的色彩。神话故事由于可由个人创作，并主要服务于审美和娱乐的需要，因此它的产生受时代、社会的制约较小，随时随地可能新创，而神话和传说只能作为遗产留存，而不能随意再创。神话故事不需要口耳相传的长期准备，也无须以信仰或古史作为依据，因此有关爱情、探宝、除妖、惩恶等题材的神话故事直到当代还可能继续出现。

我们知道，"定义是表达事物的本质的词组"④。"神话故事"一名是由"神话"与"故事"两词合成的偏正词组，其中心词是"故事"，它代表有一定情

---

① 鲁迅：《中国小说史略》，人民文学出版社 1973 年版，第 7 页。
② 鲁迅：《中国小说史略》，人民文学出版社 1973 年版，第 8 页。
③ 茅盾：《神话研究》，百花文艺出版社 1981 年版，第 3 页。
④ 《亚里士多德全集》（英文版），101b39-40，转引自《学术月刊》1982 年第 8 期。

节的事件；而"神话"作为偏词，表示故事所用的夸张手法及借助神异的外在形式。因此，"神话故事"和"神话""传说"各为独立的文体，不可指鹿为马，彼此混同。

至于当今某些报刊所谓的"科学神话"，其名称本身就不是一个科学的概念。科学与神话本是不容的两极，一个把人作为世界的主人，一个把人视为神灵的奴隶，表现了唯物论与唯心论的尖锐对立。"科学神话"这一定义将不同的属类合二而一，使概念含混；同时"神话"一词不论是对此种文体的比喻或借代，都违背了定义项的原则，犯了逻辑错误。因此，这类文体以叫"科学幻想"为好。它主要产生于工业时代，在一定文明的起点上假想或展望未来世界，主要表现对物质发展的探索。在"我"和世界、主观和客观、精神和物质等传统的二元论哲学和伦理等方面，它着眼于世界、客观和物质，表现的不是作为主宰的代表精神观念的神，而是人类自身对宇宙物质世界的认识、探索和利用。从根本上说，它不是什么"神话"，而是发展现有文明的幻想。神话表现对神力的敬畏和崇拜，有明显的消极因素，而科学幻想则以积极乐观的入世态度，设想人类的前途。至于西方某些关于世界毁灭、外来灾异等臆说，既不算科学幻想，亦不是什么科学的"神话"，它不会博得缪斯的青睐而跻身文坛，成为一种独立的文体，而只能作为一种奇谈与一定的社会历史条件结缘。

有人认为，神话在不断创新，今日飞碟之说、百慕大三角区之谜等，在将来会变作神话。我觉得，作为一种文体和文学现象，神话是人类童年时期的产物，正如人不能返老还童一样，神话也不能由进入成年的人类再创。尽管人们常把一切荒诞奇异之说泛称"神话"，但它与作为文学定义的神话毫不相关。神话必须是上古先民的集体创作，必须带有原始思维的基本特征，任何后出的带有神异手法的故事绝不是神话。因此，认为神话可以不断创新的观点违背了神话的要义，是明显的错误的立论。

总之，神话、传说、神话故事和"科学神话"（科学幻想）是各不相同的概念。从文学史的角度看，它们是随社会生产和文学自身的长期发展而渐次出现的文体，它们在形式手法上有渊源关系，但内容所揭示的意义却各不相同。从逻辑上说，它们的属和种差不尽一致，因而它们的定义也必然不同。从社会心理看，随着人类征服自然能力的增强，人类从虔诚地拜神到歌颂祖先，从虚构神异故事满足审美和娱乐的需要到以文艺形式探索未来世界，逐步摆脱了对神的信仰，表现了做世界主人的信心。从阶级内容看，由神话所表现的无阶级社会的集体表象到传说歌颂英雄体现的私有制和国家的兴起，到神话故事中明显的阶级差别及科学幻想中较少的政治内容，表明了它们与社会历史发展的关系。从方法论上看，由信仰神、虚构神的活动到从现有物质文明出发，展望未来世界，体现了由唯心论到唯物论的转化。因此，神话、传说、神话故事和科学幻想是有着多方差异的四种文学样式，不能随便以"神话"一词而统称之，亦不可以其他名称互代。只有注意它们的固有特点，了解各自所包含的本质，才能正确理解这些文学定义，并区分出彼此间的不同。

《华南师范大学学报（社会科学版）》1983 年第 3 期

五代从葬品神话考

1950年在南京南郊祖堂山发掘出南唐李昪、李璟的钦陵和顺陵，共出土六百余件文物，其中各式陶俑约两百件。在这批陶俑中，特别令人注目的是人头鱼身俑、蛙俑和双人头蛇身俑三件。

无独有偶，1975年在扬州邗江县（现扬州市邗江区）殷湖蔡庄发掘出五代杨吴政权的寻阳公主墓，出土了一批木俑，其中亦有人头鱼身俑、蛙俑和双人头蛇身俑。

杨吴是南唐的前身，二者从葬品的一致反映了神话和丧俗的传承。然而，多年来，学术界仅注意到五代墓葬对于研究建筑、绘画、雕刻、制陶以至陵墓制度方面的资料价值，而没有充分认识它对于研究神话史的实证意义。为此，本文拟就上述神话俑略做考辨，以尝试中国神话史的探究。

一 人头鱼身俑考源

有关人头鱼身神话的文献资料仅见于《山海经》。《海内南经》云："氐人国在建木西，其为人人面而鱼身，无足。"又《大荒西经》云："有互人之国。炎帝之孙，名曰灵恝，灵恝生互人，是能上下于天。"清人郝懿行指出，互人国即氐人国，互、氐二字以形近而伪①。将上述两例合而观之，人头鱼身者名为互人，为炎帝的重孙，其神通在于能"上下于天"。人头鱼身的奇功异能起源于对鱼的信仰和崇拜，是对上古鱼图腾神话的继承和演化，也是它作为从葬品的主要根由。近十年的考古发现提供了不少实证资料。1976年在安阳殷墟奴

---

① 袁珂：《山海经校注》，上海古籍出版社1980年版，第280页。

隶祭祀坑发现玉鱼1件,而在殷墟五号墓发现的玉石鱼雕竟达70余件[1],1967年在甘肃灵台白草坡西周墓中发现玉鱼5件[2];此外,在山东胶县西庵西周墓出土玉鱼2件,而在黑龙江畔绥滨中兴古城的金代墓群中亦发现有玉鱼从葬[3],在江西南昌的唐墓随葬品中还发现有竹鱼[4],……显然,将鱼或鱼图像从葬已成为我国自上古至中古经久不变的丧俗,而这种礼俗的沿袭和嬗变是与鱼神话的传承和变异息息相关的。

闻一多先生曾考证中国龙图腾乃是中原蛇、马、狗、鱼、鸟、鹿等"众图腾的合并与融化"[5]。在仰韶文化的陶片上就发现过鱼纹,鱼图腾在中国文化史上绝非子虚乌有。当然,它作为部落的标志早就被"化合"了,但有关鱼的礼俗和神话却依然传承了很久。除了丧俗,在汉代婚俗的纳采中也有鱼,意表吉祥,同时,鱼还成为古代某些器物的主要图案。如汉代刻花铜案的中心部位是鱼,两旁为二龙四鱼,外围才是龙凤[6]。可见,鱼在人类早期的图腾神话中有过超越龙凤的主神地位。此外,鱼还成了古代服饰上的护身符佩,如《合璧事类》载:"陈尧咨守荆南,每以弓矢为乐。母冯夫人怒杖之,金鱼坠地碎。"以鱼纹为符佩以避祸保身乃是以鱼图腾神话为根据的。尽管有关鱼图腾真义的资料存遗甚少,但也并非无迹可寻。

在南京博物院收藏的江苏省盱眙县东阳出土的汉代木刻星象图上,有金乌与日、蟾蜍与月、两飞人、数星宿和三条鱼的图像。天象图中何以有鱼?这为鱼神话图像的研究提供了一条十分重要的线索,由此可以找到人头鱼身神话的源头。我认为,鱼在天象图中的存在,首先是初民视星空为银河之故,既是天河,岂可无鱼?其次,群居河边湖畔的先民见长河大泽之水与远天相连,而夜晚的水面又倒映出灿烂的星空,于是产生了水天一统的玄想。再次,鱼作为图腾物,它同金乌、蟾蜍一样有着特定的神话含义:金乌是日的象征,蟾蜍是月的象征,而鱼则是众星宿的象征。初民产生这一幻想的客观根据是,夜空中的点点繁星恰似若明若暗的粒粒鱼子和莹亮闪光的片片鱼鳞。

除了这一天象图提供了有力的实证外,我们在文献中亦可找到鱼为星宿的

---

[1] 见《考古学报》1977年第2期。
[2] 见《考古学报》1977年第2期。
[3] 见《文物》1977年第4期。
[4] 见《考古》1977年第6期。
[5] 《闻一多全集》第1册,三联书店1982年版,第26页。
[6] 见《文物》1977年第2期。

佐证资料。《述异记》曰："关中有金鱼，周平二年，十旬不雨，遣祭天神，金鱼跃出而雨降。"祭天神而金鱼跃出，岂不正好说明：天神者，鱼也?!

关于鱼为星辰代表的认识还可用以解释《博物志》中"鲸鱼死而彗星出"的原义，并帮助理解秦始皇在兰池及汉代在长安太液池刻石为鲸的根由。鲸鱼与彗星一个居水、一个行天，在现实中本风马牛不相及，但在神话的幻想中它们却同为星辰，同游太空，互相制约，成为天上的一对克星。由于彗星在中国古代迷信中是能引起灾变的凶兆，因此秦汉王朝刻石为鲸，显然是祈望鱼神的护佑，寄托了消灾灭害的愿望，表现了鱼神话的真谛。

至于人头鱼身的互人及《山海经》中带翅的鳛鳛鱼和鳛鱼之类，均为鱼图腾神话的派生物，是其在长久而广泛传承中的变异。《北山经》云："……鳛鳛之鱼，其状如鹊而十翼，鳞皆在羽端，其音如鹊，可以御火，食之不瘅。"《东山经》云："……鳛鱼，其状如鱼而鸟翼，出入有光，其音如鸳鸯，见则天下大旱。"此两例虽也主要说明两鱼神的一吉一凶，但其形象的带翅，又无疑是对鱼翔天河神话的附会，并成为后世"福星"与"灾星"之说的又一凭据。

人头鱼身神话尚涉及所谓"鱼龙化"问题。《山海经·大荒西经》云："风道北来，天乃大水泉，蛇乃化为鱼，是为鱼妇。颛顼死即复苏。"《南山经》云："有鱼焉，其状如牛，陵居，蛇尾有翼，其羽在魼下，其音如留牛，其名曰鯥鱼，冬死而夏生，食之无肿疾。"此两例中的神物都经历了鱼龙化的过程，其意义主要在"死即复苏"和"冬死而夏生"。其中，"天乃大水泉"句也披露出鱼所出没处乃作为"大水泉"的天。在南唐李昪陵中出土的人头鱼身陶俑上就留有"鱼龙化"的痕迹，在其颈项正面刻画出一道道有如蛇腹的鳞纹，因此该俑又具有"鱼妇""鯥鱼"一类神话的含义。

由此可见，鱼在初民的观念中本是出没天河或能飞临天泉的神物，其本身就是星辰的化身，它能带来福佑或灾祸，古代用鱼血涂抹祭器、在池边刻石为鲸一类的礼俗即根源于此；鱼和龙（蛇）能互相幻化，派生出新的神话，而人头鱼身神话正是鱼图腾神话的变异和发展；五代人头鱼身俑综合了"互人""鱼妇""鯥鱼"一类神话的要义，并带有鱼图腾神话的遗痕，寄寓了亡灵依附神物"冬死而夏生""死即复苏""上下于天"的愿望，体现了神秘的灵魂不死的原始信仰。

二 是蛙，还是蟾蜍

蛙为仰韶文化时期的图腾物，用以从葬亦由来已久。在安阳殷墟奴隶祭祀坑和属于殷代王室的五号墓葬中，均有石蛙出土。及至汉代，墓葬画像多为蟾蜍，而不复见蛙，因此五代陵中蛙俑的发现乃神话界值得特别重视的现象。

"月中有蟾蜍"，蟾蜍为月的象征，已是无可怀疑的了，然而蛙神话的意义究竟何在？它与蟾蜍是二者，还是一物？相互间有何关系？这些问题尚没有得到充分的讨论。

我以为蛙图腾在先，蟾蜍说在后，两者均"托身于月"，成为月的象征，蟾蜍神话实乃蛙神话的变异。理由：第一，汉代以前有蛙纹或石蛙等实物资料多件，却没有蟾蜍形象。第二，月中有蛙，乃因月精生水，而蛙比蟾蜍更近水。《晋书·天文志》载："方诸可以取水于月而无取月于水之道，此则月精之生水了矣。"《淮南子》亦云："方诸见月则津，而为水。"《拾遗录》曰："水精为月。"在中国历代诗文中多有"水月"之句，月与水难分难解，浑然一体。李白《赠宣州灵源寺仲濬公》诗云："观心同水月，解领得明珠。"钱起诗云："梵筵清水月，禅坐冷山阴。"曹唐诗云："烟岚晚过鹿裘湿，水月夜明山舍虚。"《宋史·杨存中传》云："存中葺园亭于湖山之间，高宗为'水月'二字。"《画继》云："虚静师所造者，道也，放乎诗，游乎画，如烟云水月出没太虚。"至于蛙蟾之别，古已有论。《广雅疏证》对《说文》"蛙黾"条注云："其在陆地者为詹诸。"一个在水，一个在陆，这是二者习性上的重要区别。可见，生水之月本非蟾蜍相适的生存空间，而是蛙的极乐世界。从月精生水之说还可以找到初民对月食的幼稚解释，即月食的发生乃因蛙蟆饮食了月液之故。欧阳修有诗云："客遭水厄疲捧盉，口腹无异蚀月蟆。"苏轼有诗云："谓是月中蟆，开蟆吐月液。"可见，月中蟆赖水而存，它反映的正是蛙的特征，而不是蟾蜍的习性。成廷珪诗云"水满行厨欲产蛙，苔封老屋乱啼鸦"，也揭示了水、蛙的不解之缘，而且用"蛙"与"鸦"相对除了音韵的考虑，在语义上也正与用"月"与"日"对，"阴"与"阳"对同理。此外，《旧唐书·杨收传》也述及蛙月之间的关系："收七岁丧父，居丧有如成人，……十三略通诸经义，善文咏，吴人呼为神童。兄发戏，令咏蛙，即曰：'兔边分玉树，龙底耀铜仪。会当同鼓吹，不复问官私。'"可见，在中古仍有人认为在月中与兔相共的是蛙，而不是蟾蜍。第三，古神话中的蟾蜍是金蟆，而不是满身痱瘟的癞蛤蟆，不可用生物学的分类法将蛙与蟾蜍判为二物，而应视作一物在传承中的二态。《酉阳杂俎》载："长庆中八月十五日夜，有人玩月，光属于林中如匹布，寻视之，见一金虾蟆，疑是月中者。"杨万里诗云："脚踏金蟆扳桂枝"，说的都是"金蟆"。杜甫有"坡陇金虾蟆，出见盖有由"句，可见"金虾蟆"并非癞蛤蟆，它不常出现。金蟆乃杨收所吟的"耀铜仪"，它本指蛙，而非现代语义上的蟾蜍。

关于蛙的神功异能，《经籍纂诂》引《广雅·释鱼》云："蛙，始也。"所谓"始"，即指蛙的冬眠春苏，这正与月的特征相符。月有朔望之变，它周而复始，永生不死，屈原《天问》中的"夜光何德，死则又育"句，说的正是月的再生，即蛙图腾所体现的灵性——"始"。

在神话传承中虽出现了蛙与蟾蜍两个不同的名称和形象，然而二者却系一物。汉以后所说的月中蟾蜍，是远古蛙图腾的变异，实际上是蛙的变种。《辞海》释蛙云："蛙，本作黾，……水陆两栖之脊椎动物也。种类甚多，有蟾蜍、雨蛙、山蛤、土蛙、金线蛙等。"[1] 若从神话史的角度看，将蟾蜍归入蛙属正符合神话的原义。至于《玄中记》所云"蟾蜍头生角，得而食之，寿千岁"，乃由蛙的"始"、月的"育"而附会出的，体现了时人托月长终的观念。蛙作为从葬物的神话含义正在于此，也表达了古人对生死轮回、灵魂永生的信仰。

三　双人头蛇身的哲学

在南唐钦陵和杨吴寻阳公主陵中均有双人头蛇身俑从葬。所谓双人头蛇身者，实乃两蛇交尾之状。这在古代墓室的画像中曾见有多例，如在东汉武梁祠石室、沙坪坝石棺、隋高昌故址阿斯塔那墓室等处均发现有人面蛇身交尾像。这类图像过去仅发现石刻和绢画两类[2]，而南唐钦陵的陶俑和杨吴寻阳公主陵的木俑均为圆雕，在图像类别上是出新，但在神话意义上却是复古。人头蛇身者乃中国神话中始祖神和日月神伏羲和女娲，我们从实物资料可以发现他们的形象特点。汉代石刻画像上的伏羲、女娲交尾像多是人头、人身、人手而蛇尾，有的举日月，有的拿尺规，并且还着衣戴冠，表现为形象的半人半兽和性

---

[1] 《辞海》，中华书局1986年版缩印本，第2566页。
[2] 见闻一多《神话与诗·伏羲考》。

格的半神半人。而五代的人头蛇身俑，没有身手、衣冠，具有更为浓烈的神秘气氛，因而也更能反映较原始的神话。由蛇图腾到人头蛇身，再到人头人身蛇尾，鲜明地展示出神话在传承中所经历的人化过程。人头蛇身神话比人身蛇尾神话更能体现原始思维的互渗律，其原逻辑的成分十分突出。所以，五代时期的人头蛇身俑在图像形式上虽为晚出，但在神话意义上却更为远古。

双人头蛇身俑以女娲、伏羲神话代指月日、阴阳，表现了"阴阳相易，转相生也"①的哲学观。《系辞》云："一阴一阳之谓道，继之者善也。"双人头蛇身所表示的阴阳交合正符合道的精神，所以先秦以后受到特别的重视。《系辞》尚有"天地纲缊，万物化醇，男女构精，万物化生"之论，说明阴阳相易、相生的结果使万物经历了由粗及精的变化。作为从葬品，双人头蛇身俑所表示的本义正是阴阳的相生、相易，它寄托着让死者"化生""构精"的幻想。

以日月表生死在汉代文献中亦有记载。《后汉书》中有"存亡为晦明，生死为朝夕"②句，其"晦明"者，乃指月的圆缺变化，"朝夕"者，则指日的升落运行。月之圆缺周而复始，日之升落亦循环往复。因此，在古人看来，生死存亡是天之精神与地之形骸的一个连续的、永不间断的离合过程。死是由阳归阴，生乃由阴复阳，阴阳有别，形神有离，而归合无端。

双人头蛇身俑正体现了这种信仰，它的寓意是与《易传》所言的"在天成象，在地成形"的世界观相一致的，因此形式上虽神秘怪异，但仍旧是人性向物质东西的投影，具有十分鲜明的功利目的。正如格罗塞所说："原始民族的大半艺术作品都不是纯粹从审美的动机出发，而是同时想使它在实际的目的上有用的，而且后者往往还是主要的动机，审美的要求只是满足次要的欲望而已。"③双人头蛇身神话的功利性就在于手段与目的的同一，幻想世界与自然世界的混同，以及天地、形神、存亡的一体，表达了亡不为戚、再生有时的观念。

上述观念起于上古初民"灵魂不死"的原始信仰，时至中古，其自发性已演化为一定的人为性，并由前逻辑思维的表象而演变为具有宗教色调的信仰手段，但仍不失为研究神话思维、艺术哲学和社会风俗的重要线索。恩格斯曾指出："即使是荒谬的迷信，其根基也是反映了人类本质的永恒本性，尽管反映

---

① 荀爽：《易传·注》。
② 《后汉书》卷三十九《赵咨传》。
③ ［德］格罗塞：《艺术的起源》，商务印书馆1984年版，第332页。

得很不完备，有些歪曲。"① 双人头蛇身俑所体现的虽亡犹存、起死回生的荒谬迷信在一定程度就表现了入世的乐生精神。热爱生活是人类的本性，正是这种本性驱使先民披荆斩棘，斗灾灭害，在信神拜神、虚构天上乐园的同时，又开拓出地上的现实世界。总之，双人头蛇身的哲学与道家的阴阳之说有着内在的关联，它起于原始宗教里的图腾神话，但发展为丧俗又有了人为的迷信成分，同时却又是对人生的曲折的肯定。它是"灵魂不死"观念的发展，表现为一种幼稚的、主观的辩证哲学。

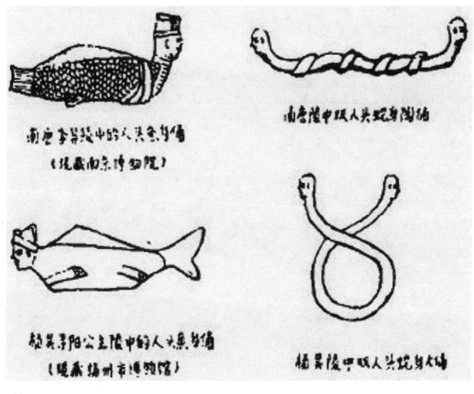

图1

从上述神话俑的考证，我们可以得出这样的结论：人头鱼身俑、蛙俑和双人头蛇身俑三者具有相同的神话意义，它们作为日、月、星"三光"的表象决定了古人遗世登天、起死复活的信仰。这正是它们作为从葬品的功利性所在。

五代以降，神话俑已不复见，具有神秘象征意味的神话图像为直露浅薄的

---

① 《马克思恩格斯全集》第 1 卷，第 651 页。

文字表白所取代：有的在金箔钱上刻上"富贵长命""往升仙界"的字样；有的则丢弃中国传统，以见佛作为归宿，将"花开见佛""愿生西方""悟无生忍"之类的词句铸在厌胜钱上①。可见，神话既影响民俗，又赖民俗而传承，民俗的变异导致神话传统的消亡，因而民俗也是神话史研究的一个重要领域。

在中国，神话图像较为多见的朝代是两汉，而五代神话俑所表现的神话内容较两汉的神话图像却更为远古。这可能是五代的杨吴和南唐曾出现了一批专攻文化史的学人，在他们手上复兴了汉以前的上古文物。

陆游《南唐书》卷二《元宗本纪》称南唐"地大力强，人材众多"，刘崇远《金华子杂编》卷上说南唐兴科举，建学校，文物最盛，"由是六经臻备，诸史条集，古书名画，辐辏绛帷，俊杰通儒，不远千里而家至户到"。史虚白在《钓矶立谈》中也说，南唐"耕织岁滋，文物彬焕，渐有中朝之风采"②。因此，神话的传承与复兴和社会历史又有着密切的关系。神话的远古与晚近不是按时序记录在古代文献上或出现在实物中的，后朝有可能比前朝收录下更为原始的神话内容。我们通过五代神话俑的考证，可以加深这一认识。

《学术月刊》1985 年第 7 期

---

① 《文物》1977 年第 1 期。
② 转引自韩国磐：《隋唐五代史纲》第二版，人民出版社 1979 年，第 431 页。

鱼 考

大约自公元前五千年的仰韶时期始，鱼类就同华夏民族结下了不解之缘，从此鱼纹成为社会生活中最主要的图饰。及至封建社会，鱼纹在工具、兵器、佩饰、酒器、灯具、乐器、餐具、文具、建筑构件，以及婚、丧礼俗等方面无处不见，其神秘的内涵随神话的传承、变异而日趋复杂。在初民的观念中，鱼为图腾的标志，后又成为星辰的化身，并演化为魂灵的乘骑和禳祸降福的祥瑞动物。

闻一多先生曾在《神话与诗·说鱼》中指出鱼为"匹偶""情侣"的隐语，这种象征在于鱼的"繁殖功能"[①]，而后世论者在闻先生的立论基础上，为解释鱼的图腾性质也做出了努力。

我们认为，鱼神话的源起与衍变是一个长期的复杂过程，就其内容而言，也并非只受制于鱼的繁殖功能，它既有图腾意义，又有天象认识，还带有灵魂观念，是初民生产实践、哲学思考和宗教信仰的集中体现。本文拟就鱼神话所包容的上述图腾、星体与灵魂观念略加考析，以揭示我国鱼神话的真义。

鱼为图腾

图腾作为氏族的徽号或标志，是氏族的祖先或恩主。关于鱼为图腾的实证，我们可以从新石器时代的文物中找到。例如半坡型仰韶文化的彩陶，其图饰多为鱼纹，有单体鱼、双体鱼、三体鱼和人面鱼纹等十数种。其中，人面鱼纹尤为特殊。它绘制在陶盆的内壁或外壁上，其人面口衔两鱼，耳环两鱼，旁

[①] 《闻一多全集》第1册，三联书店1982年版，第119、134页。

边另设渔网或另绘单体游鱼,表现了人鱼互化、合体的亲缘关系。此外,在半坡原始村落的遗址还发掘出大量的渔猎工具,包括用石、骨、角等材料加工制作的鱼钩、鱼叉等物,验证了在仰韶文化阶段,渔猎是先民生存的重要手段。费尔巴哈曾从原始人类的功利目的和客观心理论析动物、人、神三者的关系。他指出:"动物是人不可缺少的、必要的东西;人之所以为人要依靠动物;而人的生命和存在所依靠的东西,对于人来说,就是神。"① 可见,直接的生存需要造就了最初的神。初民本临河而居,鱼类作为取之不尽的食物来源,成为他们赖以生存的物质基础。于是鱼为神物的观念产生了,其恩主的地位得以渗入想象的神人关系,并成为图腾形成的前提。

我们在长江流域的河姆渡文化遗址中亦发现鱼纹陶片。特别是 1978 年初的第二期发掘,出土了木雕鱼形器柄一件、圆雕木鱼一件和陶塑鱼一件②。耐人寻味的是,木鱼周身阴刻着大小不等的圆窝纹,而陶鱼周身则阴刻着大小基本相近的圆圈纹。上述窝圈纹绝不是鱼鳞的模拟,而是有关鱼崇拜的印记,它具有特殊的功用和意义。此外,1980 年在河南偃师二里头遗址发现锲刻鱼形骨片一件,骨片长 9.8 厘米,宽 3.1 厘米,其上仅刻一鱼,别无纹饰③,因此,它不可能是单个文字的记录,也还是宗教图像的例证。这类图像比动物崇拜有着更为浓重的神秘色调和更为深厚的信仰基础,与图腾物当有一定的联系。

我们在半坡型马家窑文化中还发现了类似仰韶文化网鱼图的网点纹彩陶盆。该盆外壁满绘网纹,网眼中加有长点。这些长点应是鱼纹的变形和简化。《诗经·小雅·鱼丽》有"鱼丽于罶""物其多矣,维其嘉矣"句,《说文句读》释"罶"为"鱼所留也,从网"④。可见,"鱼丽于罶"即鱼落在网之意,是物多且嘉的吉兆。上述诗句与《尔雅·释地》所说的"鱼丽,言太平、年丰、物多也"是一致的。因此,仰韶文化的网鱼图和马家窑文化的网点图都表现了"鱼丽于罶"的主观愿望,说明了初民与鱼类在幻想中的感情互通,暗示了鱼能降福赐物的恩主性质。

在《山海经·东山经》里记有"聊用鱼",郭璞注云:"以血涂祭为聊也。"⑤ 用鱼血涂抹祭器应是对人祭的替代,鱼血与人血的置换反映了二者的同

---

① 《费尔巴哈哲学著作选集》,三联书店 1962 年版,第 438 - 439 页。
② 《文物》1980 年第 5 期第 9 页。
③ 《考古》1983 年第 3 期第 201 页。
④ 王筠:《说文句读》卷二十二。
⑤ 袁珂:《山海经校注》,上海古籍出版社 1980 年版,第 105 页。

质共性，根源于鱼、人间有血缘联系的图腾意识，而"人们的某一血缘联合体和动物的某一种类之间存在着血缘关系"，正是"图腾崇拜的特点"[①]。显然，有关"聏用鱼"的神话表明了这一信仰民俗的产生是由图腾观念所命定的。

从中国神话的谱系看，颛顼及其族裔均为水兽，特别与鱼类相亲相密。颛顼死即复苏，化为半人半鱼的"鱼妇"；而颛顼所生的鲧，本身就为鱼族。《说文解字》释"鲧"称："鲧，鱼也。《玉篇》曰'大鱼也。'"[②] 正因为鲧为鱼属，故死后虽经幻化，仍得以"入于羽渊"。鲧之子禹，其形虽非鱼类，然在治水中多得水族之助，除黄龙曳尾、玄龟负泥之外，最为得力的该数"白面长人鱼身"的河精了，正是他的河图，才使禹从鲧的"水来土掩"式的局部、被动治水法而转为运用疏导式的整体、主动的治水法成为可能。鱼体的河精为何助禹？我们知道，"物以类聚，人以群分"，只有同族同类间才有这样的协同动作，特别在原始的氏族社会，只有在同血缘的氏族内部，才可能产生这样精诚的合作。由此看来，以鲧禹为始祖的夏族与鱼图腾有一定的联系，鱼类对华夏民族的历史具有其他动物所难以企及的意义。

1978年在河南临汝阎村发现的《鹳鱼石斧图》，已引起学术界的普遍关注，并触发了对鱼图腾的思考。我们认为，鹳鱼相连正是两图腾氏族外婚制的标记。石斧是物质生产的象征，鸟鱼是人口生产的象征，它们体现了原始初民求生存、生殖的两大功利目的。《经籍籑诂》卷四十七引《楚辞·自悲》"鸟兽惊而失群兮"注云"鸟者，阳也"；而卷六引《诗灵台序》云"鱼，阴虫也"，又引《易井》云"鱼为阴物"。可见，鸟鱼的相接正是阳阴、男女的相合，其象征作用服务于生殖的目的。因此，战国漆器、汉代铜器等历代器用及墓葬中的鸟鱼图都根源于图腾婚合的繁殖意义，并由此派生出它的祥瑞因素。至于《山海经》中的互人国，汉代画像石中的人头鱼身图，以及五代墓葬中的人头鱼身俑，其人、鱼互化一统的形象特征都是对鱼为图腾这一原始神秘观念的复现。

鱼为星辰

鱼在华夏民族的神话信仰中不仅是图腾的标志，而且也是星辰的象征。

初民临河傍泽而居，见远端水天相接，而产生了水天一统的玄想；夜晚水

---

① 《普列汉诺夫哲学著作选集》第3卷，三联书店1962年版，第383页。
② 王筠：《说文句读》卷二十二。

面倒映出灿烂星空，又触发了星入地川、鱼翔天河的臆断；此外，雨露的飘落，也加深了他们视天空为星河的认识。

《山海经·大荒西经》有"风道北来，天乃大水泉"句。《黄帝书》有载："天在地外，水在天外，水浮天而载地者也。"《浑天仪注》云："天如鸡子，地如鸡中黄，孤居于天内，天大而地小，天表里有水，天地各乘气而立，载水而行……"① 在唐诗中将水、天相连的句子就更多了，如李白有"君不见黄河之水天上来"句，贾岛有"露滴星河水"句，刘禹锡有"火山摧半空，星雨洒中衢"句，王建有"夏夜新晴星校少，雨收残水入天河"句等等。天上有水、星空为河的幻想是鱼翔天河、鱼星互代的认识基础。

要说明人、鱼、星三者的互代共通并不困难，考古学和文献资料给我们提供了大量的佐证。

从新石器时期的遗物看，1956年河南陕县庙底沟出土的圆点网纹彩陶盆，就揭示了在神话中鱼星的互代，其上的圆点是早先鱼纹的浓缩，也是星辰的指代，表现了半坡型网鱼纹向庙底沟型网星纹的变通。《诗经·小雅·苕之华》有"牂羊坟首，三星在罶。人可以食，鲜可以饱"句。上述网星纹陶盆正是"三星在罶"的写照。前已引证《诗经》有"鱼丽于罶"句，从鱼、星于罶的微妙关系，也可以看出它们在初民幻想中的主观同一。

1978年在江苏铜山县（现徐州市铜山区）青山泉发掘出汉代画像石四块，其中有一石刻作三鱼与三星叠合图。此为墓顶画像，它在模拟的天文图中以叠合的形式直接点画出鱼、星的异形同种关系。无独有偶，在南京博物院收藏的汉代木刻星象图上，也有金乌载日、蟾蜍在月、两飞仙、众星宿和三尾鱼。图中鱼同星辰的叠合正同金乌与日、蟾蜍与月的叠合一样，表明它为后者的象征。

我们从1971年在河南唐河县针织厂发现的汉画像石墓的墓顶天文图中，还可找到鱼翔天河的例证。该图中绘有金乌与日、蟾蜍与月、繁星、四神、虹蜺与七尾鱼等。"四神"即"四方宿名"，王充《论衡·物势篇》云："东方木也，其星仓龙也；西方金也，其星白虎也；南方火也，其星朱鸟也；北方水也，其星玄武也。天有四星之精，降生四兽之体。"至于虹蜺，《春秋运斗枢》有载："枢星散为虹蜺。"② 可见上述各兽均与天体相关。图中七鱼虽与星辰分

---

① 转录于蒋祖怡：《王充卷》，中州书画社1983年版。
② 欧阳询：《艺文类聚》卷二"天部下·虹"。

列，然不失为星辰的代表。《穆天子传》有载："天子葬盛姬，画日月七星。"由此可知，图中的七鱼就是"七星"，它们同四神、虹蜺一样，是以星精的兽体形象而出现在模拟的天盖上的。

在南通市博物苑收藏的"神马"中，有一幅《魁星神君图》，也揭示了星、鱼间的对应关系。该图中心是鬼头人身的魁星神君，左上为金乌载日，右上为北斗七星，左下有一尾鱼。所谓"魁星"，即北斗星座的斗枢四星。《春秋运斗枢》曰："北斗七星，第一天枢，第二旋，第三机，第四权，第五衡，第六开阳，第七摇光。第一至四为魁……"[①] 尽管魁星神君为道教之神，且图中金乌所载之日已绘作钱纹，神君两旁又附赘了"连升三级"之类的吉祥图饰，但鱼、星、金乌的同图对应关系透过全图"升官发财"的氛围，仍传导出鱼为星辰的神话信息。魁星神君的龙头当是鱼的变异，其作为水族的形象说明了它们在原始意义上的混同。

我们从颛顼的谱系关系亦可发现鱼星间的微妙关系。《国语·周语下》有载："星与日辰之位，皆在北维，颛顼所之建也。"《山海经·大荒西经》有载："颛顼生老童，老童生重及黎；帝令重献上天，令黎印下地；下地是生噎，处于西极，以行日月星辰之行次。"前已论及颛顼裔族皆为水族，其中含鱼，他们决定日、月、星辰之位的神功是以鱼星互化的神秘认识为基础的，实际上是水族之神在天河中的自我定位。

鱼、星形异而类同，相合而又相克。这一凶吉对立关系我们可以从1973年在西安北郊高堡子村西侧发现的巨型圆雕石鱼所揭示的神话意义中去认识。该石鱼呈橄榄形，长4.9米，中间最大直径有1米，头径0.59米，尾径0.47米，值得注意的是，其头部仅刻出一只眼睛。它出土于汉代太液池北岸，发掘报告引证《三辅黄图》和《长安志》的记载，判定此石鱼为汉代的石鲸[②]。据《西安府志》载，秦始皇也曾引渭水为兰池，"筑为蓬莱山，刻石为鲸鱼"。秦汉为何临池刻鲸？我们从《淮南子·览冥》中的"鲸鱼死而彗星出"一句可以找到解谜的钥匙。鲸鱼与彗星在唯物认识中本毫无干系，一个居水，一个行天，但鱼为星辰的神话观念却使它们成为生存在同一空间的、相互制约的"克星"。彗星常被视作灾变的凶兆，人们因恐惧而称之为"妖星"。《经籍纂诂》卷六十三云："彗，所以除旧更新也。"变更秩序，改朝换代是封建统治阶级最

---

① 欧阳询：《艺文类聚》卷一"天部上·星"。
② 《文物》1975年第6期，第91-92页。

担心的大事,因此他们刻石为鲸显然是想以鲸克彗,让鲸鱼永在,彗星不出,从而国泰民安,江山长坐。至于石鱼何以独眼,我们从《经籍纂诂》所引《左传·宣公十二年》"取其鲸鲵而封之"的注中可以找到一点线索。注云:"鲸鱼数里,或死沙中。云得之者,皆无目。俗云,其目化为明月珠。"鲸本为海中大鱼,其目变珠的幻想成为后世龙王献宝一类神话故事的根由。出土的汉代石鲸,一目尚存,可见该鲸未死,犹能克彗,另一目则已化作明珠,献宝于世,因此,独眼石鲸既表现了时人消凶灭祸的祈望,又体现了他们求宝得福的心理。石鲸将鱼人关系与天人关系简化为鱼星关系,表现出较为原始的意义。

从下雨、求雨的迷信认识中,我们也能还原出鱼、星、人在神话观念中的混同合一。《尚书·洪范》曰:"庶民为星,星有好风,星有好雨。月之从星,则以风雨。"它认为人人是星,星同庶民一样有好恶,有好风的,也有好雨的。古人幻想,由星的运动而招致雨落,如《春秋说题辞》所载:"一岁三十六雨,天地之气宣,十日小雨,应天文,十五日大雨,以斗运也。"此外,《史记·天官书》关于毕星的《正义》也云:"毕动兵起,月宿则多雨。"至于《汉书》所言的"五星不失行,则年谷丰昌",其所谓"五星不失行",亦即风调雨顺之意。应当说,星雨关系在农业形成以后才受到了特别的关注。宋人陈淳在谈及"神"的观念时说:"山林川谷丘陵,能出气为云雨者皆是神。日月星辰,民所瞻仰者,亦皆曰神。"① 显然,"出气为云雨",是造神的功利性所在,而星雨间想象的因果关系,则成为求雨活动的信仰依据。《益部耆旧传》曰:"赵瑶为阆中令,遭旱,请雨于灵星,应时大雨。"② 此例说的是求星得雨。而《帝王世纪》载:"黄帝出游洛水之上,见大鱼,杀五能牲以醮之,天乃甚雨……"以及《述异记》载:"关中有金鱼,周平二年,十旬不雨,遣祭天神,金鱼跃出而雨降。"此两例则说的是求鱼得雨。可见,灵星、天神、金鱼三者互通,鱼作为灵星的兽体显形也一样能呼风唤雨。

我们再从求雨的方式看,人们往往用男女交合的行状以乐神降雨③。董仲舒《春秋繁露·请雨止雨篇》有载:"四时皆以庚子之日令吏民夫妇皆偶处。凡求雨之大礼,丈夫欲臧,女子欲和而乐神。"又《路史·余论》引董仲舒《请雨法》云:"令吏妻各往视其夫到起雨而止。"求雨礼俗中的男女交合,显

---

① 陈淳:《北溪字义》,中华书局1983年版,第61页。
② 欧阳询:《艺文类聚》卷二"天部下·雨"。
③ 赵沛霖:《鱼类兴象探源》,《争鸣》1983年第1期。

然意在模拟双鱼,以诱发云雨。这种礼俗的形成源起于鱼为天神、鱼主风雨的观念,它比星主风雨说更为原始。先民模仿动物,或为避祸,或为求福。如古代越人文身断发,"以象龙子",从而躲避蛟龙之害;而求雨中的欢合,以作双鱼状,让鱼神视作同类,从而出没天河而降雨。这种礼俗所凭依的神话思维仍旧是鱼、星、人的同感互渗。

至于交合状的鱼纹,原作为吉祥的符号在半坡型仰韶文化的彩陶上早已有之。究其类型,主要有两种:一是比目连体双鱼,一是同体双头鱼。它们当为后世交蛇、交龙之类变形复体神话形象的始祖。双体鱼在当时表丰稔、繁盛,但发展为交龙形象,则往往与"日月合璧"或"五星连珠"等祥瑞天象结合,其神话的认识范围有所转移和扩大。在1980年山东嘉祥宋山出土的汉代画像石中,就有一块日月合璧、交龙、单鱼图。其中鱼作为星的象征,表现了日月星同升共辉,阴阳相易,男女构精,万物化生的神话哲学。

在初民的原始思维中,天河成了鱼的生存空间。《楚辞·天问》中有"鲮鱼何所?魃堆焉处?"的问句,也是从天上查询鲮鱼的居所。可见,鱼作为飞游银汉的天神,它是星精的兽体,或者说,它与星能互化互代。

鱼表灵魂

鱼在中国神话史上既是图腾的标志,又是星辰的象征,同时也是灵魂观念的集中体现。我们可以从鱼龙幻化、鱼为乘骑和鱼为祥瑞之物诸方面去认识鱼表灵魂这一命题。

有关鱼龙互化的神话我们在文献与实物中亦发现多例。

《山海经·海内经》注引《开筮》云:"鲧死三岁不腐,剖之以吴刀,化为黄龙。"[1] 鲧本为鱼,死后其体化变为龙,乃经历了鱼龙化的过程。而《山海经·大荒西经》中的"鱼妇"神话则说,"颛顼死即复苏","蛇乃化为鱼"。蛇者,龙也。颛顼所经历的命途则又表现为龙鱼化。

鱼龙幻化的神话认识还派生出一些"鱼龙混杂"的合体形象。如1977年在铜川市黄堡镇出土的唐代金花银碗的碗心,就捶出了龙头鱼身带翅纹[2];1976年在内蒙古巴林左旗乌兰套海出土的辽代白釉注壶,做成人首与带翅鱼龙

---

[1] 袁珂:《古神话选释》,人民文学出版社1979年,第293页。
[2] 《文物》1980年第7期。

连体形；1950年南唐李昇的钦陵中出土的人头鱼身陶俑，其颈项则塑成龙脖。以上数例都表现为人、鱼、龙的幻化、融合，反映了灵魂永生、变形转体的观念。

再说，象征化卑为尊的龙门，也包容着鱼龙幻化的神话成分。《符子》有载："观于龙门，有一鱼，奋鳞鼓鬐而乎龙门而为龙。"《三秦记》也载："河津一名龙门。大鱼集龙门下数千，不得上，上者为龙。"而《说文》释"蛟"云："蛟，龙属也。鱼满三千六百年，蛟为之长，率鱼而飞去。"① 以上三例虽也说鱼化为龙，但有龙尊鱼卑的隐义，附会了帝王龙属、庶民鱼类的等级划分，表现了神话在阶级社会传承、变异的特点。

鱼龙幻化说的动因是前逻辑思维所决定的灵魂观念。初民相信万物有灵，灵魂不灭，并视人的生死为灵魂与躯体的聚合与分离。他们认为，在魂、体或神、形的相互关系中，魂是永久的、不死的，而体是暂时的，要朽灭的；魂灵可以游离于形体之外，也可以寓寄到别种形体之中。这一认识是天人感应、物人互化、物物通变的信仰基础。就神话发生的先后而言，鱼龙化在前，龙鱼化居后；就风俗而言，由起始的鱼的礼俗向后世的龙的习俗渐变。我们考察这一过程，就会发现：双体鱼演化为交蛇、交龙，器具上的鸟鱼纹改成了龙凤图，由向鱼神求雨转化为向龙王求雨，由鱼多子说变化为"一龙九子"说，由向鱼求子变成了向龙求子……鱼龙幻化的多形式性演示了灵魂观念的随意性，这是神话变异的一个内在动因。

从遗存的某些文物看，鱼作为能飞临天泉的神物还充当了亡灵登天的乘骑或前导。

在江苏铜山县洪楼地区出土的东汉画像石上，有登天的鱼车、龙车图。鱼车由三鱼牵引，车轮作云雷状，车上亡灵头着鱼冠，表现其为鱼的属种。图中的鱼冠仍反映着互渗的观念，但是鱼已变为登天的乘骑。鱼的这一职能在有关人头鱼身的神话中也得到了反映。人头鱼身的实物资料有山东嘉祥宋山出土的画像石、南唐二陵中出土的陶俑和木俑，江苏邗江县（现扬州邗江区）蔡庄杨吴公主陵中的木俑，等等。人头鱼身者，即《山海经·大荒西经》中"互人之国"的"灵恝"之子，"上下于天"是其神性所在，也是人魂附丽的前提。在历代随葬品中，多有鱼或鱼形物，究其材料而言，有石、陶、木、玉、琥珀、

---

① 见《艺文类聚》卷九十六。

铜、金、银、骨等，其样式更不胜枚举。鱼形从葬也根源于灵魂凭依而超度的观念，它们既可认作亡灵乘骑的象征，又可视为引领魂灵归入星位的向导。

1973年在长沙城东南子弹库楚墓发掘出帛画一幅，上绘墓主人乘龙舟登天图，他上有天球华盖，下有一鱼空游。郭沫若曾在《西江月》题词中把这条鱼称作"上九重"的"前导"。从这重意义上说，鱼在中国神话中的职掌有类似希腊神话中的赫耳墨斯的地方，即起了神使或亡灵接应神的作用。不同的是，鱼不是把亡灵引过冥河，送入地府，而是带上天国，使"为星"的"庶民"在星河中归位。鱼为乘骑的幻想与大地鱼载的神话有一定的联系，想象的鱼的负载本领成为它充作乘骑的基础；而"庶民为星"的认识，灵魂不死的观念和鱼能"上下于天"的神功又决定了鱼为前导的性质。

由于鱼有灵魂，鱼表祥瑞，因而它成为社会生活中最常见的图饰之一。鱼形刻作水标，以兆丰年；做成门闩，以辟邪守夜；制为兵符，以逢凶化吉，无祸太平；捏成面鱼，象征夫妻恩爱，家庭美满；铸成拄灯，助月为明，以求有道……总之，鱼的形象无处不与先民的幻想和现实紧密地联结在一起，成为了解中国神话史、民俗史、宗教史与思想史的一个重要方面。

综上所述，鱼神话同华夏先民的物质生活和精神生活有着千丝万缕的联系，它是有关婚丧礼俗、信仰风俗的形成前提，也是鱼作为祥瑞动物的基础。鱼神话在传承中的变异、发展使其内容日趋复杂，而后世不断增长的功利需求和人为迷信的长久渗透，又使其原始因素逐步衰减。神话的象征和类比正是在这一过程中发生了转移：象征夫妻和合的双鱼在婚礼中被"囍"所取代；葬俗中死者口中的玉鱼饭含改成了珠宝；鱼图饰表丰稔昌盛的图腾意义演化为"吉庆有余"的谐音理解；鱼飞天河、鱼为星辰、随鱼归天的神话为乘龙骑鹤、"得道升天"的仙话所改造……尽管如此，在考古发掘、文献记载和民俗活动中，我们仍可以发现一些可贵的原始资料，并得以探究鱼神话的真义。

鱼作为图腾标志，表现了人鱼的互通；作为星辰的化身，决定了天人间的感应；而作为灵魂的体现，则表现了永生不死的幻化之功。这种鱼人、鱼星、鱼灵间的前逻辑联系，实际上是神人间多角度的幻想同一。鱼神话既表现了对丰收的祈望，对生殖的崇拜，也表现了对宇宙、人生、死灭的幼稚认识，它是初民现实的物质需求与虚幻的精神现象的融合。物质需求的转换性和精神现象的丰富性构成了神话发展、变异的两大内在动因。鱼神话的变异正是这样，它是社会存在与社会意识的反映，其神秘的形式包容着明确的功利目的。

随着星人关系、龙人关系对鱼人关系的取代，鱼神话逐步衰亡。从控制论的观点看，它对一定时代、社会呈收敛型反馈；从结构主义观点看，其神话素发生了转移，结构形式虽没有变更，但因子间的联系发生了置换作用；从信息论的观点看，由于载体的变异，原代码间的动态联系趋于中断；从功能主义的观点看，由表现原始社会的全民意识逐步向宗教信仰发展。因此，从事鱼神话的还原、探究只能借助片段的文献资料、久远的民俗活动和各类的历史文物，相信随着考古学的发展我们将掌握更多的实证，以最终揭开鱼神话的千年之谜。

《民间文学论坛》1985 年第 6 期

略论民间传说与神话

　　神话与民间传说作为集体的口头创作，是人类文化艺术宝库中的两颗璀璨的明珠。它们都不同程度地通过幻想的形式，以虚构、夸张等表现手法寄托了人们对自然与社会的理想，虽各自具有神异性或传奇性，但仍可视作反映一定社会历史的镜子。民间传说在内容与形式方面都是对神话的继承和发展，然而随着社会的演进，两者的离异更趋显著，已成为各具特质的不同文体。

　　神话是人类最早的意识形态，具有明显的综合性。它不仅在思维特点上交织着原逻辑的、逻辑的和艺术的思维，而且在内容上也不简单地归属文学的范畴。它是原始人类自然观、社会观的集中体现，广泛涉及哲学、宗教、历史、心理学、民族学等多方领域。神话作为上古初民的文化遗存，具有一定的稳定性，其特征表现为神异性，即以"神格"为中枢。至于民间传说，属文学创作，其思维特征主要表现为形象思维，它具有传承性和变异性，其特征是"近于人格"，其传承性与历史性往往交融杂糅，难解难分。

　　应当指出的是，民间传说本身所包容的种类较为庞杂，按目前的一般划分，它包括过去称之为"古谈"的传说，也包括称之为"民谈"的民间故事，甚至还包括某些童话、仙话和宗教故事。如何从类型学上对民间传说的属种做出严密的划分，尚是一个需要认真探究的问题。民间传说既是"传说"，就不同于"故事"，要想对二者加以必要的区分，仅认定"传说"与一定的历史人物、历史事件有关，并具体地点明了时间、地点等，还是不够的。因为这所谓的人、事、时、地均可以假托，它同"故事"并没有内容上的质的差异，若将这些假托的人、事、时、地做添加和删削，"故事"与"传说"就很容易相互"客串"。由神话的史化或历史的神化而出现的上古传说，如黄帝、尧、舜、禹的传说等，与封建时代及现当代的一些民间传说，如包公传说、鲁班传说、风物传说等，亦有不少差异，很难将它们等同划一，纳入一个属种。

不过，本文仍按通常的对民间传说的划分，探讨它与神话的异同，以加深对其内在规律的认识，并在此基础之上对民间传说的研究发表几点浅见。

一

民间传说的创作主要取法于神话，神话实为后世传说滋生的土壤，它们的相互关系体现为源与流的关系。从神话到民间传说的递嬗，如果从文体的角度看，乃具有质变的性质；而从艺术方法着眼，却又显示出浪漫手法的传承轨迹，两者具有不可忽略的共性。

拿"变形"手法说，在神话中极为普遍，它是由原始人类原逻辑思维的"互渗律"所决定的，体现了万物有灵、物我化一的观念。例如，中国神话中的炎帝之女——女娃，"游于东海，溺而不返"，化作"其状如鸟，文首、白喙、赤足"的精卫鸟，"常衔西山之木石，以堙于东海"（《山海经·北山经》）；希腊神话中的伊娥，原是天后赫拉的女祭司，因主神宙斯爱上了她，赫拉出于嫉恨将她变成了小母牛；罗马神话中的阿克特翁因在森林中偷看月神和狩猎女神狄安娜沐浴，被发怒的狄安娜施法变作一头鹿；等等。在民间传说中也不乏这类"变形"。如中国上古传说中治水的大禹，"娶涂山，治鸿水，通轩辕山，化为熊"（《绎史》十一引《随巢子》）；在中古传说中有双双化为飞蝶的梁山伯与祝英台；在现世传说中，有嫂在山中找姑，幻化为叫声为"找姑！找姑"的找姑鸟；有不愿给玉帝做妾的天女甘愿变成在人间爬行的乌龟；等等。除了这类人变禽兽的传说，在民间传说中尚有禽兽变人、人变为物、物化为人的说法，也均同神话相关。如在《白蛇传》传说中，白蛇、青蛇变形成娘子、丫鬟，法海变形为"蟹和尚"；禹之妻涂山女见夫化熊，乃自化为石；当代搜集的诸如铜镜化楠木、金钟变海子一类更是举不胜举。上述神、人、物的互化，在神话中俯拾即是。例如，在希腊神话中，美少年那喀索斯拒绝回声女神厄科的求爱，受到爱神阿芙洛狄忒的惩罚，使他只爱自己的影子，并憔悴而死，变为水仙花；河神之女达芙妮为逃避太阳神阿波罗的追求，求其父让她变成了月桂树；美女美杜莎因触怒智慧女神雅典娜而受罚，她的头发变成了毒蛇，面貌变得奇丑，凡是看到她的人就会变成石头；……可见，民间传说中的"变形"手法是对神话的直接继承，也是借以构成其传奇性的一种重要方式。

拿神的活动说，上古初民对自己虚构的"神们的行事"信以为真，并在"神格"的基础上形成了他们最初的自然观和社会观。它们经过长期的口耳相传，深深地融入了初民的生产、生活，成为他们联结同类、认识世界的斗争哲学。因而，神的活动实际上是人的历史的折光，它在神异虚幻的形式下记述了现实可信的内容，正如马克思所说，神话是"已经通过人民的幻想用一种不自觉的艺术方式加工过的自然和社会形式本身"①。如中国神话中的"女娲补天""精卫填海""夸父逐日""羿射九日"等神话，希腊神话中天国的改朝换代和以宙斯为主神的奥林匹斯神系的确立，以及反抗主神至尊权威的"殉道者"普罗米修斯的受难神话，都证实了马克思论断的正确。在民间传说中，我们也经常看到神或半神半人的活动，除了部分来自人为宗教（包括民族宗教和世界宗教），反映了一定的迷信观以外，大部分神的活动依然体现着人的现实的社会心理。如黄帝"与赤帝战于阪泉之野，三战然后行其志"（《大戴礼·五帝德》），就表现了要打破血缘氏族的结合，扩大部落联盟规模的社会历史内容。再如我国的大禹治水，希腊的大力士赫拉克勒斯创建的十二功勋，也都表现出人类征服自然的愿望与斗争，甚至《白蛇传》中的玉皇大帝，本是道教中的"四御"之一，但他对法海的惩处却反映了民间惩恶扬善的意愿。即使新近搜集整理的民间传说，也依然记述着神的活动，如在马铁水同志搜集的《卧龙湖》《熊猫海》②中，不仅有小神，也有主神，主神在神人冲突中偏袒人，并能在神与神的斗争中助善除恶，同样表现了人的现实斗争。可见，民间传说所虚构的神的活动是对神话形式的效仿，也是民间传说传奇性得以构成的一个要素。

拿描写的夸张手法说，民间传说所叙述的事物同神话一样，都有着久远、巨大的时空特征。例如，神话中的盘古，身长九万里，烛龙也有千里之长；龙伯巨人立海中，深则水及小腿，浅则仅没脚背；帝俊的儿子十日，住在东方汤谷的扶桑树上，是树高几千丈，粗一千多围；夸父与日竞走，一口气喝干黄河、渭水两条河；驮负海上五神山的大鳌六万年换一次班；普罗米修斯因盗火给人类被绑在高加索山上，宙斯派鹫鹰每天啄食他的肝脏，吃多少长多少，这个处罚是永久的，或者至少三万年……我们在中外民间传说中也能看到类似的描写：牛郎织女被银河分隔，孟姜女千里送寒衣；赫拉克勒斯挖沟引流，用阿

---

① 《马克思 恩格斯 列宁 斯大林论文艺》，人民文学出版社1980年版，第82-83页。
② 见《民间文学》1984年第4期。

尔甫斯河和珀涅俄斯河一天内将积粪如山的奥革阿斯牛圈冲刷干净；黄帝三百年；玉帝让变龟的天女考虑从命的时间是一千年；白娘子永镇雷峰塔，久久无终期；……可见，民间传说表现时空的夸张手法是对神话幻想的借鉴，它以空间的宏大或遥远，以时间的久长或无限来叙说非凡的人物和事件，借以扩大传奇性而获得引人入胜的效果。因此，表现时空观念的夸张手法，也成为民间传说与神话两种文体在形式特点上具有共性的一个方面。

再拿二者的社会作用说，它们都具有认识、教育和审美的功能，仅有一点不同，即民间传说还有着娱乐的作用，而神话的创作在当时主要出于功利的需要，还不是自觉的娱乐。神话一般分为两类，即解释的神话和唯美的神话，世界神话中有关天地开辟、人类起源、万物由来一类的解释性神话，体现了原始人类对自然与社会的幼稚认识，是初民的世界观和方法论，也是他们流传口耳的"博物志"。这一类神话的认识与教育作用是十分明显的。至于神话的审美作用，我们从希腊神话中的前奥林匹斯神系向奥林匹斯神系的演进，可以看到社会历史的变迁，即父权制对母权制的取代，血缘家庭和食人之风的消亡，社会分工的明朗化，还可以看到反抗尊神的"殉道者"的出现，善神与恶神的斗争，以及像阿波罗、阿芙洛狄忒一类的体现社会与自然本质的完美形象的创造，等等。上述内容已涉及多种审美范畴，其中的"美""崇高""悲剧""审美理想"等都是十分醒目的。它们具体地、形象地揭示了人与自然的完美，集中反映了社会向前发展的运动。民间传说亦是如此，其地方风物传说在形式上正是对解释性神话的继承，而其人物传说、史事传说，则主要表现了审美的内容。不论是表现生产斗争和科学实验的传说，诸如鲁班传说、华佗传说一类，还是表现阶级斗争、民族矛盾的传说，诸如包公传说、岳飞传说、杨家将传说等，也都涉及多种美学范畴，其善与恶、美与丑的尖锐对立，也正反映着社会历史本身的运动、发展。民间传说与神话在分类和作用上的相近，从现象上看，是两种文体具有共性的体现；从本质上看，正好说明民间传说是对神话的继承、发展，体现了二者的源流关系。

二

民间传说与神话虽就形式而言有其不可忽略的共性，但二者又有着明显的质的差别，正是这些差别显示出它们各自的内部规律，使它们划归不同的

文体，

从思维的性质看，神话主要体现的是原始思维，它具有神秘的、原逻辑的性质，其集体表象受"互渗律"支配。对这种思维来说，"一切都是奇迹，或者更正确地说，一切又都不是奇迹；因而一切都是可信的，没有什么东西是不可能或者荒谬的"①。而民间传说所体现的主要是形象思维和逻辑思维，它强调具体的时间、地点和历史上实有的人物、事物，以加强自身的可信性，同时它借助幻想虚构情节，表现人们的审美和娱乐需要，又并不教人坚信不疑。思维性质的差异使二者的幻想具有不同的色调：神话的幻想是超现实的，具有突出的神异性；民间传说的幻想则联系着一定的历史内容，具有独特的传奇性。二者思维性质的差异还决定了各自所虚构的神的面貌也大相径庭。最初神话中的神大多状貌怪异，如水神共工，人面、蛇身、朱发，相繇九头蛇身；春神句芒"鸟身人面"；此外，尚有"人面豕喙""人面鱼身""人面虎身"及一足之神等等。民间传说中虽也有神的活动，但大多没有怪异的形象，表现为人形和人性。即使由神话直接演化来的传说，其神也逐步退去神性，甚至变得面目全非。最典型的例子是西王母了，在神话中，她是"司天之厉及五残"的凶神，其貌"豹尾虎齿而善啸，蓬发戴胜"（《山海经·西山经》），到了传说中她却变成了"文采鲜明""容颜绝世"的丽人了。此外，各民族神话大多自有谱系，而传说中的神常作为故事的点缀，独往独来，不成谱系，也没有家族的活动。

从反映的社会内容看，神话表现的是无阶级、无国家、无民族的原始氏族生活，它包含有多种意识形态，综合着艺术、宗教、伦理、美学等方面的内容，在一定的意义上还可视作朴素的科学研究和哲学思考。神话往往只有组合形式的变化，它一旦超越自己的社会，包容进阶级社会的内容就蜕变为传说或神话故事，而不复是神话。以结构主义的观点看，神话的变化只是其"神话素"的重新排列组合，不存在意义上的质变。由于神话与原始社会极低的生产力水平相适应，因而有明显的综合性、某种意义上的全民性和相对的稳定性。民间传说主要作为文学作品而流传，它反映阶级社会的内容，所表现的意识形态比较突出，但具有鲜明的时代性、阶级性、民族性和地方性。例如，有关部落战争的传说，反映了部落联盟的扩大和国家的兴起；中古的一些传说，像《梁祝》《白蛇传》一类，具有强烈的反封建意味；而社会主义时期的传说，则

---

① 列维·布留尔：《原始思维》，商务印书馆1981年版，第444页。

表现了对创造性劳动和无产阶级革命家的歌颂。传说内容的变化是由社会的变革所命定的，它随人们的社会活动、社会心理、审美趣味的不断变化而发展。

从包含的宗教因素看，二者亦迥乎不同。神话中的一部分被原始宗教所融合，体现着被歪曲的现实，构成了自发的宗教理想，但没有专事欺骗和篡改历史。例如，动物化人的图腾神话，就可归属原始宗教的范畴：澳大利亚的迪埃里亚部落说，神毛拉-毛拉断黑蜥蜴的足尾而造人；南非祖鲁人说，人是牝牛吐出来的；南非布西曼人说，蝗虫卡根以杖击蛇头而得人；北美胡隆族人说，大兔子造了人和万物。这类神话不仅表现人的自然需要，而且也传布了图腾的神秘和神圣。民间传说中的一部分则包含着某些人为宗教的内容，例如感生传说，它承袭图腾神话的形式，而具有人为神秘化的倾向，可视作是人为宗教的产物。这类传说在我国古籍中载有多例：神农之母任姒，感华阳有神龙首而生神农（《绎史》卷四）；黄帝之母附宝，感大电绕北斗枢星，光亮郊野而生黄帝（《绎史》卷五）；禹母修已，感流星贯昴，梦接而生禹（《绎史》卷十一）；殷契母曰简狄，有娀氏之女，为帝喾次妃，三人行浴，见玄鸟堕其卵，简狄取吞之，因孕生契（《史记·殷本纪》）；弃母姜原，感巨迹而生弃（《史记·周本纪》）。此外，尚有刘媪得交龙而孕季，沙壹触沉木而孕，等等。在外国传说中亦有类似的说法，如《圣经·新约》讲，犹太童贞女玛利亚由圣灵感应而生耶稣。这类传说较少自然史与社会史的内容，主要表现的是神异怪诞的宗教神秘主义。除了感生传说，我国的一些民间传说还带有佛教和道教的内容，有外来的如来佛、观音菩萨、罗汉和魔怪，也有本土的玉皇大帝、王母娘娘、六丁六甲、四海龙王、八仙等等，形成了一个天神、人鬼、地祇的鬼神体系，往往使传说带上一定的消极成分，染上些许封建的或迷信的色彩。它们宣扬佛法无边，节欲习苦，因果报应，生死轮回，求药入仙，颂扬帝王等消极的东西。在外国传说中也有类似的情况。如欧洲有关伊索的传说讲道：傲慢、轻浮的古希腊德尔斐人因伊索称他们为水面上的木棍而怀恨，他们在伊索行囊中偷放一件圣器，反诬伊索盗窃和渎神，将他捉住推下深渊，死前伊索诅咒他们遭天谴，后该城果遭瘟疫。这则传说中的神是宗教的神，而非神话的神，伊索诅咒的应验，表现了神灵有眼和善恶报应的宗教观念。可见，神话中的某种原始宗教因素与民间传说中的某些人为宗教成分绝非一物，它们也使两种文体在内容上有着质的不同。

再从语言的应用看，神话与民间传说作为民间口头流传的作品，它们有赖于语言而传承，但二者在语言运用上又各具特点。神话虽然经历了历史化、哲学化和文学化，但仍基本保持朴实无华的基调，语言表现手法也较为单一，而民间传说的语言运用较为丰富复杂。如果说神话在流传与记录中已有了藻饰化的倾向，那么，不少民间传说则更其"文人化"了。在民间传说中，我们除了能看到多种修辞手法的运用，俗语、谚语、歇后语的收录，民谣、山歌的穿插，还能看到引用典故，转录古诗、楹联，甚至还创作了文字游戏式的"藏意诗"之类。此外，它在表达方式上也不限于叙述，有对话描写，也有说明、议论。显然，民间传说语言手法的丰富是为其传奇性服务的，而引诗转文又往往是为了增强可信性，突出历史性。至于神话，它所使用的词汇对原始初民具有神秘的、特殊的意义，它无须修饰，就能在当时社会群体中唤起一体感。因此，从神话到民间传说，在语言本身及其表达方式上所经历的变化，分别适应着各自的内容，显示出二者在内涵特质方面的区别。

三

基于上述二者的异同分析，我们对民间传说的理论研究提出以下几点认识：

(1) 民间传说与神话虽有着形式手法的承继关系，但已是另有规律、别具特质的不同文体。尽管民间传说所表现的社会内容更其广泛，所用的艺术方法也更加丰富，但仍没有像神话那样深广地影响着艺术的其他门类和人们的社会生活，没能像神话一样成为"一种规范和高不可及的范本"[①]，也就是说，民间传说不论已多么地丰富复杂，仍没有像稚气的神话一样显示出"永久的魅力"。这固然是因为神话显露出"儿童的天真"而使人感到愉快，同时也是因为民间传说带有明显的阶级内容和现实的审美意义，随着社会与时代的变迁它会多少失去原有的光彩。我们做出这样的判断，并没有贬低民间传说的价值，而是为了认清它的性质，以确定其在民间文学中的地位。

(2) 民间传说不仅从神话借鉴了手法，有些传说还从神话中直接吸取了题材，但它们经历了人为的历史化和文学化，已大大地改变了面貌；同时，还有更多的传说与神话在题材上没有直接的渊源关系。因此，从民间传说中挖掘神

---

① 《马克思 恩格斯 列宁 斯大林论文艺》，人民文学出版社1980年版，第83页。

话因素,进而从事神话的还原和探究是一项审慎的科学工作。对各时、各地、各族、各类传说既不可等同划一,亦不能盲目地在传说中四处搜寻"神话",至于将传说中的各类故事作"神话"归类,则更不足取。

(3) 现行"民间传说"的分类较为庞杂,与神话较为接近的"古谈"与民间故事较为接近的"民谈"区别甚大,很难以"传说"之名一而统之。一些传说作为神话的史化,或历史人物的神化,它在文体上是神话和神话故事的中介。鲁迅说:"迨神话演进,则为中枢者渐进于人性,凡所叙述,今谓之传说。传说之所道,或为古英雄,其奇才异能神勇为凡人所不及……"① 茅盾也认为:"传说所叙述者,则为一民族的古英雄(往往即此一民族的祖先或最古的帝王)所行的事。"② 他们的见解值得重视。我们认为,正如文体上有"神话"和"神话故事"之分一样,也应有"传说"和"传说故事"之分。阶级社会以来,晚出的各种历史人物、史事或风物传说可划归"传说故事"之列,它同神话故事、仙话故事、童话故事等一样,主要是作为"故事"而传承的。

(4) "传说"与"传说故事"的搜集整理应有所取舍,除了在思想内容方面要取其精华、去其糟粕以外,对只有传奇性而没有可信性的材料也应分别情况,采取妥善的对待办法。例如,诸葛亮去云南的传说,它不会引起什么混乱,尽管不符合史实;而鲁班传说中有关赵州桥的故事一类,则可能使青少年在认识上与科学史分辨不清,出现先入为主或喧宾夺主之忧。其实,这类混乱在我们有的民间文艺工作者的论文中就已经出现过。因此,这类传说可作为研究资料来搜集,却不可作为科学的史料来利用。

(5) 要加强民间传说的理论研究,建立我国的传说学学派。要实现这一目标,必须对研究对象的属种有明确的划分,它与其他文类的属种越无交叉就越为科学;方法必须多样,要突破对现象的孤立、封闭的研究,代之以比较方法和综合方法;鼓励不同意见的发表和不同方法的运用,在学术论争中形成多种理论体系。我们不仅要为传说在人类文明史上、在文学发展史上找到它应有的位置,而且要提炼出系统的理论,使传说学发展为一门严密的科学。

《民间文艺集刊》第 8 集,上海文艺出版社 1986 年版

---

① 鲁迅:《中国小说史略》,人民出版社 1973 年版,第 8 页。
② 茅盾:《神话研究》,百花文艺出版社 1981 年版,第 3 页。

试论神话与原始宗教

神话和原始宗教作为上古初民的意识形态是社会历史的产物，也是原始思维的体现，它们随人类的高级属性的发展而渐次形成，并始终与当时的物质前提紧密相连。原始思维的神的性质决定其自身必然交杂逻辑的和原逻辑的成分，使二者一方面包括自然史的内容，另一方面又不同程度地表现出神秘和荒谬。尽管它们的形成背景和思维特点一致，然而神话与原始宗教毕竟是原始人类意识形态中的两个独立范畴，它们的精神活动有着各自的特质，不可简单地统而论之。

近几年，国内学术论坛对神话与原始宗教的相互关系展开了有益的讨论，对它们的形成之因、孰为源流及内涵特质等方面阐发了不少独到的见解，但也有一些值得商榷的地方。我们不同意神话起源于宗教之说，亦不赞同互相包容的"统一体"论，本文拟通过二者的异同辨析，以加深对各自内部规律的认识，并在此基础上，对它们的源流问题及研究工作发表几点粗浅的意见。

一

神话与原始宗教在现象特征上的一个最显著的共同点，就是充满着神性，并以神性联结着人类与自然。这种主观的人类与自然的和谐或"互渗"，构成了矛盾的"幻想的同一性"①。然而神的产生并非凭依不着边际的奇思异想，而是来自原始人对自然与社会观照中所摄取的虚假表象，并且只有在极为低级的

---

① 引自毛泽东：《矛盾论》。

经济发展阶段,这种虚假的表象才会被当作条件,"甚至当作原因"①,从而实现自然力的人格化,产生最初的神。神的观念作为意识,归根结底,是由存在所决定的,即使它与人们的关系"像在照相机中一样是倒现着的",也是"从人们生活的历史过程中产生的"②。必须注意的是,神话和原始宗教有着不同的发展趋向和生成结构。

拿神话来说,"任何神话都是用想象和借助想象以征服自然力,支配自然力,把自然力加以形象化"③,因此它必然因自然力的被支配程度而不断变化,不会停留在一种模式上。最初的神话是把客观的人类与自然的关系主观化为神与人的关系,或神、人、物三者的关系;随着社会历史的发展,又逐步演化为半人半神、人、物的关系;并最后因社会生产力的进步而渐次失去神性,还原为人与物、人与人的关系,即人类与自然、人类与社会的关系。神话的这一漫长消亡过程说明神话是利用各种现实事物来建立结构的,其结构不会停留在某一水平上。

原始宗教在其长消过程中却愈来愈背离现实,显露出唯心的弊害。它把人脑所摄取的虚假表象转化成异己的、令人敬畏的尊神,把神话所虚构的"神们的行事"变成虔诚的信仰,并附加了种种崇拜、祭祀、祝颂仪式,否定人类在人、神关系中的能动作用。马克思指出,"宗教是那些还没有获得自己或是再度丧失了自己的人的自我意识和自我感觉"④,这种意识和感觉通过一定的仪式、活动而逐步绝对化,它所表现的始终是敬畏、虔诚、顺从和祈求的消极情感。虽然它不像人为宗教专事欺骗和伪造历史,却也宣扬了对自然力的迷信和对自身的悲观。从结构上看,它没有什么变化发展,始终表现以神为主体的神人关系。

神话与原始宗教虽同属原始思维,但它们的思维特点却不尽一致。神话作为一种以不自觉的艺术方式加工过的精神产品带有明显的艺术思维的性质,它不仅是逻辑的和原逻辑的思维,同时也是形象的思维。神话中的形象是原始初民思维形式在感情上的明朗化。

拿人类起源的神话来说,抟土作人的神话多带有情感形象,体现着符合自

---

① 《马克思恩格斯论宗教》,人民出版社1954年版,第18页。
② 《马克思恩格斯选集》第1卷,人民出版社1972年版,第30页。
③ 引自马克思:《〈政治经济学批判〉导言》。
④ 《马克思恩格斯选集》第1卷,人民出版社1972年版。

然的理想，并能从唯物论寻找其产生的基础。中国的女娲由"抟黄土作人"到"引绳于泥中，举以为人"，希腊的普罗米修斯用泥土和水造人，希伯来的耶和华用地上的尘土造人，埃及的赫奴姆用泥土造了人，巴比伦的马尔杜克用黏土和血创造人类，在北美、澳大利亚、新西兰等地的土著人中也都有神或半人半神用泥土造人的神话。这些神话的产生本基于原始人类对泥土性质的认识。他们看到草木百物皆有赖于土地而生息，产生了在泥土中能萌发生命的联想；他们的居处还大多经过穴居或半穴居阶段，并在生产领域由采集发展到种植，他们的生产、生活均受惠于大地母亲。同时，制陶术的掌握又使他们了解到泥土的可塑性，于是他们把自己的经验融入神话的想象。这类神话无疑带上了人类的情感，虽不可当作现实，却是对现实的类比。

另一类人类起源的神话，即动物化人的图腾神话，具有原始宗教的神秘特征，反映着完全被歪曲的现实，构成了宗教的理想，归属于原始宗教的范畴。例如，南非布西曼人说，蚱蜢卡根以杖击蛇头得人；澳大利亚的迪埃里亚部说，毛拉-毛拉断黑蜥蜴的手、足、尾造人；南非祖鲁人说，人是牝牛吐出来的；北美胡隆族人说，大兔子造了人和世上万物。上述蚱蜢、蜥蜴、牝牛和兔子，都可能是他们各自的图腾崇拜对象，尽管它是以形象而不是以概念出现的，但这样的图腾神话不在于表现自然的实际和人的自然需要，而在于传布图腾物的神秘和神圣。如果说图腾神话在加工中亦伴随情感的话，那么这种情感不是指向对自然本体的认识，而是引向对人为产物的遵从。可见，原始宗教所体现的是宗教思维，它提供的是虚幻的、被歪曲了的现实现象，表现的是超自然的宗教理想。

神话和原始宗教虽同是无意识的产物，然而神话综合着艺术、科学、道德、美学及宗教等方面的内容，在一定意义上还可看作是朴素的科学研究和哲学思考，而原始宗教涉及的范围较为狭窄，它逐步转向巫术一类的迷信活动，固守错误的经验，缺乏精神的不断创造。如晚出的"感生神话"，也基本归属于原始宗教的范畴，它承袭图腾神话的形式，而又具有人为的神秘化的倾向。所谓"禹母见流星贯昴，梦接意感，继而吞神珠而生禹"，简狄吞燕卵而生契，姜原感巨迹而生弃，刘媪得交龙而孕季之类的"感生神话"，不是严格意义上的神话，鲁迅先生将它们归类于"传说"[①]，我们甚至也可视之为宗教故事。它

---

① 鲁迅：《中国小说史略》，人民文学出版社1973年版，第7页。

们较少自然史与社会史的内容，展现的是神异怪诞的宗教神秘主义。如果说，神话帮助先民以类比法理解生活、改造生活，那么，原始宗教则往往以颠倒的因果关系使他们盲目地服从生活。

神话与原始宗教同有着叙事性，或故事性，但它们在美学范畴上却是泾渭分明的。在人类历史的开端，审美就在社会劳动中出现了，因此神话作为对自然斗争与社会生活的艺术概括，其中存在一定的现实审美关系。这种审美关系不是出于纯功利的生存必需，而是作为观念的表达在人与自然的积极分化过程中、在改造社会关系过程中发展的。神话的审美活动既表现在物质生产中，又表现在精神生产中，其本身就是一种创造审美价值的人类实践活动。因此，它涉及多种美学范畴，既包括客观的审美范畴，同时也包括主观的范畴。原始宗教却多不能给人以美感享受，其活动不在于解决人与自然的对立，而是在低级阶段上将这种对立转化为人与自身精神产物的对立。原始宗教活动使自然界的人化过程绝对化，它不是表现自然界对人的需要的适应，而是促使人在自然面前的屈从。

具体地说，在神话中体现得最为充分的审美范畴就是"美"。所谓"美"，"就其本质来说，通常是自然界、社会和艺术中的事物和现象的和谐关系"①。神话在对自然和社会做不自觉的艺术加工过程中，以集体的幻想，使神、物、人，即形象、自然、社会达成了某种非具体的和谐关系，即实现了"幻想的同一性"。例如，与创世神话相关的补天立极神话，就说明了天地、神、人之间的主观的矛盾同一。我国的女娲在"天不兼覆，地不周载，火爁炎而不灭，水浩洋而不息，猛兽食颛民，鸷鸟攫老弱"之际，"炼五色石以补苍天，断鳌足以立四极，杀黑龙以济冀州，积芦灰以止淫水"（《淮南子·览冥训》），这种补天立极、平害救民之举使女娲的形象与作为自然存在物代表的天和作为社会存在物代表的人结为一个整体。我们在北欧神话中也看到类似的说法：神奥丁杀死了冰巨人伊密尔之后，将他的头盖骨造成了天，又使四个最强壮的矮人立于地之四角，撑住了天②。在日本的《古事记》里，也记载了"以天柱举于天地"的神话。可见，表现形象、自然与社会的和谐在世界神话中是一普遍的现象，它反映了原始人类对世界的乐观精神和肯定态度。正是这种"和谐"或"同一性"构成了"美"，赋予了神话永久的魅力。因此，马克思把神话称作是"一

---

① 《马克思列宁主义美学》俄文版，第95页，转引自《美学译文》，中国社会科学出版社1980年版。
② 见茅盾：《神话研究》，百花文艺出版社1981年版，第131页。

种规范和高不可及的范本"①。至于原始宗教的活动，诸如祖先崇拜、鬼魂崇拜、自然崇拜等所采取的献祭或祝颂仪式，却无从涉及类似神话的"美"的范畴。

再拿"崇高"来说，它在神话中也表现得十分充分。不少中外神话都体现了审美的自然内容和社会内容的统一，有着较高的审美价值。如我国的夸父逐日和精卫填海，希腊的普罗米修斯盗火与被缚等神话，能帮助人们认识自然界、社会和精神生活中没体验过的伟大事物，并激励人们从事伟大的事业。这些神话形象体现的坚忍不拔、死而不已的品质，无疑是一种有利于社会进步的崇高精神，而原始宗教的图腾崇拜、灵魂崇拜、灵物崇拜等内容，尽管有一些自然与社会生活的投影（往往是倒像），却无从引出美好而崇高的事物。例如，由于原始宗教观念的影响，某些部落的男子在妻子怀孕或分娩时，就要克制或习苦；在印度，当婆罗门的妻子怀孕了，丈夫就要刷牙，不再吃枸酱，不刮胡须；在新几内亚，雅比蒙族的妇女怀孕后，丈夫也一起禁食任何油腻的东西；在澳大利亚的北部原居民中，妇女临产时，丈夫要一丝不挂地到森林中待三天；在巴西的博罗罗人那里，父亲不仅在孩子未生前要吃斋，而且生出后，孩子病了，父亲也要陪着吃药②。这类由原始宗教决定的风俗，是出于担心父亲的微恙祸及孩子，因此他们的克制或习苦是愚昧的体现，谈不上什么美好或崇高。

神话还涉及"悲剧"的范畴，不论是夸父、精卫与自然的对立，还是普罗米修斯与宙斯（社会）的对立，都强调出客观的社会内容，反映着"历史的必然要求和这个要求的实际上不可能实现之间的悲剧性的冲突"③。而与原始宗教相关的某些血祭或残身，如我国古代东夷人的拔牙之风，云南西盟地区佤族对谷神的人头祭，美洲印第安人以人为牺牲的祭天仪式，圭亚那的原始部落出猎前先让毒蚁咬身或把自己皮肤擦烂等愚昧的自戕行为，绝不是美学范畴的"悲剧"，而仅仅是宗教迷信的体现。

世界各地有关捉日、射日的神话涉及审美理想、审美趣味、美感等主客观的审美范畴。例如，新西兰的毛利人说，因太阳走得快，毛乌用大网捉住太阳，打跛了它的腿，使之慢行；北美原居民说，是忒却·卡勃西捉住了太阳，

---

① 《马克思 恩格斯 列宁 斯大林论文艺》，人民文学出版社1981年版，第83页。
② 见列维·布留尔：《原始思维》第六章，商务印书馆1981年版。
③ 《马克思恩格斯全集》第30卷，人民出版社1974年版，第586页。

并打跛了它;萨摩亚岛神话说,是用藤蔓做的绳索捉住了太阳;印度人则说是用五根绳索缚住了它;而中国、墨西哥、阿兹忒克人则有以箭射日,求得民生的神话。这组神话通过人的才能的揭示,表现对生活的享受感,并充分展现了人的体力和智力的活动。至于原始宗教,则是以巫术、符咒、禁忌和多种祭祀仪式限制了人的这种"体力和智力"的活动,因而也无从涉及主客观的审美范畴。

二

从以上诸方面的异同讨论我们可以看到,神话与原始宗教的内涵特质有着根本的不同。因此,在我们做源流问题的思考时,不能仅着眼于它们的外在形式,只看到虚构神灵活动的手法相近,或赖以构成的主要"元素"相同,而忘了它们在内容方面的质的差别。

应当指出,宗教观念并不是人类最早的智力活动,它产生于较进步的社会集体中,并借助已有的神话材料而形成。恩格斯说:"最初的宗教表现是反映自然现象、季节变换等等的庆祝活动。"① 这一庆祝活动在当时的民族或部落中乃是全民性的,它所表现的信仰内容和崇拜对象绝不是人类对自然现象、季节变换等方面的直接观照,而是经过长期积累,并带有人为成分的自然观。最初的集体表象只有借语言的工具在初民口头长期流传后,才能逐步稳定、同一,并作为信仰而形成。在这一过程中所出现的神灵观及虚构的神们的行事,乃构成了神话。至于原始宗教,是在已有的神话基础上,由信仰推演为崇拜,由崇拜规定出活动,而最后产生。法国社会学家列维·布留尔也认为:"真正宗教的观念乃是一种来源于先前的智力活动形式的分化的产物。"② 人类最早的智力活动随着原始初民获取预期效果的"有益的"劳动而产生,并随社会经验的储存器——语言的流传而发展、分化。原始宗教观念既非最早的智力活动,就无由视作神话之源。

那么,神话与原始宗教是否是同时产生、互相渗透的"孪生兄弟"呢?我们认为,这样的比喻是不贴切的。尽管从现象学的观点看,一些神话中包含有原始宗教的因素,同时原始宗教中又带有神话的成分,呈现出复杂的交叉关

---

① 《马克思恩格斯全集》第28卷,人民出版社1973年版,第63页。
② 见列维·布留尔:《原始思维》,商务印书馆1981年版,第435页。

系，然而应当看到，原始宗教在其活动中借用神话构成信仰的基础，并对神话加以利用或改造，如一些动物神话演变为图腾神话。此外，原始宗教观念还直接派生出某些带人为色彩的"神话传说"，如所谓"感生神话"即属此类。到原始宗教成为原始社会的主要意识形态，并构成社会生活的重要内容之后，最初的神话就面临被利用、被篡改的厄运，以致在人类文化史上出现了神话依赖宗教而流传的奇怪现象。这一现象并不能说明二者的同源共生，透过这一现象，倒可以追寻它们随社会生活而发展、演化的踪迹，窥测它们之间的承继关系。鲁迅先生曾在《中国小说史略》中提出神话为"宗教之萌芽"的观点，并论说了由神话产生宗教的发展过程："神话大抵以一'神格'为中枢，又推演为叙说，而于叙说之神、之事，又从而信仰敬畏之，于是歌颂其威灵，致美于坛庙，久而愈进，文物遂繁。"① 我们在讨论神话与原始宗教的相互关系时，不应忽视这一论点的科学价值。

三

我们辨析神话与原始宗教的异同，并提出神话先于原始宗教的观点，并非把原始宗教等同于人为宗教去做哲学的批判，也并非为纯净神话而将原始宗教作为"毒品"从人类文化史上剔除。我们认为，只有辨明二者的内涵特质，弄清它们的相互关系，才能对它们有科学的认识，并正确评估它们在人类社会历史上的作用和影响，从而把神话学和原始文化的研究建立在历史唯物主义的基础之上。

我们觉得，从事这项研究应当注意以下几个方面：

（1）神话在其发展过程中经历了历史化、哲学化（宗教化）和文学化，从上述诸方面挖掘还原神话的工作是一项极有意义的文化工作，也是一项细致严谨的科学研究，它要求有历史唯物主义的指导思想和广博的社会科学知识。我们既不能把原始宗教的内容误认作神话，也不能把历史、哲学和文学中所描写的神异现象都视为神话归类，从而人为地、无限制地扩大神话的范畴，抹杀了它同原始宗教、人为宗教及其他意识形态的差别，使研究失去科学的价值。

（2）研究神话与原始宗教，除了从古籍、文字及其他文物资料入手，也需

---

① 《鲁迅全集》第 8 卷，人民文学出版社 1973 年版，第 11 页。

要到现存社会发展较为迟缓的民族中抢救宝贵的活的资料。但从事这一工作，要根据他们的宗教活动的历史与现状、民俗风习遗存与演化过程、与周围外族的接触关系、他们生产生活的传统特点及这些资料在这一民族或部落间的流传情况等方面加以分析、鉴别，防止把晚出的有意识的神话故事和宗教故事，同属于原始思维的、无意识产生的神话和原始宗教混淆。

(3) 对神话与原始宗教的研究可采用比较研究的方法，把不同民族、不同国别的同类资料加以综合处理，以帮助我们从类型学的角度认识事物的规律。这比孤立地研究单个事物或局部现象更易触及对象的本质。比较研究不仅能对不同范畴的事物加以明显的对照，还能揭示这些精神产品的相互关系和演变过程，并引导从历史、现状去预知未来，进而在总体上揭示人类文明的发展规律。

(4) 进行神话与原始宗教的研究如同从事其他学术研究一样，需要正常的交流或论争。神话和原始宗教同属原始人类的意识形态，且广泛涉及科学、哲学、历史、心理、逻辑等多种学科，不仅历时久远，范围也极为广泛。"智者千虑，必有一失"，交流讨论和商榷论争可发现弊陋，统一认识，使研究工作更其深化，从而促进社会主义精神文明的发展。

目前，神话与原始宗教的研究已成为学术论坛上一个令人瞩目的课题，只要我们坚持科学的态度、求实的作风、有效的方法和不懈的努力，就可望扩大现有的成果，取得新的研究突破。

《民间文学论坛》1986 年第 4 期

孟姜女研究三题

孟姜女传说是我国民间文学宝库中的一颗璀璨的明珠。它历时久远，流传广泛，并以多种文艺形式渗入民间的生活、生产和风俗活动，成为我国各民族人民的宝贵精神财富。

孟姜女传说的反徭役、反暴君，追求安定、幸福生活的主题是其深受人民喜爱的根由，也是它的价值所在。体现广泛人民性的思想主题与喜闻乐见的艺术形式的统一，是孟姜女传说时越千载、地传九州的基础。

"悲歌一曲千秋唱，至今仍说女孟姜。"这个老而又老的故事既是社会历史的记录，也融合着时人对当时生活的企望。它在民间千百年的口头讲传中不断发展、变化，其思想内容与表现形式也越来越丰富、复杂。它有着突出的人民性，又不可讳言带有标榜孝道的封建性；它是社会生活和风情民俗的实录，又具有原始宗教和人为宗教的影子；它是民间的口头的创作，但又有文人增饰附会的影响。

孟姜女传说的丰富、复杂，使传说在情节和描写中给我们留下了许多值得探究的问题。譬如：万喜良奠城的信仰依据在哪里？它与上古神话和原始宗教有何联系？乌鸦前来引路是随意之笔，还是与古人的观念形态、民情风俗息息相关？孟姜女食枣掷核与万里寻夫的主情节有何关系？这一描写的本意是什么？等等。从神话学、民俗学、宗教学和古代文化角度去探讨这些问题，能帮助我们深入理解传说的思想内涵，了解中国文化传统与民间艺术的血肉联系，进而对其源流、本末、传承与变异诸问题做出正确的判断。

为此，文本拟就上述奠城、乌至和食枣三题略加考辨，以就教于孟姜女研究的专家和同好们。

一　喜良奠城与鱼载神话

　　在有关孟姜女的传说、歌谣、戏曲和宝卷中，都有以万喜良祭奠城基的说法。古人把开刀祭城与筑城万里看作有必然的因果关系。他们相信"祭奠城基拜玉皇，才能筑城万里长"，而喜良因"万"姓，又被赋予了"一人抵万人"的神力。人们在长城下虽没有找到这一描写的实据，但在明代的上海城下，却真的发现了背上镌刻着"万杞梁"三字的奠基石人①，从而揭示了传说故事与现实信仰的有趣联系。

　　与喜良奠城类似的描写，我们在其他民间文学作品中亦可看到。例如，有关南京城墙的传说讲，朱元璋曾凿迁三山，填平燕雀湖以做城基，当时曾把一个叫田德满的老汉投入湖中垫底，作为"填得满"的吉兆②。德满的填湖与喜良的奠城一样，实际上是再现了原始的遗风。

　　奠城礼仪源起于自然崇拜的习俗，是对人类在野蛮时代初期形成的人祭行为的沿袭。人祭风俗在我国发轫于仰韶文化时期，直到奴隶社会晚期还没有完全移易。在半坡型仰韶文化时期，建房奠基的仪式是用人头举行的③；而在登封告成镇西的龙山文化王城岗遗址的夯土房基下，曾发现有完整的人骨架④；在郑州商城宫殿的夯土台基一侧发现堆放有上百具人头骨的奠基沟⑤；在洛阳北窑村西周遗址的房址中亦发现以人作牺牲的奠基坑，共清理出七具骨架⑥；……在整个封建时代，人祭作为一种传统信仰以变换了的形式而长期残存，以牲畜或家禽作牺牲的奠基仪式从没有废止过，甚至直到新中国成立后，我们在某些偏僻的乡村还略可见到。实际上，它已演化为一种建筑风俗。

　　万喜良奠长城的悲剧正是这一风俗的反映，也是原始的人祭形式的再现。《孟姜女宝卷》和《哀情小说孟姜女》等作品都言及在奠基前有"穿戴装饰""宣读祭文"一类的仪式⑦，表明了这一风俗的自然宗教性质。需要指出的是，

---

① 顾颉刚、钟敬文等：《孟姜女故事论文集》，中国民间文艺出版社1984年版，第63页。
② 蒋赞初：《南京史话》，江苏人民出版社1980年版，第107页。
③ 王克林：《试论我国人祭和人殉的起源》，《文物》1982年第2期。
④ 孟世凯：《夏文化的发掘与夏王朝的建立》，《文史知识》1985年第7期。
⑤ 郭伯南：《最早的中国古城究竟建于何时？》，《文史知识》1985年第8期。
⑥ 《文物》1981年第7期。
⑦ 顾颉刚：《孟姜女故事研究集》，上海古籍出版社1984年版，第127页。

孟姜女传说中的奠城情节和崩城情节一样，都是以鱼神的威力和人鱼互化的神话认识为信仰基础的。以人祭奠城基是一种拟神、乐神的行为，根源于鱼类造城、鱼有载负神功的认识，也与中原先民以鱼为始祖或图腾的观念直接相关。

仰韶文化的彩陶以鱼纹作为主要的图饰，并形象地绘出了人鱼叠合、共生互化的图样。有趣的是，这一传统观念在孟姜女传说中也得到了反映。孟姜女、万喜良，乃至秦始皇都有化成鱼类或水神的说法。

流传在江苏宝应的淮调说，孟姜女诋辱昏王后跳下江桥，与万喜良化为一对鲤鱼。调唱：

鲤鱼就是奴家变，细眼红尾苗条身，
孟姜万郎成双对，一对鲤鱼跳龙门。

流传在上海川沙县（1992年撤销）的故事说，孟姜女对大海哭祭一番后，大喊"喜良我夫，我来了"而纵身入海，化成面丈鱼。在苏南流传的孟姜女传说则讲，孟姜女跳入太湖，或泪水滴入河里化作千千万万白净的银鱼。此外，一些传说和歌谣或说孟姜女是龙王的小女儿，或说入水后被龙母认作干女，或说被封为海神娘娘，或说被封为专司风雨的女神，就连《佛说贞烈贤孝孟姜女长城宝卷》也说：

孟姜女，和范郎，同会大海，
轸水引，壁水鱼，径往龙宫……

在有些地区，孟姜女已成为护佑人畜兴旺、五谷丰登的恩神，每年初一、十五在海中接受人们的供献和跪拜。可见，姜女与喜良不是化为鱼类，就是成了水神。

我们从民间服饰和故事中的人物装束也可看到人鱼关系。钟敬文先生早年在广东搜集的一首孟姜女歌谣说：

四角面巾涂里拖，上绣龙，下绣蛇，
中央绣出孟姜女，边头绣出人读歌。
四角面巾涂里披，上绣龙，下绣鱼，
中央绣出孟姜女，边头绣出人读诗。[①]

---

① 顾颉刚：《孟姜女故事研究集》，上海古籍出版社1984年版，第162页。

面巾上的龙、蛇、鱼图饰显然是对孟姜女的比喻和象征，而万喜良在奠城仪式中也被特地换上了蟒袍。蟒为龙的指代，而龙是鱼的变异，因此上述面巾和蟒袍实际上表明了孟姜女夫妇与鱼神的微妙关系。

秦始皇在传说中也能幻化成鱼。《酉阳杂俎》卷十七"异鱼"条载：

> 东海渔人言近获鱼，长五六尺，肠胃成胡鹿刀槊之状，或号秦王鱼。

其"乌贼"条又载：

> 海人言昔秦王东游，弃算袋于海，化为此鱼，形如算袋，两带极长。

此外，在古籍中还保存有懒妇化奔鲟①，高唐女变白鱼一类的故事②。可见，人鱼之变是一普遍的信仰，并不只表现为对孟姜女的褒奖。

从孟姜女的形象特征说，苏南传说中孟姜女所化的"银鱼"，应作"人鱼"，"银""人"因音近而讹。"人鱼"即"鲛人"，是一种美人鱼。据《博物志》卷二记载："南海外有鲛人，水居如鱼，不废织绩，其眼能泣珠。"这正和孟姜女的特点相类：第一，孟姜女投水后，化为鱼类，或被龙王认作干女，居于水晶宫；第二，善织善绣，后去太阴宫为天下儿女专织寒衣；第三，善哭而多泪；第四，能授人以宝珠，曾使喜良含在口中便不渴不饿。此外，秦始皇与人鱼也有牵连。《史记·秦始皇纪》有载："始皇葬骊山，以人鱼膏为烛，度不灭者久之。"这也许就是孟姜女传说后半部，即始皇求娶、姜女施计、投水化鱼等情节的形成依据，也是除长城外，把秦始皇与孟姜女联系在一起的又一个重要纽结。长城与始皇、姜女的联系决定了传说的思想深度和社会意义，而人鱼与始皇、姜女的联系则反映了传说的信仰基础和思维特点。

喜良奠城的情节构想与人祭的野蛮风俗有关，与人鱼互代互化的神话认识有关，也与鱼类或水族建城的神话传说有关。

《吕氏春秋·君守篇》说："夏鲧作城。""鲧"，即"鯀"字的异体。《水经注》卷二"河水下也"引《世本》云："鲧作城。"《淮南子·原道训》曰："夏鲧作三仞之城，诸侯畔之，海外有狡心。"而《艺文类聚》卷六十三引《博物

---

① ［唐］段成式：《酉阳杂记》卷十七。
② ［唐］李冗：《独异志》卷中。

志》曰:"禹作城。强者攻,弱者守,乱者战,城郭自禹始也。"禹为鲧之子,《说文》曰:"鲧,鱼也。"可见,城郭的出现在神话传说中表现为鱼神之功。

除了鲧禹作城之说,还有女娲造城、大龟化城的传闻。在河南省西华县聂堆镇留有三大土堆,当地人称之为"女娲城",传说是女娲用布衫散土而筑成的①。而干宝《搜神记》卷十三则提到一座"龟化城":

> 秦惠王二十七年,使张仪筑成都城,屡颓。忽有大龟浮于江,至东子城东南隅而毙。仪以问巫。巫曰:"依龟筑之。"便就。故名"龟化城"。

女娲蛇体,或云为蛙②,与龟同为水族。它们与城郭的关系是鱼类筑城观念的发展,而这一观念又是以鱼有载负作用的神话为基础的。

《楚辞·天问》中有"鳌戴山抃,何以安之"的问句。《列子·汤问篇》说,渤海之东的岱舆、员峤、方壶、瀛洲、蓬莱五山,因"根无所连著,常随潮波上下往还,不得暂峙焉",后由"巨鳌十五,举首而戴之,迭为三番,六万岁一交焉。五山始峙"。鳌鱼的载负之功还被形象地绘制在马王堆汉墓的飞衣帛画上,表明了它与天地、神人、万物间的载负关系。此外,神话中的天柱亦为鳌所充任,用以支撑天盖,以防天河漏水,造成洪害。上文所引的"龟化城"传说实际上也是鳌神话的变异,其城筑就全亏了鳌的载负。

鱼可以载城,也可以崩城。在贵州龙里县羊场流传的《孟姜女哭夫君》歌谣说,孟姜女的哭声引起鳌鱼翻身而崩城。歌曰:

> 哭得龙王纷正乱,哭得鳌鱼把身翻。
> 哭得伤亡遍山吼,哭得孤魂四处哼。
> 哭得百鸟齐排翅,哭得万里长城崩。

有关孟姜女的哭声与鳌鱼间发生通感的幻想在陶澍的《嘉山怀古》诗中也有记述:

> 觅路不可识,一哭天地惊。
> 风云惨无声,鳌柱为摧倾。③

---

① 《民间文学研究动态》1985年4—5期合刊,第18页。
② 《神话学信息》1984年第1期,第18页。
③ 顾颉刚:《孟姜女故事研究集》,上海古籍出版社1984年版,第141页。

这是人鱼之间的通感、互渗,也是同族同类间的共鸣和协同。鳌鱼可以崩城郭、折天柱,还能够崩石岸。唐李冗《独异志》卷上有载:

> 秦始皇欲观日,乃造石桥海岸,驱使鬼运。始皇曰:"欲见君形,可乎?"海神遂出,谓始皇左右曰:"我形甚丑,勿画我形。"其下有巧者,暗以脚画地图之,神怒,海岸遂崩。始皇脱走,仅免死,左右皆陷没焉。

文中"海神"者,亦当为"巨鳌"类的神鱼,而秦始皇的逸乐与崩岸所表现的因果关系与孟姜女传说的崩城在本质上并无差异。

可见,以万喜良奠城基的做法是对鱼神的模拟和取悦,其功利性在于借取它的神力以载城,从而使之长峙不崩。正是鱼有灵性、人鱼互化、鱼善载负的神话幻想导致了对鱼神的信仰,并由虔诚的信仰而产生了庄严的崇拜和人祭仪式,而这种仪式与建房筑城等固定的生活、生产需求的结合,便形成了较为稳定的风俗。由于客观存在着神话—宗教—民俗这样的文化发展轨迹,因此,我们可以从万喜良奠城的风俗描写中去探寻远古的原始宗教活动,进而从事神话的还原工作,并由此找到这一描写的基础。

二 乌鸦引路与鱼鸟习俗

在孟姜女的传说和歌谣中,几乎都有孟姜女寻夫途中迷路,乌鸦前来指引的情节。如清末四川刻本的《孟姜女寻夫》南词说:

> 正行之间抬头看,两条大路在眼前:
> 指路碑上看不见,不知哪条是长安?
> 思想路上对谁明,来了乌鸦引路行:
> "你在前面把路引,奴在后面紧跟随。"

为什么引路的是乌鸦,而不是别的羽族呢?它与原始的信仰、民间的习俗和封建的道德观念又有何关系?我们只有弄清上述问题,才能真正把握这一描写的特殊意义。

从内容实质看,乌鸦引路是孝鸟与孝女间的通感体现。

《说文》曰:"乌,孝鸟也。"《论衡·指端》曰:"乌,反哺之鸟,至孝之应也。"①《春秋元命苞》曰："火流如乌。乌，孝鸟。何知孝鸟？阳精，阳天之意，乌在日中，从天，以昭孝也。"②

由上可知，乌在古人的观念形态中不仅是"反哺之鸟"，且为"至孝之应"，即不仅能在羽族中知哺识养，且能与人类通感共鸣，助人昭孝。有关实例，古书所载甚多，今录二三：

王韶《孝子传》曰："李陶，交阯人，母终，陶居于墓侧，躬自治墓，不受邻人助。群乌衔块，助成坟。"③

《异苑》曰："东阳颜乌，以纯孝著闻。后有群乌衔鼓，集颜所居之村，乌口皆伤。一境以为颜至孝，故慈乌来萃，衔鼓之兴，欲令聋者远闻。"④

《开元天宝遗事》曰："李元纮开元初为好畤令，大有政声。迁润州司马，发，难离。百里士民号泣遮路，乌鸦之类拥行车。有诏褒美之。"⑤

孝道是封建伦理的核心，上述故事被人为地加以神化，以表现"孝"的庄重和神秘。什么是"孝"呢？《尔雅》曰："善事父母曰孝。"《孝经》曰："夫孝，始于事亲，中于事君，终于立身。"⑥ 这实已表现为"三纲"的内容。清人汪远孙说："孝亦善德之通称，非指事亲言之。"⑦ 子女事亲、臣民事君称孝，夫妇间相互亦可称孝，"孝夫为亡妻称之，则孝妻亦为亡夫之称矣"⑧。

从上述有关"孝"的解释可知，孟姜女思夫、寻夫、哭夫、葬夫、殉夫的行为正符合封建的孝道，因此她成了一个受标榜的孝女形象，而乌鸦为她领路，则反映了孝女的"德感"。

孟姜女诱发"德感"的手段是"哭"。哭作为情节发展的契机，能使乌至、泉涌、城崩。乌鸦"哇、哇、哇"的苦啼有似哀婉的哭声，且能与孟姜女的恸哭应和。梁代何逊《穷乌赋》言乌"声遇物而知哀"，传说则言它"身上黑漆墨塔，心肠活像菩萨"。显然，乌鸦的飞至同孟姜女罹难盼救、遇凶求吉的心理相通。乌作祥瑞之物除有"孝乌"之称，尚有"慈乌""吉乌""神乌"之名，无不寄托着人类的情感。

---

① ［清］阮元《经籍纂诂》卷七。
② ［唐］欧阳询：《艺文类聚》卷九十二。
③ ［唐］欧阳询：《艺文类聚》卷九十二。
④ ［唐］欧阳询：《艺文类聚》卷九十二。
⑤ 《骈字类编》卷二百七。
⑥ ［唐］欧阳询：《艺文类聚》卷二十。
⑦ 《辞海》，中华书局1986年版，第859页。
⑧ 《辞海》，中华书局1986年版，第859页。

乌者，即青鸟，为西王母的使者，常在人间通报音信。陈造《思归》诗云"多情但乌鹊，时肯报平安"；元稹亦有"良人在狱妻在闺，官家欲赦乌报妻"句；《酉阳杂俎》续集卷三说："墙上有青鸟子噪，即是富贵时。"可见，乌在民间信仰中成了鬼使神差、通灵知性的福音。乌鸦的引路是孟姜女得以远涉万里，抵达边城，寻得夫骸的一个重要保证。姜女与喜良虽未能双双生还，但姜女寻得骸骨也就未枉万里之行，寻夫使命终算告成。《酉阳杂俎》卷十六有"人临行，乌鸣而前引，多喜"的记载，因此乌鸦为姜女引路实成全了她的忠孝之举，在封建的伦理观念中这无疑是一桩喜事。

在孟姜女为万喜良织寒衣的有关记述中亦可看到对孝道的渲染。如《长城宝卷》言及姜女所织的图饰时说："前织盘古托日月，后织王祥来卧鱼，还有忠孝两个字……"这就更为直露地给民间的传说打上了封建的印记。梁元帝《孝德传序》云："原始要终，莫踰孝道，能使甘泉自涌，邻火不焚，地出黄金，天降神女……"① 在某些地区流传的孟姜女传说中，就有姜女道渴，一哭而泉涌的说法。在《独异志》中有孝女得泉的"颜娘泉"故事，在《酉阳杂俎》中有青鸟指引、破石得泉之说，所云均为"孝德"之感。不容置疑，孟姜女传说中的乌鸦引路主要表现了孝乌与孝女的共鸣通感，并成为演示情节传奇性的一种手段。

从心理行为看，乌鸦的飞临是思妇愁肠郁结的象征。

在广西罗城仫佬族地区搜集的山歌《孟姜女配范郎》中有这样的唱词：

四月望夫夏季长，三更独睡暗思量。
侧耳听闻苦鸟叫，亏妹偷声哭断肠。

歌中的"苦鸟"就是乌鸦，以其声苦哀而得名。《禽经》曰："莺以喜啭，乌以悲啼。"② 元稹《听庾及之弹乌夜啼引》诗有"乌前再拜泪如雨，乌作哀声妻暗语"句；而阳城刘氏妹《哀辞》则曰：

乌鸣于柏，乌号于荆，徘徊踯躅，立闻其声。相彼羽族，矧伊人情，叩心长叫，痛我同生……③

这些诗文都说乌啼引发了离妇的愁思和悲恸，而善唱十二月歌的小孟姜正是一

---

① [唐] 欧阳询：《艺文类聚》卷二十。
② 《佩文韵府》卷四上。
③ [唐] 欧阳询：《艺文类聚》卷三十四。

个时时哀怨的思妇。

乌所以能触动思妇的离愁别绪,一是夜啼表现了它的苦哀知情,二是晨去暮来所表现的眷念、知归。离人因愁思而难眠,乌啼则声声入耳。李端《乌栖曲》有"东房少妇婿从军,每听乌啼知夜分"句;而乐府西曲《乌夜啼》则由王义庆感妓妾闻乌啼知有赦而作。至于乌的知归和助人的德行,更使人睹物生情,萌发追游之念。《古今乐录》曰:"舜游历山见乌飞,思亲作思亲操。"① 杨谦《月映清淮流赋》曰:"万家盈手之时,望牛女而才见千里同心之际,美乌鹊而追游。"② 正是有这样的心理基础,才产生了孟姜女迷途而乌至的情节,它表现了姜女对神乌的追随,既渲染了行道之难,又凸显了姜女寻夫意志之坚。这一情节在有关孟姜女的各种文体中均有记述,它流传广泛,历时经久,为人们所理解和喜爱。它不仅是孟姜女心理、性格的体现,而且也反映了我国重人伦的社会历史传统和不畏艰辛的民族性格。

从民情风俗看,乌鸦领路是对鱼鸟关系的附会。

在仰韶文化彩陶上的《鹳鱼石斧图》是目前所知的最早披露鱼鸟关系的实物之一。它是鱼、鸟两图腾部落族外婚的记号,也是生殖与祖先崇拜的印记,到后世则成为阴阳相易、男女婚合的象征。

关于鱼鸟的阴阳之性,《经籍纂诂》卷六引《诗灵台序》云:"鱼,阴虫也。"又引《易井》云:"鱼为阴物。"而卷四十七引《楚辞·自悲》"鸟兽惊而群兮"注云:"鸟者,阳也。"鱼因阴虫及善产卵的繁殖功能,被视为女性的表征;而鸟因阳物,则成为男性的象征。鱼鸟有时甚至还直接成了性器官的指代和名称。如1973年在河南巩县(现巩义市)石窟发现的一面石壁上,阴刻着一只五头鸟,五头相连,没有鸟身,形似乌鸦,此外还刻有三尾鱼,三鱼头部叠合,身尾外张,估计是东汉末年至魏晋时期所刻③。壁上还刻了一首七言诗,从末尾"子孙万代尽作吏"一句可见它表现的是生殖崇拜的意义:鱼鸟不仅能使子孙万代不绝,且能降瑞赐福。有关鱼鸟的信仰和习俗,可谓由来已久。《晋书》说:"昔周之文武有鱼鸟之瑞。"④ 鱼鸟也许是中国最早的一对祥瑞图饰,而鱼鸟之情也常被誉作最高之情。刘禹锡诗云:"烟波浩渺鱼鸟情,东去

---

① 《佩文韵府》卷五。
② 《骈字类编》卷二百七。
③ 《考古》1977年第4期,第278-279页。
④ [唐]欧阳询:《艺文类聚》卷七下。

三千三百里。"林宽诗云："渐觉溪山秀，更高鱼鸟情。"①

有关鱼鸟表夫妇关系的认识，我们还可以从汉唐铜镜的背饰得到加强。当时许多铜镜的背饰都铸成双鱼纹。据《江都县续志》载，铜镜"惟婚礼用之，俗谓之团圆镜"②。可见，鱼鸟纹饰就是男女婚合的象征。

由于鱼鸟纹饰具有特殊的指意，因而这种铜镜导致一种风俗的形成：男女长别离时，破镜而分藏，他年若得相聚，出示半镜而求相合，此即所谓的"破镜重圆"。破镜的分藏亦有规定，男方所留的半镜背饰为鱼，而女方收存的半镜背饰为鸟。因鱼、鸟各代阴阳，可使男女睹物思偶，情牵梦绕，永不相忘。破镜之俗在古籍中亦多有记载，譬如《独异志》卷下载：

> 隋朝徐德言妻陈氏，叔宝妹。因惧乱不能相保，德言乃破一镜分之，以为他年不知存亡，但端午日各持半镜于市内卖之，以图相合。

可见，破镜之举往往发生在夫妇不知会期的长别时。《神异经》也载：

> 昔有夫妇相别，破镜各持其半，后其妻与人通，镜化鹊，飞至夫前。后人铸镜背为鹊形，自此始也。③

它是说，妻不贞，所藏半镜因鹊纹而幻化真形飞报丈夫。这一故事说明了破镜风俗在观念中的庄严性和神秘性。应当指出的是，此处鹊者，即乌也。乌、鹊二鸟能相易相化。《唐书·五行志》载："中和元年三月，陈留有乌变为鹊。二年，有鹊变为乌。"乌、鹊在民间传说中实为同族同类，二者本无多大区别，就连七夕牛郎织女相会的鹊桥，实际上也就是乌桥。

乌鸦为姜女领路与破镜之俗在信仰认识上亦有关联，这一关联由鱼鸟之性所起。《水经注》有"黑乌以浴，随鱼亦上"之说，而姜女本为鱼的化身，如果说孝感是乌至的伦理道德基础，那么乌随鱼来、半镜化鹊则又有神话信仰和民情风俗的基础。乌鹊能因女之不忠不贞而飞离，自然亦可因女之忠孝贞贤而飞至。在歌谣与传说中的孟姜女正是一忠孝贤妇，这就构成了乌随鱼至的重要前提。

由此我们可以看到，孟姜女传说及歌谣中乌鸦引路的描写绝非随意之笔，它是社会意识形态的集中体现，也反映着民族文化的深厚基础。由于原始的神

---

① 《佩文韵府》卷二十三下。
② 《江都县续志》卷七下"物产考下"。
③ 《辞海》，中华书局1986年版，第3323页。

异性与人为的传奇性，热爱生活、追求幸福的人民性与标榜忠孝、因果报应的封建性杂糅在一起，因而认识这一描写的复杂性，并对其成分加以必要的区分，已成为孟姜女研究的一项课题。

三　食枣掷核与思妇求子

在孟姜女万里寻夫途中，充饥的枣子同领路的乌鸦一样，是体现复杂思想情感的事物，也是有所特指而又人所共知的民俗风物。

枣子最显见的功用是充饥。《绘图孟姜女万里寻夫全传》说：

> 口中但咀嚼枣子把饥充，
> ……
> 只觉得不饿不渴心安定，
> 周身的筋力分外觉舒畅。

苏南有的传说讲，枣子是孟姜女早就带在身边准备做干粮用的。关于枣的充饥之效，在古书上亦有多处记载。《后汉书·邓禹传》曰："禹至高陵，军士饥饿，皆食枣菜"；《晋书·食货志》曰："既至安邑，御衣穿败，唯以野枣园菜以为糇粮"；《韩子》则曰："秦饿，应侯谓王曰：'王苑之枣栗，请发与之'"①。可见，孟姜女途中食枣的情节是写实的，其直接意义首先也就是充饥。

然而，枣实除可充饥，还能引起相思。黄庭坚的"去年君渡河，枣下实离离""花上盈盈人不归，枣下纂纂实已垂"等②，都是枣下思别、感物伤情之句。王仲宣《南都赋》云"桑成阴而春繁，枣结实而秋美"，枣成了金秋最具特征的代表。孟姜女在秋美良辰万里寻夫，饥渴于道，见枣岂能不感物伤情？她由食枣联想到与夫同归，在枣树下吃果乘凉；由饥肠之需演化为对夫君之想，从而使食枣一事成为孟姜女内心世界的一个非同寻常的情结。

在我国古代，食枣又常与求子之俗联系在一起。其因首先在于枣为卵形，而卵为生命的载体，因而古时女子的浮素卵之戏，后演变为浮绛枣之俗。南朝梁萧子范《家园三月三日赋》曰：

> 右瞻则青溪千仞，北睹则龙盘秀出。

---

① ［唐］欧阳询：《艺文类聚》卷八十七。
② 《骈字类编》卷一百九十一。

> ……
> 洒玄醪于沼沚，浮绛枣于泱泱。

庾肩吾《三日侍兰亭曲水宴》曰：

> ……禊川分曲洛，帐殿掩芳洲。踊跃赪鱼出，参差绛枣浮。万戏俱临水，千钟共逐流。

江总《三日侍宴宣猷堂曲水诗》曰："醉鱼沉远岫，浮枣漾清漪。"后汉杜笃《祓禊赋》曰："浮枣绛水，酎酒醼川。"女子在这种游戏中相互争食顺水漂来的浮枣，以为得枣就可受孕。

枣同求子之俗微妙结合的另一个因素是，西王母有万年一实的仙枣，而西王母又是民间妇女供奉的"送子娘娘"，于是枣子与"送子"发生了联系，并成为生命的象征。在民间，女儿出嫁，娘家所给的赠遗也多为枣子、葫芦之类，以祝福她得子、多子。宋孟元老《东京梦华录》卷第八载："八月秋社，……人家妇女皆归外家。晚归，即外公、姨舅，皆以新葫芦儿、枣儿为遗，俗云宜良外甥。"这说的是新媳妇回门所受的赠遗。在南京民俗中，有新嫁娘刚出门就送枣子的，这除了祝福她得子，还取其谐音的吉利，盼她"早子"，即早生儿子，以在婆家能够立足。

在上古礼俗中，妇人之贽亦含枣。《左传·庄公二十四年》有载：

> 男贽，大者玉帛，小者禽鸟，以章物也。女贽，榛栗枣脩，以告虔也。

《礼记·曲礼下》曰："妇人之贽，椇榛枣栗。"① 在妇人初见叔舅的赠礼中有枣，是祝愿受者早早成熟之意，同其含有生命亦不无干系。

在苏南搜集的孟姜女传说多讲到孟姜女与枣树的关系，披露出其求子的意念。如在武进地区流传的传说讲，姜女吃枣子，一路撒下了一些枣核，她还祷告说："天王老爷，如果我孟姜女寻得丈夫回来，枣树就开花结果，假使不能寻得丈夫回来，枣树长出来也不结枣子。"在吴县（1995年撤销）流传的传说讲，孟姜女边吃枣子，边暗暗发誓："枣核啊枣核，我要能找到丈夫万喜良双双归来，你就快快长吧，好在你树下乘凉……要是我不能回头，你就别长高了，也别开花结果了。"

---

① 《太平御览》卷九十三"果部十"。

孟姜女上述之言已自比无实之花，表现出寻夫不得、求子无望之感。我们从流传各地的孟姜女歌谣中可以找到她思子、求子的佐证。

在广西柳州流传的《孟姜女》十二月歌唱道：

十一月里冷孤凄，跑去后园听鸡啼。
人家有儿听儿哭，孟姜无儿听鸡啼。

流传在甘肃礼县、天水一带的《孟姜女》社火小调唱道：

四月里，四月八，娘娘庙里插香蜡，
月下说句悄悄话，姜女你养个胖娃娃。

《佛说贞烈贤孝孟姜女长城宝卷》说：

许姜女，哭一声，送出门去：
"我招你，才三日，未得圆房，
谁知道，孤寡命，不得成双。"

从上可见，未得圆房的孟姜女曾敬奉过送子娘娘，并以鸡啼作儿啼，表现出求子、思子之苦。有的歌谣甚至说孟姜女寻夫之行乃因无儿之故，如流传于贵州的《孟姜女小调》唱道：

六月寻夫六月六，土地老爷笑呼呼，
别人有儿把鸡杀，姜女无儿寻丈夫。

把这些歌谣的唱词与孟姜女对枣树之言联系起来，不难看出她的求子之心，以及求子无望之怨。枣中虽有花而不实者，《晏子春秋》《太平寰宇记》《广群芳谱》中都有记述，但在孟姜女的誓言中却隐含着深深的悲痛与极度的怨愤。因此，由枣儿引发的求子之思更好地表现了孟姜女的不幸。作为风俗描写，它不仅在内容上加强了传说的社会悲剧性质，而且在人物塑造上也丰富了孟姜女的形象。显然，探寻食枣掷核与思妇求子的关系对研究孟姜女传说的思想内容与形式方法都有不可忽略的价值。

综上所述，喜良奠城、乌鸦引路与食枣掷核三段风俗描写是以中国的传统文化为其深厚基础的，反映了鱼载神话、鱼鸟习俗和思妇求子的特定内容，显示出神异性、传奇性与现实性的奇妙结合，也体现了上古神话、原始宗教和民间风俗的长期交融。它们从不同的角度展示了孟姜女的悲剧命运，并对她的不幸寄寓了深切的同情。同哭崩长城、戏弄始皇的情节一样，它们也都具有社会批判的意味,并表现对幸福、安定生活的追求。从这一意义着眼,我们说,孟姜女传说虽运用了象征手法,仍不失为一部具有广泛人民性的伟大作品。然而,我们又应当看到,在民间长期的传承中它又不可避免地带上了时代与社会的局限性,特别是掺杂进一些宗教神秘主义和封建伦理道德观念,从而模糊了传说的原始象征意义。因此,探寻奠城、乌至、食枣一类风俗描写的意义,并进而全面认识传说所包含的意识形态,是孟姜女研究的一项任务。正如普列汉诺夫所说:"使用象征的确在若干意识形态的历史上起着不小的作用。因此,必须部分地在使用象征中去寻找意识形态的解释。"① 本文正是从这一观念出发,选取三题,以探索孟姜女研究的路径。

(文中所引孟姜女传说、歌谣的原句取自路工编《孟姜女万里寻夫集》,中国民研会上海分会编《孟姜女资料选集》第一、二辑,无锡民间文学工作者协会编《江苏地区孟姜女的传说和歌谣》等书籍和资料本。)

《民间文艺季刊》1986 年第 4 期

---

① [俄]普列汉诺夫:《论艺术》,三联书店 1973 年版,第 142 页。

试论神话的语言

　　神话作为人类童年时期的语言艺术，体现着原始初民拟人思维的特征。它随语言符号系统的建立而渐次形成，反映了原始社会特有的信息交流情境，图演了初民借音响形象而产生通感的心理过程。神话依存于语言，语言是神话产生的先决条件。语言所具有的抽象本质，使神话这一不自觉加工过的艺术形式成为原始人类感觉经验与理性认识的概括。神话与语言的不解之缘不仅是思维科学和语言发生学的研究对象，而且也构成了社会语言学研究的一项课题：从神话的语言和其依附的社会相互关系中去分析它的语言现象和自身特点。

　　最初的神话流传于初民的口头，进入文明时代之后，神话因各种原因被记写下来，其音响形象才转换为文字符号。从口头神话到书面神话的转化经历了一个长期发展的过程，社会由野蛮到文明的阶段性演进决定了神话内容的发展和表达手段的丰富。因此，原始人口耳相传的口头神话有别于文明人诉诸笔墨的书面神话。至于后世作家文学的产生，则是语言艺术和文学作品形式的进一步发展，就其语言而言，已有别于幼稚的神话。研究上述语言间的差别，探究神话的语言特点，不仅能拓展神话的研究领域，而且也能加深我们对神话这一文体特殊规律的认识。

　　语言是社会的产物，最初构建神话迷宫的词语也都是经社会加工而形成的声音组合体，它往往融合着认识的因素和感情评价的因素。这一特质不仅决定了初期神话的流传方式，而且也适应着神话对自然与社会所具有的解释的和审美的功能。一般说来，口头的神话对上述功能的体现是动态的、应时的，而书面的神话往往则是静态的、越时的，因为它已失去原有的信息交流情境和神秘的氛围。口头的神话是活的神话，它讲传于原始初民或尚处原始状态的民族之间，并随社会生活的发展而不断变化。作为现实的社会观念，它是交流迅速的活信息的载体，有着突出的功利性。例如至今只能用火而不会取火的非洲俾格米人，他们每天守在火种旁边讲世界和人类起源的神话，唱英雄颂歌，跳狩猎舞蹈，神话帮助他们追忆过去的生活，肯定今天的胜利，并砥砺继续搏斗的勇气。这样，神话不仅在时间上联系着过去、今天与未来，还在空间上统一着天地、人类和万物，成为他们不断面对现实人生的精神支柱。书面的神话是口头神话的记录、人类文明的产物，作为越时信息的储库，它已失去了原先的循环途径，因此所反映的已不是现时当地的社会信息。由于音响与文字的符号转换，原有的神秘氛围被打破了，讲话人与听者间的信息反馈中断了，因此神话借以唤起"一体感"的现时效应随之而衰减，神话思维代码间的动态联系也变得相对静止。一句话，以书面形式表达的神话以其相对的定型性取代了口头神话的多变性。从控制论的观点看，由口头神话到书面神话的转变是神话在社会发展过程中呈收敛型反馈的又一个契机。

尽管存在着口头神话和书面神话的客观差别，但两者同属神话范畴，它们在语言的运用上仍有着较多的共同特征，与后世书面文学创作相比，有着多方面的明显区别。

从人称看，在原始社会中没有我、你、他三者的笼统区分，也没有不确定的复数，其代词形式极为复杂，如契洛基人的代词形式就不下70种①。尽管原始人使用的代词纷繁复杂，但用得最早、最多的仍然是第一人称复数。由于早先语词的产生不是为了命名，而是表示归属关系，因此"人类最初的思想是有关集体的'我们''我们的'思想"②。又由于原始思维的活动借助最初的语词进行，因此其产物——神话也表现了社会集体的切身需要和追求社会自我肯定的目的。正因为如此，神话在原始的群体中能唤起一体感，使初民在想象中与神灵同感共鸣，互通相融，从而使物与我、自然与社会、形象与感情实现幻想的同一。例如，图腾神话就能很好地说明神话在人称上的单一性。图腾观念把社会集团自身与外部世界结为一体，将天体、动物、植物以及其他有生命或无生命的东西视作与氏族群体有血缘的联系。在这一观念下形成的神话，其语言的人称意义往往表现为第一人称复数，带有自我肯定的感情评价因素和对外在之物加以占有的认识意义。而后世的文学创作则有着人称选择的多样性和随意性，它们往往并不涉及归属关系，而成为展示个性、丰富艺术表现的一种手

---

① 列维·布留尔：《原始思维》，商务印书馆1981年版，第133页。
② ［苏］B. N. 阿巴耶夫：《论意识和语言的起源》，《国外语言学》1980年第1期。

段。社会生产的发展导致了个体对群体的独立，决定了人称单数与复数的明确区分，而若干群体与个人间相互的往来或敌对，导致了三种人称单复数的最后形成和普遍使用。显然，人称由过于细微琐碎到简单明了，由第一人称复数的习用到三种人称单复数的并举是社会发展的必然结果，也反映了神话和文人创作所附丽的不同文化历史背景。

  从功能看，神话的语言虽朴实无华，然而能产生神秘而强大的"互渗效应"，使原始群体在通感作用下结为一体，并用神的意志，即自身的抽象能力，去同化整个外部世界。这样，神作为人的意识的表象与人类自身，以及人格化了的自然，就在幻想中实现了虚假的同一。这一想象的关系是人类生存需要的反映，它甚至已体现在单个的词语中，如非洲祖鲁语中的"i-zulu"，既表示"祖鲁人"，又表示"天空"①，这种人天的混同、互渗肯定了人的存在，加强了生活信念，反映出神话语言的功用。正如洛克在《人类的理解》一书中所指出的："人们的观念和语词都是为日常生活所用的，并不契合于事实的真假和范围。"② 可见，互渗效应作为神话语言的主要功能，揭示了人们观念的起源，并体现出原始思维的基本特征。至于后世文学创作的语言，已失去了互渗效应，其符号系统在作者、读者与描绘的形象之间存在着一种"间离效应"。尽管作家在创作过程中会为自己创造的形象所感动，读者也能在阅读时产生情感上的共鸣，但绝对不会在观念上融为一体，无论是作者或读者，其感情与理性总是互相制约的。其原因在于，语言已由单纯的心理过程转化为文化的工具；信息内部阶级或阶层因素的出现与感情成分中个性化的加强使语词日益联系着现实社会；语言由表示集体归属关系的自我肯定的符号发展为反映外在世界完整体系的各有用途的机制。因此，从神话语言的互渗效应到后世文学语言的间离效应的转变，正反映了语言艺术随社会演进、思维发展的不断丰富，同时也揭示出二者的不同功用。

  从语词的运用看，神话的语言凝练而跳跃，没有或较少修饰，主要语词间的过渡不做铺陈，语句短小。神话所述的"神们的行事"和灵异现象并非在于状物记事，自娱自乐，而是通过语言的抽象能力对初民生存空间中的一切可感的形式做肯定与否定的感情评判。"对原始民族的思想来说，没有哪种知觉不包含在神秘的复合中"，作为"声音图画"的口头表现也必然拥有神秘力量，

---

① ［苏］B. N. 阿巴耶夫：《论意识和语言的起源》，《国外语言学》1980 年第 1 期。
② ［美］Hans Arsleff：《语言学史与乔姆斯基教授》，徐烈炯摘译，《国外语言学》1981 年第 3 期。

而这种"神秘力量不仅为专有名词所固有,而且也为其他一切名词所固有"①。因此,神话具有较高的信息价值,不仅在当时具有启迪作用,至今仍令人回味,而一般文学作品,特别是文人的创作,其语言藻饰描摹,一唱三叹,语句繁复。尽管后世的文学语言丰富复杂,手法多样,但由于是作家个性风格的表露,反映的是个人对生活的理解,以及局部的社会思想,因此它很难具有像神话语言那样的全社会的信息价值。

从交际原则看,原始神话与文人创作的语言亦存在明显的差别。首先,在内容方面,神话在当时的讲传中,无论是说者或听者都对其内容坚信不疑,甚至发展为虔诚的信仰;而文学家所写的,往往是他本人也明知的虚构的人和事,读者也并不信以为真。其次,在数量方面,文学作品的离题描写和过多的解释,使之派用的语言符号多,而载负的信息量并不大。再次,在关系方面,神话的语言与初民的生存空间有直接的联系,它在人、神、物间发挥着"互渗效应",是唤起原始人类与外部世界"一体感"的手段;而后世的文学语言与作者、读者、听众的真实世界不一定有直接的关系。最后,在方式上,神话的语言是判断式的,是力求明确的,尽管它反映的内容往往是倒像;而后世的文学语言常常是含蓄的和经过修饰的。神话在历时久远的传承中虽有变异,但这是不期而然的渐变,在一定阶段上它有着相对稳定性;而文人的创作主要是创造性的体现,其语言、手法都力求出新,形成了文学语言的多变性。

从思维形式相应的语言表现形式——命题看②,神话语言的主、表词关系与一般文学语言的主、表词关系因思维性质不同而泾渭分明。神话命题的主词,即判断的对象,是自然、社会和人的存在及行为。这一对象是真实的、客观的,其材料由直观形象思维、直观行动思维所提供,而神话的表词,即判断的内容,是虚幻的、主观的,其结论由前逻辑思维所限定。例如有关天地开辟的神话,其命题的主词是天地,用以回答天地来由的问题,这一对象是真实的、可感的;但此类神话命题的表词,却是神、鸡子与天地间的相生互化关系,它由上述"神话素"的排列组合作为判断的内容,因而它具有虚妄性和神秘感。再如抟土作人的神话,其命题的主词是人类本身,用以回答人类起源的

---

① [法]列维·布留尔:《原始思维》,商务印书馆1981年版,第170-171页。
② 胡明扬《乔姆斯基〈笛卡儿语言学〉评介》一文说:"思维的主要形式是判断,相应的语言表现形式是命题。命题包括两部分,一个部分是主词,是判断的对象,一个部分是表词,是判断的内容。"见《国外语言学》1981年第2期。

问题，这无疑又是真实的、具体的，但其判断的内容却是神、泥和水（血）之间的关系，因而也是虚假的、主观的。可见，神话命题的两部分关系所反映的是感觉与想象、外界与内在的图式平衡，而不是真正的逻辑联系。从思维的发展看，由于神话是用表象符号代替外界事物，它已处于"前运算阶段"，"已开始建立由感性知觉形成的表象思维和初具理性内容的形象思维"①。而一般文学作品的语言，其命题两部分间的联系是基本统一的，即便作家在命题的内容方面人为地伏下神奇怪异、朦胧荒诞的成分，都不是表象图饰的融合，其思维已离开具体现象，体现出"形式运算阶段"的特点。任何浪漫化的语言，即使是某些刻意模仿神话的传说、童话和神话故事（包括仙话故事），其表现形式在表面上是矛盾的，在深层上却是统一的。因为，这类后世的文学语言所展示的是多语体的性质，从根本上说，它是表现手段的变通，而不是对逻辑思维的废弃。

此外，从语言的现象看，各种语言都有语义的比喻和引申，而拟人比喻在神话的语言中运用得更为普遍。例如，用人体的各部分比喻日月山川，用人的情感、欲望引申到动物或无生命的物体，让视觉、听觉、触觉发生转移等等。再从语言信息的内涵看，神话中的认识因素与情感成分密不可分，而在一般的文学语言里二者有所离异，甚至出现所谓"中性的语言"。从语言的内部要素看，神话语言的音、义互相作用，以抽象的概括反映特定的物质形式；而后世的文学语言作为文化的产物多表现为书面的文字，常脱离口语的自然范围，其音响作用相对减小，而形、义起着主要作用。

从上述讨论可以看到，神话作为人类原始时期的语言艺术，有其鲜明的特性。语言的或口头的神话不同于文字的或书面的神话，由原始思维所决定的神话的语言更不同于主要表现为形象思维和逻辑思维的后世文学语言。作为语言，它们虽都具有抽象的本质（正如列宁所说，"语言中只有一般的东西"②），但神话的语言除具有一般语言的共性，还带有语言在发生、发展的初始阶段的特点。由于它思维方式的前逻辑性，表达视觉形象的直观性和幻想性，以及语言信息所包含的自然与社会知识的总汇性，而显得神秘、稚气，并富于魅力。在神话的语言中，现实的主词与虚假的表词，简单的句式与引申的比喻，主观的心理与客观的时空，神灵的信仰与自我的肯定实现了辩证的统一。

---

① 刘勇：《皮亚杰的发生认识论和儿童心理学》，《学习与思考》1983年第3期。
② 《列宁全集》第38卷，人民出版社1960年版，第306页。

当前，在我国神话学界，神话的语言尚未得到充分的讨论，其规律的发现和认识还有待于学者们的努力。因此，深入讨论神话的语言特点乃是一项极有意义的课题，它有助于神话思维的探究，有助于神话界说的研讨，也有助于对原始艺术规律的总结。本文试以粗浅之见涉足这一领域，以冀引起学界的关注和讨论。

《民间文学研究》1987 年 1—2 期

论水难英雄

在世界传说类型中有一群出世罹难，遇水得勇的英雄。他们往往少小蒙难，历水不死，通魔术，有才武；长成后，不畏艰险，除害布利，为民族、为社稷建功立业。有趣的是，他们生死不凡的身世，崇高英烈的功绩，总是与水难或虚拟的水难事件联结在一起，并由此图演了"水难—英雄"的因果关系。

传说作为原始神话和后世口承民间作品的中介，依然潜藏着丰厚的文化积层。透过"水难英雄"传说的表面叙述，我们可以追寻其深层的隐喻结构和潜在的功能意义，从中亦不难发现此类传说与神话、宗教、礼仪的内在关联。

"水难英雄"是世界英雄传说中的一个数量众多而又分布甚广的人物系列，本文拟就古希腊、希伯来、印度、阿拉伯和中国的部分实例加以分析。

一　人物类型与入水方式

如果我们编就一部"水难英雄谱"，就不难发现，其基本类型又可分为弃儿型、母子型和成人型三种。

1. 弃儿型

所谓"弃儿型"，系指父母惮于外来人为威慑，或由于天然灾害不能自保，主动或被迫将新生儿遗弃水上。此型又可分作三类：

其一，"箱中类"。即英雄在幼时曾被置于箱中、竹筒、盆内或缸里，然后丢弃水上，任其漂流，获救收养后，显示出奇才神功。此类英雄包括希伯来的摩西、阿拉伯的穆萨、中国的夜郎国竹王以及唐僧等。

摩西是希伯来人的民族英雄，有关他的传说写进了《旧约·出埃及记》中。当时以色列人屈居埃及，法老怕他们因人多而强盛，便下了杀男婴的命令。摩西为一利未女子所生,其母见他异常俊美,便藏匿了三个月,后隐藏不住了,便取来了一个蒲草箱,抹上石漆和石油,将儿子放置箱中,使之漂流到尼罗河边的芦荻中。适逢法老的女儿去河边洗澡,她发现了蒲箱和弃儿,就收作养子,并给他取名为"摩西"(意思是"因我把他从水里拉出来")。长大后,摩西不忘处于水深火热之中的本族人民,不忘"流奶滴蜜之地"——故土迦南,遂率众与法老斗争,并成功地逃出埃及①。

阿拉伯人的《古兰经》化用了上述《圣经》中的摩西传说,更名为"穆萨"。《古兰经》说,穆萨被藏匿三个月后,真主启示其母,让她准备一个箱子,把小儿放入其中,然后丢到尼罗河里任其漂流,不必担心受怕。箱子和孩子被法老的一个妻子发现,真主便将喜爱之情注入她的心房,她求丈夫将孩子收作养子。穆萨长得又高又大,膂力过人,真主又把奇迹交到他的手中,他成为先知和使者,成为"真主的交谈者",并带领以色列人从埃及出走②。

我国古代夷狄中的夜郎国竹王,也是一"水难英雄"。据晋常璩《华阳国志·南中志》云,古夜郎"有竹王者,兴于遁水。有一女子浣于水滨,有三节大竹流于女子足间,推之不肯去。闻有儿声,取持归,破之,得一男儿。长养,有才武,遂雄夷狄。氏以竹为姓,……王与从人尝止大石上,命作羹,从者曰:'无水。'王以剑击石,水出,今竹王水是也,破石存焉"。文中的三节封闭的大竹是箱类临水器的另一形式,而竹王无父无母,亦当为弃婴。他击石得水的异能与摩西破石得泉的法术异曲同工,都表现了此类英雄的才武和神能。

此外,晚近流传的有关唐僧的传说,也是对该类英雄的附会。历史上的玄奘,23岁时偷偷离家出走,与商人乘船泛泯江,溯长江,渡三峡,奔荆州,落发之后,"乘危远迈,杖策孤征",跋山涉水,17年中行走了5万里,游历了110国,取经归来后,写成《大唐西域记》12卷,并主持翻译梵文经、论74部,计1335卷,1300多万字。玄奘作为"五印度"的第一流学者,其非凡的毅力和卓著的成就无疑也体现出英雄的气质。也许正是他青年时离家泛江的经历被传说所利用,改造成少时遇洪、只身漂流的"江流儿",后被寺僧收养,纳为佛门弟子,终成西天取经的"圣人"。唐僧的这一出家传说,也显然是对弃儿型箱中类"水难英雄"模式的效仿。

其二,"水中类"。此类英雄诞生于水难之中,往往在出生前父母已亡,一

---

① 见朱维之主编:《圣经文学故事选》,北京出版社1982年版。
② [叙]穆罕默德·艾哈迈德·贾德·毛拉:《古兰经的故事》,新华出版社1983年版。

经世便成遗孤，他们生于滔天洪水之中，长成后有明德殊才，能兴利除害。这类英雄包括大禹、伊尹等传说人物。

关于禹的身世，《山海经·海内经》云："鲧窃帝之息壤以堙洪水，不待帝命。帝令祝融杀鲧于羽郊。鲧复（腹）生禹。帝乃命禹卒布土以定九州。"此外，《全上古三代秦汉三国六朝文·全上古三代文》辑《归藏·启筮》云："鲧殛死，三岁不腐，副之以吴刀，是用出禹。"① 可见，禹出世之时，洪害未平，他生于水患，且降世为孤。但禹通灵得法，受河精之图，得黄龙、玄龟之助，"尽力沟洫，导川夷岳"②，逐共工，杀相柳（九头水怪，共工之臣），锁镇为害的水兽无支祁，化熊通轘辕山，终使"丰水东注"③，洪水疏平。后人因之赞颂道："美哉禹功！明德远矣。微禹，吾其鱼乎！"④ 这里，禹已被抬到了"救世主"的地位而大受褒美。

此外，中国古代传说中助汤伐桀的伊尹也是"水中类"的弃儿英雄。关于他的行状，古籍所载甚多，其中尤以东汉王逸的《天问》注所云为详。王逸注云："伊尹母妊身，梦神女告之曰：'臼灶生蛙，亟去无顾。'居无几何，臼灶中生蛙，母去，东走，顾视其邑，尽为大水。母因溺死，化为空桑之木。水干之后，有小儿啼水涯，人取养之，既长大，有殊才。"可见伊尹也是一个生于水患，落地为孤的弃儿，其母犯忌与禹父触犯天法一样，构成他落水见弃的直接原因。伊尹在兴商亡夏中的"五就桀，五就汤"的"殊才"，使其也带上了英雄的光晕。

其三，"冰上类"。此类为水难事件中最富季节特点的事例，弃儿卧冰与水上漂流只是他们就水的两种外在形式，并无质的差异。此类实例以中国的后稷传说最为典型。

据《史记·周本纪》载：后稷母姜原，践巨人迹而感孕，"居期而生子，以为不祥"，先"弃儿隘巷"，再"徙置之林中"，后"弃渠中冰上"，"飞鸟以其翼复荐之。姜原以为神，遂收养长之"。初生时，他就能"冯弓挟矢"⑤，长成后，又"降以百谷"⑥。最后，"作稼穑而死"⑦。后稷俨然是一个开拓型的文

---

① 袁珂：《中国神话传说词典》，上海辞书出版社1985年，第284页。
② 王嘉：《拾遗记》卷一。
③ 见《诗·大雅·文王有声》。
④ 见《左传·昭公元年》。
⑤ 《楚辞·天问》中有："何冯弓挟矢，殊能将之？"之问。
⑥ 见《山海经·大荒西经》。
⑦ 《淮南子·氾论训》。

化英雄,其几番见弃,卧冰得救的情节给传说增添了传奇色彩。

2. 母子型

所谓"母子型",指英雄少时的就水,离不了母亲的相伴,或与母共赴水难,或由母提携下水,以增益其所不能。由于上述两种情况,又可将此型分作两类:

其一,"共难类"。此类英雄幼时曾与母在水中相依为命,生死与共,例如希腊的珀耳修斯、中国的岳飞等即是。

珀耳修斯是阿耳戈斯传说中的英雄,由其母达那厄与宙斯所生。达那厄的父亲,阿耳戈斯国王从神示中得知,女儿生下的男孩会推翻他的统治,并把他杀死,于是便下令将女儿和外孙装进一只箱子,扔进大海。箱子漂流到塞里福斯岛后,被渔人狄克堤斯救起。珀耳修斯迅速长成一个有勇有谋的武士,他主要的功业是割取了使人一见就变作石头的女妖美杜莎的头颅。[1]

中国晚近出现的岳飞传说,亦附会有母子漂流的情节。清人钱彩的取自民间传说而改作的通俗小说《说岳全传》,记述了岳飞的身世。岳飞少时,一天忽然天崩一响,地裂而洪漫,岳家庄顿成大海,于是他随母遵道人之嘱避入大花缸中随波逐流,度难后,文武兼备,使金兵心惊胆战,护卫了半壁河山。岳飞历来被视作"民族英雄"而受人敬重,甚至还被加以"神格化",演化为崇拜的偶像,供奉于庙坛宫观。

其二,"提携类"。此类英雄幼时由母亲提携下水,以得到神佑和刚勇。古希腊的阿喀琉斯是其中最著名的实例。

阿喀琉斯是特洛伊战争中的主要英雄,他的母亲是海中神女忒提斯。忒提斯为了使儿子长生不死,曾捏住小阿喀琉斯的脚踵把他浸泡在斯堤克斯河水里。由于他周身沾过这条冥河之水,所以刀剑不入,唯有母亲手提处没沾到河水,于是"阿喀琉斯之踵"成了致命的弱点。阿喀琉斯不仅刀剑不入,而且武艺过人。他六岁时就能杀死野猪和狮子,并能追上善跑的野鹿;后来他成为特洛伊战争中举足轻重的英雄,杀死了特洛亚的主将赫克托耳,为希腊联军的胜利立下了丰功。

3. 成人型

所谓"成人型",是"水难英雄"的一种变异形式。他们不是少时落水得

---

[1] 见[苏]鲍特文尼克:《神话辞典》,商务印书馆1985年版。

勇，而是长成后赴水洗沐而领法；就水的行动不是身不由己地听凭母亲的安排，而是一种对预期目标的自觉追求，尽管有神示仙引，然而它却是一种兴利除害、趋福避祸的主动行为。根据沐浴的方式，此型又可分作两类：

其一，"自洗类"。此类英雄临水自洗而通灵得法，获智取勇，其中较典型的实例是印度的罗摩衍那的故事。

罗摩是王后吃了祭火中走出的巨人手中金杯里的食物而生下的王子。正当其父十车王考虑王子的婚事时，大仙人毗奢密多罗牟尼来到了，他要把摩罗带走十天，说只有摩罗能杀死亵渎祭坛的妖怪。罗摩与其弟罗什曼那遂与牟尼前往。途中，牟尼对两兄弟说："到萨罗逾的河里去洗洗脸，然后我教给你们永不疲劳的方法。"他们用河水洗了脸，得到了两个秘诀："婆罗"（力气）和"阿底婆罗"（更多的力气）。牟尼说："学会了这个秘诀，你们永远不会疲倦，永远不会生病，也没有人能够伤害你们，你们还能打败敌人。"然后，他们又乘坐一条美丽的小船渡过了萨罗逾河，进入森林，罗摩箭杀了力气像一千只大象那样大的女妖多逻迦，从此开始了他的英雄业绩[①]。

其二，"受洗类"。此类英雄接受施洗或神女的助浴，获得神爱和奇勇。《圣经》中的耶稣就是其中的一个。

耶稣三十多岁时在约旦河接受了施洗约翰给他的施洗，刚从水中出来，天就忽然为他开了，他看见圣灵仿佛鸽子降下，落在他身上，天上有声音说："这是我的爱子，我所喜悦的。"[②] 而后他被圣灵引到旷野，经受了魔鬼四十天的试探，以后便开始传教布道。耶稣被犹大出卖后，钉死在十字架上，死后三日复活，四十日升天，五十日差遣圣灵降临，成为"基督"（救世主）。上述耶稣应试、传教、蒙难、救世的英雄行为是从受洗获取神爱开始的，受洗是水难的模拟，因此，透过宗教的氛围，我们从耶稣身上仍可以看出一种变形的"水难英雄"的特点。

此外，古希腊关于阿喀琉斯的另一说法，即忒提斯白天用琼浆给他抹身，夜间用火锻炼之说，亦同"受洗类"有交叉联系。

从上述"水难英雄"类型的粗略划分（见表1），我们可以归纳出他们基本的临水方式，为漂流型、水中型、冰上型和沐浴型四种（见表2）。

上述英雄的临水器物、所临水型、本领功绩及入水之因等项，我们也可从

---

① 《罗摩衍那的故事》"阿逾陀篇"，中国青年出版社1962年版。
② 朱维之：《圣经文学故事选》，北京出版社1982年版，第255页。

表 3 中识得。

表 1　人物类型表

弃儿型	箱中类	摩西、穆萨、竹王、唐僧
	水中类	禹、伊尹
	冰上类	后稷
母子型	共难类	珀耳修斯、岳飞
	提携类	阿喀琉斯
成人型	自洗类	罗摩、罗什曼那
	受洗类	耶稣

表 2　临水方式表

漂流型	摩西、穆萨、珀耳修斯、竹王、唐僧、岳飞
水中型	禹、伊尹
冰上型	后稷
沐浴型	耶稣、罗摩、罗什曼那、阿喀琉斯

表 3　总况表

国度族别	姓名称谓	临水器物	水型名称	本领功绩	入水之因
希伯来	摩西	蒲箱	河（尼罗）	通魔术、出埃及	法老令杀男婴
	耶稣	—	河（约旦）	领圣灵，传教救世	洗罪恶，获神爱
希腊	珀耳修斯	木箱	海（爱琴）	智斩女妖美杜莎	外公之愤怒
	阿喀琉斯	—	冥河（斯提克斯）	刀剑不入，攻杀特洛亚主将	为能长生不死
阿拉伯	穆萨	箱子	河（尼罗）	通魔术、出埃及	法老令杀男婴
印度	罗摩	船	河（萨罗逾）	不倦不病，诛妖除害	求得法术、秘咒
中国	伊尹	空桑	洪水	有殊才，助汤伐桀	母犯忌
	禹	—	洪水	得神灵助，治水杀怪镇害	父违命
	夜郎竹王	三节大竹	河（遁水）	有才武，雄夷狄	—
	后稷	冰	渠	冯弓挟矢，降以百谷	感应而生，以为不祥
	唐僧	盆	江河	西天取经	人祸
	岳飞	缸	洪水	抗金保国	天灾

由表3可知，文中列举的水难英雄在临水器物上虽有蒲箱、木箱、大竹、空桑、冰、船、盆、缸之别，所临水型亦有河、海、渠、冥河、洪水之分，但他们都有非凡的身世和殊才异能，都因外在力量的胁迫或内在心理的压力而入水赴难。

二　结构联系与功能意义

"水难英雄"的故事结构大多是从"谬生"导源的。所谓"谬生"，即因某种错误、舛乱、罪行而生子，从而导致新生儿命运的坎坷。他们的出世总与父母的犯禁、悖理、违法等行为联结在一起，先天性地带上了社会所泼下的污点。如禹父鲧违天帝之命窃息壤，伊尹母忘神女忠告半途反顾等，都是犯禁行为，因而受罚身死，遗子水涯。而耶稣由童贞女玛利亚感圣灵而生，后稷因姜原履巨人迹而感孕。罗摩由王后食巨人手中食物而堕地，珀耳修斯因达那厄与化作金雨的宙斯亲近而出世，他们是天人感应或神人交合这种悖理行为的产物，因而亦属不合常伦的"谬生"。至于摩西（穆萨）出生在埃及的利未人家，有违法老存女杀男之令，也是一种生不逢时、存不适地的"谬生"，因而难免磨难。

此类结构的真正发端是"近水"。谬生之子或被弃置河、海、冰、洪之上，或与母相依漂流，都是逃灾躲害、避咎洗罪的行为，因而受到了天神的谅解和护佑。所以他们虽谬生而得存，虽罹难而获救，虽幼弱而智勇。"近水"改变了"谬生"的命运，显示出传奇的特征。

"得勇"是情节的发展，也是结构的中介。英雄近水之后，得魔法或通咒语，添殊才或备奇武，最终摆脱了"谬生"的舛误和水难的噩梦，取得了自主、自为的可能。"得勇"是成就英雄业绩的基本条件和必要准备，因此它在结构中是谬子向英雄转化的中介。

在结构链中最能显示英雄本色的是"除害布利"一节，斩妖镇怪、治水降谷、取经布道、攻城保国等是其具体的表现形式，也是英雄形成的主要标志。这在水难英雄传说的整个结构链中是不可或缺的一节，同时它在情节表面叙说中也是高潮的所在。英雄若不除害布利，则徒有虚名；得勇而无功犹如无实之花，有始而无终。因此这一节在此类传说的结构中大多表现得较为充分。

"称雄成王"是情节的结局，也是结构的延伸。阿喀琉斯的主将地位，竹王之雄夷狄，禹成夏之初王，耶稣成为"救世主"，玄奘作为盖世高僧被尊为"圣人"等，与"谬生""近水"既呈始终关系，又为强烈的对照。谬生罪娃与英王雄主本有天壤之别，但经过传说结构的若干中介，它们却成了线性的逻辑发展，并表现为外在形式的开放体系（多类型、多水型、多动因、多功德等）与内在结构的封闭链式的统一。

"水难英雄"传说的结构链式如下：

谬生（背景）→近水（开端）→得勇（发展）→除害布利（高潮）→称雄成王（结局）。

世界神话传说中众多的水难英雄，其事件有多寡，情节有简繁，对象有变通，但究其结构，均可概括于上述链式中。

透过这一叙事结构，我们能够探得此类传说的功能意义，认识潜藏的神话—宗教—礼仪的渗透交融，并发现情感—道德—习俗的有机联系。

"水难英雄"传说首先是对神话结构的模仿，用以追寻洪水神话的意义。英雄们各种形式的就水行动，是以象征的方式表达历水不死的情感，以追仿洪后遗生的始祖先民，冀以得到神爱和神助。神话中的洪水遗民多得神宠和神示，在惩罚性的水难中，他们因敬神的情感和做人的品德为天神所看中，成为"上帝的选民"，并赋予了超常的体力和智力。而传说中水难英雄的就水正是崇神敬祖情感的体现，其直接的功利目的是悦神获佑，以讨得"选民"的"洪福"，长命而多能。因此，英雄的就水是虚拟的喜剧，是时人情感的外化和心理的图演，当然也反映了神话的投影及其诱发的梦幻。

其次，水难英雄传说是对宗教活动的暗示。英雄的就水赴难实际上是一种拜神献祭行为，是在道德压迫下求得心理平衡、克服内心苦痛的行动。英雄因"谬生"而先天地背上了道德的重负，于是就水赴难便成了一种献祭释负、洗罪求恕的活动。神话中洪水惩戒人类罪恶的幼稚幻想，在这里演化为水能洗去灵魂罪恶的宗教意识，并最终普遍形成了"洗礼"一类的宗教仪式。同犹太教教徒施行割礼一样，英雄的就水与教民的洗礼都是对捐躯献血行动的展示。在这一层意义上，"就水"体现了宗教的道德，其功能作用在于洗罪求恕，这是以曲笔的方式对宗教活动做出的解释。

最后，水难英雄传说是对人生礼仪的图演，是一种原始习俗的遗风。英雄的就水实际上是对生子仪礼的展示。民俗活动中有所谓"洗三"之礼，是人生仪礼中的第一项，即婴儿一诞生就受洗，以去污防病壮胆。而传说中英雄的就水也多在堕地之初或年少幼稚之时，正与此种仪礼相通。就水后英雄得殊才神勇，斩妖除害，建功立业，实际上又是对人生礼仪中另一个要目——成丁仪礼的演示。在原始社会中，一个青年长成并欲取得氏族或部族的正式成员资格，就得经受体力、智力、勇气、技能等方面的考验。这种考验往往在极其严肃的氛围下进行，其中不乏残酷的自戕行为，如拔牙、残身、锥刺、虫咬等。这种以习苦的方式所进行的成人考验，是为了获取对体力、智力、毅力的验证，也隐藏有以小恙换大安，去祸就福的功利追求。水难英雄们的业绩是其英雄形成的标志，也是成丁考验的验证。因此，水难英雄的传说所演示的是生子、成丁的仪礼及其考验过程。由此，我们可以将它与其叙事结构对照，找到此类传说以生子—考验—成丁为线索的深层隐喻结构（见表4）。

表4 结构对照表

类型	一	二	三	四	五
叙事结构	谬生	近水	得勇	除害布利	称雄成王
隐喻结构	生子		考验		成丁

三　发展趋向与存在价值

水难英雄传说包容着神话、宗教和民俗的质料，是氏族贵族出现后的精神产物，有些还明确带上了阶级社会的印记，英雄全系男儿这一特点，就反映出它产生的社会条件。"水难英雄"作为一种原型，在民间长期的口承中亦不可避免地发生转移和变异。它也同样经历了历史化、宗教化、文学化等改造途径，并循此而一分为三，分别向不同的方向演进，派生出新的人物类型。

具体说，水难英雄经历了历史化，发展成民族的祖先，甚至作为人皇国祖而载进史册。例如，禹成了夏之祖王，竹王成为雄霸夷狄的夜郎国王等。他们还经历了宗教化，发展为受人顶礼膜拜的尊神，其固有的半人半神的性质或完全"人格"的特点在这一过程中被加以了神圣化，倒退为不食人间烟火的神明。例如，耶稣成了"基督"，岳飞成了岳王等，他们被祭祀于庙坛之上，受礼拜和香火，成了精神信仰的产物。此外，他们还经历了文学化，发展为受人景仰、爱慕的勇士。大量的民间故事和童话都刻意表现那些历尽磨难、坚忍不拔、智勇双全、除害兴利、俊俏衷情的勇士，而其中相当一部分与水难英雄在源流上有着若明若暗的联系，可视作水难英雄的变体。例如，珀耳修斯、罗摩等英雄正是后世童话中某些勇士们的影子。上述祖先、尊神、勇士是水难英雄的形象转移，也是该类传说故事随社会演进所产生的趋向不同的发展。这一发展可用以下简图1示意：

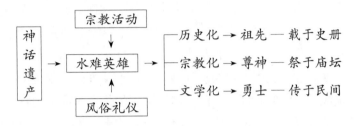

图1 水难英雄的形象转移

水难英雄传说既是对神话、宗教、民俗的包容与渗透，又是上古口承文学与后世民间创作的发展中介，因此它在内容与形式方面都具有一定的研究价值。由此我们可探寻神话的潜在流变、宗教的造神方式、民俗的形成基础，以及口承文学的衍变途径。作为民间的口头创作，水难英雄虽临危处难，历尽坎坷，但也始终与悲观绝缘，他们多具有自信、自强、自立的主导性格和救世、救民、救国的壮烈精神，与神话英雄相仿，亦具有较高的艺术与审美价值。此外，水难英雄传说作为洪水神话的模拟和人生礼仪的图演，反映了人类精神生活、物质生活与社会生活的不可或缺，它为从上述三重生活中认识民间文艺的实际作用，认识人类自身，认识人的生命意义和存在价值，开辟了又一个新的研究领域。

《民间文学论坛》1987年第4期

华夏神话与渔农经济

华夏神话作为中国上古神话的主核，构成了我们民族悠久而独特的文化传统的重要源头。它主要产生、发展并衰亡于农业型社会结构中，其形象、功能与价值也多带上了渔农经济的性质。这种思维特征与经济方式的奇妙结合，使华夏神话在追寻民族意识、心理结构、伦理观念、信仰行为及经济手段等方面具有极高的认识价值，也具有难以替代的观照现实的史料意义。

天神、地物、人鬼一统的三维结构是华夏神话的形式特点，而显著的渔农经济的性质，则构成其内容与背景的主导方面。这一神话系统得以形成的可信时代，一直能追溯到新石器时期的仰韶文化和龙山文化阶段，甚至在近年发现的辽西牛河梁女神庙遗迹及辽东半岛后洼红山文化遗址中亦见有类似的因子。

神话特点及文化传统的形成自有其现实的根基。原始思维与初民心理并非无本之木、无源之水，它们依然是客观物质存在的反映，尽管它们具有较大的主观性，反映的是超现实的曲像或倒像，然而都或明或暗地联结着初民在神话创造时代的物质生活与精神生活，成为当时社会的折光。神话创造的功利动因，就在于认识时空和人类自身，在幻想中调解人神关系，以求得自身的生存和发展。这样，物质生产和种的繁衍作为初民关注的焦点也必然投射到神话体系中，并以生存手段（经济方式）和世系关系（伦理观念）形成各民族神话在内容特质上的基本特点。

华夏神话是伴随着渔农经济而发展起来的，而渔农经济在新石器时代就已成了原始先民的主要生存手段。我们从仰韶文化早期的北首岭类型和半坡类型的遗址中不难看出，原始农业与渔猎已成为独立的生产领域，并构成了当时社会中的主要经济部门。石斧、石铲、砍伐器作为最初的农具已开始用于垦荒和种植，而栽培的作物品种除谷物类粮食外，还有白菜、芥菜之类的蔬菜。尽管当时的生产工具仅仅是打制出来的简陋石器，但收获却很丰厚，已有了相对的剩余。在半坡原始村落的发掘中，考古工作者曾在原房址的室内外都发现有缸藏或窖藏的谷物堆积物，如 115 号窖穴中已腐朽的谷粒厚度就高达 18 厘米。从粮食的家贮户藏和食用有余既可看到这一农业型社会的富足，也透露出华夏先民勤耕与节俭的传统。除了以刀耕火种为主要方式的原始农业，渔猎活动在当时的经济生活中仍占有一定的地位。考古学为我们提供了许多实证：在宝鸡北首岭仰韶文化第 17 号墓地中发现有盛装鱼骨的陶罐，在半坡遗址中出土了大量的用石、骨、角等原料加工制成的鱼钩、鱼叉等渔猎工具以及绘有各种鱼纹和网纹的彩陶，在庙底沟型仰韶文化遗址中发掘出大量的网纹和网点纹彩陶，在河姆渡文化遗址中出土了多种鱼雕，在东夷人的大汶口文化的彩陶上也发现有水波网纹的绘饰，甚至在辽东半岛后洼遗址近年也出土了 6000 年前的鱼纹网坠和滑石雕刻的鱼纹。可见，渔猎生产也是当时华夏各地先民们的重要生存手段和经济方式。在时序上，其发展先于原始的农业；在神话创造上，它派生出有关鱼类的奇妙神话，并使之在中国神话系统中最终发展成庞大的水族神界。

原始农业和渔业的发展是家族定居、村落形成的前提，也决定了先民对天时、地物、人命一而统之的思考。正是中国原始经济的渔农性质，使华夏神话程度不同地包容着天命观、水土观和血亲观，开创了我国文化重天命、重故土、重人伦的民族传统。

从神的观念看，华夏之神一开始就带有渔农经济的性质。古人观念中的"神"，本泛指一切呼风唤雨、普润万物，使物阜年丰人寿的超自然之力。《礼记·祭法》曰："山林川谷丘陵，能出云为风雨者皆曰神。"这种对神的功利性命定，虽不是最初的神话观念，却伴随着原始农业在社会生活中地位的确定而逐步形成。这类农业神最初的具体形象就是鱼。鱼作为主风雨、保丰稔、锡子孙、载灵魂的天神，不仅成为我国石器时代彩陶上的主要纹饰，而且在当时还被视作出没天河的星精，并由此衍生出各种向鱼神献祭祈雨的习俗。乔治·桑塔耶纳在论及神的显示条件时指出："唯有当想象力已经对神及其正当职掌有了一个鲜明的影像，这些作为神的真正存在之明证的迹象，才可被视为神的显示，而不是徒然一种模糊的不可知的力量而已。"[1] 华夏神话中以鱼、龙为主体

---

[1] ［美］乔治·桑塔耶纳：《美感》，缪灵珠译，中国社会科学出版社 1982 年版，第 126 页。

的水族神系绝非"模糊的不可知的力量",其呼风唤雨的"正当职掌"及其在诸神中的主导地位,正透露出当时社会经济的渔农性质。

从融进了神话因素的原始宗教和巫术看,农事已构成其活动的重要内容。在上古,除了有对"地母"的社祭,每年都还有祈年和谢神的献祭,既祀奉至尊的天神,也对麦、黍、谷、麻、稻及各种树神进行尝祭。《礼记·效特牲》曰:"社,所以神地之道也。地载万物,天垂象。取材于地,取法于天,是以尊天而亲地也。"远古"亲地"的方式是血祭,即"以血滴于地",一般是用牲血,最初是用人血。这种对土地和作物的祭祀在我国一直延续到封建社会。在西周,帝王每年要主持亲耕大典,亲载耒耜,而三公九卿诸侯亦得从而往祭,形成了"三时务农,而一时讲武"的传统。据《礼记·月令》载,一年的12个月中就有10个月要进行对农业诸神的祭祀活动,有的"为麦祈实",有的"以祈谷实",有的"以劝蚕事",有的"以犬尝稻"。这些活动保留着原始神话和原始宗教的遗痕,并逐渐演化为民间习俗而经久承传。例如"打囤子""鞭春牛""点田蚕"等岁时性农家习俗,"称江水""占云气""测月影""听蛙声""看参星"等有关水旱丰歉的农占活动,以及对土地庙、土谷祠、社稷坛等坛庙的祭祀,直到新中国成立前还各地可见。这反映了与农事相关的神话意象与宗教信仰强大而久远的影响,亦反映出当时社会经济的农业性质。

《山海经》是保存上古神话与传说最多的典籍,就其内容而言无疑具有巫书的性质。书中所载诸神的祠祀之物多用䊏(精米),而神祇们的利害也总是与农业的丰灾联系在一起,透露出华夏先民以谷米为主食的食物构成及对农业倾注的特别关心。例如,《山海经·东山经》有载:"自尸胡之山至于无皋之山,凡九山,六千九百里。其神状皆人身而羊角。其祠用一牡羊,米用黍。是神也,见则风雨水为败。"另《东山经》有云:"又东南二百里,曰钦山,多金玉无石。师水出焉,而北流注于皋泽,其中多鳡鱼,多文贝。有兽焉,其状如豚而有牙,其名曰当康,其鸣自叫,见则天下大穰。"上述二例,其神一凶一吉,一施灾祸,一赐丰稔,其神性都维系着农业这一生存命脉。此外,在《山海经》中多有"见则天下大水""见则其邑大旱""见则天下大风""䊏以稻米""其中多丹粟"之类的记述,揭示了华夏山海中诸神与农业间的微妙关系。

在古代的农事活动中多包含有巫术信仰,常以星、月、云、虹等天象或气象进行丰歉的占验。康熙《常熟县志》卷九所记正月岁时活动有云:"八日为谷日,俗呼'上八'。看昴宿去月几何,谓之'参星过月'。西则多旱,否则多水。"这是星占。而元旦"侵晨占风云,风自东南来,岁大稔;东风次之,东北风又次之,西则歉。西北有红云气则稔,白、黑则歉。"此属云占。此外,苏南吴地有正月十五夜立表测月影、占水旱的习俗,以及"立秋日忌雷鸣,秋后虹见为天收"的信仰①。尽管它们都带有荒诞、迷信的成分,却又表达出先民对自然力的理解企望,以及对农事、时令的现实关心。这种将月神星精、雨师风伯与下界作物丰歉、众生的福祸联结的玄想是以天神、地物、人命一统观作为信仰基础的,也是对神话虚拟的多维空间的演示与应用。

原始农业的兴起强化了氏族与家族的观念,刺激了对人口增长的需求,并形成了安土重迁的心理定式。因而五谷丰登、子孙满堂、安居乐业成了古人追慕的理想。它反映在民俗活动中,除了大量的农占与岁时习俗,还有各种求子的信仰行为,其中不少也借取了神话因素,具有农业社会重人伦的宗法倾向。

在上古神话中,主司婚合生育的"皋禖"是"一日七十化"的始祖大神女娲。她不仅化出万物,造出人类,还创置婚姻制度,教人类自行繁衍后代。这一神话适应着农业社会盼求人丁兴旺的伦理观念,导致了对女娲设坛郊祭的礼俗,并使之演化为"送子娘娘"而受到普遍的供奉。

在动植物神话中亦多包含求子的因素。向鱼、龙求子,根源于鱼善繁殖、"一龙九子"的认识,而古代妇女三月三日祓禊活动,也意在求子。三月三日为上巳节,古代妇女于是日群聚河畔或水中,做浮素卵或浮绛枣之戏:已婚女子在水中争食从上游漂来的禽蛋或枣实,以讨得子、多子的吉利。这一习俗源起于枣实类卵,枣树多子,吞卵而孕的神话与神秘信仰。在江苏风俗中,女子八月十五夜的月下逐影之戏也是求子之俗,它来自月为阴精、"死则又育"的神话认识。走月逐影活动实际上是一种悦神行为,表达了妇女们对自己的护佑神——太阴的追慕。

妇女们求子的活动还演化为各种"摸秋"的习俗。《金陵琐志·炳烛里谈》卷上有载:"江南妇女艰于子嗣者,每于中秋夜潜至菜园,摘一瓜回,以为宜男之兆,谓之'摸秋'。"正如其他地区崇拜葫芦、供奉石榴一样,"摸秋"也表现为对多籽植物的崇拜,实际也是象征性的生殖崇拜。"摸秋"的对象在民俗活动中因时地变迁而各有不同,有的摸铁锚以乞子,有的摸门钉以宜男,有的走桥取砖以求"弄璋"之喜,有的摸螽斯头以求有孕。这类活动综合着神

---

① 钦定四库全书《姑苏志》卷十三。

话、宗教与风俗的因素，仍表现为重人伦的倾向。

对树神的拜祭也体现了求子、宜子的心理。《山海经·西次三经》载："有木焉，员叶而白柎，赤华而黑理，其实如枳，食之宜子孙。"这是能对生育施以影响的神树。吴任臣《山海经广注》（《大荒南经》引《南越志》）云："银山有女树，天明时皆生婴儿，日出能行，日没死，日出复然。"任昉《述异记》云："大食王国，在西海中，石上多生树干，赤叶青枝，上总生小儿，长六七寸，见人皆笑，动其手足。头着树枝，使摘一枝，小儿便死。"① 此二例所言均为生儿神树。既有神树生儿之说，就有拜树宜子之俗。南京旧时向老槐树进香者甚众，据载，"小孩初生，辄寄名于树，故乳名中以槐者居多"②。可见，得子、宜子的心理与某些神话的拍合便产生了崇拜祭献，并进而演化成风俗。

在我们民族中求子欲望似乎比求爱情感表现得更为强烈，存在着一种绝然不同于西方民族的伦理大于宗教，亲子胜于性爱的传统。这一传统的建立是由社会存在所决定的，可追溯到远古的原始农业时期。随着原始农业的兴起，民族定居的形成，人口问题变得倍受重视，致使家族宗法观念逐步取代了民族群体观。我们从仰韶文化的村落遗址中可以看到，居住区往往有宽壕深沟与外界分隔，中间必有一座大房子，四周簇拥着许多小房子，显示出家族聚居的特征，也反映了与农业经济相联系的氏族社会的封闭性。人口的增长在当时不仅能增大氏族的拓荒垦殖能力，也是氏族自身壮大的途径。因此有关鱼龙、女树、葫芦等多子动植物的神话受到另眼看待，因之而起的各种求子习俗则是原始渔农经济的直接结果。

从华夏神话、传说中的天帝和圣祖看，炎帝、黄帝、尧、舜、禹、后稷等神或半人半神的行状和职掌亦无不与农事相连。首先定居中原的炎帝是农业的恩主，他因始播百谷，故又有"神农"之称。在古代的坛庙祭礼中，对神农常有这样的赞语："圣皇继作，与天合德，始尝百草以济天札，农有耒耜，市有交易，泽被生民，功垂无极。"③ 这主要是从农具的创制对炎帝加以神圣化。《绎史》卷四引《周书》曰："神农之时，天雨粟，神农遂耕而种之；作陶冶斧斤，为耒耜锄耨，以垦草莽，然后五谷兴助，百果藏实。"这则是从五谷、五果的由来叙说神农的耕种之功。《白虎通义》云："古之人民，皆食禽兽肉，至

---

① 袁珂：《中国古代神话》，中华书局1960年版，第247-248页注。
② 《金陵琐志·炳烛里谈》卷下。
③ 嘉靖《高淳县志》卷四。

于神农，人民众多，禽兽不足，于是神农教民农作，神而化之，使民宜之。"此言农事兴起之由及炎帝对农业技术的传授、教化。炎帝在上述引文中表现出半神半人的性质，其"人身牛首"的怪诞形象及《山海经》中其子孙们的神异特点都已逐步淡化，反映出原始神话在相对安定、富庶的农耕阶段所开始的历史化和合理化过程。

至于黄帝，其行状虽未直接涉及农事，但从其在天庭五方的位置，仍能看出他与土地的关系。《淮南子·天文训》曰："中央土也，其帝黄帝，其佐后土。执绳而制四方。"而五色中与黄帝相应的颜色是黄色，它与中原黄土色调的一致并非偶然。《字诂义府合按》云："炎帝以火德王，黄帝以土德王"，并援《说文》引董仲舒言："三画而连其中为王。三者，天、地、人。三通之者，王也。孔子曰：'一贯三为王。'"① 郑樵云，王本义为盛，"象物自地而出，勇盛也。"同时，简单的自然数在先民的观念中亦具有特殊的神秘含义，而后世附会于五行之说的"八""七""五""九""六"这五数中，与黄帝相对应的也正是"上下于天"的"五"。可见，黄帝作为人皇，是天子，也是地主，其神威圣德正反映出农业社会的性质。直到封建社会，各代帝王每年都要主持亲耕典礼，用以追仿炎黄二帝。他们有意地将神话与现实合一，传说与宗教相融，朝礼与民俗会同，并借此自诩为天子、人皇、地主一统的化身。

各民族神话所包含的精神与心理因素往往对其民族性格产生潜在的影响，其神话的风格特点甚至就部分地表现了它的民族特点。俄国学者尼古拉耶夫认为：神话，即发展着而又被保存下来的原始思维形式，决定着民族意识，从而也就是民族世界观的基础，决定着它的民族特殊性、独特性②。华夏民族伦理大于宗教，亲子胜于性爱，含蓄多于直露，安居重于迁徙，勤耕强于征战的传统也应发端于神话时代，并体现在神话性格中。华夏神话不像希腊神话跳荡着强烈的情欲，也不像犹太神话"弥赛亚"观念所产生的"粗野的混乱的"狂热，其传统是与在社会生活中较早占据主导地位而又井然有序的渔农经济分不开的。由于农业发展而导致的氏族定居，华夏民族没有经历外族多有的长途而频繁的迁徙，因此生存空间相对封闭，以血缘为纽结的家族观念表现得较为突出，以致反映在神话中某些神族往往只有子嗣谱系的交代，而缺少具体的神话情节。又由于土地的束缚和氏族村落的相对封闭，再加上诸夏大地辽阔的地域

---

① 《字诂义府合按》，中华书局1984年版，第24页。
② 尼古拉耶夫：《十九世纪俄国文艺学中的学院派》，张秋华译，《国外文学》1982年第1期。

和多土木而少山石的自然环境，因此在华夏没有出现遍及各地的大型的、永固的神庙和雕像以记述神们的形状和肖像，并由此形成全国性的诸神的节庆。而南美印加人有雨神阿普·伊拉普的宏伟高大的庙堂，有创造神维拉科恰的金像；希腊有阿波罗、波塞冬等神的神庙，并留有众神的大理石雕像和青铜铸像，有敬奉宙斯的奥林匹亚节、尼米亚节，敬奉阿波罗的皮托节，敬奉波塞冬的伊斯特摩斯节等全国性的节庆。我国较少取自神话的全民节日，而较多与农事相关的岁时风俗活动，敬神、祭祖的期日也往往同农作时令结合在一起。农业的利害关系到后来竟成了造神的动因，如带来"请客风，送客雨"的张大帝，驱蝗有功而供奉于八蜡庙的刘猛将军等，就是后出的民间尊神。此外，由于农事的急迫，在岁时民俗中甚至能将传统的敬神、祈神的节日更期，如端午习俗就常被夏至日取代。民国十五年《金坛县志》卷一有载："夏至食李，饷馄饨天中，竞渡，啖角黍，泛蒲酒，妇女簪艾人、彩符、茧虎。"上述民俗事象带有神秘气氛，有的本是在端午节午时才进行的信仰活动。发生这一转变的原因，正如《木渎小志》卷五所云："或以夏至代端午，则农家因蚕忙，未及插田故也。"可见，务实取代玄虚，入世的天伦观念重于彼岸的宗教观念是与渔农经济作为主要生存手段分不开的。

  原始农业的兴起，氏族的安居，还影响到神话的发展和传播。就华夏神话所取的传播方式而言，主要为中心向四周扩散的"辐射式"和"兼容式"，其发展途径既不是简单的两点间的轨迹，也不是对外族神话的置换或借取。华夏神话以渗透与融合的方式不断地扩散着，丰富着，因此它具有较广的流传地域、稳定的民族传统和绮丽多变的外在形式，反映了较为稳健的思维方式和生活方式，也显示出强大而耐久的生命力。

  开展神话与经济的专题研究，探寻中国神话的民族特点，可以察古识今，帮助追寻民族性格、民族心理和传统文化，进而对传统做出反思，正确判断其利弊得失，发扬光大其积极的方面，正视和转化其消极的方面，不断提高民族的心理素质和文化素养，推进精神文明的建设，实现民族与国家的振兴。

《北京师范大学学报》1989 年第 2 期

神鬼世界与祖先崇拜

　　神鬼世界是原始社会的精神文化创造，是初民借以调节自身与时空关系的代码，是人类在前逻辑思维支配之下企图对个体与群体的存亡、对自然世界与精神世界的离合加以认识和控制而创制的符号系统。它作为开放的思维机制的反映，甚至到了阶级社会仍得以不断地变易和丰富。

　　人类对自然、社会和己身的困惑，赋予了神鬼以无所不在、无时不有、无所不能的灵通，人们幻想正是它们在冥冥之中监察、护佑着自己，并不断地赐予恩惠或降临灾祸。神鬼世界与人类世界的这种虚妄的利害关系诱发了初民的趋福避祸的功利心理，于是虔诚的信仰推演为崇拜的仪典，使飘忽不定的神鬼世界联系着世代相袭的民俗礼仪。

　　神鬼观念的发展使原始宗教由初期的自然崇拜演进为祖先崇拜。在天神、物魅、地祇、人鬼交混的神鬼世界中，祖先的精魂逐渐占据显赫的位置，在中国的传统文化中，在太平洋文化圈里，它甚至已具有超越诸神的至尊地位。对原始宗教的这一变化，吕思勉先生解释说："盖古代社会，抟结之范围甚隘。生活所资，唯是一族之人，互相依赖。立身之道，以及智识技艺，亦唯恃族中长老，为止牖启。故与并世之人，关系多疏，而报本追远之情转切。一切丰功伟绩，皆以传诸本族先世之酋豪。而其人遂若介乎神与人之间。以情谊论，先世之酋豪，固应保佑我；以能力论，先世之酋豪，亦必能保佑我矣。凡氏族社会，必有其崇拜之祖先，以此。"[①] 应当指出，祖先之介于神人之间，乃以灵魂观念为基础，以生死认识为契机，并经历了由图腾崇拜到女始祖崇拜、两性同体祖崇拜、男祖先崇拜的四个发展阶段。

---

① 吕思勉：《先秦学术概论》，中国大百科全书出版社 1985 年版，第 5-6 页。

祖先亡灵所依附的神鬼世界与自然世界、人类世界构成了虚拟的"三维空间",它们借助巫术而相互转合勾连。人们正是通过巫师和巫术手段而联结鬼神、祖先,并循此绝地通天,达到趋吉避凶的功利目的。祖先崇拜与巫术宗教息息相关,在血族国家中甚至发展为祖先、巫师、帝王的"三位一体",即三重身份系于一身,囊括了主宰社会生活的族权、神权和王权。不过,它还不同于封建社会至高无上的皇帝,在民危国难时他得施行巫术,为沟通神鬼世界,必要时还须准备杀生殉职。

祖先崇拜在阶级社会里继续发展,它循着礼俗化、宗教化和艺术化的方向,深入到民间的生活之中,在行为、心理和语言等方面体现为风俗、信仰和民间文艺的形式。神鬼世界的幻想和对祖先的追怀在社会生活中留下了深刻而久远的影响,不仅先秦的圣贤们曾就此观风察俗、立说宣道、论法议政,就是在现当代,在中国的少数民族地区,在南岛土著民族中,在美洲的印第安部落里,甚至在汉族聚居地,依然能看到祖先崇拜的痕迹,它们中不少已融入婚丧礼俗和岁时活动之中,也有不少仍然同祈福免祸的心理联结在一起,我们循此可探寻萨满式文化所赖以传承的思维基础。

一 神鬼世界的构成

神鬼是人类的虚构,它们被认作是视之不见、听之不闻、变化无穷、来去无碍的超自然之力。随着历史的发展,人类对自然世界的依赖程度和对神鬼世界的功利需求也不断变易,因而对神鬼的阐释历来是纷纭杂沓。

神,常被说成是自然的灵气;而鬼,则被认作人类的精魂。有时二者又相提并论,视作一体。

《礼记·祭法》云:"山林川谷丘陵,能出云,为风雨,见怪物,皆曰神。"

《荀子·天论》云:"列星随旋,日月递炤,四时代御,阴阳大化,风雨博施,万物各得其和以生,各得其养以成。不见其事而见其功,夫是之谓神。"

以上皆言神本自然之力,隐含着农业型社会的造神动因。

随着原始宗教由自然崇拜向祖先崇拜的演进,人的神化与神的人化更加鲜明,世俗的祖先、圣贤亦上升到神格。

《礼记·礼运》曰:"修其祝嘏,以降上祖与其先祖。"《正义》曰:"上神谓在上精魂之神，即先祖也。指其精气谓之上神，指其亡亲谓之先祖。"①

《左传·庄公三十二年》载："史嚚曰：'……神，聪明正直而壹者也。'"《礼记·乐记》曰："幽则有鬼神。"注云："圣人之精气谓之神，贤知之精气谓之鬼。"②

可见，祖先崇拜和尊贤崇圣之风，也对神的命定加以了调整。

道家承袭了神为自然之气的说法，强调气、神之间为母子关系，并认为鬼神与动静、天地相关。

《道法精微》曰："神不可离于气，气不可离于神，神乃气之子，气乃神之母，子母相亲如磁吸铁。刘真人曰：'非法非真非色，无形无相无情。本来一物冷清清，有甚闲名杂姓。动则鬼神潜伏，静时天地交并。视之不见听无声，默叩须还相应。'"③

此外，道家还从气生神论到天地分和人之生，反映出他们对原始信仰和神话材料的借取。

《大玄宝典·神灵天象章》曰："气虚生神，神虚生化，化虚生象，皆出太虚。太虚者，天地之中，无方无所，非气非形，其中有象，清而为天，浊而为地，清浊分而生人。"④

由于人是气化神生，人们把对神的理解又投射到人体自身。人虽有形神之分，而形体每一构造因活物而有阳之灵气，故也被视作神物。《上阳子》把人身之神划分为上、中、下三部，计二十四"景"："上部八景：发神、脑神、眼神、鼻神、耳神、口神、舌神、齿神。中部八景：肺神、心神、肝神、脾神、左肾神、右肾神、胆神、喉神。下部八景：肾神、大小肠神、胴神、股神、膈神、两肋神、左阴左阳神、右阴右阳神。"⑤

人体既为神，人影亦然。因形影不离、相照相守，人影亦含神秘的属性，并常成为施行巫术的对象。道士郭采真认为，影神有九，各有其名："影神：一名右皇，二名魍魉，三名泄节枢，四名尺凫，五名索关，六名魄奴，七名灶，八名亥灵胎，九鱼全食不辨。"⑥

---

① 《永乐大典·卷之二千九百四十八》。
② 《中文大字典》鬼部，中华学术院印行本。
③ 《永乐大典·卷之二千九百四十八》。
④ 《永乐大典·卷之二千九百五十一》。
⑤ 《永乐大典·卷之二千九百四十八》。
⑥ 段成式：《酉阳杂俎·前集卷之十一》。

由此可知，神的概念在民间信仰中转易多变，它由自然之灵演化为祖先之灵、圣贤之灵；由太虚之气发展到人的形影，越来越表现出对人类自身的关心。

至于鬼，多说成人死后的魂魄所归。

《礼记·祭法》曰："人死曰鬼。"

《礼记·祭义》曰："众生必死，死必归土，此之谓鬼。"

王充《论衡·论死》曰："鬼者，归也；神者，荒忽无影者也。"

《论语·为政》曰："非其鬼而祭之。"《集解》释曰："人神曰鬼。"

鬼字在中国见诸文字较早，在殷商甲骨文上作"𤰞""𢇇"等形，在李家崖文化（相当于殷商文化第二期）的陶文上作"𢇇"形①。《说文》解曰："人所归为鬼"，"鬼阴气贼害"。

死而成鬼的过程又被视作魂魄的分离升降。

《说文解字注》曰："魂气归于天，形魄归于地，自儿而归于鬼也。"

《礼记·檀弓》则曰："骨肉归复于土，命者。若魂气，则无不之也。"

这一观念影响到后世的"形神说"，在其他典籍中多有复现。

司马迁父子提出"形神离则死，死者不可复生，离者不可复反"②的观点，虽反对有鬼论，但承认死是形神的离异。《汉书》则另有他说："精神者，天之有也；形骸者，地之有也。精神离形，各归其真，故谓之鬼。鬼之为言归也。"③《后汉书》亦有"夫人禀天地之气以生，及其终也，归精于天，还骨于地"之论④。

鬼因是祖灵人魂，其地位并不比神卑下。《管子·侈靡篇》曰："故知安危，国之所存，以时事天，以天事神，以神事鬼。"管子所构建的"时—天—神—鬼"的结构链，在一定程度上体现了时人对神鬼世界的基本认识，并想从这一世界中得到生民兴国的赐佑。

其实，鬼神多相提并论，难分彼此。

《管子·内业》曰："凡物之精，此则为生，下生五谷，上为列星，流于天地之间，谓之鬼神；藏于胸中，谓之圣人。"

---

① 见《文博》1987年第3期，第85页。
② 《史记·太史公自序》，载《史记》，中华书局1982年版，第3292页。
③ 《汉书》卷六十七《杨胡朱梅云传》。
④ 《后汉书》卷五十二《崔骃列传》。

《章句》曰:"程子曰:'鬼神,天地之功用,而造化之迹者。'张子曰:'鬼神者,二气之良能也。'愚谓以二气言,则鬼者阴之灵也,神者阳之灵也;以一气言,则至而伸者为神,反而归者为鬼。其实一物而已。"①

《朱子全书》曰:"气之方来皆属阳,是神;气之反皆属阴,是鬼。月自初三以后是神,十六以后是鬼。""神,伸也;鬼,屈也。""阴阳相感,都是鬼神。"②

我国的一些少数民族也常常神鬼不分,一而统之。如在盈江乌帕寨景颇族的"能尚"("官庙")里,供着二十多个鬼的象征物:其中有太阳鬼,主司人们的吃穿;天鬼,主司五谷丰收;雷鬼,会击毁房屋,触死人畜,烧毁庄家;风鬼,能刮倒大树、房屋,也能使六畜兴旺;阿崩腊、阿崩里,原是一对夫妇,因违反了天鬼意志,被贬为凹子鬼,主司狩猎和下雪;虹,是个女鬼,善于纺织,给人以衣服;灵速,是个阴谋暗算、掠夺别人的鬼;独眼山鬼,是个咬人最厉害的鬼;难当(月子鬼),会使妇女分娩时死亡;子戛(韭菜鬼),能保护庄稼不被人偷窃;乃模木沙,是个鬼头;拾滴(地鬼)是官家的鬼,主司人畜兴旺、五谷丰登,使人免病、免灾;此外还有一些官家先辈或村社、部落英雄的鬼③。这些"鬼"中有天神,有物魅,有人魂,亦有祖灵,但在称呼上混为一谈。

此外,在碧江的怒族中,"鬼"和"神"亦无明显的区别。他们祭祀的主要鬼神有十多种,其中有司昏迷、癫痫的岩神,司生育的"密欠于"(夜鬼),司风湿、关节炎、腰痛的"普于",司皮肤病的荨麻鬼,反诅咒的"衣于",惩罚不诚实的"玛曰",惩罚吃独食的"皮康于",杀魂的"梅于",还有"家鬼""痨病鬼""凶死鬼""天鬼"等④。

总之,鬼神观作为非科学思维的产物,虽多有歧见和异议,但依然联系着宗教、礼俗和历史,神鬼世界是人类世界的投影和折光。

神鬼世界有着复杂的内部结构,其构成元素的"分解""化合"能力,使其相互勾连转合,共生并存。这一世界的基本构成元素是"神""鬼""人""祖"四种。其中祖先的亡灵,既视若神鬼,又与之不同;既与人相连,又与

---

① 《中文大字典》鬼部,中华学术院印行本。
② 《古今图书集成·博物汇编·神异典》第十四卷。
③ 桑耀华:《景颇族的原始宗教》,《世界宗教研究》1985年第1期。
④ 何叔涛:《碧江怒族的原始宗教》,《世界宗教研究》1985年第3期。

神鬼相合，是独具特性的一元。《礼记·郊特牲》曰："万物本乎天，人本乎祖。"人、祖，与神、鬼成四元两对阵式。而"人"之作为基本元素，是神鬼世界得以构成的基础。《礼记·礼运》曰："人者，其天地之德，阴阳之交，鬼神之会，五行之秀气也"，"故人者，天地之心也"。因此，正是"人"的存在，才使神鬼、祖灵的去来与利害在人们心理上产生实际的价值。神—鬼—祖—人四元素的连接，构成了神鬼世界结构的第一层。

由神、鬼、人、祖四元素又衍生出天、地、魂、魄四种。其中，神、鬼与天、地相连，古人所谓"天神""天鬼"，均指神、鬼能上达于天。而人有三魂七魄，魂魄的聚合与分离，正是人的生存与死亡。子产曰："魂魄，神灵之名，本从形气而有；形气既殊，魂魄各异，附形之灵为魄，附气之神为魂也。"① 人死后，"魂气归于天，形魄归于地"②。魂归于天，化为神灵；魄归于地，化为祖灵。因此，人、祖与魄相连，人、神与魂相依。人、魄连鬼接地，而人、魂则通神上天。天—神—魂—人—魄—祖—地—鬼勾连的八元结构链，是神鬼世界结构的第二层。

二层八元素间的相互联系，又衍生出"道""命""体""精"四种。天、地之会，乾、坤之合为"道"；魄、地之连，产生命观；魂、魄聚合，乃成形体；魂气通天，为"精"。这样，由天—道—地—命—魄—体—魂—精所环合的八元结构链，构成了神鬼世界结构的第三层（图1）。

三层结构链交叉套合，同心共轴，构成了神鬼世界的"层套式锁连结构"。这一结构的轴心就是"巫"。巫师和巫术作为中介和"化合"手段，使神鬼世界的诸元素间得以勾连和转合，从而使这一臆造的观念世界发生自身的定向运动，并构成各种宗教模式的信仰基础。

图1 神鬼世界的层套式锁链结构图

---

① 《左传·昭公七年》。
② 《礼记·郊特牲》。

中国先秦时期的鬼神论、天命观、上帝说、道德论,以及后来的五行说、形神论等,都可以概括在神鬼世界的结构体系之中。只不过它们各自强调其一两个元素,扩而大之,极言其神效异能,或以其中诸元为本,以求概括整个多元的世界。例如,用五行说释八卦配象,则云:"天一生水,在人为精;地二生火,在人为神;天三生木,在人为魂;地四生金,在人为魄,天五生土,在人为体。"①

此说从"水""火""木""金""土"五行入手推论"精""神""魂""魄""体"五元,再加上"天""地""人"三种,共涉八种元素,反映了对神鬼世界结构的借取和改造。

神鬼世界的套层式锁连结构并非凝固的网络,每个元素都是一个活泼的"变量",它们是在相互作用下而勾连再生的,因此这一世界具有开放的性质和稳定的趋势,成为人类思维和心理在一定发展阶段上的记录。

二　祖先崇拜及其性别转化

祖先崇拜是鬼神崇拜的固定化、血缘化和功德化。它以岁时定祭期,以血缘定亲疏,以功德定祭制,表现了人们对神鬼世界的审视和取舍。

从我国古代的史料看,在商、周的血族国度,国族、族祖、家祖的祭祀是最大的国俗,上至天子,中至诸侯、大夫,下至士、庶,概莫能外。每年用于祭祖敬神的费用占年收入的十分之一②,且规定"丰年不奢,凶年不减","比时具物,不可不备"(《礼记·祭义》)。"天子以牺牛,诸侯以肥牛,大夫以索牛,士以羊豕。"(《曲礼下》)"庶人春荐韭,夏荐麦,秋荐黍,冬荐稻;韭以卵,麦以鱼,黍以豚,稻以雁。"(《王制》)至于祭先的地方,贵族有庙,王有七庙:始祖庙一,祧庙二,高祖、曾祖、祖、考,凡四庙。祧庙而外,皆一月一祭③。

从我国少数民族的调查材料看,祖先崇拜亦占据信仰的中心地位。例如,贵阳毕节县(现为毕节市)三官寨彝族的"近祖崇拜"为其他物灵崇拜所难企及,祖先在诸神信仰中地位最尊。当地人认为,人有三魂,人死后一魂守坟,

---

① 《永乐大典·卷之二千一百九十》。
② 《礼记·王制》:"祭用数之仂。"
③ 李安宅:《仪礼与礼记之社会学的研究》,商务印书馆民国二十四年(1935 年)版,第 65 页。

一魂招入"灵筒",供在"灵房",一魂送归祖源处,与祖宗欢聚永生。人死后,若不送魂到祖源就会变成鬼。在那里近期尚存的四十个大小祭祀与巫术仪式中,与近祖崇拜相关的约占二分之一;若从目前仍经常举行的较隆重的仪式看,在全部十几项中,以近祖崇拜为主要内容的信仰活动就占百分之八十以上[1]。从世界民族学材料看,在位于南太平洋美拉尼西亚群岛的巴布亚新几内亚的各部落中,祖先崇拜是其主要的信仰。他们认为,祖先或精灵能决定部落前途之吉凶、战斗之胜败及收成之丰歉,祖先死去后仍然在部落里用他们的智慧指引活人行事。他们相信,祖先的头颅和木雕代表着祖先的存在和魔力,可以压邪镇祟。因此,有的部落把祖先的头颅供在屋内,有的部落则将祖先的遗体用红泥抹身,烤成盘膝而坐的木乃伊放在村边户外,以便经常向他报告村里发生的事情。在赛皮克河流域的部落,村中则建有"精灵之屋",里面放着祭祀用的假面和代表祖先的木雕,屋外则彩绘着巫师与祖先们的头像,以"禁闭精灵"[2]。

应当指出,祖先崇拜伴随着社会的发展经历了图腾崇拜、女始祖崇拜、两性同体祖崇拜和男祖先崇拜四个阶段。

图腾崇拜在原始宗教中具有前祖先崇拜的性质。图腾物一般是某种动物、植物或非生物,但在原始思维中,它们成了神秘的圣物。原始人相信,自己的氏族与图腾之间有着血缘的联系,它们是氏族的祖先和保护神,因而产生了对它们的崇拜和禁忌。

我国属仰韶文化的氏族多以鱼为图腾,古越人以鸟和龙为图腾,夏以龙、蛇为图腾,商则以鸟为图腾。在少数民族中,鄂伦春族、鄂温克族和赫哲族信仰熊图腾,赫哲族人把披熊皮的木人认作祖先,称其为"大老人";苗族、瑶族和畲族以狗为图腾,一般人家都保存一个龙头拐杖,称作"祖杖",作为图腾标志;海南岛黎族视猫为祖先,公猫为祖父,母猫为祖母,严禁杀害,死后安葬[3]。此外,高山族派宛人以蛇为图腾,普米族、永宁纳西族以虎为图腾,傈僳族以动物中的虎(腊扒)、熊(俄扒)、猴(弥扒)、羊(阿赤扒)、鸟(业扒)、鱼(望扒)、鼠(亥扒)、蜜蜂(别扒)、蛇等九种,植物中的荞(括扒)、竹(马打扒)、木(拉古扒)、麻(直扒)、菌(党采扒)、菜皮六种,以及属于

---

[1] 于锦绣:《彝族的"近祖崇拜"》,《世界宗教研究》1983年第2期。
[2] 黄竹筠:《极乐鸟之国》,《世界知识画报》1984年第5期。
[3] 宋兆麟等:《中国原始社会史》,文物出版社1983年版。

自然现象的霜（仪扒）、火（弥寺扒）等为图腾①。

贵州雷山县的苗族还以枫树为图腾，他们认为枫树是自己的祖先，于是常在村寨旁边、芦笙场侧栽种枫树，用枫树做中柱，定期为枫树烧香、叩头、献祭。当地有一传说：远古时有一棵大枫树，树上落下许多蝴蝶，这些蝴蝶生下十二个蛋，孵出许多动物，其中包括人类。在举行"招龙"仪式那天清早，各户家长须携一竹篮，带上四碗供品（米饭、鱼、蛋和酒），去专门敬枫树，同时将鸡蛋在枫树上敲碎，一半给枫树吃，一半留给自己吃，以期能生育娃娃，保佑家人健康。麻料寨的地鼓必以枫树砍制，他们认为木鼓即自己的祖先。②由此可见，图腾崇拜与祖先崇拜有着密不可分的联系，是祖先崇拜的直接先导。

图腾崇拜产生于母系氏族时代，但在父系氏族社会中继续存在和发展，这一崇拜强化了氏族观念，决定了姓氏制度和通婚关系，成为血缘联系、族人繁衍和行为禁忌的信仰核心。由于图腾对于种族的繁衍具有特殊的意义，同时妇女与生育过程具有实际的联系，于是出现了女始祖观念。最初是女始祖、图腾物浑然不分，然后才是女始祖崇拜和女神崇拜的独立形式。

女始祖崇拜发生于母系氏族社会，即考古学上的旧石器时代的晚期。在与图腾崇拜分化之后，最初它以女性生殖器的图像出现，然后演化为"肥胖女像"，即所谓"早期的维纳斯"。她们的特点是肥胖丰满，腹部膨大，乳房和臀部被夸大。过去在欧洲和西伯利亚的旧石器晚期遗址中多有发现，1986年我国考古工作者在辽西东山嘴村和牛河梁村发掘出五千年前的石砌祭坛、女神庙和积石冢，这是我国首次出土类似女神裸像。据报道，东山嘴祭坛发现的两件无头孕妇裸体陶像，残体分别高5厘米和5.8厘米，腹部隆起，臀部肥大，左臂弯曲，左手贴于上腹，阴部有三角记号，是典型的孕妇形象。另牛河梁遗址有女神头像出土，其大小与真人接近，眼珠用晶莹碧绿的圆玉球镶嵌，脸型与现代华北人相近，可判定为蒙古利亚人种③。

"早期维纳斯"与最初女神像的出现，反映了原始人对人口生产的神秘观念和现实关心。英国考古学者霍克斯（J. Hawkes）指出："多数的维纳斯（指肥胖女像）本质上并不是性欲的，而是表现生殖、丰收和生命延续这一基

---

① 杨疏才等：《傈僳族简史》，1980年油印本，第107页。
② 宋兆麟：《雷山苗族的招龙仪式》，《世界宗教研究》1983年第3期。
③ 见《光明日报》1986年7月25日第1版。

本观念的。"① 因此，在"母神"崇拜中，生殖与再生的功能是原始人关注的焦点，并由此形成"女始祖"的观念。

女始祖有人工造像，亦有天然石像。例如摩梭人的女始祖和最高之神"巴丁喇木"，就是一尊天然石像。它位于海拔5000米的喇孜山的"喇孜尼可"岩穴。这座石像高约1.7米，形似女性，头石下垂无数条微细的棱石，宛如女子蓬松的头发；头下有两个小孔，孔下突出一截，略若鼻、目；胸前有两个隆起的石包，极似女子的乳房；胸部两侧向外伸延，犹如人的臂膊；下部自成一体，两腿不分。这尊石像就是摩梭人、普米族和藏族几千年来顶礼膜拜的"巴丁喇木"女神。她主管繁衍、妇女的生育、妇女和婴儿的发育以及妇科病等，因此她年年受到隆重的朝拜②。

女始祖的崇拜在母权制时代是一普遍现象，我国云南省的许多少数民族都有关于女始祖的传说：如彝族传说他们来自女始祖"呼底古子"，傈僳族传说来自女始祖"墨米"，纳西族传说来自女始祖"车红吉吉美"，哈尼族传说来自女始祖"奥玛"和"腊必腊衫"，景颇族传说他们的女始祖是"木代"，怒族传说他们的女始祖是蜂王变来的"茂英充"③。

女始祖的生育功能常归诸与某些神的接触，由此而产生了"感生神话"，这在中国古籍中多有记述：华胥踏巨人迹而生伏羲，女登与神龙接触而生炎帝，附宝见大电绕北斗而生黄帝，女节接大星而生少昊，庆都遇赤龙而生尧，握登见大虹而生舜，修己吞神珠薏苡而生大禹，姜嫄履神人之迹而生后稷（《帝王世纪》），简狄吞玄鸟卵而生契（《史记·殷本纪》），女修吞玄鸟卵而生大业（《史记·秦本纪》），匈奴女与狼交媾而生单于（《后魏书·匈奴传》），哀牢夷沙壹触沉木而生龙子（《后汉书·哀牢传》）等④。此外，国外亦有"感生神话"的流传。例如，犹太童贞女玛利亚由圣灵感孕而生耶稣，阿兹特克的神女怀揣玉石感孕而生太阳神等等。

上述"感生神话"既有图腾崇拜的遗痕，又有故作神秘的人为成分，但突出了女始祖的观念，反映出祖先崇拜的对象由神物到神人的转化。

随着男性在两种生产中的作用被认识，女祖崇拜发展为两性同体祖的崇

---

① 周庆基：《"且"崇拜和祖先崇拜》，《世界宗教研究》1982年第1期。
② 杨学政：《摩梭人和普米族、藏族的女神崇拜》，《世界宗教研究》1982年第2期。
③ 中国人类学学会编：《人类学研究》，中国社会科学出版社1984年版，第254页。
④ 参见宋兆麟：《原始社会的石祖崇拜》，《世界宗教研究》1982年第1期。

拜。例如，在阿兹特克人的原始宗教里，神是两性的。他们礼拜最勤的就是一种两性神，他以男性形象出现时叫"多约卡德古特里"，以女性形象出现时叫"多约卡西华特尔"，他有四个儿子：智慧神、记忆神、生育神和意志神。世界和人类是由记忆神和意志神创造的①。可见，这个两性神就是他们的始祖神。

近年，我国考古工作者在辽东半岛后洼新石器时代遗址发掘出六件陶塑人头像，其中一件两面刻着人头，一面是女，一面是男，这些陶像也都反映着生殖崇拜和祖先崇拜的观念②。其中的男女双面人像当是两性同体祖的表现。

此外，在我国彝族的祖先崇拜中，祖先被称作"阿普朵摩若"，即男女始祖的意思。"阿普"含祖父、祖先、葫芦之意；"朵"具有原先的、远古的、高大的、尊敬的等含义；"摩"意为雌性或女人；"若"专指男人。这样，"阿普朵摩"意为女始祖，而"阿普朵若"意为男始祖。他们作为崇拜对象的祖灵葫芦中也包括男女始祖，夫妇死后灵魂可招入同一个葫芦③。这种男女始祖的合称、并魂，可视作两性同体的分化物。

男始祖的崇拜发生在父权制社会，它处于祖先崇拜发展最完备的阶段。此时的基本组织是父系氏族公社，它不同于母权制阶段纯粹以血缘为纽结的氏族组织，因此祖先的性质与资格也发生了很大的变化。祖先由女神向半人半神转化，生育的功能与灵魂观念、英雄行为或施行巫术法术的本领结合在一起。这时作为崇拜对象的祖先分为固定的、永远祭祀的祖先和暂时的、轮流祭祀的祖先两类。前者是氏族或部落的酋长，以及对本族有特殊功绩的人物，例如被有虞氏、夏族、殷族、周族崇拜为古远祖先的黄帝、帝喾、鲧、冥、稷等④；后者多是近三代死去的祖先，即曾祖父母、祖父母、父母。在家祭中，男祖先于女祖，地位最尊。《礼记·郊特牲》曰："男先于女，刚柔之义也；天先乎地，君先乎臣，其义一也。"男祖先的地位在封建礼制中甚至有了这样明确的规定。

祖先中的性别区分在少数民族的祭祀活动中亦有遗存。例如贵州省雷山县的苗族认为，人死后有三种灵魂：一种守墓地，与遗骨在一起；一种在家庭的神龛上，与后代一起生活；一种跟随老祖宗走了，在远祖生活过的地方。其中与家庭成员生活在一起的灵魂供奉在两个地方：第一是堂屋里的神龛，供奉本

---

① 虞琦：《阿兹特克文化》，商务印书馆1986年版，第41-42页。
② 见《光明日报》1987年5月18日第1版。
③ 普真：《彝族原始宗教的系统性》，《世界宗教研究》1985年第1期。
④ 朱天顺：《中国古代宗教初探》，上海人民出版社1982年版，第207页。

家的祖先，基本是父系血统的成员；第二是正门外边墙上的小神龛，供奉嫁出去的祖先，基本为母系成员，此外还有上门的男子和凶死的家庭成员①。

这种带有尊卑性质的祖灵区分主要是以性别、世系为转移的，它反映了父权制家庭的信仰特点。在这种社会背景中，祖宗神灵往往超越诸神而备受敬重，使自然之神黯然失色。普列汉诺夫曾判定，"父权制家庭的神就是祖宗的神灵"②。祖先崇拜在这一阶段发展得最为完备，它导致了某些仪礼制度和民间习俗的形成，并影响到社会生活的许多领域。因此，祖先崇拜随着性别变化而出现的阶段性发展是社会进化的缩影，也反映了人们对神鬼世界不断加以认识与再建的过程。

三 祖先崇拜与巫术

巫术作为准宗教现象之一，源起于原始社会，它依靠幻想的"超自然力"对客体施行影响或控制。巫术在原始社会具有突出的文化功能，它在提高自信力、保持心理平衡与精神统一、克服恐惧和动摇、使乐观仪式化并显示有恒价值等方面发挥作用。马林诺夫斯基认为："倘无巫术，原始人便不会胜过实际困难像他已经做的那样，而且人类也更不会进步到高级的文化。"③

巫术是具有实用性质的，它直接以"量的结果"为目的，其活动服务于人事，是"绝对为人类所有的单独特殊的力"④。马林诺夫斯基指出："巫术属于人类，不但是因为巫术为人类所有，而且因为巫术的题材主要是人事的题材，如渔猎、园艺、贸易、调情、疾病、死亡之类。巫术用于自然界，不如用于人与自然界的关系或足以影响自然界的人事活动上为多。"⑤

祖先崇拜是血缘观念和鬼神观念的派生物，尽管崇拜的对象有一部分是人为的创造而并非血亲祖先，还有一部分又转化为超越宗族的一般民间神灵，但祖先崇拜的信仰活动仍主要与人事相连，其中亦含有不少巫术的成分。

巫术一般由巫师施行，而一族一国最大的巫师往往就是该族、该国的酋长和国王。弗雷泽在对巫术与宗教的研究中指出："在早期社会，国王通常既是

---

① 宋兆麟：《雷山苗族的招龙仪式》，《世界宗教研究》1983 年第 3 期。
② 苏联科学哲学研究所：《普列汉诺夫哲学著作选集》第 3 卷，三联书店 1962 年版，第 396 页。
③ 马林诺夫斯基：《巫术 科学 宗教与神话》，李安宅译，中国民间文艺出版社 1986 年版，第 77 页。
④ 马林诺夫斯基：《巫术 科学 宗教与神话》，李安宅译，中国民间文艺出版社 1986 年版，第 61 页。
⑤ 马林诺夫斯基：《巫术 科学 宗教与神话》，李安宅译，中国民间文艺出版社 1986 年版，第 61 页。

祭师又是巫师","把王位称号和祭司职务合在一起,这在古意大利和古希腊是相当普遍的。在罗马和古罗马其他城市都有一个祭司被称为'祭祀王'或'主持祀仪的王',而他的妻子则拥有'主持祀仪的王后'的称号。在共和体的雅典,第二位(就其重要性而言)地方长官(一年一选)也被称为王,他的妻子也叫王后,两人的职务其实都是宗教方面的。"① 在东亚,在中国,情况又有不同,巫师、帝王和祖先"三位一体",集神权、政权和族权于一身。巫师是神人联系的媒介,他靠施行巫术而通灵化神;祖先被看作具有非凡体力与智力的强人,他们的亡灵依然能护佑族人;帝王则通天绝地,以保风调雨顺、国泰民安。我国古代的黄帝、炎帝、尧、舜、禹等都具有这样的多重身份与神能。

汉字中的"王"本义就是通天绝地。《说文》引董仲舒言:"三画而连其中为王。三者,天、地、人。三通之者,王也。孔子曰:'一贯三为王。'"② 李阳冰曰:"中画近上,王者则天之义。"③ 郑樵云:"盛,王本义也。象物自地而出敷盛也。"④ 戴侗曰:"或曰:能一下土谓之王。"⑤ 可见,王能上天下地,沟通天、地、人三界,起着巫师的作用。《字诂义府合按》云"炎帝以火德王,黄帝以土德王"⑥,虽带五行观念,但说出了祖—王—巫的内在联系。

汉字中的"帝"字,也是巫术的记录,在甲骨文中写作"禾""禾""禾""禾"等形,丁山先生认为,这是"束茅为藉,以象征上帝"⑦。他还指出,甲骨文之"帝"与巴比伦之"米"字"不特音形俱近,而且涵义相同",进而得出"殷人所奉宇宙大神的'上帝',可能是继承巴比伦的宗教仪式"的结论⑧。"帝"之巫风西来说尚少考古的实证,但丁山释帝为"束茅"要比王国维、郭沫若等释之为"蒂"更具民俗史的依据。《淮南子》载:"建木在都广,众帝所自上下。"这是一则巫术神话,其中的"建木"是通天的"宇宙之树",众帝缘此而登天。在具体的巫术仪式中,巫师是用象征的手法来演示这一神话信仰的:束木象征宇宙之树,以作为通天的法具。"缘木"变为"束木",又演化为

---

① 詹·乔·弗雷泽:《金枝》,徐育新等译,中国民间文艺出版社1987年版,第16页。
② 黄生撰,黄承吉合按:《字诂义府合按》,中华书局1984年版。
③ 黄生撰,黄承吉合按:《字诂义府合按》,中华书局1984年版。
④ 黄生撰,黄承吉合按:《字诂义府合按》,中华书局1984年版。
⑤ 黄生撰,黄承吉合按:《字诂义府合按》,中华书局1984年版。
⑥ 黄生撰,黄承吉合按:《字诂义府合按》,中华书局1984年版。
⑦ 丁山:《中国古代宗教与神话考》,龙门联合书局1961年版,第184页。
⑧ 丁山:《中国古代宗教与神话考》,龙门联合书局1961年版,第184页。

"焚木"。殷人烄祭祈雨之仪在甲骨文中多有记载，后世燎、柴、樵燎、烟祭等，均焚木升烟以为通天之术，其源皆与"帝"的观念相关，而最初的"帝"，如炎、黄二帝，同时又是族人敬重的祖先。

我国古代祭祀上帝或先祖的礼仪是用器皿供奉双玉。"礼"字在卜辞中写作"豊"，就表示这个意思。《酉阳杂俎》载有汉代对天神的祭祀："汉竹宫用紫泥为坛，天神下若流火。玉饰器七千枚（一作枝），舞女三百人。一曰汉祭天神用万二千杯，养牛五岁重三千斤。"① 祭祖先、天神为何用玉供奉？曾慥《高斋漫录》中略有披露："李宾王，番阳人，躬行君子人也。又善相。尝云，郭林宗作玉管通神。"② 可见，玉是巫术的法具，能作"通神"之用。《山海经》中多有埋玉镇邪之述，古代生子"弄璋"、佩玉，人死用玉石做饭含，并以各种玉饰随葬，玉石在这些习俗中都是用作巫术的法具，古人借此寄托了通神获佑、镇邪化生的祈望。

《广异记》记述了一则《唐书·高宗本纪》所不载的鬼故事，其所言主要为玉鱼随葬一事：

> 高宗营大明宫宣政殿，始成，每夜闻十骑行殿左右，殿中宿卫者皆见焉，衣马甚洁。如此十余日，高宗乃使术者刘门奴问其故。对曰："我汉楚王戊之太子也。"门奴诘问曰："案《汉书》，楚王与七国谋反，汉兵诛之，夷宗复族，安有遗嗣乎？"答曰："王起兵时，留我在长安，及王诛后，天子念我，置而不杀，养于宫中，后以病死葬于此。天子怜我，殓以玉鱼一双，今在正殿东北角。史臣遗略，是以不见于书。"门奴曰："今皇帝在此，汝何敢庭中扰扰乎？"对曰："此是我故宅，今既在天子宫中，动出颇见拘限，甚不乐，乞改葬我于高敞美地，诚所望也。慎无夺我玉鱼。"门奴奏之，帝令改葬。发其处，果得古坟，棺已朽腐，傍有玉鱼一双，制甚精巧。乃敕易棺椁，以礼葬之于苑外，并以玉鱼随之，于此遂绝。③

从故事的表面叙述看，楚太子乞改葬唯求玉鱼相随是感念汉天子的恩德，而从深层隐义看，它透露了以玉鱼从葬这一古俗的巫术性质，以及玉鱼在护尸

---

① 《永乐大典·卷之二千九百四十八》。
② 《永乐大典·卷之二千九百四十八》。
③ 《古今图书集成·博物汇编·神异典》第三十九卷"杂鬼神部"。

退祟、超度亡灵方面的法具作用。玉鱼或其他玉饰的随葬，是向祖先供奉玉石的祀典在丧俗中的应用，通鬼神、接天地，佑子孙、转生死乃是施行这一巫术的真正动因。

祖先崇拜与巫术仪式的结合还产生了一些占卜活动。如彝族在正月初一到十五期间举行的"看花树"的巫术活动，就直接与祖先崇拜相关。

所谓"花树"指生长在阴间的象征人的命运的树，人从此树生，死后又复归是树。男女老幼皆可以这种巫术仪式卜问吉凶。仪式由"苏埃"（巫师）做，也可由掌握请神咒语和送魂指路诵词的人做。仪式中需选一人"下阴"，条件是父母双全的男女青壮年，父母不全者不行，因为在阴间遇见父母，有被拉住不让回来的危险。道场设在人家的堂屋内，"下阴"人坐在凳上，脚踏两块新砖或洁净的石头，帕子盖脸，不准咽口水，任其外流，双手合握一炷香。首先由念词人请神，所唱颂歌类似情词，参加者随之合唱，催促"下阴"人速去速归。此时"下阴"人双手旋转，等香抛出后，又双手拍膝不止，进入催眠状态，此时谓神已请到。念词人即按去祖宗处的路线，一站一站送下阴人到阴间花树生长处。有说此树由一老奶奶（女始祖）掌管，问知所看花树地点后，即述说"花树"生长情况，如树生何处、什么土质、是否茂盛、花开几朵（象征女儿）、结几个（象征儿子）、花果生长得如何等。由此可卜知此人的命运好坏、儿女的命运与寿命等。在鸡快叫时，须马上念指路词引导"下阴"人归来，然后以冷水喷面使其苏醒，仪式遂告结束①。

与"看花树"相联系的还有"栽花树"的巫术活动。人们认为自己的命运与父母的命运息息相关，要改变父母的命运，就得为他们重栽花树。此仪式是在山上栽下一棵松柏类的常青树，如父母已亡，经常祭献就意味对花树的培养。若所栽"花树"长得茂盛，就可改变命运②。

从各地的民族学、人类学材料看，祖先崇拜与巫术活动多有联系。如在美拉尼西亚群岛，祖先的木雕像与敌人的头骨和野猪骨一起放在成年男子聚居的长屋里以镇邪；新赫布里底岛的南姆巴人把祖先的头骨或所做的模型供在家中；苗族"吃牯藏"的最后一天抱着男女祖先的偶像跳舞以求生育；有些汉族人家把祖宗牌挂在大门外以驱祟退煞等等。

可见，涉及人事的祖先崇拜与涉及人事的巫术活动的结合，在人类社会的

---

① 于锦绣：《彝族的"近祖崇拜"》，《世界宗教研究》1983 年第 2 期。
② 于锦绣：《彝族的"近祖崇拜"》，《世界宗教研究》1983 年第 2 期。

一定发展阶段上是一普遍的现象,它们强化了信仰中的"超自然力",表露了控制神鬼世界、求得生存的信心。

四 祖先崇拜的发展趋向

源起于原始社会的祖先崇拜在进入阶级社会之后并没有消亡,还在继续发展,并愈来愈显示出礼俗化、宗教化和艺术化的趋向。

礼俗化的进程主要体现在以婚、丧为主的人生礼仪方面,对祖先的崇拜与信仰融进了具体的民俗事象,成为生活中的风俗和惯习。《礼记·昏义》曰:"夫礼,始于冠,本于昏,重于丧祭,尊于朝聘,和于乡射。"可见,人生仪礼在整个礼制体系中具有举足轻重的地位。

祖先崇拜与丧俗的勾连最为突出,在葬式、墓制、随葬品、招魂术、护尸法与祭法等方面多有显露。

在葬法方面,旧石器晚期世界各地都有以赤铁矿粉末随葬的现象,死者的尸骨常因之而染成红色。在墨里群岛、新几内亚等地,死者被烟火熏烤成木乃伊,再被涂上红土。在原始部落的意识中,红色是血的象征,而血就是生命①。广东连南瑶族在进行二次葬仪式中,改葬的头骨上不仅要杀鸡滴血,而且儿子还要刺破手指滴血其上②。这些习俗已含有祖灵的观念,用红土和鲜血表示生者与死者的血肉联系,并寄托着让祖先保持生命、永生长存的愿望。在世界各族的"抟土作人"神话中,不少是说人由神用神血和泥土所作,披露出血与生命联系的原始信仰。这种神话信仰与祖先观念的结合一旦被加以应用,便形成了"饰红"的葬俗。

在葬式方面,种类繁多,有木葬、土葬、火葬、树葬、水葬、岩隙葬、悬棺葬等,大多联系着归天返祖、转世化生的信仰。有些部落因崇拜祖灵而采取了某些极端的做法。例如,巴西的印第安人把死者葬在其生前居住的房间里,死者的亲属要放弃这个房间;而加拿大的印第安人"如有老人病且死,则弃之屋外"③;还有的印第安部落把死者遗体火化后,把骨灰保留下来,然后在追悼

---

① 张寿祺:《旧石器晚期的红土随葬及其原始宗教意识》,《世界宗教研究》1983年第2期。
② 宋兆麟等:《中国原始社会史》,文物出版社1983年版,第481页。
③ 《东方杂志》第十二卷第五号,第47页。

亡人的仪式上把骨灰吃掉①；在南洋群岛，则有吃死人肉的习俗，他们迷信吃了死者肉就能得到死者鬼魂的庇佑②。

在墓制方面，泰国西北山地瑶族对臆想的祖坟模型所进行的"安坟"仪式，具有突出的祖先崇拜的特点。

"安坟"仪式在人家中进行，首先由大司祭指示小司祭在屋里把祖坟模型做成一个叫"紫克庵"的房子。瑶人称之为"东厅"，灵牌、鬼柎之类的神棚就安放在这里。神棚内排列着供奉祖宗灵魂的几株带根的小茶树，用黏土覆盖其根部，周围做一圈高一米的四角形木栅栏。这就作为修复祖坟而修建的紫克庵。在仪式的准备中，司祭写出主办仪式家族已去世的先人名册，并把祖宗的名字写在长方形黄纸上，夹在破成一片片称作"隔犯符"的竹筒上，它与小茶树的根并排放着。紫克庵前放着许多卷成筒状的纸币，还放着猪肉和饼子，左右两侧有人捧着盛水的圆球。左边的水称作白虎水，意味着祖宗的灵魂；右边的水称作青龙水，意味着山中的鬼魂。修复祖坟的安坟仪式须请祖宗灵魂与山上鬼魂一道集会，因此司祭在仪式前要把白虎水和青龙水搀和，然后才进行正式的仪式。整个仪式按瑶文书资料记载有十五节，而日本学者白鸟芳郎先生经实地观察，记录为十二阶段：第一阶段，司祭祈祷祖灵与山鬼集合；第二阶段，拜祖灵，并让他们穿衣；第三阶段，向祖灵供献肉、酒、米、银钱，同时用著草卜吉凶，若两片叶都向上，表祖宗满意；第四阶段，司祭拿着写有祖先名字的黄纸蹲在紫克庵的四角祈祷；第五阶段，倒酒，第一杯犒劳从远方来的诸神；第六阶段，司祭向祖灵恳求，只听他的话，不闻旁人言，并请祖灵用饭；第七阶段，向祖宗报告家中发生的各种问题，并因此而修复祖坟，望得到祖上的佑助；第八阶段，向祖灵捧献酒与纸币，再投著草占卜，看各位鬼神是否满意；第九阶段，点燃上奏祖师爷的瑶文，呼唤天神，问仪式效果；第十阶段，恳求天神修复祖坟，盘古神被认作最尊敬的祖神和守护神；第十一阶段，念咒文，烧纸币，送祖灵；第十二阶段，拆紫克庵上的横木以及装饰桩子，送以祖灵为首的各种鬼神返回③。

举行仪式的瑶族实际上并没有祖坟，对两三代以前的祖先究竟安葬在哪里，他们几乎毫无印象，但以"安坟"仪式去"修复祖坟"却进行得非常庄

---

① 《民族译丛》1981年第5期，第61页。
② 朱天顺：《中国古代宗教初探》，上海人民出版社1982年版，第190页。
③ 白鸟芳郎：《瑶族文书和祭祀》，《民族译丛》1984年第4期。

严,仪式过程也比较繁缛。在那里,祖先崇拜不是通过实际的墓葬,而是通过观念上的坟墓和仪礼体现出来的。可见,对祖灵和鬼神的信仰在民间习俗和社会生活中留有深长的投影。

在祭祀方面,礼俗亦纷繁复杂。在古代,祭先人的,有虞祭(用以安神位),行于既葬返哭的时候;有练祭,行于小祥,即死后十二月;有大祥,行于第二年之末;有禫祭,行于大祥后间一月,意思是淡然平安。此祭后,就完全除服了①。在近代,"家祭为常之俗,大族有宗祠,春秋二仲或冬至,合祀通族之先,其高曾祖祢,又各祀于家。忌日诞日,惟祭亡者及其配。岁首、岁除、春、秋、冬时祭,则合祀,悬遗像"②。

在少数民族中,祭祖的仪式更加繁杂。仡佬族有"做斋"之仪,彝族有"指路""烧袱子""拨向山""做阴先"之俗,瑶族有"卦灯""和年"之礼,各族都有"扫墓"之习。

在有的国家,敬祖尊墓甚至成为法律,如菲律宾法典第四条曾写道:"尔曹当注意凛遵,毋扰害坟墓之安宁。凡过墓地及坟林,当对之表敬礼焉。"③

由上可知,祖先崇拜的礼俗化在丧葬方面表现得十分突出。而在婚俗方面,亦可看到这一进程,特别是其中"拜堂""告祖""庙见"等礼,与祖先崇拜有着直接的联系。

汉族在拜堂时,新人要向天地、祖宗跪拜。布依族姑娘出嫁时跪拜祖宗、父母、舅舅后才出门。她们在拜堂时,司仪在一旁念着吉语:"明灯点得闹洋洋,玉龙杯子摆桌方,上面祖宗来迎接,迎接新女配新郎,先拜天地,后拜华堂,夫妇交拜,百事齐昌。"④

告祖礼在有的民族婚俗中是隆重而庄严的仪礼。在湘西龙山县土家族地区,新郎接亲的前夜普遍兴告祖礼。行礼时,堂屋两边贴着红对联,神龛上面点着蜡烛,下面摆一张方桌,设一香案,桌上有鸡、鱼、肉、酒、粑粑、糖馓、果品等。堂屋中间也摆一张桌子,设一香案,两个香案前各铺有一床竹垫,上面折叠一床棉被,作为新郎叩拜之用。桌子两旁有礼生四个,赞礼生四个,歌童四个,还有一个引礼生。寨客都要拢场,家公家婆、舅父舅母、姨父

---

① 李安宅:《仪礼与礼记之社会学的研究》,商务印书馆民国二十四年(1935年)版,第62页。
② 《首都志》,南京古旧书店等据正中书局1935年影印1985年版,卷十三第1137页。
③ 罗罗译:《马来人种考略》,《东方杂志》1918年第十五卷第十一号。
④ 见《苗岭风谣》总第三期,贵州民族学院民研社1987年版,第57页。

姨母等,都兴给新郎插花披红。新郎穿长衫,挽帕头,引礼生引着他右边上,左边下,行三跪九叩之礼。仪式中有献香、献帛(钱纸)、献禽(鸡)、献鲤(鲤鱼)、献猪(猪头)、献酒等。每献一样,赞礼生要赞一段词,歌童唱一段歌。最后一项仪式是念告祖文。整个告祖礼前后约需两小时①。

"庙见"是古代婚俗。成婚三月,新妇择日庙见,祭于祖,祝曰:"某氏来作妇。"庙见之后,才算正式的妇,归于夫家的宗族。倘若未庙见而亡,则"不迁于祖,不祔于皇姑,……归葬于女氏之党"②。

有些民族的文身之俗亦同婚嫁和祖先观念相关。如我国川陕交界的巴山妇女就有文身遗俗。文身是表示女孩子已长大成人,可以出嫁的标志。同时,文身又为了在死后亡灵归返娘家时,能让祖先辨认出来。在他们的信仰中,未文身而出嫁的女子,死后将无处归魂③。因此,文身既是女子待嫁的标志,又是祖先崇拜的记号,是一种变相的告祖仪礼。在巴布亚新几内亚等地,成年妇女的文身之俗同样具有这样的双重含义。

此外,纳日人(纳西)在婚娶时有"请祖"之俗,由女方家长在火塘边主祭,向四周地上洒酒,呼唤祖先的名字,请他们回来与家人团聚④。

由于婚嫁是人生礼仪之本,涉及宗教与世系,因此融进较多的祖先崇拜的因素也就是自然了。

宗教化主要体现在祖偶和庙祭的发展,祖先崇拜的自然宗教性质带上了人为色彩,原始宗教开始了向民族宗教的过渡。

古代神话、传说中的祖先神都有偶像化的倾向,女娲、黄帝、大禹等都被做成偶像而供奉拜祭。其中女始祖女娲被称作"天母""地母"或"人祖奶奶",其偶像形式颇为多样。

在河南省西华县女娲祠曾雕有一座女娲木像,像高三尺余(约1米),盘腿而坐,浑身不挂一丝,仅在腰间缠有许多树叶⑤。在汉代墓葬的画像石和画像砖上,女娲多雕成人首蛇身的形象。此外,还有把她塑成穿着布衣,一手抱一子在胸,一手提花篮的偶像⑥。这样,民间求子祈嗣的企盼把造人的女娲祖

---

① 刘黎光搜集,见《苗岭风谣》总第三期,贵州民族学院民研社1987年版,第67、91页。
② 李安宅:《仪礼与礼记之社会学的研究》,商务印书馆民国二十四年(1935年)版,第54-55页。
③ 向学其搜集,《乡土》1987年第10期,第4版。
④ 宋兆麟:《纳日人的葬礼》,《世界宗教研究》1985年第2期,第141页。
⑤ 《民间文学动态》总17—18期,第56、58页。
⑥ 《民间文学动态》总17—18期,第56、58页。

改扮成了"送子娘娘"。除了女娲祠，还有女娲坟、女娲城、女娲庙会等，对她的膜拜已具有了民族宗教的性质。

把祖先制成木像或画像的实例还有不少。例如，在凯伊群岛就有粗糙的木刻祖先像，凡新生婴儿人家都在祖先偶像边挂一个挖空了、裂为两半又缝合起来的椰子，以暂时存放新生儿的灵魂，这样可不受妖邪侵袭，待孩子长大身体健壮时，灵魂才永久住进自己的体内①。我国鄂伦春族、满族等也有木雕的或布扎的祖先神像，并对它们拜祭。在云南哀牢山的彝族，每家供奉一幅男女祖先的画像。在江苏泰兴县（现泰兴市）有的村庄仍保留祖先的木雕像，为村人所拜祭。这些偶像多是家祖、族祖或村祖，保留着原始宗教的遗风，但又是人为宗教的先声，当这种偶像神的信仰为大多数族人所接受，拥有较广的流传地域，并形成庙祭制度时，其性质就上升为民族宗教了。

对祖先神的庙祭也不乏其例。我国古代很早就已形成宗庙的修祭制度，其中天子、皇族规模最巨。《沿革》曰："唐虞五庙，夏后因之，至商而七，谓三昭三穆，与太祖之庙七也。周兼文武二祧，故九庙。洪武九年，于南京阙左始建太庙。其制：前为正殿，后为寝殿，俱翼以两庑。寝殿九间，一间为一室。中一室奉安德祖；东一室，懿祖；西一室，熙祖；东二室，仁祖；西二室，高庙。永乐迁都北京，建庙。东三室奉安文庙；西三室，仁庙；东四室，宣庙；西四室，英庙。而九庙已备，其后以次递为祧祔。"② 如此庞大的宗庙制度早已超越原始宗教的简朴仪式，使对祖先的自发信仰转易成人为的神圣化对象。至于分散各地的禹王庙、女娲祠、伏羲庙、盘古庙等，其崇拜对象出自神话信仰，本身就具有民族性或地方性，作为各宗祠同敬共祭的先祖，其民族宗教的性质更为鲜明。

祖先崇拜的艺术化趋向主要体现在民间文艺之中，特别是在传说、史诗、神话故事、民间戏曲以及工艺美术等方面。

有关创世、造人的女娲始祖以及在文物发明、灾祸平夷、民族迁徙、惩恶克敌中涌现的男祖英雄，往往构成史诗、传说和故事所赞颂的中心。其中，史诗作为记述民族历史事件的经典，常被认作祖先的遗教，其庄严的风格和隆重的气氛都与祖先崇拜联系在一起。

例如，侗族的远祖歌·《嘎茫莽道时嘉》记述了始祖母萨天巴的神系。在侗

---

① 詹·乔·弗雷泽：《金枝》，徐育新等译，中国民间文艺出版社1987年版，第960页。
② 王三聘：《古今事物考》，上海书店影印版1987年版，卷五第89页。

语中，"萨"是"婆""祖母""母之母"以及"父之母""始祖母"的意思，"天"是"千"意，"巴"是"姑妈"意，"萨天巴"三字连译，即"生育千个姑妈的婆神"。"萨天巴"又称作"萨巴庆西"，意思是"神殿上第一位的婆神"。她生天生地，用身上的汗毛、虱蛋、肉痣造了地上的植物、动物和人类。在萨天巴神系中尚有十二位女神：萨犹、松桑、萨当、萨可、萨样、金姑、宜美、姜妹、月姑、龙奴、萨央和杏妮，她们与萨天巴被侗家民间合称为"十三萨"，即十三位圣祖婆①。因此，该史诗主要表达了祖先崇拜的情感。从其表演形式看，虔诚的信仰、庄严的崇拜与丰富的艺术形式和手段结合在一块。史诗在演唱时，歌、舞、乐结合，既唱史诗，又用牛角号、海螺号、萨巴号、弦乐器、锣、鼓、镲等乐器，还戴着面具舞蹈。表演中唱白结合，各种歌体并用。这种史诗的表演往往是用在祭祀活动之中，体现了祖先崇拜的艺术化趋向。

其他史诗在题材与主题上亦多有类似，如瑶族史诗《密洛陀》，布努歌手称之为"撒密"，意思是"母亲之歌""洛陀妈妈之歌"②。密洛陀因风受孕，生九子或十二双男女神，造天地万物和人类。此外，白族《开天辟地》中的"老妈妈"，满族萨满教神话中的"佛杂妈妈"等，也都是族人敬奉的始祖。

拿民间艺术中的傩戏来说，它多表现鬼神之事，是带有祖先崇拜性质的原始剧种。演员们戴着面具，装神扮鬼，以消灾逐疫。贵州省德江县土家族傩堂戏中的主要神祇为家先神，包括祖先神、土王神和八部大神；而彝族傩戏《撮泰吉》，意为"变人戏"，它演示祖先们走出森林，披荆斩棘，驯兽开荒，繁衍生育的过程。透过傩戏这块"活化石"，我们也能看到鬼神信仰和祖先崇拜在发展中所经历的艺术化过程。

五　祖先崇拜的功利动因

源起于原始社会的祖先崇拜是观念中的神鬼世界得以最后构成的一大基础。对神灵与诸神、群鬼的利害关系联系着人类福祸的信仰，是这一崇拜的最初起因。祖先崇拜能超越时代、社会的壁垒发展、留存，乃因人们借此寄托的功利心理没有被完全抹去。囿于精神与物质文明的程度，人们把家庭、血缘间的联系看作是社会联系的可靠基础，并且在观念上超越时空，虚守着自身与先

---

① 过伟：《揭开女神之谜》，载《神话新探》，贵州人民出版社1986年版，第471页。
② 洪玮：《瑶族神话类析与猜想》，载《神话新探》，贵州人民出版社1986年版，第443页。

祖感应联系的信仰。

眷恋追远,加强血缘联系是祖先崇拜的第一个功利动因。生活在氏族社会的原始初民,其生存手段、生产技艺及各种体力与智力的训导均有赖于自己的长辈,他们相信,先祖生前是英雄,死后则为鬼雄。这样,长辈先祖之灵就成为他们心目中强大而可靠的保护神。在他们的信仰中,这种保护的取得靠的是血缘联系,所有的祖先神仅护佑同血缘的后辈,对其他血族则漠不关心,甚至在血族间发生冲突时能加害对方。为了世世代代受到祖上的庇佑,于是慎终追远,崇拜和祭祀先祖。这种崇拜从精神领域加强了族人因同根共祖而生死与共的认识,促进了彼此间的紧密团结。东方民族的原始农业的发展靠的是人口增殖、土地开拓和工具改良。从人的因素看,它以内应力的聚合为保障。因此,祖先崇拜的潜在效能适应了原始农业的发展,并导致了家族制的逐渐形成。

在古代中国,祖先崇拜的原始宗教情感与封建儒学的人伦观念的结合,出现了聚族而居和累世同居的家庭组织。这种组织靠祠堂、家谱、族田等加以紧固。祖先观念、血亲联系和农业立命是其赖以存在的基础。不过,阶级社会把对祖先的追念仪礼化,使之构成论地位、定尊卑的一个方面。《礼仪·丧服传》曰:"禽兽知母而不知父,野人曰,父母何算焉,都邑之士则知尊祢矣,大夫及学士则知尊祖矣,诸侯及其大祖,天子及其始祖之所自出。"它规定了阶级地位越高,其所追祀先祖的时代就越远,表明了原始宗教在发展改造中的阶级因素。

中国民间一般追祀的先祖为曾祖父母、祖父母、父母三代,而在原始时期则有更远的追念。从世界民族志材料看,一千多年前从波利尼西亚东部诸岛迁往新西兰的毛利人,始终把祖先崇拜看作自己信仰的中心。他们不论在演说、唱歌,还是致贺词的时候都念念不忘自己的祖先。他们相信,祖宗的英灵会继续指引他们,在他们追根寻源时,所追念的先祖竟能上溯四十代之远[①]。此外,从巴布亚新几内亚的"精灵之屋"外部满绘着层层叠叠的祖先头像,亦可见其追念之远。

祈福获佑是祖先崇拜的第二个动因。人们在生产力极为低下的状况下,怀有对自然与社会诸现象的困惑,而传授知识、技艺,能获取各种食物的长辈则因此成为人们心目中的英雄。于是对他们的颂赞和追念逐渐变成了庄严的崇拜和祈求,祖先被上升到神格,被赋予了对族人赐福降寿的灵性。这样,祖先崇

---

① 《民族译丛》1985 年第 4 期,第 79 页。

拜的原始宗教活动与祈胜、求育、祈丰、求雨等功利性民俗心理贴合，成为东方俗民社会的一个文化现象。

例如，满族萨满教中的"家萨满"，是每年在收获季节举行的祭祀活动，它被称作"跳太平神"，又称为"跳家神"。此项祭祀由本姓氏家主主持，专为庆祝丰收、祈祷全家全族安康和颂扬祖先的功德而举行。在满族，所有的氏族都供有祖先的神灵，有的是用白粗布或纸画的持枪跃马的勇士或身穿鱼鳞盔甲的壮汉；有的是绸子条和一叠高丽纸；有的是一块黄色的方布等等。这样的神像和神物平时都放在祖宗匣内，敬放在西墙上的祖宗龛上，只有在一定的时候，经过祭祀活动，才能打开匣子举行跳神活动，以求祖上赐予下族安康[①]。

托拉杰人的催雨活动则是祖先崇拜的宗教情感与巫术行为的混合：在加林古亚的村子里，有一座著名族长的坟墓，他是现统治者的祖父。当土地严重干旱时，人们就来到这座坟前，把水洒在坟上，并说："啊，祖父，可怜我们吧！如果您希望我们今年有吃的，请下雨吧！"然后在坟上挂一个装满水的竹筒，那筒底有一个小孔，水就从孔中不断地滴下。这竹筒总是被注满水，直到下雨，雨水淋湿大地为止[②]。

其他民族中亦有类似的祈祖赐雨方式：迪拉果阿湾的巴龙加人祈雨时，通常将他们祖先的，特别是其中的孪生子的坟墓浇湿以作为一种求雨的巫术[③]。

在奥里诺科流域的一些印第安人部落中，死者的亲属经常在一年之后把他们的骨头挖出来烧化，并把骨灰撒向空中。他们相信，死者将把骨灰化作雨水作为他对葬礼的回报[④]。

非洲洛比人、卡赛纳人和赛努福人把带有祖先形象的饰物视作可以获佑的护符。他们相信，祖先的神灵拥有巨大的权利，他们同丛林一道充当着阴间众神与大地上人类之间的媒介。于是，他们把祖先的头像铸在铜脚环上，时时随身佩戴，以作护身得福的灵物[⑤]。

此外，婚礼及岁时活动中的告祖、祭祖仪式，以及向祖偶求育的做法，也都出于祈祖庇护的心理。

免灾避祸是祖先崇拜的第三个功利动因。由于灵魂能给人带来利害和祸

---

① 宋和平、魏北旺：《瑷珲富裕两地萨满文化调查报告》，《民族文学研究》1987年第3期。
② 詹·乔·弗雷泽：《金枝》，徐育新等译，中国民间文艺出版社1987年版，第108页。
③ 詹·乔·弗雷泽：《金枝》，徐育新等译，中国民间文艺出版社1987年版，第108页。
④ 詹·乔·弗雷泽：《金枝》，徐育新等译，中国民间文艺出版社1987年版，第108页。
⑤ 《民族译丛》1985年第5期，第58页。

福，因而人们对祖先的崇拜亦交织着感谢与敬畏的情感。免灾避祸的心理与祈福获佑企盼的联系，成为这一源起原始宗教的活动得以长期流传的基础。民间的驱鬼、防疠、镇邪、退祟等信仰活动，也多与此相关。

在汉族地区门头悬挂祖宗牌，就同悬八卦、挂照妖镜、贴符箓、立泰山石敢当一样，意在避鬼驱祟，不使妖邪入室，以保家人安康。

太平洋地区土著人所流行的祖先人头崇拜，其主要作用也是压邪镇祟，不论是供奉人头、人头模型或木雕像、彩绘像，也不论是放在公所、长屋、村院，或埋于居室土下，都是企图借助祖灵来免祸避害。

在我国碧江怒族的原始宗教中，最大的鬼就是家鬼，它具有祖灵的性质，但往往祸及家人。因此，当病人垂危之际，就要祭祀家鬼。祭前要卜卦。男病人用竹签卦，女病人用刀卦。以卜卦结果定供献的牺牲，有时猪、羊、牛全都用上。祭祀活动要持续一整天。祭词包含着对家鬼的呼唤和恳求："我们杀鸡来祭你，你把病转给鸡吧！让我们用鸡命换人命。……我们宰羊来祭你，你把灾降给羊吧！让我们用羊魂换人魂……"如果病人大病未愈，终究死去，要举行名为"北莫中"的祭祀活动，以求死者的亡灵到另一个世界后消怨积德，不要祸及活人。"北莫中"的祭词大意："一切都让死者死去吧，不要遗留给家中的人。回到你爷爷那里去吧，回到你奶奶那里去吧，让你亲属平安吧！"亲友聚集后，为悼念死者一起跳舞，然后手拉手围成一圈，祭师用刀卦算出死者因得罪何鬼而亡，接着祭师唱告别歌以祈求死鬼莫留家中，莫惹祸患[①]。

祖先崇拜所包容的上述功利因素是其长盛不衰之由，它们以各种形式渗透进民间习俗之中，并对社会生活产生了潜在的影响。

六　遗存与影响

神鬼观念和祖灵信仰萌生于原始社会，但作为一种意识形态它并没有随生产方式和阶级关系的变化而迅速消亡，它长期潜留在人们的精神世界里，并渗入到民间习俗之中。由于祖灵在神鬼世界的显要位置，祭祖祀先的活动成为中国民间岁时风俗中历时最久、次数最频的大项，从元旦、寒食、清明、夏至、七月半、十月朔、冬至到除夕，无不祭祖，这使祖先崇拜构成了中国传统文化

---

① 何叔涛：《碧江怒族的原始宗教》，《世界宗教研究》1985年第3期。

的一个突出方面。

元旦的祭祖最为庄重,从地方志材料看,我国各地都有元旦祭祀祖先的风俗。祭祀时,各家把祖宗们的牌位依次排列于正厅,牲醴酒浆、纸马香帛都整洁齐备,然后长幼依序上香跪拜毕,分别侍立于供案两侧。有些思亲至切的子弟,矮凳侧坐,陪守通宵达旦而不辍。也有的人家在祭祖时,贴上木刻版画"俎豆馨香"以代替祖宗牌位①。

嘉庆十九年《萧县志》卷二载:"元旦五鼓起,肃衣冠,焚香礼神祇,祀祖先,男女序拜。"

光绪五年《武进阳湖县志》卷一载:"正月朔日元旦,食干柿及橘,曰'百事大吉'。……谒宗祠,悬先像于中堂,设果饵,朝夕馈献,凡三日。"

寒食节有行墓祭之俗,它形成于唐代开元年间,因士庶有不合庙飨者,乃上墓表其孝。据至顺三年《镇江志》卷三载,每逢寒食节"田野、道路士女遍满,皂隶、佣丐皆得上父母丘墓。马医夏畦之鬼,无不受子孙追养者"。

清明、七月半和十月朔被称为三大鬼节,其中清明以墓祭为主。

刘侗《帝京景物略》卷二载:"三月清明日,男女扫墓,担提尊榼,轿马后挂楮钱,粲粲然满道也。拜者、酹者、哭者、为墓除草添土者,焚楮定次,以纸钱置坟头……"

乾隆年间《句容县志》卷一载:"清明拜扫,先期治茔墓、公坟,值年轮办祭品,不过三牲。妇女新坟必往哭,三年而止。旧坟或往拜,或不往拜,一拜即归,从无有借祭扫之名为秉简赠芍之乐者。"

夏至虽值农忙,人亦不忘其祖,是日对祖先的祭拜是在家中进行的。嘉靖二十六年《江阴县志》卷四载:"夏至割腊肉,陈朱李,祀先于正寝。"

七月十五日中元节也是祭祖的大节之一,道、佛二教有拜地官和盂兰盆会之举,人家既祀先祭祖,又普度孤魂野鬼。

康熙二十六年《常熟县志》卷九曰:"中元祭先特谨。道书,中元为地官赦罪之辰,僧舍多举盂兰盆会。"

中元不仅祭人祖,也祭田祖。乾隆《句容县志》卷一载:"中元烧纸钱,洒水饭于山畔,谓之'盂兰会'。演剧祀田祖,谓之'青苗戏',又谓之'平安戏',弭虫灾也……是日必设酒祀先人,谓之'进柴'。"

---

① 殷登国:《岁时佳节记趣》,广西人民出版社1987年版,第2页。

十月朔为下元节，大江南北都有上冢祀先之俗。

康熙《常熟县志》卷九曰："十月朔再谒祭祀先。"

光绪《武进阳湖县志》曰："十月朔曰'十月朝'，上冢如清明。"

嘉庆《萧县志》卷二引旧志曰："十月朔祭墓，剪纸为衣焚之，曰'送寒衣'。"

冬至亦是祭祖的节日，宋人吴自牧的《梦粱录》说这天"祭享宗烟，加于常节"。可见其盛。在苏北农村，至今有冬至祀先的遗俗，而满族人在冬至祭天仪式中亦顺便祭祖。

除夕是家人团聚之日，亦是祀神祭祖之时，或悬先像，或祭家祠，或供神龛，同换桃符、更春贴、饮守岁酒、插松柏枝、给压岁钱等事项一起，构成了"大年夜"的岁时风俗。

可见，敬祖祀先是岁时风俗中的大项，它贯穿始终，反复进行，为其他事项所难于企及。

人们把祖先崇拜的情感投之于诸神，使一些神名也带上了人祖的印记。如非洲的俾格米人信奉的是一神教，他们把这位天神称作"我们的父亲"。在中国的民间诸神中有萧公爷爷、晏公爷爷、床公、床婆、东王公、西王母、嫘祖、孟婆神、电母等，连八卦配象中的乾天坤地亦被称为"乾父坤母"。

祖先崇拜的极端发展还出现了一种"泛祖崇拜"现象，即各家族、各社群、各行业都追祀其祖。有国祖、族祖、村祖、寨祖、家祖及各业之祖，连巫师作法时，也供奉代表祖师的草人以作自己的护神。这种"泛祖崇拜"以民间各业的祖师崇拜最为突出。

例如：理发业祖师——吕洞宾，裁缝业祖师——轩辕氏，蚕丝业祖师——嫘祖，织布业祖师——黄道婆，火腿业祖师——宗泽，木匠业祖师——鲁班，竹匠业祖师——泰山，酿酒业祖师——杜康，中医业祖师——华佗，茶叶行祖师——陆羽，染坊业祖师——葛洪，豆腐业祖师——乐毅，造纸业祖师——蔡伦，铁匠业祖师——李老君，中药行祖师——李时珍，梨园祖师——唐明皇，评话祖师——柳敬亭，占卜业祖师——鬼谷子，星相业祖师——柳庄，风水业祖师——刘伯温，制笔业祖师——蒙恬，制伞业祖师——鲁班等等。

其中既有本行业创造发明的开拓者，也有牵强附会的人物。《金陵琐志》曾对此做出嘲讽："妓女祀管仲，优伶祀唐明皇，犹有不忘其始之意。至剃头匠祀关圣，以其用刀；铁匠祀老君，以其有炉，已属拟于不伦。最可笑者，酱园报赛，必在颜鲁公祠，取盐、卤二字同音。伍髭须、杜十姨之讹，尚不至此。"① 可见，这种泛祖之祀在封建社会末期已发展到十分荒谬的地步。然而，它与原始的祖先崇拜有源流、始末的关系，是祖先崇拜的衍生物。

由祖先崇拜而引起的孝子守墓行为至今影响犹存。《汉书》和《东观汉记》均载有孝子罹乱不徙、独守冢庐之事，以保其孝亲之道②。时越千载，在今日中国的西部贫困地区，仍有不少农民为守祖坟而不舍饥荒之地，不肯外迁。

据报载，甘肃渭源县陡地沟村有60来户300来口人，其地山遥路僻，不光灾害多，吃不饱，而且地下水含有过量的有害元素，大部分居民都因此患有大骨节的"水土病"。省里下决心，拨专款，欲把他们全部迁徙出去，可谁也不肯走。理由是：祖坟都在这山里头，活着的下去了，土里头的怎么办？为守祖坟，他们不怕缺吃少穿，也不怕病害祸患，并敢于用棍棒铁锹轰赶前来做动员工作的县里的干部③。

可见，祖先崇拜在当今社会主义初级阶段并未绝迹，在某些地区还留有相当的影响，甚至它仍旧主宰着那里人们的思想与生活。

祖先崇拜的理念与神鬼世界的迷信始终勾连在一起，没有神灵，神鬼世界则完全成了超自然的异己世界；而没有神鬼，人们则无需为吉凶福祸而对保护神祖灵敬畏跪拜。神鬼世界的虚构是祖先崇拜发展的精神基础，原始农业的发展和人们对小块土地的依赖则是其存在的经济条件，以血缘定亲疏的家族组织是其极端发展的社会因素，封闭的生存空间和陈陈相因的社会习俗是其长期存留的土壤，安土重迁、奉行孝道则是其直接的结果。由于祖先崇拜是鬼神崇拜的固定化、血缘化和功能化，因而在整个神鬼世界中，唯有它在中国民间得以广泛而久远地承传。倘欲探悉中国的传统文化，祖先崇拜和民间信仰便是一扇不可或缺的窗口。

神鬼世界和祖先崇拜附丽于低水平的物质条件和不发达的精神文化之上，随着社会物质文明与精神文明程度的提高，它会因神秘因素的衰减和功能作用的淡化而逐渐趋向消亡。虽然其变化的速率和程度在不同国度、种族、地区、时期不尽一致，但经济的发展，文化的普及，人员的交流，思想的解放，都会

---

① 陈作霖：《金陵琐志·炳烛里谈》卷上。
② 《汉书》卷八十《宣元六王传》："宪王有外祖母舅张博兄弟三人，……后王上书请徙外家张氏于国，博上书愿留守坟墓，独不徙。"《东观汉记》卷十五："汝南王琳字巨尉，年十余，丧父母，遭大乱，百姓奔逃，唯琳兄弟独守冢庐。"
③ 见《中国青年报》1987年10月16日。

打破各种自然与人为的封闭，指向开放，最终引起人的行为、习俗的变化和思维、心理的调整。神鬼观念和祖灵信仰只是人类思维发展中的暂时现象，与人类自身及其社会的一定发展阶段联系在一起。因此，从事神鬼世界与祖先崇拜的研究是人类认识自身的一项有意义的工作。作为一门反迷信的科学，这一研究将促进社会风俗的移易，从而彰显出对现实生活的参与作用。

《神鬼世界与人类思维》，黄河文艺出版社1990年，第72-107页

中国宇宙神话略论

宇宙神话是原始思维发展到高级阶段的产物，而兽形宇宙模式则是宇宙神话的最初形态。中国的宇宙神话瑰奇而丰富，其"四神三光""两河三界""四极八柱"的构想及其观念中人、神超时空抱合交通的方式，是中国文化之所以奇丽丰饶而特色鲜明的因素之一，得到了持久的承传与应用。在中国宇宙神话中，物神交混、兽人互通，其体系极为复杂，本文且选取宇宙构造、人神交通和宇宙阶梯三点，以略作论析。

"四神三光"与宇宙构造

我国自古有天圆地方之说，并视日、月、星为测定岁时的"三光"，以青龙、朱雀、白虎、玄武为划定东南西北方位的"四神"。"四神三光"实际上是对兽形宇宙模式的概括。《齐俗训》曰："往古来今谓之宙，四方上下谓之宇。""四神三光"正是时空确立的依托，也是神话宇宙模式的有机构造。

除了"四神"以动物形态出现，"三光"也有其兽体象征。太阳以"三足乌"为其兽体[①]，月亮以蟾蜍为象征[②]，星辰则以鱼为其兽体形态[③]。晋代傅玄的《三光篇》曰：

> 三光垂象表，天地有昏度。
> 声和音响应，形立影自附。
> 素日抱玄乌，明月怀灵兔。

[①] 《五经通义》曰："日中有三足乌。"
[②] 《乾凿度》曰："月三日成魄，八日成光，蟾蜍体就，穴鼻始明。"见《艺文类聚》卷一·《天部上·月》。
[③] 详见陶思炎：《中国鱼文化》，中国华侨出版公司1990年版。

诗歌言及"三光"与天地形声的关系及日、月的兽体形态,不过,它以"灵兔"代蟾蜍,表明了汉以后宇宙观的衍化。日东升西落,运行有常,"旦出扶桑,暮入细柳"①,以树梢为栖息之地,正如乌鸦晨去暮来,日日知归,筑巢枝头一样,故乌鸦成了日精的象征。月有阴晴圆缺,月能"死则又育"②,其周而复始的化变,如蟾蜍冬眠春苏一般,且月为水精,蟾蛙喜水,故二者相联互通。星空为河,天河地川相通,故鱼星混同合一,互为表征③。

"四神三光"的兽体系统是以时间与空间的分层而构建的。其实,就"四神"说,观念中的宇宙构造已展示无遗。如果我们以东西为横轴,南北为纵轴,其坐标即为简化的宇宙模式(图1),其横轴为地面,其纵轴为天地连线。该坐标表现出空间的构架,而以原点为圆心的外接圆,是日精朱雀的一周行程,则表现出时间的意义。我国地形是西倚高地、东临大海,而虎为山

图1 "四神"四方的宇宙模式

兽、龙为水族,故各与西山、东海相配,显示出地产物种的方位特点。由于我国地处北半球,自古有南向面日之俗,故南在上端为天界,北在下端为幽冥,朱雀在南而行天,玄武居北而伏地。《礼记·曲礼》记述军旗之制说:"前朱雀而后玄武,左青龙而右白虎。"其"四神"的前后左右,正是南北东西的对应,其宇宙图式即为上南下北、左东右西。

在"四神"中玄武的形象最为奇特而神秘,它以龟蛇相缠的复体形态显示着比青龙、朱雀、白虎等单体神兽更为复杂的象征隐义(图2)。何谓"玄武"?宋人洪兴祖《楚辞补注》云:"说者曰:玄武谓龟蛇,位在北方故曰玄,身有鳞甲故曰武。"至于玄武造型的意义,及何以置于北方,自古以来,颇多谬说,甚至连汉代学识渊博的许慎也言之有误。他在《说文解字·十三篇下》训解"龟"字曰:

龟,旧也。……天地之性,广肩无雄,龟鳖之类,以它为雄。

---

① 王充《论衡》曰:"儒者论日,旦出扶桑,暮入细柳。"
② 屈原《楚辞·天问》:"夜光何德,死则又育?"
③ 鱼星混同在新石器彩陶画上已有表述,详见陶思炎:《中国鱼文化》,中国华侨出版公司1990年版。

其说为龟无雄者,与雄蛇相交配。这显然是奇谈谬说。今人亦试图对玄武的龟蛇构图作出解释,有人称它是蛇氏族与龟氏族的外婚制象征①,亦颇牵强,难以立论。笔者认为,玄武的隐义,只能从兽形宇宙构造中去索解。

构成玄武的龟、蛇二兽,实乃大地载体与大地的象征。其中,龟为世界载体,在中国神话中它同鱼、鳌等都作为世界的支柱,具有负地撑天的神功。在神话传说中,有龟化城、龟支床、龟预告地陷一类的故事。此外,作为龟的变种,赑屃也有移山引水之功和驮碑负重之力,在张衡《两京赋》中就有"巨灵赑屃,高掌远迹,以流河曲"的歌赋。究其建城与移山之为,乃因龟为大地沉浮的载体②,故能知土识水,并使地陷山移。至于古陵墓前的负碑赑屃则演示了宇宙神话观在文物制度中的应用。其碑头多做成圆帽状,有云龙纹的雕凿,以象征天空;碑身则记述死者生前功德,以人事表人间世界;赑屃伏于碑下表对天地的载承及天界、人间与幽冥的上下通联。赑屃虽附会为龙子,但其基本形态仍不失为龟,透露出龟与宇宙的象征联系。

图 2　玄武

玄武中的"蛇"即大地的象征。蛇土居幽避,为冥土化身。古墓及古器上的践蛇食蛇之象都寄寓着战胜幽冥、起死回生的旨意。在四川"鬼城"酆都的"望乡台"后的下山路上有座"九蟒殿",殿中九蟒缠柱绕梁,昂首吐舌,演示了地府的阴沉可怖,也透露出蛇、地间的内在关联。此外,在山西长治出

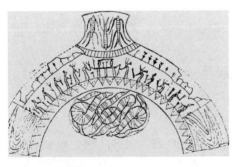

图 3　铜匜上的巫师祭天图

土的战国铜匜上,画有巫师祭天图,祭祀队列的土下有群蛇蛰伏,也表明了蛇的土属性质(图 3)。因此,玄武的龟蛇合体乃具有负载大地的象征意义,它与

---

① 见孙作云:《敦煌画中的神怪画》,《考古》1960 年第 6 期。
② 见干宝《搜神记》,任昉《述异记》。

朱雀在纵轴上的分列，正演绎了神话思维中的宇宙构造，即宇宙靠神兽支撑，并有天空（神界）、地上（人间）、地下（冥土）的分层。

兽形宇宙观具有广阔的文化应用，在瓦当铜镜、画像砖石、墓中壁画、帛画、天文图、道观、军列旗帜、祭祖牌位、功德牌坊等方面均有所见，尤以墓葬中的应用为突出。所谓"伏羲""女娲"人身蛇尾、执规矩、举日月的构图极为多见，它以天地相会、阴阳交合为化生契机，并以蛇尾、人身、鸟蟾的同图，表现地、人、天的垂直分布，并由此寄托迁化、复生的企盼。

"两河三界"与人神交通

在神话认识中，神、人、鬼在宇宙空间中的相对分隔是以天河（星河）和地川（冥河）划界的，但借助神物或巫法能加以超越和交通。

天上有水，星空为河，大地水载，天河、地川相通的宇宙认识在我国从新石器时代及至明清时期都信守不废。在仰韶文化的彩陶画上有多种水星图、网星图及星河图的绘画，特别是在兰州白道沟坪仰韶文化遗址出土的星河纹陶碗（图4），突出了星、河间的联系，成为古人视星空为"银河"的重要实证。原

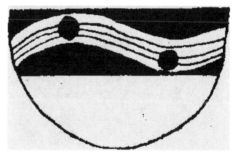

图4 星河纹陶碗

始文化中的网星、水星及河星的同图，其"星"纹本为鱼纹图案化后的高度抽象，但也与天水、地泉相连互通的天地一体的认识相合。

银河说是中国古代的宇宙观，它不同于西人称之为Wilky Way所透露的旱地认识。天水观及两河观在古代文献中多有载述。《山海经·大荒西经》中有"风道北来，天乃大水泉"之说，《黄帝书》则曰："天在地外，水在天外，水浮天而载地者也。"此外，《浑天仪注》曰：

> 天如鸡子，地如鸡中黄，孤居于天内，天大而地小，天表里有水，天地各乘气而立，载水而行。

据此观点，宇宙之水浮天载地，并将天、地结为一体。这一哲学判断是从天有雨露、地有黄泉的认知而概括的。郦道元在《水经注叙》中援引《玄中记》之论，言及天水与地物的关系：

> 天下之多者，水也。浮天载地，高下无不至，万物无不润。

宇宙之水与天地、万物的联系，还派生出星海相通、两河相贯的认识。《抱朴子》曰："河者，天之水也，随天而转入地下过。"《孝经援神契》曰："河者，水之伯，上应天汉。"前者说地河是天水的转入，后者言地河与天汉两相对应。直到清代，仍有学子因袭古说，言两河由天而入地。周亮工《书影》第七卷载：

> 天河两条：一经南斗中。一经东斗中过。两河随天转入地……地浮于水，天在水外。

此两河实把天地分成三界，一条是"天河"，将天地分开，形成天界与人间，故"天在水外"；另一条将大地与冥土分开，形成人间与地界，故"地浮于水"。

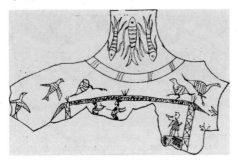

图 5　铜匜上的银河

"两河三界"的宇宙观在文物和民俗中留存印迹。在春秋战国时代的铜匜上，其匜口与匜身多绘作巫师祭天的场面，表明匜口的波纹带即为浮天的银河（图 5）。至于分隔人间与冥土的地川，我们从丧葬习俗中能看到它的存在。1954 年在四川广元和巴县（现重庆巴南区）等地发现了古代巴族的船棺葬，船棺用长约 5 米、直径 1 米以上的楠木凿削而成。无独有偶，基诺族亦行独木棺葬，其棺做法是砍倒大树，截取一段，劈为两半，挖空中间。船棺葬在印尼也有发现，棺头并雕作摩羯纹或大象纹。船棺葬的形成是与地界观相联系的，欲让死者凭船棺超度冥河，安然进入地界。在我国水族中还有放纸船的习俗，凡成人过世，就编折一只小纸船，用菜油抹浸后，将亡人的一点布筋或灵牌及几粒大米放入船内，然后带到溪流边焚毁，任其纸灰在水上漂流。放纸船是以象征的方式，寄托亡灵安渡冥河的愿望，它以冥河分隔阴阳两界的宇宙神话为前提，演成习惯性的信仰行为。冥河观不仅存留于少数民族的习俗中，也反映在汉族的丧俗里。在汉族冥界传说中多有"奈何桥""天桥""摆渡船"一类的事物，暗示了冥河的划界性质。在江苏宝应县流传的丧葬仪式歌《十送亡灵》，系告慰弥留人的安魂曲，它具体描绘了冥界情状，其第五段唱词是：

> 五送亡灵莫逍遥，一步一步上天桥，仙桥路上有个摆渡船，你要站稳了。

这里的"天桥""仙桥""摆渡船"均是跨越冥河、引渡地界的载体。在江苏常熟的丧俗中，女人死了要扎纸船，男人死了要用木凳、白布围作桥形，道士念经绕"桥"一圈，丧家用盆装着衣食等物一步步从凳上走过，意为"跨桥"。这里的纸船、木桥是供不同性别的亡灵横渡冥河的载具，也是阴阳两界沟通的道口。可见，汉族丧俗的一些事象也是以冥河划界的宇宙观为基础的。

两河相隔、三界分离的神话宇宙观，使人类对其产生了认识和交通的渴望。在中国文化中，鱼类作为乘骑和神使，在三界交通中的应用最为突出。战国铜匜的匜口"天河"外，均绘有两鱼或三鱼的图像，以表现其"上下于天"的神功。商周玉鱼、蚌鱼的从葬，先秦的"鱼跃拂池"之制①，汉画像石中的鱼导轮行和骑鱼西去的构图，又表现了鱼行幽冥的职能。由于三界为两河所隔，而鱼为水兽，又善神变②，故成为三界交通的神使。从晋人崔豹记述的鲤鱼的多种别称，亦能看到鱼的"乘骑"性质：

> 兖州谓赤鲤为赤骥，谓青鲤为青马，谓黑鲤为黑驹，谓白鲤为白骐，谓黄鲤为黄骓。③

可见，鱼为乘骑的观念在中古已极为寻常。

鱼为三界交通的神使观不仅大量存在于汉文化中，也见之于少数民族的文化行为。例如，白族有"活水养鱼"的丧俗，即棺木下葬入土时，要在墓穴底部中央安放一个海底罐，内装鱼和水，并用红布封口④。在江苏如皋至今仍有棺头置钵，内养活鲫鱼的风俗。"活水养鱼"同新石器时代的大溪文化含鱼葬一样，都有飞越黄泉、化生复活的寓意。

祭天与通冥的巫术活动是以"两河三界"的宇宙观念为信仰基础的，人间既与天国、地府相隔，又可缘法具而交通，这样，实在的人类与虚无的鬼神，短暂的人生与无限的宇宙实现了观念的混同与抱合；又由于神、人、鬼三界均以河水分隔，故鱼类、渡船、桥梁等成了民俗活动和民间文学中最常见的宇宙

---

① 详见雷鐏《古服经纬》卷下。
② 陶弘景：《本草》曰："鲤鱼最为鱼之主，形既可爱，又能神变，乃至飞越山湖……"
③ 马缟《中华古今注》卷下。
④ 见《中华民族风俗辞典》，江西教育出版社1988年版。

使者和沟通媒介。

四极八柱与宇宙阶梯

天有四极之说亦出自神话宇宙观,我国著名的"女娲补天"神话,实际上并非对英雄行为的张扬,而是对四极、天柱的宇宙构造所加以的形象化解释。《淮南子·览冥训》载:

> 往古之时,四极废,九州裂,天不兼覆,地不周载。于是女娲炼五色石以补苍天.断鳌足以立四极。

其"四极"实乃天盖,其"鳌足"实为天柱,这是兽形宇宙模式的残余。在古代中国,还有以高山为天柱的神话,其发生当在兽形天柱之后。《楚辞·天问》中有"天极焉加?八柱何当?"之问,王逸注云:"言天有八山为柱。""八柱"说在其他古籍中亦见载述。《淮南子·地形篇》曰:"天地之间,九州八柱。"《后汉书·张衡传》注引《河图》曰:"地有九州八柱。"其说均言地有八柱撑天。"八柱"又称"八极",实乃八山。《淮南子·地形训》又曰:

> 八纮之外乃有八极:自东北方曰方土之山,曰苍门;东方曰东极之山,曰开明之门;东南方曰波母之山,曰阳门;南方曰南极之山,曰暑门;西南方曰编驹之山,曰白门;西方曰西极之山,曰阊阖之门;西北方曰不周之山,曰幽都之门;北方曰北极之山,曰寒门。

在《淮南子·天文训》中另有共工"怒而触不周之山,天柱折,地维绝"的神话,其"不周之山"位于西北之极,也是立于西北方的天柱。

"四极八柱"的宇宙模式以大地的定向为基准,由平面而空间地将天地构成一个统一的整体。天柱是宇宙框架中的虚拟构件,表现人类以地物认识天象的努力。兽形天柱是宇宙模式的组成部分,是天柱形式的第一阶段。以山撑天的"天极"之说,是天柱形式的第二阶段。战国铜镜上的"山"字纹,具有天柱的象征意义。其种类有三山至六山数种,尤以四山为多,除"八极"外,"四极"说亦颇流行。铜镜上的"山"字均顶住铜镜的圆边,表现天柱对天维的支承(图6)。到汉代,铜镜又衍出规矩纹、四神纹等样式,究其功用,均以宇宙寄托人生。因铜镜是婚礼启用的物品,故宇宙纹的文化意义在于表述"与天相寿，与地相长""久毋见忘""长乐未央"的祈望①。至于以文化造物为天柱的传说，则是天柱形式的第三阶段。《神异经·中荒经》曰：

> 昆仑之山，有铜柱焉，其高入天，所谓天柱也，围三千里，周圆如削。

此传说出于青铜时代之后，是文明社会的产物，铜柱立于昆仑山上，这种人造"天柱"对自然天柱的取代表明传说创作时代已逐渐退去原始思维的影响，神话宇宙观已开始发生形变。

图 6　战国四山镜

在宇宙神话中与"天柱"相近的，还有"天梯"的构想。"天梯"即宇宙阶梯，是人、神上天下地的通道。"天梯"的种类在中国宇宙神话中主要由两种自然物充任，其一是高山，其二是巨树。

我国的高山型"天梯"，以昆仑山最为典型。据《淮南子·地形训》载：

> 昆仑之丘，或上倍之，是谓凉风之山，登之而不死；或上倍之，是谓悬圃，登之乃灵，能使风雨；或上倍之，乃维上天，登之乃神，是谓太帝之居。

由"昆仑之丘"到"凉风之山"，再经"悬圃"到"太帝之居"，是层递性的境界，即由人间往天府的阶段性的升迁，所谓"不死"、得"灵"、成"神"体现了天梯神话的信仰意义。此外，《山海经》中的"灵山"也是天梯。《大荒西经》载：

> 大荒之中……有灵山，巫咸、巫即、巫盼、巫彭、巫姑、巫真、巫礼、巫抵、巫谢、巫罗十巫，从此升降。

巫师以通神为能事，其缘灵山而升降，即暗示了灵山的宇宙阶梯性质。与此相

---

① "与天相寿，与地相长""久毋见忘""长乐未央"等均为汉铜镜铭文，见孔祥星等：《中国古代铜镜》，文物出版社1984年版。

类,《海外西经》所载的"登葆山"①,《海内经》所载的"肇山"② 等,也都是宇宙神话中的天梯。高山还是燔柴祭天之所,因其高耸入云和绝顶难攀,故被看作天神下地上天之径。除却名山巨峰,各族各地的大小"神山",在其神话体系中往往也都充作降神与升迁的天梯。

巨树在宇宙神话中也是最习见的天梯,由于它由地及天,人、神缘此升降,故又有"宇宙树""世界树"之称。关于巨树型天梯,在古文献中亦略有载述。《淮南子·地形训》曰:

> 建木在都广,众帝所自上下。日中无景,呼而无响,盖天地之中也。

图 7 瓦当纹上的宇宙树

建木是耸天的宇宙巨树,"众帝"即众巫,他们以建木为梯上下天地,归属以宇宙交通为功利的巫术神话。

巨树型天梯在文物与民俗中仍留有不少印记。秦汉时代的瓦当图案中,有多种宇宙树的纹样。有的独立中天,超越星云,从地表直薄天顶,俨然天地的通道(图 7),有的巨树接天,两鹿相伴(图 8),因鹿角是萨满神帽上的装饰,具有再生的寓意,故宇宙树又是"生命树"。宇宙巨树均立于图像的正中,这与萨满神话中生命树立于"大地的黄色肚脐"之说相合③,也表明了中原文化带有巫文化的深深烙痕。

图 8 战国瓦当上的宇宙树和鹿纹

东汉以前已出现的"摇钱树",也是宇宙树,其寓意虽略有化变,但基本保留了巨树型天梯的形制。在四川东汉墓曾出土雕有鳌、羊、蟾蜍和其他怪兽的陶座摇钱树,并有持竿击钱者、挑钱者、抱瓮者等④,在云南昭通桂家院子东

---

① 《山海经·海外西经》曰:"巫咸国在女丑北,右手操青蛇,左手操赤蛇,在登葆山。群巫所从上下也。"
② 《山海经·海内经》曰:"华山青水之东,有山名曰肇山。有人名曰柏高,柏高上下于此,至于天。"
③ 参见乌丙安:《满族神话探索》,载《中国神话:第一集》,中国民间文艺出版社 1987 年版。
④ 见《"钱树""钱树座"和鱼龙曼衍之戏》,《文物》1961 年第 11 期。

汉墓也出土了摇钱树残片及其陶座,陶座雕为虎头,座上钱树高耸,左右树枝旁出数层,各枝头有神兽、神人,有骑马者、张弓者、招引者,枝头并铸有硕大的圆形方孔钱币(图9)。各枝头神、人、兽交混,构成多梯层的生存空间。摇钱树的基本构图是对宇宙树神话意境的效仿。其钱纹的出现,可能是拟指栖于扶桑树上的十日,并以圆形方孔象征天地交合、阴阳璧合,从而留有宇宙神话赋予生命的意义。同时,钱纹的出现,也表明时人对人间财富的追求已逐步超越抱合天地的长生欲念——宇宙神话已步向衰亡。

图9 东汉铜摇钱树残片

在民俗活动中也见有巨树型天梯神话的应用。西藏林芝地区的贬锐山是当地藏民的神山,在山路上常见有刻有梯状槽口的一米长左右的小树干,以象征死后登天的阶梯,同时该山的一棵巨松上还吊有夭儿的棺箱,以寄托使死者循该树而进入天界的祈望。① 此外,鄂温克族、鄂伦春族的树葬也是表现宇宙树神话的遗俗,他们认为树葬后死者会化变为天上的星辰,并给后人带来希望和光明。死化星辰,正表露了缘树登天而长存的宇宙观。故树葬是对天梯的盼求。在汉族地区的风俗中亦有天梯信仰的遗迹,如旧时南京小儿寄名于树的习俗与宇宙神话也有着隐约的联系。《金陵琐志·炳烛里谈》卷下载:

> 牛市旧有槐树,千年物也。嘉道间,小儿初生,辄寄名于树,故乳名槐者居多。

这是望子成龙、得寿升天观念的流露,其信仰诱因颇为复杂,有物久则神观,有"槐""魁"相近,盼得魁星神君佑助而登科之望,亦有通天近神、长生不灭的企盼。究其根源,寄名于树与悬棺于树一样,是巨树型天梯神话在民俗中的孑遗。

中国的宇宙神话瑰奇而丰富,其太阳神系、月亮神话、星辰体系及创世类型等本文均未论及,但仅从宇宙构造、人神交通和宇宙阶梯的论析即已大略地展示出它的五彩光晕,让人们看到神话、巫术与民俗文化间的承传联系。宇宙神话是人类世界观的雏形,它是追踪人类思维的重要源头,也是追踪人类文化

---

① 参见林继富:《藏族天梯神话》,《民族文学研究》1989年第4期。

的广阔领域。中国宇宙神话中的"四神三光""两河三界"及"四极八柱"之说等具有鲜明的民族特点和文化个性,已成为中国文化和东方文化中的异宝奇珍。

《东方文化:第一集》,东南大学出版社 1991 年版

防风、王鲧考论

防风、王鲧作为悲剧性的治水英雄和奇妙的神话人物在民间千古流传,至今口承未绝,他们的形象、行为与命运总是牵心动情,发人幽思,展现着神话美的强大生命和永存的魅力。

在当代传承中,防风和王鲧是"好朋友",尽管防风是"大块头,站着山样高,躺下河样长",而王鲧是"小个头,三寸长,六两重",[①] 他们都以土治水,因过被殛。神话是原始思维的产物,也是一种象征文化现象,在神话的意象中往往潜藏着幽秘的文化信息,透过其表面的语言叙述能探得其外显符号的内在隐义。防风、王鲧神话正是这类象征符号的组合,其治水与生灭的背后尚有待探的文化信息,值得加以研讨。

二神探幽

防风、王鲧均以土治水,其治水的法物——"息壤"或"色土",与他们各自的动物形态有着内在的文化联系,反映出浓郁的神兽系与自然系神话的原始色彩。

王鲧,即鲧,又作"鮌",其神话资料在文献中多有载述。《山海经·海内经》曰:

> 洪水滔天,鲧窃帝之息壤以堙洪水,不待帝命,帝令祝融杀鲧于羽郊。鲧复生禹,帝乃命禹卒布土以定九州。

在这则神话中,鲧以"息壤"治洪,被杀后因"生禹"而生命得以延续。此

---

① 见《民间文学集成·浙江省东阳县卷》。

外，不少神话资料更说，鲧本身并未死，他以形态的转化——人兽之变而得以存活：

> 昔者鲧违帝命，殛之羽山，化为黄能，以入于羽渊。(《国语·晋语八》)

此外，还有"鲧死三岁不腐，剖之以吴刀，化为黄龙"之说。(《山海经·海内经》注引《开筮》)鲧的神兽之变伴随着空间的转化，透露出神话中神的表象与兽的原形间幻想的联系与分离。

鲧的动物原形是什么呢？这不难从文字上识得。《说文》曰："鲧，鱼也。"《玉篇》曰："鲧，大鱼也。"鲧与鱼的联系即使从其构字的偏旁上也略可察知。在一些文献中，鲧多写作"鲧"，这更贴近其神兽的原形。《楚辞·天问》中有"鸱龟曳衔，鲧何听焉"之问，这里"鲧"与"鸱""龟"相提并论，同为神兽，这是没有疑义的。然而，"鲧"究竟是何种鱼呢？明人陈耀文在《天中记》有所解说：

> 鲧鱼，夏鲧治水无功，沉于羽渊，化为玄鱼，大千丈，后遂死，横于河海之间。
>
> 后圣人以玄鱼为神化之物，从"玄"字合于"鱼"字，为"鲧"字。

按陈耀文的说法，"鲧"为人形的神身，而"鲧"为兽形的神鱼，它们分别为生命转化的两个阶段，或神话表述的两个层面。其实，"鲧"即"鲧"字的异体，而"化为玄鱼"说正是神话思维的驱动①，鲧由神格回归物格的过程，实际上反映了神话创造中并行着神格化与物格化的双重趋向。

"鲧"就是"鲧"，是"玄鱼"，后来雅称为"鳢"，而俗呼"乌鱼""黑鱼"。不过，古籍中还有反意称呼的实例，将"鲧"定名为"白马"。《山海经·海内经》载：

> 黄帝生骆明，骆明生白马，白马是为鲧。

在这里，"白马"不是白龙，也还是"玄鱼"，只不过是反语戏称而已。我国古代有将"鱼"称作"马"的先例，《古今注》记载了兖州人"谓赤鲤为赤骥，

---

① 王嘉《拾遗记》卷二亦云，鲧"化为玄鱼"。

青鲤为青马,黑鲤为黑驹,白鲤为白骓,黄鲤为黄骓",其视鱼为马,亦基于鱼为神使的信仰,并将鱼视作飞天迁化的乘骑。而"白""黑"之反用,同古人"字"与"名"的反取相类,仅是称谓习俗的袭用,而非文化的反义。

鲧神话的情节以"死"后"三年不腐","入于羽渊"、化能或化玄鱼表其有转生、复活之神功。而不"死""复活"也正是乌鱼的特性。《遯园居士鱼品·江东鳢》载:

> 江东,鱼国也。为人所珍,自鲥鱼、刀鲚、河豚外,有鳢。身似鲩而色纯黑,头有七星,俗称乌鱼。其性耐久,埋土中数月不死,得水复活。①

《野纪》亦记述了乌鱼的这一特性:

> 此物最耐久不死,如旱涸中干枯经岁,得水复活。②

可见,鲧的"不死"是其原形"复活"之性的延伸。此外,鲧治水以"息壤",古籍中尚存"鲧作城"③,"夏鲧作城"④,"夏鲧作三仞之城"⑤之述,也与其乌鱼原形相关。

乌鱼常居泥下,赖土为生,而"息者,生也","息者,生变之谓也"⑥,因此"息土"乃生变之土,即乌鱼生存的依托,故转附为鲧赖以为用之物,或以湮水,或以建城,成为鲧(乌鱼)最可靠的法宝。因此,鲧以土治水的描述,本出于其神兽原形的特性,这一潜在的文化因素往往为人们所难察。

至于防风氏的原形是什么?它与土有何联系?由于其神话资料的短少,也需要寻幽与考析。

《说文》曰:"防,隄也。从𨸏(阜),方声。埅,防或从土。"可见,"防"与"坊"本义相同。《礼记·郊特牲》"祭坊与水庸"疏曰:"坊者,所以蓄水,亦以障木。"所以,"防""坊均为挡水之堤。而"𨸏"即"阜",为无石之山。《北堂书钞》引韩诗云:"积土高大曰阜。"《说文》曰:"阜,大陆也。山无石也。"《风俗通义》则曰:"阜者,茂也。言平地隆踊,不属于山林也。""阜"

---

① 见《古今图书集成·博物汇编·禽虫典》第一百四十一卷。
② 杨慎:《异鱼图赞笺》卷二。
③ 《水经注》卷二引《世本》曰:"鲧作城"。
④ 《吕氏春秋·君守篇》曰:"夏鲧作城。"
⑤ 《淮南子·原道训》曰:"夏鲧作三仞之城,诸侯畔之,海外有狡心。"
⑥ 见《经籍纂诂》卷一百二。

既是高平的土山，"防"也就成了相类的"隄"了。此外，《周礼·地官·稻人》曰："以防止水"。《吕氏春秋》曰："巨防容蝼而漂邑杀人。"以上所说之"防"即挡水的土坝，也就是大堤。那么，"风"又何解呢？《周礼·大宗伯注》云："风为土。"①《书·洪范》"星有好风"郑注亦云："风，土也。为木妃。""风"为土，土生虫，故有"风主虫"之说②；风为土，土出木，故又有"为木妃""风之为言萌也"之言③。因此，"防风"之名就本有"堤土"或"坝土"之意。因防的是洪水，坝既高且长，故在神话描述中，防风"其长三丈""骨节专车"，是一个能头枕山巅，脚搁坝上的巨人。这巨人就是先民对堤坝的人格化再创。

关于防风的兽形象征在唐人任昉的《述异记》中略有提及，即"龙首牛耳，连眉一目"。其"龙首"当为蛇化，越人崇蛇，故其神带上蛇崇拜的印记；而"牛耳"，则无疑是牛崇拜的象征。蛇、牛二物被用以比附防风，有着深层的信仰根源。

蛇，土居幽避，为土属之物，在神话思维中本为大地或冥土的化身。古器图案上多以蛇表幽冥，玄武龟蛇相缠的形象实为大地与其载体的象征，蛇、土间有着深厚的文化联系。

牛，亦为土属之物，在神话思维中，它作为大地的象征或大地的载体。有不少民族神话说，大地由牛支撑着，而在汉族的信仰观念中，牛也被视为"土畜"。《周礼·地官·大司徒》"奉牛牲"注云："牛，能任载地类也。"《贾子·胎教》曰："牛者，中央之牲也。"我国古代的方位多以兽配：东青龙，西白虎，南朱雀，北玄武，中为牛；或：东鸡，西羊，南犬，北豕，中牛。而按五行定向，则是：东木、西金、南火、北水、中土。因此，作为"中央之牲"的牛为"土属"。

防风氏原形的土属性质，决定了他治水的方式为以土筑坝，其兽形与神名间有着内在的关联。王鲧，防风，或为乌鱼，或为蛇、牛，均与土密不可分，故引发了先民"息土"的幻想，并创造出以土堙洪的自然神话。

---

① 见《经籍籑诂》卷一。
② 语出《大戴礼·易本命》。
③ 语出《春秋考邮异》。

说同论异

鲧与防风在神话的描述与隐义中有同有异，反映了不同文化系统的共性与个性。

就同而论，鲧与防风同为神话中的治水英雄，都以土堙洪，都有悲剧性的结局。鲧因违帝命，"殛之于羽山"；防风氏因群神聚会而"后至"，被禹"杀而戮之"。他们都与黑色相连：鲧即"鯀"，为玄鱼，"玄"为黑色，鲧即"乌鱼"，其色彩标志为黑。防风氏的色标则可从其姓探得。《国语·鲁语下》曰：

> 客曰："防风氏何宗也。"仲尼曰："汪芒氏之君也。守封禺之山者也。为漆姓，在虞夏商为汪芒氏，于周为长翟，今为大人。"

防风氏"漆姓"，漆乃为黑。《周礼》中所说的"漆本藩蔽"，即指黑色之车。在当今语汇中，"漆黑"二字仍相提并论。鲧和防风均以黑色为标志，反映了它们的兽形或物形的色调。防风在越地，越壤为黑，故其堤坝也呈黑色。二神都有动物原形，且原形之性与神形之功相连，反映了外显形态与内隐特性的一致。

鲧与防风的神话都出于对远古自然与社会祸患的解释，是用悲壮、伟岸的审美意识表达的英雄悲剧观，先民借助这类神的行事和命运探讨人类生与死的主题。

就二神之异而论，鲧、防风虽与"土"相连，其动物原形也都有着自然的或文化的"土属"之性，他们都以土治水，但在方式上却略见不同：鲧主要以土堵水，防风则以坝挡水，一为填土，一为坝身。鲧之原形为乌鱼，位在北方；而防风之原形为牛、蛇，位在中、南。鲧在神话中形体不一，或巨或细，陈耀文《天中记》称其"化为玄鱼，大千丈""横于河海之间"，而现代口承神话资料则称"王鲧"是"小个头，三寸长，六两重"。至于防风，则是无与伦比的神话巨人，或曰"其长三丈"，"骨节专车"，或曰一根脚骨七尺长，"防风块头大，常人只够他脚凹"，他"头枕天台山，脚放高头坪"[①]。

鲧"入于羽渊"，居于水下，故在口承神话中称其为"小"；而防风或作立地之兽，或为障木之阜，故见其"大"。

---

① 见《民间文学集成·浙江省东阳县卷》。

二神的氏系由来亦不同，鲧为禹父，又为颛顼之后。郭璞注《山海经》引《世本》云：

> 黄帝生昌意，昌意生颛顼，颛顼生鲧。

《博物志》卷六则曰：

> 昔彼高阳，是生伯鲧，布土，取常之息壤，以填洪水。

"高阳"为颛顼之号，王逸注《楚辞·离骚》曰："高阳，颛顼有天下之号也"。可见，鲧的神话谱系归之于"水德统天，以月为号"的颛顼。颛顼居天之北，故鲧由北南来。其原形为鳙，"夜则北向"[①]，乃不忘乡土。因此，鲧当为北方氏族之酋首。防风为"汪芒氏之君"，"守封禺之山"。封山，又称"防风山""封公山""风山""风诸山"，现在浙江省德清县二都乡境内。禺山又名"崵山""隅山"、"禹山"，现在浙江省德清县三合乡境内。可见，防风本越地部落之酋首。

鲧无庙祀，其氏系为神化的历史，故没有固定的辖地，也没有转为崇拜的中心。防风"守封禺之山"，为越地之酋，其禺山有似卧牛，更使人睹物思神，所以防风因有实际的地域与族种的依托而香火得继。旧时越地防风庙有多座，神话、历史、宗教得以相混相承。如果说，鲧为较原始的自然之神的话，那么，防风除却其神性的自然特点，又有着人祖的色调。古越人祭防风神时，"截竹长三尺，吹之如嗥，三人披发而舞"。其神话与宗教早就难舍难分了。

二神因过被殛之后的命途也不相同，鲧化他物，继续存活，防风化骨或化石，表现为生命的终结。化生与化物正好涉及人类所关注的生存与死灭的"永恒主题"。鲧因自然神而长生，防风为人祖神而终有死，他们的命途差异，本决定于他们神性的不同。

鲧与防风的同中之异，透露出他们联系着不同的地域与族种，其生灭不仅是神话的结局，也是社会历史的象征，在一定程度上反映了两个文化传统的混成统合。

文化之谜

防风神话虽则资料短少，却包容着相当奇奥的文化信息。水患与越地海浸

[①] 《埤雅》释"鳙"曰："其首戴星，夜则北向，盖北方之鱼也。"

的联系，杀戮与部落战争的关系，都能从神话中探得几分痕迹。鲧与防风神话中亦有难解的文化之谜，需要继续加以研讨，诸如防风"其长三丈""骨节专车"的巨人体魄，是神话的夸张呢，还是远古巨人族存在的信息？防风神话与其他古籍中载述的"大人"，在文化史及科学史上究竟有没有探究的实际价值？

我国有关"大人"的资料不少。《山海经·海外东经》曰：

> 大人国在其北，为人大，坐而削船。

《山海经·大荒东经》载："大荒之中，有山名曰大言，日月所出。有波谷山者，有大人之国，有大人之市，名曰大人之堂。"《山海经·大荒北经》亦曰："有人名曰大人，有大人之国，釐姓，黍食。"

在古神话中，钓走两神山的龙伯国人亦为大人。大人的尺度有被极尽夸张者，如《神异经》称"西北海人长三千里"，《凉州异物志》云"有大人在零丁，长万余里"，此说当然不可信之。至于《河图玉版》所言"大秦国人长十丈"，《夷坚乙志》所记"高出三四丈，其行如飞"的"长人"，《边州闻见录》所述"断指长二尺有奇"的"独人国"等，其数并非实录，仅言其巨而已。

对巨人的描述从神话到文学，从海内到海外，直到清代的航海见闻录也常常述及"大人"，以表海上的奇险。清人朱梅叔《埋忧集》卷二载："昔有海舶，将往贾柔佛国，为飓风漂至一岛。其地四面叠嶂，周围杳无人径。同舟十余人，闷坐无聊，相将登岸，攀藤扪纮而上。半日甫及山半，有巨石如盘，俯瞰海岸。登之，觉天风浩荡，凛不可留，而鸱啸猿啼，震撼心魄，急寻去路而还。未数武，瞥见深箐中一大人，长十余丈，披发彳亍而来。见诸人，大喜，一跃而至。鸟语啁啾，抚而遍嗅。即向岩壁折一藤条，将数人逐一穿腮中，如贯鱼状。穿毕，屈其两头系树上而去。其人在树顶头望大人已远，急抽佩刀断其藤，扳枝而下，狂奔至海滨，风势已转。登舟甫扬帆，而大人追至。时舟已离岸，大人以手挽之。一人掣刀断其手，大人缩去，坠二指于舱。皆只一节耳，称之，重八斤，长二尺余。"类似的航海中断巨人指而奔逃的"实录"在褚人获《坚瓠余集》卷二中也有载述。这种志怪体的文笔沿袭了远古先民对"大人"的惊异，成为一种不自觉的文化传承手段。

历史上有没有"大人"呢？考古学提供了一些零星的参考资料，虽不能立论，却可引发人们的思考。例如，在我国南方和印度发现了巨猿化石，其齿比现在人类牙齿大4倍，体重可达150～300千克，已能直立行走，前肢长后肢短，能使用原始的工具。此外，1986年12月25日《墨西哥太阳报》报道，在墨西哥城东部发现了一个完整的巨人头颅骨，高 50 多厘米，宽 25 厘米，估计其身高为 3.5～5 米①。瑞典一支探险队在南极洲发现了一座热带古城市的废墟，建筑物大部分在冰川与积雪之下，有的摩天大楼直插云霄，测试结果为约 3 万年前建造的。这座城市的建筑物特点是没有门，入口呈马蹄形，高约 6 米，科学家推测，这些特殊建筑物的居民约有 3.6～4.2 米高②。

如果上述考古消息是确凿的，"大人"当在我们的星球存在过，那么，神话便成为最早的见闻记录或文化回忆，在其虚妄的幻想中潜留下实在的历史影像。

防风是不是残存东南海隅的巨族大人？尚不能妄作结论。其文化之谜有待考古实证去揭开，神话研究应透过其文字的表面叙述，看到其复杂的内隐，并捕捉迷离纷呈的文化信息，揭示人类思维与自然、社会间的内在联系。我们对鲧、防风神话的考论，以及对其文化之谜的推断，就在于此。神话是虚妄的信仰，但也是科学的由起及其不可或缺的追踪对象。

《东南文化》1993 年第 5 期

---

① 参见《废墟下的辉煌》，中国劳动出版社 1991 年版，第 11 页。
② 1992 年 8 月 11 日《扬子晚报》摘转《海外星云》消息。

炎帝神话探论

自谓"炎黄子孙"的中华民族，视炎帝、黄帝为自己的始祖。炎、黄二帝在神话世系中本为同胞"异德"的兄弟，分别发迹于姜水与姬水，并各以"姜""姬"为姓①。其中，炎帝作为南方部族的首领曾统领中原及华南的辽阔地域，其地"南至交趾"②，故《礼记·月令》曰："南方曰炎天，其帝炎帝。"炎帝不仅是南方的族祖，也是农耕的业祖，故又有"神农"的世号③。由于有关炎帝神话的资料多零散、残缺，因此其神话的形象、情结、寓意也略显迷离，颇费探究，然并非无迹可寻。今且从人身牛首的形象、养命不死的情结和创造与治世的业绩入手，对炎帝神话略加研讨，以揭示其族祖、巫祖、业祖、国祖合一的地位。

一 人身牛首之谜

神话中的炎帝形象多有"人身牛首"的描写，显得颇为原始而神秘。晋皇甫谧《帝王世纪》载：炎帝"神农氏，姜姓也。母曰任姒，有娇氏之女，名女登，为少典妃。游于华阳，有神农首感女登于常羊，生炎帝，人身牛首，长于姜水"④。另梁孝元皇帝萧绎《金楼子》亦曰："炎帝神农氏，姜姓也。母曰女

---

① 《国语·晋语》载："昔少典娶于有娇氏，生黄帝、炎帝。黄帝以姬水成，炎帝以姜水成。成而异德，故黄帝为姬，炎帝为姜，二帝用师以相济也，异德之故也。"
② 刘安《淮南鸿烈·主术训》："昔者神农之治天下也，……其地南至交趾，北至幽都，东至旸谷，西至三危，莫不听从。"
③ 王符《潜夫论·五德志》："身号炎帝，世号神农。"
④ 宋凤翔集校皇甫谧《帝王世纪》卷一，见《续修四库全书》，上海古籍出版社2002年版，第301册第3页。该书同页另段，"有娇"又作"有蟜"；"神农"又作"龙首"。

登，为少典妃。游华阳，有神龙感女登，生炎帝。人身牛首，有圣德，以火承木，都陈，迁鲁。嘉禾生，醴泉出，在位百二十年。"此外，唐司马贞《三皇本纪》里亦有相类的记述。①

上述感生神话透露出，在族源上炎帝为龙的属种，而在神话创造上，则由接触联想的巫术思维所驱动。所谓"嘉禾生，醴泉出"，以及"神农既诞，九井自穿；汲一井则众水动"之类的描述，②都是对巫术观念的神话解说。炎帝神农氏的"人身牛首"并非简单的兽人合体，也不是什么图腾的记号，而是对神农氏的巫师身份及其司农的职掌所做的曲折记录。

头戴角饰是巫师作法时习见的装束，不论是鹿角，还是牛角，都以其坚挺向上的架势表现生机勃勃、与天相接的象征观念。《白虎通·礼乐》曰："角者，跃也。阳气动跃。"③正是这一象征思维，使角饰成为巫师施法的道具。在春秋战国时的铜匜上常见有头戴角饰的巫师祭天图像，在云南石寨山出土的西汉铜器上亦见有以羽毛或发辫模拟牛角的巫师构图，并以角饰或虚拟的角饰表达连阴接阳、入地通天的意旨。

角饰中用水牛之角在中国南方尤为多见。牛的"土畜"之性使其被视作大地的载体和农业的恩主。《周礼·地官·大司徒》"奉牛牲"注云："牛，能任载地类也。"在一些民族的神话中，牛是大地的支座，在河南省安阳侯家庄西北岗出土的商代大理石雕双兽纹案便以牛为底座，表现出早在三千年前牛为大地载体的神话在中国已有了多重文化应用。如果说牛在宇宙构造神话中已同土地相关的话，那么，在方位神话中它开始具有农耕的性质。《贾子·胎教》曰："牛者，中央之牲也。"中国古代以五行同方位相配，有"东木、南火、西金、北水、中土"之说，牛为"中央之牲"，故属土，属土则宜农。农业的兴起与原始定居相关，定居导致方位上的"中央"与四边的概念。因此，炎帝神农氏的"人身牛首"之形带有"中央"农耕区的文化印记，是亲土情感的流露，也是祈年巫仪的写照。

牛与土地的联系在后世民间信仰中亦有迹可循。例如，在江苏省海州地区，每逢二月二日土地神诞日，有敬牛的民俗活动，是日不仅不用耕牛，而且

---

① 司马贞《三皇本纪》曰："炎帝神农氏，姜姓。母曰女登，有娇氏之女，为少典妃。感神龙而生炎帝，人身牛首，长于姜水，因以为姓。"
② 见《水经注·漻水》。
③ 引自《经籍纂诂》卷九十二。

要挖嫩草、鲜菜为"牛饭",百姓不吃牛肉,谓之"吃平安斋"。这种将牛与土地神相联系的风俗是出于牛为土地之征的神话信仰,反映出长传不息的牛土、牛农相对应的远古文化信息。在浙江省衢县(2001年撤销)旧有牛大王庙及庙会活动,庙会在每年谷雨日举办,附近的农家纷纷把耕牛牵来,并给牛大王献上稻草、稗草、野麦、番薯藤叶、豆叶壳、青叶、萝卜等祭品,其上等的祭品是豆粽(以稻草裹豆扎成长粽状),庙会开始后道士念咒并抛撒五谷(稻、麦、豆、黍、粟)。① 对牛王的庙祀,如同立春鞭春牛②,二月二日祀土地一样,寄托着重时劝耕、求稔祈年的意愿。此外,民间在水稻插莳前还有"牛栏之神"的祭祀活动,袁景澜《吴郡岁华纪丽》卷五曰:"吴农五月中趁梅雨艺田,插莳将兴,必烧短纸祭牛栏神,炉香灯烛,俎肉壶醪,就牛宫祭之,然后向田拔秧,名'开秧把'。"在现代江苏农村中仍偶见"牛栏之神"纸马的遗存,牛与农事相关的认识已成为神话、巫术、宗教、民俗相贯相融的内力。

  炎帝神话的"人身牛首"描写,绝非图腾的标志,也不是怪诞的人兽合体,正如其"感生"之说一样,是原始巫术的记录。炎帝神农氏的"人身牛首",即首佩牛饰,而牛首以牛角为特征,因此也就是首佩角饰,而角饰正是古代巫师习用的巫具。因此,炎帝的神话形象就是巫师的形象,炎帝神农氏无疑便是兴农的巫祖。这在炎帝神话中已有端倪。《绎史》卷四引《周书》曰:"神农之时,天雨粟,神农遂耕而种之。"此外,王应章《嘉禾县学记》曰:"炎帝之世,天降嘉种神农拾之以教耕作。"嘉种何以天降呢?东晋王嘉《拾遗记》卷一中有一则重要的信息:"炎帝时有丹雀衔九穗禾,其坠地者,帝乃拾之,以植于田,食者老而不死。"原来,这"嘉种"是"九穗禾",由"丹雀"衔来,坠落于地。而"丹雀"即"朱雀",是赤色之鸟,即太阳鸟。而《白虎通·五行》有"位在南方,其色赤,其帝炎帝者,太阳也"之载。因此,"丹雀"作为太阳鸟,当是炎帝的精变。这样,"天雨粟"的神兆便是一场自导自演的巫仪,它通过对种子的神秘化处理,达获种祝殖、保苗丰产之效。汉班固《白虎通·号》另说神农"教民农作,神而化之,使民宜之",这"神而化之"正是对巫术功利的概括。丹雀衔穗还透露出这样一个信息:播种前,种子由巫师先行抛撒,或由其口直接含种喷吐,以作播种之象;或由其口含水喷洒种子,作为浸种的信号。总之,炎帝神话在族祖、业祖的背后隐藏着一个巫祖的

---

① 参见孙水标:《衢县牛大王庙会活动》,《中国民间文化》1994年第2期。
② 详见陶思炎:《祈禳:求福·除殃》,香港三联书店1993年版。

身份，而"人身牛首"正是寻探这一隐秘身份的文化信息。

二 养命不死的情结

炎帝神话中所隐含的养命不死情结，亦流露出浓郁的巫风气息。

炎帝神农氏的兴农教耕的伟业，最基本的追求乃为延命不死。其兴农的背景，本由于"古之人民皆食禽兽肉。至于神农，人民众多，禽兽不足"[①]。而耕作的结果，不仅救民于饥馑，且如《拾遗记》所言，使"食者老而不死"。延命不死的主题在炎帝教耕兴农的神话中表现得比较突出。如前所述，其教耕的手段是"天降嘉种""神而化之"，因此延命不死的神话情结乃由巫术思维所牵动。

炎帝神农氏尝草治病的神话也点画着养命的主题。《三皇本纪》载："神农……以赭鞭鞭草木，始尝百草，始有医药。"另《搜神记》卷一曰："神农以赭鞭鞭百草，尽知其平、毒、寒、温之性，臭味所主，以播百谷，故天下号神农也。"不论是为"医药"，还是为"百谷"，在神话的叙述中都少不了"赭鞭"这一工具和巫具的使用。"赭鞭"即赤鞭，当为一种涂抹了动物血液的巫具。血液与灵魂、生命相联系的原始幻想曾使初民社会普遍存在过以血液或红土涂抹死者，以诱其还阳再生的宗教行为。"赭鞭"作为一种有灵性、有生气的巫具，其功用，即通过接触巫术的施行，使百草化为助生养命的药物或食粮。《路史·外纪》言及炎帝鞭草木之事曰："以养其性命而治病，一日间而七十毒，极含气也。"其"气"即来自"赭鞭"之生气，其功则为"养其性命"。

神话中炎帝的生命运动也演绎着不死的主题。因炎帝本为"太阳"，而太阳是生命的象征，故永无死绝，炎帝死后或化为"火德之帝"，或成为"灶神"。《吕氏春秋·孟夏纪》曰："孟夏之月，其日丙丁，其帝炎帝，其神祝融。"高诱注曰："丙丁，火，日也。炎帝，少典之子，姓姜氏，以火德王天下，是为帝，号曰神农，死托祀于南方，为火德之帝。"

此外，《淮南子·氾论》曰："炎帝作火，而为灶。"高诱注曰："炎帝，神农，以火德王天下，死托祀于灶神。"炎帝生命形式的转化终离不开"火"的属性、"夏"的时序和"南"的方位，其转化的主题就在于养命。《白虎通·五祀》载："夏，祭灶；灶者，火之主，人所以自养也。夏亦火王，长养万物。"

[①] 语出班固《白虎通·号》。

可见,"自养"与他养在祭灶仪典中得到了统一,"养"的主题明白无疑。炎帝的生死均与养民和养物相连,反映了神话中不死情结的强烈。

炎帝的子孙们也都有化生延命之性,成为炎帝神话中不死情结的延续。著名的"文首、白喙、赤足"的"精卫"鸟,本由炎帝之女"女娃"所化。《山海经·北次三经》记述了这一变化之因:"炎帝之少女名曰女娃。女娃游于东海,溺而不返,故为精卫,常衔西山之木石,以堙于东海。"女娃实溺而不死,只是发生了形变,虽由人变为鸟,但生命仍在延续,甚至还以有目的的劳动体现着人与自然抗争的意志。实际上,"精卫"还是人性的神,只不过鸟形罢了。

此外,炎帝的女儿"女尸",死后"化为䔄草"①,炎帝之季女"瑶姬",死后则化为灵芝,甚至还能引发神人之恋的故事。唐余知古《渚宫旧事》引《襄阳耆旧传》记述了她与楚怀王的相会及诉说:"我夏帝之季女也,名曰瑶姬,未行而亡,封乎巫山台。精魂为草,摘而为芝,而焉媚服,则与梦期。所谓巫山之女,高唐之姬。闻君游于高唐,愿荐枕席。""瑶姬"与"女尸"化为灵草也罢,化为"巫山之女""高唐之姬"也罢,都以化生为纽结,图演不死的神话情结。帝女化草,"服之媚于人"及"愿荐枕席"之举,更以性爱的成分强化生命的存在与青春的活力。炎帝之孙"灵恝"生互人的神话,以"人面鱼身"的合体形态及"上下于天"的交通神能②,也表现了生命的化变之力及其存在的广袤空间。

至于炎帝之妻"听訞"的神话,则以子孙氏系的交代,呼应着养命不死的主题。《山海经·海内经》列举了"听訞生炎居,炎居生节并,节并生戏器,戏器生祝融",祝融生"共工","共工生术器","共工生噎鸣"等,以氏系的延续表示种族不灭,生命不死。在原始社会中,个体本融合在群体之中,因此,族种的存在才是生命不绝的主要标志。

养生不死的情结与巫术思维息息相关。从《广异记》中有关"赤帝女"的神话与风俗,不难看出这种联系:"南方赤帝女学道得仙,居南阳崿山桑树上,正月一日衔柴作巢,至十五日成,或作白鹊,或女人。赤帝见之悲恸,诱之不得,以火焚之,女即升天。因名帝女桑。今人至十五日焚鹊巢作灰汁,浴蚕子

---

① 《山海经·中次七经》曰:"姑媱之山,帝女死焉,其名曰女尸,化为䔄草,其叶胥成,其华黄,其实如兔丘,服之媚于人。"
② 《山海经·大荒西经》:"有互人之国。炎帝之孙,名曰灵恝,生灵恝互人,是能上下于天。"

招丝,象此也。"① "赤帝女"即炎帝之女,能作"白鹊",亦能化"女人",因栖于"桑树"上,故衍生出十五日焚鹊巢浴蚕子的风俗。

这一风俗实出于巫术观念,即由接触联想,使鹊巢与蚕子间产生感应关系,以求茧丝丰足。其追求的潜在基础,则是帝女生命的多形态性及其命魂不绝,而蚕由卵及幼,变蛹成蛾,亦具有生命的多形态性。浴蚕子本求种活不夭,它建筑在相似联想的基础之上,归属于顺势巫术,然其触发的媒介和心理基础,则是炎帝神话系所包孕的养命不死的情结。

三 创造与治世的业绩

神话中的炎帝既是族祖、国祖,同时也是一位文化创造的英雄,正是由于创造与治世的业绩,他才深受爱戴,称颂古今。

炎帝的文化创造多种多样,诸如:制耒耜锄鎒,教民耕作;遍尝百草,宣药疗疾;创六十四卦,定日月时序;倡作蜡祭,岁末报功;制七弦之琴,以"禁淫僻,去邪欲"②,"通万物而考理乱"③;"弦木为弧,剡木为矢","以威天下"④;"日中为市,致天下之民,聚天下之货,交易而退,各得其所"⑤;凿地为井,"井出水以救渴"⑥;"筑圆丘以祀朝日,饰瑶陛以揖夜光"⑦;等等。其创造涉及农事、医药、历法、宗教、仪礼、商贸、兵器等诸多方面。

炎帝所处的时代当为母权制向父权制的过渡阶段,《庄子·盗跖》曰:"神农之世,卧则居居,起则于于,民知其母,不知其父,与麋鹿共处。"这是一幅母权制社会的图景。不过,既称"神农之世",而神农又与太阳神炎帝相合,当已开始了父权制阶段。

神农炎帝不仅是文化创造的英雄,更是社会生产与生活的组织者和训导者。他以"士有当年而不耕者,则天下或受其饥矣。女有当年而不织者,则天下或受其寒矣"为训辞⑧,把社会生活的秩序建立在劳动自养的基础上。炎帝

---

① 转引自《太平御览》卷九二一。
② 扬雄《扬子》:"昔者神农造琴以定神,禁淫僻,去邪欲,反其天真者也。"
③ 桓谭《新论》曰:"神农氏为琴七弦,足以通万物而考理乱也。"
④ 刘勰《刘子新论》:"神农氏弦木为弧,剡木为矢,弧矢之利,以威天下。"
⑤ 见《汉书·食货志上》。
⑥ 王充《论衡·感虚篇》:"神农……凿地以为井,井出水以救渴。"
⑦ 王嘉:《拾遗记·炎帝神农》。
⑧ 见吕不韦:《吕氏春秋·爱类》。

神农氏不仅劝耕,更能亲耕,"以为天下先",并广施德政,导民"不贵难得之货,不器无用之物",终使"衣食饶溢,奸邪不生,安乐无事,而天下均平"①。东汉袁康《越绝外传·枕中第十六》记述了神农的治世之德及赫赫事功:"昔者神农之治天下,务利之而已矣。不望其报,不贪天下之财,而天下共富之,不以其智能自贵于人,而天下共尊之。"由于他"刑政不用而治,甲兵不起而王"②,常"怀其仁诚之心"③,而使天下归顺。显然,炎帝神农氏已从族祖、业祖上升到国祖的地位。

从炎帝陵历代祭祀碑文看,帝王们凡登基、立储、战争、灾荒,都要告祭,并视炎帝为佐邦佑国的英祖。明永乐初年,明成祖遣翰林院编修杨溥告靖难的祭文曰:"仰惟神圣,继天立极,功被生民,万世永赖。予嗣承大统,只严祀事,用祈佑我国家,永底升平。"此外,在后世帝王们的祭文中多见"祈佐我邦家""永祚我国家""永佑邦家""福我环区"之语,④均把炎帝奉为护国之祖。

炎帝在创造与治世中的业绩体现出勇气、责任、智慧与道德的统一,成为英雄时代理想的结晶,也反映了神话创作与整理时代的人民对族祖、国祖的认同与褒美。从这一意义说,有关炎帝创造与治世的神话不仅是对文化英雄的塑造,更表达了对国祖的颂赞与追怀。

炎帝神话以其形象、心理、叙说,透过巫风的气息传导出养命乐生的农耕文化基调以及对部族首领和文化英雄道德与业绩的褒美,对族祖、业祖、国祖的敬仰与爱戴。炎帝神农氏作为农业的恩祖是神、巫、人的统一,在农业立国的中国,农祖即国祖,农祖即族祖。直至今日,海内外的中国人犹以"炎黄子孙"的自谓而自豪,反映出神话情结的持久生命力。

《江苏社会科学》1998年第4期

---

① 见《淮南鸿烈·齐俗训》。
② 语出商鞅:《商子·画策》。
③ 《淮南鸿烈·主术训》:"昔者神农之治天下也,神不驰于胸中,智不出于四域,怀其仁诚之心,甘雨时降,五谷蕃植。"
④ 唐家钧整理:《炎帝陵历代祭祀碑文及杂碑文辑录》,载《炎帝和炎帝陵》,光明日报出版社1988年版。

略论后羿神话

一 从神话研究的文字学派说起

作为原始思维产物的早期神话，是人类自然观与社会观的曲折表达，它不仅仅是令现代人津津乐道的奇妙的故事，更是探究人类自身发展的可靠线索和不可多得的文化财富。世界各民族都有过自己的童年时期，都经历过一个漫长的神话创造的阶段，也有过自己的需要英雄并创造英雄的历史。正如古希腊神话中有建十二功勋的半人半神英雄赫拉克勒斯一样，在中国神话中也有建立诸多功勋的英雄，那就是——后羿。

后羿射日的神话潜藏着幽深的文化哲学与文化历史的秘密，其寓意的解读需要智慧和证据。为了研究和解读神话，自19世纪以来国际上就形成了一些各持一说的不同学派，诸如比较神话学派、心理学派、原型批评学派、结构主义学派、文字学派、思维互渗学派等。

其中，文字学派认为，神话的产生是由于语言或文字有错误或被误读的结果。他们认为，远古时代本来很平常的一句话，由于年代久远，后人不知其意，或因口耳相传的差错和文笔记录的错讹，被附会、曲解、增饰、再创，遂形成了一则美妙的神话。正如珍珠是因为河蚌生病一样，神话因语病而形成，病灶和错误经改造或想象而变得优美。这方面的实例在世界神话中并非鲜见。

例如，古希腊的太阳神阿波罗与河神之女达芙妮的神话，就是因为城邦制时期的希腊人对远古希伦语汇中的"达芙妮"词意的不了解，把意为"曙光"的古词误读为女子的名字，从而把一则太阳追踪曙光的解释性自然神话改造成男神与女神之间的爱恨纠葛的唯美性社会神话。

再如，基督教《圣经》中的《旧约》记录了一些早期流传在美索不达米亚的苏麦尔人神话和古犹太人的传说。其中,伊甸园神话说,上帝从熟睡的亚当身上取出一根肋骨,造出了世界上的第一个女人夏娃,让她陪伴亚当,以驱除孤独和寂寞。这段叙述同《圣经·创世纪》中所说,上帝在第六天按自己的形象"造男造女"的描写明显矛盾。其实,有关夏娃的神话是因对苏麦尔人神话中的女神"宁姬"之名的误读而附会的。宁姬作为女神,能给别的神明治病,在苏麦尔语汇中"姬"有"肋骨"的意思,而"宁姬"既表示"来自肋骨的女人",又有着"赋予生命的女人"之意。但在《圣经》的编纂年代,人们早已忘却了"赋予生命"的语义,只知道"来自肋骨"之解,于是附会出了亚当、夏娃与伊甸园的宗教神话。

神话信息的传承有赖于语言、文字的符号,也借助图像、造物,甚至动作、仪式的符号。对原始的神话图像做出正确的判断和恰当的解释是一件很艰难的事情。在中国的史前图像和古代纹样中,就有大量的众说纷纭、莫衷一是的神话信息。例如,连云港将军山崖画中的人头草身纹,西安半坡村彩陶盆上的人面含鱼纹,红山文化和良渚文化中的一些玉雕兽纹,战国的漆器图形,汉画像砖石上的动植物和器物的刻纹等,都潜藏着远古的神话信息,其中不少难以做出公认的准确的解读,因此,也见类似"文字学派"的附会和猜测,当然,并非不可成"一家之言"。

拿后羿神话来说,作为"以善射闻"的帝羿有穷氏[1]和诛凿齿、杀九婴、缴大风、断修蛇、擒封豨、射十日的容成氏时的羿的融合[2],交织着人性和神性,具有丰富的文化内涵。类似后羿的图像最早出现在云南沧源的"太阳神"岩画上,该画在发光的日轮中画着一个左手握弓、右手持箭的站立之神,这类图像可能引起了古人以箭射日的联想。作为一个救苦救难的射日英雄,后羿神话通过文献载录和图像绘制,其意义似乎已无可怀疑。不可,若从"文字学派"的增饰附会说出发,并由文字扩大到对图像的考察,仍有新说可以提出,即"羿射十日"可能是对原始太阳纹饰的误读。

在新石器时代的彩陶画上,有很多示意的太阳纹饰和卍字纹饰,在河南省郑州大河村出土的彩陶上有多种发光的太阳纹。其中,在一个陶钵的肩部绘有12个太阳,被认为是纪年的符号,象征着一年有12个"太阳月"。[3] 以太阳纪

---

[1] 见《史记·夏本纪》正义引《帝王世纪》。
[2] 见《淮南子·本经训》。
[3] 见宋兆麟等:《中国原始社会史》,文物出版社1983年版。

年在原始社会并非孤立的现象，有"十二太阳月"的12进位历法，也可能有"十太阳月"的10进位历法。当远离了原始社会的夏、商、周三代或其他先秦时代的古人从地下掘出一个绘有10个太阳的陶器时，他们往往会莫名其妙：天上明明只有1个太阳，怎么会同时画着10个太阳呢？于是他们幻想，也许从前天上曾有过10个太阳，因为太热，被英雄神用弓箭射落了九个，仅留下了一个太阳用以照明。

以上虽是推测，但以太阳纪年却是在野蛮时代和文明初期曾普遍存在过的一种历法，在文字创制之前，古人用结绳、堆石、凿崖、钻孔和图画等方式记年记事。因此，10个太阳图像的同绘，既是某部落的太阳历的历史遗存，同时也可能是射日神话的联想诱因。神话的发生是一个非常复杂的文化现象，后羿射日神话的生成也是一个复杂的文化现象，所以需要神话与文化的研究者去做持续而精细的研究工作，以揭示其内在的奥秘，并在做出准确解读的同时，认知其作为文化资源的多重价值。

二 后羿神话的元素分析

神话元素，又称"神话素"，是构成神话情节与意义的最基本的符号。结构主义学派认为，神话是处理神与人的对立关系并加以调解的一种密码，一个语种就是一个"符号系统"，产生神话意义的不是符号本身，而是符号间的组合关系。神话由"神话素"构成，"神话素"可以任意地排列组合，均可概括出相类的神话意义。

拿后羿神话说，其"神话素"主要是后羿（神）、太阳（自然物）、弓箭（人工物）三者，三者紧密相关，又各有文化的象征意义。

中国神话说，太阳之中有"三足乌"，又称"金乌"，这日中的乌鸦实际上就是太阳的精魂。太阳每日东升西落，被古人幻想由乌鸦驮负，或太阳本身就是乌鸦幻化，靠无形的金翅在天上飞行。太阳早晨从东方的树梢上起飞，傍晚栖息在西方树林的枝头，具有鸟的性质。古人视乌鸦为"吉鸟"和"孝鸟"：乌鸦晨去暮归，有"知归"之性，故视之为吉；乌鸦能反哺识养，不舍双亲，故称之为"孝"。太阳的金光照射大地，无比迅疾，有似飞箭，故在云南沧源岩画中有神握弓持箭立于日轮的图形，表现了阳光似箭的文化认识。也就是说，太阳在神话思维中早已同鸟、箭联系在一起。

后羿的名称带有"羽"字，也留下了鸟的痕迹。后羿以善射著称，古代打鸟的主要工具是弓箭，太阳为鸟，所以后羿在神话的叙述中便有了射日的神功。

至于弓箭，既是后羿的武器，又是阳光的象征，正是借助弓箭的媒介，后羿才与太阳奇妙地联结在一起。于是后羿——太阳——弓箭的联系，又表现为神——自然物——人工物的联系，进而引申为神——自然——人类的联系，从而显示出射日神话的英雄性质和社会意义。

作为"神话素"，"后羿""太阳""弓箭"三者的位置在神话的叙事结构中是可以变换的，可以是后羿——弓箭——太阳，可以是后羿——太阳——弓箭，也可以是太阳——后羿——弓箭，或者是弓箭——太阳——后羿，它们虽有前后排列的次序不同和制约、被制约关系的换位，但都反映了三者同在互联及依存与制约的关系，显示出它们在前逻辑思维基础上的相生相克，以及浑融一体的文化意义。

由于羿请不死药于西王母，嫦娥偷吃而奔月神话的存在，形成了两条与后羿相关的相互对照的叙事结构。一条是后羿——日——弓箭，即男神——鸟——器；另一条是嫦娥——月——不死药，即女神——蟾蜍——物。它们之间存在着鲜明的对照关系：第一重对照——后羿与嫦娥，即男神与女神，一个是救民于火的坦荡英雄，一个是心地狭隘的自私女人；第二重对照——日与月，即飞鸟与蟾蜍，一个飞动，一个静伏，一个阳，一个阴；第三重对照——器与物，即弓箭与不死药，一个是致命的武器，一个是延生的灵药，实际上表现为生与死的对照。此外，嫦娥与蟾蜍的同在，除了点画出月亮的不死主题，相互间也是一重有趣的对照：嫦娥是美女天神，却要同作为丑陋象征的癞蛤蟆相随相伴，表现了美与丑的强烈对照，也暗示了嫦娥外表与内在的反差，表达出神话美学的浪漫精神和批判立场。

可见，后羿与嫦娥之间，存在着男与女、阳与阴、生与死、美与丑、坦荡崇高与自私自利等多重对照关系，从而让后人对神话中英雄与美人的先型有无尽的回味。法国19世纪作家维克多·雨果在被文学史家称作"浪漫主义的宣言书"的《〈克伦威尔〉序言》中，说过这样的一段名言："丑就在美的旁边，畸形靠近着优美，丑怪藏在崇高的背后，美与恶并存，光明与黑暗相共。"其实，在中国的后羿与嫦娥的神话中，已隐藏着类似的美学法则，它表明神话在传递文化象征的同时，先天地具有审美的性质。

三　后羿神话的应用价值

1. 启迪思维的创造价值

创新型社会的建设需要创造型思维的引导，需要对前人文明的传承与开拓，其中，神话打破时空的非常规的逻辑方式以及天、地、人交混共融的一体构想，对当代人的思想解放，以及和谐社会的建设，都具有启迪的作用。后羿救民于火、诛灭害兽的勇士壮举，弯弓射日、不畏艰险的英雄气概，情系百姓、心忧天下的仁爱胸怀，至今具有榜样的启示意义。后羿神话旨在通过抗灾除祸的业迹，表现神、人之间的亲近感和共命观，表现人与自然的对立和调和。处理自然世界与人类社会的矛盾，建立人类在利与害对立统一中的主导地位，需要创造性思维，在当今地震、海啸、洪水、台风、沙尘暴等灾害频仍的时期，建立人与自然的和谐、人与人的和谐，都少不了智慧、勇气和创造。

2. 民族复兴的武库价值

马克思曾对古希腊神话做出高度的评价，称它为"一种规范和高不可及的范本"，并说它"不只是希腊艺术的武库，而且是它的土壤"。作为人类早期的艺术创作，神话具有知识总汇的性质，并成为哲学、文学、心理学、艺术学、逻辑学、语言学、宗教学等学科的源头。神话作为原始先民对自然与社会的曲折反映，展现着驰骋宇宙、勇往直前的进取精神，成为民族精神源头的早期记录。后羿射日神话，以及精卫填海神话、女娲补天神话、夸父逐日神话、盘古开天地神话等，都表达了不屈不挠的意志、奋斗牺牲的精神、济世救人的品质和生生不息的追求，作为民族精神的标志，构成了中华民族伟大复兴的武库和源泉。

3. 文化研究的学术价值

神话作为原始先民的"百科全书"，曾被用来解释世界，沟通自然，联合族群，它对人类的进化和文化的发展发挥过独特的作用。后羿神话在原始神话宝库中虽属相对晚出的英雄神话，但联系着天象解释、武器工具、灵药法物、男神女神等，留下了学术研究的广袤空间。透过后羿神话，我们能看到逝去久远的原始生活的图景、英雄社会的风尚、神系网络的构成逻辑、人工造物的夸饰、宇宙奥秘的探索等等，这些均可作为察古识今和文化建设的重要线索和珍贵资料。中国上古神话往往仅留下只言片语，似乎零碎残缺，但言简意赅，内蕴丰厚。后羿神话也正是这样，简略的文本包容着深厚的文化，具有深入探究的价值。

4. 开发利用的资源价值

神话作为民族的远古记忆和精神创造，是弥足珍贵的非物质文化遗产，也是特殊的文化资源。神话资源不仅能在民族团结、民族自尊、英雄主义、爱国爱乡等政治伦理层面具有教育的功能和资源的价值，而且在地方风格的打造、旅游产品的开发、文学创作的移植、文化标志的确立、象征符号的运用、艺术品和纪念品的制作等实用的层面，也能彰显出文化资源的性质，并获得实际的应用。后羿神话是特色鲜明的文化资源，具有当代应用的前景与价值，它不仅对地方的、民族的文化建设具有意义，甚至对地方的、民族的经济建设和文化产业也能发挥推动作用。神话作为文化资源，是民族的文化资本，而文化构成了当今生产力的特殊要素。后羿神话同其他原始神话一样，其资源价值会随研究的深入和应用的开展而不断地凸显出来，并受到普遍的认定。

《采风论坛（7）》，中国文联出版社2006年版

人鱼与孟姜女
——孟姜女原型探论

一 人鱼类说

上半身为女人、下半身为鱼尾的"人鱼"的幻想和传说,是一世界性的文化现象。人鱼往往被描写成长发丰乳、细腰白肉、美艳绝伦的海中之物,她们除了能水中嬉戏,还时常上岸,喜欢在航船边和渔村中引逗水手和渔夫们,她们既有姿色,又十分灵巧,能让人着迷,又能为人干活儿。因此,人鱼常被人们视作"海中仙女""海妖""怪兽",甚至被说成未知物种和海底文明居民。此外,人鱼还有男身者和山居者的说法。

在欧洲,关于海妖的记载在古希腊的荷马史诗《奥德赛》和柏拉图的宇宙学文章中均有记述。[①] 海妖塞壬是三种女妖:两种上半身是女人、下半身是鱼,另一种上半身是女人、下半身是鸟,她们一个吹号角,一个弹竖琴,一个用喉咙唱歌,让男人们听后神志恍惚,昏睡过去,并被杀死。在古希腊,人们确信海中有"美人鱼"的存在。博物学家普利尼在公元1世纪所著的《自然史》中写道:"至于美人鱼,也叫尼厄丽德,这并非难以置信……她们是真实的,只不过身体粗糙,遍体有鳞,甚至像女人的那些部位也有鳞片。"[②] 直到中世纪,女身鱼尾的海妖传说仍被不断地重复着,例如,在1206年安得烈·夏斯泰勒

[①] 《奥德赛》第12卷载女巫喀尔刻对俄底修斯说:"你会首先遇见海妖塞壬。她们迷惑所有接近的人。谁要是头脑发热不加防范,去听她们的歌,谁就再也回不了家,妻儿就再不能见到他了;因为海妖用清亮的嗓音迷惑他们,她们坐在草地上,四周堆满白骨,肉都烂光了……"参见 Vic de Donder:《海妖的歌》,陈伟丰译,上海人民出版社2004年版,第13页。
[②] 转引自马卫平:《"美人鱼"真的存在?》,《扬子晚报》2002年10月18日C15版。

抄本上录有菲利普、德塔翁的法文诗句：

> 大海中游弋着海妖，
> 她在飓风中歌唱，
> 在晴空中哭泣，
> 因为这是她的性格。
> 腰部以上，
> 她有女人的形体，
> 隼的爪子
> 和鱼的尾巴。
> 她想表达好心情时
> 就引吭高歌。
> 当航行在大海上的
> 艄公听到她的歌声，
> 会忘记驾船前进
> 并很快昏睡过去。
> 你要好好记住这些，
> 因为这个故事有其寓意。①

有关人身鱼尾的海妖的艺术图像千百年来在欧亚各地层出不穷，有的一手拿镜子，一手拿梳子，形同娼妓；有的夸大地表现其鱼尾及阴部，以强化其作为淫欲的象征。

与欧洲人把人鱼当作海妖不同，亚洲的人鱼传说具有较突出的巫术与神话的气息。在苏麦尔人的信仰中，"鱼头神"俄安涅斯是一个头顶鱼头、身披大鱼的肌肉健硕的男性神。半人半鱼的俄安涅斯所住的宫殿被称作"太阳之家"，据说他半天在陆地上，半天在大海中，具有太阳的象征意味。无独有偶，月亮每日因追逐太阳而沉入大海，因此月神在神话描述中也是半人半鱼的形象。在巴比伦，有海里的半人半鱼神建国家、造都城、定法律、授人技术的神话。

在我国的古籍和文物中，有关"人鱼"的记述与图像并非鲜见，然而各类"人鱼"的形态与生态略有差异，究其类型，可大致分作三种，即鲵鱼、鲛人和陵鱼。

---

① 引自 Vic de Donder：《海妖的歌》，陈伟丰译，上海人民出版社2004年版，第102-103页。

其一，鲵鱼。鲵鱼，生山溪中，俗称"娃娃鱼"，又称作"魶"。《证类本草》云"鲵鱼，鳗鲡"，故通作鲡。此外，鲵鱼还有"鰕""䱻鱼"之称。①

在《山海经》中有不少关于"人鱼"的记述。《西山经》"竹山"条载：

> 丹水出焉，东南流注于洛水，其中多水玉，多人鱼。

《北山经·北次三经》"龙侯之山"条载：

> 又东北二百里，曰龙侯之山，无草木，多金玉。决决之水出焉，而东流注于河。其中多人鱼，其状如鲥鱼，四足，其音如婴儿，食之无痴疾。

此外，《中山经》里的"熊耳之山""傅山""阳华之山""朝歌之山"和"葴山"诸条亦记有"人鱼"。徐广曰："人鱼似鲇而四足，即鲵鱼也。"《酉阳杂俎》则言及其形状、生态、食法等：

> 鲵鱼，如鲇，四足长尾，能上树，天旱辄含水上山，以草叶覆身，张口，鸟来饮水，因吸食之，声如小儿。峡中人食之，先缚于树鞭之，身上白汗出如构汁，此方可食，不尔有毒。

由上可知，人鱼因声如儿啼而获名，在中古时期它已由巫药成为食物。

至于人鱼的图像，则比文献的载录更为久远。早在新石器时期的彩陶上已见鲵鱼的纹饰。例如，甘肃甘谷西坪出土的庙底沟型仰韶文化彩陶瓶上的鲵鱼纹，甘肃武山出土的马家窑文化彩陶上的鲵鱼纹等，均表明鲵鱼很早就受到我们祖先的重视，并成为文化创造、艺术表现与信仰寄托的对象。在宋代，鲵鱼俑颇为风行，在山西长治及四川蒲江县五星镇等地的宋墓中均有出土，显然，鲵鱼俑寄寓着化生复活的祈望。由于鲵鱼"其音如婴儿"，便称之作"人鱼"，又常与"水玉""金玉"相连，才诱发了人、鱼化变和再生复活的幻想，并得以进入古代的葬仪之中。

其二，鲛人，又称鲛鱼。《说文》曰："鲛，海鱼也。"因鲛人居海，又有"海人鱼"之名。古籍中有关"鲛人"或"海人鱼"的记述亦为数不少，大多伴有化生的描写或附会其具有人形人性的特征。

晋人干宝《搜神记》卷十二载：

---

① 《尔雅》曰："鲵大者，谓之鰕。"王念孙《广雅疏证》卷十云：鲵鱼，"一名䱻鱼，一名人鱼"。

> 南海之外，有鲛人，水居如鱼，不废织绩。其眼泣则能出珠。

这是有关鲛人勤织与献珠的较早记述，这里的鲛人已带上了人化的特点。此外，《太平御览》卷八百三、黄山谷诗《内集》卷三《次韵曾子开舍人游籍田载荷花归》任渊注、《事文类聚·续集》卷二十五并引《博物志》云：

> 鲛人水底居也。俗传从水中出，曾寄寓人家，积日卖绡。绡者，竹孚俞也。鲛人临去，从主人索器，泣而出珠满盘，以与主人。①

与"不废织绩""积日卖绡"、泣而出珠之说相反，古籍中另有人鱼为厌织的懒妇所化的记述。《酉阳杂俎》前集卷之十七"鳞介篇"记"奔𩶁"曰：

> 相传懒妇所化。杀一头得膏三四斛，取之烧灯，照读书、纺绩辄暗，照欢乐之处则明。

周亮工《书影》第三卷引《南越志》《虞衡志》亦言及懒妇化鱼之事：

> 《南越志》：昔有懒妇睡机上，姑怒之，遂走投水，化为此兽。一枚可得油三四斛，燃之照纺绩则暗，照歌舞则明。《虞衡志》：懒妇如山猪而小，喜食田禾，以机轴织纴之物挂于田头，则不敢近。然馋灯之说，名"奔𩶁"，又鱼也。懒妇三化，水陆呈形，然乎！

"奔𩶁"与"鲛人"并非物种差异而有勤懒之分，它们同为"人鱼"，并因"两乳在腹下，雄雌阴阳类人""声如婴儿啼"②，而产生人化与化人的传闻，并带上褒贬互见的审美情感。

鲛人，即海人鱼，雅称"儒艮"，因雌鱼形似妇人，《洽闻记》《徂异志》等均言其为"美丽女子"，"能与人奸"，强调其人化的性质。《太平广记》等则记有多例"鲛化男女"的形变故事，渲染了"人鱼"的神秘与怪异。

其三，陵鱼。陵鱼，居海或居陆，是有别于鲵鱼、鲛人的另一类"人鱼"，《山海经·海内北经》载："陵鱼人面，手足，鱼身，在海中。"可见，陵鱼不具人形，仅手足与人相类，虽说居海，但与身似人体的鲛人大相径庭。

陵鱼又作"鲮鱼"。屈原《楚辞·天问》中有"鲮鱼何所"之问，其注曰："鲮，鲤也。有四足，出南方。"③ 此说亦言及鲮鱼有四足的形象特征，但未言

---

① 此处内容摘自《事文类聚·续集》卷二十五。其余两部著作所引文字与此有出入。
② 段成式：《酉阳杂俎》前集卷之十七。
③ 《经籍籑诂》卷二十五。

明是否类人之手足。此外，《吴都赋》中有"陵鲤若兽"之句，视之为兽可能是着眼于它以足行地的特征。

在古代文物中留有不少陵鱼的图像，表明它的传说与构图有着坚实的信仰基础。在殷墟妇好墓中曾有陵鱼形玉鱼出土，在四川宜宾地区的汉代岩画上亦见有陵鱼构图，在江苏铜山县（今徐州市铜山区）洪楼地区出土的"鱼龙曼衍"汉画像石上，其鱼亦为四足陵鱼形。可见，陵鱼在我国汉代以前已成为宗教与艺术的表现对象，其鱼身兽足的形象在《山海经》中又有"人面、手足"的描述，其蕴意更为复杂。由于陵鱼图纹多与墓葬相联系，无疑，又展露出化生的性质。鱼身兽足，表明它在信仰中有水生与陆居的两栖性能；"人面、手足，鱼身"，则表明它亦鱼亦人，二者相化相合。陵鱼联系着水、陆二界及人、兽二体，所以能成为转世复活、化生永存的象征。

总之，鲵鱼、鲛人、陵鱼是三类形态、生态各异的"人鱼"品类。其中鲛人较少实物例证，主要见之于文献，而鲵鱼、陵鱼在文物中则多有发现，且与墓葬制度联系在一起。不过，上述三类"人鱼"，又均有合体或化生的形变共性。

二 姜女化鱼

明清以来，孟姜女的传说在我国东南地区得到最广泛的传播，其情节在千里寻夫、哭倒长城、滴血认亲、捡骨归葬之后，又增添了秦皇求娶、姜女施计、投水化鱼等新的联结。从内容方面看，它增添了抗暴复仇、惩恶扬善的思想；从形式方面看，它又借取了传统的化生变形的神话叙事手法。

从孟姜女化变的鱼种看，主要有银鱼、面丈鱼、鲤鱼数种，此外，还有只言及入海化鱼，而未交代鱼种的传说。如此纷纭的说法，反映了我国东南地区多水近海的地理条件和当地物种在民间讲传中的各自应用，也反映了孟姜女传说多异文的传承实际。

作为名贵的鱼种，银鱼产于太湖流域，因此，孟姜女化银鱼的传说带上了鲜明的地方特征。在江南吴地流传着孟姜女的皮肉、眼泪或衣裙化作银鱼的各类异文。

流传于江苏省武进县（现常州市武进区）太滆地区的传说讲，孟姜女哭倒长城后，秦始皇见她容貌俊美，想娶她为妃，她装作答允，却另有盘算，当她随始皇乘船来到太滆湖时，愤然投水。始皇命官兵用铁丝做网，捞起姜女的尸体，绞烂她的皮肉，并抛进湖中，谁知那些绞烂的肉丝丝却变成了一条条洁白的银鱼①。流传于江苏吴县（1995年撤销，现苏州市吴中区）的孟姜女传说讲：哭倒长城后，秦始皇见孟姜女漂亮，硬要她做自己的妃子。孟姜女将计就计，要秦始皇在河边搭祭台，穿孝衣，并率领文武百官来祭亡夫范喜良。吊祭那天，孟姜女在祭台上泪如雨下，眼泪落到台下河里，慢慢地变成了一条条、一簇簇白嫩似玉的小鱼在水中向东南方向泅去，一直游到太湖里。这种鱼就被人们叫做"银鱼"。此外，当地还流传着这样的歌谣：

> 孟姜女过关睏兴贤桥，
> 蚊子发善心不叮咬；
> 眼泪水滴到河里头，
> 孵出仔银鱼一条条。②

流传于江苏无锡太湖边的传说讲，孟姜女要秦始皇为亡夫搭起三十里长的孝棚，自己则穿上白衣白裙日夜大哭，直哭得天昏地暗，直哭得太湖水涨。一时间，秦始皇惊惶失措，孟姜女趁机纵身跳入了太湖，化作了万千条雪白的小鱼。这些小鱼都是孟姜女的白衣白裙变的，所以，它们一条条洁白无瑕，柔软如带，人们就称它们为"银鱼"③。

在上海市川沙县（1992年撤销）流传的名为"孟姜女殉夫"的故事则讲，孟姜女跳海殉夫后，关官十分恼怒，便令人用竹丝帚把孟姜女的肉划成一条条的肉丝，由于她一身洁白，因此这条条肉丝就变成了洁白透明的面丈鱼④。

面丈鱼在苏南又称作"面条鱼"或"银条鱼"，甚至也有称它为"美人鱼"的。实际上，"面条鱼"是银鱼系列中的一个品种，学名为"长吻银鱼"，俗名则称作"大银鱼"。孟姜女化银鱼的传说流传甚广，因此，所化之鱼的名称甚多，有关传说的叙事结构也不一样，流传着不少的异文。

在苏北地区也有孟姜女化身为鱼的传说和戏曲，然所化鱼种多被说成是鲤鱼。例如，淮调《孟姜女》的唱词有：

---

① 见常州市民间文字研究会：《常州地区孟姜女故事歌谣资料集》，1986年版。
② 见无锡市文学工作者协会：《江苏地区孟姜女的传说和歌谣》（资料本）。
③ 见中国民间文艺研究会上海分会编：《孟姜女资料选集（第二辑·故事）》，1985年版。
④ 见中国民间文艺研究会上海分会编：《孟姜女资料选集（第二辑·故事）》，1985年版。

> 可恨秦始皇，逼奴入宫墙。
> 奴以三件事，诋辱他昏王。
> 百日将夫祭，向浪桥人终。
> 鲤鱼奴幻变，一对配成双。

流传在江苏宝应县的孟姜女歌谣也唱道：

> 鲤鱼就是奴家变，细眼红尾苗条身。
> 世人对我多珍重，捧上案桌敬神灵。
> 孟姜万郎成双对，一对鲤鱼跳龙门。①

此外，各地还有一些孟姜女跳海化鱼的传说，有的只说她的去处是入海或前往龙宫，而未提她化作鱼类之事，这在民间流传的一些讲经宝卷中最为多见。例如，《佛说贞烈贤孝孟姜女长城宝卷》云：

> 孟姜女，叫："主公，岸上久等，
> 把我夫，送入水，与主同行。"
> 只说话，心观水，望海一跳，
> 来无踪，去无影，凡圣相同。
> ……
> 孟姜女，和范郎，同会大海，
> 趁水引，壁水鱼，径往龙宫，
> 拜罢了，海龙王，同受快乐，
> 也无生，也无死，永远长生。②

这里，姜女和范郎会于大海，同往龙宫，是对传说中化鱼情节的改造，但其最后归宿仍为水界，透露出姜女跳海后获取了鱼类之性，至少表明她作为水族或水神而转化到另一特殊空间。

总之，姜女化鱼是孟姜女传说的重要情节，它作为姜女与秦皇矛盾的结局具有惩恶扬善、褒美贤孝的意义，同时变形化生手法的运用，又使它提高了文化探究的价值。

---

① 见中国民间文艺研究会上海分会编：《孟姜女资料选集（第一辑·歌谣）》，1985年版。
② 出自康熙金陵荣盛堂刻本，见路工：《孟姜女万里寻夫集》，上海古典文学出版社1957年版。

三　形象揭谜

透过孟姜女化鱼的情节描述，我们能够察知传说的这一构想与时人对人鱼的认识有着内在的关联。对传说的这一构思和叙事结构，如果我们做顺向的和逆向的考察，就会发现：孟姜女的形象有着明显的从人鱼化出的印痕。特别是传说中的"海人鱼"，在白肉、居海、善织、多泪、授珠等方面与孟姜女的形象息息相通，当为孟姜女创作的原型，至少是孟姜女化鱼情节得以构成的基础。

在传说中，孟姜女是细皮白肉的绝代佳人，连秦始皇见了也垂涎欲滴。在"花园裸浴"的场景中，有对孟姜女"细皮白肉"的渲染；在"姜女身世"的传说中，有说她是天上"玉女"下凡；而各种化作银鱼的异文，也都众口一词地强调孟姜女肉白如银的丽质。至于古人眼中的"海人鱼"，也正是被描绘成"皮肉白如玉鳞"。据《洽闻记》载：

> 海人鱼，东海之大者，长五六尺，状如人，眉目、口鼻、手氏头皆为美丽女子无不俱足。皮肉白如玉鳞。有细毛，五色轻软，长一二寸。发如马尾，长五六尺。①

可见，海人鱼以皮肉白丽，早就获取了"美丽女子"之誉。这一夸赞为孟姜女跳海化鱼提供了创作依据。苏南一带所谓孟姜女入水化银鱼者，这"银鱼"实际上就是指"人鱼"。在一些方言中，"人""银"的发音相同，并由音近而讹。正是由于"人""银"二字的语音相混而在传说中发生了义转和形变，导致了海人鱼向淡水银鱼变转，终使银鱼也成了"美丽女子"的象征，成了"人鱼"，成了孟姜女的化身之物。

银鱼与孟姜女除了仅有"白肉"这一表面的共性外，二者在本质上并无直接的联系，而海人鱼或"鲛人"则不然，它们的习性与能耐在传说中与孟姜女有着诸多的相通。

在流传孟姜女跳湖或跳江化作银鱼的东南地域，同时也流传着不少跳大海、往龙宫的异说，它以"入水化鱼"的相同情节与手法，表现出空间的差异与托物的不同。从传说中的人物配置看，范喜良与秦始皇也都有化鱼归海之

---

① 引自陈耀文：《天中记》卷五十六。

说。有传说讲，范郎死而复活，与孟姜女"同会大海"，而秦始皇后来也在海中幻化成鱼①。这种"归海化变"的传说与鲛人居海绝非简单的偶合。我们再考察孟姜女与鲛人的形象与行为的联系，更能加深这一认识。

神话故事中的"鲛人"能"不废织绩""积日卖绡"，不仅勤劳，而且工巧。自唐以来，"鲛绡"手绢屡入诗词，成为珍贵的馈赠或淑女们手中的寄情之物。鲛人神话由信仰转成风俗的时限不会晚于唐代，从唐彦谦《无题》诗中的"云色鲛绡拭泪颜"句可知，鲛绡为素洁的手绢，在唐时已为淑女们所喜用。因此，可以断定，鲛人的神话故事要早于孟姜女的化鱼传说。

孟姜女同鲛人一样善织善绣，《春调孟姜女》唱道：

> 孟姜女针线生活无人比，
> 一霎时寒衣寒裤都缝起，
> 夹里上头把荷花绣，
> 并蒂花开暖心意。②

有的传说还讲，因孟姜女善织善绣，擅做寒衣，后被天帝召进太阴宫，专为天下儿女织制寒衣。可见，孟姜女的善织巧绣与鲛人的"不废织绩"间有着某种共通的关系。

此外，善哭多泪也是孟姜女形象的重要特征。她的哭，能在迷途时引来乌鸦为之领路；她的哭，能让本想非礼的关官为她放行；她的哭，能倾倒长城八百里，寻得夫骨。孟姜女的哭既是弱女子痛楚悲切的写照，也是获取神佑、唤起神功的法术手段。在贵州龙里县羊场流传的《孟姜女哭夫君》歌谣描述了孟姜女哭的神功：

> 哭得龙王纷正乱，哭得鳌鱼把身翻。
> 哭得伤亡遍山吼，哭得孤魂四处哼。
> 哭得百鸟齐排翅，哭得万里长城崩。

孟姜女非但"一哭天地惊"③，其泉涌之泪如同宝物亦有幻化的神力。《春调孟姜女》就强调了她眼泪的特殊作用：

---

① 段成式《酉阳杂俎》前集卷十七载："东海渔人近获鱼，长五六尺，肠胃成胡鹿刀槊之状，或号秦王鱼。"
② 见《民间文艺季刊》1986 年第 4 期。
③ 陶澍《嘉山怀古》诗云："觅路不可识，一哭天地惊。风云惨无声，鳌柱为摧倾。"

> 眼泪落到太湖里，
> 变成小鱼白如银，
> 顿时银鱼满太湖，
> 太湖银鱼出了名。

鲛人亦是"善哭"的"美丽女子"，"其眼泣则能出珠"，即泪有化珠的神效。鲛人泣珠出于脱身的无奈，往往为允主人之索而为，实际上是一种自保的或祈佑的行为。孟姜女之哭与泪化银鱼，更是一种不得已的自救手段。因此，善哭多泪的特征和因泪脱身的效果把孟姜女与"人鱼"又不无缘故地纠合在一起。

鲛人泣珠之说在唐代以前已见记述，《博物志》载之，连唐诗中也有提及。元稹《长庆集》十七《送岭南崔侍御》诗中有"蛟老多为妖妇女，舶来多卖假珠玑"之句，其"蛟"当为"鲛"，即指鲛人献珠之事。有趣的是，在孟姜女的传说中也有姜女授珠的说法：范喜良被抓去造长城，行前孟姜女曾送他一颗珠子，让他放在口中就能不渴不饿……①这一插曲无疑是对鲛人泣珠的附会，也暗示了孟姜女的海人鱼身份。在中国神话传说中，宝珠除了鲛人泣出，也能由巨鲸之睛所化，此外，还有龙王所有、龙宫珍藏之说等，均言其与大海相关。因此，孟姜女的形象与人鱼特征的联系，主要是反映了海人鱼的文化因素在传说中的化用。

人鱼与孟姜女的关联，除了两形象特征的诸多相近外，也由于人鱼与秦始皇在葬仪中的勾连所诱发。我们在《史记·秦始皇纪》中能见到这样的记载：

> 九月，葬始皇骊山，……以人鱼膏为烛，度不灭者久之。

始皇陵中以鱼烛为长明灯，既取其久燃不灭之效，又寄托化生复活之功，这同原始社会即已出现的鱼葬之制有潜在的功能上的承传关系。文献中人鱼与秦始皇的联结，及传说中人鱼与孟姜女特征的相通，使人鱼作为又一中介联系着孟姜女与秦始皇，并成为始皇求娶、姜女施计、投水化鱼等情节形成的诱发因素。人鱼的楔入，不仅丰富了孟姜女传说的情节，也使其抗暴的主题更加突出。如果说，长城与始皇、姜女的联系决定了传说的历史内容与社会意义，那么，人鱼与始皇、姜女的联系则反映了传说的信仰基础与文化背景。

---

① 见中国民间文艺研究会上海分会编：《孟姜女资料选集（第二辑·故事）》，1985年版。

由于人鱼的楔入,孟姜女传说及其文化经历了从单一到综合,从自然到社会、从神话到历史的不断运动与发展。孟姜女原型为人鱼的判断,让我们从传说中看到神话思维的奇妙以及自然与社会的想象统一。

《民俗研究》2009 年第 3 期

肆

传统节日·民间信仰

七夕风俗的文化解读

一 七夕与星辰信仰

夏历七月七日古称"七夕",又称"巧日",是夕妇女祭祈牵牛、织女二星,以追慕织女的工巧和牛女鹊桥相会的恩爱,故素有"女儿节"之称。

织女、牵牛二星本因形似得名,二者原无瓜葛。《诗经·小雅·大东》云:

> 维天有汉,监亦有光。
> 跂彼织女,终日七襄。
> 虽则七襄,不成报章。
> 睆彼牵牛,不以服箱。

此说他们劳而无功,二者并无直接的联系。在汉代的《古诗十九首》中,有关两星的悲剧性爱情开始明朗:

> 迢迢牵牛星,皎皎河汉女,
> 纤纤擢素手,札札弄机杼,
> 终日不成章,泣涕零如雨。
> 河汉清且浅,相去复几许?
> 盈盈一水间,脉脉不得语。

诗歌言及织女、牛郎因天河相隔,欲语不得的苦恋,以及"不成章"是导致悲情发生的纽结。

汉代文献《淮南子》中,有"乌鹊填河而渡织女"之说,是最早的有关乌鹊作美引渡织女与牛郎相会的神话记录。此外,《岁华纪丽》卷三引《风俗通》云:"织女七夕当渡河,使鹊为桥。"《风俗通》为东汉应劭之作,可见,在东汉时，已有乌鹊架桥及七夕相会的明确说法。乌鹊即西王母座前的"青鸟"，也是中国神话中的神使。王母娘娘即西王母的演化，她既用簪子划出天河，又准允织女七夕渡河，故乌鹊的引渡也是遵从了王母娘娘的旨意。可见，在中国神话的叙述中，王母娘娘这个专横的老太太对女儿的情爱还留有几许恻隐之心。

乌鹊于七夕架桥，还因为鹊在七月里脱毛之故。《尔雅翼》卷十三曰：

> 涉秋七日，鹊首无故皆髡，相传是日河鼓与织女会于汉东，役乌鹊为梁以渡，故毛皆脱去。

七夕前后，织女、河鼓（牵牛）二星彻夜闪亮，而此时乌鹊有换毛之性，人们总是习惯于把天象与物象、人事联结起来，以岁时观念阐释自然与人文现象，并努力给远古的神话一个合理的解说，于是便有了乌鹊架天桥之说。

南朝梁代的殷芸在其《小说》中对织女、牛郎的分离与相会有较完整的载述：

> 天河之东有织女，天帝之子也，年年机杼劳役，织成云锦天衣，容貌不暇整。帝怜其独处，许嫁河西牵牛郎。嫁后遂废织纫。天帝怒，责令归河东，许一年一度相会。

这一说法出现在父权制社会并不奇怪，"天帝"掌有生杀予夺的大权，俨然地上的君主，其喜怒恩怨均带有社会的印记。他既悲怜其女，又严加惩戒，表现了人性的分裂和情感的表里抵牾，使神话故事的悲剧美注入了性格与社会的因素。

在中国，牛郎与织女一年一度鹊桥相会的神话推动了星辰崇拜的习俗化。最晚在东汉已有七月七日祭河鼓、织女双星的风俗。东汉崔寔《四民月令》载：

> 七月七日曝经书，设酒脯时果，散香粉于筵上，祈请于河鼓、织女。

祭祈河鼓、织女为何用"时果"？《晋书·天文志》称："织女三星，在天纪东端，天女也，主果蓏、丝帛、珍宝也。"以瓜果献祭，实际上，是为祈得织女星对瓜果丰产的护佑。

可见，七夕风俗与星辰的神话、信仰早在两千年前就已息息相关。

二 七夕风俗的主题

七夕风俗具有多源头、多主题的特点。具体说,至少包含了乞巧、乞爱、乞美、乞子、乞寿、乞年等基本主题。

其中,自汉代以来,乞巧成为七夕节俗的最大主题。晋葛洪《西京杂记》卷一载:

> 汉彩女常以七月七日穿七孔针于开襟楼,俱以习之。

葛洪虽未明言"乞巧",但象征性的乞巧卜具——七孔针已经出现,并传承久远。

较早明确指出祭双星为"乞巧"的,是梁代宗懔的《荆楚岁时记》:

> 七月七日为牵牛、织女聚会之夜,是夕人家妇女结彩缕,穿七孔针,咸以金银铁石为针。陈瓜果于庭中以乞巧,有蟢子网于瓜上,则以为有符应。

从此,"乞巧"成为中国"七夕"风俗的核心,也是祭祈双星的主题。

唐代延续汉代和南朝的传统,在朝廷内宫中也大兴乞巧之风,玄宗时曾建有规模壮观的"乞巧楼"。五代王仁裕《开元天宝遗事》载:

> 宫中以锦结成楼殿,高百尺,上可以胜数十人,陈以瓜果酒炙,设坐具,以祀牛、女二星。嫔妃各以九孔针、五色线,向月穿之,过者为得巧之候。动清商之曲,宴乐达旦。士民之家皆效之。

可见,唐代的七夕已有全民庆节的性质。此外,在七夕捉蜘蛛藏于盒中的卜巧游戏在唐代也已流行。穿针、藏蛛、供果等乞巧风俗直到清代和民国时期仍见传承和载述:

> 七夕,家设瓜果、酒肴于庭或楼台之上,为"乞巧会"。谈牛、女渡河事,令儿女辈悉预,谓之"小儿节"。妇女对月穿针,谓之"乞巧"。　　　　　(乾隆《吴江县志》卷三十九)

> 向夕,陈瓜果祀织女星,别供丝、丝绣针、脂粉。又于奁盒贮蜘蛛,晓启视之,以布网为得巧。　　(《武进阳湖县合志》卷二)

在中国北方,乞巧不用奁盒,而是先一日,"削瓜牙错如花瓣",插针瓜上,让蜘蛛自行缠丝，以为得巧之兆。

浮针、浮草，或浮豆芽、浮稻芽之类的乞巧风俗，近古以来颇为多见。光绪《丹阳县志》卷二十九载：

> （七月七日）水碗丢针乞巧。先以盎水夜露，曝日中，向午膜生，以绣针投之水面，看水底针形，有如笔、如锥、如算珠者，为之"得巧"。

另，《武进阳湖县合志》卷二载：

> （七月七日）午时取河、井水各半，贮一器曝日中，浮针其上，承日影视之，作宝塔或笔形者，巧。

河水为地上之水，即"阳水"；而井水为地下之水，即"阴水"。"河、井水各半"，即"阳水""阴水"相就，喻指牛郎、织女相会，显然，在物理的背后潜藏着事理与人情。

在南京，旧时妇女则截取一段蟋蟀草丢于水上以乞巧。《金陵岁时记》载：

> 七夕前日，妇女取水一盂，曝烈日中，使水面起油皮，截蟋蟀草如针，泛之，勿令沉下。共观水影中，如珠如伞、如箭如笔等状，以验吉凶。

在其他地方还有用稻谷芽、绿豆芽或豌豆芽浮水的乞巧卜戏。在月影或日影下，一般均以"散如花、动如云、细如线、粗如椎"为判别巧拙的标志。

此外，七夕节还有吃"巧果"、陈针巧、编七色线、办"乞巧会"等妇女活动。

"乞爱""乞美"也是七夕风俗的重要主题。七月七日夜青年男女分别坐瓜藤下、葡萄架下悄悄偷听牛郎、织女的窃窃私语，以盼获取男女心心相印的恋爱秘密，当他们听到"丝幺幺""沙幺幺"的声响时，便认为听到了牛、女间的情话，从而得到了取悦异性的魔力。其实，那不过是小蜘蛛、小虫子在瓜叶上爬。

旧时七夕，妇女有用脸盆搁屋檐承露水的风俗，叫"接牛女泪"。第二天清早，妇女们用盆中的露水擦洗自己的眼睛，相信能让自己有像织女一样的美貌。农村妇女则一起床就跑到池塘边、小河旁，捧起一捧清水来洗脸，俗信池塘里、小河中有昨夜织女与牛郎相会时喜极而泣的泪水，用它洗脸自己也能变得花容月貌。这种交感巫术观反映了古代妇女求美、求爱的心理,以及对情爱、幸福的苦苦追求,当然,也使七夕节俗变得多彩多趣。

七夕节从前是小女孩染红指甲的日子。她们采来凤仙花,捣碎,加上明矾,用来涂抹指甲,就能让指甲变得红艳艳的,而且不掉色、无污染。小妮子们的爱美之心来自成年妇女的感染,在节日的气氛里,在风俗的熏陶中,她们也渐渐感受到爱与美的力量,并使美与爱成为毕生的最大心愿。

至于乞子,则是乞爱的延伸,但在个人性爱追求的同时,多了家族的世系观,反映了社会文化的成熟。

此外,乞寿,乞年,乞富等,则是星辰崇拜的泛化,也是对七夕乞爱、乞巧等主题的烘托。主题对祈愿者有选择的约定,俗信不可兼得。据周处《风土记》载:

> 此夜(七夕)洒扫中庭,施几筵,设酒脯,二星相会。守夜者咸怀私愿,或曰见天汉中有奕奕白气,光曜五色,以此为征应。见者便拜,愿乞富,乞寿;无子者,乞子。惟得乞一,不得兼求,三年乃得。

由于节俗与规则紧密相连,因此,在民俗活动的表象下有一个广阔的社会背景和文化道德。

三 情爱与七夕节解密

七夕节的缘起其实并非简单地出于星辰的崇拜,而是情爱、婚合的驱动。当氏族社会的婚姻制度从血缘婚转向族外婚阶段时,同一母系氏族内开始禁止内部发生两性关系。由于懵懵懂懂地感觉到优生的需要和氏族壮大的需要,原始先民只能在氏族外寻求性的满足和人口的生产。为了避免血缘婚在不经意间重又发生,先民们在成丁礼时施行文身,并用这一方式在肌肤上留下识别与警示的永久标志——本氏族图腾物的象征符号。

族外婚有个别进行的,但更多的是在两个氏族间形成松散的婚姻集团,他们选择适当的时间和适当的地点,完成一年一度的集体性野地婚合。这个时间就在七夕前后,而族外婚的发生地就在水边。

七夕的"七"是一个宇宙数,它表示东、南、西、北、中、上、下七个方位,它还表示完整、成熟和阳气旺盛。晋周处《风土记》载:

> 魏时人或问董勋云："七月七日为良日，饮食不同于古，何也？"
> 勋云："七月黍熟，七日为阳数，故以糜为珍。"

其中，"七月黍熟"具有象征的意味，黍熟了，结籽了，成种了，而人熬过了漫长的春夏，也成熟了，也要下种了。阳数与"生"相连，与生命的活动相连，因此七月七日成了张扬生命活动的日子，成了氏族或部族间野地群婚的日子。此外，"七"又有"多"的意思。集团婚合时不仅多人聚集，而且由于性伙伴的不固定，婚姻集团成员间的性关系是多重的、交叉的。因此，"七"有"多""淫"之意。七夕风俗中的穿针乞巧活动，其实是性交的暗示，而穿七孔针、穿九孔针等，亦因"七""九"之数含有多重性关系的寓意。

七夕与天河的联系，出于河流两岸氏族间的情爱交流和婚合关系。河流是划分氏族空间的最好界线，也是两个平时隔绝的不同氏族相联系的便利地带。在远古时期，到处是茫茫丛林，只有河面和河滩上才有开阔的空间供人群聚集、表现、交流和戏耍。先民也许早就发现，入水洗澡、嬉戏是有效的挑逗情欲的方式，尤其是女子在裸浴时的东跑西走，最能吸引男子们的注目和追逐。《诗经》中的"汉有游女""所谓伊人在水一方"等，正是说出了河流在两性间的情爱牵挂。

牵牛星、织女星位于银河的两侧，织女星一夜间的七次位置变换正如裸女在河中和河边的奔走，因此，情爱、欢合的真实文化背景被虚幻的天上神话所遮掩，以适应道德化的社会秩序。织女星在天空中的"游动"，有如织梭在织机上的飞动，故被视作工巧的象征。于是地上河边的游女及其淫奔的风俗则隐没在"天帝之子""天孙"的神话背后，两相重叠，潜显不一。

不过，七夕文化几乎所有的主题都与情爱有关，或者说，是情爱追求的延伸和另种表达。乞巧看似祭星无疑，但穿针、捉蜘蛛（又称"蟢子"）、藏盒子等习俗，又留下了性爱的印记。至于乞爱、乞美、乞子、乞年等，都是族外婚以来的功利追求及其目标泛化。

一般说来，人类的天体认识、宇宙玄想要晚于繁衍追求和情爱关注，因此，可以判断，早期的水边情场为天河的鹊桥相会画下了雏形，并成为七夕节缘起的真正动因。

《七夕·民俗·情感文化》，中国广播电视出版社2007年版

荠菜花与上巳节

夏历三月三日是中国的传统民俗节日——上巳节，也是古代风俗传说中的"荠菜花生日"。不论是荠菜花，还是上巳节，都曾与妇女的生活追求密切相关，也都以岁时的、俗事的、信仰的、游戏的成分反映了花卉与节事的难解难分，以及它们在文化精神层面的息息相通。

一　赛似牡丹荠菜花

五十年前，南京地区曾广泛流传过《我在张家学打铁》的童谣，它逐月述说年中节事，具有浓郁的风俗韵味。其中，就有这样的谣谚：

> 打铁打到正月正，家家户户挂红灯；
> 打铁打到二月二，家家开门接女儿；
> 打铁打到三月三，荠菜花，赛牡丹；
> ……

除了民间口头的传承，关于"荠菜花，赛牡丹"的俗谚，还以文字形式记录于多种地方志中。例如，民国《首都志》卷十三引《金陵杂志》曰：

> 三月三为荠菜花生日，妇女均摘荠花插于鬓边，以为纪念。谚云："三月三，荠菜花，赛牡丹，女人不插无钱用，女人一插米满仓。"

可见，荠菜花是三月三的节物，也是旧时妇女的岁时装饰。

荠菜 (Capsella bursa-pastoris)，属十字花科，一二年生草本，春天开花，总状花序，花小，白色，性喜温和，耐寒力强。①

荠菜虽不起眼，却早已受到民间的歌咏和文人的关注，春秋时已载录于《诗经》之中，如《诗经·邶风·谷风》中就有"谁谓荼苦，其甘如荠"之句。荠菜不仅口味甘甜，且有止血、止痢等药物功效，被古代药书称作"护生草"。《本草》载：

> 荠生济济，故谓之荠。释家取其茎作灯杖，可避蚊蛾，谓之"护生草"。②

"护生草"之名无疑使荠菜被古人视作嘉卉祥草，并成为风俗应用中的吉瑞象征。

荠菜的品种很多，有大、小荠菜之分，其名称据《广群芳谱》引《野菜谱》载，有"江荠""倒灌荠""蒿柴荠""扫帚荠""碎米荠"等，有的供食用，有的作燃料，有的可入药，各有其用。

荠菜虽为野草之属，却能作为古人心目中农家丰乐的标志。明人陈继儒的四言古诗云：

> 十亩之郊，菜叶荠花，
> 抱甕灌之，乐哉农家。

从中我们不难看到，荠菜花不仅装点了乡野农家的生活景象，更隐含着开朗、自在的乐生情调。一朵看似不起眼的野田小花，却能令人心向神往，这正展现了荠花赛似牡丹的文化魅力。

二　丽人临水上巳节

上巳节时在夏历三月初三，又称"三巳""重三"，是古代妇女出游水滨，并下水沐浴的日子。是日入水沐浴称作"祓禊"："祓"，即祛除；而"禊"，为洁意。所谓"祓禊"，即以水洗去污垢和疾疫之意。

祓禊风俗由来已久，《周礼·春官·女巫》有"女巫掌岁时祓除衅浴"之载，郑玄注云：

---

① 《辞海》（缩印本），上海辞书出版社1980年版，第580页。
② 汪灏等：《广群芳谱》，上海书店1985年影印版，卷十五第356页。

> 岁时祓除，如今三月上巳，如水上之类。衅浴谓以香薰草药沐浴。

由女巫所掌，可见是妇女们的浴事，而浴中用草药，寄托了除疫的愿望。上巳节古人所用的草药为何呢？唐欧阳询《艺文类聚》引韩诗曰：

> 三月桃花水之时，郑国之俗，三月上巳，于溱、洧两水之上，执兰招魂续魄，拂除不祥。

所用为兰草，其意，据《毛诗正义》解释，乃因"男女感春气并出，托采芳香之草而为淫逸之行"。

上巳节的祓禊风俗在汉代已经形成。东汉蔡邕有"今三月上巳，祓禊于水滨"之言，而《续汉书·礼仪志》载：

> 三月上巳，官民皆洁于东流水上，自洗濯，祓除宿垢，为太洁。

汉代的祓禊以"洗濯"为主要行为，到魏晋时期则演变为女子沐浴于河，男子水滨饮酒游戏。晋人张华《上巳篇》曰："伶人理新乐，膳夫熟时珍。……妙舞起齐赵，悲歌出三秦。"可见，"祓禊"在晋代已成为春游野宴的行乐活动。在东晋，三月三更有"流杯曲水之饮"的风俗时尚和历史记录[①]，并形成了特定的岁时文化。

流杯曲水之戏不仅盛行于文人雅士之间，而且也为庶民百姓所热衷，在梁代宗懔《荆楚岁时记》里，就有"三月三日，士民并出江渚池沼间，为流杯曲水之饮"的记载。直到唐代，上巳风俗仍见于诗文歌咏，如杜甫《丽人行》中的"三月三日天气新，长安水边多丽人"句，就记录了长安曲江池畔的祓禊游乐活动。

上巳节的祓禊之事本是男女春日相欢、妇女乞孕的信仰风俗。从衣饰看，"男则朱服耀路，女则锦绮铄烂"，其意乃在相互吸引。至于"秉执兰草""以香薰草药沐浴"，也都有唤起性欲的作用。水是神秘的感生物质，妇人临河不仅欲洗去冬日的尘垢，同时盼触水感孕而得子。为使这一主题明确，祓禊中有一些乞孕的游戏，诸如浮枣之戏、浮素卵之戏等。人们在三月三日把红枣、水煮鸡蛋掷于水中，让入水的妇女争食，以争得为感孕之兆。后汉杜笃"浮枣绛

[①] 宗懔《荆楚岁时记》载："三月三日，士民并出江渚池沼间，为流杯曲水之饮。"见姜彦稚辑校本，岳麓书社1986年版，第26页。

水，酹酒醵川"之句，梁萧子范"洒玄醵于沼沚，浮绛枣于泱泱"之咏，都是对上巳节水中乞子活动的描述①。

近古以降，妇女在三月三以荠菜花插头，并吃荠菜花炒鸡蛋以"驱睡"，实以荠菜作为兰草一类"香薰草"的替代。荠菜为多子植物，又别有芳香，故成为上巳节物和旧时妇女春日求欢乞孕的象征。

三 节事荠花说旧俗

荠菜和荠菜花自古与中国的民间生活难解难分，它不仅是上巳节的独特节物，更作为人们暮春祈福禳凶的吉祥标志。

荠菜经冬而发，被古人视作具有类似松竹一般的品格。晋人夏侯湛《荠赋》云：

> 见芳荠之时生，被畦畴而独繁。钻重冰而挺茂，蒙严霜以发鲜。
> 舍盛阳而弗萌，在太阴而斯育。永安性于猛寒，差无宁乎暖燠。齐精
> 气于款冬，均贞固乎松竹。

正是荠菜有如此的性格和品质，才受到民间的普遍喜爱，并进入风俗活动之中。

荠菜或荠菜花的民俗功用很多，且例举数种：

其一，甘美野蔬。

传说，唐代高力士逐于巫山，见当地人不吃荠菜，乃作诗曰："两京作斤卖，巫溪无人采。夷夏虽有殊，气味终不改。"诗中透露出荠菜在京城的热卖。宋人苏东坡称荠菜"极美"，"为幽人山居之禄"和"天然之珍"②。陆游则在《食荠十韵》中写道："吾馋实易足，扪腹喜欲狂。一扫万钱食，终老稽山旁。"陆游还以七言绝句的形式写下了多首《食荠》诗，表达了他对荠菜的钟爱：

> 日日思归饱蕨薇，春来荠美忽忘归。
> 传夸真欲嫌茶苦，自笑何时得瓠肥。
>
> 采采珍蔬不待畦，中原正味压篓丝。

---

① 详见陶思炎：《风俗探幽》，东南大学出版社1995年版，第27-30页。
② 语出苏轼与徐十二之"尺牍"，见《广群芳谱》，上海辞书出版社1985年影印版，卷十五第357页。

> 挑根择叶无虚日，直到开花如雪时。

荠菜的甘美不独为古人所赞，也为现代人所爱，荠菜包子、荠菜圆子、掺入荠菜的"什锦菜"等，仍被今人视作胜似佳肴的美食。

其二，驱虫治病。

荠菜因有清香药味，民间用以驱除蚂蚁、蚊虫之类；又因荠菜含有荠菜酸、生物碱、氨基酸、黄酮类等成分，荠菜又有治病的药用价值。

古人在三月三用荠菜花拂灶、抹灶，或置于灶头，以避虫蚁。道光六年《昆新两县志》载：三月三日乡村有"野菜会"，"以野菜花抹灶，可免虫蚁"。光绪八年《苏州府志》载：三月三日"士夫皆集名园，游胜地，饮酒赋诗，修禊事。妇稚以野菜拂灶，并戴之"。文中所说的"野菜"，就是荠菜。此外，荠茎候干作灯杖的俗用，也意在使"蚊蛾不敢近"。

在药用方面，荠菜花能免头晕，并因此成为妇女插头的装饰。嘉庆十八年《无锡金匮县志》曰："上巳戴荠花，谓能已睡。"此外，民国十四年《盛湖志》载："三月三日为上巳日，妇女各戴荠花。谚云可免头晕。"

可见，驱虫止晕成为荠菜花在上巳节俗用的重要动因。

其三，丰稔占验。

在天气占中，阴晴、雨日常与农蚕之事相比附。《杂五行书》曰：

> 三月三日，天阴而无日，不见雨，蚕大善。①

其言上巳节阴而不雨，宜蚕桑。在地物占中，古人往往又以某植物的先生作为观察丰歉的征兆。《师旷》曰：

> 某年一物先生，主一年之候：荠先生，主丰；葶苈先生，主苦；藕先生，主水；蒺藜先生，主旱；蓬先生，主流亡；藻先生，主疾。

直到民国，这种巫风意识仍体现在民间风俗中。民国八年《太仓州志》载：三月"三日，上巳，簪荠花。谚云：三春戴荠花，桃李羞繁华。盖取岁丰甘草先生之意。"至于女子用荠花插头之俗，被说成是"女人不插无钱用，女人一插米满仓"，也反映了来自与丰收占验相关的巫术感应观念。

其四，乞孕祥物。

三月三日的祓禊活动本有乞孕求子的信仰功能。妇人戴荠花、吃荠菜花炒

---

① 欧阳询：《艺文类聚》，上海古籍出版社1982年版，卷四第63页。

鸡蛋，同水中争食红枣、素卵一样，为能得子。在四川，还有妇女水中摸石的上巳节乞子风俗，《太平寰宇记》卷七十六载：

> 四川横县玉华池，每三月上巳有乞子者，漉得石即是男，瓦即是女，自古有验。

上巳的节物总或明或暗地与求子相关，枣、蛋、石、荠菜等构成了这一节俗中的乞孕祥物系列。古人认为，不孕或只生女不生男也是一种疾病，故多子房而又有药杀之性的荠菜因暮春花盛、随地可得，便成为近古以来最习见的上巳风物。可以说，荠菜花是点画上巳主题的最好标志。

荠菜花，这一最寻常不过的小花，载承着中国古代丽人们的祈愿与秘密，使三月三上巳节真正充满了烂漫而无尽的春光。

《文化遗产》2008 年第 2 期

中韩元夕民俗三题

正月十五为中国民间的元宵节，是一个普天同庆、举国狂欢的日子。是夕，千灯竞放，游人如织；锣鼓喧阗，火树银花，人们尽兴赏玩，乐而忘寐。元夕的"闹元宵"作为新年民俗的高潮，本寄托着对风调雨顺、年成丰饶、诸事顺达、人财两旺的企盼。元宵节是农业社会的产物，其民俗活动属农耕文化现象，它在欢快谐乐之中始终隐含着农民们对幸福的执着追求。在中、韩两国的正月十五习俗中有不少相同或相近的事象，反映了两国农耕文化的同源共生及农事民俗的共通与趋同。今且就"走三桥""照田财""立表测影"三题以试作中韩元夕民俗的比较研究。

一　走桥与踏桥

元夕"走桥""走三桥""走百病"的风俗曾遍及中国的大江南北，成为妇女祈福禳灾的岁时活动。明代刘侗、于奕正《帝京景物略》载：元夕"妇女相率宵行以消疾病，曰'走百病'，又曰'走桥'"。另，清人潘荣陛《帝京岁时纪胜》载：

> 元夕妇女群游，祈免灾咎。前一人持香辟人，曰走百病。凡有桥处，三五相率以过，谓之"度厄"，俗传曰"走桥"。

元夕的"走桥"在一些地区还有必走三座桥梁的俗约。李彦章《帝京踏灯词》中有"十五燕姬高髻样，夜凉乘月走三桥"句，说的是北京的"走三桥"。而清人顾铁卿《清嘉录》卷一则载述了吴地的走桥风俗："元夕，妇女相率宵行，以却疾病，必历三桥而止，谓之'走三桥'。"此外，明代陆伸写有《走三桥词》，其词曰：

> 后娘吩咐后庭鸡，不到天明莫浪啼。
> 走遍三桥灯已落，却嫌罗袜污春泥。

实际上，"走三桥"与元夕放灯都是将游乐与信仰相混的岁时民俗，只是在价值取向上各有功利追求：放灯与祭星相关，具有祈年得稔的意义，而走桥则被视作消灾保健的手段。前者以农事为想，后者以人生为虑。明代周用《走百病》诗云：

> 都城灯节由来盛，大家小家同节令。
> 诸姨新妇及小姑，相约梳妆走百病。
> 俗言此夜鬼穴空，百病尽归尘土中。
> 不然今年且多病，臂枯眼暗兼头风。

走桥所禳的"百病"究竟何指？其实，并非"臂枯眼暗""头风"之类，实指妇人的不孕无子之疾，以祝孕乞子。嘉庆《如皋县志》卷十载：

> 妇女结伴相携游集贤里及泮池，曰"走三桥"，谓文德、武定、集贤桥也。祝孕者密携桥砖以归。

拆桥砖以作感孕之征是对走桥习俗神秘隐义的图解和说白。此外，嘉庆《重修扬州府志》卷六十也明确说道："正月十六夜，儿童迎紫姑神，乞巧妇走三桥，祈嗣。"祈嗣即祈得男孩，以传宗接代。"走三桥"之取"三"，乃因"三"为阳数，兆男。

在广东省吴川县（现吴川市）梅菉镇，正月十五被称作"桥梁节"。是日，人们在梅菉镇与隔海村之间的一座拱桥上张灯结彩，并用花朵点缀其间，故那桥有"花桥"之称。入夜，华灯竞放，灯花互映，男男女女，三五成群，同游花桥。育龄妇女争相采撷花桥上的有色纸花，据说摘了白花年内就生儿子，摘了红花则会生女儿。人们还纷纷到桥下去洗洗手，说是能把一年的晦气都洗掉，当然，俗信也能洗去妇女不育或无子的晦气。

走桥中除了有取砖、撷花祈嗣之俗，亦有在桥梁上抛瓦罐的禳女之习。光绪《六合县志》载：元夕，"夜静，妇女出游，携瓦罐抛桥梁，以为禳病云。"这一俗信的基础是"男璋女瓦"，抛瓦罐即禳女，以盼宜男。

在南京等地，元夕的"走三桥"衍变为"上城头"。甘熙《白下琐言》载：

> 岁正既望，城头游人如蚁，箫鼓爆竹之声，远近相闻，谓之"走百病"，又云"踏太平"。聚宝、三山、石城、通济四门为尤盛。

登城"走百病"之俗亦见于正月十六日。光绪元年编修的河北省沧州《吴桥县志》载："十六日，妇女咸登城，谓'走百病'。"另，《金陵琐志·炳烛里谈》卷中载："正月十六日，以棘刺穿玉黍作假花，执以上城，谓之'走百病'。"这里"上城"就是"走桥"，因在南京，"聚宝""通济""三山"等城门，均有瓮城三道，城内外各有护城河环绕，而城门洞恰似桥孔，故上城头便成了象征的"走三桥"。究其功利动因，仍为祈子。玉黍为多籽实的作物，妇人执以登城，潜含着多生多育的祝愿。

在韩国亦有元夕走桥之俗，谓之"踏桥"。《汉阳岁时记》曰：

> 都人，皆踏桥，彻夜游戏，广通桥最盛。

所踏之桥往往不止三座，据说要踏 12 座桥，以祈一年 12 个月都无灾无病，特别是脚不出毛病。据韩国民俗学会名誉主席任东权教授讲，在韩国，踏桥的数目与年龄同，即年岁多大，就踏多少座桥。若本村桥少，就要到邻村去踏，年迈的老人可在一座桥上走来走去，其次数也要与年龄相同，以祈脚壮身健。

中国的走桥为除病祈嗣，韩国的踏桥为无灾身健，二者间显然有着客观的联系。就时间而言，这一风俗活动在元夕或正月十六夜，正值新岁首次月圆，而月为生育之主，故有护生助育的俗信。而年成、人丁又是农业社会的两大追求，因此借月免病与祈嗣属农耕文化现象。就空间而言，桥梁成了寄托信仰的神秘场所和实现祈盼的外在象征。桥作为连接两岸的津梁，有交通此岸世界与彼岸世界的寓意，故走桥是迎接生命的象征行为，正如小儿满月落了胎发后，要让人抱出家门跨过一座桥再送回一样，表示已走出死亡，从此获取健康与长生。

二　照田财与炬火戏

照田财又叫"放田财""点田蚕""烧野火""放烧火"等，是元夕或新岁祈求丰稔，盼得宜蚕，占验水旱，以及逗趣谐乐的农事性民俗活动。

明嘉靖《昆山县志》卷一载：（元旦）"是日或次日，束薪于长竿为高炬，视火色赤白以占水旱。争取余烬置床头，谓宜蚕，故名'点田蚕'"。俗以火色赤为旱年之兆，以火色白为大水。江南农家往往以农、桑并重，使之成为岁首的占验活动。至清代，"照田财"多在元夜进行，亦有在腊月二十四者。道光廿三年《武进阳湖县合志》卷二载：

> （上元）田家于是夕缚秃帚，若麻秸、竹枝、芦炬等，燃火于田间照之，云"照田财"。以火色红、白卜水旱。

此外，《相城小志》卷三载："十二月廿四夜，乡村小儿在田中燃野火，视光之红淡卜来岁之水旱。元宵亦然。"这里言及烧野火的民俗活动主要是由孩子们参与的。直到近现代，仍旧是儿童们热衷于田间烧火，他们一边烧火照田，一边相互逗趣，颇富乡野风情。在江苏常熟地区，儿童们于元夕在田中烧起草把，边舞边唱道：

> 点田蚕，点田蚕，点蚕菩萨到我屋里来。
> 我俚田里大棵稻，人家田里小棵草。

在江阴农村，孩子们燃起草把，抓在手上在田里边跑边唱道：

> 正月半，放田财，田财，田财，到我屋里来。
> 我俚田里收三担半，别人田里收三木碗。

类似的风俗在苏北地区也广为传习，例如南通地区棉农的"放烧火"就十分有趣：每年正月十四日，"各农家束稻稿数个，置于田中。又用面粉搦成棉花形之物，凡数百个，缀于秸上，与真棉花相似。于是将此假棉花秸遍插田边。月望之夜，用草把柏枝握于手中，燃其一端，旋舞不已，且高声唱歌。……火把烧完后，将棉花秸上之面果摘下，还家入锅炒熟，分给小孩。俗说食此面果，可免灾殃。"当今"放烧火"仍由小儿们进行。他们所唱的歌谣是这样的：

> 正月半，二月半，家家户户放烧火。
> 别人家菜不曾栽，我家的菜上了街。
> 别人家豆子谷子大，我家的豆子盘碗大。
> 别人家棉花瘦又低，我家棉花壮了要撑天。

这些歌谣是祝词，也是咒语，但并无嫉妒、伤害之意，相互仅借此笑骂、逗乐而已，其追求的功利目标是农作物的丰穰或对虫害的咒杀。

在浙江湖州地区，元夕不由孩子们燃火把，而是在谷场或门前大路边竖一根高竿，用两三根竹竿连接起来，顶端张灯，灯上题写"田蚕茂盛，人口平安"之类的文字，俗称"田蚕灯"。"田蚕灯"与元夕放灯的习俗融合在一起，既有吉星高照的寓意，又有农蚕丰收的祝愿。

在韩国，正月十五夜晚有"炬火戏"，也是农家占卜丰歉的游乐性活动。据传，是日村里青年按家里人口数用稻草做成火把，入夜各村的人聚在一起，吹吹打打，成群结队到山上进行对阵。待月亮升起时，两村的人相互对骂，勇敢的青年们头缠毛巾，点上火把，高喊着冲向对方，直到一方认输为止。全村的男子都参加"炬火戏"，但对打时，儿童对儿童，青年对青年。据说，输方会遭凶年，而赢方则会迎来丰年。

韩国的"炬火戏"与中国的"放田财"在表现形式上略有不同，但究其实质，都是借助时令与火光的神秘因素，用游戏、打闹或笑骂的取乐方式，轻松地表达出对农事的关注和对年成的祈盼。"炬火戏"与"放田财"这两种事象既有传承因素，又有变异成分。虽然，"炬火戏"把参与对象从儿童扩大到青年，从火把无定数变为与人口数相等，从点火、笑骂变成打闹，从点火于田间移往山头，但二者的联系仍旧是显而易见的。月下点火本出于阴阳抱合、水火相连、风调雨顺的观念，中国自古便有"火，水妃也"，"水，火之牡也"之说（《左传·昭公九年》），故有水火消长、相生相连的俗信，并导致以火之高低、红白验水旱丰歉的农占。月为太阴，月下点火意指阴阳相就，阴阳合则万物生，故俗信点火于田能诱使作物丰稔。韩国农民点火于山是中国农民点火于高竿风俗的变异，均为了缩短与太阴的距离，使阴阳易就，以使新岁有秋。至于笑骂、打闹则是让祈年礼俗的气氛由滞重化为轻松，反映了民间特有的乐生入世的传统。

三　月下立表与木影占年

在元夕民俗活动中，月下立表测影的农占事象亦颇古奥神秘。在中国，唐代以前便形成了立春度日影和元夕测月影的占验风俗。唐韩鄂《四时纂要》"正月"条载：

> 十五夜月中时，立七尺表，影得一丈、九尺、八尺，并涝而多雨；七尺，善；六尺，普善；五尺，下田吉，并有熟处；四尺，饥而虫；三尺，旱；二尺，大旱；一尺，大病、大饥。

在近古，立表测月影的农占主要见之于长江下游的吴地，其表竿长度由七尺变为一尺五寸。明正德年间编修的《姑苏志》卷十三载："建一尺五寸之表，以候雨旸。"该志还引《负暄野录》曰：

> 吴农以正月十五夜月明时，建木表于地，据表之长而中分之，为七寸半者二，月影适及为丰，不及则旱，过则水。

立表测影的时刻在清代为"子正一刻"，顾铁卿《清嘉录》卷一载："十五夜月明时，立一尺五寸之表于地，至夜子正一刻候之，以卜旱涝。"康熙年间编修的《常熟县志》卷九亦述及表竿长度、测影时刻及占验方法：

> （上元夜）立一尺五寸之表于地，子正一刻候之，据表之长而中分之，为七寸半者二。若影适及七寸半为中正，则雨旸时。若又以两七寸各十分分影，在七寸半以下为不及，主旱；影在七寸半以上为有余，主水。

近代立表测影的农家占验多见于长江下游地带，主要为稻作区的祈年风俗。有趣的是，这一元夕农占活动也见之于韩国。韩国的"木影占年"也在上元夜进行，当月升中天时，农户在院子里竖一根1尺长的木棍，如果测得影长八寸，就预示着风调雨顺，将会大丰收；如果影长六七寸，则预示收成基本还好；如影长仅五寸，预示着年成不好；如影长四寸，则会有水灾和虫灾；如影长只有三寸，预示着颗粒不饱满，瘪子多。

中、韩月下立表测影的农占习俗无疑也是文化传播的结果，其竿长、度法虽不尽相同，但作为岁时性民俗活动，其观念与功利却完全相符。测影的占事主要建立在对月亮的信仰上，因月有圆缺变化，自古被视作生育之神。楚国诗人屈原在《天问》中问道："夜光何德，死则又育？"正表现了诗人对月亮不断再生之性的困惑。在巫风盛行的社会，人们曾以想象的交感关系，向月祈求农作与子嗣的增繁。元夕是新岁首次月圆时分，人们用占验手段以祈其护佑，感而丰稔。民间"世传兔望月而孕，蚌望月而胎，荞麦得月而秀"①，故立表测影也是一种感孕的巫法。此外，测影的占事也与人们对影子的神秘观念有关，凡影各有神司，而历法上的误差又造成每岁影长略有变化，故产生了对其可变性的困惑，并附会作年成的预兆。

---

① 见周亮工：《书影》卷七。

总之,"走桥"与"踏桥","照田财"与"炬火戏","月下立表"与"木影占年"都是上元夜的农事性岁时民俗,属农耕文化现象。尽管在某些细节上不尽一致,但其时空选择、基本观念与形态却没有多大差别,反映出中韩农耕民俗的同源共生关系。虽然,这种传播的机缘与路轻尚未分明,但从"照田财""立表测影"等风俗主要传承于长江下游看,长江口及中国东南沿海可能曾是向韩国作文化传播与交流的重要基地。如果我们有机会作深入调查的话,一定能在中国江浙地区与韩国之间发现更多的相似民俗,从而为明辨它们的平行共生或传播源流关系提供更可靠的实证。

《东南大学学报（哲学社会科学版）》2000 年第 2 卷增刊

春节文化符号的释读

一 文化符号——节日存在的标志

　　传统的民俗节日经过千百年的传承和发展形成了各具特色的文化符号，它们不仅是点画节日气氛的重要元素，更烘托出节日的文化主题，展现出民俗生活的深广背景和多彩丰姿。节日若离开了文化符号，就失去了个性特色，失去了存在的标志，甚至导致传统节日的整体淡化和衰亡。

　　每个民俗节日因历史、民族、时令、气候、生产、物产等因素而形成不同的文化符号群，这些节日文化符号群随社会生活的变迁而传承和演进。它们虽有形态与功用的变化，只要节日没有蜕变为假日或被冷落废弃，只要本土色彩没有被外来异质文化所改造，我们总能找到其文化符号的踪迹。

　　中国的民俗节日是中华文化的有机部分，其节日文化符号不仅是节日存在的标志，也是研究中华文化的重要方面。由于一些节日文化符号的意义是以象征的方式表达的，错误地释读也客观加深了对传统节日的曲解，并造成对文化符号和传统节日的漠然。民俗节日的符号不仅属于节日本身，也属于节日所依存的社会历史和文化传统。

　　春节作为中华民族最重要的民俗节日，在长期的传承中形成了色调鲜明、寓意吉祥、功用广泛、形式多样的系列性文化符号群。诸如爆竹、屠苏酒、年夜饭、饺子、元宵、年糕、欢喜团、福盘、灶神、财神、门神、门钱、春联、窗花、年画、纸马、灯笼、花灯、面灯、压岁钱、摇钱树、柏枝、芝麻秸、拜年、唱春、闹元宵等等。它们包括食品、饰品、供品、玩物、活动等，在视觉、听觉、味觉等方面成为春节的传感器和符号群。正是这些文化符号的传承，延续着我们的传统节日，并成为春节依然存在的标志。

二　春节文化符号的误读

春节文化符号的误读是传统年味改变的重要因素，其成因比较复杂，就当今春节文化符号被曲解的情状看，主要有潮流性错误、知识的淡忘、时代的变迁、文艺作品的误导和对外来文化的无知等几种类型。

1. 潮流性错误

所谓"潮流性错误"，指因媒体的引领、时尚的模仿、从众的心理及其他不自觉的"被接受"，而悄然改变了春节符号的应用和其意义的释读，形成了一种多地并发的潮流性现象。

例如，近20年来，春节倒贴"福"字的做法已到处流传，成为一种普遍的现象。由于电视台在有关节目中常用倒贴的"福"字作装饰，一些印售和印赠的"福"字又故意印成倒的，迫使用户倒贴，致使"福倒，福到"的说法和倒贴的做法成为显见的潮流。春节迎春的"春"字没见有倒贴的，想发财的"黄金万两"斗方也没见倒贴的，老人过寿时的"寿"字更未闻倒贴。可见，这些吉祥字词的倒贴是不合适的。不过，贴"福"字自清代兴盛以后，倒贴的做法在民俗中确实是有过，但它作为一种巫术手段，只用于某些非正常的情境和某些特殊的地方，并非古人的普遍做法。旧时，"福"字倒贴一般出于以下三种情况：其一，穷愁潦倒的人家、灾祸连连的人家为了脱贫和转运，采用倒贴"福"字这种巫术手段以强扭命运；而富裕、小康之家，平静、和顺之家贴"福"字则一概堂堂正正。这正是为什么在故宫、府邸和大户人家的宅院，不论是砖雕的、木雕的或书写的"福"字，总见不着倒放的。其二，为了讨口彩，用游戏的方式所表达的祈愿。除夕贴"福"字时，大人有意将"福"字倒贴，然后会问自家的小孩："我家的福字怎么样？"孩子说"我家福倒（到）了"，就算讨得了口彩，于是全家为之高兴，大人从衣袋里掏出糖果塞给孩子，孩子一走，就把"福"字正过来。这只是短暂地做了一个游戏，旨在从孩子口中讨得口彩和吉利。其三，写有"福"字的红纸有大有小，斗方大字贴于门上、墙上等处，一律正贴，而小若巴掌的小"福"字用来贴于器用上，确有几处倒贴的：马桶、尿壶、痰盂、垃圾桶、污水盆等。污秽倒出时，则"福"字就正过来，以讨得"秽出去，福进来"的吉利。这三种情况被当代人混淆，只知道跟着潮流去倒贴"福"字，以浅近的"福倒，福到"的谐音理解，取代了这一春节文化符号的丰富内涵。

2. 知识的淡忘

由于年岁的久远和时代的隔膜，一些春节文化符号的意义已被人们淡忘，或变得扑朔迷离，让人莫衷一是。

拿年夜饭上的"屠苏酒"来说，它由大黄、蜀椒、桔梗、桂心、防风、白术、虎杖、乌头等八味中药配成，其义为"屠绝鬼气"，"苏省人魂"。作为年酒，其饮用的次序已为当今很多人所漠视。举例说，在三世同堂之家，年酒的饮法不外四种：第一，由老爷爷先饮，因我国是敬老致孝的国度，老人优先已成传统；第二，由儿子辈先饮，因他们是家庭的中坚，他们挣钱养家，劳苦了一年，先饮是慰劳，也是褒奖；第三，由孙子辈先饮，因孙子小，是全家的宝贝和希望；第四，三代人不分先后，共同举杯，一道辞旧迎新。对我国的春节文化来说，究竟上述哪一种更符合我们的年俗传统呢？其中，第三种由小孙子先饮是古人的除夕风俗，而最要不得的是第一种，即先敬老人。古人有"小者得岁，先饮贺之；老者失岁，后饮殿之"之说，对老人来讲，过一年少一年，年酒是苦酒，他要守住自己的岁月，故不可抢先饮之。然而，年酒这一春节文化符号所包容的意义，时下已为国人所淡忘，我们虽不强调像过去那样去过年，但笔者认为，对我们节日文化符号的历史和内涵不可置之不理或一窍不通。

3. 时代的变迁

由于时代与社会的变迁，一些春节文化符号伴随着新年风俗的演化而嬗变。例如，以钱棒打灰堆祈如愿的信仰活动，已转化为打莲湘的民俗舞蹈；以桃符挂门旁的辟阴镇物，转化为纳吉迎祥的大红春联；以石灰画弓矢、仓廪的地画在农村也已基本不见；登门拜年的传统方式渐渐被电话拜年、手机短信拜年、网上拜年等形式所取代；贴挂鸡符以辟阴气、迎元旦的风俗，已大多消隐；象征性的压祟钱变成了给现钞的"压岁钱"等等。

其中，"压祟钱"是以古铜钱来作为除阴退祟的符号，昔时家长给孩子们的铜钱是用来捆扎在小孩的床腿上的，天明后铜钱由家长取回。因方孔古钱呈天圆地方、阴阳抱合之象，故人们联想到它具有类似太极八卦的功用。压岁钱本非零花钱，而给现钞红包之后，压岁钱就不再具有文化符号的深刻意义，而仅仅作为孩子们的零花钱。一些春节文化符号在演变中淡化，需要我们通过寻源探秘，去伪存真，在追寻符号意义的同时，感悟文化的传承与发展。

4. 文艺作品的误导

影视、戏剧、歌曲等文艺作品的广泛传播，也会把对节日文化符号的误读传导给大众，从而使其加深对节日传统的漠然。

例如，台湾歌曲《卖汤圆》曾在海峡两岸广泛流传，它发出了"吃了汤圆好团圆"的信息，渲染了汤圆象征"团圆"的元夕符号意义。汤圆作为元宵节的文化符号是没有疑义的，问题是，它原初的文化取义是否就是追求"团圆"？我们知道，春节中的圆形食品不少，例如大肉圆、鱼圆、豆腐圆、欢喜团、柑橘、核桃等等，为什么它们就与"团圆"的主题无关呢？

这里存在着对元宵节文化及其符号的曲解。汤圆，古称"圆子"，作为元宵节的文化符号，它本是星辰的象征。元宵节作为古代祭星的日子，它的文化符号都与星辰相关，不论是圆子，还是灯火，都是对星辰的模拟。人们吃汤圆、点灯笼、观花灯，出于对星辰的亲近，以寄托星人合一、天下太平、风调雨顺、神人同乐的情感。关于圆子与星辰的联系，南宋文人周必大有"星灿乌云里，珠浮浊水中"的诗句，所谓"珠"就是圆子，"星""珠"相提并论，透露出它们的象征与对应的关系。可见，说吃汤圆是为了团圆，游离出它作为星辰符号的文化意义，使其内涵变得浅近起来。文艺作品对年俗符号的这种曲解与误导，在一些古装电视剧中也时有所见。

5. 对外来文化的无知

由于对某些外来文化的无知，导致有些人盲目地接受外国的节日文化，进而造成对本民族年俗符号和文化传统的淡忘和漠然。

以除夕到寺庙听钟声的现象为例，不仅有人在罗马历12月31日夜里去佛寺听钟声，甚至还有人在除夕夜也到寺庙去。这一宗教民俗在20世纪70年代以后由日本传入我国，最初由苏州寒山寺为接待日本游客而兴起，其后传播的范围越来越大。国内的参与者大多并不知道"除夕撞钟"是日本的宗教民俗，他们在接受"听钟声，驱烦恼"信仰的同时，忘却了我国除夕民俗文化的主题实为"辟阴"。除夕民俗作为春节文化的重要部分，具有纷繁的事项：贴春联、贴门神、挂门钱、封井、放闭门炮仗、贴封门钱、树桃木撑门杠、烧粞盆、吃年夜饭、饮屠苏酒、点守岁烛、照虚耗、供鱼盘、发压岁钱等，都围绕一个共同的主题——辟阴。由于在民间有佛教做往生、道教做延生的惯例，因此佛寺被认为与阴气相连。古代风水书在选址上有不宜在佛寺、祠社近侧的提醒，而除夕夜又被认为是一年中阳气最衰、阴气最重的一夕，所以古人是不会在此阴气最重之夜，特地赶到阴气较重的寺庙去的。因此，除夕到寺庙听钟声是出于对外来文化的无知，以及对本土除夕"辟阴"主题的漠然。

三 春节文化符号的解析

春节文化的保护要从春节文化符号的保护开始，而文化符号的保护又必须建筑在对文化符号的释读和理解之上。作为我国民族文化传统的春节文化符号，具有复杂的成因和丰厚的内涵，除了要在实践的层面加以传承和保护，我们还应对其文化符号的意义有深入的了解。

除夕的饺子有何象征意义？年夜饭上的整鱼为何不能当晚戳破食用？门头的挂笺为何叫"喜钱"或"挂钱"？门神、春联与"度朔"、辟阴的联系何在？春节年画中的《老鼠嫁女》图难道是为了消灭老鼠吗？……显然，这些问题的回答要从其中的新年符号的释读开始。饺子、大鱼、挂钱、门神、春联、《老鼠嫁女》图等，作为文化符号潜藏着春节传统的秘密。我们且选择除夕的饺子和年夜饭上的整鱼，以及贴挂居室的《老鼠嫁女》年画为例，以对其符号的寓意加以释读。

1. 北方饺子南方鱼

除夕的年夜饭又称"守岁酒""合家欢""团圆饭"。是夜，一家人欢聚一桌，把酒谈笑，在喜气洋洋的氛围中辞岁迎年。北方人家的除夕夜不可没有饺子，而南方人家的年夜饭上则不能没有整烧的大鱼。北方人家的饺子是在子时伴随着爆竹声吃的，而南方年夜饭上的大鱼当晚却不准下筷，要到来年才可动手取食，过去在有些地方要过了3天甚至15天才得动它。"北方饺子南方鱼"不仅概括了岁除时分南北食俗的特点，它们作为春节文化符号更是各具象征，各有寓意。

除夕夜吃饺子有着特定的文化内涵，饺子的符号意义可概括成三个层次。其一，浅层含义：饺子形同元宝，音似"交子"，其形、音均与钱财相联系，具有新岁招财进宝的吉祥取义。其二，中层含义：饺子用面皮裹馅捏合而成，是交合起来的东西，在子时食之，又成为"更岁交子"的象征。旧岁与新年在除夕夜子时相交过渡，饺子乃以有形的食物作为无形的岁时交接的象征物，寓意辞旧迎新。其三，饺子在汉代称作"馄饨"，馄饨就是"混沌"。混沌是天地未分时的迷茫状态，是空间世界从无序到有序的生产变化，而馄饨乃是借助混沌神话的主题来表现时间由无序到有序的生成。把时间与空间联系起来观察与思考,就形成了宇宙观。每到除夕子时,旧岁突然消失,一去不返,而在不知不觉中新的一年又突然来到了人间。这种无形的交接通过有形的饺子,借助神话思维而得到了昭示。此层含义使辞岁迎年的风俗从生活的层面上升到哲学的高度。

南方人守岁不吃饺子,在年夜饭上必有整烧的大鱼,但不可随便取食。此习俗的寓意,在近代被说成是"连年有余",以图富足宽余的吉利。不食除夕宴上的整鱼除了为讨"连年有余"的吉兆,更有其神秘的隐义。鱼作为辟邪消灾的镇物,在中古以前曾有广泛的运用。汉代画像石中门环上常有鱼饰,唐代木门扇的门钥多刻为鱼形,一些古旧家具的门扇,如橱门、箱门、柜门上也常见鱼形铜片拉手,皆以鱼为镇物,以辟阴祟潜入。鱼何以有此功能?唐人丁用晦在《芒田录》中解释说:"门钥必以鱼者,取其不瞑目守夜之义。"鱼因死不瞑目,双眼圆睁,故被视作可助主人看门守夜的神物。除夕整鱼的符号意义就在于守岁镇宅。

可见,"北方饺子南方鱼"不仅是南北岁除食俗的概括,同时具有辞岁迎年、趋吉避凶的文化意义。二者均以寻常的俗物表达神秘的观念,充分体现了中国民俗文化的象征特点。

2.《老鼠嫁女》年画

岁末除夕我国民间有贴年画的风俗,传统的木版年画题材丰富,有戏曲故事、小说场景、吉祥图案、寓言故事、神仙图像、风俗活动、婴戏图、美女图等。其中有幅《老鼠嫁女》图,构思精巧,画面生动,既情趣盎然,又寓意幽深。

《老鼠嫁女》年画表现的是老鼠迎亲的队列受到大猫突袭的场面:一群老鼠扛旗打伞,敲锣鼓,吹唢呐,热热闹闹地在前面开路,四只老鼠抬着一乘装饰华丽的小花轿跟在后面,里面坐着"鼠新娘",她掀开了红盖头,从轿窗中好奇地向外张望。花轿后是几箱嫁妆,"鼠新郎"坐在一只癞蛤蟆的背上,后面是迎亲的仪仗。只见一只大猫从后侧冲了进来,咬住了一只老鼠,又扑倒了另一只,老鼠后面的队列出现了惊恐和混乱,而前面的老鼠却浑然不知。

《老鼠嫁女》以寓言式的题材,讽刺与夸张的手法,喧闹动跃的画面效果,烘托出辞岁迎年的欢快气氛。作为迎春年画,《老鼠嫁女》除了表面的、直观的热闹和幽默,有何深层的、象征的文化意义呢?

《老鼠嫁女》作为新年的文化符号,其释读多止于消灭老鼠上,我们的一些前辈学者也大多持此观点。不错,《老鼠嫁女》年画具有消灭老鼠的取义,但这只是这类图像的第二主题,其第一主题是迎接新年的到来。

我们知道,旧岁与新年在除夕夜子时相交相连,即所谓"更岁交子",子时是旧岁逝去、新岁到来的时辰,两岁更迭,无缝无痕。在十二地支纪岁时与生肖配用中,老鼠因其阴阳相连之象,位列排头,与"子"对应。正由于有了"子鼠"的对应关系,《老鼠嫁女》的迎娶鼠新娘的"迎新鼠",也就是"迎新子"。"迎新子"就喻指迎接新的子时,而除夕的新的子时,就是新年!

因此,《老鼠嫁女》作为春节的文化符号,它的主要寓意是迎接新年,它用寓言体的画幅表达了类似"迎接新年""欢度春节"的文字意义。民间在除夕贴挂《老鼠嫁女》年画就是为了迎接新年,而消灭老鼠则是其附带的次要的主题。

四 春节文化符号的传承与创新

春节文化符号是维系春节传统的重要纽带,保护春节文化就要传承其文化符号系统,并不断发掘其特色元素,以维护民族的历史传统,找到创新发展的基础。

春节文化符号的传承并非一味地守旧,也并非一个不能少地全盘保留,而要加强研究,合理应用,使传承的过程在满足当今民众节日需求的同时,让民族家园的守望意识得到提升。符号是文化标志,也是民族情感与心理的凝结,其存在有时间的与空间的条件,更有民族的认同和需要。从这一点说,节日文化符号既是客观的历史产物,又是主观的现实反映。

春节文化符号的传承宜围绕节日的主题,保持喜庆、吉祥、欢乐的基调,延续历史的记忆,激励想望的情怀,从而有助于社会的凝聚与和谐。在春节文化符号自然淘汰和选择的进程中,为过好我们的节日,使民众从室内走向户外,从家庭走向社会,可以并应该对春节文化符号体系在传承中加以创新。不过,所谓的"创新"离不开对传统符号的历史了解,符号本身可以消失和新生,但对其内涵的正确释读和深刻领悟却不可有所忽略。凝聚着中国元素的春节文化符号不仅属于中国人民,也归属于世界文化宝库。

《百家录话:怎样过好春节 第二辑》,人民出版社2012年版

从清明柳俗谈柳的文化象征

柳作为清明节中最具特色的节物,与春秋时期晋国的介子推在绵山抱柳烧死的传说联系在一起。两千多年来,柳在清明节俗中广泛应用,成为清明节中最富文化内涵与情感色彩的象征文化符号。

在清明祭扫祖墓时,民间有折柳插坟头的习俗。此外,清明时节旧有带柳还家,插柳于门,身戴柳枝,脚蹬柳屐,头插柳球的做法,在南京还曾流传着"清明不戴柳,死了变黄狗"的谣谚。在唐宋时期,朝廷有皇帝于清明取柳火以赐近臣和姻戚的"赐火"之举。这些风俗和传统分别从物态、动态、语态的层面展现着特定的文化象征意义,并表达着复活诱生的愿望、迎春纳吉的追求和伦理道德的训诫。

柳首先是报告春天信息的使者。有一首在民间流传的《九九歌》说:

> 一九二九不出手,三九四九冰上走。
> 五九六九河冻开,七九八九燕子来,
> 九九和十九,河边看杨柳。

这里的"杨柳",就是冬去春来的祥瑞象征。柳树吐芽,带来的不仅是春天的景象,也给人们触物生情,带来无尽的诗兴。唐欧阳詹《御沟新柳》诗中的"媚作千门秀,连为一道春"句,就点出了"柳"与"春"在古人观念中的对应关系。此外,唐诗人王维《田园乐之六》另有"桃红复含宿雨,柳绿更带春烟"的诗句,也是强调了"柳"与"春"的内在联系。

柳不仅是报春的应时节物,其风俗应用更是内涵丰厚的社会文化现象。柳树易生易活、早生早发的物种特点,成为大地回春、生命复苏、超越死亡、转世复活的象征,并被赋予了哲学的、宗教的和美学的意义。

柳枝是北方民族崇拜的对象,也是萨满教用以通神的法物。在满族的萨满神话中，柳枝与女阴崇拜及女始祖观念联系在一起。鄂伦春萨满跳神时，以柳木为"仙人柱"，负责供神的"察尔巴来钦"右手拿着带叶的小柳条跪在供品前，念完祷词后将柳叶逐片摘下抛向前方，供以通神。女真人以柳木为家法，并供之于堂子；满族等北方民族对违背宗规族法的族人，往往用柳枝或柳木板鞭笞；满族的神偶也用柳木刻制，俗称"柳木人"或"柳木神"，祭神用的枪杆、箭杆、神杆也用粗柳制成[1]。

柳木作为萨满教的法物，在北方民族的观念中具有延神祈福与镇恶辟凶的作用，而柳与"神""仙"的联系乃源于对柳长生长活的"不死"联想。这一观念与信仰在汉族地区的民俗生活中同样存在。我们且以"柳矢退煞"和"折柳送别"二事为例，对柳的文化寓意做出简要的分析。

在中国古代，男女婚合均需遵循"六礼"，即纳采、问名、纳吉、纳征、请期、亲迎。在亲迎之礼中，当花轿抬回夫家门前时，人们用桃弓柳矢射向花轿，此俗称"退煞"。传说所退之"煞"为生前未嫁而死的女鬼，她嫉妒天下的新娘，总想害死新娘取而代之。因此，民间用桃弓、柳矢、镜子、筛子、火盆等逐之。其中，桃为"五行之精"，被视作"压服邪气、制百鬼"的仙木；而柳亦被视作长生长活的神树、仙木。

柳树之所以被称作"仙木"，是因为它易生易活，充满阳气。汉刘熙《释名·释长幼》曰："老而不死曰仙。仙，迁也。迁入山也。故其制字，人旁作山也。"柳树在春季随插随活，不怕迁转，正符合"仙"的特性。黎逢《小苑春望·宫池柳色》诗有"色乘阳气重，阴助御楼清"的诗句；此外，丁位在诗中也曾发出"虽以阳和发，能令旅思生"的感慨[2]。"阳气""阳"成为柳的辟阴内力和"柳矢"在婚礼中的俗用之因。古人还有"仙人无影，而全阳也"之说[3]，因此，作为阳气象征的柳自然便带上了"仙"的气息。可见，"柳矢"与"桃弓"作为"仙木"和民俗生活中的镇物，表达了以阳克阴、以生辟死的信仰观念，并因此成为古代婚礼的法物。

古时送别故人多有折柳相赠之俗，从《诗经》中"昔我往矣，杨柳依依"之句，不难看到柳枝在风俗中的应用，不论是为死者，还是为生者，都寄托着"依依惜别"之情。柳作为连接生死、彼此的象征，其风俗往往牵心动情，在

---

[1] 参见富育光：《萨满教与神话》，沈阳：辽宁大学出版社1990年版。
[2] 汪灏等：《广群芳谱》，上海书店1985年版。
[3] 见朱梅叔：《埋忧集》卷十附录《袁氏传》。

应和着春天气息的同时,又带着审美的与人伦的情感。这在古诗文中留下了大量的篇章。梁元帝《折杨柳诗》云:

> 巫山巫峡长,
> 垂柳复垂杨。
> 同心宜同折,
> 故人怀故乡。
> ……①

诗由物及人,由人及情,表达了托柳"同心"的主题。

唐诗人王之涣的《送别》诗曰:

> 杨柳东风树,
> 青青夹御河。
> 近来攀折苦,
> 应为离别多。

也是借柳写出了在大好春光下人们的离愁与无奈。

折柳送别本因"杨柳依依"的自然本性所触发的社会联想,杨柳众多的枝条随风摆荡,相互偎依,它们的不离不弃成为人们托物寄情的象征。同时,柳枝易插易活,所谓"无心插柳柳成荫"的俗话正是强调了它顽强的生命力。从这一特征说,折柳送别并非要留住故人或亲人,而是表达对行者随遇而安、处处逢源的美好祝愿。

此外,古人俗信柳有柳神,能护佑状元及第。据《云仙杂记》载:

> 李固言未第时,行古柳下,闻有弹指声。固言问之,应曰:"吾柳神九烈君也。已用柳汁染子衣矣,科第无疑。得蓝袍,当以枣糕祀我。"固言许之。未几状元及第。②

这柳神名"九烈君"者,即火焰之君③,其"九烈"之名来自柳木的易燃之性,与古代将柳木用作钻木取火的材料有关。传说中介子推抱柳木遇火而亡

---

① 见欧阳询:《艺文类聚》,上海古籍出版社1982年版。
② 汪灏等:《广群芳谱》卷七十八,上海书店1985年版。
③ 《左转·昭公二十年》:"夫火烈,民望而畏之。"见《词源》合订本,商务印书馆1988年版,第1040页。

的情节，正透露出柳木与烈火的相关联。至于柳神能助人得第之说，表明了"九烈君"作为吉神的身份及柳予人的恩惠。

陶渊明因"宅边有五柳"，自号"五柳先生"。宅边植柳，乃因柳为"仙木"，以招引阳气，营造吉宅，而"五柳先生"之号，又隐含着对逍遥洒脱仙人的自喻。至于手拿净瓶、柳枝的观世音菩萨，柳枝则是通神延生的吉祥法物。

现在我们回到清明节的风俗中，看看柳作为清明节物的象征意义。

清明扫墓，人们插柳于祖先的坟头，并在柳条上挂上纸幡或纸条，以表追思怀念。清明节因有柳枝之用，又称作"插柳节"。据民国二十六年广西《宜北县志》载：

> 逢清明日，家家户户备办猪肉数斤，大鸡一只，稍裕之家宰用猪仔，造黄花糯饭，香烛纱纸，男女大小上坟拜扫，陈设礼物于坟前，供祭毕而食之，曰"插柳节"。①

显然，"插柳节"的柳作为最重要的清明节物点画了清明节的主题，即怀念的表达和复活的祈愿。柳春来吐绿、易插易活，于是成为再生萌发、长生长在的象征。

清明节我国还有带柳还家、插柳于门的风俗。柳有"仙木""鬼怖木"之称，插于门户，用以驱邪辟鬼。《齐民要术》中有"取柳枝著户上，百鬼不入家"之载。宋吴自牧《梦粱录》曰："家家以柳条插于门上，名曰'明眼'。"另，胡朴安《中华全国风俗志》记寿春风俗说：

> 清明日，家家门插新柳，俗意谓可祛疫鬼。

柳之所以能辟鬼祛疫，因其带有生机和阳气，故被古人注入了以生克死、以阳辟阴的信仰观念。

清明戴柳也是从前各地多见的风俗，女子于头上簪柳，男子则身上佩柳。在南京，无论大人、孩子均有清明佩柳的习俗。据《正德江宁志》载："清明插柳，村夫稚子皆佩之。"② 其中，妇女所戴的柳往往做成杨柳球，戴在鬓边。近人杨韫华有《山塘棹歌》曰：

---

① 丁世良等编：《中国地方志民俗资料汇编》，书目文献出版社1991年版，《中南卷·下》第931页。
② 叶楚伧等主编：《首都志》，正中书局1935年版，卷十三。

清明一霎又今朝，
　　听得沿街卖柳条。
　　相约比邻诸姊妹，
　　一枝斜插绿云翘。①

人们为何要清明戴柳呢？有民谣说："戴个麦，活一百；戴个花，活百八；插根柳，活百九。"看来是为了健康、长寿。柳作为清明节物，在戴柳风俗中成为护身延命的象征。至于"清明不戴柳，死了变黄狗"的谣谚，除了强调柳能护身的意义，还有道德训诫的成分，因不戴柳者，不仅漠视了自己的性命，更有忘祖不孝的意味。

　　总之，清明的柳是"火"与"阳"的象征，是复苏与再生的象征，是生命的礼赞和入世的祥物。可以说，柳在清明节俗中的一切应用，都演示了生生不息的文化象征意义。

《民俗研究》2012 年第 3 期

---

① 参见乔继堂等主编：《中国岁时节令辞典》，中国社会科学出版社 1998 年版，第 239 页。

中华传统节日的演变与传承

中华传统节日自有其文化符号系统，这些符号往往凝聚着远古的文化信息，反映着民族的发展历程和创造精神，成为当今传承节日文化的重要载体。符号作为象征文化现象，不仅构成了传统节日的意义所在，而且也让节日民俗带上了文化哲学的成分。不论是春节、清明，还是端午、中秋，或是其他传统节日，特定的节日文化符号总是触动着民族的情感，在传承中显示出无尽的感召魅力。

一 传统节日符号的释读方式

中华传统节日符号以节物、节俗、节信、节语为形态，林林总总，森罗万象，其意义的释读归结起来说，有形似比拟、传说认定、同理共生、托物联想、象征指事等几种基本方式。

1. 形似比拟

即将作为节日符号的自然物和人工物与某种民间耳熟能详的事物因形似而联系起来，认定它们有象征的替代关系，从而由此及彼，进入节日风俗之中。例如，元宵节的灯盏和作为食物的圆子，因肖星而视作星辰的象征，成为以祭星为主旨的元宵节的符号。再如端午节的菖蒲、艾叶，前者形似张天师的宝剑，而后者形似虎爪，被认作有斩退瘟神和吞食疫鬼的神能。这种功能的附会，正是由形似而引发。

2. 传说认定

即有些节日符号的隐义与古代的神话、传说联系在一起，其释读需从神话、传说的叙事中得到启发或找到根据。例如，除夕贴门神、挂桃符（春联）

以镇辟阴气的风俗，其典就出自度朔山的神话，成为神话事物与意象在节日中的应用。度朔山神话中盘曲三千里的大桃树和树下审查百鬼的神荼、郁垒，是桃符和门神之制的由来。作为除夕的节日符号，门神、春联在装点门户的同时，延续着辟阴的主题，而这一主题可从古代神话中得到明确的认定。

3. 同理共生

即某些节日符号的应用出于对同理现象比附或借用的表达，其释读要经过由此及彼的梳理方能悟察符号存在的意义。例如，在中秋节，苏中地区的农家旧时捉蟾蜍，用红纸包裹扔到不孕妇的床上，以祈孕生子。蟾蜍在那里被当作中秋的节物和象征符号，是作为月亮的化身。蟾蜍的冬眠春苏恰似月亮的圆缺变化，它们都因有"生死往复"的循环变化而呈现同理共生的关系。月亮作为"太阴"，是妇女的保护神，也是求子祈嗣的对象，这样，蟾蜍也被赋予了相同的性质，循此其符号意义有关节俗便得到了解释。

4. 托物联想

即某些节日符号借助事理或物理的联想而显示其功能意义。例如，除夕年夜饭上的大鱼不吃，留作守岁之用，乃因鱼无眼皮，死不瞑目，双眼圆睁，故信可警戒门户，防阴守岁，不知困倦。所以，鱼用作守岁的节物，本出于托物联想。此外，清明节的杨柳作为寻常而又神秘的节日符号，乃因杨柳的早生早发、易插易活和枝枝相连，由此引发了再生复活、依恋不舍的文化联想。

5. 象征指事

即某些节日符号的释读建立在象征思维的逻辑之上，对寻常物事做哲学式的概括，以从深层领略符号的意义。例如，端午节的粽子，以菰叶包米和带有尖角的简单形制，却引发"阴阳包裹"的象征意义和及时降雨的功能追求。这种从物象到心象，再从心象到气象的精神跨越，服务于端午节祈雨的农事主题。在端午粽的文化传承中，象征是其符号应用的基础，也是其意义释读的手段。

节日符号一旦无法释读，或因信息错乱而产生歧见，就必然引发节日的演变和衰竭。

二　传统节日的演变

中华传统节日作为中华文化的有机部分，最能体现民族的特色和生活的风韵，其文化的价值和功能超越了人们岁时认知和丰富生活的需要，具有多重的积极意义。首先，中华传统节日既可以帮助人们认识自然规律，又能调节人们的社会生活，在时令、生产、生活的节奏转换中巩固和加强人的主体地位。其次，它有助于地域文化特色的维护，增进民族内部和中华各民族之间的认同感，促进民族团结和国家稳定，并成为文化共同发展、多元一体的媒介。再次，中华传统节日以乐生入世的基调、积极进取的精神、健康向上的活动，在调节人们身心的同时，激励热爱生活、不断进取的壮志。最后，传统节日的文化内涵丰富多彩，作为民俗、艺术、美学、伦理等的结合，它可以让人们在节日氛围中得到美的熏陶和体验，从而实现人伦教化、道德完善和情感陶冶。

1. 演变路径

中华传统节日大多伴随农业社会的演进而形成、发展，从历史的线索看，它们一直处在传承与演变的过程之中，并呈现出多条演变路径。概括地说，它围绕中心对象、文化内涵、存在形态和传习空间等方面，表现出由祭神而乐人、由巫仪而民俗、由繁缛而简易、由乡村而城市的演变。

所谓"由祭神而乐人"的演变，反映了节日中心对象的转移，即发生由神界回归人间的演化，并在这一过程中淡化了对岁时的神秘观念和敬畏气氛，变得欢快谐乐。例如，元宵节祭祀太一星君的燃灯仪式，演变为万人空巷、观灯赏灯、火树银花、彻夜闹春的狂欢，人们参与舞龙灯、打腰鼓、扭秧歌、跑驴儿、荡湖船、打莲湘、出台阁、踩高跷、舞蚌精、挑花篮、提灯彩等活动，以"闹春"取代了"祭星"，使节日的主题与对象发生了明显的改变。再如，端午节原先的祭龙拟龙的祈雨古俗，演变为龙舟竞渡和水上夺标的竞赛和表演，并逐渐在传承中淡化了祭神的色彩，而成为以游乐性为主导的民间节日活动。

所谓"由巫仪而民俗"的演变，指其文化内涵和文化性质的变化，早期节日中的巫风气息随传习而弱化，表达世俗追求的民俗传统逐步形成。例如，三月三日上巳节古代妇女的祓禊活动，以下河沐浴，在水中争食浮枣、素卵以祈孕的巫术活动，就以接触、感应的巫术信仰为支撑。在六朝时期，祓禊活动中增加了男人们的雅会，形成了"曲水流觞"的饮酒赋诗的活动。到了唐代，"三月三日天气新，长安水边多丽人"，妇女们不再下水祈孕，而在水际漫游，形成新的踏青探春的节日民俗。这一演化使上巳节更凸显其岁时特点，由神秘的信仰向实在的生活演进。水边踏春同吃荠菜花煮鸡蛋一样，成为后世的上巳民俗。再如春节期间在部分省份犹见的傩舞、傩戏，借助稚拙的面具和程式化的动作，表达对不吉因素的逐除。作为巫傩文化，傩舞、傩戏本与傩祭联系在一起，经过功能的演化，当今犹存的傩舞、傩戏大多已改变了原先的巫仪性质，多作为节日民俗和文化遗产而传承。

所谓"由繁缛而简易"的演变，指在长期的传承中，一些节日民俗的复杂程式和观念得到了简化，但仍基本保持着原来的文化功能，呈现出新的形态。例如，除夕年夜饭上的"屠苏酒"，原用"八神散"浸泡，并各有重量要求，即大黄、蜀椒、桔梗、桂心、防风各半两，白术、虎杖各一分，乌头半分。此外，还要说"一人饮之，一家无疾；一家饮之，一里无病"的咒语，以及遵循"先少后长，东向进饮"的习惯。当今除夕的年夜饭上，多数人家还会照例饮酒，这年酒已不用中药泡制，或米酒，或红酒，或白酒，没有咒语的念诵，没有朝向的选择，甚至也没有少长次序的讲究，但辞旧迎新的主题、健康欢乐的祝福、团圆太平的祈望和富足幸福的追求仍同这年酒联系在一起。这种存在形态由繁而简的演变，在一定程度上反映着社会的变迁与发展。

所谓"由乡村而城市"的演变，系指节日的传习空间随城市和市民社会的发展而出现的转移，这一演变从中古时期就已开始，在当代城市化推进中更加显著。随着农民向市民的身份改变，农村习俗，包括其中的节日民俗，也必然随身份和生活空间的转换而演变。例如，南京人正月十六上城头"踏太平"的风俗，就是从农村的正月十五"走三桥"的妇女活动演变而来的。明初定都应天府（南京）之后，大批农民进入京城，他们带来的乡村习俗，却又受到都市的种种制约，不能不发生形态和功能的转化。这样，以田野漫游为方式，以祈子、禳凶为功利的走桥民俗，受到空间、礼教等限制，转变为视城头为桥梁的象征性活动，完成了由乡村而城市的演变。

2. 基本认识

传统节日在历史的长河中不断地传承、发展，并伴随着功能的演进而在形态或内涵上发生着盛衰消长的变化。对当今的节日演变，我们可持以下的基本认识：

（1）节日演变是历史发展的必然。随着时间的推移，传统节日和节日民俗发生渐变是一自然的过程，我们不能想象当代人还像古代人那样去生活、去过节。由于时空的变化、生产的发展、社会的变革、知识的更新、需求的改变、交流的扩大、科技的进步等，人们过节有了新选择和新方式。这种"与时迁化"的演变是正常的历史文化现象。

（2）节日演变是功能调整的结果。我国的传统节日发端于农耕社会，是出于农业生产的需要，伴随着农耕文明而形成的。近代以来，随着工商业的不断发展，农业在社会生产中的比重逐步下降，在农村城镇化、农民市民化的转变突飞猛进的当代，人们对时令的依赖和对节日事象的功能需求已发生了很大的改变，一些节日活动作为文化记忆和乡愁寄托而继续传承，有些则随功能需求的自然调整而趋向弱化。这是人及其社会自身发展的推动，也是面对功能调整所进行的文化判断与文化选择的结果。

（3）节日演变推动着文化整合。传统节日中的节物、节俗、节语、节信等，作为符号往往打上了一定的时空印记，甚至带有明显的地域的或民族的特点。在节日文化变迁的过程中，交流和传播给文化传承带来了新的推力和新的成分。在当代，地区与国家间的空间距离似乎变小，文化传入与走出变得便捷，交流和传播带动着文化的整合，也包括节日文化物象、事象的增繁。单一的地方性、民族性的节日文化仍在传承，同时，跨地域、跨民族的节日文化在传播、接受、改造和整合中得以形成。大中华与地球村的文化交流越来越紧密，在节日的演变中会给新的文化整合留下生长的空间。

（4）节日文化要传承，也要创新。传统节日作为中华文化的重要组成部分，我们对其有加以传承、保护的义务，但同时也要以开放的心态在节日活动的具体项目方面加以适当的创新。传统节日在发展进程中不能一味地复古和怀旧，必须与时俱进，以开放的视野和心态吸收新生的与外来的文化元素，将传统与时尚结合，将传统文化的优秀成分与更具时代性的社会主义核心价值观结合，创新节日的表现形式，丰富节日的文化内涵，以满足现代人的精神文化生活需求。节日文化的演变为节日的维护与再创提供了契机，传承是当前应坚持的首要任务，但也要努力为传统节日注入新的活力，让它们在当今和未来因依然受到全民的珍视和热爱而永续长存。传承与创新是文化自信与文化自觉的反映，透过对节日文化演变的认识，应看到我们进行文化建设须承担的责任及其远大的目标。

三　传统节日的传承

1. 现状

中华传统节日经历了千百年的传承演进过程，呈现出存续与衰亡交并互见的局面。一些节日仍在传承发展，诸如除夕、春节、元宵节、清明节、端午节、中秋节等，它们依然在民间生活中存续，且葆有勃勃生机；另有一些节日则气氛逐渐淡化，并有滑向消亡的危险，诸如七夕节、中元节、重阳节、冬至节等；此外，还有一些节日在当代已基本衰亡或早已湮灭，诸如清明前一日因纪念介子推而禁火冷食的寒食节，正月二十日以红线系煎饼放屋顶纪念女娲补天的天穿节，二月初一用青囊盛五谷瓜果相馈赠以祈稔的中和节，三月三日妇女下河被禊祈孕的上巳节，六月六日禁屠、晒书、晒衣的天贶节，十月朔烧纸衣为亡亲送"寒衣"的寒衣节等等。

就已衰亡的节日来说，以神话、传说为依据，以纪念、追怀为主题的天穿节、寒食节；以民间信仰为基础，以祈禳功利为前提的中和节、上巳节；以祖先崇拜为精神表达，以思亲悼亡为人伦关怀的寒衣节等：因中心对象的虚无和遥远，或因信仰方式的自然更易，与现代生活的隔膜越来越深，最终因功能需要的弱化而逐步退出民间生活。

就已淡化的节日来说，除了它们自身文化主题的因素，也与其他季节性节日的影响相关。从除夕、春节到清明节、端午节、中秋节已包容了春夏秋冬四季，成为各季节中具有代表性的传统节日。七夕节、重阳节作为秋季里的民俗节日与中秋节前后紧挨，而冬至节又与冬日的压轴者除夕相去不远，这样，在生活节奏加快的现代，也难免在不期而然中被挤占或包容的命运。

就目前存续、传演的传统节日来说，除了深厚的文化、丰富的活动、吉祥的主题和生活的气息之外，还有鲜明的岁时季节的特征。春节、端午、中秋、除夕已涵盖了一年四季，从岁时观念看，现存传统节日即使数量减少、事象简约，却并无重大的缺失。民俗的自然选择往往符合生活的逻辑，也在某种意义上反映了中华文化多元一体、包容共生、生生不息的基本特征。

从总体上说，中华传统节日的传承状况还是健康的、有序的，尽管我们仍面临保护与抢救的任务。所谓"健康"，指它符合"与时迁化"的生活发展规律；而所谓"有序"，则指基本完整地传承最重要的传统节日，并且其节日文化在继承中仍不断地演进发展。

目前，中华传统节日在传承发展中已呈现出新的趋向，一是节中新因素、新形态的增多，二是节物、节事的播化更多地扩大到了节外，使节日的时空得到了延展。这种内衍外化的趋势构成传统节日当代传承的一个重要方面。

节日的新因素、新形态包括春节中各级文艺联欢的组办，城乡年货大市场的扩展，灯市、花市与春节书市、艺术市场的兴盛，节日旅游活动的兴旺，社会公益工作和志愿者队伍的壮大，微信、网络等新媒体作为节日文化传播的最快捷工具被大面积地应用等，都是推动传统节日传承、内衍的新趋向。此外，传统节日在传承中也出现了外化的动向，即节日元素与活动向节外延伸，甚至成为新的文化产品。例如，节日食品中的年糕、汤圆、青团、粽子、月饼等早已突破了节日食用的风俗，成为寻常食物。又如，傩舞、傩戏的出演本与岁除、新年的驱傩巫仪相联系，如今也已走出节日时空，在地方的文化活动、商贸会节（如茶叶节、螃蟹节等），以及作为旅游项目在景区景点的舞台上时常可见。再如，春节中张贴的年画、元宵节张挂的灯彩，已作为民俗艺术的表现符号，在茶馆、饭店、仿古街区、旅游景点、文博展馆等建筑装饰中普遍运用。

在当代，传统节日的不少节物、节俗仍有存续和承传，而节信、节语的消亡在加速。其中，与巫术、宗教相联系的，以驱鬼禳凶为功利的，或者其他愚昧、粗俗的信仰行为消失得最快。例如，旧时农村新年在田头用木杖捣大粪以祈丰稔如愿的"打灰堆"节俗，端午节为避"影蜕"不上屋顶修理房屋的禁忌，中元节在路边倒饭菜斋孤鬼的做法，中秋节夜晚不孕妇到人家菜田偷瓜豆以求得子的俗信等，均已消亡。可见，传承与湮灭是现代人的文化选择，是一自然而然的演进过程。我们强调传统节日的传承，是把节日文化视作民族文化的一部分，希望不要丢弃或遗忘自己的历史传统，但不是去保护任何一桩陈事和旧物。总之，在当代，传统节日有存续，有式微，有衰亡，我们要搜罗它们的元素符号，加以选择与再创，并让它们重返我们的节日生活。

2. 意义

推进中华传统节日的传承在当今有着多重的社会与文化的建设意义。

首先，中华传统节日的传承有助于推动文化遗产的保护。传统节日作为民族生活和历史文化的产物，在千百年的传承、演进中总是以艺术创造的方式构建起独特的符号系统，记录着民族的文化精神和发展历史。传统节日，不论是其节俗、节物，还是节信、节语，长传至今都有着文化遗产的性质。节日的当代传承，因文化遗产保护意识的增强而增添了自觉的成分。节日传承与文化遗产保护联动关系的确立，使节日传承凸显了从被动到主动、从自信到自觉的文化意义。

其次，中华传统节日的传承有助于促进民族认同和国家统一。传统节日是历史的文化积淀，也是中华民族间相互传播、磨合的结晶。从小的方面说，它是个人"乡愁"的所在；从大的方面说，则是全民族爱乡爱国情怀的寄托。尽管圣诞节、感恩节、万圣节等洋节纷至沓来，但像春节那样亿万同胞回乡团聚的脚步未曾停歇，他们从都市归来，从宝岛归来，从域外归来，他们心中有亲人，有家乡，有祖国。传统节日的传承推进了民族的凝聚与认同，并彰显着联结个人、家庭、民族、国家的特殊意义。

再次，中华传统节日的传承有助于拓展对外传播的领域。中华传统节日中的春节、端午、中秋等节日早在古代已传播到日本、朝鲜、越南等域外邻邦，并随华人的迁徙传播到东南亚及其他国家。当今，在伦敦、纽约、横滨等地的中国城、唐人街、中华街，舞龙、舞狮等春节表演已成为当地最热闹的文化节庆项目。此外，中秋月饼也出现在华人社区，营造出天人相感合一的节日气氛。中华传统节日仍有继续传播的活力与空间，节日文化中的宇宙观、岁时观、人伦观、生死观，以及丰富多彩的民俗活动、妙趣横生的民间艺术、特色鲜明的节日食品、古老神秘的口头传说等，都可在文化交流与传播中成为全球共享的文化盛宴。

最后，中华传统节日的传承有助于探索节日文化资源的合理利用。传统节日作为历史的文化创造，也是弥足珍贵的文化资源。地方与国家的文化建设都离不开当代语境，也离不开历史传统，而通连现代生活的传统节日可以在文化建设中发挥其特殊的作用：它既有历史的纵向传承线索，又有深厚的横向传播基础。传统节日文化作为资源，不仅能在各类新兴会节活动中发挥引领与支撑的作用，而且它能提供丰富的文化元素，成为一些新项目、新产品的创设基础。在文化产业、创意产业、旅游产业等方面，传统节日文化的深广内涵可成为不断开掘的宝库。节日中的文艺表演、工艺制作、游戏游乐、儿童玩具、特色食品、神话传说、民歌民谣等都能在其传承过程中被应用与再创。

3. 方略

千百年来，中华传统节日的传承基本是取自然传习的方式，在城市和乡村的两大空间分别推进。作为我国都市民俗和乡村民俗中最重要的类型，传统节日曾被地方志、风土志、岁时记、地方录等著作广泛采录。在重视文化遗产保护、大力推进文化发展繁荣的当代，我们需要有主动的举措和有为的方略来传承我们的节日传统，让其文化根系扎入现代生活，并让历史连接未来。

就传统节日的传承方略来说，以下几点值得注意：

（1）加大公益宣传。传统节日的文化需要普及，而传统节日的内涵、历史、价值、意义、符号象征等需要通过公益性的宣传加以强化。春节、清明、端午、中秋等节已成为法定的节假日，放假固然有助于这些传统节日的传承，但仅仅是放假还不足以让全社会领悟传统节日的内涵与意义，我们需要通过平面广告、电视广告、动漫作品、公益讲座、著作文章等来传播节日知识，把传统节日看作中华文化的有机部分。公益宣传本身能表明官方和社会对我们传统节日的重视程度，并客观地为节日文化的传承创造气氛。

（2）注重学校教育。中华传统节日的传承需要对青少年进行普及教育，让他们从学校教育中获得相关的节日知识和文化传统，从小培养起文化传承和开拓创新的志向，避免出现对内漠然、对外热捧的自卑与虚无的倾向。要组织编纂面向中学生和小学生的中华文化教材，其中不仅要有国学知识，也要涉及民俗文化，包括传统节日的由来、功能、演进、节物与节事等等。中华文化教科书的编纂和相关课程的设置，不只是中小学生知识系统构建的需要，也关涉民族的复兴和文化的发展。以教育促传承，以传承促发展，是一可靠的方略。

（3）开展联谊交流。"百里不同风，千里不同俗"，中华传统节日在全国各地广泛流布和长期传承，往往带上了地方的特色和民族的风韵，呈现出同中有异的情状。中国的传统节日文化早在古代就已传播到日本、朝鲜、越南等周边国家，经过接受与改造已化为域外文化现象，它们与中华传统节日文化的同中之异和异中之同已成为文化的比较研究所关注的方面。可以开展不同地域的节日联谊活动，举行节物的展览、展销，节俗事象的展演、展示，以强化对中华传统节日多样一体的认识。此外，可开展国际节日文化交流，如中韩之间的端午节、中日之间的七夕节、中越之间的春节等交流活动，以促进中华传统节日的当代传承与传播。

（4）发展节日经济。传统节日中具有市场与消费的成分，节日经济不仅仅表现为商卖活动，也是渲染节日气氛、扩大文化传承的手段。春节前夕的年货大市场，春节期间的灯市、花市、书市，玩具、美食的市场，以及戏剧、电影等文艺专场，乡村游、边境游、境外游等旅游项目，节中新兴的电商活动等，都是节日经济现象。山东省旅游局每年春节期间举办的"好客山东贺年会"，就是把节日经济与文化传承联系起来的成功实例。目前，发展节日经济的空间很大，不仅能为第三产业的发展带来机会，也能成为助推节日文化传承的动力。

(5) 通连新兴会节。改革开放以来，随着经济与文化的发展，各地先后组办了不少会节活动，它们大多以当地的文化资源为依托，以优势的物产或特色活动为旗号，以经济建设或文化建设为目标。诸如，茶叶节、香包节、螃蟹节、龙虾节、水晶节、艺人节、山歌节、观蝶节等，为传统节日文化元素的应用提供了舞台和契机。传统节日宜向新兴会节渗透，让传统的节物、节俗、节艺突破原有的传习时空，并在与新兴会节的通连中增添它们的文化含量，同时赢得扩大传承的机遇，还可利用网络来扩大传统节日的通连作用，从而让传统节日中的中华文化元素彰显更大的活力。

《艺术百家》2017 年第 3 期，《新华文摘》2017 年第 19 期

节气与节日的文化结构

自 2016 年 11 月中国的二十四节气被列入联合国教科文组织《人类非物质文化遗产代表名录》以来,有关节气与节日的问题就备受关注,节气与节日的区别与联系何在?它们的文化应用和文化结构如何?只有弄清楚这些问题,才能对"节气"和"节日"的文化价值做出深刻的理解和明确的判断。

一 何谓"节气"和"节日"

节气,指二十四节气或其中的某一部分。它根据太阳在黄道上的位置划分,每 15°为一节气,共 24 个,其中包括 12 个"节气",即立春、惊蛰、清明、立夏、芒种、小暑、立秋、白露、寒露、立冬、大雪、小寒;12 个"中气",即太阳在黄经每增加 30°为一"中气",它们是:雨水、春分、谷雨、小满、夏至、大暑、处暑、秋分、霜降、小雪、冬至、大寒。十二节气与十二中气又统称为"二十四节气"。

我国在殷商时期已有"二分(春分、秋分)""二至(夏至、冬至)"四气的划分,《尚书·尧典》里的"日中""日永""霄(宵)中""日短",即指春分、夏至、秋分、冬至四气[1]。战国末期的《吕氏春秋》中已有"八气"之载,构成"四时八节"的"八节",而在西汉初年的《淮南子》里,二十四节气已见完整的载录[2]。

---

[1] 《尚书·尧典》:"日中星鸟,以殷仲春;日永星火,以正仲夏;霄(宵)中星虚,以殷仲秋;日短星昴,以正仲冬。"转引自乔继堂、朱瑞平主编:《中国岁时节令辞典》,中国社会科学出版社 1998 年版,第 22 页。

[2] 刘安等编著:《淮南子》,上海古籍出版社 1989 年版,第 30-31 页第三卷"天文训"。

现存二十四节气的名称来自以下因素的考虑：其一，记录四时的变换，包括立春、春分、立夏、夏至、立秋、秋分、立冬、冬至8个节气；其二，记录温度的变化，包括小暑、大暑、处暑、小寒、大寒5个节气；其三，反映气象特征的，包括雨水、谷雨、白露、寒露、霜降、小雪、大雪7个节气；其四，反映物候特征的，包括惊蛰、清明、小满、芒种4个节气。可见，二十四节气作为太阳观察的阳历，具有确立岁时、把握气候、服务农耕的实际功用。

节日，指在生产、生活中形成的具有特定文化内涵和相应活动的固定期日，它一部分从阳历的二十四节气中产生，例如立春、清明、冬至等；一部分由阴历的月首或月日的重叠日而形成，例如正月初一新年、二月初一中和节、十月初一寒衣节、三月三日上巳节、五月五日端午节、七月七日七夕节、九月九日重阳节等等。此外，还有以阴历十五或初八等为节的，例如正月十五元宵节、七月十五中元节、十月十五下元节、四月初八浴佛节、腊月初八腊八节等等。

节日的划分，从历史角度看，有传统节日和新兴会节之分；从地理角度看，有本土节日和外来节日之别；从主体角度看，有全民节日和民族节日；从主题角度看，可分为农事性、纪念性、宗教性、游乐性等节日。节日往往包括民间信仰、口头传说、象征符号、动态活动、特定饮食、特色艺术等，形成一定的文化链节，呈现出循环往复而又多重多样的文化特征。

传统节日一般具有这样的基本规律：其一，周而复始，具有长久传承的活力；其二，主体为民，属于一地一族的全体；其三，入世乐观，基调健康、快乐；其四，功能多样，能发挥认识、教化、组织、选择、改造、满足等多重作用[①]；其五，符号独特，能形成节日的岁时标志。根据以上规律，我们虽然有时把以经济商卖或文化活动为主旨的新兴会节也称作"节日"，如"龙虾节""螃蟹节""茶叶节""梅花节""观蝶节""艺人节"等，但它们与传统节日的区别仍十分明显。

二 节气的应用展开

作为对太阳观测而划定的二十四节气，其文化应用主要在哲学、农耕、社

---

① 有关功能的类型理论见陶思炎：《应用民俗学》，江苏教育出版社2001年版，第48-58页。

会等领域展开。

哲学领域，体现在精神的层面。它从黄道（太阳）的天文观测引申到四时划分和岁时观的形成，并过渡到东南西北与春夏秋冬相互对应的文化解读。把空间与时间联系起来，就形成了宇宙观，给时间打上了哲学的印记。这种"观象授时"的传统，分别根据对太阳和月亮的观察，形成了"阳历"与"阴历"的不同系统。我们知道，任何时间都是一定空间范围内的时间，同时，任何空间也都是一定时间范围内的空间。"阳历""阴历"作为以不同天体作为观测对象所形成的历法，本相关相合，在"农历"这种阴阳合历中凸显了阴阳相承的关系，并由天文到人文，导致了"受命于天""天人合一"观念的产生。节气所体现的时空联系，实际上也成为自然哲学与人生哲学交叉联系的媒介。可以说，二十四节气的设定与应用是自然的天文问题，也是带有哲学性质的人文问题。

农耕领域，体现在生产的层面，它是岁时历法的编制动因和具体应用，体现了祖先们认识自然、改造自然的不懈努力。节气的形成当是从原始农业的需要出发，在长期的实践中摸索出来的。他们先从物候观察开始，注意到动物迁徙、植物枯荣的周期性变化，从而以此为信号进行种与收的劳作。后来他们发现动物的迁徙、植物的枯荣与天气的冷暖相关，于是农业活动的关注目标由物象转为气象。在经过长期的实践和观察之后，他们发现了"万物生长靠太阳"的规律，明白了天气的寒暖变化乃由太阳的南回与北回的运动所造成：太阳北回，人影变短，天气变暖，地上万物发芽、生长、苗壮；太阳南回，人影变长，天气转凉，作物和其他植物渐渐成熟、枯黄。祖先们最终认识到，天象才是气象与物象的决定因素。这样，对日月的观察与记录成为判断岁时的基准，成为安排农耕生产的依据。其中，对太阳的观察和二十四节气阳历的归纳，比观察月亮的阴历，对农耕更为重要。各地都流传着一些与节气相关的农谚，诸如"过了惊蛰节，耕田不得歇""小满两头忙，栽秧打麦场""吃了夏至面，白天短一线""白露早，寒露迟，秋分种麦正当时""霜降拔葱，不拔就空"等[①]，就是用二十四节气来认知时令，安排农作，这成为农事应用最广的方面。

社会领域，体现在生活的层面，主要表现为二十四节气及其岁时观念对人生感悟的触发和对风俗活动的推进。

---

① 高淳县民间文学集成编委会：《中国民间文学集成·高淳县资料本》，1989年，第482-485页。

天体运行的周而复始和岁时周期的循环往复使人们产生崇敬与效法的冲动，悟出了"天行健，君子以自强不息"①的道理。节气与四时观念还引发了人生的感悟，包括"一年之计在于春"的告诫，"春去秋来老将至"的悲叹，"谁言寸草心，报得三春晖"的衷肠，以及"蟋蟀在堂，岁聿其莫，今我不乐，日月其除"②的警示等，都由季节而引发，而季节的转换又以节气为标志。人的感时情结并非单纯的个人心理现象，而是一定社会生活的反映。

至于"四时八节"的划定，不仅是计时的需要，也成为社会风俗的推力。南京旧时春有风筝会，夏有放鸽会，秋有蟋蟀会，冬有曲会、画会、灯虎会、诗会、棋会、消寒会等③，都是季节性民俗活动。某些节气也形成了特定的风俗，例如：立春啖春饼、鞭春牛，清明吃青团、放风筝，夏至吃面条、"称人""送夏"，冬至吃馄饨、涂绘消寒图等等。这些活动都展示了节气对社会生活风俗的融入与推动。

节气在精神世界、农耕生产和社会生活中的文化应用，表明了时空观、人生观、风俗观的自然衔接和服务实践的方向，也在一定程度上展现了节气应用的文化结构。

三　节日的文化结构

节日与节气既有联系，又有区别。其联系在于，一部分节气能因文化内涵的拓展而成为节日，如立春、清明、冬至等最为明显；其区别在于，在民俗功用和文化结构方面，一般节气没有节日那样丰富而完整。

民俗节日的内涵空间包括信仰、仪式、语言、征物、饮食、艺术等领域，并形成相互依存、整体凸显的文化结构。

信仰，作为精神成分，其来源包括自然宗教、人为宗教、巫术观念，以及由它们而生成的生活信念。信仰在节日中往往是民俗事象由起的主导因素，成为重要的功利目标，推动着节日活动的持续传承。例如，二月初一中和节，俗传为"太阳诞辰"，人们供奉太阳星君的纸马，用大饼或"太阳糕"祭供，相互以青囊盛百谷果实相馈赠，以祝丰穰。七夕节，人们祭祈河鼓二星（牛女二

---

① 语出《周易》第一卦。
② 语出《诗经·唐风·蟋蟀》，载阮元校刻：《十三经注疏》，中华书局1980年影印本，第361页。
③ 陈作霖：《炳烛里谈》，载《金陵琐志九种》，南京出版社2008年版，第324页。

星),捉蜘蛛、陈针巧、观月影、接牛女泪、染红指甲,以乞巧、乞美。中秋节,妇女们祭拜"月光马儿",陈瓜果、月饼,人们祭月、赏月、玩月,合家月下饮宴,以愿月常圆。不难看到,天体信仰是这些节日风俗的重要支撑。

仪式,以程式化的动作,有起止的过程性活动,服务于民俗功能的追求,仪式本身所具有的舞蹈或戏剧表演的性质能产生聚众观赏、渲染气氛的节日效果。例如,除夕的傩舞、元夕的龙灯和提灯会、立春的鞭春牛仪典、清明的扫墓祭祖程序等,是节日动态展现的重要事象,节日欢腾喜庆或严肃虔敬的气氛往往由它而得以呈现。

语言,是思想表达和人际交流的工具,特定的用语也能成为节日的组成部分,营造出节日的氛围。例如,"恭喜发财""新岁大吉""连年有余"这类话语总是与春节联系在一起,而"清明不插柳,再生变黄狗"的俗谚,也多在清明节期间相传口耳之间[①]。语言也能成为节日文化传承的特殊载体。

征物,指有特征的标志物。大凡传统节日都有自己的征物,成为一定节日的标志。作为符号的节日征物,往往使人睹物生情,产生对节日的期盼和对亲情的眷念。例如,春节的春联、爆竹,立春的土牛,清明的杨柳,端午的龙舟等,都已超出其物态的性质,成为具有深厚文化内涵的节日符号。

饮食,指传统的民俗食品,它们不仅能带来乡愁记忆,更增添节日的欢乐气氛。其实,节日饮食并非山珍海味,但其吉祥的取义和传说的因素,使它们构成节日文化的有机部分。

尤其是在物质匮乏的年代,节日饮食成为孩童们盼望年节到来的最大诱因,也成为节日风俗传承的动力。立春吃春饼,清明吃青团,立夏吃面条,立秋啃西瓜,冬至吃馄饨等,都具有时令和文化的意义。

艺术,是民俗节日不可或缺的组成部分,它包括舞蹈、戏剧等民俗表演艺术,绘制、制作、装饰类的民俗造型艺术,神话、传说、故事、歌谣等民俗口承艺术等。艺术在节日文化结构中的存在,不仅有审美满足的功用,更表现出化滞重为轻松的乐观进取和生活自信。立春中的演剧、抬阁、剪彩,清明节的雕蛋、制作风筝,冬至日涂绘"消寒图"等,都以艺术的表现手段美化着民间的岁时节日。

信仰、仪式、语言、征物、饮食、艺术作为体现节日文化结构的六个主要

[①] 夏仁虎:《岁华忆语》,南京出版社2006年版,第63页。

环节，分别形成了节信、节事、节语、节物、节食和节艺，使节日具有了固定而周圆的呈现方式和多路传承的文化张力。节日内在文化结构的完整性也使其与节气在功能、形态上有所区别。只有节气在俗民生活中突破计时与农事的原初功用，产生节信、节事、节语、节物、节食、节艺的文化成分，节气才能转变为节日，丰富传统节日的体系。

在二十四节气中，立春、清明、冬至已具备了节日的结构系列，成为传统的民俗节日。在节信方面，立春的春牛被当作农作丰稔、发财兴旺的象征，而形成摸春牛、抢春牛的风俗；清明插柳、戴柳，寄托思念亡亲之情，并祈望柳条的早发易活能诱感亡人转世复活；冬至太阳北回，民间有打灶之俗，以求阳气长养[①]。

在节事方面，立春由县官亲自参加"打春"活动，并按规定的路线出城东门外，亲打土牛三下，别人再依次鞭春；清明节扫墓，人们除草填土，摆放祭品，长幼依次肃拜先人；冬至中午也要祭祖，晚上全家聚饮，在南京旧有升炉火、祀天地的"接冬"仪式。

在节语方面，立春鞭春牛时，人们争摸土牛的脚，并念"摸摸春牛脚，赚钱赚得着"；清明则有"清明不插柳，再生变黄狗"的谣谚；冬至日起人们开始数九，有"一九二九不出手"的《九九歌》的念诵。

在节物方面，立春以春牛为标志，清明以柳枝为征物，冬至以炉火为信号。

在节食方面，立春有春饼、春卷，清明有青团、青螺、子推燕面馍，冬至有豆腐、馄饨。

在节艺方面，立春演剧，出抬阁，剪春燕，歌《青阳》《八佾》[②]，跳《云翘》之舞；清明画蛋、雕蛋，彩绘风筝；冬至有吟诗作画的"消寒会"，图描笔画或梅花瓣的"消寒图"。

可见，节气中的立春、清明、冬至等已经渗透到信仰、仪式、语言、征物、饮食、艺术的领域，拥有了民俗节日的结构体系和具体的表现事象，因此，它们既是节气，也成为传统的节日。

[①] 谚云："冬至打灶不忌。"见潘宗鼎：《金陵岁时记》，南京出版社2006年版，第41页。
[②] 佾，为古代乐舞的行列，"八佾"为天子专用。在南京郊区有《跳八佾》的傩舞至今传承。见陶思炎：《苏南傩面具研究》，江苏凤凰文艺出版社2015年版，第125页。

四　结语

"节气"与"节日"是相互区别又有联系的一对文化概念。前者主要出自对自然宇宙的观察，后者主要来自社会生活的需要；前者是以农耕生产为服务中心的计时系统，后者主要是以民族生活为满足的文化体系；前者属太阳观测的阳历，后者包容阴历和阳历的双向来源。就功能与应用而言，节日比节气具有更为完整的文化结构。

二十四节气的文化渊源和文化应用主要集中在哲学、农耕、社会等领域，它们分别体现在精神、生产和生活的层面，着重表现了时空观、人生观、风俗观的自然衔接和服务实践的方向。它以科学、务实的积极方式融入中国的农耕文化，并成为推进岁时文化发展的动力。

节日，主要指我国的传统节日，其内涵展现空间包括信仰、仪式、语言、征物、饮食、艺术等基本领域，并形成各领域环节的相互依存、整体凸显的文化结构。这六个结构环节，分别作为精神主导成分、程式化动作、表达交流工具、特征性标志物、传统民俗食品、体现审美满足和生活自信的表演和造型，进入了我国的岁时文化系列。

信仰、仪式、语言、征物、饮食、艺术这六个主要节日环节，又形成了"节信""节事""节语""节物""节食"和"节艺"并存同在的结构形态，使节日具有了固定而周圆的呈现方式和多路传承的文化张力。节气中的立春、清明、冬至在长期传承中因上述结构环节的具备，也成为传统文化节日，实现了节气与节日的交并合一。

《民族艺术》2018年第2期

祈雨扫晴摭谈

一　雨旱信仰

在古代农业型社会中，雨水是农耕的命脉，也是造神的诱因。先民所谓"神"者，多因其能"为风雨"而称之。《礼记·祭法》曰：

> 山林川谷丘陵，能出云，为风雨，见怪物，皆曰神。

《荀子·天论》曰：

> 列星随旋，日月递炤，四时代御，阴阳大化，风雨博施，万物得其和以生，各得其养以成。不见其事而见其功，夫是之谓神。

而雨正是被中国古人视作"阴阳交合"[①]与"辅时生养"[②]之天物，完全契合于农业型社会的造神观。《河图·帝通纪》曰："雨者，天地之施也"，将雨说成是自然神的恩赐。此外，中国神话传说中的祖先神与英雄神也有施雨之功，炎帝之号"神农"，乃因其能引水行雨。《尸子》曰：

> 神农氏治天下，欲雨则雨，五日为行雨，旬为谷雨，旬五日为时雨，正四时之制，万物咸利，故谓之神。[③]

这种对祖先的神圣化正折射出时人盼雨兴农的热切愿望。神话中的神农不仅能行雨，而且还能汲井。《后汉书·郡国志》刘昭注引《荆州记》曰："神农既育，九井自穿，汲一井则众井动。"神农氏行雨汲井的神能正是对远古祈穰观

[①] 《经籍纂诂》卷第三十七引《易鼎》曰："雨者，阴阳交合，不偏不亢者也。"
[②] 《释名·释天》曰："雨者，辅也。言辅时生养也。"
[③] 引自欧阳询：《艺文类聚》卷二。

的曲折表达。

如果说滋润农田的雨露来自恩神的赐佑，那么，焦土枯禾的旱气则是凶鬼的肆虐。"旱"作为"雨"的对立面，素有"旱魃"之称。《诗经·大雅·云汉》云："旱魃为虐，如惔如焚。我心惮暑，忧心如熏。"韦曜《毛诗问》释曰："魃，天旱鬼也"，"旱气生魃"，并描绘其形曰"魃鬼人形，眼在顶上"[1]。"旱魃"既为异鬼，必有贼害，其主要恶行就在于伤农，故墨子释"旱"曰："二谷不收。谓之旱。"[2]

旱魃既为肆虐的凶鬼，自然要加以禳除，其法一是祈神致雨，二是奋起攻伐。"旱"作为"阳盈而过"[3]之物，本属火[4]，故水可克之。古人祈神兴雨，即以水熄火，以神收魃。

除了致祭祈神，人亦敢斗魃除凶，古籍中多有此类故事，表现了时人企图驾驭自然的幻想。《神异经》载录了一则捉魃禳灾之法：

> 南方有人，长二三尺，袒身，而目在顶上，走行如飞，名曰魃。所见之国大旱，赤地千里。一名狢，遇者得之，投溷中乃死，旱灾消也。

以粪坑毙杀旱魃本不足为训，但它寓谐趣于轻蔑，以人智破鬼气，表达出对旱魃禳除的必胜信念。此外，在金人元好问的《续夷坚志》卷一里还记有举梧追击旱魃的故事：

> 贞祐初，洛阳界夏旱甚，登封西四十里告成，人传有旱魃为虐。父老云："旱魃至，必有火光随之。"命少年辈合昏后凭高望之，果见火光入一农民家，随以大梧击之，火焰散乱，有声如驰。

这则故事根植于旱魃为"火变"之物的信仰，绘声绘色地勾勒出一幅"攻魃"的图景，俨然一首抗灾的战歌。

不过，雨旱信仰中难免有荒谬的成分并伴之以陋俗。例如，开坟戮尸的"打旱魃"，在明代已被有识者斥为"讹言坏风化"之陋行。顾景星《攻魃篇》诗序载：

---

[1] 见欧阳询：《艺文类聚》卷一百。
[2] 语出《墨子·七患》。
[3] 杨泉《物理论》曰："阳盈则过，故致旱。"
[4] 王充《论衡·感虚》曰："旱，火变也。"

> 大名八里郭虎,报村人打旱骨,将本庄新葬黄长远之尸开坟打烂。按西域有尸僵,辄杀一黑驴,取头蹄分击。今北路遇旱,或指野冢是魃,击鼓聚众,发而戮之,谓之"打旱魃"。虽冢主子孙不得问。

此陋俗以旱魃为鬼祟的认识为基础,并将其与"人死为鬼"的信仰相联系,遂有"指鹿为马"之讹。它将禳除的愿望导向愚妄的行动,集中反映了雨旱信仰中的消极因素。

在祈雨禳旱的文化观念中,人、神、魃相互勾连,相反相成。在三者鼎立的文化联结中,人始终处于主导的核心地位,并以祭献、攻伐为手段把握神、魃,追求近神远鬼、获雨除旱的祈禳目的。雨旱信仰是农业社会的产物,神、魃乃出于人的精神创造。就实质而论,雨旱祈禳将人与自然世界的矛盾转化为人与自身精神现象的矛盾,因此,无可讳言,在其积极的愿望中,包容着荒谬的成分,并由此出现了种种让人啼笑皆非的愚妄行为,形成了农耕文化中极为繁杂的祈雨体系。

二 祈雨类说

1. 敬神型

敬神型祈雨仪典具有突出的宗教性,其信仰基础是对超自然物的虔敬。它在农业阶段即已形成,并构成原始宗教活动的一个重要方面。在阶级社会,敬神型祈雨仪典又融进人为宗教的因素,其敬祭的对象包括人形神、自然神和动物神等多路神祇。

在人形神中,上帝、蚩尤、后稷等常受祈雨人的祭奉。《吕氏春秋》载述了殷汤因五年不雨祷于桑林,"剪其发,割其爪",以祈雨于上帝之事,这成为原始宗教残身致祭的变形。除了上帝,蚩尤因能请雨①,后稷因是天帝之子且能"降以百谷"②,都被视作农业的恩主,并成为祈雨的对象。董仲舒曾述及对他们的献祭:

> 夏求雨,令县邑以水日:"家人祀灶,无举土功",更水浚井,曝

---

① 《山海经·大荒北经》曰:"蚩尤作兵伐黄帝,黄帝乃令应龙攻之冀州之野。应龙蓄水,蚩尤请风伯、雨师,从大风雨。"
② 《山海经·大荒北经》曰:"帝俊生后稷,稷降以百谷。"

> 釜甑、杵臼于衢七日。为四通之坛于邑南门之外，方七尺，植赤缯七。其神蚩尤，祭之以赤雄鸡七，玄酒、清酒祝斋三日，服赤衣，跪陈，祝如春辞。

又曰：

> 春季祷山陵以助之，令县邑徙市于邑南门之外五日，禁男女，毋得行入市。家人祠中溜，毋举土功。聚巫市旁为四通之坛，于中央植黄幡五。其神后稷，祭之母肫五，玄脯祝斋三日，衣黄衣，皆如春辞。①

上述蚩尤、后稷之祭，均设坛植幡，陈鸡置酒，并有日期、衣色、方位、禁忌、献辞、配祀之制，具有宗教祭仪的性质。后世僧道的设坛祈雨的仪典基本沿袭了上古的敬神模式，甚至直到清代依然如故。道光年间编修的《高邮州志》卷六载："凡遇旱祈雨，择地设坛。先集僧道薰坛，官民致斋，禁止屠宰，不理刑名。戴雨缨，各官素服办事，至期步诣坛所，每日行香二次，行二跪六叩首礼。"可见，官方的祈雨方式已完全宗教化和礼制化。

除了人形神，灵星、山神、雨师、风伯之类的自然神也是祈雨的对象。《益部耆旧传》曰："赵瑶为阆中令，遭旱，请雨于灵星，应时大雨。"②

祈雨于星的礼俗源于对星能司雨的观念。《尚书》有"星有好风，星有好雨"之句，暗示了星、雨间的主从关系。《诗经》云"月离于毕，俾滂沱矣"，将雨水与毕星相连，使后者获有"雨师"之名。《春秋说题辞》力图解释雨水之由来：

> 一年三十六雨，天地之气宣，十日小雨，应天文，十五日大雨，以斗运也。③

此说的要点在于视雨落为斗转星移之为。古人幻想星空为河，天为水泉④，故星、雨多相提并论。在唐诗中仍见有这类歌咏，如贾岛的"露滴星河水"之吟，刘禹锡的"火山摧半空，星雨洒中衢"句，以及王建的"夏夜新晴星较少，雨收残水入天河"的诗句等，均反映了时人观念中星、雨的相随相连。此

---

① 见欧阳询：《艺文类聚》卷一百。
② 见欧阳询：《艺文类聚》卷二。
③ 见欧阳询：《艺文类聚》卷二。
④ 《山海经·大荒西经》："风道北来，天乃大水泉。"

外，河南孔山有向山神祈雨的遗俗，江苏句容在小暑后曾有"割鸡椎豕，击鼓鸣金，以迎雨师风伯"①的习俗，构成了向自然祈雨的不同方式。

动物神也是祈雨的对象，对它们的崇敬与献祭带有原始宗教的深刻印记。动物神包括虚拟的神物和实存的生物，诸如对龙、鱼、蜥蜴、蛇等的祈拜，甚至在近代仍时有所见。

龙为水神，有行云施雨之功。《说文》曰："龙，鳞虫之长，春分而登天，秋分而入川。"其说一方面肯定龙为水兽，另一方面言明龙有登天入川之能。由于水"浮天载地"②，天河与地川相通③，故龙"登天"即入天河，实也与水抱合。龙与天河、地川的不可分离使其成为祈雨禳旱的神物。自古以来，民间多有向龙祈雨的风俗与传说，在佛教传入中土以后更衍生出对龙王的献祭与庙祀。在西北关中地区，二月二人家竞相炒食五色豆——黄豆、黑豆、豌豆、绿豆、豇豆，以促龙恢复元气而吐雾降雨。在苏南丹阳县（现丹阳市），民间于腊月二十四煮红豆饭，"杯盂满盛，置箱笼各什物上"，谓之"安龙"或"喂龙"。"喂龙"即向龙献祭，以祈其降雨有常。向龙神祈雨有"迎龙""送龙"的仪典，从明初胡奎的《迎龙曲》中我们可约略得知当时祈雨的情状：

　　朝迎龙，暮迎龙，旱火烧天龙在宫。县官投牒石潭中，山南山北鼓逢逢。蜿蜒跃入杨枝水，山云一缕随龙起。龙未离山雨到城，城中三日不得晴。明朝打鼓送龙去，愿龙十日行一雨。种田有水刈麦干，年年谢龙神亦欢。

从诗中可知"迎龙"在朝暮时分，由县官率领，投书请龙，击鼓相迎，场面浩大而庄重。除了较正规的祭仪，民间还有贴龙王纸马于家门，挂柳枝、塑泥龙、张纸旗等习俗，并有向龙祈雨的歌谣流传。④

龙为虚拟的神兽，鱼为实在的生物，向鱼祈雨与原始的动物崇拜相关，并建筑在对其神格化的基础上。现实中鱼、水的不可分离和观念中鱼能出入天河地川的神能，使其也能施水行雨。有一则关于黄帝的传说讲：

---

① 见乾隆《句容县志》卷一。
② 《玄中记》曰："天下之多者，水也。浮天载地，高下无不至，万物无不润。"见郦道元注《水经注叙》。
③ 周亮工《书影》第七卷："天河两条：一经南斗中，一经东斗中过。两河随天转入地……"
④ 吴长元《宸垣识略》曰："凡岁时不雨，家贴龙王神马于门，瓷瓶插柳枝挂门之旁，小儿塑泥龙，张纸旗，击金鼓，焚香各龙王庙。群歌曰：'青龙头，白龙尾，小儿求雨天欢喜，麦子麦子焦黄，起动起动龙王。大下小下，初一下到十八。摩诃萨。'"

> 黄帝游洛水上，见大鱼，杀五牲以醮之，天乃甚雨。①

传说记述了上古向鱼献祭祈雨的信仰活动。在梁代任昉的《述异记》中亦载有对鱼神的祭祈："关中有金鱼神，周平二年，十旬不雨，遣祭天神，金鱼跃出而雨降。"

鱼神致雨的信仰使其获有"天神"之尊。在古代中国，石鱼和木鱼甚至成了巫师祈雨的法具。汉代昆明池内以玉石鱼祈雨，董仲舒请雨则用桐木鱼。②中古以后多有"异鱼"之信，并向之祈雨。明人杨慎所记的"一丈鳗""九节鳗"③，以及《江西通志》所载的"圣井"异鱼④，都被视作祈雨的神物。

蜥蜴亦作为动物神楔入人类的祈雨仪典，它因与龙形似而得以升格。蜥蜴求雨法古已有之，在宋代颇为流行。据《倦游杂录》载：

> 熙宁中京师久旱，按古法令坊巷以瓮贮水，插杨柳，泛蜥蜴。小儿呼曰："蜥蜴蜥蜴，兴云吐雾，降雨滂沱，放汝归去。"时蜥蜴不能尽得，往往以蝎虎代之，入水即死。小儿更曰："冤苦冤苦，我是蝎虎，似凭昏沉，得其雨。"⑤

称蜥蜴"兴云吐雾"似为舛误，它实作为龙的替物而受罚。祈雨儿歌带有逗趣谐乐的成分，它改变了祭仪咒祝滞重的宗教气息，而略显风俗的乐观情趣，同时也反映了敬神祈雨方式的后期衰变。以他虫代蜥蜴的祈雨礼俗直到清代仍见载述，桂馥所谓的"虽"，即一种用以祷雨的似蜥蜴之虫⑥。尽管对动物神的笃信因此受到了动摇，但仍以变形的样式遗存在风俗中。此外，某些地区的向蛇祈雨之俗也是动物崇拜的孑遗，反映了敬神型祈雨礼俗的庞杂性。

2. 娱神型

娱神型祈雨仪典除了祭神的宗教性质，更带上了戏剧性成分。它以巫舞、

---

① 《古今图书集成》乾象典第八十四卷引《帝王世纪》。
② 葛洪《西京杂记》卷一："昆明池刻玉石为鱼，每至雷雨，鱼常鸣吼，鳍尾皆动。汉世祭之以祈雨，往往有验。"《天中记》卷三载："董仲舒请雨，秋用桐木鱼。"
③ 杨慎《异鱼图赞笺》卷三："宁波阿育王山下圣井有一丈鳗，旱祷有应。奉化县灵济泉传有九节鳗，祷雨获之辄应。"
④ 《江西通志》载："圣井在广信府贵溪县东南八十里龙虎山，三井相连，一井在绝顶，人迹罕到……水黝黑，中产异鱼，雩者迎以致雨，屡验。"
⑤ 见陈耀文：《天中记》卷三。
⑥ 桂馥《札朴》卷九曰："曩者济南苦旱，祷雨师求水蜥蜴，得之藕塘中。其虫身有花斑，案即虽也。《五音集韵》：'虽，虫名，似蜥蜴而有文。'《说文》：'虽，似蜥蜴而大。'"

巫歌及耍龙舞灯一类的程式化动作娱神乐人，使虔敬的宗教仪典转向了官礼民俗。

祈雨舞蹈本是原始人类的动作性语言，也是人神沟通的手段，它以模拟的象征性动作、特殊的装扮或配饰、歌呼的伴和、法具或道具的运用等，而带上表演的性质，有娱神和自娱的作用。在我国先秦时期，舞蹈已进入仪礼，并专置"舞狮"以教习，其中便有"帅而舞旱暵之事"的"皇舞"①。若国遇大旱，则"司巫"帅巫而舞。据《周礼·春官·司巫》载：

司巫，掌群巫之政令，若国大旱，则帅巫而舞雩。

注曰："雩，旱祭也。"疏曰："雩者，呼嗟求雨之祭。"舞雩即以歌舞祈雨的一种巫术，一般由女巫掌行："女巫，掌岁时祓除衅浴，旱暵，则舞雩。"②

到中古时期，祈雨之舞有少、壮、老身份之别，并有方位的不同择取。据《神农求雨书》载："春夏雨日而不雨，甲乙命为青龙，又为火龙东方，小童舞之；丙丁不雨，命为赤龙南方，壮者舞之；戊己不雨，命为黄龙，壮者舞之；庚辛不雨，命为白龙，又为火龙西方，老人舞之；壬癸不雨，命为黑龙北方，老人舞之。"

舞者由少及老，可见娱神性祈雨在旱区是人人参与的活动，也是一种不失神秘因素的亲神乐神仪典。这一仪典在近代已更加习俗化，但戏剧性与宗教性仍交错杂糅。

在河南省济源县（现济源市）乡村，若久旱无雨，村中妇女在夜晚聚集村边，在路口设香致祭，除叩头乞雨，还列队歌唱，有一人在前领头，并有梆子和奏，所唱祈雨歌有《五上香》和《五道灵文》等。歌罢，众人叩首，燃放鞭炮，一人持之边跑边舞，以示迎神。由于此种祈雨法有歌唱，有列队，有领有和，有乐器相伴，亦有舞蹈动作，因此归属于娱神型祈雨礼俗。

至于舞龙灯、耍水龙之类也具有娱神性质。《吴友如画宝》中的"龙灯祈雨"记写了晚清时期上海"新闻迤西"乡民在祈雨时"扎成龙灯四十余架"，并抬神出游，途中与英租界巡捕发生冲突的事件，反映了娱神祈雨的声势。除了耍龙灯，祈雨队伍中还有小青、白娘、许仙、法海、虾兵、蟹将等装扮，使

---

① 《周礼·地官·舞师》："舞师，掌教兵舞，帅而舞山川之祭祀。……教皇舞，帅而舞旱暵之事。"载《十三经注疏》，中华书局1980年影印本，第721页。
② 见《周礼·春官·女巫》，载《十三经注疏》，中华书局1980年影印本，第816页。

祈雨赛会的戏剧性更加突出。娱神型祈雨方式是敬神型祈雨仪典的演进，就其实质来说，体现了由宗教向风俗的转化。

3. **诱惑型**

诱惑型祈雨仪典源于交感巫术，它以男女欢合或以水诱水的方式请雨，具有浓厚的巫风气息。

由男女野合以祈雨，或由巫师做出各种猥亵的动作以请雨的方式源起于原始的巫术信仰及其法术活动，它以农业社会为依托，有久远的承传。汉代大儒董仲舒的《春秋繁露·请雨止雨篇》曰：

> 四时皆以庚子之日令吏民夫妇皆偶处。凡求雨之大礼，丈夫欲藏，女子欲和而乐神。

此外，《路史·余论》引董仲舒《请雨法》曰："令吏各往视其夫到起雨为止。"董仲舒在江都因"五谷病旱"，"遣妻视夫，赐巫一月租，使巫求雨"[①]。可见，以男女交合以祈雨是汉代习用的方法。在后世，有女巫的裸体舞，男巫的喷水舞，以及"七个大姐扒阴沟"的祈雨方式，都是以象征性的动作所施行的交感巫术。

古人所谓"天地之气和则雨"，"阳制于阴，故为雨"的说法[②]，是将男女、天地、阴阳的相分相合等同，具有哲学思考的意义。即使是有关星、雨联系的幻想，也引向了"夫妻"之论。《丹铅总录》曰："箕星，东方宿也。东木克北土，以土为妻，雨。土也，土好雨，故箕星从妻所好，而多雨也。"箕星之"多雨"乃"从妻所好"，即夫妻和合之故。可见，诱惑性祈雨曾作为哲学的命题受到广泛的探讨。直到晚清，"阴阳交接"观仍是"雨兆"的解释依据。桂馥《札朴》卷九载：

> 吾乡夏夜有黑气如群豕渡河汉，谓之江猪过河，得雨之兆。馥以为口水之气。《晋书·天文志》："沸水气如黑豚"，是也。沸水伏流，性沉阴，其气既升，则阴阳交接，故雨。

与"阴阳交接"相连，则是以水诱雨之法。宋人张耒在《叙雨》诗小引中说："福昌之民，有祷旱于西山者，取山泉之一勺祠之，不数日而雨。邑民言

---

① 见欧阳询：《艺文类聚》卷一百"灾异部·祈雨"。
② 陈耀文：《天中记》卷三。

旱岁取水以祠，辄应，且其取之者，非特福昌也。"以勺水感应雨水也出于物物相感、事事有应的巫术观念，这一观念甚至还渗透进佛教的法事中。宋人王十朋《浴佛无雨》诗云"俗言浴佛天必雨，今年浴佛天愈晴"，记述了时人以浴佛用水而感应雨降的信仰。

以水诱雨的巫术在少数民族中亦有奇特的运用，明陈耀文《天中记》卷三转述了蒙古人的祷雨之法说："蒙古人祷雨者非若方士，唯取净水一盆，浸石子数枚而已。其大者若鸡卵，小者不等。然后默持密咒，将石子淘漉，玩弄如此良久辄有雨。"这里的"净水"和"石子"是施行巫术的法具，祈雨中且有咒术的运用，并以"淘漉"相感应，反映了同类诱感的信仰观。

4. 驱使型

驱使型祈雨方式是出于对神祇的恼怒，以胁迫性的行动或言辞促其降雨。它已失去对神的崇拜和虔敬，表现出某种反宗教的抗争倾向。

积薪烧山本为燔柴祭天之礼，后作为祈雨的最后手段，用以迫神就范。《神农求雨书》载：舞而不雨，"潜处，阖南门，置水其外；开北门，取人骨埋之。如此不雨，命巫祝而曝之。曝之不雨，神山积薪，击鼓而焚之。"烧山是出于无奈，也是最严重的步骤，它含有对神的怨愤与不敬。唐人段成式在《酉阳杂俎》中记述了烧山求雨之俗及其信仰观：

> 太原郡东有崖山，天旱，土人常烧此山以求雨。俗传崖山神娶河伯女，故河伯见火，必降雨救之。

这则河伯嫁女的传说对烧山祈雨作出了轻松的解释，淡化了威逼河伯的渎神行为。

除了烧山，"打龙潭"也是驱使型祈雨风俗。人们认为龙能兴云致雨，龙潜居深潭，遇旱不雨，禾苗枯黄，是其见死不救，于是在一定期日，人们便向"龙潭"里投污物和石灰，使水浑浊，龙爱洁净，要唤雨洗涤，于是就会降雨。此说同样是以传说故事掩盖迫神行为，化滞重为轻松，透露出民间面对灾祸的乐观精神。

在苏北农村有"伏天三日不雨小旱，五天不雨大旱"的俗话，若二十天不雨，乡民便祈神降雨。他们用两张八仙桌叠起来，燃香设供，敲锣打鼓，供上王灵官的神像，并叩首祷告。等香火燃尽，由四个壮汉用两根粗毛竹抬起八仙桌往河边跑，一到河边，忙把王灵官放入河中，乡民在岸上发咒道："如若三天下大雨,脱下龙袍重装金;如若三天不下雨,抠你眉毛扒眼睛。"此俗对王灵官这个道教护法神的前恭后倨,反映了祈雨的功利大于宗教的信仰,以及乡民对这类"护神"的既敬又怨的复杂心态。他们以抠眉扒眼相胁迫,以下河浸水相驱使,使此种祈雨仪典失去了宗教性质,开始了俗信化的衰变过程。

三 止雨扫晴

久雨不晴则涝,同样是农家盼能禳除的灾祸。自古止雨与祈雨相提并论,表现为同一信仰观念的不同目标。《汉书·董仲舒传》载:

> 仲舒治国,以《春秋》灾异之变推阴阳所以错行,故求雨,闭诸阳,纵诸阴,其止雨反是。

由此可见,止雨也以阴阳说为基准,闭诸阴而纵诸阳是其原则。由于丙丁为火在南,壬癸为水在北,故止雨要开城邑之南门,闭城邑之北门,以迎火去水,壮阳制阴。又由于古人有雨水由山川所司的信仰,故止雨也祭山川,晋葛洪在《西京杂记》中言明止雨的祭仪如"求雨法"[①]。

至中古时期,民间产生了止雨的"扫晴"习俗和对"扫晴娘"的信仰。扫晴娘由村妇剪纸做成,悬于屋檐,具有压胜止雨的巫具性质。据《丹阳县志》卷二十九载:

> 是月(二月)雨,为"杏花雨"。雨久,又白纸作妇人首,剪红绿纸衣之,以笤帚苗缚小帚,令携之竿,悬于檐际,曰"扫晴娘"。

元初李俊民有扫晴娘诗云"卷袖搴裳手持帚,挂向阴空便摇手",可见"扫晴娘"的出现当在元代以前。它与南朝以来的"剪彩"之俗相联系,又综合了笤帚驱鬼的信仰,以压除阴气,得阳返晴。"扫晴娘"或悬檐下,或高挂竿上,且手足倒置,俟晴即焚。据胡朴安《中华全国风俗志》载:

> 吴县如遇久雨,则用剪纸为女子之状,名曰扫晴娘,手持扫帚。纸人须颠倒,足朝天,头朝地,其意盖谓足朝天可扫去雨点也。用线穿之,挂于廊下或檐下,俟天已晴,然后将扫晴娘焚去。

---

① 葛洪《西京杂记》卷一:"京师大水,祭山川以止雨。丞相御史二千石祷祠,如求雨法。"

"扫晴娘"的"焚去"有送神之意，因此它同纸马相仿，成为民间神祇体系中又一位功用明确的女性神，并写入《天明经》中，成为诵念祈唤的恩主。在江苏无锡地区流传的祈晴《天明经》曰：

  天明经，地明经，东方日出皎皎晴。开天娘娘，扫地娘娘，扫净世界，救救凡尘。乌云堂堂开，显出太阳来。

"扫晴娘"之为女性，当与剪纸造神者为女性相关，清人赵翼所谓"闺阁中有剪纸为女形"之说，自有其历史渊源，传说"剪纸为人"始于晋代贾充之妻李夫人。同时，洒扫之类的活计也多系村妇为之，故"扫晴娘"为"女形"。此外，祈雨、止雨多由女巫行之，而"扫晴娘"也有以纸代巫的性质，实际上它展示了巫风向民俗的转化。

  扫晴与祈雨作为农事祈禳中的要项，往往以象征性的事物或行为去追求免灾除荒的实际目标。它仅仅以虚无的信仰来平衡心理，发动村民，唤起抗灾意识，而难有实际的功效。然而，祈雨扫晴的仪典与风俗作为历史的农耕文化现象，仍有着不可忽略的研究价值，也是一份弥足珍贵的文化遗产。

《农业考古》1995年第3期

迷信、俗信与移风易俗
——一个应用民俗学的持久课题

一 迷信与俗信

"迷信"与"俗信"作为民间信仰的两大领域,既相互联系,又彼此离异,但长期以来被人们混淆统称,良陋莫辨,影响到"移风易俗"的准确性与时效性。

所谓"迷信",指非理性、反科学、对个人与社会有直接危害的极端信仰,它以迷狂为特征,是巫术、宗教中有害成分的强化,并往往诱发破财残身、伤风败俗、扰乱生活、荒废生产等不良后果。"迷信"的由来不外有二:一是原始宗教的残余和古代人为宗教中的某些成分,另一则是文明时代后出的神灵信仰及其神秘观念。因此,对"迷信"可确立这样的判别标准:任何对现实生活起破坏作用的信仰,都是迷信;同时,任何新造的神灵信仰,尤其是在文明已相当发达的现当代所新造的神灵信仰,也都是迷信。就后者而论,即使对现实生活未构成显著的或有形的破坏,但由于现当代早已过了神灵崇拜自然产生的历史阶段,故具有明显的人为性、功利性,显露出病态的或欺骗的性质。

例如,1995年4月24日的《扬子晚报》曾报道,该年3月4日,在江苏如皋白蒲镇蒲南村,一女村民称梦见了"七仙女"在本村池塘中洗澡,传扬开后,便有村民来塘边燃香跪拜,取回"仙水",邻乡、邻市也有人赶来烧香取水,到4月17日,日人流量已达千人以上,后不得不由有关部门加以取缔。

再如,近年来冒出的一些诈骗钱财、奸淫妇女、散布邪说、扰乱社会的邪教组织,什么"被立王""主神教""上帝的仆人""玉皇大帝的桌子腿""东海正宫娘娘""法轮大法"等等,他们自称为神,或自比佛主,甚至横吹为"当今唯一的救世主",宣扬有"法身",可给修炼者装"法轮"、"开天目"……这些新造的潜藏着不可告人目的的"神灵"信仰,是典型的迷信。

此外,自 1991 年以来,在陕北地区出现了数座"毛泽东庙",因以周恩来、朱德做配祀,又称"三老殿"。衡山县于 1991 年成立筹建委员会,在"玉帝楼"旁修建了名为"怀英阁"的"人王"庙,善男信女们以为,既然是领袖,天上必有其星宿,既然为他们盖了庙,有灾有难也定会有求必应,于是他们在庙中写下了如下的祈愿:"保佑功名高达""保我平安""保我远走高飞"等。建在梁镇名为"思源宫"的毛泽东庙其宗旨是"集中将梁镇人民在心灵深处的怀念、信仰、愿望、渴望、精神寄托,用固定纪念场所的标志、宗教思想的标志、文化产物的标志留给后人,永远不忘。"这座"三老殿"向求神问卜者提供两种法物:一是铜钱,香客们在点香、烧纸、磕头后,从香炉中摸出两枚铜钱,两手合十摇动后掷于供桌上,一字一满(满文)为上卦,两满为中卦,两字为下卦;另一为"升药",家中人有病,取黄纸折成三角夹于香斗上,片刻之后取下持归,拆开三角纸必有粉末,这就是所谓的"升药",以水冲服,信能除疾。至于榆林市南古塔乡的"永怀阁",是一座按风水观用汉白玉建造的"三老殿",于 1996 年 9 月 9 日毛泽东逝世 20 周年时举办"开光"仪式,远处的农民凌晨一、两点就起身赶来,要看看这新庙的"开光点眼"[1]。这种把领袖当神尊、塑像庙祭的"新创",也属迷信。

上述数例均发生在 20 世纪 90 年代,早已过了原始崇拜的自发阶段,同时也不是传统信仰的自然传承,或出于妄说,或出于愚狂,或为赚取香火钱,均表现为病态的信仰,属于迷信的范畴。

"迷信"一词在汉语中出现于何时,暂无法说准,作为一个带有价值判断的贬词,当不会太久远。不过,在清末,"迷信"的语词与概念已普遍使用,如 1903 年《国民日日报》批评中国政界在"满洲问题"上"迷信俄人"[2],1904 年《东方杂志》转载《论疆臣之迷信神权》一文[3]等等,说明"迷信"的概念在当时已为读者所熟知。

"迷信"作为移风易俗的对象,就在于有实际的危害,或破财败业,或残

---

① 参见郭冰庐:《神游陕北"三老殿"》,《乡土》1998 年第 11 期。
② 见承前:《中国政界最近之现象》,《国民日日报》1903 年 6 月 25 日第十七号"社说"。
③ 《东方杂志》第 1 卷第 1 期(1904 年 12 月 31 日)。另《东方杂志》第 2 卷第 4 期(1905 年 5 月 28 日)载有《论革除迷信鬼神之法》一文。

身损体，或伤风败俗，或厌世丧志，体现为消极的、破坏的力量。

所谓"俗信"，指与巫术、宗教相联系，但在长期的传习中已融入风俗习惯的古代信仰，它没有虔诚的仪式和敬惧的气氛，松散随意，作为下层生活与思想的一个侧面，没有或较少有害成分，相反因其特殊的文化功用而成为人们生活的调剂与补充。"俗信"是正常的或良性的民间信仰，它没有人为的、欺骗的性质，仅表现为传统观念的自然沿袭和民间对精神生活的广泛需求。

例如，古代南京及当今陕西农村元日贴挂鸡符的风俗[1]，就是表达驱鬼除阴，迎祥纳吉，呼唤新春的俗信象征。自古以来，人们视鸡为"积阳"，信其具有与太阳同类相感的神能。《春秋说题辞》曰："鸡为积阳，南方之象。火，阳精物，炎上。故阳出鸡鸣，以类感也。"由于"阳出鸡鸣"，鸡鸣日升，所以贴挂鸡符本是迎取新岁初日的风俗，寄托着战胜黑夜、制服阴气的俗信观念[2]。

"俗信"即"世俗信仰""俗民信仰""风俗信仰"之意，这一概念出自何时尚待探究，至少在宋代已出现"俗""信"二字连用之例。司马光在批评当时丧葬重风水的陋俗时说道：

> 世俗信葬师之说，既择年月日时，又择山水形势，以为子孙贫富贵贱，贤愚寿夭，尽系于此。[3]

这可能是"俗信"二字并用的最早实例，尽管其词意还不属学术领域的概括。

"迷信"与"俗信"并非两个绝然无缘的范畴，互相间具有转化的可能。例如，古代大型建筑的开工仪典中有杀人奠基的野蛮信仰，以献祭地神，祈得落成。这种迷信随社会的发展而淡化，到明代已出现以石人代活人的奠基形式。清宣统二年（1910年），上海拓宽马路，开至老北门城脚得一石棺，中卧三尺余石像一尊，当胸篆刻"万杞梁"二字[4]。"万杞梁"是民间传说中孟姜女的丈夫，又称作"万喜良"或"范喜良"，太白星曾降下童谣说："姑苏有个万喜良，一人能抵万人亡；后封长城做大王，万里长城永坚刚。"于是秦始皇下令捉他，并筑入城墙。明代则以石人代活人，因戕害行为的废弃而完成了从"迷信"到"俗信"的转化。到了现当代，大型公共建筑的奠基仪式的中心又

---

[1] 顾起元《客座赘语》："岁除岁旦，秣陵人家门上插柏枝、芝麻秸、冬青叶，大门换新桃符，贵家门左右贴画雄鸡。"
[2] 陶思炎：《风俗探幽》，东南大学出版社1995年版。
[3] 语出《司马氏书仪》卷七。
[4] 顾颉刚：《孟姜女故事研究》，载《孟姜女故事论文集》，中国民间文艺出版社1984年版。

由石人演成石碑，变献祭为纪念，信仰的成分更加淡化。可见，"迷信"可经由自然的汰选和人为的改造，逐步清除其有害的成分，转易为无害的信仰，甚或有益的活动。

"俗信"由于人为的强化，也有可能向"迷信"转化。例如，纸钱作为俗信的物品早在唐代已用于丧葬活动，成为替代铜币或陶钱等"瘗钱"的简易化"寓钱"，使丧祭从靡费转向了节俭。① 唐人张籍《北邙行》诗中有"寒食家家送纸钱，鸦鸢作窠衔上树"之句，白居易《寒食野望吟》中有"风吹旷野纸钱飞，古墓累累春草绿"之咏，可见在唐代纸钱相当普及。纸钱作为俗信物品虽不能简单称之为"迷信"，却也有因操作不当，而向"迷信"转化的可能。诸如，出殡沿途抛撒纸钱，污染街市和道路；墓前大量焚化，弃之不顾，引发山火；冥币与流通真币一并抛撒或焚化，败坏世风等：因对社会生活有显著的或潜在的危害已转向了"迷信"的范畴。

长期以来，由于缺少对"迷信"与"俗信"的认识和界定，我国近代以来的思想家、民俗学家、人类学家对民间信仰的层次结构和动态演化尚没有加以辩证地把握，往往从爱国激情和启蒙理想出发，把"下流社会之迷信"看作国家贫弱的根源②，并强调其主要害处在于"毒苍生而覆家国"③。而他们所称的"下流社会之迷信"，包括"偶像""魂魄""妖怪""符咒""方位"和"谶兆"等方面④，实际上是对民间信仰领域的简单概括。他们所使用的"迷信"一词具有鲜明的否定倾向，虽说对冲击旧文化的民主启蒙运动具有相当的助益，但毕竟夸大了民间信仰与国运族运的关联，忽视了它的内部分野，也忽略了民间信仰在保持文化传统中的特殊作用。

这种不加区分地以"迷信"统称民间信仰的做法至今犹见。例如，不少地方在丧礼中不许"披麻戴孝"，不准请吹鼓手，但允许戴黑袖章、小白花，可以放哀乐，并把前者称作"迷信"，把后者称作"新风"。这不仅反映了对"俗信"的茫然，也反映出对"迷信"认识的混沌。可见，正确认知"迷信"与"俗信"的特质与规律，不仅是宗教民俗学的学科任务，也是移风易俗、除恶存良的重要前提。

---

① 《新唐书》一○九卷《王玙传》载："汉以来，葬丧皆有瘗钱，后世里俗稍以纸寓钱为鬼事，至是玙乃用之。"
② 《东方杂志》第2卷第4期（1905年5月28日）转载《中外日报》的《论革除迷信鬼神之法》一文。
③ 《东方杂志》第1卷第11期（1904年12月31日）转载《岭东日报》的《论疆臣之迷信神权》一文。
④ 卓呆：《续无鬼演义》，《安徽俗话报》1904年第11期。

二　移易之论

在中国古代，风俗曾作为礼仪的基础而受到特别的重视，司马迁在《史记·礼书》中说："缘人情而制礼，依人性而作仪"，"因民而作，追俗为制"。"礼"是"俗"的提升和制度化，"俗"是道德、法规、准则的着眼点。我国历来重视对风俗的观察、采集和引导，并视之为治国兴政的手段，甚至被称之为"不可一旦而无"的"国家元气"。宋人楼钥在《攻媿集》卷二十五中说："国家元气，全在风俗；风俗之本，实乃纪纲。"宋诗人陆游也有"倘筑太平基，请自厚俗始"之论。明人郑晓则在《策学》卷二中指出："夫世之所谓风俗者，施于朝廷，通于天下，贯于人心，关乎气运，不可一旦而无焉者。"风俗的良陋历来被古人视作国家盛衰兴替的标志。

由于风俗"或直或邪，或善或淫"①，"好恶取舍，动静无常"②，故需时时关注，并加以引导。《礼记·缁衣》曰："故君民者，章好以示民俗，慎恶以御民之淫，则民不惑矣。"这种扬善慎恶，既是对民间风俗的选择与引导，也是一种对风俗加以移易的努力。

风俗作为传承性文化，在一定时期内具有相当的稳定性，而作为良俗对立面的陋俗，也因具有这种稳定性而对社会生活产生较长远的消极影响。关于这点，古人也早已明察，并有所论。《战国策·赵二》曰："常民溺于习俗，学者沉于所闻。"《荀子·儒效》曰："习俗移志，安久移质。"此说风俗能使人沉溺，并叫人失去志向和本质。当然，这是指淫风陋俗。

此外，时代的变迁、事物的演进也要求风俗作出相应的调整和变易，以摆脱陈风旧俗的窠臼。司马迁所提出的"与时迁移，应物变化，立俗施事"的主张③，注意到时空变化对风俗移易的必然要求，体现出锐意进取的务实精神。

"移风易俗"的口号似乎由孔子首先提出，历代贤哲大多赞同，并各作倡论，成为中国民俗应用中经久不衰的"热点"话题。孔子在阐发他的伦理道德观时说道：

> 教民亲爱，莫善于孝；教民礼顺，莫善于悌；移风易俗，莫善于

---

① 语出汉代应劭：《风俗通义序》。
② 语出汉代班固：《汉书·地理志》。
③ 转引自张紫晨：《中国民俗与民俗学》，浙江人民出版社1985年版，第209页。

乐；安上治民，莫善于礼。①

孔子把"移风易俗"看作道德建设的重要方面，开启了一项任重道远的应用工程。

荀子也倡导过"移风易俗"，认为它是天下安宁、美善的途径。《荀子·乐论》载：

> 故乐行而志清，礼修而行成，耳目聪明，血气和平，移风易俗，天下皆宁，美善相乐。

荀子之论描绘了理想的社会图景，而"移风易俗"是实现这一理想的手段。

司马迁则从历史实践方面总结了秦王朝扫灭六国、民富国强之因。他在《史记》中借李斯"谏逐客书"写道：

> 孝公用商鞅之法，移风易俗，民以殷盛，国以富强。②

"移风易俗"既是社会生活的改革，也是社会经济与政治的改革，其结果导向人民的殷盛和国家的富强。这一成功的历史经验是倡导"移风易俗"的有力论证。

班固在《汉书·董仲舒传》中则提出"变民风，化民俗"。他以"变化"替代"移易"，其对象仍为民间的"风俗"，因此仍表达了对"移风易俗"这一口号的弘扬。

北齐颜之推在《颜氏家训》中也提及"移风易俗"之事，他写道：

> 不知敬鬼事神，移风易俗，调节阴阳，荐举贤圣之至也，但知私财不入，公事夙办，便云我能治民。

他把"移风易俗"与"敬鬼事神""调节阴阳""荐举贤圣"等国家大事相提并论，说明"移风易俗"在当时仍被视作应高擎不放的治国大旗。

"移风易俗"的倡导伴随着对"风俗"的解释，历代相传。元人李果在《风俗通》"题辞"中指出：

> 上行下效谓之风，众心安定谓之俗，移风易俗，在则人，亡则

---

① 语出《孝经注疏》卷六，载《十三经注疏》，中华书局1980年版，第2556页。
② 见《史记·李斯列传》。

书，此应劭《风俗通》所由作也。①

在李果看来，"移风易俗"是东汉应劭作《风俗通》的由头。实际上，风俗的存亡在一定的程度上正反映着社会政治与民众心理的变化。

明人宋应星也探究过"风俗"与"人心"的相互关系及"移易"与"变相"间的联系。他说：

> 风俗，人心之所为也。人心一趋，可以造成风俗；然风俗既变，亦可移易人心。是人心、风俗，变相环转者也。②

宋应星发现了"人心"与"风俗"间的辩证关系，对"移风易俗"的倡导实际上就是号召对世风人心的改造。

体现为"人心"的风俗并非无关痛痒的社会风气，民心群怨实乃"天下大事"。清人黄中坚有论道："天下之事，有视之无关轻重，而实为安危存亡所寄者，风俗是也。"③ 因此，"风俗""人心"事关重大，"移风易俗"应从教育、引导入手。《礼记·学记》曾强调过学习对转化民俗的重要性：

> 君子如欲化民成俗，其必由学乎！玉不琢不成器，人不学不知道。

这种欲化民俗、教育先导的主张反映了尊礼重道的文明古国的风范。

风俗作为世代传习的社群文化，其中亦有相对稳定的、健康积极的成分，因此"移风易俗"不等于废弃既往，而是有承继，又有变革，不断创设合乎时代潮流和当代生活的风俗制度。近代学者开始注意对风俗良陋好坏的价值判断，并倡导以不同方式审慎处之。清人黄遵宪说：

> 善者导之，其可用者因之，有弊者严禁以防之，败坏者设法以救之。④

他把风俗拉出了"善""弊""坏"三个层次，并提出"因""防""救"三种对策，表现出对风俗的深刻理解，并把"移风易俗"的口号变为方向明确的实践。

---

① 《风俗通义校释》，天津古籍出版社1980年版，第505页附录"李果题辞"。
② 语出宋应星：《野议·风俗议》。
③ 语出黄中坚：《蓄斋文集》卷五。
④ 黄遵宪：《论礼俗》。

此外，鲁迅先生在《二心集·习惯与改革》一文中论及对风俗的态度时提出："别好坏，立存废。"鲁迅先生实际上强调先做调查研究，经认真识别，再立存废决心，最后做出继承与移易的行动。这一主张是对"移风易俗"的诠释或补充，至今仍有其积极的指导意义。

三　批判与劝诫

近代以来，一批贤明的知识分子怀着忧国的拳拳之心，对国人的种种迷信与陋俗加以剖析批判，并做出坦诚的劝诫，以图风俗之改革，社会之进步。

在光绪十一年（1885年）的《述报》上载有《习俗奢华论》的文章，提出了"黜华而崇实"的主张。文章写道：

> 即幸而腰缠万贯，家积万金，断不敢以骄奢淫逸之怀，改朴素廉俭之旧。奈何偶然得志，尽易初衷，唯奇技淫巧以自娱，遂越礼逾分而不顾，挥金如土，顿忘稼穑艰难，浪用矜雄，自谓门楣光大，而不知天道默为转旋，人事恒为代谢，物穷则反，器满则倾。试观歌舞楼台，忽变为荒墟旷野，古今不知凡几矣。奈何居安忘危，若巢幕之燕，竟不计大厦将倾欤。吾愿以身入世者，皆黜华而崇实，免随波而逐流。①

这篇写于19世纪的无名氏之作，以说理和劝诫的方式，提醒世人"朴素廉俭"，居安思危，不随波逐流，摒弃奢华之风，这是对"移风易俗"观的又一种表达。

光绪年间创办的《安徽俗话报》设有"恶俗篇"，对"敬菩萨"之类的妄费钱财的愚俗作出了批判，并得出了这样的结论：

> 我们中国人，专欢喜烧香敬菩萨，菩萨并不保佑，我们中国人，还是人人倒运，国家衰弱，受西洋人种种的凌辱。那西洋人不信有什么菩萨，像那烧香打醮做会做斋的事，一概不做，他反来国势富强，专欺负我们敬菩萨的人。照这样看起来，菩萨是断断敬不得的了！不如将那烧香打醮做会做斋的钱，多办些学堂，教育出人才来整顿国

---

① 见光绪乙酉年（1885年）正月十五日《述报》。

家，或是办些开垦矿务诸样有益于国、有利于己的事，都比敬菩萨有效验多了。①

作者以说理的方式痛陈敬菩萨的无益，并论说移俗与国事的关联，倡导多做益国利己的实事，表现出深沉的忧国忧民之心。

卓呆的《续无鬼论演义》一文也发表在《安徽俗话报》上，它对中国的迷信鬼神做出了哀叹。文章写道：

> 你看中国各省的庙宇，也不知有几千万，香烛钱粮，一天也不知要去几千万担。今天是这里的迎神赛会，明天是那里的菩萨生日，念佛诵经。唉，中国的风俗，弄到这步田地，真算得没一个人不迷信鬼神的了。②

作者还喟叹道："那知动物中最灵的人，都被迷信祸福鬼神的话头弄得七颠八倒，种灭国亡！"③ 作者在论述"中国的风俗"时，言辞中饱含着批判的激情。

早在晚清时期，就有学者将中国之俗与欧洲之俗相比，以揭示自卑的弊陋，从而警示"改变风俗"的必要性和迫切性。光绪三十三年（1907年）阴历三月二十五日出刊的《东方杂志》第4卷第3期的《风俗篇》一文写道：

> 古昔所谓改变风俗，皆发之自内，无有发之自外者。吾谓风俗不变，皆由于无对镜之时耳。今亚欧大通，见欧洲之俗尚武，则中国自私自利之俗当变化；欧洲之俗尚改革，则中国好静不好动之俗当变也。风俗既变，无动不可就，无事不可成。④

文章以批判与劝诫的口吻探讨"改变风俗"的参照系，并设想其必然的成功。

1908年《东方杂志》发表了《论人才与风俗之关系》一文，论证人才与国家、风俗的相互关系，对制造"不才"的"吾国之风俗"加以挞伐，提出育才、"改良风俗"是救国的前提。文章写道：

> 国家之强弱，系乎人才；人才之盛衰，视乎风俗。风俗之良窳，起于匹夫、匹妇。……习于善则善，习于恶则恶，盖风俗者，人才之

---

① 三爱：《敬菩萨》，《安徽俗话报》1904年第7期。
② 见《安徽俗话报》1904年第11期。
③ 见《安徽俗话报》1904年第11期。
④ 该文首载于1907年阴历二月二十一日《申报》。

> 制造场；人才者，又风俗之出产品也。……吾国之风俗既日以制造不才为事，而历代之学派，乃成制造不才之学派；历代之教育，乃成制造不才之教育。不才之人愈众，而制造不才之术乃愈神，固无惑乎？居此社会者，日逐逐于钻营也，谄媚也，求八行也，请双安也，举不可告人之境而行之，于大廷视之为典礼，而后"不才"二字乃为吾国最普通、最"高尚"之一"科学"。趋向日误，而根性亦日深，不才之势力愈悬绝，社会文化亦消亡，而后吾国乃终于为奴为隶而不可复救。①

作者痛感中国当时的风俗是培养钻营谄媚的"不才"之人，是奴隶的温床，具有强烈的社会批判倾向。可见，"移风易俗""风俗改良"之类的口号，本来就有社会改造的意义。

同清代学人对迷信与旧俗的深恶痛绝相比，恽代英在《新青年》杂志发表的《论信仰》一文，则较客观地分析了信仰的功用与弊端，提出规劝的意见。他写道：

> 信仰之引人向上，固不可诬之事，且其功用能使怯者勇，弱者强，散漫者精进，躁乱者恬静，历史所载其伟大之成绩，不可偻数。……信与爱、智同为三原动力之一，然以信与智较，即相形而绌，信与智相冲突之物也。吾人之智常欲破除吾人之信，吾人之信又常欲闭塞吾人之智，然使人因信而弃智，是自绝文化进步之本原，而安于迷惑愚妄之境地也。……智与爱为千古不磨之道德原动力，"信仰"二字，吾人虽不必十分排斥，亦大可不更加提倡矣。②

恽代英承认"信仰"有其功用，但指出它与"智"的冲突，会自绝于进化之门，使人迷惑愚妄，倒行逆施，故主张"不更加提倡"，言虽委婉，但批判与劝诫的意见表达得十分明朗。

移风易俗的追求也构成了民间文学的常见题材，其对各种淫风陋俗的贬斥中多见有劝诫的成分，反映了民众对风俗的深刻理解及对良陋的严格区分，同时也表现出对染上陋习者的热诚救助。

民间文学对敬神一类的信仰活动往往采用嘲讽的、略带调侃的语调。例

---

① 《东方杂志》第5卷第5期转载《舆论日报》当年（1908年）阴历四月二十三日文章。
② 载《新青年》1917年第3卷5号。

如，搜集于江苏宝应县的一则《十说菩萨》是这样说的：

> 一坐不动，
> 二目无光，
> 三餐不吃，
> 四肢无力，
> 五官不正，
> 六亲不靠，
> 七窍不通，
> 八面威风，
> 九问不答，
> 实（十）在无用。①

此外，在湖北省阳新县财神庙有一副对联，也表现出嘲讽的意味：

> 颇有几文钱，你也要，他也要，给谁是好？
> 不做一点事，早也拜，晚也拜，叫我为难！

至于对吸烟、嫖娼、赌博、嗜酒一类的恶习或陋俗，民间多以歌谣、曲艺等文艺形式加以劝诫，以对染习者进行教育与挽救。

例如，在江苏阜宁县采集到的一首《大烟鬼自叹》歌谣是这样说的：

> 小铜钎挑的是英雄好汉，
> 黄竹竿吹的是肉焦骨烂，
> 烟缸里烧的是田地房产，
> 玻璃罩罩的是妻离子散。②

歌谣以抽大烟的主要危害为警告，提醒瘾君子们，只有戒烟才有生路，否则家破人亡。

在无锡地区流传的《戒烟歌》亦有警世的功用，其歌曰：

> 洋人运来鸦片烟，
> 耗我资财骗我钱，
> 阎王爷来出勾魂票，

---

① 见《扬州歌谣谚语集》，中国民间文艺出版社1989年版，第160页。
② 见《中国民间文学集成·阜宁县资料本》，1989年印，第522页。

> 引魂灯点勒枕头边。
> 啥人作死吸洋烟,
> 一耗精神二费钱,
> 三餐茶饭常欠缺,
> 四季衣衫勿连牵,
> 五更寒冷少被盖,
> 六亲断绝苦难言,
> 开门七件无着落,
> 八幅罗裙勿见面,
> 九九归一无投路,
> 十殿阎王等你见。①

这首歌谣历数抽大烟的祸患,表现为苦口婆心的劝诫。

"酒""色""财""气"常是民间"醒世歌"所提及的对象,并奉劝世人对之加以"一笔勾销"。在江苏盐城采录的一首歌谣道:

> 酒是穿肠毒药,
> 色是刮骨钢刀,
> 财是下山猛虎,
> 气是惹祸根苗,
> 看来四字无用,
> 不如一笔勾销。②

它以"毒药""钢刀""猛虎""祸根",分别作为"酒""色""财""气"的比喻,以达到警世的效果。

批判与劝诫是对移风易俗倡论的实践,也是民俗应用的一种方式,它以教化为主旨,以扬善惩恶、风俗改良、社会进步为追求,体现为一种积极而有效的努力。准确区分迷信与俗信,对迷信加以坚决的破除,对陋俗加以不断的移易,既是有关国计民生的历史使命,也是应用民俗学的持久课题。

《民俗研究》1999 年第 3 期

---

① 引自《中国民间文学集成·无锡县民间歌谣集》(资料本)下册,1988 年印,第 428-429 页。
② 《中国歌谣集成·江苏卷》,中国 ISBN 中心 1998 年版,第 349 页。

试论乡野道教

一 乡野道教与民间信仰

乡野道教是流布于乡野间的非宫观、非正统的道教形态，它多由游方道士或略知道术的当地神巫主持传习，其事象、法物、科仪往往与民间信仰活动混融共通，具有突出的俗用性质。作为正统道教的残存或异变，乡野道教一般缺少教派的组织联系，也无对某一经义的笃信，而是以功用为追求，借助法物、仪式等有形的、可感的媒介唤起乡民亲神、通神的情感，以树立护佑得助的信念，化解痛苦与困惑，从而乐观地面对严酷的生活。这种功用明确的工具性，正体现了乡野道教的性质。

乡野道教的特征可概括为非组织性、混融性、民族性和致用性等四点。所谓"非组织性"，即带有流动的、零散的、自发的、非纯正的意味，它随缘而生、因地而存、沿俗而用，具有较强的适应性和生命力。所谓"混融性"，即乡野道教并非独立存在的信仰形式，它往往与儒、释因素相容，尤其与民间信仰混融合一，没有圣俗的严格区分，更不以单一宗教相标榜，实际上可类归于宗教的范畴。所谓"民族性"，即乡野道教与中土文化一脉相承，其中几无外来的因素，其尊神、符咒、舞蹈、音乐、绘画无不展现着本族本土的风采。所谓"致用性"，即乡野道教不是心灵净化、精神升华的圣地，也不是乡民信仰观念的唯一追求与寄托，它宛如工具或武器，因事而用，因用而存，帮助人们从信仰与心理的层面上提高生活的信心和勇气，从而面对现实中的各种疑虑和困苦。

乡野道教的形迹在当今虽或隐或现，然犹可搜寻。不少地方，尤其在中国南方的乡村中，近年来修复或新造了一大批民间小庙，除少数以佛祖、观音为庙祭对象外，绝大多数仍供奉着道教的尊神，显示了乡野道教的深厚基础和巨大潜力。拿南京远郊高淳县（现南京市高淳区）说，民间神祠在各乡各村竞相修复，其中有土地庙、财神庙、天后宫、城隍庙、五猖庙、五显庙、祠山殿、杨泗庙、虫王庙、姜公庙、风婆庙、二郎庙、娘娘庙、八公庙、将军庙、仙公庙等，均可归属乡野道教的系列。此外，在江南乡村中，以道符镇宅、破凶、度关、治病亦颇为常见，此类道符除少数版印外，大多由乡间道士手绘以用于民间信仰活动中。

纸马，作为以各路神祇为表现对象的民俗版画，具有浓郁的民间宗教气息。纸马所包容的神系中以道系神最为突出，其队列亦最为浩荡，诸如三清、玉帝、北斗星君、寿星、太岁、魁星神君、三官大帝、王灵官、姜太公、张天师、钟馗、三界符使、东岳大帝、南斗星君、斗姆、本命星君、紫微星君、丰都大帝、城隍、灶神、火神、水神、雷祖、辛天君、关圣帝君、文昌帝君、酒中仙圣、蚕花五圣、三茅真君、八仙、张仙、增福财神、利市仙官等。[1] 纸马在部分地区略见遗存，它呼应着当地的乡野道教，并使之有迹可循。

乡野是播化宗教信仰的辽阔空间，道教的本土性质及与巫术、自然宗教的先天联系，使之在楔入这一空间中占有很大优势，而且它能由宗教的层面而转向风俗的层面，体现出民间信仰的性质。

民间信仰作为非官方、非教会的下层信仰，有着丰富的构成材料和复杂的历史成因。率先研究民间信仰的日本学者姊崎正治曾指出民间信仰的构成材料有三个，即原始宗教的残存，自生的自然崇拜，组织宗教的被变化、曲解和混淆。[2] 而日本另一以研究民间信仰而著称的学者堀一郎则认为，民间信仰形态的多样化出自残存在民众中的原生态古代信仰、原始信仰与原始生活联结的某些断片，被高级宗教融摄而又重返民间的沉滞物，退化了的前代宗教的遗物等。他还指出，民间信仰的上端渗透在既成宗教的教理之中，但其与既成宗教的交叉点表现得较为模糊，而其下端则是俗信和迷信，民间信仰具有自然宗教不断习合的性格，并具体表现在生活的功利性、咒术性、小集团性（封锁性）、并存性（多样性和重层性）等方面。[3]

正是民间信仰不断习合的性格和同时并存性的特点产生着巨大的包容作用，

---

[1] 陶思炎：《中国纸马》，台北：东大图书公司，1996年版。
[2] ［日］姊崎正治：《中奥的民间信仰》，日本《哲学杂志》1897年第12卷第130号。
[3] 参见［日］堀一郎：《民间信仰》，日本岩波书店1951年版。

它将一切重返民间的宗教形态及其信仰囊括其间，而乡野道教作为正统道教的衍生或遗存，作为出自民间而又重返民间的乡土宗教，自然成为民间信仰体系中的一个领域。乡野道教亦有上下的分层，其上端与正统道教的教理相联系，而其下端亦混同于俗信和迷信，这一状况也正与民间信仰的规律相合。不过，乡野道教有职业的或半职业的道士参与，与民间信仰，尤其是俗信那种自发的、自然的行为略有不同，也正因为这点，乡野道教的上下层不是一种决然的分隔，它因为道士、法物、仪式的部分存在而上下互见，显示出宗教遗物的特质。

民间信仰具有普遍存在的规律，无论古今中外，无论东西南北，凡有人群的地方，只要构成一个小小的社会，就会形成满足精神需求的民间信仰。然而作为某一特定宗教遗存的乡野道教并不具备普遍性的规律，它不仅很少见之于域外，就是在中华大地上的分布也不均衡。它归属民间信仰，但不囊括民间信仰，仅为民间信仰的一个支系。不过，它自有其生成、传习的基础，在乡野俗民社会的精神生活中发挥着巨大作用。

二 乡野道教的俗用

乡野道教在民俗活动中以物态的、语态的与动态的方式传导其神秘的信仰意义，满足着俗民们的精神追求。诸如神符、纸马、镇物、建筑仪式、迎神舞蹈等，就是习见的出自乡野道教的俗用手段。

神符一般由道士绘就，它因用而别，主要以线条、文字、图画的组合寄予神秘的功能意义，并用于镇宅、祛病、度关、辟虫、护身等方面。镇宅符一般贴于门楣、檩条、窗框或墙壁之上，以邀神文字、八卦、星斗、人形符画，以及不可认识之勾画传导威严的震慑力量。

镇宅符就其邀神文字看，有"五岳镇宅符""武光上将符""安龙镇宅符""伏魔大帝符""龙虎玄坛符"等。镇宅符镇辟的对象为"凶神邪鬼"，《阳宅十书·论符镇》曰："五岳镇宅符：凡人家宅不安，或凶神邪鬼作怪，此符镇之大吉。"在苏南的镇宅符上见有两神相拥的符画，两神面面相对，贴身同体，以阴阳相就表太极两仪，借以诱发镇辟之力。

祛病符往往符、咒叠用，既贴、吞、佩、戴，又加诵念，以声、形的并用强化驱除的神力。《道藏》中所收的"敕瘟鬼咒"曰：

敕东方青瘟之鬼，腐木之精；南方赤瘟之鬼，炎火之精；西方血瘟之鬼，恶全之精；北方黑瘟之鬼，溷地之精；中央黄瘟之鬼，粪土之精。四时八节，因旺而生。神不内养，外作邪精。五毒土气，入人身形。或寒或热，五体不宁。九丑之鬼，知汝姓名。急需逮去，不得久停。急急如律令！

这一咒语以五方、五色、五行的相配标明了道教的性质，并为流布于乡野的"天师祛病符"之类定下了基调。"天师祛病符"以日期、方位作符断，并以纸钱、字符的并用以求"大吉"。民间尚见有专治一疾的"祛病符"，诸如治癌符、消毒符、止血符、止泻符、祛痛符、除湿符、止吐符、止咳符、治疮符、保胎符、健胃符、催生符、醒酒符、惊风符、通气符等。

度关符是小儿专用的乡野道符，它用木版印制而成，在乡野道士主持的度关仪式上沿用。该符上印有"上清列宿星君之图"，所延请星神有：日宫太阳星君、月府太阴星君、南斗延寿星君、北斗七元解厄星君、东斗六阳星君、西斗六阴星君、中斗六大星君、东方木德星君、中央土德星君、神首罗侯星君、神尾计都星君、四方二十八宿星君、天轮十二宫星君、上清六十甲子星君、常生本命之辰星君等浩荡的道神队列。符上更有十二关的关煞图像及各关的名称，它们是四柱关、百日关、雷公关、铁蛇关、鬼门关、童命关、急脚关、周岁关、四季关、冲天关、短命关、金锁关等，并有城墙与关卡的图形。度关符的存在表明乡野道教在与民间信仰的交并中仍留有自身的印迹。

纸马是亦圣亦俗的民间信仰物品，它用于年节祭祀、砌房造屋、宝卷讲唱、丧祭墓葬、祛病消灾、产育寿诞等民俗活动中。乡民临事，先找当方道士说明事由，道士则用红纸写出该延请的诸神纸马名称，乡民再凭此前往纸马铺或香烛店请购。纸马在售出前一般先请道士开光，或由印售人模仿道士念咒、照光，并用彩笔在纸马上涂抹尊神的双目。数十年前，在江苏如皋县（现如皋市）石庄镇尚有"石龙泰""张泰和""王义兴"三家纸马铺，由于出店前有道士开光，故有"在店纸马，出店为神"之说。[①]

纸马的应用较集中在春节期间，腊月二十三日或二十四日对灶神的祭祀几乎遍及全国乡村，红白灶马在炉灶前多贴用。灶神又被尊为"司命灶君""东厨司命"，从其岁岁上天向玉帝"言人过失"[②]，也可看出灶神与道教的联系。

[①] 1994年2月2日笔者前往石庄镇采访了原"王义兴纸马铺"的老板王道友先生，得悉纸马在店与出店的秘密。

[②] 嘉靖《江阴县志》卷四曰："二十四日祀灶，用粉团、胶牙糖，谓灶君朝天言人过失，糖以胶牙。"

除夕历来有摆天地桌,供奉"天地"纸马的俗信,而元日往往往供桌上陈放众神纸马,或立"纸马架"供奉财神仙官之类。① 在苏州地区,春节敬供的纸马有玉皇、灶君、财神、玄坛、土地诸神。在南通地区,则供有家堂香火列位高真、聚宝增福财神、招财和合利市、顺风大吉、猪栏之神、牛栏之神、水母娘娘、耿七公公、井泉童子、本命星君、三官大帝、八蜡之神、关圣帝君、梓潼文昌帝君、值年太岁正神、禁忌六神等。此外,在苏中地区,春节期间还有贴换"三十六神"纸马,即印绘三十六神于一图,包括道、释、儒各路尊神与先师,诸如城隍、准提、孔圣、玉皇、东岳、公侯、大圣、南斗、灶君、和合、财神、天官、关帝、本命、张仙、利市、龙王、雷祖、三官、玄坛、招财、土地、月宫、紫微、吕祖、日宫、泉神、天后、火星、观音、佛、华王、太子、太公、北斗、文昌等,其中大多为道系神。

在其他供奉纸马的民间信仰活动中,道系神也往往最为突出。民间做寿,须延请寿星、本命星君、星主三神,而祭亡悼先由道士做场时,则选用三清、玉帝、星主、紫微、东岳大帝、城隍、丰都大帝等纸马。甚至在带佛教色彩的民间讲经唱卷活动中也见有三茅真君、东岳大帝、三宫大帝等道神的纸马。若为小孩讲经,在江苏靖江地区还特别加供梓潼文昌帝君一神,以表劝学得禄。此外,二月二敬土地,五月五挂钟馗、天师符,八月半祭月宫,十月朔送寒衣、烧"沙衣""草鞋"……大多仍带有道教的印记。

镇物作为心化的器物,或物化的精神,在心理与信仰的层面上帮助人们面对各种灾害、凶殃、危险、祸患,对鬼祟、物魅、妖邪、阴气、敌害之类加以排拒和镇除。② 镇物的生成与功用与宗教观念有着多重的联系,其中不乏道教的因素,可以说,乡野道教在这一领域中获得了广泛的应用。

八卦太极图是常见的护宅镇物,有木制、石刻数种。木制八卦牌一般配有虎头的画像或钢叉,钉于大门的门楣正中、而石刻八卦,则配有虎头图像及"泰山石敢当"的文字,砌于外墙面对路道的一侧,以"镇百鬼,压灾殃"。③ 在粤北山区翁源县江尾镇有一明代张姓客家人的八卦围楼,按乾、坤、坎、

---

① 潘荣陛《金陵岁时记》:"取纸长约五尺,墨印财神仙官或莲座等状,新年立春供设厅堂。削木如牌坊形,高尺余,曰纸马架。"
② 陶思炎:《中国镇物》,台北东大图书公司1987年版。
③ 郑廷枚《古谚闲谭·莆田石记》:"庆历中,张纬宰莆田。得一石,其文云:'石敢当,镇百鬼,压灾殃,官吏福,百姓康,风教盛,礼乐昌。'后有大历五年县令郑押字记。今人用碑石,画'石敢当'三字,镇于门,亦此风也。"

离、震、艮、巽、兑八卦方阵图形建造,开有乾、坤、巽、艮四门,围中筑有七十四条街巷,联结着1650间泥砖瓦房。八卦围楼是八卦镇物的化用。

以明镜悬于门户作镇乃是对日月星"三光"的模拟,也是对道士驱邪法物的效仿。《抱朴子》称,道士入山必带镜,明镜能使邪魅"自见其形","反却走转"①。这种"照妖镜"已从旧时的"怀镜"变为"门镜",在今日城乡都不难看到。

至于端午日悬菖蒲以象征天师之剑,除夕贴合字联以邀"八仙",堂屋挂"紫微星君""关羽夜读""姜公执令""钟馗舞剑"之类的中堂画以辟阴气,也都反映了乡野道教与民间信仰的习合。

在江南乡村的建筑活动中,当地的道士也十分活跃。在相地选址和破土动工时,有推算"黄道吉日"或以咒语退避太岁的仪式。乡野道士在相地时所唱的"相地歌"曰:

吉日良辰,天地开张,凶神太岁,退避远方,焚香燃烛,祭拜土地,新造房屋,万古流芳。

"太岁"是一颗虚拟的星体,是与"岁星"(木星)同轨道、反方向,以十二年为一周天的"凶星"②,而对星辰的关注既是道教的信仰特征,也是中国传统建筑观念的重要特征。

中国建筑中的"天文观"由来已久,它将建筑与天象协同,以追求天地抱合、阴阳相就、天人合一的境界。可以说,无论宫室、民宅,还是墓葬,都留下了地屋与天象相应的建筑信仰。从原始文化中的半穴居式建筑开始,就已体现出建筑构造与宇宙认识间的联系。从半坡文化遗址看,半穴居式建筑一般掘地为坑,中立屋柱,屋盖自柱端斜披至地。其中,屋盖是"笼盖四野"的天穹象征,而屋内中柱则是立地顶天的宇宙树或天柱的象征。直到当代,乡民在砌房造屋的立柱、上梁仪式中,还贴用"上梁正逢黄道日,立柱巧遇紫微星"的联句,反映了与宇宙、星辰抱合的建筑信仰。就宫室而言,秦代曾以咸阳为中心,象征天之"紫微宫",以渭水象征"银河",修驰道以象征"阁道"③,建阿

---

① 《抱朴子》:"万物之老者,其精悉能记人形惑人,唯不能易镜中真形,故道士入山,以明镜径九寸以上者背之,则邪魅不敢近,自见其形,必反却走转。"
② 陶思炎:《风俗探幽·土木篇》,东南大学出版社1995年版,"破土辟凶说太岁"。
③ 《史记·天官书》曰:"紫宫……后六星绝汉抵营室,曰阁道。"

房宫以象"离宫"①，分三十六郡以象群星灿烂，拱卫北极。秦以后的宫廷建筑也保持了"象天设都"的传统，南朝陈沈炯《太极殿铭》曰："臣闻在天成象，紫宫所以昭著；在地成形，赤县居真区宇。"这一铭文透露出天文——道教——建筑间的奇妙联系。甚至在作为"阴宅"的秦汉帝王墓室中也常见有天文、地理的模拟，其墓顶多绘有星河天象图，墓壁则绘金乌载日、蟾蜍伏月或伏羲、女娲人头蛇身的图形，以表达阴阳相化、男女构精、星人合一的主题。此外，墓葬中用作压胜的方孔铜钱，以天圆地方、外阳内阴、阴阳抱合，成为太极图的形变与象征，隐含着道教的成分。其实，不仅在墓葬中，当今农家新年门贴花钱和红钱，亦意取太极之征。

三　乡野道教的研究体系

乡野道教是一个尚未充分研究的学术领域，其体系正待建构与完善。这一研究体系至少应包括三个基本的方面，即乡野道教志、乡野道教论与乡野道教史，其下又各有相关的支系。

"乡野道教志"以其物象、事象、语象的搜集、记录、研究为主，包括空间性的搜集整理、时间性的搜集整理、类型与专题的记录与研究、文献与载体的调查与研究等。

"空间性的搜集整理"，是指以地区或固定场所为界，即以某一农村、渔村、山村等为范围，对当地的非正统道教的各种形态，包括法物、咒语、符箓、法术、仪式、活动等加以采集、记录、整理、研究的一种方式。它类似一般地方志、风土志的采写，能较为直观地展现某地乡野道教的概况。"时间性的搜集整理"，是以历史断代、岁时节令或某一特定的期日为采录范围的一种研究方式。它注意"与时迁移"的固有特点和因时而异的信仰规律，以时间的坐标为乡野道教定位，并记录、反映某一时间的乡野道教的具体状况。"类型与专题的记录研究"，是指对乡野道教的某一方面加以具体描述与研究，涉及乡野道士、主要法术、符咒、传承、仪式、场所、主要活动等，是对某一种相关资料加以较为集中的搜集与研究的支系。"文献与载体的调查与研究"，是指对乡野道教的记录文本及各类事象的传承媒介的研究，它因有突出的资料性质

---

① 《晋书·天文志》曰："离宫六星，天子之别宫，主隐藏之所。"

而显示出"志"的特点。地方志、风土志、祠庙志、占书、葬书、历书、医书、宝卷、笔记、歌谣、碑刻、话本、剧本及有关的实物资料，都以集中的或零散的记录而成为此类研究的对象。

"乡野道教论"是对乡野道教的理论研究，它包括基本理论、发生论、功能论、传承论、应用论、调查方法论等。所谓"基本理论"，涉及概念界定、类型划分、性质特征、主客体关系、内外部规律、研究方法等方面，其任务在于理论概括，使乡野道教的研究具备较完善的学理，成为一个相对独立的学术范畴。由于乡野道教与正统道教及民间信仰相承相合，要找到它们的区别并不容易，因此概念的界定就尤显重要。基本理论的研讨是建立严密学理的需要，也是把握对象的可靠路径。所谓"发生论"，是对乡野道教产生的诸种条件加以科学概括的理论，它涉及思维条件、文化传统、宗教渊源、经济状况、社会机缘、族种情状、知识水准方面，其中有客观的自然的因素，又有主观的人为的成分。乡野道教作为一种下层宗教，一种与正统道教相联系的信仰体系，自有其生成、变化的规律，"发生论"正是对其运动轨迹的追寻。所谓"功能论"，是对乡野道教赖以产生、承传的内在动因—主体（乡民）的精神寄托与生活需要加以概括的有关理论。功能是主体需要的文化体现，也是对这一需要的适应与引导。主体需要的转移、增减，导致功能的转移与存废，并决定着其外在物象和事象的微著与消长。功能对"需要"的满足是通过各种作用显示出来的，诸如认识作用、组织作用、教化作用、选择作用、改造作用、满足作用等。这一研究有助于探寻乡野道教的内部规律，是理论体系构架中的重要环节。所谓"应用论"，是以乡野道教为对象，加以保护、改造、利用的规律、方法与步骤的探讨。"应用"是一种人为的抑制或推进，它着眼于当今和未来的生活需要，为了功利目标的实现，有意打破对象的自然传承节拍，体现出强烈的选择与改造的倾向。它主要包括保护论、移易论、开发论三个方面。"保护论"把乡野道教看作无形文化遗产，探讨保护这类民间文化传统的领域、步骤和方法。"移易论"着眼于乡野道教中的消极因素，特别是属于"迷信"的某些具体事象，本着健康、文明、进步的愿望，从价值判断和社会效果出发，提出加以转化或禁绝的有关理论。"开发论"将乡野道教作为展示地方文化的资源，对庙会活动、民间表演加以组织和推广，以经济、政治、文化的目标为追求，以服务当代、弘扬传统为口号，而提出对之加以开发、利用、管理的有关理论。所谓"调查方法论"，即有关田野调查的理论与方法，它涉及地点的选择、日程的安排、程序的计划、提纲的制定、工具的准备、向导的联系、方言的学习、知识的储备、集训与总结、整理与写作等环节的一般工作原则与基本技术。调查是为了搜集第一手材料，在乡野道教的传习情境中准确把握它的行动规律和内涵性质。

"乡野道教史"，既是宫观道教史的一个部分，也是民间信仰史的相关领域，它包括发展史、专题史、研究史等主要方面，其研究是体系丰富的标志，也是使学术趋向成熟的努力。"乡野道教发展史"，研究乡野道教整体与局部的形态演化史，它包括事象发展史、法物发展史、类型发展史、地域乡野道教发展史、全国乡野道教发展史等方面，着重于一定时空范围内乡野道教的运动规律、演化机制，注意其历史过程与基本史实的考察。"乡野道教专题史"，研究乡野道教各类专题的形成、演进和衰变的历史过程及运动规律，涉及物态的、语态的、动态的、心态的有关事物，以及传习人、信奉者的历史由来、各自特点及变化发展。其研究在于从一个具体事物的历史演进入手，揭示乡野道教中某些类型的本质规律和一定社区的信仰状态。"乡野道教研究史"，即乡野道教的学术史，它包括了乡野道教的调查史、理论研究史、学术活动史等方面，涉及调查的组织、设计、记录、整理、写作的成果与经验，理论研究成果的历史评判，学术会议、学术组织、书刊编印等历史情况等，它通过学术总结，旨在推进今后研究的深入。

四　乡野道教的未来趋向

乡野道教作为正统道教的残存或异变，在与民间信仰混融的过程中也显露着自身的个性和道教的遗痕。因道观、神祠的实际存在，以及道士和略知道术的神巫们的不断活动，乡野道教在今后仍将继续存在，一方面它仍带有民间宗教的性质，另一方面同俗信活动交糅，以零散的、潜在的方式保留在乡野生活之中，表现出"隐而不减，散而不亡"的特征。在今后一段时间里，乡野道教将以"存像于神祠""招摇于庙会"和"留迹于风俗"为自己的发展趋向。

当今乡间小庙的重兴或恢复，扩大了乡民的信仰空间，道系神的重塑与供奉无疑强化了道教信仰在当地的优势，至少表明它的继续存在。神祠小庙是乡村中的信仰基础和活动中心，小庙中不仅供奉神像、牌位，也存放龙灯、花灯、马灯、龙车、旌旗、魁头、面具、神舆之类的用于仪式与活动的信仰道具。神祠小庙中往往有神签、灵药、符纸，而庙祝多由老年乡民充任，或由游方道人主持，每逢阴历初一、十五任人致祭。神像的制作是小庙修复工作的中心，除泥塑木雕外，还见有帛画、壁画、石凿、水泥堆塑、纸绘、纸扎等形式；既有人形神像，又有面具、魁头、牌位，还有以帽代神、以剑代神等做法。这种多形制性仍是今后乡野神庙的特色，并由此展现其因地制宜、应运而生的活力。小庙不仅恢复保存着道系诸神的形象，更传导着道神传说及其宗教的气氛，而这种气氛对于未来的乡民来说，仍然是生活的需要。

与祭神相联系的庙会活动是当今和未来乡村文化活动中的重要传统，它以乐神娱人为主旨，糅合着文化的、商卖的因素，作为宗教成分在俗民生活空间的拓展，显示着宗教，特别是乡野道教对下层社会的精神与文化生活的巨大影响。高淳县（现南京市高淳区）薛城乡的"灵灵车"庙会，以"灵灵车"为主要道具，在成千上万乡民的簇拥下，在村中巡游，其庙祭、扮神、仪仗均具有浓郁的宗教色彩，主要传布乡野道教的气氛。类似的庙会还有"花台会""东岳庙会"等，虽多以民间表演、商卖为主要活动内容，但仍显露着信仰的成分。乡野道教借庙会的娱乐、商业、旅游的契机，在世俗生活中将继续存留，甚至得到进一步的张扬。

民间风俗作为传承性文化先天地包容着精神与信仰的领域，它不断吸纳一切化入民间生活的宗教因素，构成民间信仰的丰富体系。乡野道教在融入民间俗信的过程中显然优于其他外来宗教，易于化入民间生活，而获得更多的应用，可以说，在语言、文字、图画、镇物、祥物、装饰、器用、宅室、墓葬，以及生产、游乐等方面，到处留有它的印迹。在未来的岁月，即使乡野道教的神祠小庙再次遭受毁弃，乡野道教也决不会因此而消隐，它仅失却庙宇的依托，仍留有俗信的深厚基础。庙宇、神像的存废并不意味着其信仰观念的存亡，无论今后乡间小庙的命运如何，乡野道教的信仰观念必将长期留迹于风俗之中，并随俗信一道传习、衍生与应用。

《道教文化的传播》，台湾南华大学 2000 年版

中在家花祭的文化隐义

一 问题的提出

爱知县东荣町中在家的"花祭"作为"日本国指定重要无形民俗文化财",已传承了数百年,至今仍是当地最有特色的民俗艺术活动。2009年12月笔者受到日本神奈川大学日本常民文化研究所的邀请,参加国际常民文化机构"亚洲祭祀艺能"的比较研究第二回研究会,并作为中日韩联合调查组的成员,一同到爱知县东荣町中在家做"花祭"的田野考察。在研究会上日本学者介绍说,花祭与中、韩文化有联系,目前学界对花祭尚没有很深的研究,其中有很多东西还看不出它们的真正意义。

在实地调查中,笔者一直在观察和思考:"花祭"的名称究竟潜含着什么秘密?花祭中的神鬼来自哪里?是何身份?花祭中事物的文化象征意义和宗教哲学主题又是什么?针对这些问题,本文拟就考察所见,提出自己的初步判断。

二 "花祭"名称的含义

关于"花祭"的名称,一些日本学者曾做过学术的分析与判断,诸如哲口信夫、武井正弘、山本广子等,他们提出了象征稻穗的企盼丰收说、持花归去的入净土说、死后归附花上的再生说,以及象征孩童的子孙繁衍说等观点。[①]之所以如此众说纷纭,乃是"花祭"象征意义的幽隐和复杂。

[①] [日] 野村伸一:《东亚的花祭——从1995年丰根村山内的实例说起》(日文打印本),2009年版。

在中在家花祭的考察中，我们在现场没有看到"花"和"花树"的出现，但也并非没有可加以追寻的踪迹。

在日本学者从前拍摄的影像资料中，我们可以看到用数米长的毛竹做成的"花树"，这些毛竹的一端被劈成密匝的竹丝，象征着花树的枝叶。这一象征与中国湖南省西南部苗族、瑶族的"花树"基本一致。

在湘西苗族的"祭山鬼"中，做"花树"的竹子要一刀砍断，在枝叶上挂上各色纸条插在大门左边，并在"花树"前插上十几根小竹枝。在城步苗族自治县的祭祖仪式"庆古坛"中，也捆扎竹枝做"花树"，"花树"上也挂着五色纸条。在仪式开始后，"花树"上又挂上粑粑、肉串和铜钱作为"花"，巫师唱完《踩田歌》后，巫师就"散花"，于是众人就"抢花"，以象征丰收、吉祥、幸福、子孙兴旺。①

在中在家2009年的"花祭"中我们虽未见到用竹竿或竹枝做成的"花树"，但在舞床中的汤釜上方挂着的白盖（びやっけ）及四周悬挂的大小幡盖上却看到了"花树"存在的身影。白盖和幡盖上贴挂的各色布条和五色纸条，正是"花树"的模拟，它同湘西苗族在竹枝上挂五色纸的"花树"做法在形式和意义上都是一致的。此外，中在家"花祭"快到尾声时，茂吉鬼用扎着彩条的花锤敲击幡盖下的五彩纸条，顿时挂在纸条间的钱币都散落下来，任众人去争抢。这又同中国湖南苗族"花树"上挂钱币，巫师"散花"，众人"抢花"的仪式相一致。据此，我们可以判断："花祭"仪式中的白盖、大小幡盖和茂吉鬼手中的花锤，就是"花树"的模拟与象征；日本东荣町"花祭"中的"花树"及"散花""抢花"仪式与中国湖南省苗族的"花树"异曲同工，可能受到中国苗族"花树"形制与仪式的影响。

由于古铜钱的形制为方孔圆边，其圆边象征着乾天，方孔象征着坤地，而天为阳，地为阴，因此，古铜钱就以阴阳抱合之象成为太极两仪的象征。太极八卦和古钱在中国民间是常见的辟邪镇物，因此可以说，挂了钱币的"花树"就有了辟鬼除祟的巫傩性质。"花祭"不可能没有"花树"，"花树"就在舞床的上方，神、鬼均在其下舞蹈，这本身也暗示了它是神、鬼的出处和归宿。

在南京高淳的傩祭中，面具神均配有硕大的魁头，魁头上密密匝匝地布满

---

① 参见林河：《古傩寻踪》，湖南美术出版社1997年版，第346–348页。

了竹叶和花瓣，其间散布着数十个木雕神像，作为傩神的背景。在高淳，所谓的魁头实际上就是"花树"的象征，并透露出神附丽于花丛中的信仰观念。由此我们可以作出判断：傩祭，就是神祭；"花祭"，同样也是神祭。丰收、繁衍、幸福、吉祥等不是"花祭"的真正含义，而是"花祭"的功能追求，或者说，是神祭后得到护佑的体现，它们与"花"没有直接的文化联系，而是通过花中的神灵满足自己的祈望。简要地说，"花祭"的含义就是通过"花树"营造了迎神、送神的场所。

三 "花祭"与山神崇拜

"花祭"的信仰中心是山神崇拜。中在家及所属的东荣町位于中日本的山区，"花祭"中的面具，不论是榊木鬼，还是茂吉鬼、朝鬼等，都以头上长角为其形象的主要特征，构成了山神的众相。有关长角的"山神"图像，我们可以从南京高淳县（现南京市高淳区）清代水陆画上寻得。高淳的"山神"，体魄雄健，头顶短角，脚踩莲花，双眼圆睁，与"花祭"中的神鬼十分相像。

可以判断，"花祭"中神鬼的形象与农耕活动也没有直接的联系。若说"花祭"与农耕文化有潜在的关联的话，那是来自山神的信仰。

在中国古代，"神"的观念与"山林""丘陵""风雨"等因素联系在一起。《礼记·祭法》曰："山林川谷丘陵，能出云，为风雨，见怪物，皆曰神。"此外，《荀子·天论》也对"神"作出了解释：

> 列星随旋，日月递炤，四时代御，阴阳大化，风雨博施，万物各得其和以生，各得其养以成。不见其事而见其功，夫是之谓神。

"万物"与山难解难分，正如《释名》所说："山，产也，言产生万物也。"此外，唐代欧阳询《艺文类聚》卷七引《韩诗外传》曰：

> 山者，万物之所瞻仰也。草木生焉，万物植焉，飞鸟集焉，走兽休焉，吐生万物而不私焉，出云导风，天地以成，国家以宁。

正是山与万物生长的关联，使山和山神融入了农耕文化。《说文》曰："神，天神，引出万物者也。"山能产生万物，因此，山就是神；山神，就是万物所瞻仰之神。因此，"花祭"中的农耕文化因素，不是来自神鬼们的形象和功能追求，而是植根于潜在的山神信仰和对山神禀赋的崇敬。

古人认为，凡山必有山神，山神能献宝祛邪。《地镜》曰：

> 入名山，必先斋五十日，牵白犬，抱白鸡，以盐一升。山神大喜，芝草、异药、宝玉为出。未到山百步，呼曰："林林央央！"此山王名，知之却百邪。①

可见，敬山神既可纳吉，又能除凶，在"花祭"的仪式中就包括这两方面的祈愿。在"花祭"开场后不久的双人舞"地固舞"中，有洒水和撒盐的入场仪式，可能也含有以盐祭奉山神的寓意。

山在中国古人看来是"阳精"的象征，也是"生君"之象。《春秋公羊传注疏》卷十七云："山者，阳精德泽所由，生君之象。"此外，《春秋谷梁传注疏》卷十三引汉许慎之说："山者，阳位，君之象也。"山因雄健高峻，与天相接，被视作"阳"的象征，故此，《尔雅》称："山西曰夕阳，山东曰朝阳。"此说强调了山的东西两面均与"阳"有关。② 因山为"阳"，山神便无疑是"阳神"了，故能驱邪辟鬼，并带来健康、丰足、兴旺和幸福。

日本"花祭"所表现的是山神祭祀仪式，山神崇拜构成了其巫傩信仰的真正内核。

四 "花祭"中的宗教哲学

"花祭"作为带有巫傩风气的民间信仰活动，其中有宗教哲学的因素。究其宗教哲学的依据，则是来自中国的两仪五行观。在中在家的"花祭"仪式中，阴、阳两仪和金、木、水、火、土五行的观念通过一系列的物象和事象而展现出来。

让我们先看看两仪观在"花祭"中的诸种体现。

其一，日月切纸。在"花祭"表演的现场，贴着多套六幅一组的白色切纸，其中有一幅日月同在的图样。日月即太阳、太阴，也就是"阴阳"，这幅切纸彰显了双轮同辉、阴阳和顺的意义。"花祭"的仪式从早晨八点直到夜晚十点多，从日出进行到月升，正是以时间对应空间，表现阴阳两仪的抱合。

其二，庭火与泉水。火与水也是一对相反相成的对应元素，是阴阳的又一

---

① 欧阳询：《艺文类聚》，上海古籍出版社 1982 年新 1 版，第 122 页卷七"山部上"。
② 详见陶思炎：《石敢当与山神信仰》，《民族艺术》2006 年第 1 期。

重象征。火炽烈、跳动，具有"阳"的性质，水清凉、柔和，能引发"阴"的联想。中在家的庭火与中国古代的"庭祭"或"庭燎"相一致，是以火逐除阴气，为傩祭助生阳气。清人李琪《崇川竹枝词》有"山村好是晚风初，烧火连天锦不如"句，而高诱《吕氏春秋·季冬纪》注云："大傩，逐尽阴气为阳导也。"可见，山村烧火是普遍现象，火在傩祭中可逐阴导阳。

中在家"花祭"的水是在天明前取自山中的泉水，它与清晨燃起的庭火，两相对应，在文化哲学观念上被纳入了"两仪"的系统。《周礼·秋官·司寇》"司烜氏"条载：

> 掌以夫遂取明火于日，以鉴取明水于月，以共祭祀之明齍、明烛，共明水。凡邦之大事，共坟烛庭燎。

周代"明火"取于太阳之下，"明水"取于月光之下，凡有大事，备"明水"在门外烧火叫"坟烛"，在门内烧火叫"庭燎"。"花祭"中的取水和烧火，正是"明火"与"明水"的同在，也是以"庭燎"的方式象征地表达出阴阳两仪的宗教哲学。

其三，山神和水神。山神和水神也分别代表了"阴""阳"二性。山为"阳"，水为"阴"，中国的山水画就表现了阴阳的和顺、两仪的相伴。因此，山神被看作"阳"的象征，水神则被看作"阴"的象征。

在中在家"花祭"的舞床中，砌有用来烧开水的大灶（汤釜），其灶膛右侧地上插着的束币上写着"山神""水神"的汉字，"山神"在东，"水神"在西，表明了它们与"阳""阴"的对应关系。汤釜前束币上的"山神""水神"不是随意书写的，作为"两仪"的象征，它起到了"花祭"仪式的点题作用。

其四，开水。在"花祭"仪式结束前，灶上的一锅水烧开了，舞蹈者双手各拿着一个草把起舞，最后将草把的一端放进锅里，并用草把吸蘸开水追洒场外的观者，以作为驱邪逐疫的巫法。为什么要烧洒滚烫的开水？就不能用清凉的泉水替代吗？开水的文化隐义又何在呢？

在"花祭"中用开水来追洒观者，并不是因为开水有消毒的实际作用，而是出自文化观念，出自对阴阳两仪的哲学认识。因开水是由冷水加火煮成，作为含火之水，开水已不同于普通的泉水，它实际上已成为水、火结晶的象征，成为阴阳抱合的符号。因为融合了水火、阴阳二性，故开水隐含着太极两仪的意义。由此，开水已从物质的层面上升到宗教哲学的高度。开水之所以能驱邪逐疫的文化根由即在于此。

至于五行观，在中在家"花祭"中亦有表现。

在仪式现场贴挂的切纸中，就有一幅刻着"金、木、水、火、土"的汉字，同"日月"切纸连接在一起，表现出五行与两仪的相关联。"花祭"中的舞者要拜祭五方，其舞蹈不论是独舞、二人舞、三人舞等，基本动作总是连续跳五遍，突出了数字"五"的神秘作用。

无独有偶，在中国江苏省溧阳市的傩舞《跳幡神》和高淳县（现南京市高淳区）的《跳五猖》中，也有东、西、南、北、中五方之神，分别使用青色、黑色、红色、白色、黄色的面具，起舞中伴随着念唱[1]，他们的舞步也基本相同。

"花祭"对数字"五"的重视，同中国傩舞《跳幡神》等一样，透过对五方、五色的崇拜，表达出对五行观的信仰。

五　结语

日本东荣町中在家的"花祭"名称与"花树"相联系，是"花树"迎神、送神意义的概括。"花祭"仪式的信仰中心是山神崇拜，"花祭"中的神鬼都是"山神"的形象。"花祭"作为带有巫傩风气的民间信仰活动，其中有宗教哲学的因素，即主要是来自中国的两仪五行观。"花祭"中的日月切纸、庭火与山泉、山神和水神、煮沸的开水等，均包含着"阴阳两仪"的隐义；而"金、木、水、火、土"切纸，拜五方，五遍舞步等则透露出五行观的哲学影响。当然，"花祭"在形式与内容方面也体现了很多日本文化的元素，由于其源头与内涵丰富复杂，已构成国际间比较研究的重要课题。

《民间文化论坛》2010 年第 4 期

---

[1] 溧阳市《跳幡神》中的唱词：
青面词："东方青面一神将，威风凛凛透胆寒，如许尔愿命保佑，扫尽邪恶保平安。"
白面词："西方白面真神君，子夜出游更已深，剪开罗帽显斗牛，村中邪雾尽扫尽。"
赤面词："南方赤面一尊神，烈火红旗瑞气腾，村前村后斗恶煞，散尽邪恶定乾坤。"
黑面词："北方黑面果英雄，凶恶怎敢战英雄，收尽灾难难逃免，村村庄庄皆太平。"
黄面词："中央黄面耀神光，旌旗飘拂显十方，左手执掌兵书剑，右手执掌铁扇刀。"
见《常州市民间文学三套集成资料选编》第 8 期，1988 年印，第 6—7 页。

后 记

　　1980年秋，我还是大三学生时，开始在学术刊物发表论文，从此笔耕不辍，未敢懈怠，迄今已近40个年头了。在从青年、中年到老年的人生最美好的阶段，我不断地求学和探索，到学海中拼力争渡，付出了持续的辛劳，也收获了喜悦和成功。我先后在国内外发表学术文章200余篇，出版学术著作近20部，涉及神话学、民间文学、民俗学、民俗艺术学、文化遗产研究等领域，开辟了一些新的研究方向，也提出了一些学术创见。

　　今艺术学院编纂教授代表作丛书，让我有机会通过小作的选编，再次回顾个人的治学历程，并切身感受"学然后知不足"的至理名言。翻阅近40年陆续发表的旧稿，有欣赏自得之篇，也难免有抱憾未及之章，然作为个人治学道路的记录，在这里且作选编，以表对"双一流"学科建设的参与。

　　这部文集共收入拙作56篇，发表年份从1982年到2018年，其内容大略归为"民俗艺术学理论""民间美术·物承艺术""民俗表演·口承艺术""传统节日·民间信仰"等几个领域，其他与艺术学方向稍远的文章未入选。

　　感谢东南大学艺术学院启动了这套丛书的编纂，也感谢东南大学出版社承担起编辑与出版的工作！相信这套丛书的出版，对推进艺术学科的发展与完善，对提升"双一流"学科理论与人才的建设将发挥积极的作用。

陶思炎
2018年8月5日 于金陵春晓书屋